国家社科基金重大项目"'一带一路'佛教交流史"
（项目编号：19ZDA239）中期成果

泮池佛学研究

"一带一路"佛学交流史首届论坛论文集

第一辑

程恭让 觉醒 —— 主编

中国社会科学出版社

图书在版编目（CIP）数据

泮池佛学研究.第一辑，"一带一路"佛学交流史首届论坛论文集/程恭让，觉醒主编.—北京：中国社会科学出版社，2024.3
ISBN 978-7-5227-3392-0

Ⅰ.①泮… Ⅱ.①程…②觉… Ⅲ.①佛教—文集 Ⅳ.①B94-53

中国国家版本馆 CIP 数据核字（2024）第 069433 号

出 版 人	赵剑英
责任编辑	韩国茹
责任校对	张爱华
责任印制	张雪娇

出　　版	中国社会科学出版社
社　　址	北京鼓楼西大街甲 158 号
邮　　编	100720
网　　址	http://www.csspw.cn
发 行 部	010-84083685
门 市 部	010-84029450
经　　销	新华书店及其他书店
印　　刷	北京君升印刷有限公司
装　　订	廊坊市广阳区广增装订厂
版　　次	2024 年 3 月第 1 版
印　　次	2024 年 3 月第 1 次印刷
开　　本	710×1000 1/16
印　　张	44
插　　页	2
字　　数	610 千字
定　　价	198.00 元

凡购买中国社会科学出版社图书，如有质量问题请与本社营销中心联系调换
电话：010-84083683
版权所有　侵权必究

编辑委员会

学术顾问：楼宇烈　魏道儒　洪修平　赖永海　业露华
　　　　　　张志刚　徐以骅　李向平　晏可佳

主　　编：程恭让　觉醒

编　　委：（按姓氏字母先后顺序排列）

　　　　　　常红星，山东师范大学讲师
　　　　　　韩国茹，中国社会科学出版社副编审
　　　　　　韩焕忠，苏州大学宗教研究所所长、教授
　　　　　　何方耀，华南农业大学人文与法学学院副院
　　　　　　　　　　长、教授
　　　　　　侯　冲，上海师范大学哲学学院教授
　　　　　　黄　凯，上海大学文学院博士
　　　　　　纪华传，中国社会科学院世界宗教研究所研
　　　　　　　　　　究员
　　　　　　乐　晶，华东师范大学博士
　　　　　　李丰春，大理大学副教授
　　　　　　李海波，西北大学丝绸之路研究院教授
　　　　　　李利安，西北大学玄奘研究院院长、历史学院
　　　　　　　　　　教授

刘元春，上海社会科学院研究员
唐忠毛，华东师范大学社会发展学院教授
王　彬，江西省社会科学院研究员
王国棉，山西省社会科学院研究员
王　伟，中国社会科学院世界宗教研究所副研究员
王雪梅，西北大学哲学学院教授
夏德美，中国社会科学院世界宗教研究所副研究员
夏广兴，上海师范大学对外汉语学院教授
夏金华，上海社会科学院研究员
杨奇霖，上海大学文学院讲师
尹邦志，西南民族大学哲学学院研究员
张　琴，江西省九江学院佛教文化研究所研究员
郑筱筠，中国社会科学院世界宗教研究所所长、研究员
周广荣，中国社会科学院世界宗教研究所研究员
朱丽霞，河南大学宗教学研究所所长，哲学与公共管理学院教授

目 录

专　稿 | 1

    关于"一带一路"佛教交流史的思考｜觉醒　3
    关于中华佛教主体性的几点思考｜洪修平　5
    关于国家社科基金重大项目"一带一路"佛教交流史课题
        学术思想的思考｜程恭让　10

经典与思想 | 15

    《金光明经·王论品》佛教政治思想略论｜程恭让　17
    Zenju's Theory of Tathatā in the *Hōongikyō*｜李子捷　37
    中国佛教现代性的向度、特点与问题｜唐忠毛　63
    从天竺、西域到东亚
        ——试论菩提心一词的含义演变｜田健　103
    方以智对《庄子》的唯识学解读｜吴卿　124
    空性与无住涅槃｜吴畏　146
    果然巴评宗喀巴的"应成"中观论
        ——以诠释学视角解读｜扎西郎甲　160
    南北朝时期般若空性论与涅槃佛性论的交涉
        ——以"佛性者名第一义空"为中心的考察｜赵文　186

《大唐西域求法高僧传》中的"善巧方便"考述｜黄益 201

佛典汉译概述及其对当今寺院发展的启示｜徐文静 216

历史与信仰｜231

西游高僧法界悟空法师考释｜韩焕忠 233

非本质连生物：汉藏佛教交流中的"双身修法"｜朱丽霞 245

"以政驭教"：清代的宗教政策及其对东北亚文化格局的影响
——以盛京为中心｜王伟 262

域外视角下的五台山圣山认同｜王国棉 278

辽代的密教信仰形态管窥｜夏广兴 292

如意轮观音在中国的传播｜王丰硕 307

地藏信仰中国化析论｜韩成才 322

禅的生活化及其现代意义｜宗学 339

文明与交流｜353

走向对话：晚清基督宗教对佛教的影响与佛教的回应｜常凯 355

近代中国佛教的重新认识
——以伊东忠太中国考察为例｜王彬 374

汉藏佛教交流的研究问题与研究方法｜杨浩 387

海上丝绸之路与观音文化的传播｜黄家庭 398

圆瑛大师南洋事迹述略｜黄嘉彦 416

法眼宗在高丽的传播｜刘田田 434

论南诏国时期的佛教交流｜李丰春 445

从犍陀罗佛像起源问题看佛教文化的本土化与
多元化｜伊家慧 465

高原丝绸之路与藏传佛教的建立｜尹邦志 488

五代宋初佛教海外交流管窥｜张琴　502
丝绸之路上的佛教信仰传播
　　——基于中古汉地佛足迹信仰的考察｜黄凯　523

东南亚佛学｜539

东晋两宋间印尼与岭南佛教文化交流考述｜何方耀　541
从僧人的寄居、募化到留居：汉传佛教在马来西亚
扎根｜官远程　576
越南福田和尚对明莲池大师"仪轨三文"的继承与
发扬｜[越]释圆发　600
越南天台初祖显奇大师生平初探｜释慧正　[越]释圆发　622
越南黎朝性泉湛公禅师在中国参学取经及传播
　　经书研究｜[越]阮进山　640
基于批评性话语分析视角看现代的泰国佛教｜[泰]梁兰彩　662

编后记｜688
稿　约｜690

Contents

Feature Articles | 1

    Thoughts on Buddhism Exchange History on the Belt and Road | Jue Xing 3

    Thoughts on the Subjectivity of Chinese Buddhism | Hong Xiu-ping 5

    Thoughts on Academic Thought of Buddhism Exchange History on the Belt and Road | Cheng Gong-rang 10

Classics and Thoughts | 15

    Research on the Buddhist Political Thoughts in the Part of the Heavenly King's Discussion of the *Golden Light Sutra* | Cheng Gong-rang 17

    Zenju's Theory of Tathatā in the Hōongikyō | Li Zi-jie 37

    The Dimensions, Characteristics and Problems of the Modernity of Chinese Buddhism | Tang Zhong-mao 63

    From Tian Zhu, Western Regions to East Asia——Discussion about the Connotation Evolution of Bodhichitta | Tian Jian 103

    The Study on the Interpretation Of *Zhuangzi* by Fang Yizhi with

Theory of *Consciousness-only* | Wu Qing 124

Sunyata and Non-abiding Nirvana | Wu Wei 146

Guo Ran Ba's Discussion on the "Prasaāga" Madhyamaka Philosophy of Zong Ka Ba | Zha Xi Lang Jia 160

The Negotiation between the Theory of Prajna Sunyata and Nirvana Buddhata | Zhao Wen 186

Research on the Skillful Means of the *Buddhist Pilgrim Monks of Tang Dynasty* | Huang Yi 201

An Overview of the Chinese Translation of Buddhist Scriptures and its Enlightenment to the Development of Temples at the Present Time | Xu Wen-jing 216

History and Faith | 231

Research on Wukong, an Eminent Monk Who have Pilgrimage to India | Han Huan-zhong 233

Non-essential Accretions: "Karmamudrā" in the Exchanges of Han and Tibetan Buddhism | Zhu li-xia 245

The Religious Policies in the Qing Dynasty | Wang Wei 262

The Holy Mountain Identity of Wu Tai Mountain under the Extraterritorial Angle | Wang Guo-mian 278

Discussion on the Belief Patterns of Esoteric Buddhism in the Liao Dynasty | Xia Guang-xing 292

Spread of Belief: Cintāmaṇicakra-avalokiteśvara Bodhisattva in China | Wang Feng-shuo 307

Study on the Sinicization of Ti-Tsang Faith | Han Cheng-cai 322

The Life-oriented of Zen and Its Modern Significance | Zong Xue 339

Civilization and Communication | 353

Towards Dialogue: The Influence of Christianity on Buddhism and Its Response in the Late Qing Dynasty | Chang Kai   355

The Re-understanding of Buddhism in Modern China ——Take Itō Chūta's Investigation of China as an Example | Wang Bin   374

Research Problems and Methods of Sino Tibetan Buddhist Exchange | Yang Hao   387

The Maritime Silk Road and the Spread of Kuan-yin Culture | Huang Jia-ting   398

Textural Research on Buddhist Master Yuan Ying's Activities in Nanyang | Huang Jia-yan   416

The Spread of Fayan School in Korea | Liu Tian-tian   434

Research on the Buddhist Communication in Nanzhao Period | Li Feng-chun   445

On the Localization and Diversification of Buddhist Culture from the Origin of Gandhara Buddha Statue | Yi Jia-hui   465

The Silk Road Led to the Establishment of Tibetan Buddhism | Yin Bang-zhi   488

Discussion on the Overseas Exchanges of Buddhism in the Five Dynasties and Early Song Dynasty | Zhang Qin   502

The Spread of Buddhist Belief along the Silk Road | Huang Kai   523

Buddhism in Southeast Asia | 539

On the Buddhist Cultural Exchange and Interaction between Lingnan (South of the Five Ridges) and Ancient Indonesia During the Eastern

Jin Dynasty and Song Dynasty | He Fang-yao 541

From the Sojourn to Alms Collection to Settlement of Monks: The Journey of Chinese Buddhism into Malaysia | Guan Yuan-cheng 576

Monk Fu Tian's Succession and Development to Master Lian Chi's Three Sadhanas | Shi Yuan-fa 600

A Preliminary Study on the Life of Master XianQi, the Founder of Tian-tai School in Vietn | Shi Hui-zheng, Shi Yuan-fa 622

Research on Tính Tuyền, the Monk of the Lê Dynasty in Vietnam, to China to Study and Collect the Buddhist Scriptures as well as the Spread of those Scriptures in Vietnam | Ruan Jin-shan 640

Research on Modern Thai Buddhism from the Perspective of Critical Discourse Analysis | Liang Lan-cai 662

Postscript | 688
Invitation | 690

专 稿

关于"一带一路"佛教交流史的思考

觉 醒

中国佛教协会副会长、上海玉佛禅寺方丈

尊敬的各位佛教界学者、专家们：

大家上午好！

作为此次"一带一路"佛教交流史论坛的联合举办单位，请允许我代表上海玉佛禅寺，对参加此次论坛的学者们，表示热烈的欢迎；对一直以来，致力于佛教研究、支持和关注佛教发展的专家们，表示崇高的敬意。

本次论坛是2019年度立项的国家社科基金重大项目，很荣幸能够与上海大学程恭让教授以及各位优秀的学者们一起，见证此次论坛的举办。

古代丝绸之路的开辟，不仅仅是一条经济互通之路，更是一条文化交流之路，与佛教有着深厚的渊源。自汉代以来，许多高僧大德经由丝绸之路来到中国，著书立说、翻译经典，带来了丰富灿烂的佛教文明，深刻着中国文化的发展。达摩东渡、玄奘西行，将如来藏思想带到中国，形成了具有汉传佛教特色的禅宗和唯识宗，成为佛教交流史上的一段佳话。佛教的发展，始终扎根于中国传统文化，主动适应所处的时代和社会，是宗教中国化的典型范例。

如今，"一带一路"倡议的提出，代表了人类文明发展的新高度。

2014年，习近平总书记在联合国教科文组织会议上提出，历史告诉我们，只有交流互鉴，一种文明才能充满生命力，这为我们佛教界今后的发展提供了方向性的指导，中国佛教必须坚持宗教中国化的方向，主动承担起文化交流的责任。

上海玉佛禅寺作为汉传佛教重点寺院，自1978年恢复开放以来，一直承担着上海佛教界对外交流的重任，每年接待四五十万的外宾参观。此外，还有数十批国宾、贵宾及宗教代表团来访，是上海佛教对外交流的重要窗口。把我国佛教文化的优秀成果和发展情况介绍给各国人民，进一步增进各国之间的相互了解和友谊，向世界人民弘扬中华文明，是上海玉佛禅寺应尽的责任。进入新世纪以来，我们明确提出"文化建寺，教育兴寺，觉悟群生，奉献社会"的治寺理念，着力推进民主管理、弘法文化、学术研讨、公益慈善和公共外交事业，获得了海内外的诸多好评。

因此，作为上海玉佛禅寺的负责人，借由此次论坛的开展，我相信凭借各位学者、专家之间智慧的碰撞，一定能够为中国佛教在对内、对外交流方面提供更多良策，让中国佛教璀璨的光芒照向世界，让人们了解中国佛教对世界文化的意义，凸显中国文化对人类文明发展的不可磨灭的贡献。

最后，我谨代表上海玉佛禅寺，恭祝此次"一带一路"佛教交流史论坛取得圆满成功。谢谢大家！

（本文为作者在"一带一路"佛教交流史论坛开幕式上的发言）

关于中华佛教主体性的几点思考

洪修平

教育部"长江学者"特聘教授、南京大学哲学系教授

觉醒大和尚，主持人程恭让教授，各位专家学者：

各位早上好！

前天星期六，刚刚参加了程恭让教授主持的"一带一路"佛教交流史国家社科基金重大项目的开题报告会，学到了很多东西。今天，非常高兴又有机会跟大家在这里进行交流。感谢程恭让教授的热情邀请和精心安排。

刚才程恭让教授也提到了，前天的开题报告会非常成功。这与程恭让教授和在座的各位课题组成员大家共同的努力是分不开的。可以看得出，参加课题组的各位，都是各个领域的专家，都有非常好的研究基础，特别是在佛教史、佛学研究方面也有很多研究的成果。同时，大家对参加这个重大项目，都非常认真，做了很多很细致的前期准备。大家都想把这个具有重要理论意义和现实意义的国家重大项目做成一个优秀的重大项目。前天刚开题，今天星期一一大早，又在这里接着办这个"一带一路"佛教交流史论坛，就充分体现了课题组对这个项目的高度重视和对科研的认真负责的精神。

从开题报告会上已经看到，课题组对完成这个重大项目，已经有许多自己独特的学术思考，程恭让本人对整个课题也已经有了一些具有创

新性的学术观点、学术思想。其中有一个非常重要的特色，就是突出了中华佛教的主体性。整个研究的思路都是围绕着中华佛教的主体性而展开的，各个子课题以及这个项目的最终成果，将分别研究中华佛教主体性的形成和塑造、中华佛教主体性的丰富和发展、中华佛教多元一体格局的形成，以及中华佛教现代性的建构，都是围绕着中华佛教这样一个主体。最后，落脚在中华佛教现代性的建构，实际上就是中国佛教在今天和未来的发展。我觉得这非常好，在开题报告会上，我把它称为本课题的一大亮点。

但我们要进入研究，有些问题就还需要做进一步探讨。特别是如何理解"中华佛教主体性"？这个问题可以进一步思考，进一步研究。我这里谈几点自己的思考和想法，与大家做一些交流。

第一，如何处理好作为宗教的中华佛教和作为文化的中华佛教？这个问题其实我前几年一直在思考。我曾经也写过一篇文章，《重提佛教既是宗教，又是文化》。记得去年我应程恭让教授的邀请到上海大学做讲座时，也专门讲到了在当前重提佛教既是宗教又是文化的重要性。佛教作为宗教，信仰是其核心，对信徒有绝对的意义。但是，值得思考的是，对非佛教信徒呢？我当时主要是从传承发展中华优秀传统文化的角度提出来的。中国有14亿人口，佛教徒毕竟只占少数。佛教作为宗教，对于佛教信徒有绝对的意义。但佛教作为文化，则对我们整个中华民族，对我们整个14亿人，对每一个中华子孙都有普遍的价值。中国佛教文化应该由我们整个中华民族共同来传承和发展。

今天谈"一带一路"佛教交流史，大家都提到，它的内涵非常丰富，不仅关涉宗教问题，而且广泛涉及民族问题、一系列的其他问题，涉及不同国家、不同地区和不同民族之间的文化交流和文明对话。"一带一路"上未必都是佛教徒，那么我们在突出中华佛教主体性的时候，如何适当区分宗教和文化，处理好作为宗教的中华佛教和作为文化的中华佛教，我想这是非常重要的。这是我的第一点思考。

第二，如何处理好印度的佛教和中华的佛教？讲到中华佛教，我们就无法回避佛教是外来的这样一个事实。当然，我这里讲如何处理印度的佛教和中华的佛教，"印度的"在这里是一个泛指。大家可能也都注意到了，最近两年，有一些新的研究对传统的研究在进行反思，尤其是在座的很多年轻人，思想很活跃，对佛教史的研究、佛学的研究、中印佛教以及世界佛教的思考，有很多新观点，新想法。比方说，中国佛教是由印度传来的吗？究竟怎样来界定印度的佛教、中国的佛教、中亚的佛教？因为佛教本身它是动态的。甚至有一些学者认为讲印度的佛教、中国的佛教、中亚的佛教本身就很难界定。因为佛教本身就是动态的、融合的。

我想，当我们在讲印度佛教传入中国的时候，主要是指创立于古代印度的佛教传到中国，并没有简单地涉及佛教是直接从印度来的，还是通过中亚各个国家，或者本身可能就是月氏国、安息国等地的佛教传入的，也并没有忽视这些问题。

所以我这里讲如何区分和处理印度的、中国的或者中华的，也可以理解为是如何处理中华佛教和外来佛教。记得我上次在程恭让教授那边做讲座的时候曾提到，现在整个中国上下都在提倡国学，也有人提倡国学进学校进课堂。大家知道，宗教是不可以进学校进课堂的，但文化可以。我们看到的一个现象是，国学进学校进课堂，一定会有儒学，如《论语》《孟子》《大学》《中庸》；也会有道学，如《老子》《庄子》。但是，没有同为中华传统文化三大主干之一的中国佛学。但我今天要强调的是，我又看到一种现象，现在有些国学班，打出旗号讲国学讲佛学，但讲的是《金刚经》《心经》。那么我就在思考，讲国学讲《金刚经》和《心经》是否合适？《金刚经》《心经》都是翻译经典，都是外来的。如果弘传《金刚经》《心经》，这是否就是在弘扬国学、弘扬中华佛学？还是在弘传印度文化呢？我刚才已经讲了，这里说的印度文化是广义的，指外面传入的，是与我们中国土生土长的文化进行区分的。

这就促使我们进一步思考，怎么看中华佛教的主体性？中华佛教内涵丰富，究竟包含哪些内容？我个人的看法，讲中华佛教主体性，当然会涉及中华佛教的源头，中华佛教是从外面传来的，必然会涉及《金刚经》《心经》这类影响广泛深远的翻译佛典及其思想。所以，从这个角度讲，把《金刚经》《心经》等包含在中华佛教中，我想是可以，也是应该的，但仅仅是在这个意义上。但是在突出"中华佛教主体性"的时候，如何处理好印度的（外来的）佛教和中华的佛教，还是十分重要的。如果以《六祖坛经》来代表中华佛教，就不会有这个问题。因为《坛经》及禅宗的思想，既传承了佛陀的心法，又体现了中国佛教的创造性转化和创新性发展。用习近平总书记的话说，就是佛教产生于古代印度，传入中国以后，经过长期演化，佛教同中国儒家文化和道家文化融合发展，最后形成了具有中国特色的佛教文化。我想这里提到的"具有中国特色的佛教文化"，也就是程恭让教授课题现在突出的"中华佛教的主体性"。按照习近平总书记的说法是，中国人根据中华文化发展了佛教思想，形成了独特的佛教理论。我的理解，程恭让教授这里要突出的"中华佛教主体性"也就是这样一种中国人根据中华文化发展的、具有独特性的中华佛教理论。所以，处理好中华的和外来的（我这里用印度来泛指），我觉得还是很重要的。我个人是把《金刚经》《心经》既看作与中华文化有有机的联系，也看作有所区别的，对《金刚经》《心经》的解义发挥则完全是中华佛教的重要内容。

第三，如何处理好传入和输出的辩证关系？中华佛教主体性如何在传入和输出中寻找动态的平衡，来凸显中华佛教的主体性，我觉得这也是非常值得思考的。前天我在开题报告会上也提到，课题组将透过"一带一路"的视角，通过突出中华佛教主体性，来研究中华佛教的形成、塑造、丰富和发展等。我的理解，这实际上是从一个新的角度，从全球化的角度，从"一带一路"的角度，来研究佛教的中国化和中国化佛教在今天的传承发展，这是一个非常好的思路。这就使得本课题这么一个重大的国家社科基金重大项目，在中华民族伟大复兴和中华文化繁荣兴盛的时代需要中，更具有现实意义。但是，从国家"一带一路"的倡议和"中华文化走出去"的要求来看，如何充分注意中华佛教在"一带一路"佛教交流史中发挥的作用，对"一带一路"佛教做出的贡献，这也是十分重要的。中华佛教主体性，不仅体现为它的自我成就、自我完型，在本课题中，我认为更重要的也许还体现在中华佛教促成了"一带一路"的佛教交流史。这样才能更好地凸显中华佛教的主体性。所以开题的时候我就讲，研究中华佛教主体性，一个是向外的，一个是向内的。向内的，我们看我们自己的中华佛教主体性的完成、成就；向外的，如果没有中华佛教主体性，也许就不会有今天所谓的"一带一路"佛教交流史。因此，很好地处理传入与输出的辩证关系是非常重要的。既要从"一带一路"的角度来看中华佛教，也要从中华佛教向外传播与交流的角度来看"一带一路"佛教。

第四，如何处理中华佛教与中华文化整体的关系，特别是与儒家文化和道家文化的关系？中华佛教，它是在与儒、道的融合中形成、发展起来的。中华佛教中包含了丰富的儒、道的内容。在"一带一路"的框架下，我们谈中华佛教、中华佛教的主体性，如何处理和安放儒家文化和道教文化？这也是一个值得思考的问题。当然，我们谈中华佛教主体性，研究"一带一路"佛教交流史，主题是佛教，我们不能偏离主题。但是，如何通过对儒、道为代表的中华文化的整体观照和安放，来强化中华佛教这个主题，强化"中华佛教主体性"，这需要靠在座各位的智慧。

以上是我的几点思考，可能不是太成熟，仅供参考，谢谢大家！

（本文为作者在"一带一路"佛教交流史论坛开幕式上的发言）

关于国家社科基金重大项目"一带一路"佛教交流史课题学术思想的思考

程恭让

上海大学文学院教授、上海大学道安佛学研究中心主任、
国家社科基金重大项目"一带一路"佛教交流史首席专家

一 关于国家社科基金重大项目"一带一路"佛教交流史课题方法论的总体思考

"一带一路"的逻辑基础是历史上的丝绸之路,但是"一带一路"的提出不是丝绸之路简单的翻版,它体现了我们中国的执政党、中国的马克思主义历史唯物主义及当代中国文化哲学思想新的向度,含有我们中华文化在现当代和未来人类文化中的某种承担。所以在进行课题设计的时候,我很明确"一带一路"佛教交流史不仅仅是一个历史学的研究,当然课题要以历史学的研究为基础,但是同时应该包含有哲学意味的研究特别是文化哲学的担当意识,这是我对课题的基本方法论的设想。我们不仅要观照过去,还要立足当前,还要以某种方式展望未来。如果是纯粹丝绸之路佛教交流史的研究,那它只是一个历史学的课题,但是"一带一路"佛教交流史的研究就不仅仅是一个历史学的课题,它还是一个宗教学的课题,是一个哲学的课题,是一个文化哲学的课题,所以这是我们对课题方法论的整体的思考。这个整体的方法论还要

继续凝聚，凝聚共识，这是非常重要的。今后参与课题的同学、老师，每个人可能承担的任务不一样，有些人承担的任务可能更多的是历史学部分的研究，但是在你的研究中其实不仅仅限于历史，既要表达我们当代中国学者对佛教交流史的过去的理解，也要表达作为当代中国学者对于佛教交流现代状况的思考，甚至应该有我们中国佛教学人对未来中华文化及未来人类文明某种预期的思考。

二 关于双向互动的佛教史研究模式问题

我们这个课题并不想对佛教史研究、对佛教思想史研究做整体的重新建构，但是由于研究视角的重要转换，我们可能且必须要对佛教史、佛教思想史的研究提出我们新的看法，特别重要的一点是，我们过去的佛教思想史研究基本上是一个传播史的研究，佛教从印度到中亚，然后传播到中国，由中国到东亚，由亚洲到世界，我们过去对佛教史的了解基本上是这样一个单向度传播方向的了解。但是"一带一路"佛教交流史的研究，特别强调的是交流互动的问题。交流包含了双向的互动，如果只有单向度的传播则不存在交流的问题。所以我们对佛教史和佛教思想史进行理解的时候要关注两种互动，一种是显在意义上的互动，比如印度有多少和尚、居士到了中国，中亚有多少和尚、学者到了中国，有多少文献经典传到了中国，然后中国有多少高僧大德、多少学者通过陆路、海路把佛教传播到了世界，等等，这是看得见的互动。但是我们还要注意深度的互动，例如经典的翻译与诠释理解的问题。佛教经典文化、整体的佛教文化，甚至是佛教文明的接受、理解，本身就有一种内在的互动，这是伽达默尔的观点，诠释学的方法论的见地：任何的翻译或接受都是一种解释、一种理解。在从事经典翻译的过程中，中国文化的元素已经进入、制约、引导了我们对印度佛教的理解，所以任何的翻译本身、任何的诠释本身，都是一种解释、理解，简单说都包含一种互动在其中。所以我们这个课题要更加从一种互动的角度来理解佛教。从互动的角度来理解佛教，对佛教史和佛教思想史当然就会有新的眼光、新的看法，这也是我希望课题组成员要凝聚和关注的共识。

三 关于佛教交流性本质的理解问题

我们对佛教交流史的理解中其实涉及对佛教文明本质的一个理解、对佛教哲学本质的一个理解。我们过去对佛教本质的理解可能有很多种说法，比如出世的佛教，出世、入世不二的大乘佛教，这些理解都是对的，都是重要的，但是当今天我们要在交流中，在佛教与中华文化交流、佛教文化与其他宗教交流这种格局中来思考佛教的时候，它是一种文明之间的交流，所以我们更侧重对佛教文明本质的理解会有一个新的思想向度。佛教本身就有很重要的交流性，所以它才能不借助于政治、不借助于权力，来传播和发展。在历史上佛教文明传播的一个重要特点，是它展现为一种和平的交流，是一种平等的、自愿的、自发的、开放的交流。佛教文明本身具有交流性，这样才能说明和解释历史上佛教特殊的传播和发展的方式。我为此也已经撰写了三万多字，来讨论佛教文明交流性的问题。

四 最后简要说明一下我们重大项目内在逻辑结构的问题

本课题由五个子课题所构成：

第一个子课题，就是对"一带一路"佛教交流史研究整体问题的方法论的思考。这个子课题由我自己负责担任。

第二个子课题由苏州大学韩焕忠教授主持，重点内容是陆上丝绸之路佛教交流史与中华佛教主体性的形成问题。

第三个子课题，重点内容是海上丝绸之路与中华佛教主体性的丰富与发展的问题。这个子课题是由华南农业大学何方耀教授的团队来负责。

第四个子课题，我们不仅仅是从佛教与周边文明的方向来思考，还要考虑从中华文明的内部，从三系佛教的交流来思考中华佛教整体性的问题、中华佛教多元一体格局的问题。西南民族大学尹邦志教授来负责这个子课题。

第五个子课题，是要思考在全球化的时代，"一带一路"交流崭新的形态，这里面特别有个现代性的问题，即"一带一路"全球化时代佛教交流与中华佛教现代性的建构的议题。这个子课题由华东师范大学唐忠毛教授来领衔。

（本文为作者在"一带一路"佛教交流史论坛开幕式上的发言稿）

经典与思想

《金光明经·王论品》佛教政治思想略论[*]

程恭让
上海大学文学院教授、上海大学道安佛学研究中心主任

摘要：《金光明经》是反映大乘佛教中晚期思想信仰的一部重要经典，也是反映大乘佛教政治思想理念的一部重要经典。本经在南亚、中亚及东亚佛教历史上具有广泛、深刻的影响，因此对于本经的研究尤其是对于本经佛教政治思想的研究，对于深化佛教思想传统的认识、理解佛教的政治智慧、推动"一带一路"视域下佛教文化交流互动问题的拓展，是一个有重要意义的课题。为此本文以《金光明经·王论品》为中心，对于本经大乘佛教政治思想的义理脉络及思想价值进行了深入的分析和讨论。

关键词：《金光明经》；《王论品》；佛教政治思想；交流互动

《金光明经》，梵文名称为：（Suvarṇabhāsottamasūtra）（《最胜吉祥金光明因陀罗王经》），是为尼泊尔传承的九部大乘经典之一，是中晚期大乘佛教的一部著名经典，在大乘佛教思想史及中国佛教思想诠释史上，具有非常重要和特殊的地位和价值。

---

[*] 本文是2019年度国家社科基金重大项目"'一带一路'佛教交流史"（项目编号：19ZDA239）的中期成果之一。

关于本经的思想特点，本经梵本整理者之一，日本学者南条文雄、泉芳璟，曾提出本经具有以下两个重要特点：其一，本经是大乘思想最后定型之际出现的一部大乘经典，因此它具有将之前出现的大乘基本教义予以整合的特征；其二，"另外一个重要的特征，则是在此经中给予统治者提供政治上和道德上的建议，此经的一个连续的传承被委托于他们，而他们通过如是而为可以得到此经中诸天神及女神的保护"，① 也就是说，有关佛教政治思想议题的考量，应该被视为本经另外一个十分重要的特征。

实际上，正是因为此经既是反映大乘佛教中晚期思想的一部重要经典，也是反映大乘佛教政治思想的一部重要经典，才真正构成此经思想内涵的特殊性所在，也成为此经后来得到南亚佛教、中亚佛教及东亚佛教广泛深刻信仰的内在佛学原因。

尤其是《金光明经》的《王论品》，更是属于大乘佛教政治思想、政治智慧体系化建构的重要经典，不仅是解读本经佛教政治思想理念的中心所在，相信也是我们今日深化对于佛教思想传统的研究、理解佛教的政治智慧、推动"一带一路"视域下佛教文化交流互动问题研究一个有重要意义的课题。为此，本文拟以《金光明经·王论品》为中心，试图对此品文字义理脉络及其佛教政治思想理念诸问题，展开一个专题性的探究。

本文研究时主要以以下几部相关的汉语文献作为基础：（1）《金光明经》，四卷本，北凉三藏法师昙无谶译，载于《大正藏》第 16 册，No. 0663；（2）《合部金光明经》，隋沙门宝贵合，八卷本，载于《大正藏》第 16 册，No. 0664；（3）《金光明最胜王经》，十卷本，唐代三

---

① The Suvarṇabhāsottamasūtra, A Mahayana Text called "The Golden Splendour", first prepared for publication by the Late Professor Bunyiu Nanjio, and after his death revised and edited by Hokei Idzumi. The Eastern Buddhist Society Kyoto, 1931. Introduction, xxiv, xxv. 以下引用简称为：南条文雄校勘本。

藏法师义净译，载于《大正藏》第 16 册，No.0665。隋天台智者大师（538—597）的《金光明经玄义》《金光明经文句》，隋三论宗创始人吉藏大师（549—623）的《金光明经疏》，唐代唯识宗祖师慧沼法师（651—714）的《金光明最胜王经疏》，是本经古代最重要的三大注疏。本文的研究也将以三家的相关注疏为基础。李子捷博士最近出版的博士学位论文涉及《金光明经》一些相关研究，① 也可资参证。

关于此经梵本校勘方面，笔者主要参考两种校勘著作：一是由日本学者南条文雄、泉芳璟所校勘的梵本《金光明经》；一是由德国学者 Johannes Nobel 所校勘的梵本《金光明经》。② 本文校勘和释义，主要以后者为工作底本，而以前者作为参考。

一 《金光明经·王论品》经颂主体部分的文字义理脉络

《金光明经·王论品》经文除开头一段长行文字外，都是颂文部分。经颂是这品经文的主干部分。所以，我们关于本经《王论品》文字脉络及思想义理的研究，重点讨论经颂部分的文字即可。而关于《金光明经·王论品》经颂部分文字义理的脉络问题，前人在释经中已经提出很好的科判，可以作为今天研究的参考和基础。

例如：天台智者大师所著《金光明经文句》，关于此品经颂的整体文义结构，曾提出如下的解释：

> 偈有八十二行，文为四：初二行半，集众；次三行半，发问；

---

① 李子捷：《〈究竟一乘宝性论〉与东亚佛教——五—七世纪如来藏、真如、种姓说的研究》，尤其该书第四章第五节的相关研究。（日本）国书刊行会 2020 年版。
② Suvarabhāsottamasūtra. Das Goldglanz-Sūtra: ein Sanskrittext des Mahāyāna-Buddhismus. Nach den Handschriften und mit Hilfe der tibetischen und chinesischen Übertragungen hrsg. Johannes Nobel, Leipzig: Harrassowitz, 1937. 以下简称为：Suvarabhāsottamasūtra. Das Goldglanz-Sūtra.

次一行，结问开答；后七十五行，梵天答。即说正论也。①

智𫖮是把王论品的经颂，理解为"集众""发问""结问开答"及"梵天答"四个部分。

而关于此品经颂的主体部分，即所谓"梵天答"问的部分，智𫖮疏中也提出如下的科判：

从"汝今虽以"下，是梵答。文为二。初十行半，略答；后六十四行半，广答。②

即智𫖮认为此论经颂梵天答问的主体部分，可以分成两部分文字义理的层次，即一、略答的义理层次部分；二、广答的义理层次部分。智𫖮这一疏释，对于《王论品》经颂主体文字义理的检讨，可以说提出了极具原创性学术思想的见解，值得我们重视。

而"广答"部分的义理层次，文字内容更显烦琐复杂，究竟要如何理解此部分文字的思想逻辑呢？智𫖮的诠释方案是：

从"若有恶事"下，三十九行三句，广明非法，不得名天，不得名王，六义俱失。从"当正治罪"下，二十四行三句，更广说六义：当正治罪，即父母义。诸天护持，即天子义。以灭恶法，即魁脍义。魁脍名典军，遮制恶鬼，鬼畏典军，不敢乱行也。修习善法，即执乐义。应各为说，即示因果义。诸天，即分德义。还以六义消文，皆可寻（云云）。③

---

① （隋）智𫖮：《金光明经文句》卷6，《大正藏》第39册，第78页中。
② （隋）智𫖮：《金光明经文句》卷6，《大正藏》第39册，第78页下。
③ （隋）智𫖮：《金光明经文句》卷6，《大正藏》第39册，第79页上。

也就是说，关于经颂主体文字的"广答"部分，智𫖮认为应该从两个不同方向的义理开展，来消解经文的内在理路。其中，前部分经颂的义理方向，是旨在讨论人王因为"非法"的治国理政方式，从而导致"六义俱失"的问题；后部分经颂的义理方向正好相反，是详细讨论人王合理治国理政的"六义"（"广说六义"）问题。

三论宗创始人吉藏法师是隋代另外一位具有盛名的佛经注疏大师，他对于《金光明经》的思想义理，也有很好的研究。这里也拟对其《王论品》的注疏思路略加观察。如关于《金光明经·王论品》经颂整体文字义理脉络的问题，吉藏的解释如下：

> 从偈以去，正是论说。于中有三：初两行偈，诫许。二、从"诸王和合"下，四行偈，请问。三、从"护世四王"下，七十六行偈，为释。①

可以看出，吉藏是分别以"诫许""请问""释"三个方面，来理解《王论品》经颂的整体脉络，这与智者大师对于经颂文字义理整体脉络的理解，高度的一致。

吉藏此处所谓"释"的部分，正对应智𫖮疏释"梵天答"的部分。关于经颂这一主体部分的文字义理脉络，吉藏提出的看法如下：

> 二从"因集业故"下，七十三行半，正答。于中有二。初六行，略答，问正论之体；第二，从"半名人王"下，六十七行半，广答，显正论之相。②

---

① （隋）吉藏：《金光明经疏》，《大正藏》第39册，第169页下。
② （隋）吉藏：《金光明经疏》，《大正藏》第39册，第169页下。

可以看出：吉藏虽然使用了"正论之体""正论之相"一类的复杂说法，但他把经颂主体部分分解为"略答""广答"两段文字义理层次的诠释理路，与智颛的诠释思路也完全相同。

最后，关于经颂主体文字的"广答"部分，吉藏的诠释思路是：

> "半名人王"下，是大段第二，广答。于中有二：初三行，广治化人德；第二，从"若有恶事"下，六十四行半，广治化正论。"若有恶事"下，是大段第二，广治化正法。于中有三：初三十五行，明人王纵恶，则祸生国败；第二，从"若为诸天，所护生者"下，二十一行半，明人王修善，则福至土丰；第三，从"以是因缘"下，八行，结劝舍恶从善。①

也就是说，吉藏主张把经颂主体部分的"广答"文字消解为"广治化人德"及"广治化正法"两个义理层次；而针对"广治化正法"的义理层次，又可以进一步细分为三个文字义理单元，即：（一）"明人王纵恶，则祸生国败"，（二）"明人王修善，则福至土丰"，及（三）"结劝舍恶从善"三个部分。吉藏的说法显得比较烦琐，不易为读者所把握，但是他明确提出"人王纵恶"及"人王修善"两个部分，这一点与智者大师以两个不同的义理方向消解"广答"部分经颂的理解方式，从本质而言也是相通的。

这里应该考虑的第三家注释，是唐代唯识宗大德慧沼法师所著的《金光明最胜王经疏》。此疏是慧沼对于唐代译经大师义净三藏所译《金光明最胜王经》的注疏，是现存唯一一种对于《金光明最胜王经》的注疏著作，无论对于《金光明经》本身思想的研究，或是对于义净三藏的研究，均有特别突出的意义，故而尤其是本研究最为重要的一种

---

① （隋）吉藏：《金光明经疏》，《大正藏》第39册，第170页上。

参考资料。关于所讨论《王论品》(《金光明最胜王经》译为《王法正论品》)的文字逻辑进路问题,慧沼提出的科判如下:

> 下正陈彼说有七十三行颂分二:初二颂力尊敕听,后七十一颂为陈正论。下七十一颂为陈正论,大文分三:初二颂论起所因,次二颂发问生起,后六十七颂正陈其论。下六十七颂正陈其论有三:初二颂序昔许说,次六十颂半天主正陈,后"是故汝人王"下四颂半劝勉依学。下天主正陈有二:初三颂答名及业二问,即令修善更作来因;后"三十三天主"下五十七颂半通答问得号所由,即陈正论,即令修其现益。下五十二颂半广释分二:初三十五颂明王违正法故祸臻,后十七行半明王依正法故福臻。①

可以看出:慧沼将这部分颂文(七十三行颂)分成"力尊敕听"及"为陈正论"两个部分;"为陈正论"的部分,又分为"论起所因""发问生起""正陈其论"三个部分;"正陈其论"的部分,又细分为"序昔许说""天主正陈""劝勉依学"三个部分;其中,"天主正陈"的核心部分,前三颂"答名及业二问",后五十七颂半,"通答问得号所由";而"通答"的部分,又分为"违正法"及"依正法"两个段落。可见慧沼理解《王论品》经颂的思路与方法,从总体上看与智𫖮、吉藏二家也是一脉相承的。

总之,智𫖮、吉藏、慧沼关于《金光明经·王论品》经颂部分的理解,存在非常相契的共识:即他们都认为此品经颂梵天答问的主体颂文部分,应该分为"略答"和"广答"两个文字义理层次;而"广答"部分的文字义理层次,存在两个不同的阐述角度:其中一个角度是阐释人王不能依法治国理政的祸害,另外一个角度则是阐述人王依法

---

① (唐)慧沼:《金光明最胜王经疏》卷5,《大正藏》第39册,第314页中。

治国理政的善果。三家对于《金光明经·王论品》经颂文字义理脉络的总体理解与深度认识大体一致，三家的不同仅仅是在具体经文科句方面小有差异而已。

我们今天对于《金光明经》的研究，不仅有前贤如智者、吉藏、慧沼的研究可资参考，还可以参照此经的现存梵本，作更精确的梵汉对勘的研究工作。所以我们可以在前三家科判的基础上，参照梵汉对勘研究的成果，更加清晰地提出《金光明经·王论品》经颂部分文字义理的逻辑结构。

第1—2颂：《王论品》经颂序言，主要内容是力尊幢王欲传先王相习王论给其子光辉幢王；

第3—73颂：《王论品》经颂正文。其中：

第3—6颂：四大天王提问的部分，内容是四大天王向梵天因陀罗提出王论的根本问题；

第7—73颂：梵天因陀罗答四大天王提问，内容是梵天说"最上王论"，解答王论的根本问题。其中，根据文字义理的逻辑，又可以分成四个部分：

第一部分：第7—8颂，梵天允答四大天王所提之问题；

第二部分：第9—16颂，梵天略答四大天王所提之问题；

第三部分：第17—69颂，梵天详答四大天王所提之问题；

第四部分：第70—73颂，是经颂结论，梵天总结王论之基本思想，劝诫后世人王依法治国理政之基本原则，及其依法治国理政之良善结果。

其中，关于此品经颂梵天详答部分（第17—69颂），又可分成以下两个文字义理单元：

第17—52颂：详答人主不能依法治国理政，将会引起的严重过失；

第53—69颂：详答人主依法治国理政，他应尽的职责及导致的良善结果。

二 《金光明经·王论品》佛教政治思想理念的分析

在《金光明经·王论品》经颂主体部分一开头，由四大天王向梵天因陀罗提出国家治理的问题，然后由梵天答复四大天王之问。因而《金光明经·王论品》佛教政治思想的中心问题，跟四大天王提出的问题，有着密切的关系。精确理解这里四大天王的问题，也就把握了《王论品》佛教政治思想理念的核心内容。因而下面就以本经此品经颂四大天王所提问题为中心，对《金光明经·王论品》佛教政治思想的要义予以扼要观察。

四大天王所提佛教政治思想问题，究竟是什么样的问题呢？在北凉昙无谶所译《金光明经》中，有关四大天王的提问，经中译文是：

云何是人，得名为天？云何人王，复名天子？生在人中，处王宫殿，正法治世，而名为天？①

隋代沙门宝贵所集《合部金光明经》中，此品译文从北凉昙无谶译本，故合集本中此处译文同凉本。在唐代义净法师所译《金光明最胜王经》中，四大天王提问的部分，义净译为：

云何处人世，而得名为天？复以何因缘，号名曰天子？云何生人间，独得为人主？云何在天上，复得作天王？②

隋代智者大师所著《金光明经文句》，这样解读凉本中的四大天王

---

① （北凉）昙无谶译：《金光明经》卷3，《大正藏》第16册，第34页上。
② （唐）义净译：《金光明最胜王经》卷8，《大正藏》第16册，第44页中。

之问：

> 次四王发四问：一问云何呼人为天，二问非天所生而名天子，三问处王宫殿何故名天，四问以人法治世那得名天。①

智者大师认为四大天王的问题共是四个：第一个问题：国王是人，为什么要称呼他为天神？第二个问题：国王是由人所生，不是由天所生，为什么要称呼他为天子？第三个问题：国王处在人类的宫殿中，不在天神宫殿中，为什么称呼他为天神呢？第四个问题：国王以人法治理人间，怎么会称呼他为天神呢？

隋代三论宗佛学大师吉藏对四大天王问题的解读如下：

> 就问中有三事：初二句，问何故是人，而名为天；次一句，问何故是人，而独名王；后一句，问何故人王，而名天子。后一行总结，问云：虽在人中，以正法治世，故而名为天耶？此是结第一问，第二、第三，略不结也。②

吉藏的注疏同样是依据北凉译本，但是他把四大天王所提问题解读为三个问题，而不是如智顗所理解的四个问题。并且，与智顗的解释比较可知，吉藏解读三个问题的具体内容与智者大师也有所不同。

至于唐代慧沼法师所著《金光明经》注疏，则是依据唐代义净三藏所译《金光明最胜王经》而制作。因为从《金光明最胜王经》的汉译明显可以看出，此处有四个问题，所以慧沼疏文中这样解释四大天王的提问部分：

---

① （隋）智顗：《金光明经文句》卷6，《大正藏》第39册，第78页下。
② （隋）吉藏：《金光明经疏》，《大正藏》第39册，第169页下。

下发问生起，总有四问，如文可知。①

也就是说，慧沼根据义净三藏的译文，是明确地将四大天王所问内容理解为四个问题。

从以上简略的讨论可知，关于《金光明经·王论品》经颂的四大天王之问，智者大师依据凉译经文理解为包含四个问题；吉藏大师同样依据凉译经文，而理解这段经颂是包含三个问题；慧沼法师根据义净的新译经文，也是将此处的问题理解为四个问题。还可看出不仅吉藏理解的三个问题与智者大师理解的四个问题内容有所不同，智者大师理解的四个问题与慧沼法师理解的四个问题也有一些差异。出现上述这些诠释上的差异，一方面是译文的差异所致，另一方面当然也和注疏者对经文的不同理解有关。

勘对现存梵本，关于四大天王所提问题，在梵本中是为本品第5颂及第6颂。现在将这两个颂文的原文引用在下面：

> kathaṃ manuṣyasaṃbhūto rājā devaḥ tu procyate
> kena ca hetunā rājā devaputras tu procyate ∥ 5 ∥
> yadīha mānuṣe loke jāyate ca bhaven nṛpaḥ |
> kathaṃ devo manuṣyeṣu rājatvaṃ ca kariṣyate ∥ 6 ∥ ②

新译如下：

> 为何王是人，却称为天神？复以何原因，称王天神子？
> 如果出生人世间，并且会成为人王，则是人中一天神，要如何治国理政？

根据梵本及新译，可以清楚地看出：四大天王提问的两个颂文，第一个颂文包含两个问题，第二个颂文所言是一个问题，所以四大天王的

---

① （唐）慧沼：《金光明最胜王经疏》卷5，《大正藏》第39册，第314页下。
② Suvarabhāsottamasūtra. Das Goldglanz-Sūtra, p. 133.

提问一共包含三个问题。其中，第一个问题是：作为人或人中生的国王，为什么却被人们称为天神呢？第二个问题是：作为人或人中生的国王，为什么又被称为天子或天神之子呢？第三个问题是：出生在人世间、被称为天神或天神之子的人王，应当怎样行使其统治权，即怎样治理国家呢？第一、第二两个问题，从思想内涵的实质言，可以合并为一个问题，那就是人主治国理政这一统治威权的根据问题。而第三个问题，则是问受到天神加持，因而其治国理政的权力具有合法性、威权性、神圣性的人王，应当如何合理地治国理政的问题，也就是国家权力运作的原则或方法的问题。因此，四大天王之问可以概括为两个方面的问题：第一个方面，是国王权力的神圣根源问题；第二个方面，是国王如何合理行使权力的问题。

在《金光明经·王论品》经颂梵天答问的"略答"部分，也可以清晰观察到这部经典对于上述两个方面问题的回答。下面我们对略答相关的部分拟稍作考察，以便既能进一步加强我们对于四大天王问题的认识，同时借对经中关于四大天王问题解答的理解，深化我们对于此经《王论品》佛教政治思想内容与实质的认识。

如在北凉本中，可以读到如下一段译文：

> 处在胎中，诸天守护，或先守护，然后入胎。虽在人中，生为人王，以天护故，复称天子。三十三天，各以己德，分与是人，故称天子。神力所加，故得自在。①

唐代义净三藏相应的译文如下：

> 诸天共加护，然后入母胎；既至母胎中，诸天复守护。虽生在

---

① （北凉）昙无谶译：《金光明经》卷3，《大正藏》第16册，第347页上。

人世，尊胜故名天；由诸天护持，亦得名天子。三十三天主，分力助人王；及一切诸天，亦资自在力。①

凉译、唐译上面的译文，分别对应梵本此品第 10、11、12 三颂。② 其中第 10 颂言：人王得到诸天神主的加持，才得以进入母腹及进入母胎，也就是说人王的托生，有诸天神主的重要因缘。第 11 颂言：人王虽然是在人类中出生，在人类中死亡，因而人王现实的一生都是在人世间度过的，但他确实也是由天神所成就的，所以称其为天子。也就是说，在人王的现世人生中，存在着诸天神主的重要因缘。第 12 颂言：三十三天天神诸众皆曾将其福分授予此人王，使他得以成为人类中的统治者。也就是说人王之所以成为人间的统治者、国王，是与诸天神众施与其"福分"这个条件分不开的。可以看出：以上三颂都是在回答人王何以被称为天神、何以被称为天神之子的问题，从思想实质言就是在回答国王国家治理权力的神圣根源问题。

北凉本《金光明经》接下来的几句译文是：

远离恶法，遮令不起；安住善法，修令增广；能令众生，多生天上。半名人王，亦名执乐，罗刹魁脍，能遮诸恶；亦名父母，教诲修善，示现果报，诸天所护；善恶诸业，现在未来，现受果报，诸天所护。③

唐代义净三藏《金光明最胜王经》相应的译文如下：

除灭诸非法，恶业令不生；教有情修善，使得生天上。人及苏

---

① （唐）义净译：《金光明最胜王经》卷 8，《大正藏》第 16 册，第 44 页中。
② Suvarabhāsottamasūtra. Das Goldglanz-Sūtra, pp. 134–135.
③ （北凉）昙无谶译：《金光明经》卷 3，《大正藏》第 16 册，第 347 页上。

罗众，并捷闼婆等，罗刹栴荼罗，悉皆资半力。父母资半力，令舍恶修善；诸天共护持，示其诸善报。若造诸恶业，令于现世中，诸天不护持，示其诸恶报。①

参照《金光明经》梵本，可知上面所引汉译颂文，分别对应《王论品》梵本第13、14、15、16四颂。②

其中，第13颂：言人王能够抑制恶行者，以便消灭恶行；能够把人民安置于善行，使人民都追求来生托生到天神宫殿中。颂文中提出"恶行者""善行者"两个概念，这两个概念可以说是《金光明经·王论品》国家治理思想的两个核心概念，与这两个概念对应，抑恶及扬善，也就成为人王治国理政的最基本方向，是其合理行使国家治理权力的最根本原则。

第14颂：强调人王或者是人，或者是天神，或者是乾闼婆，或者是罗刹，或者是栴荼罗，最重要的是人王能够遮止恶行。此颂文高度强调：在人王行使国家治理权力时，对于恶行加以限制，而不是对恶行采取放任罔顾的态度，是其治国理政中十分重要的职责。

第15颂：言人王是善行者的父母，正如父母之于爱子，总是把最好的东西提供给爱子，人王治国理政的根本宗旨之一，也正是旨在使得善行者见到现世的果报。这一颂强调在人王治国理政时，奖掖善行同样是其重要的职责。

第16颂：言人王的治国理政，重在使得善行者及恶行者都能见到现世的果报，所以说对国民的善恶诸业而言，人王是"有其现法者"。人王使善行、恶行诸业都一一获得现世的果报，也就是说他的治国理政，重在要让公正的原则、正义的原则，在现实人生、现实社会中实现

---

① （唐）义净译：《金光明最胜王经》卷8，《大正藏》第16册，第442页中。
② Suvarabhāsottamasūtra. Das Goldglanz-Sūtra, pp. 135–136.

出来。所以这一颂强调了在现实社会、现实人生中实现公平正义的原则，是人王治国理政的基本职责所在。

可以看出以上四个颂文都是回答为天神所加持，因而其治国理政的权力具有合理性、神圣性、威权性的人王，应当如何使其国家权力合理运作的问题。把《王论品》四大天王提问及梵天因陀罗略答两个方面综合起来观察，我们可以得出结论：《金光明经·王论品》政治思想的基本问题和中心问题，是讨论王国政治权力的合理根据及其治国理政权力运作的合理原则的问题。我们知道，国家治国理政的权力依据，及与之相应的国家权力的治理原则问题，一直是人类政治哲学思想讨论的基本课题。《金光明经·王论品》的佛教政治思想，正是对于上述人类政治哲学基本问题的清晰回答，展现了佛教的政治学智慧，凸显了佛教政治哲学思想建构的逻辑化和体系化，因而是人类政治哲学的宝贵思想遗产。

三 在佛教政治哲学思想传统中再审视《金光明经》"王论"

最后，在理解及评估《金光明经·王论品》佛教政治思想这一议题时，我们还需要考虑佛教思想自身传统的特殊性问题。我们知道释迦牟尼当时所教导的佛法，确实在相当程度上是以涅槃解脱作为最高的佛法目标，因此人们惯常认为：佛教不讨论或不重视有关政治思想的议题。其实这样的看法失之轻率，也不符合历史事实。

现在学界一般公认《杂阿含经》比较能够反映释迦牟尼的真实思想和真实行履。此经中有编号411的小经，说有一天在禅定中，佛陀听到一群比丘在食堂"作如是论"："或论王事、贼事、斗战事、钱财事、衣被事、饮食事、男女事、世间言语事、事业事、诸海中事。"于是他晓谕比丘们："汝等莫作是论，论说王事，乃至不向涅槃。若论说者，应当论说：'此苦圣谛、苦集圣谛、苦灭圣谛、苦灭道迹圣谛。'所以者何？此四圣谛以义饶益、法饶益、梵行饶益、正智、正觉、正向涅槃。"① 此经典的主题是佛陀不同意或不建议比丘们讨论包括"王事"在内的诸多现实人间事务。但是需要指出：此经中佛陀教诫的对象是"比丘"，也就是出家修行者。但是佛教的受众不仅是作为职业宗教人的比丘、比丘尼，还包括在家信徒，以及不一定接受佛教信仰的广大社会群众。所以我们不宜将此经典中"涅槃解脱论"与"诸事论"对立的态度理解为佛教针对一切社会大众的普遍教导。另一部原始佛教经典《中阿含经》甚至将包括讨论国家治理问题的所谓"王论""国论"在内的十余种思想论题，列为与解脱真理不相应的"畜生之论"②，也可以显示在佛陀的思想、说法与原始佛教整理成型的记载之间，存在一些微妙但不可忽视的变化。

其实，如果换一种眼光看原始佛教经典，就会发现佛陀讨论政治主题的经文其实非常之多。如所周知，佛陀强调种姓的平等，对于贱民的处境和遭遇怀有满腔的同情，我们知道种姓问题乃至贱民问题，在佛陀时代和佛陀之后的印度，都既是一个严肃的宗教问题，也是一个严肃的政治哲学的议题。佛陀对于这一议题的反复、深入讨论，足见他的政治情怀和政治哲学的基本精神。③ 原始佛教经典曾记录佛陀晚年所言著名的跋只国七法，这"七法"是：（一）数相集会，讲议正事；（二）君臣和顺，上下相敬；（三）奉法晓忌，不违礼度；（四）孝事父母，敬顺师长；（五）恭于宗庙，致敬鬼神；（六）闺门真正洁净无秽，至于戏笑，言不及邪；（七）宗事沙门，敬持戒者，瞻视护养，未尝懈惓。

---

① （刘宋）求那跋陀罗译：《杂阿含经》卷16，《大正藏》第2册，第109页中。
② （东晋）僧伽提婆译：《中阿含经》卷47，《大正藏》第1册，第72页中；《中阿含经》卷57，《大正藏》第1册，第781页中；《中阿含经》卷57，《大正藏》第1册，第783页下。
③ 程恭让：《原始佛教三大核心价值暨星云大师人间佛教对佛教社会思想的新贡献》，载李向平主编《人间佛教社会学论集》，高雄：佛光文化2019年版。

其经结论是:"彼国人民,若行一法,犹不可图,况复具七?"① 说明佛陀所宣讲的七法,不仅是跋只国治国实情的反映,也是佛陀所主张或教导治国理政的基本准则。

前引慧沼法师《金光明最胜王经疏》中,特别提到另外几部与《金光明经·王论品》思想主题有密切联系的著作。他说:

> 准《瑜伽》六十一及《王法正理论》明王之过失、王之功德、王衰损门、王方便门、王可爱法及能引发王可爱法,各有多门。广如彼辨。若别配此,行相稍难。问此名王法正论。彼《瑜伽》同,《王法正理论》名目相顺。何不依彼以释?答:理不一途。《仁王般若》《萨遮尼乾子》等皆明王行治国之法,非彼皆同。然配无违。②

慧沼这里是提出《瑜伽师地论》卷六十一、《王法正理论》、《仁王般若经》、《大萨遮尼乾子所说经》四部讨论佛教政治思想议题的相关佛学著作,认为前两种著作与《金光明经·王论品》所阐述的理致不尽相同,后两种著作旨在讨论"王行治国之法",虽然与《金光明经·王论品》的思想主题也有差异,但是可以进行相配合的诠释。这里将慧沼所提出的几部著作的情况略加观察。

《王法正理论》,1卷。传为弥勒菩萨造,玄奘法师汉译。此论分为前后两个部分,前一部分为论主引用佛陀为出爱王所说经。因出爱王向佛陀请教何者为诸王真实过失、何者为诸王真实功德,佛陀答以王之过失、王之功德、王衰损门、王方便门、王可爱法及能引发王可爱法诸门。后半段为论主摄经义而议论,"依行差别建立三士,谓下中上",

---

① (后秦)佛陀耶舍、竺佛念译:《长阿含经》卷2,《大正藏》第1册,第11页中。
② (唐)慧沼:《金光明最胜王经疏》卷5,《大正藏》第39册,第315页中。

即从治国行为的角度，把国王区分为下士、中士、上士三等。①

《瑜伽师地论》，100卷。传为弥勒菩萨说，玄奘法师汉译。本论为大乘佛教瑜伽行派核心论典。论中卷六十一《摄决择分中有寻有伺等三地之四》，曾引用佛为出爱王所说经。所引用经文是玄奘汉译《王法正理论》中的经文，但小有差异。如所谓"王之过失门"，在《王法正理论》中列九种过失，《瑜伽》引文称十种过失，加第一种过失为"种姓不高"；王之功德门，在《王法正理论》中列九种功德，《瑜伽》引文称十种功德，加第一种功德为"种姓尊高"。② 是《瑜伽师地论》此处引用的经文，对《王法正理论》引用的经文有所增益，或者相反《王法正理论》所引经文对此经原始经文有所删削，此问题今日已不可考。国王出身门第高低的问题，是一个非常现实的政治思想议题，因此《瑜伽论》引用的这段经文说明3世纪以后大乘佛教论书作者的佛教政治思想更加有现实感，更加能接地气，这与大乘思想的基本关怀也是本质一致的。

《仁王般若经》，2卷。此经传为鸠摩罗什汉译。经中以般若思想为基础，处理现实人间政治问题，是将般若、中观思想应用于政治事务的佛教经典。经中尤其有《护国品》，言当国土欲乱、破坏劫烧、贼来破国时，"当请百佛像、百菩萨像、百罗汉像，百比丘众，四大众、七众，共听请百法师讲般若波罗蜜"。国土中百部鬼神，乐闻是经，则能保护国土。此为"护国土法用"。经中还说，此法不仅能够"护国"，还能"护福"，及"护众难"。③ 因为这些理由，此经在中土广为传播。天台智者大师、三论吉藏法师、唐代圆测法师、良贲法师等纷纷为此经撰写注疏，因而此经得成中国佛教最重要的"护国"经典之一。其实，印度中观思想鼻祖龙树著有《宝行王正论》，其中有《正教王品》，专

---

① （唐）玄奘译：《王法正理论》，《大正藏》第31册，第855页中。
② （唐）玄奘译：《瑜伽师地论》卷61，《大正藏》第30册，第638页上。
③ （东晋）鸠摩罗什译：《佛说仁王般若波罗蜜经》卷2，《大正藏》第8册，第829页下。

题阐释般若学系的佛教政治思想。陈真谛曾译此论，遗憾的是后世没有广泛的认知和宣传。无论是中观学派的《宝行王正论》，或是流传于中国的《仁王经》，其基本的佛学思想意图是一致的。

《大萨遮尼乾子所说经》，10卷。此经由元魏天竺三藏菩提留支所译。是经中有《王论品》，几占该经第三—五共三卷篇幅，可见政治思想主题的讨论为该经的核心内容。经中因严炽王之提问，大萨遮尼乾子广为宣讲王论相关的几乎所有问题。经中提出了人王的定义："王者民之父母，以能依法摄护众生令安乐故，名之为王。"经中将人王区分为四种：一、转轮王；二、少分王；三、次少分王；四、边地王。其中转轮王是佛教理想中统治四天下的君主。转轮王跟其他"诸小王"的区别是：转轮王"依自业力功德护持于彼世，时诸小王论一切不行"；而"诸小王等，依王论法，以道治国，护诸众生，除转轮王"。所以经中将佛教的政治哲学亦即王论，界定为是"诸小王"时代的政治思想，而非转轮王时代的政治思想，因为转轮王时代人心淳善，根本无须政治哲学的教化。经中接着讨论了佛教王论的基本原则。可以从所对治法及能对治法两者了解王论的原则：所谓所对治法，就是王论时代人们的放逸心和无慈心；所谓能对治法，就是人类的不放逸心及慈悲心。因而以不放逸心、大慈悲心自律，以不放逸心、大慈悲心对治放逸及无慈，就是"诸小王"时代国王治理国政的基本准则。经文其余部分依据这一思想原则，对国王治国理政中的一切问题，诸如惩恶、扬善、驭众、军旅等问题，都作了严谨系统的说明和演绎。[①]

综上可知，从释迦牟尼及原始佛教，发展到大乘佛教及中华佛教，佛教的政治思想始终是佛教思想中的重要组成部分，佛教的政治智慧始终是佛教智慧的有机构成要素，而不是如一些人通常所想象的那样：即佛教只是出世间的智慧，佛法与包括政治在内的种种世间事务，没有任

---

① （元魏）菩提留支译：《大萨遮尼乾子所说经》卷3，《大正藏》第9册，第329页中。

何关系。基于这个研究视角，我们可以更加深入地理解《金光明经·王论品》的政治哲学思想，是佛教政治思想传统及整个佛教思想传统大谱系中的有机组成部分。同时基于这样的研究视角，我们可以更好地确认：以《金光明经·王论品》为代表、反映佛教政治思想理念系统建构的佛教经典，包括《大萨遮尼乾子所说经》《王法正理论》《仁王护国般若经》等，不仅在佛教的思想史上，而且在人类政治哲学思想史上，都有其值得珍视及有待深入开发的学术思想意义。

  还需要考虑到：从佛教学术思想的发展角度着眼，佛教的政治哲学思想，特别能够反映随着环境的变化佛教思想文化逐步演化的事实。佛教的政治思想确实是逐步整合在佛教整体的思想体系中的。在从印度到中亚到中国及从中国回流中亚、印度这种双向互动的传播过程中，佛教的政治思想越来越展现特色化的发展，越来越实现思想的体系化，从而也使得佛教的整体思想愈来愈丰富，愈来愈具有灵活性及适应性。《金光明经·王论品》的形成背景，也可以作如是观。我们曾经在过去的研究中，指出包括《金光明经》在内的很多佛教经典，都有"历时性"建构的特点，[①] 这个判断同样适用于《金光明经》的《王论品》。虽然现有资料不足以证成《王论品》的政治思想模式就是秦汉中国思想中"天人感应"模式的"翻版"，[②] 但是从"一带一路"佛教交流互动的视角着眼，可以说《金光明经·王论品》的政治哲学模式，确实有助于我们理解古代南亚、中亚和东亚几大文化传统之间的文明交流与互动。

[①] 程恭让：《从历时性建构的视角理解〈金光明经〉的善巧方便概念思想》，《世界宗教研究》2019年第2期。
[②] 任继愈主编：《中国佛教史》（第三卷），中国社会科学出版社1988年版，第161页。

Zenju's Theory of Tathatā in the *Hōongikyō* *

李子捷

SOAS University of London

Abstract：In the *Hōongikyō* 法苑义镜 [*Mirror on the Meaning of the Garden of the Dharma*], Zenju 善珠 (723—797) followed the standpoint of Xuanzang 玄奘 (602— 664) and his disciples. Zenju possessed a substantial amount of information not only on consciousness-only (Chin. *weishi* 唯识) thoughts, but other relevant theories espoused during the Northern and Southern Dynasties in Chinese Buddhism, including the interpretations of the Dilun 地论 tradition.

Regarding the theory of *shinnyo* 真如 (Skt. *tathatā*; Chin. *zhenru*; Thusness), Zenju referenced to it many times, explaining it from various perspectives. The interpretations of *shinnyo* based on Xuanzang's translations are undoubtedly mainstreamed in the *Hōongikyō*. Conversely, although Zenju clearly mentioned the titles of the *Da boniepan jing* 大般涅槃经 [Skt. *Mahāparinirvāṇa-sūtra*; *Great Nirvana Sūtra*], the *Jiujing yisheng baoxing lun* 究竟一乘宝性论 [Skt. *Ratnagotravibhāga*; *Treatise of the Jewel-nature*

---

* 本文是2019年度国家社科基金重大项目"'一带一路'佛教交流史"（项目编号：19ZDA239）的中期成果之一。

of Ultimate One], and the *Foxing lun* 佛性论 [*Treatise on the Buddha nature*], it is highly likely that these had all influenced Zenju when he was explaining the relationship between *shinnyo* and Buddha nature. This only means that as a famous monk of the Japanese Hossō sect 法相宗, Zenju's understanding of *shinnyo* is not only limited to Xuanzang's translations and the commentaries of his disciples.

Furthermore, Kūkai 空海 (774—835) has cited Fazang 法藏's explanation to demonstrate that *shinnyo* is indispensable and conditionally arises. On the contrary, the interpretation of *shinnyo* as emptiness and impermanence can be found in Zenju's explanations. It is likely that Kūkai utilised Zenju's explanation, including Xuanzang and his disciples' doctrine, to weaken *shinnyo*.

Keywords: Zenju; *Hōongikyō*; *shinnyo* (*zhenru*); Kūkai

I have examined the theories of *tathatā* (Chin. *zhenru* 真如; Jp. *shinnyo*; Thusness) under the influence of the *Jiujing yisheng baoxing lun* 究竟一乘宝性论 [Skt. *Ratnagotravibhāga*; *Treatise of the Jewel-nature of Ultimate One*] in Chinese Buddhism to date. As a further research of this topic, I intend to discuss the theory of *shinnyo* found in the *Hōongikyō* 法苑义镜 [*Mirror on the Meaning of the Garden of the Dharma*], written by Japanese monk Zenju 善珠 (723—797) in the Nara period.

As what has been widely known, Zenju is one of the most influential Buddhist monks between the Nara 奈良 and Heian 平安 periods. In the *Hōongikyō*, Zenju largely followed the standpoint of Xuanzang 玄奘 (602—664) and his disciples. Zenju was also known to be well versed with information not only on the consciousness-only (Chin. *weishi* 唯识) thoughts but other relevant theories during the Northern and Southern Dynasties in

Chinese Buddhism, including the interpretations of the Dilun 地论 tradition.

Although the Nara period is usually considered an era in which Buddhism was mainly treated as one of a kind knowledge, this research arose during the second half of the period. Within the extant commentaries pertaining to this era, the earliest text is the *Ninnō gokoku kyō sho* 仁王护国经疏 [*The Commentary on the Sūtra of Benevolent King*], written by Gyōshin 行信 (? —750), a Hossō sect 法相宗 monk. However, Chikō 智光 (709—770) of the Gangōji 元兴寺 was the first famous monk known as a scholar, who wrote many commentaries and treatises in the Nara period.

Similarly, Zenju was frequently mentioned in the same breath as Chikō, but Zenju's critique towards other sects in his treatises cannot be found. Instead, Zenju paid much more attention to highlighting and spreading the word about Xuanzang and his disciples' assertions. ①From the end of the Nara to the early Heian period, the Hossō sect was becoming increasingly powerful, as the Sanron sect 三论宗 was set on a decline. Generally, the critique of the Hossō sect towards the Sanron sect was relatively modest, compared with their sharp analysis towards the Tendai sect 天台宗. According to Saeki Ryōken 佐伯良谦, the reason for these varying attitudes is because the Hossō sect had already established a clear superiority towards Sanron sect in the end of the Nara period. ②

---

① Meanwhile, research conducted for this article was sponsored by a research grant awarded by the Robert H. N. Ho Family Foundation, for a research fellowship of Robert H. N. Ho Family Foundation Postdoctoral Fellow in the SOAS at University of London. As Stanley Weinstein pointed out, Zenju stated that the correct date of Ji 基's death should be 682 through his own research. It reveals that Zenju researched not just the doctrine of Chinese Weishi 唯识 (consciousness-only) Buddhism, but the biographical notes of Xuanzang and his disciples. See Stanley Weinstein, "A Biographical Study of Tzu-en", 1959.

② Saeki Ryōken, "Nihon yuishiki kyō no kensetsusha Zenju," 1916.

Regarding the previous research about Zenju, Kusaka Murin 日下无伦's extensive article discussing the various aspects of Zenju requires mentioning here. ①Kusaka discussed Zenju's biographical note, succession of learning from teachers, relevant monasteries, treatises, personal thoughts, and disciples. According to his assertion, Zenju was the most influential Buddhist monk in the Nara period. Furthermore, Zenju should also be regarded as the forerunner of Heian Buddhism. For this reason, to further examine Heian Buddhism and its background, the end of Nara Buddhism, I intend to investigate the theory of *shinnyo* found in the *Hōongikyō*, which is Zenju's commentary to the *Dasheng fayuan yilin zhang* 大乘法苑义林章 [*The Chapter on the Meaning of the Great Garden of the Dharma*], a main treatise of Ji 基 (632—682). ②This relationship between Chinese and Japanese Buddhism unveils the strong connection within East Asian Buddhism, illustrating the history of the 'Belt and Road'.

1. Theory of *Shinnyo* in the *Hōongikyō*

Zenju has cited the theory of *shinnyo* 真如 (Skt. *tathatā*; Chin. *zhenru*; thusness) many times, explaining it from various perspectives. As Zenju honored Xuanzang and his disciples' thoughts, the interpretations of *shinnyo* based on Xuanzang's translations such as the relations between *tathatā* and three kinds of nature (Chin. *sanxing shuo* 三性说) are undoubtedly mainstreamed in the *Hōongikyō*. Conversely, although Zenju

---

① Kusaka Murin, "Zenju sōshō no kenkyū," 1920.
② Besides the direct research mentioned above, there is also some relevant research focusing on specific issues about Zenju. See Inoue Eishō, "Zenju no kai nitsuite," 1993; ōtani Yuka, "Zenju no muhyōshiki kaishaku," 2005.

clearly mentioned the titles of the *Jiujing yisheng baoxing lun* and the *Foxing lun* 佛性论 [*Treatise on the Buddha nature*], it is very likely that the *Jiujing yisheng baoxing lun* and the *Foxing lun* had influenced Zenju when he was explaining the relationship between *shinnyo* and Buddha nature (Chin. *foxing* 佛性; Jp. *busshō*). In this section, I intend to analyse the theory of *shinnyo* found in the *Hōongikyō* in an attempt to probe into Zenju's attitude.

It is widely known that various arguments were proposed on the relationship between *shinnyo* and external environment in the history of East Asian Buddhism. Concerning this issue, Zenju stated the following.

问：五事四缘相摄如何。答：相一切缘所摄，名等无间缘所摄，分别正智四缘所摄，真如唯所缘缘摄。既云真如唯所缘缘摄，如何今云废诠谈旨非境耶？解云：真如非是分别心境，故名非境界。非谓不是正智境界。①

What is the relationship and interaction between the *goji* 五事 (five actors) and *shien* 四缘 (four types) of condition? One answer is that they correspond respectively. That is, feature corresponds with *issaien* 一切缘 (all kinds of condition). Definition corresponds with *tōmukennen* 等无间缘 (interaction condition). Discrimination wisdom corresponds with *shien*. *Shinnyo* 真如 (Skt. *tathatā*; Chin. *zhenru*; thusness) corresponds with *shoennen* 所缘缘 (object condition). If *shinnyo* corresponds with *shoennen*, some people asked, why is it stated that we should ignore external conditions to explore the principle substance? The answer is that *shinnyo* is not the object of discrimination

---

① *Hōongikyō*, T No. 2317, Vol. 71, 6: 3. 179c08 – 179c16.

sense, but it does not mean that *shinnyo* is not the object of ultimate wisdom.

According to Zenju's explanation, *shinnyo* is not the object of discrimination sense, but of ultimate wisdom. Hence, *shinnyo* is one of a kind object, corresponding to *shoennen*. Clearly, this reveals that Zenju regards *shinnyo* as the object of ultimate wisdom in accordance with Xuanzang's translations. Prior to Xuanzang's return to China, *zhenru* (*shinnyo*) was considered an original source by many Chinese people, as the theory of *zhenru yuanqi shuo* 真如缘起说 (Jp. *shinnyo engi setsu*; Zhenru's conditional arising) appeared in Chinese Buddhism. To the best of my knowledge, no clear evidence suggests that Zenju was a supporter of this theory.

Another significant issue is the relationship between *shinnyo* and *busshō*. The *Hōongikyō* states as below.

真实谓诸法真如。《涅槃》十三云：真实者即是如来，如来者即是真实。真实者即是虚空，虚空者即是真实。真实者即是佛性，佛性者即是真实。解云：一实真如在缠名佛性，在果名如来。法性空如，因二空显，故名虚空。[1]

The reality (Chin. *zhenshi* 真实; Jp. *shinjitsu*) means *shinnyo*. The thirteenth volume of the *Mahāparinirvāṇa-sūtra* (*Da boniepan jing* 大般涅槃经) states that the reality is *rulai* 如来 (Skt. *tathāgata*; One who has thus come). *Rulai* is the reality. The reality is emptiness. Emptiness is the reality. The reality is *foxing* 佛性 (Jp. *busshō*; Buddha

---

[1] *Hōongikyō*, T No. 2317, Vol. 71, 6: 3. 181c09 – 181c13.

nature). *Foxing* is the reality. The meaning of this passage is that *shinnyo* (Chin. *zhenru*) can be called *bushhō* (Chin. *foxing*) when it is still deluded, compared with being called *nyorai* (Chin. *rulai*) when it has been purified and manifested. The nature of *dharma* is empty. It will be purified and manifested by two kinds of emptiness, so it is also called emptiness.

Although this passage contains only several lines, extremely vital information can be identified within. First, Zenju directly equated *shinjitsu* with *shinnyo*. Second, he cited the scripture to emphasise that *shinjitsu* is *busshō*, which means *shinnyo* is the same as *busshō*. Third, Zenju has further explained that *shinnyo* can be called *busshō* when it is still deluded, compared with being called *nyorai* when it has been purified and manifested.

Allow me to confirm the corresponding passage in the original text of the *Da boniepan jing* 大般涅槃经 [Skt. *Mahāparinirvāṇa-sūtra*; Great Nirvana Sūtra] that was quoted by Zenju.

真实者即是如来，如来者即是真实。真实者即是虚空，虚空者即是真实。真实者即是佛性，佛性者即是真实。文殊师利！有苦、有苦因、有苦尽、有苦对。如来非苦乃至非对、是故为实、不名为谛。虚空、佛性亦复如是。苦者有为、有漏、无乐。如来非有为、非有漏、湛然安乐、是实非谛。①

The reality is *rulai*. *Rulai* is the reality. The reality is emptiness. Emptiness is the reality. The reality is *foxing*. *Foxing* is the reality.

---

① *Da boniepan jing*, T No. 374, Vol. 12, 40: 13. 443c19–443c25.

Mañcjuśrī! There are result, origin, exhaustion and arrangement of bitter. *Rulai* is neither bitter nor arrangement, so it is called truth instead of method. The cases of vacant space and Buddha nature are the same. Bitter is conditional and unhappy. *Rulai* is unconditional and followed by relieved happiness, so *rulai* is truth.

It is evident that Zenju's quotation is the same as the original text of the *Da boniepan jing*. However, the term *zhenru* 真如 does not appear in this paragraph of the *Da boniapan jing*. The purpose that Zenju cites this paragraph of the *Da boniepan jing* is, in my opinion, to insert *foxing* (*busshō*) into the equation between *zhenru* (*shinnyo*) and *zhenshi* (*shinjitsu*).

To explore the relationship between *zhenru* and *foxing* in the early Chinese Buddhist canon as further background, I consider the following passage in the *Ratnagotravibhāga*.

> tatra samalā tathatā yo dhātur avinirmukta-kleśa-kośas tathāgatagarbha ity ucyate / nirmalā tathatā sa eva buddhabhūmav āśrayaparivṛttilakṣaṇo yas tathatādharmakāya ity ucyate.... tatra samalā tathatā yugapad ekakālaṃviśuddhā ca saṃkliṣṭā cety. (RG, 21, 8 – 17) ①

The thusness with delusion (Skt. *samalā tathatā*; Chin. *yougou zhenru* 有垢真如) is the essential quality of Buddha. It is called *tathāgatagarbha* (Chin. *rulaizang*; The buddhahood in living beings)

---

① Johnston, E. H. (ed.). *Ratnagotravibhāga Mahanottaratantraśāstra*. Patna: The Bihar Research Society, 1950.

because it is still integrated with affliction. The thusness without delusion (Skt. *nirmalā tathatā*; Chin. *wugou zhenru* 无垢真如) is also an essential quality of Buddha. It characterises *pariv r tti* (fundamental change and movement) at the stage of Buddha, and is called *dharmakāya* (body of Buddha).... The thusness with delusion is not only clean, but also defiled.

此偈明何义。真如有杂垢者，谓真如佛性未离诸烦恼所缠，如来藏故。及远离诸垢者，即彼如来藏转身到佛地得证法身，名如来法身故。……真如有杂垢者，同一时中有净有染。①

What does this sentence mean? Defiled *zhenru* is the stage at which *zhenru foxing* 真如佛性 (thusness with Buddha nature) is still integrated with affliction, so it is called *rulaizang*. Leaving various defilements means that we can reach the stage of buddhahood and obtain *fashen* 法身 (Skt. *dharmakāya*; The body of dharma) through *zhuanshen* 转身 (Skt. *parivṛtti*) of *rulaizang*. For this reason, it is also called *rulai fashen* 如来法身 (*rulai*'s body of dharma). ... Defiled *zhenru* is not only clean, but also defiled.

Clearly, although *nirmalā tathat*ā (the thusness without delusion) is considered pure, it remains *samalā tathatā* (the thusness with delusion) when there is delusion attached to this *nirmalā tathatā*. At this stage, it can be called *dhātu* (Chin. *xing* 性) as delusion remains and can also be called

---

① *Jiujing yisheng baoxing lun*, *T* No. 1611, Vol. 31, 4: 3. 827a1 – 827a14.

45

tathāgatagarbha. On the contrary, the classical Chinese translation of *dhātu* as *zhenru foxing* indicates that *samalā tathatā* exists with delusion and can act as conditional dharma although it is also pure.[①] At least, it cannot be denied that *samalā tathatā* in the *Ratnagotravibhāga*, especially in the *Jiujing yisheng baoxing lun* as its classical Chinese translation, is deeply related to conditional dharma and *zhenru foxing*.

If this issue is reviewed from a perspective based on Zenju's theory of *shinnyo* mentioned above, it is very likely that Zenju absorbed the narrative on *zhenru* (*shinnyo*) and *zhenru foxing* in the *Jiujing yisheng baoxing lun*. Moreover, Zenju has also combined the theory of *foxing* found in the *Da boniepan jing* and the theory of *zhenru foxing* in the *Jiujing yisheng baoxing lun* to demonstrate that all are equal. However, according to my previous research, in Sanskrit texts of the *Mahāparinirvāṇa-sūtra* and the *Ratnagotravibhāga*, these two terms are different from each other.[②] It reveals that Zenju merely researched the classical Chinese translations of these two scriptures.

The association between these three texts can be summarised in the illustration as below:

[①] Li Zijie, "Kukyō ichijō hōshō ron no shinnyosetsu no ichi kōsatsu: Higashiajia Bukkyō niokeru shinnyo rikai to no kanren wo chūshin ni," 2016.

[②] In the Sanskrit text of the *Ratnagotravibhāga*, there is only *dhātu* (Chin. *xing* 性) but not *tathatā-dhātu* (Chin. *zhenru foxing* 真如佛性). Conversely, the Sanskrit text of the *Mahāparinirvāṇa-sūtra* gives clear evidence showing "icchaṃtikāḥ kalyāṇakṛtaṃ na paśyata," namely, ignoring great deeds. However, it was translated as "*bujian foxing* 不见佛性 (ignoring Buddha nature)" in the *Da boniepan jing*. See Zijie Li, "Donmushin yaku Daihatsunehangyō no busshō to shushō nitsuite," 2019.

Hōongikyō 法苑义镜	*Da boniepan jing* 大般涅槃经	*Jiujing yisheng baoxing lun* 究竟一乘宝性论
真实谓诸法真如。《涅槃》十三云：真实者即是如来，如来者即是真实。真实者即是虚空，虚空者即是真实。真实者即是佛性，佛性者即是真实。解云：一实真如在缠名佛性，在果名如来。法性空如，因二空显，故名虚空。（*T* No. 2317, Vol. 71, 6：3. 181c）	真实者即是如来，如来者即是真实。真实者即是虚空，虚空者即是真实。真实者即是佛性，佛性者即是真实。文殊师利！有苦、有苦因、有苦尽、有苦对。如来非苦乃至非对，是故为实，不名为谛。虚空、佛性亦复如是。苦者有为、有漏、无乐。如来非有为、非有漏、湛然安乐，是实非谛。（*T* No. 374, Vol. 12, 40：13. 443c）	此偈明何义？真如有杂垢者，谓真如佛性未离诸烦恼所缠，如来藏故。及远离诸垢者，即彼如来藏转身到佛地得证法身，名如来法身故。……真如有杂垢者，同一时中有净有染。（*T* No. 1611, Vol. 31, 4：3. 827a）

Clearly, Zenju has combined the *foxing* found in the *Da boniepan jing* and the *zhenru foxing* found in the *Jiujing yisheng baoxing lun* in the *Hōongikyō*. It is noticeable that both are old classical Chinese translations that preceded Xuanzang's return to the Tang Empire.

Regarding the relationship between *shinnyo* and emptiness, Zenju states the following:

> 第一世间至一真法界者，谓二空如等者。若但云空，即二取无。若言空性，以空为门。所显空性，即真如也。梵云瞬若，但名为空。言瞬若多，故说真如名空性也。以多此翻是性义故。第四胜义。胜义谛者，谓非安立二空无我一真法界者。问：二空无我并目安立，何故亦云非安立二空无我耶？解云：举诠取旨，是故标之。理但可言非安立，废诠谈旨一真法界。①

---

① *Hōongikyō*, *T* No. 2317, Vol. 71, 6：3. 184c27–185a6.

The *shinnyo*, which is purified and manifested by two kinds of emptiness, penetrates from the first secular world to the ultimate dharma world. There would be no other actors if only entire emptiness is emphasised. In contrast, the emptiness nature means that emptiness is merely a gate or method. The manifested emptiness nature is *shinnyo*. In Sanskrit texts, it is called '*śūnya*', meaning emptiness. Thus, '*śūnyatā*' means that *shinnyo* (Skt. *tathatā*) is emptiness. The Sanskrit term '*tā*' was translated as *shō* (Chin. *xing* 性). The fourth one is ultimate meaning. This establishes neither two types of emptiness nor ultimate dharma world. There was such a question, namely why the two types of emptiness and non-self can be negated if we could still see them sometimes. The answer is that it is merely a measure to understand the ultimate truth. The final purpose is to realise and learn the ultimate dharma world and truth.

Hence, there would not be anything if we pursued entire emptiness. Conversely, the emptiness nature means that emptiness is just a method. Instead, *shinnyo* is emptiness (= emptiness nature). In other terms, *shinnyo* denotes the manifested principle nature of emptiness. From this passage, it can be found that Zenju essentially preserved the theory of *zhenru* (*shinnyo*) asserted by Xuanzang and his disciples, but not the *zhenru yuanqi shuo* (Jp. *shinnyo engi setsu*; Zhenru's conditional arising), which was the mainstream interpretation of *zhenru* preceding Xuanzang's translations.

In the *Hōongikyō*, when Zenju interprets *shinnyo*, he mentions not only *busshō* and emptiness but also *nyoraizō* 如来藏 (Skt. *tathāgatagarbha*; Chin. *rulaizang*). Moreover, Zenju quotes the *Dasheng yi zhang* 大乘义章

to further explain *nyoraizō*.

故彼章云，真谛之中义别有二。一有，二无。有者，所谓如来藏性恒沙佛法。无中有五：一者，真实如来藏中恒沙佛法，同体缘集，无有一法别守自性，名之为无。乃至第五，此真中无彼妄想空如来藏。此五通就如来藏体第一义中随义分别，同是真谛。今经中云，知第一义无量无边等者，即真如理。如来藏中有恒沙德无量无边，今即指彼，故云恒沙万德无量无边。①

For this reason, the *Dasheng yi zhang* 大乘义章 written by Huiyuan 慧远（523—592）of the Jingying temple 净影寺 states two kinds of meaning exist within truth. One is existence, another is nothing. The former relates to *rulaizang* 如来藏（Skt. *tathāgatagarbha*; Jp. *nyoraizō*）and tremendous Buddha dharma-like numerous sands. The latter contains five types of meaning. The first is that the tremendous Buddha dharma-like numerous sands within real *rulaizang* is simply based on *yuanji* 缘集（various kinds of conditions）. None of these dharmas has its own nature, so this is called nothing. Accordingly, no empty *rulaizang* with delusion is present within even the fifth nothing. All five types of nothing are ultimate truth, as they are divided based upon the body of *rulaizang*. As stated in scripture, the unlimited and endless meaning is the principle truth of *zhenru*（Jp. *shinnyo*）. Given that numerous merits exist within *nyoraizō*, it also means the truth of *shinnyo*. Thus, the merits are described to be numerous.

---

① *Hōongikyō*, T No. 2317, Vol. 71, 6：3. 186c22–187a2.

The *Dasheng yi zhang* 大乘义章 was reportedly written by Huiyuan of Jingying Temple, one of the most famous Buddhist monks in China's Northern and Southern Dynasties. Zenju cites the paragraph above to explain the relationship between *shinnyo* and *nyoraizō*. The most important portion of this quotation relates to *rulaizang*, *yuanji* (various kinds of conditions), and ultimate truth: "the tremendous Buddha dharma within *rulaizang* is based on various kinds of condition. None of these dharmas has its own nature, so this is called nothing. There is no empty *rulaizang* with delusion within even the fifth nothing. All of these five types of nothing are ultimate truth as they are just divided based upon the body of *rulaizang*." It is noticeable that Huiyuan divides *rulaizang* into empty and real *rulaizang*. Among these two, empty *rulaizang* relates to delusion, compared with real *rulaizang*, whereby various dharmas arise in accordance with the *yuanji* method. Regarding Huiyuan's interpretation, Zenju stated that unlimited and endless meaning is *shinnyo*, which also denotes *nyoraizō* (*rulaizang*). Clearly, Zenju did not mention two types of *rulaizang* found in the *Dasheng yi zhang*, but he still emphasised the equality between *shinnyo* and *nyoraizō* through citing Huiyuan's treatise. Furthermore, Huiyuan did not mention *zhenru* here, but Zenju quoted this passage found in the *Dasheng yi zhang* to explain *shinnyo* (*zhenru*).

With reference to a relevant narrative to the quote above, in the Sanskrit text of the *Ratnagotravibhāga*, it is written:

> aśūnyo bhagavaṃs tathāgatagarbho gaṅgānadīvālukāvyativṛttair avinirbhāgair amuktajñair acintyair buddhadharmair iti / tadgotrasya prakṛter acintyaprakārasamudāgamārthaḥ / yam adhikṛtyoktam / ṣaḍāyatanaviśeṣaḥ sa tādṛśaḥ paramparāgato 'nādikāliko dharmatāprati-

labdha iti ∕ (RG, 55)①

The *Śrīmālā-sūtra* states: 'Buddha, *tathāgatagarbha* is non-emptiness. It surpasses the sands of *gaṅgā*, and is not independent from wisdom. Regarding the integrity of Buddha, it is non-emptiness.' The *gotra*, namely the principle, is incomprehensible. On this point, the *Yogācārabhūmi-śāstra* states: 'The six special roots come without beginning, and are based on the principle of dharma.'

《圣者胜鬘经》言，世尊，不空如来藏，过于恒沙不离不脱不思议佛法故。及彼真如性者，依此义故。《六根聚经》言，世尊，六根如是，从无始来，毕竟究竟诸法体故。法体不虚妄者，依此义故，经中说言，世尊，又第一义谛者，谓不虚妄涅槃是也。何以故？世尊，彼性本际来常，以法体不变故。②

The *Shengman jing* 胜鬘经 (Skt. *Śrīmālā-sūtra*) [Lion's Roar of Queen Śrīmālā] states: 'Buddha, non-empty *rulaizang* surpasses the sands and is not independent from incomprehensible Buddha dharma.' Regarding the sentence '*ji bi zhenru xing* 及彼真如性 (with the nature of thusness)', as the *Liugenju jing* 六根聚经 stated: 'Buddha, the six roots come without beginning and are based on the principle of dharma.' Regarding the '*fati bu xuwang* 法体不虚妄 (the body of dharma is not fake)', as this scripture stated: 'Buddha, the first principle is not false, but *nirvāṇa*. The reason is that nature is always eternal and does not change.'

---

① Johnston, E. H. (ed.). *Ratnagotravibhāga Mahanottaratantra'sāstra*. Patna: The Bihar Research Society, 1950.
② *Jiujing yisheng baoxing lun*, T No. 1611, Vol. 31, 4: 3. 835b27–835c5.

Evidently, the classical Chinese translation of the *Ratnagotravibhāga* utilises *ji bi zhenru xing* 及彼真如性. Alternatively, the Sanskrit text states: "tadgotrasya prakṛter acintyaprakārasamudāgamārthaḥ." The term *tathatā* is not visible. Furthermore, although the classical Chinese translation states that six roots are born from *zhenru xing* (the nature of thusness), this *zhenru xing*, in turn, relates to "tadgotrasya prakṛti" in the Sanskrit text, in which *dharmatā*, instead of *tathatā*, produces the six roots.

It is worth examining the relationship between this passage in the *Jiujing yisheng baoxing lun* and the paragraph found in the *Hōongikyō* mentioned above. First, according to the *Jiujing yisheng baoxing lun*, the non-empty *rulaizang*, which can be regarded as real *rulaizang*, surpasses the sands and is not independent from incomprehensible Buddha dharma. Huiyuan's interpretation cited by Zenju above was highly likely influenced by the *Jiujing yisheng baoxing lun*[①]; however, Huiyuan did not mention *zhenru* here. It is interesting to note that the *Jiujing yisheng baoxing lun* clearly mentioned *zhenru* with *ji bi zhenru xing*, which can be connected with Zenju's explanation beyond that of Huiyuan. As a fore mentioned, this *ji bi zhenru xing* is not visible in the Sanskrit text of the *Ratnagotravibhāga*.

Similarly, the comparison between these three texts can also be summarised in the illustration as below.

---

① Concerning Huiyuan's understanding and quotes on the *Jiujing yisheng baoxing lun*, see Okamoto Ippei "Shōjōhokkai to nyoraizō: Rishō gyōshō no shisō haikei," 2006.

Hōongikyō 法苑义镜	*Dasheng yi zhang* 大乘义章	*Jiujing yisheng baoxing lun* 究竟一乘宝性论
今经中云,知第一义无量无边等者,即真如理。如来藏中有恒沙德无量无边,今即指彼,故云恒沙万德无量无边。(T No. 2317, Vol. 71, 6: 3. 186c – 187a)	真谛之中义别有二: 一有,二无。有者,所谓如来藏性恒沙佛法。无中有五: 一者,真实如来藏中恒沙佛法,同体缘集,无有一法别守自性,名之为无。乃至第五此真中无彼妄想空如来藏。此五通就如来藏体第一义中随义分别、同是真谛。(T No. 2317, Vol. 71, 6: 3. 186c)	《圣者胜鬘经》言,世尊,不空如来藏,过于恒沙不离不脱不思议佛法故。及彼真如性者,依此义故,《六根聚经》言,世尊,六根如是,从无始来,毕竟究竟诸法体故。法体不虚妄者,依此义故,经中说言,世尊,又第一义谛者,谓不虚妄涅槃是也。何以故? 世尊,彼性本际来常,以法体不变故。(T No. 1611, Vol. 31, 4: 3. 835bc)

It means that in this passage, Zenju still utilised the *Jiujing yisheng baoxing lun*, which was translated as a treatise spreading *rulaizang* (Skt. *tathāgatagarbha*) thought before Xuanzang's period, to interpret *shinnyo*.

At last, let us see another case about *shinnyo* in the *Hōongikyō* as below.

相是现量故,由此二空能诠真如方便道理。或说真如名空无我,是诸法共相。以空无我体是无法,能与真如作方便之诠故。从方便二空之诠,以为名故。亦说真如名为共相。或说真如是二空所显,非是二空。二空自是诸法共相,以一切法上皆无我故。故二空所显真如,此之真如自有实体,即是自相。①

As feature is direct perception, two kinds of emptiness can manifest the method and truth of *shinnyo*. Alternatively, *shinnyo* can also be described as emptiness to be the common feature. The body of emptiness has no dharma, so it can manifest the truth of *shinnyo*. Its name and

---

① *Hōongikyō*, T No. 2317, Vol. 71, 6: 4. 225a02 – 225a09.

definition are also based on this explanation function. We can also describe *shinnyo* as both the *kōsō* 共相（Chin. *gongxiang*；Common feature）and the truth manifested by two kinds of emptiness, but *shinnyo* is not these two kinds of emptiness. These two kinds of emptiness can manifest *shinnyo* because there is no aspect of self within all dharmas. If there is existent body of *shinnyo*, it would be *jisō* 自相（Chin. *zixiang*；The ultimate feature or aspect of oneself）.

The essential meaning of this passage can be summarised that *shinnyo*, manifested by two kinds of emptiness but not these two, can be called both *kōsō*（common feature）and *jisō*（ultimate feature）. *Shinnyo* is a simply manifested truth, instead of any specific dharma. Nevertheless, this does not contradict the assertion of Xuanzang's translations.

It is interesting that the term "being manifested by two kinds of empties （Chin. *erkong suoxian* 二空所显），" which is mentioned many times in the *Hōongikyō*, originates from Paramārtha 真谛's translations in classical Chinese Buddhist texts. According to Ishii Kōsei 石井公成's previous research, the earliest manuscripts in which the term *nikū shoken* 二空所显 （Chin. *erkong suoxian*；being manifested through two types of emptiness）is visible are the *Foxing lun* 佛性论［Treatise on Buddha Nature］and the *Shedasheng lun shi* 摄大乘论释［Commentary on the Compendium of the Great Vehicle］translated by Paramārtha 真谛（499—569）.① To the best of my knowledge, among the classical Chinese Buddhist canons, the earliest texts whereby the term *nikū shoken* 二空所显（Chin. *erkong suoxian*）is used to interpret *zhenru* are the *Jiejie jing* 解节经［Skt. *Saṃdhinirmocana Sūtra*；

---

① Ishii Kōsei, "Shindai kanyo bunken no yōgo to gohō: NGSM niyoru hikaku bunseki," 2010.

Noble Sūtra of the Explanation of the Profound Secrets〕, the *Shedasheng lun shi*, and the *Foxing lun*. Hence, Zenju utilised the classical Chinese interpretations before Xuanzang's translations to explain *shinnyo*.

Consequently, as a famous monk of the Japanese Hossō sect, Zenju's understanding of *shinnyo* is not only limited to Xuanzang's translations and his disciples' commentaries, but also some canons even encompassing some texts focusing on *rulaizang* and those translated by Paramārtha preceding the Tang Dynasty.

2. Kūkai's Theory of *Shinnyo* and the *Hōongikyō*

According to Inoue Kōtei 井上光贞, from the end of the Nara period, a significant increase occurred in the number of commentaries and treatises written by Japanese Buddhist monks in Nara as the southern capital, where it peaked in the early Heian period. Nara's Buddhist doctrine and teaching in this era was therefore a direct bridge between Nara and Heian Buddhism. Indeed, their influence was also extremely important for Kūkai 空海 (774—835), Saichō 最澄 (767—822), and the whole Heian Buddhism. ①Sueki Fumihiko 末木文美士 also stated that a strong connection lies between Buddhism in the Nara period and Heian Buddhism such as through Kūkai and Saichō. From this perspective, Heian Buddhism can be considered an extension of Nara Buddhism. ②

Various arguments exist about Kūkai's learning and teachers, such as learning Sanron 三论 at Daian Temple 大安寺. On the contrary, the career

---

① Inoue Kōtei, "Tōiki dentō mokuroku yori mitaru Narachō sōryo no gakumon," 1982.
② Sueki Fumihiko, "Heian bukkyō shisōshi kenkyū no shomondai," 1993.

in which Kūkai learned Hossō 法相 under the guidance of Zenju was merely mentioned. It cannot be ignored that in the end of *Enki jūrokunen nin gonrisshi* 延喜十六年任权律师 in the *Sōkō honin* 僧纲补任, Kūkai's name can be found among Zenju's disciples. ①Accordingly, it is highly likely that some influence from Zenju can be found in Kūkai's treatises.

It is well documented that Kūkai had constructed his own doctrinal system based on various doctrines within East Asian Buddhism by the eighth century. According to previous research, the establishment of the *Himitsu mandara jūjūshin ron* 秘密漫荼罗十住心论 [*Treatise on the Ten Stages of the Development of Mind*] has been presumed as occurring in 830. ②The *jūjūshin* 十住心 (ten stages of development) arrangement is now considered to have been constructed after 821, when Kūkai was finishing his critique of the Hossō and Sanron sects. In this section, I intend to examine Kūkai's perspective on the *shinnyo* through some explanations offered in the *Himitsu mandara jūjūshin ron*, which is the most important treatise for researching Kūkai's Buddhist thought.

Before discussing Kūkai's specific interpretation of *shinnyo*, I must declare that the purpose of this section is seeking the connection between Zenju's and Kūkai's theories of *shinnyo*. Evidently, Kūkai's attitude about *shinnyo* had been influenced by that of consciousness-only (Hossō) thought. ③It is very likely that Zenju's teaching benefited Kūkai.

---

① Sakaino Kōyō, *Nihon bukkyōshi kōwa*, 1931, p. 610.
② See the first chapter of the third part in *Fujii* Jun, *Kūkai no shisōteki tenkai no kenkyū*, 2008.
③ For instance, in the *Himitsu mandara jūjūshin ron*, Kūkai quotes the Chinese consciousness-only texts as the following: "慈恩法师唯识义云，第一出体者，此有二种：一所观体，二能观体。所观唯识，以一切法而为自体。通观有无为唯识故……《成唯识》言，识言总显一切有情各有八识六位心所。所变相见，分位差别。及彼空理所显真如，识自相故，识相应故。" See *Himitsu mandara jūjūshin ron*, T No. 2425, Vol. 77, 10: 6, 344c15–344c28.

In the *Himitsu mandara jūjūshin ron*, Kūkai explained *shinnyo* as the following.

善无畏三藏说，此极无自性心一句悉摄华严教尽。所以者何？华严大意原始要终，明真如法界不守自性，随缘之义。故法藏师"五教"云，若计真如一向有者，有二过失。一常过，谓不随缘故，在染非隐故，不待了因故。即堕常过。问：诸圣教中，并说真如为凝然常，既不随缘。岂是过耶？答：圣说真如为凝然者，此是随缘成染净时，恒作染净而不失自体。是即不异无常之常，名不思议常……问：教中既就不异无常之常故，说真如为凝然常者，何故不就不异常之无常故，说真如为无常耶？答：教中亦说此义。故经云，如来藏受苦乐与因俱，若生若灭。经云，自性清净心因无明风动，成染心等。以此教理故，真如不异常之无常，故随缘隐体，是非有也。①

Śubhakarasiṃha 善无畏 (637—735) stated that the Huayan 华严 doctrine can be summarised into one sentence: there is no *zixing xin* 自性心 (heart of instinctive nature). The reason for this statement is that *shinnyo* (*zhenru*) and the dharma realm do not obey *zixing xin* 自性 (instinctive nature) due to their conditional arising. Subsequently, in the *Huayan wujiao zhang* 华严五教章 [*The Chapter on One Vehicle Teaching of Huayan*], Fazang 法藏 (643—712) stated that two kinds of mistakes are apparent if one insists on *zhenru*'s existence. The first mistake is *changguo* 常过 (mistake that insists on the permanent existence). This asserts that *zhenru* does not conditionally arise and can independently activate without any conditional reason. If someone asks

---

① *Himitsu mandara jūjūshin ron*, *T* No. 2425, Vol. 77, 10: 9, 353c11 – 354a3.

why there are some scriptures and treatises regarding *zhenru* as immovable existence, the answer is that *zhenru* would not miss its subject when it arises and interacts with pure and polluted dharmas. That is to say, *zhenru* is not different from impermanence. It can be called an incredible existence.... Someone asked, if we undertake this explanation, why could not we state that *shinnyo* can also be called impermanence? The answer is that there is definitely this teaching in scriptures and treatises. For example, it is possible that *nyoraizō* (*rulaizang*) experiences bitterness and happiness so that it seems to float between existence and disappearance. Another instance is that instinctive pure heart would become polluted heart due to the darkness and ignorance. For these reasons, *shinnyo* can also be called impermanence because it does not differ from impermanence and has no permanent existence.

Kūkai has quoted Śubhakarasiṃha's statement that the Huayan doctrine can be summarised into being without *zixing xin* (heart of instinctive nature). The reason for this statement is that *shinnyo* (*zhenru*) does not obey *zixing xin* (instinctive nature) due to its conditional arising. Clearly, Kūkai denied the unchanged and ultimate *shinnyo* through the theory of *zhenru yuanqi shuo* (Jp. *shinnyo engi setsu*; *Zhenru*'s conditional arising), which was also stated by Śubhakarasiṃha, one of the founders of Chinese Esoteric Buddhism. From this point, Kūkai's theory of *shinnyo* seems different from that of Zenju, who did not mention *zhenru yuanqi shuo* due to Xuanzang and his disciples' teaching. Moreover, Kūkai also cited Fazang's explanation to demonstrate that *shinnyo* is indispensable and conditionally arises.

According to Shimaji Daitō 岛地大等, Kūkai's theory of *shinnyo* surpasses that found in the *Dasheng qixin lun* 大乘起信论 [*Jp. Daijō kishin ron; Awakening of Faith in the Mahayana*], whereby *zhenru* (*shinnyo*) has been considered the ultimate foundation. Instead, Kūkai regarded the non-duality Mahayana (Jp. *funi makaen* 不二摩诃衍) as the ultimate foundation by the *Shaku makaen ron* 释摩诃衍论 [*The commentary on the Mahayana Treatise*]. Specifically, the non-duality Mahayana is the foundation and reliance of *shinnyo*, compared with the indescribable *zhenru* asserted in the *Dasheng qixin lun*.[1]Shimaji's conclusion can evidently reinforce my above analysis, that is, Kūkai intended to weaken *shinnyo*'s importance.

However, a radical difference appears between Kūkai's attitude on *shinnyo* and that of Fazang. As one of the earliest monks that asserted *rulaizang yuanqi shuo* 如来藏缘起说 (Jp. *nyoraizō engi setsu*; *Rulaizang*'s conditional arising) and *zhenru yuanqi shuo*, Fazang asserted the conditional arising of *zhenru* (*shinnyo*), but not stating that *shinnyo* is impermanence and emptiness. On the contrary, Kūkai stated that *shinnyo* can also be called impermanence to demonstrate that Huayan (Jp. Kegon) belongs to Shingon Esoteric Buddhism. However, the problem pertains to where the background of Kūkai's assertion can be found. In my opinion, Zenju's theory of *shinnyo* belongs to this background.

As mentioned in the first section of this article, according to Zenju, the reality means *shinnyo*. The reality is emptiness. Emptiness is the reality. The reality is *foxing* (Jp. *busshō*). *Foxing* is the reality. *Shinnyo* can be called *busshō* when it is still deluded. The nature of dharma is empty. It will be purified and manifested by two kinds of emptiness; therefore, it is also called

---

[1] Shimaji Daitō, "Chūkotendai no gakugo toshite mitaru hongaku no gainen," 1931, p. 114.

emptiness. Therefore, the interpretation regarding *shinnyo* as emptiness and impermanence can be found in Zenju's explanations. Kūkai likely utilised Zenju's explanation, including Xuanzang and his disciples' doctrine, to weaken *shinnyo*.

The points of comparison between the assertions of Fazang, Zenju, and Kūkai on *shinnyo* can be summarised in the illustration below.

Fazang 法藏	*Zhenru* 真如 (*shinnyo*) is the foundation of conditional arising.
Zenju 善珠	*Shinnyo* 真如 is the manifested nature of emptiness.
Kūkai 空海	*Shinnyo* 真如 is conditional arising nature of emptiness which should be located under *shingon* 真言 and created by *shingon* 真言.

Kūkai clearly absorbed the theories of *shinnyo* from both Fazang and Zenju, but further created his own doctrine based on these two.

Moreover, this further example can demonstrate my above analysis:

> 今依此说，一切如来不共真如妙体恒沙功德，皆从此𑖀字出生。诸显教皆以真如为诸法体性，"法华"等亦以此真如为至极理。今此真言法教以𑖀字为一切真如等所依。真如则所生之法，真言则能生之法。①

According to this, all *nyorai* and *shinnyo*, which has tremendous merits like numerous sands, were originated from this 𑖀 character. Various Exoteric teachings regard *shinnyo* as the principle nature of dharmas, such as *Fahua jing* 法华经 [*Lotus Sūtra*]. Conversely, *Shingon* 真言 teaching (Esoteric

---

① *Himitsu mandara jūjūshin ron*, *T* No. 2425, Vol. 77, 10: 9, 357b24 – 357b29.

Buddhism) takes this 字 character as the foundation of all kinds of *shinnyo*'s existence. Thus, *shinnyo* is the generated dharma, compared with *shingon* as the generating dharma.

According to Kūkai, Esoteric Buddhism regards *shinnyo* as the principle nature of dharmas; however, Shingon Esoteric Buddhism considers this 字 character as the foundation of all kinds of *shinnyo*'s existence. This means that *shinnyo* is conditional arising nature of emptiness that is generated by *shingon*. From this assertion, Kūkai's purpose can be recognised as demonstrating the ultimate position of *shingon* by weakening *shinnyo*.

Concluding remarks

As discussed in this article, in the *Hōongikyō*, Zenju followed the standpoint of Xuanzang and his disciples. Meanwhile, Zenju has been known to be well versed not merely on consciousness-only thoughts but other relevant theories during the Northern and Southern Dynasties in Chinese Buddhism, including the interpretations of the Dilun tradition. Zenju had been highly likely influenced by the *Jiujing yisheng baoxing lun* and the *Foxing lun* when he was explaining the relationship between *shinnyo* and Buddha nature. He mixed the *foxing* contained in the *Da boniepan jing* and the *zhenru foxing* found in the *Jiujing yisheng baoxing lun* in the *Hōongikyō*. As a famous Japanese Hossō sect monk, Zenju's understanding of *shinnyo* is not limited to Xuanzang's translations and the commentaries of his disciples, but also some canons, consisting of texts focusing on *rulaizang* and those translated by Paramārtha preceding the Tang Dynasty.

Furthermore, various arguments are presented about Kūkai's learning and teachers. Saliently, Kūkai's name can be found among Zenju's disciples. Kūkai cited Fazang's explanation to demonstrate that *shinnyo* is indispensable and conditionally arises. Conversely, the interpretation regarding *shinnyo* as emptiness and impermanence lies in Zenju's explanations. Kūkai likely utilised Zenju's explanation, including Xuanzang and his disciples' doctrine, to weaken *shinnyo*.

Nevertheless, it is significant to investigate the relationship between the Kegon (Chin. Huayan) and Hossō (Chin. Weishi) doctrines within Kūkai's attitude and Esoteric Buddhist framework. This closely relates to Nara Buddhism. As mentioned at the beginning of this article, this relationship unveils the strong connection between Chinese and Japanese Buddhism, illustrating the history of the 'Belt and Road'.

Bibliography

RG = Johnston, E. H. (ed.). *Ratnagotravibhāga Mahanottaratantra śāstra*. Patna: The Bihar Research Society, 1950.

T = *Taishō shinshū daizōkyō*. Takakusu Junjirō 高楠顺次郎 and Watanabe Kaigyoku 渡边海旭 eds. *Taishō shinshū daizōkyō* 大正新修大藏经 [Buddhist Canon Compiled under the Taishō Era (1912—1926)]. 100 vols. Tokyo: Taishō issaikyō kankōkai 大正一切经刊行会, 1924 - 1932.

中国佛教现代性的向度、特点与问题*

唐忠毛
华东师范大学社会发展学院教授

摘要：近代以来，中国佛教在教与学两个层面均有着明显的变迁与转型痕迹，这种转型的特性可称之为中国佛教的现代性，它是中国社会由传统而现代转型在宗教层面上的表现。由于现代性意识与西方现代文化的东传密切关联，中国佛教的现代性变迁在观念思想层面、社会理念层面以及学术研究方法论层面均受到近代西方观念与方法的强烈影响。因此，考察中国佛教现代性要置身于"古今中西"的框架背景之中，去理解传统与现代、东方与西方的互动关系。其中，"古今"涉及中国佛教的近代转型，以及中国佛教在现代（近代）社会中与政治、文化关系之调适；"中西"主要涉及近代中国佛教与西方现代性观念之间的交涉与关联，以及由此导致的价值调适与研究方法之变。

关键词：中国佛教；现代性；世俗化；古今中西；社会调适

中国佛教在近代以来的变迁也是中国社会由传统而现代转型的重要组成部分。表面看来，中国佛教的现代性似乎只关系到中国佛教由传统

---

* 本文是2019年度国家社科基金重大项目"'一带一路'佛教交流史"（项目编号：19ZDA239）的中期成果之一。

到现代的自身转换问题,但事实上,由于现代性意识与现代性观念本是源自西方文化传统的"内源性"变化,而中国近代以来的现代性意识虽有其自身的发生轨迹,但主要还是在与近代西方思想文化遭遇的过程中形成的一种"学习型的现代性",因此中国佛教的现代性变迁在观念思想层面、社会理念层面以及学术研究方法论层面均受到近代西方思想的强烈影响。因此,对于中国佛教现代性的考察需要将其置于"古今中西"的复杂文化背景之中。其中,"古今之辩"涉及中国佛教的近代转型,以及中国佛教在现代(近代)社会中与政治、文化关系之调适;"中西之辩"主要涉及近代中国佛教与西方现代性观念之间的交涉与关联,以及由此导致的价值调适与研究方法之变。同时,"古今之辩"与"中西之辩"之间又相互纠缠在一起,并溯及中、西方各自的宗教传统与理性传统。正因为中国佛教的现代性遭遇面临着"古今中西"的跨时空纠结,处于不同价值、观念与方法的交错之中,因此中国佛教的现代性充满了张力。而佛教学者对待中国佛教现代性的态度往往也处于拥抱与批判、迎接与拒斥以及介于迎、拒之间的复杂状况。

一方面,中国佛教现代性的历史展开深受西方现代性观念的影响;但另一方面,由于东西方不同的社会文化传统以及不同的宗教模式,中国佛教现代性的向度、问题与特点都有其自身的发展脉络,因此研究中国佛教的现代性问题既无法回避也无法照搬西方的现代宗教社会学理论。诸如西方宗教社会学中的"理性化""祛魅""世俗化"这些重要理论,它们对中国佛教现代性的考察来说是一些非常重要的观察视角,但这些理论毕竟诞生于西方文化的理性传统,适合基督教的解释范式,因此其在中国佛教变迁中的表现与反映,往往呈现出一种截然不同的状态。因此,不能仅仅游离在这些含混的概念之间,只有在厘清这些概念的西方文化脉络与宗教背景,并立足于"古今中西"的分析框架,才能真正理解中国佛教现代性发展的自身向度、特点与存在的问题。

一 现代性的理论及其与宗教的关联

（一）现代性的核心意涵及其多元性与矛盾性

所谓"现代性"（Modernity），其实是一个非常含混的用语，概括而言，它是用来指称由西方启蒙运动建立起的现代（近代）时期所具有的特点。现代性表达了一种新的时代意识，该时代意识将其所处的时代区别于之前的不同时代。作为对现代现象的总体性描述，现代性涉及哲学、历史学、社会学、心理学、美学等诸多领域。根据不同的论域，参照不同的观点，"现代性"的历史时间的确定是不同的。在编年史上，人们往往把文艺复兴、宗教改革和地理大发现看作现代性开始的标志；在哲学上，人们一般把17世纪笛卡儿的"我思故我在"（主体性转向）和现代性联系起来；然而在社会思想史上，学者通常把18世纪的启蒙运动作为现代性的真正开端。尽管历史学、哲学、社会学对"现代性"的理解不尽相同，但"现代性"通过漫长的过程，还是形成了属于它自身的核心内容：人道主义的历史进步意识和理性主义的批判精神，并以之为支撑牢固地建构了现代社会中人的主体性原则、理性至上与自我肯定。现代性的启蒙理想确立了理性、科学、自由、平等、民主、人权等现代观念，而这些观念中作为近代历史区间内的现代性特质与核心观念的则是"现代理性"。

刘小枫先生在其《现代性社会理论绪论——现代性与现代中国》中将现代现象区分为三个相互关联的题域：现代化、现代主义、现代性。其中，现代化主要指向技术手段、社会制度、生活方式的现代转变，而现代性则主要指向文化观念与精神倾向之转变的现代特质。即如刘小枫所言：现代性是关于"个体—群体心性结构及其文化制度之质态和形态的变化"①。事实上，现代性不仅是一种观念意识，它还

---

① 刘小枫：《现代性社会理论绪论——现代性与现代中国》，上海三联书店1998年版，第3页。

制定了立足于自身观念之上的"现代性方案",如哈贝马斯所言,这些方案包含了这样一些努力:依照他们(启蒙哲学家)的逻辑发展科学、普遍的道德和法律,以及独立的艺术。① 正是现代性的这一"建构驱动力",使得现代(近代)人试图寻找那看待世界的统一形上学架构,他们追求自己主体的独立性,忽视历史、传统和文化的限制。他们以科学为利器,得寸进尺地试图安排和控制自然环境,并通过经济利益衡量美学对象并形成自己的评价。现代性的这种进路按照马克斯·韦伯(Max Weber)的说法就是"理性化"②(rationalization)的进程,尽管韦伯对"理性化"保持一种客观描述与价值中立的态度,但事实上理性化的偏向是其"形式合理性"(formal rationality)。

---

① 参见哈贝马斯《后现代文化》(福斯特编辑),第9页。
② "理性化"(rationalization)是马克斯·韦伯用来分析西方现代性问题的核心概念。韦伯将"现代性"等同于"合理性",而将"现代化进程"等同于"理性化过程"(可见,"理性化"也就是"合理性"的动态表述,它强调的重点不在理论而在实践过程)。"合理性"(rationality)概念,是韦伯通过改造黑格尔的"理性"(reason)而得出的一个社会学概念。在黑格尔那里,"理性"是一种实体,它构成世界内在的、固有的、深邃的本性,或者说理性是世界的共性。黑格尔虽然也意识到理性与历史的关系,但黑格尔关于理性的历史性主要是逻辑方法上的,就其整个体系而言仍是形而上学的。相对于黑格尔的"理性",韦伯的"合理性"并不等同于合乎理性,特别是不等同于那种亘古不变的纯粹理性。韦伯说:"事实上,我们可以从根本不同的基本观点并在完全不同的方向上使生活理性化——这一简单的论点常常被人们所遗忘,现在我们应把它放在每一篇试图探讨理性主义的论文的开头。理性主义是一个历史的概念,它包含着由各式各样东西构成的一个完整的世界。"([德]马克斯·韦伯:《新教伦理与资本主义精神》,于晓、陈维纲等译,生活·读书·新知三联书店1987年版,第57页)在此,"合理性"具有中立性的意味,并与主体的价值选择有着密切关系。也就是说,关于"合理性"的判断不再是一个固定的实体,而是关于某种行动与某种特定信仰之间逻辑关系的判断。在韦伯看来,由于西方形式法律强调审判程序的严格性以及司法手段的理智控制性,因而更趋向知识化和理智化,也更为合理;而实质法(material law)由于拒绝严格的程序和规则,更多地求助于伦理、宗教甚至巫术手段,因此实质法的程序和规则大都是人的理智不可控制的,也是不合理的。据此,韦伯关于法律社会学意义上的"合理性"可概括为四个方面的内容:一、由法规支配的;二、具有严整规范结构的、体系化的;三、基于逻辑分析意义的;四、由理智控制的。此后,韦伯突破了法的领域,而将"合理性"概念广泛应用于经济、伦理、宗教、文化等诸多领域,并进而以此为核心建构了其系统的社会学类型理论。在现代问题上韦伯认为,向"现代性"的过渡主要就是通过"合理化"(即"理性化")程度的提高来实现的。

所谓"形式合理性",是指一种依据手段的可计算性作出判断,它关注的重点是手段而非目的(正因为它关注手段,所以霍克海默将其称为"工具理性"),其实这也就是人的理性的工具化。现代性中的工具理性的原则,在工业资本主义上升期间也许是有效的,但随后其自身矛盾与困境也日渐凸显出来。而对于现代性的批判已经成为批判理论、后现代主义、后结构主义和共同体主义的首要论题。每一个批判都从某个特殊立场出发,并基于对现代性的不同理解。与此相应,我们也发现当下国内不同学科关于现代性的研究与评价的态度也截然不同:如,社会学、法学领域的学者往往对现代性持更多的肯定态度(这种肯定含有对工具理性的接受);而文学审美、道德、宗教领域的学者则往往对现代性多持批判态度(这种批判含有对工具理性的批判)。与此同时,中西方的学术界也都在对现代性及其问题进行深入反思,指出现代性可能带来的困境与危机。① 基于这种反思,人们进一步反思理性传统,认为理性本身就是多元的②,西方的理性传统不能涵盖理性的多种样式;与此相应,学者也提出现代性也应该是多元的③,并主张"本土的现代性"。随着人们对现代性研究的不断深入,学者们越来越发现"现代性"的复杂性,甚至认为"现代性"不是一个固定的概念,而是一个流动的过程,并随

---

① 如[加]查尔斯·泰勒在其《现代性之隐忧》(程炼译,中央编译出版社 2001 年版)、《自我的根源:现代认同的形成》(韩震译,译林出版社 2001 年版)等书中就集中表达了现代性给现代人带来的种种精神与伦理的困境。
② 如[美]阿拉斯戴尔·麦金泰尔的《谁之正义?何种合理性?》(万俊人等译,当代中国出版社 1996 年版)就探讨了这类问题。
③ 如以色列社会学家艾森斯塔德(Shmuel N. Eisenstadt, 2000)的多元现代性(multiple modernities)理论。这种理论认为,现代性是依据各自社会不同的政治、经济和文化脉络实现的。因此,并不存在一个单一的现代性,而是有多个现代性;或者说,现代性具有多种模式。欧洲的现代性虽然是诸种现代性的起源,而且目前仍然对于非欧洲社会的现代性建构起着重要的参考作用,但欧洲的现代性只是现代性自我实现的种种可能的方式之一。

着人们认识的不断深化而深化。① 如此看来，现代性还呈现出如禅宗般的自我否定特质，即我们现在所谓的"现代性"有可能作为其后"现代性"的颠覆对象。现代性的这种含混性、多元性与矛盾性，也为现代性与现代宗教关系的复杂性与矛盾性埋下了伏笔。

（二）宗教现代性的关键词："理性化""祛魅"与"世俗化"

"现代性"作为一种新的时代意识，实际上已经造成了传统与现代之间的强烈意识和区分，并形成了自身的价值观和世界观。在现代性观念的影响下，人们对于自我、自然、社会、人与人的关系、人与自然的关系等问题，都已形成了不同于传统的崭新看法，并且由此导致了科学、政治、经济领域的一系列革命，这种时代意识与观念对宗教领域的影响当然也不例外。不过，将宗教直接纳入现代性理论之中，或者说深入从宗教角度透视、分析现代性，当属"理性化""祛魅""世俗化"这几个核心概念。如前所述，韦伯将现代性高度概括为"理性化"。韦伯认为，社会先进或落后的标准在于社会的"理性化"程度，他提出衡量理性化程度的两个标准：一是文化的合理化，一是社会组织的合理化。其中，文化合理化体现为文艺复兴和宗教改革后西方出现的现代科学、自主的艺术和规范的伦理学。这一文化"理性化"的过程也被韦伯称为"祛魅"（disenchantment），即铲除巫魅对世界的支配，祛除神秘的超验领域。韦伯说："我们这个时代，因为它所独有的理性化和理智化，最主要的是因为世界已被祛魅，它的命运便是，那终极的、最高的价值，已从公共生活中销声匿迹，它们或者遁入神秘生活的超验领域，或者走进了个人之间的私人交往的友爱之中。"② 在此，韦伯衡量

---

① 如［英］齐格蒙特·鲍曼的《现代性与矛盾性》（邵迎生译，商务印书馆2003年版）、《流动的现代性》（欧阳景根译，上海三联书店2002年版）。
② ［德］马克斯·韦伯：《学术与政治：韦伯的两篇演说》，冯克利译，生活·读书·新知三联书店1998年版，第48页。

理性化的标准也可转换为：宗教祛除巫魅的程度以及宗教与世俗伦理结合的程度。韦伯在《新教伦理与资本主义精神》一书中指出，正是基督教在"理性化"过程中产生的"新教伦理"推动了西方资本主义的发展，而东方之所以产生不出资本主义是因为东方的宗教未能进行自身的理性化进程。同时，韦伯认为东方宗教伦理（包括佛教）中的非理性恰恰是导致东方社会落后的原因。① 从哲学层面来看，韦伯所谓的"祛魅"也就是现代理性的认识功能。现代理性将自我从"神学"中独立出来，并将"理性"看作人自身独具的认识能力。现代理性通过认识主体对外在客体的"洞察"，从而使认识对象得以澄清并"祛除鬼魅"。而世界"祛魅"后，理性化的认知就是确定世界真理性认识的唯一基础。这样，"理性化"就将个体性的知识（神学信仰、个体体验等）逐出了"知识学"之外。

"世俗化"（secularization）理论是研究宗教现代性变迁的重要理论，它构建于西方经典社会学家，与"理性化"理论密切相关，在韦伯看来"世俗化"就是现代性（或理性化）的必然结果。由于在西方传统社会中，宗教与政治、经济以及国家意识形态紧密地结合在一起，宗教往往起到一种维系社会、整合社会的"神圣帷幕"②的作用。而"世俗化"在一定意义上就意味着宗教的"神圣性"以及宗教建构的"神圣秩序"的丧失。不过，世俗化的内涵与现代性的内涵一样也充满着含混与歧义，宗教世俗化所涉及的向度非常复杂。拉里·席纳尔（Larry Shiner）与安德鲁·格利雷（Andrew M. Greeley）都曾做过六点相似的概括。席纳尔在题为"经验研究中的世俗化概念"一文中，指出世俗化具有六种含义：（1）表示宗教的衰退，即指宗教思想、宗教行为、宗教组织失去其社会意义；（2）表示宗教团体的价值取向从彼

---

① 参见马克斯·韦伯《中国宗教：儒教和道教》《印度教和佛教》《古代犹太教》等著作。
② 美国学者彼得·贝格尔的《神圣的帷幕》即持此说，此外像孔德、杜尔凯姆、韦伯等经典社会学家都非常认同宗教的社会整合功能。

世向此世的变化,即宗教从内容到形式都变得适合现代社会的市场经济;(3)表示宗教与社会的分离,宗教失去其公共性与社会职能,变成纯私人的事务;(4)表示信仰和行为的转变,即在世俗化过程中,各种主义发挥了过去由宗教团体承担的职能,扮演了宗教代理人的角色;(5)表示世界渐渐摆脱其神圣特征,即社会的超自然成分减少,神秘性减退;(6)表示"神圣"社会向"世俗"社会的变化。格利雷也将世俗化的含义概括为以下六点:(1)现代科学使受教育的人不再可能有信仰;(2)现代人在日常生活中不为宗教所驱使;(3)现代人有偏离宗教信仰与宗教义务的倾向;(4)宗教与社会彼此间没有密切的联系,宗教对人类许多领域的行为没有直接的影响;(5)宗教越来越多地转入人类活动的私人领域,对公共领域降低影响;(6)神圣的(sacred),即完全超越的他者,对人的行为很少或根本没有影响,在人的生活中很少或根本不起作用。[①] 在格利雷看来,只要满足上述中的任何一项,就可以叫作世俗化。"世俗化"本义是要解释在现代性变迁过程中,政治、宗教、文化之间的变化关系;但是经典社会学家却过早预言现代"宗教"的衰落走向。这种预言与此后新老宗教在世界范围内的"复兴"相左,于是"世俗化"理论遭到了众多的质疑与批评,甚至连早先极力赞成世俗化理论的贝格尔也抛弃了世俗化理论。此后,为了修正或超越世俗化理论,在西方学界又相继出现了"宗教市场理论"(religious economies model)、"多维的"(multidimensional)和"去制度化"(deinstitutionalization)的"新世俗化理论",以及"多元宗教现代性"(multiple religious modernities)理论,等等。有学者认为,这三种"后世俗化"理论,分别代表了当代宗教社会学对待世俗化理论遗产的

[①] Greeley Andrew M., *Religion in the Year 2000*, New York: Sheed and Ward, Inc., 1969, p. 21.

三种策略：否弃、重新定义和有限使用。① 笔者以为，世俗化的理论尽管与现代性概念一样充满歧义与含混，但通过不断自我修正的过程，其对于解释现代社会变迁中的政治、宗教、文化关系是一个非常好的进路，这一理论之深度远比"宗教市场论"要深刻得多。我们不应笼统地将世俗化与宗教兴衰与否联系起来，而要把世俗化看作宗教在社会、制度和个体三个维度上的演变过程。如汲喆所言，世俗化主要包括三类现象：在宏观层面上宗教和其他社会制度之间的分化，在中观层面上宗教界内部的现世取向，在微观层面上个体在宗教组织中整合程度的降低。② 事实上，对于世俗化的结果，宗教学者的看法则存在明显的差异。有人认为世俗化将逐渐导致宗教的消亡以及被其他意识形态所取代，有人则认为世俗化并没有改变人的宗教性，宗教也不会就此消失。如帕森斯和贝拉都把世俗化描述为现代工业社会日益增加的复杂性和差异性的一部分。他们认为宗教变成私人的事情，并不会是一种消极的变化。贝拉认为宗教象征随着社会的复杂性而逐渐向前进化，西美尔则认为宗教如同人的本能与性欲一样是存在于人性中的东西，它不会随着世俗化而消失。

（三）中国佛教现代性的因缘

如前所述，中国的现代性虽有其自身的发展脉络，但总体上是一种"学习型"的现代性。在"西学东渐"的背景下，来自西方的现代性观念从不同角度影响了中国近代的思想界和学术界，从而也间接地影响了中国佛教现代性的曲折展开。因此，厘清这些现代性观念与理论的西方文化与宗教背景，考察其如何进入中国的思想语

---

① 参见汲喆《如何超越经典世俗化理论？——评宗教社会学的三种后世俗化论述》，《社会学研究》2008 年第 4 期。
② 参见汲喆《如何超越经典世俗化理论？——评宗教社会学的三种后世俗化论述》，《社会学研究》2008 年第 4 期。

境之中，是非常必要的，在某种意义上它构成了中国佛教现代性的"外因"。

晚清民国以来，中国新学家热衷于佛学的研究，而传统"超然世外"的信仰佛教也从寺庙走向社会、学堂与大学课堂，即便像南京内学院这样号称"内学"研究的地方，也在观念与方法论上或多或少都受到西方现代性观念与理性方法的影响。思想家们关于中国佛学的现代诠释，更是涉及西方现代性的观念与方法，同时，这些关于中国佛教思想层面或思潮层面的余波，在当时又影响到中国近代佛教的入世转型、佛学取向以及近代居士佛教的社会组织化运动，因此，中国佛教的现代性历史展开无法回避这些来自西方的现代性观念、概念及理论方法。

当然，诞生于西方的宗教现代性理论，如韦伯关于西方社会"理性化"的类型解说以及"祛魅"与"世俗化"等理论都源自西方文化的传统，都是基于西方基督教背景的解释范式，但这些理论框架与研究范式对当代东方宗教学者，包括中国宗教学者都产生了极其重要的影响。即如"理性化"概念而言：一方面，众多东方现代学者纷纷跟随韦伯的路径，将"理性化"看作现代性的必然过程，并以之为线索对自身文化及宗教理论进行重新审视或者改造；另一方面，也有学者对"理性化"的普世意义产生了质疑，他们不仅认为"理性化"不具有普世意义，还主张"现代性"也不应该是单一的西方类型。再如"世俗化"理论，也是中国佛教学者老生常谈的概念，但是在中国的语境中，"世俗化"这一概念显然有着不同于西方的模式，因此相关误读也在所难免。因为佛教教义中"世俗"的意义，不具有西方宗教里那种"世俗"与"神圣"二元相分的世界模式，它是在"真谛"与"俗谛"意义上而言的，二者是不一不二的关系。在此意义上，中国佛教世俗化所呈现的宗教与政治、社会的关系模式也不同于西方。

总之，诞生于西方文化与西方宗教背景中的这些现代性观念与宗教社会学的解释范式，对于理解、研究中国佛教的现代性来说，是无法绕开的思考进路和反思对象。即使这些概念被中国学者有意无意地误读与误解，也不失为理解中国佛教现代性问题的一个重要进路。因为，厘清误读与误解也将有助于我们理解在不同宗教模式、不同理性传统与不同文化形态下，宗教的现代性变迁过程中是如何处理其与政治、文化的关联，以及应对何种形式的"神圣"与"世俗"关系。

二 中国佛教现代性的历史展开及其主要向度

中国佛教现代性的历史展开有着内因与外因的双重作用。明清之际，西方世界已经面临着宗教现代性的问题，中国佛教的现代性变迁固然有其自身的发展脉络，但起初是伴随着"西学东渐"及西方现代性观念而展开的。起初，为了配合基督教在中国的传播，西方的传教者们以介绍自然科学和技术知识为手段，刊印、译介大量"西学"，配合传教，以企图"补儒易佛"。但是，在西方自然科学的宇宙观、进化论以及民主、自由思想的冲击下，儒家的世界观遭受了致命的打击。而此时的佛学，恰恰迎合了时人需要的否定精神和社会批判意识，并由于其自身的思辨性而填补了当时中国思想界的饥荒。就是说，基督教在当时不但没有"补儒"，更没有"易佛"，反而让佛学在中西文化激荡、世界潮流交汇中再度"复兴"。晚清的佛学之兴，诚如梁启超在其《清代学术概论》中所言："晚清所谓新学家者，殆无一不与佛学有关。"[①] 不过值得注意的是，与近代社会的变革相应，近代佛学与佛教与其古代传统相比也发生

---

① 梁启超：《清代学术概论》，中国人民大学出版社2004年版，第220页。

了重大的变革。近代佛学与佛教的主要变革之处可概括为如下方面：（1）在佛学取向上，由传统的"出世脱俗"追求，转变为积极的"入世化俗"导向，并由此将佛教的复兴与民族、国家的振兴，甚至民国以后的公民意识密切结合起来。此时的佛学不仅是自我解脱的智慧，也是拿来为我所用、为社会所用的"功利性资源"。（2）在佛教主体上，除寺僧之外，大量的新兴工商业者与新型知识分子对佛学或佛教产生兴趣并投身于佛学的研究与信仰的实践之中，他们分别以居士、学者、思想家，甚至革命家的身份进行佛教研究与实践，并将佛教带向更广泛的现实社会生活之中。（3）在佛教组织上，除寺院佛教为保庙产而谋求全国性的佛教会组织之外，还出现了诸多形式的居士佛教组织；这些居士组织开始使用理性化与现代企业化的管理模式，并开始独立于僧团之外，积极从事讲经说法、佛教文化传播以及各种社会慈善事业。（4）在佛学研究方面，出现了大量的佛学研究会与佛学院，并印刷出版了大量的佛教刊物与图书；同时，佛学研究开始走出寺院，走向社会与高等学府，并与现代学术为伍。

纵观近代佛教的上述种种变化，其无论在教界、学界、居士界都有着明显的现代性观念变迁的痕迹，有着中国佛教自身特点的理性化发展模式与世俗化发展模式。就其体现的现代性向度而言，可概述为以下三大层面：

其一，西方现代理性思维及哲学观念层面对中国佛教思想的影响，表现为佛教的现代（近代）诠释以及佛教内部的理性化自我批判与反批判；其二，在社会理念层面，佛教开始谋求自身与现代性理念的契合，表现为迎合科学与民主、居士佛教组织的世俗化发展以及佛教取向的人间化发展等；其三，在佛教研究方法论层面，开始使用西方的现代学术方法，替代"信解行证"的修学传统方式；这一佛学研究方法的现代变迁，既是中国佛学现代性的一部分，同时它也间接促进了中国佛学现代性的发展。以上向度之间相互影响，相互联系。下面分别从学界、教界、居士界等方面，对中国佛教现代性诸向度的历史展开作一具体分析。

（一）西方现代理性思维及哲学观念对佛教思想产生影响，表现为佛教的现代诠释以及佛教内部的理性化自我批判与反批判

就学术思想界而言，近代佛学诠释表现为佛教的理论被当时的思想家们作为一种工具和方法加以利用。这种利用一方面由于佛教自身存在着思辨的特质；另一方面，思想家们在借用佛教理论作为和西方学术思想沟通的桥梁时，有意将现代理性和逻辑的成分注入了佛教的诠释之中，从而使传统"信仰"的佛教转变成为一种可提供方法和思想的实用哲学。以晚清新学家与维新思想家为主体的现代性佛学诠释有以下特点：（1）佛学诠释是在西学冲击的现代性背景下展开的，其目的是在佛教中寻求方法、工具和武器内以摧毁儒家宗法制度，外以与西学抗衡。（2）佛学研究方法是革命式的，思想家们基本抛开了传统佛学"以佛教研究佛教"的原则，而提倡"佛教注我"和"我注佛教"，其研究的总体趋势是强调佛教中的"理性思辨成分"以迎合西方现代理性思潮。（3）在佛学诠释中，大量援用西方启蒙理想的自由、民主、平等政治思想来附会佛教伦理，企图使佛教变成一种"革命佛教"。

从清末第一代士大夫知识分子如龚自珍、魏源开始，思想家们就曾借助佛教的"业感缘起"理论，反对儒家正统性善论。思想家们之所以看重非天定的业感缘起的说服力，正是现代性的理性化的表现，人们越来越信奉理性的论证而拒斥神秘的超自然解说。此后，中国的思想家、革命家如康有为、梁启超、谭嗣同、章太炎等也是在寻求理性思辨的方式以诠解佛教，欲以构成一种"不中不西，即中即西"的新思想。他们纷纷将佛教的知识拿来为己所用，并把佛教和西方思潮之哲学观念沟通起来。① 这种用西方哲学乃至西方自然科学的概念、名词诠释中国传统佛教的做法，一方面对传统佛教理论进行了现代性的诠释，另一方面也赋予佛教理论以理性思辨的特征。事实上，这一佛学诠释的最大特点是把宗教性的解脱伦理与俗世的政治解放融为一体，并在理性化的外衣装扮下，使佛教理论俨然转变成为资产阶级自由、民主思想向封建思想开战的武器。② 这种佛学诠释虽然来自思想界，但它在一定程度上改变了人们对佛教的理解，影响了佛教的现代性转型发展。

就教界而言，近代佛教教内主要面临着如何使佛教在现代性的背景下得以生存与发展——其目的是实现佛教的"现代化"生存问题。为此，在观念层面，太虚要做的主要工作就是佛教的"自我批判"（或曰中国式的"理性祛魅"）——即改变传统神鬼的信仰，使佛教成为能被现代人接受的人生的、生活的佛教，这当然也是佛教面对现

---

① 例如，谭嗣同在《仁学》一书中采纳了西方天文、地理、数学的成果，吸取近代心理学、几何、比较宗教学等粗浅知识，用"以太""电"与"心力""灵魂"等概念分别置换了儒学"气""器"与"理""道"等概念，企图重建自然观与社会观。章太炎比照西方哲学的概念结合佛因明学的逻辑方法从知觉、想象、推理、判断等认识环节对佛教唯识宗进行了细致研究，并试图运用东方思辨色彩的唯识宗对康德等所代表的西方思辨理性进行驳斥。

② 例如，康有为在解释"大同"理想时，就借用原始佛教的"苦"谛观和华严宗的"一即一切"，并偷用西方自然科学的进化论、乌托邦理念混合而成。梁启超最突出的是用佛教的相关理论来附会、解释自由、平等、民主的资产阶级政治观点。他认为"佛教是建立在极严密的忠实的认识论之上"，"以求得最大之自由解放而达人生最高之目的者也"（梁启超《饮冰室合集·文集》之三十九）。梁启超在1902年撰成的《论佛教与群治之关系》一文中，从理性和世俗的角度提出佛教是智信、兼善、入世、平等、自力、积极的宗教。他认为佛教的平等不仅与专制政体对立，而且也区别于立宪政体。谭嗣同深入佛学后，也受佛教"平等"思想的影响，建构了他的"仁—通"哲学。所谓"通"与"塞"相对。谭嗣同认为中国封建社会的名教专制像一个大网束缚了人民的自由，造成了"黑暗否塞"。"通"就是要把"中外""上下""男女""人我"打通为一，达到完全平等。谭嗣同认为，佛教的"平等"不仅使人与人通，而且也能使人与万物相通，实现社会的大同乃至宇宙的大同。他说："大同之治，不独父其父，不独子其子；父子平等，更何有于君臣？举凡独夫民贼所为一切钳制束缚之名，皆无得而加诸，而佛遂以独高于群教之上。"（谭嗣同《仁学》二八）

代性的时代课题。为此,太虚除改革传教方式和途径外,还计划根据西方的学术分类将佛学与西方各类学科作相互的会通研究。例如,佛学与经济学、政治学、数学、物理学等各种学科关系之研究,以及佛学与世界各宗教之比较。太虚希望借助西方科学的解释来弘扬佛教的理论,这既是佛教的"方便契机",更反映了西方科学理性思维对中国佛教的影响。太虚之后,印顺的"人间佛教"、赵朴初的人间佛教倡导、净慧法师的"生活禅"以及台湾星云法师的佛光山模式、慈济基金会的宗教慈善模式、李元松的"现代禅"等,都是谋求佛教自身现代化发展的范例。印顺法师在太虚大师"人生佛教"的基础上,提出了"人间佛教"的理念,体现了强烈的人本关怀和现实关切。印顺从人本意义上来理解佛陀的本怀,并将"佛性"归为"人性"之中,提出"人成即佛成"的人间佛教理念。印顺指出,"成佛"实际上就是人性的净化,即扬弃众生性,完善人的正性,最终获得人性的圆满——佛性的证成。为了阐述"人本""人间"的立场,印顺首先指出释尊也是"生身",也是"即人而成佛的"。印顺说:"释尊是人,与人类一样的生、老、病、死、饮食、起居、眼见、耳闻;这父母所生身,是释尊的'生身'。同时,释尊有超一般人的佛性,是正觉缘起法而解脱的,这是释尊的'法身'。释尊是人而佛,佛而人的。人类在经验中,迫得不满现实而又着重现实,要求超脱而又无法超脱。重视现实者,每缺乏崇高的理想,甚至以为除了实利,一切是无谓的游戏。而倾向超脱者,又离开现实或者隐遁,或者寄托在未来、他方。崇高的超脱,平淡的现实,不能和谐合一,确是人间的痛事。到释尊即人成佛,才把这二者合一。由于佛性是人性的净化究竟,所以人人可以即人成佛,到达'一切众生皆成佛道'的结论。"[①] 秉此"中道"的人本立场,印顺又以"人间性"作为"佛教

---

① 印顺:《佛法概论》,上海古籍出版社1998年版,第6页。

正法"来对治"鬼神佛教"与"经忏佛教"。印顺在《佛在人间》一书中反复强调,佛教不是鬼教,也不是神教,而是面向人间、以人间为本的人本佛法;而且,唯有人间的佛教才是正的佛教,才能表现出佛法的真义。由此可见,印顺的"人间佛教"理论已经出于因应现代性需要,而变得相当的"理性化"与"理智化"。

如果说,佛教思想家以及太虚那里还没有从佛教理论深处自觉展开其现代性的话,那么在"南京内学院"居士佛学那里则表现出佛教理论深层的回应。以欧阳竟无、吕澂为代表的支那内学院的回归佛教唯识学运动,虽然有佛学取向及佛教观的明显立场,但其意义不仅是传统意义上的佛教研究,也有着当时现代性思潮的影响。如果说,明末的第一次唯识学复兴,是为了纠正当时的狂禅之风而重视文本和实修,那么20世纪吕澂归依唯识"性寂"之学,则与西学的实证思潮与逻辑推演之风分不开。从学术背景来看,明末的唯识复兴基本上还是在中国文化的内部环境中孤立地进行,而内学院的唯识学复兴则已经直接面对西学的入侵、直接受到外来文化的严峻挑战。因此,唯识"性寂"之学自觉、不自觉地被当时的佛教思想家作为"最堪以回应西方文化挑战的法宝、最为当机的法门"来嫁接西学思潮。在很大程度上,唯识学已被公认为具有与近代西学多层次的共性:不仅仅是在意识结构的内向分析方面,而且在义理的推演、名相的分析、文本的证义等方面都有共性。① 当时的中国力倡西学以求强国,而西方知识之辨析与逻辑推理又最为中土文化所欠缺;相比之下佛教唯识学与佛教因明学在一定程度上可以作为连接中西方知识的桥梁,并以此为契机发挥佛学在社会实践上较为积极性的因素,以回应当时的现代性处境。可以说,这种意图自觉不自觉地存在于内学院以及当时思想家的唯识学研究中。而正是在此种背景下,吕澂继承欧阳的理路,在力复唯识学之外,着力抨击《大乘

---

① 佛日:《法相唯识学复兴的回顾》(上),《法音》1997年第5期。

起信论》《楞严经》以及台、贤、净等中土佛学,并与熊十力展开了"性寂"与"性觉"之争。吕澂、熊十力围绕"性寂"与"性觉"的论辩从表面上看来是涉及唯识学的法义之辩,并与中土"伪经"的千古疑案相联系。但如果联系当时西学的现代性背景,确实可以窥探出吕、熊二人对现代性的不同回应。吕从"性寂"出发,特别强调"转依"的实践意义,他指出,"转依"概念是大乘佛教瑜伽行派用来代替小乘佛教"解脱"概念的,它强调从根本上(所依)着眼,来消灭由错误认识所构成的一切对象,而建立起由正确认识构成的一切对象。[①]在《观行与转依》(1954年)一文中,吕澂更进一步说明"转依"的两个面向:主观方面,"转依"是由认识的质变——由错误的认识转变为正确的认识,间接改变行为,而造成身心的全盘改变;客观方面,由于认识的质变而造成事象的变革,事象的变革"不是简单地从名想认识的转移便直接有了改变,却是由认识的不断矫正,事象实相的显现益加了然,这再引起行动,革新事象,使它更和实相随顺地发展"[②]。吕澂强调革新、变革,并以认识论为佛教理论的根本,而批判熊十力的宇宙本体论。可见,吕澂在这里,已经将现代性的知识论用于佛教理论的重构之中,当然他的这种重构比起早期佛教的诠释也更符合佛教理论自身的推演并具有理论的深度。

相对于吕澂,熊十力等新儒家们则对中国传统佛教思想持坚守的态度。熊十力尤对传统中国佛教的"本觉"思想大加推崇,这也深刻体现了熊十力的思想体系对于"现代性"的不同态度。比起吕澂对中国传统佛学的批判,以熊十力等为代表的新儒家则希望通过对传统中国佛教的创造性诠释,并援佛入儒来回答现代性的挑战。熊十力在《新唯识论》中开宗明义地提出:"今造此论,为欲悟诸究玄学者,令知实体

[①] 吕澂:《观行与转依》,载《吕澂佛学论著选集》第三卷,齐鲁书社1991年版,第1378页。
[②] 吕澂:《观行与转依》,载《吕澂佛学论著选集》第三卷,第1378页。

非是离自心外境界，及非知识所行境界，唯是反求实证相应故。"① 在此，熊十力认为"实体"即是"本心""真心"，故见心就是见体，这种"即心即体""即体即用"的思维方式其实是中土哲学和中土佛教的一贯立场。为什么熊十力在《新唯识论》中力倡被支那内学院一再批判的《起信论》与《华严宗》的"真如缘起"和"法性缘起"？林镇国先生作过这样的评论，他说："他（熊十力）不满足唯识宗从种子说明心识，'不悟心识为流行无碍之全体'。说心识为流行无碍之全体，重点在于强调本心的能动性、主宰性与转化性。此具自动创新、主宰官体与转化境界性格的本心即是智，即是本体。这当然就不同于印度佛教对'真如'与'正智'的区分。"② 强调主体的能动性、创生性是包括梁漱溟在内的新儒家的一贯主张；可见，从中国传统文化本位出发批判西方现代性导致的"工具理性"的扩张，在梁、熊那里早就初露端倪。如果我们将《新唯识论》放置于当时"经世佛学"与中外思潮迭起的背景下考察，我们也可以发现熊十力之所以最终从印度唯识学返回中土《起信》《华严》并以儒家大易为归宗，实也是熊十力将中国传统哲学智慧作为回应现代性挑战的策略。在熊十力看来，面对现代性的挑战，"返本开新"是最好的方法。"返本"就是反求本心，实证相应。此本心即是性，即是本体。就体用不二而言，"返本"就是"开新"，"开新"就是"返本"。熊十力这种回应现代性的态度也集中反映在他的"性智"与"量智"的论说中。熊十力认为"本心即是性智"，"性智"就是"本心"在实证境界中的自我显现，即本体。"量智"则指思辨、分别、计较之功能。在熊十力看来，西方哲学专尚思辨，其所任量智，非是性智显发而起之量智。"而我国学术却尚体认而轻思辨，是其所长而短亦伏焉。所以西哲思辨须与东圣修养冶为一炉，始可得本体。"这

---

① 熊十力：《新唯识论·明宗》，中华书局1985年版，第43页。
② 林镇国：《新儒家"返本开新"的佛学诠释》，载《空性与现代性：从京都学派、新儒家到多音的佛教诠释学》，台北县：立绪文化事业有限公司1999年版，第74页。

样一来，熊十力就把哲学与科学、东方与西方的融合归于性智与量智的圆融，亦即生命的整体运动、主客俱泯的天人合一境界。不过，熊十力最终还将其关键或者本体归为"性智"。他认为，性智并不遮拨量智，因为"见体"之后大有事在："量智云者，一切乎日用，辨物析理，极思察推征之能事，而不容废绝者也。但有万不可忽者，若性智障蔽不显，则所有量智唯是迷妄逐物，纵或偶有一隙之明，要不足恃。"① 可见，在性智与量智的关系上，最重要的是以体认为本，称体起用，所谓"融思辨以入体认"。这个观点就是要求人们以性智为主，使用量智而不为物役，否则纵使量智发达，不仅不利于人生，反而由于向外索求而无主。这种思路，既有当时中国传统知识分子目西方文明为物质文明，目中华文明为精神文明的共同心理，也体现了熊十力对西方工具理性批判的意识。同时，用"性智"融摄"量智"也正是熊十力面对现代性之物质精神二元分立所开出的药方；并且，其立足点是大乘佛学"悲悯众生"与儒家仁爱的终极关怀。

牟宗三对佛教的诠释与熊十力之间有一定的承继性，他们的共同立场在于重建创生性的本体论。在佛学内部都重视中国传统佛教的真常心系，也对内学院仅受唯识法相之学表示不满。熊十力由佛归儒，而牟宗三则一直从儒家道德形上学的立场会通佛、道与西方哲学。熊氏从"境论"建立体系，其未完成的量论在一定程度上则由牟宗三通过改造康德哲学予以补充。面对现代性的挑战，如何消化西方的科学、民主是牟宗三哲学需要解决的一大问题。为了处理这一问题，牟宗三在《现象与物自身》里建立了"两层存有论"，一是"无执的存有"即本体的存有，一是"执的存有"即现象的存有。而"两层存有论"的架构的理论来源，主要是《起信论》"一心二门"的模型。"无执的存有"是针对"心真如门"的真谛层面而言，而"执的存有"则针对"生灭门"的俗谛层

---

① 熊十力：《新唯识论》，中华书局1985年版，第677页。

面而言。牟宗三就是要用"一心二门"的模型来会通康德哲学。他在《中西哲学之会通十四讲》中指出:"佛教《大乘起信论》言一心二门,其实中西哲学都是一心二门,此为共同的哲学架构(philosophical frame)。依佛教的讲法,所谓二门,一是真如门,一是生灭门。真如门就相当于康德所说的智思界(noumena),生灭门就相当于其所说的感触界(phenomena)。中西哲学虽都开二门,但二门孰轻孰重,是否充分开出来,就有所不同。"① 在这个模型中,牟宗三将现象科学知识归为"俗谛",并认为可由菩萨的悲心来保住它在佛教中的位置。从另一个角度说,佛菩萨为了救度众生,必须进行"良知"的"自我坎陷"以成就科学与民主,并保障科学知识的必然性。② 可见,佛学的诠释在牟宗三的会通哲学中已是非常关键的资源,这种哲学策略显然是将佛教置于现代性背景下进行的一种创造性的发挥。西方的现代性以及由现代性而来的科学、民主思想确实是中国知识分子所向往的,但是因科学及工具理性独尊而导致德性的沦丧,因民主政治而造成心灵的庸俗化等现代性引发的危机,也为中国知识分子所觉察。所以,牟宗三希望通过"内圣外王"的模式,既开出民主与科学,也挽救现代性的危机。我们暂不讨论牟宗三哲学策略的可行性,仅就其希望通过改造中国文化来完整地体现和应对现代性的挑战来说,是非常有启发意义的。面对现代性的挑战,新儒家表面上是从儒家的立场来回应;但是新儒家和佛教之间的密切的互动关系,已使人难以分辨究竟哪些是儒家的哪些是佛家的。可以说,由于新儒家在建构其哲学体系时,大量使用和借鉴佛教哲学的资源,使得佛教间接地在哲学层面上与现代性展开了对话。换一个角度来说,也算是佛教联合儒家思想共同来回应现代性的挑战。

---

① 牟宗三:《中西哲学之会通十四讲》,上海古籍出版社1997年版,第85页。
② 牟宗三:《中国哲学十九讲》,台北:学生书局1983年版,第265—279页。

（二）在社会理念层面，佛教内部开始谋求自身与现代社会理念的契合，表现为迎合科学与民主、居士佛教组织的世俗化与理性化发展以及佛教取向的人间化发展等

从西方现代思潮的影响来看，20世纪以孔德首倡，经法国杜尔凯姆和德国马克斯·韦伯推波助澜的社会学，提倡用社会学的方法来研究宗教，强调宗教与社会的关系问题。在此影响下，佛教思想家们开始反思佛教理论作为一种意识形态的社会实践功能。与此同时，科学与民主作为现代性的成果和现代价值观的核心观念不但被西方现代社会所认可和实践，同时也作为一种"共法"波及东方世界。面对普遍价值认同之"共法"的科学与民主，怎样处理佛学与科学、民主理念的关系，以适应现代社会的发展，也成为近代中国佛教界、居士界以及佛教思想家们不可回避的问题。五四前后，中国佛学界和佛教界围绕佛教（佛法）与科学、民主的关系主要有以下几类立场：（1）将佛学相关理论观点与西方科学、民主思想作比附，证明佛教不违背科学原理。（2）从维护佛教"合法性"立场出发，进行"佛法是科学""佛法超越科学"的理论辩护。在此，佛教的合法性鉴别，似乎要以科学作为标准了，而寻求佛学与科学对话的目的则是"护法"。在当时，一批信仰佛教的科学家、科学工作者和具备科学知识的佛教徒便开始上述两方面的工作，其中以王季同、尤智表、王守益、沈家桢、罗无虚、太虚等人为代表。他们开始运用现代科学知识，以通俗的语言来论证佛法与科学、民主不相违背。身为科学家的王季同从1930年起，陆续发表《佛教与科学》《唯识研究序》《佛法省要》《佛学与科学的比较研究》等著作论证佛学与科学不谋而合。如，他在《佛法省要》中将其论点概括为三条：其一，一切宗教绝未有从科学方法出发者，有之则唯佛法。其二，佛教的基本原则即是现今社会科学界最时髦的科学方法——辩证法。其三，佛学很少和科学矛盾的地方，并且有许多地方和科学不谋而合。①

在佛教界，主要表现为以太虚为代表的"人生佛教"及其弟子推行的"人间佛教"的佛教改革运动。一方面，太虚主张用西方的科学知识来研究佛教，从而使佛教中的迷信内容得以清除，以适应现代理性的"祛魅"；另一方面，太虚又希望佛教徒能融入社会生活的各个领域和各个方面，从而使佛教有利于社会的民主、政治建设，促进社会的发展。"人生佛教"的目的，就是要使佛学与现实人生结合起来，最终使佛学与社会各个领域融通起来，进而使佛教得以生存与发展。在特定的时代思潮中，太虚"人生佛教"的提出，是基于世人对佛教的误解和隔膜，所以对于人间所重视的现世利益必须有所响应。为此，太虚一方面加强人间善行、五戒十善等佛教人天乘基础理论的阐扬，一方面厘清学术知识界的质疑及误解，说明佛法与近代思潮、各种主义的关系，以引起学术界的同情，并表示佛法与现实社会并未脱节。因此，在太虚的文献中，曾大量引用世间的知识学问，或与西方的科学思想做过大量的理论附和。② 太虚提倡"人生佛教"，将重点放在现世人间生活的实践，及人格道德的建立完成，是在现代性背景下的一种抉择。

赵朴初居士与星云法师，继承了太虚法师的人生佛教思想，并立足于中国佛教"真常唯心"一系，努力推进中国佛教的现代化。赵朴初居士领导新中国的佛教界致力于人间佛教的建设，积极倡导大乘菩萨道普度众生的理念，积极倡导佛教与社会主义社会的和谐一致性发展，从而谋求中国佛教的现实发展空间，并为中国佛教的现代化道路指明了方向，奠定了基础。星云法师，把学佛从菩萨行开始作为自己的出发点，把中

---

① 参见王季同《佛法省要》，转引自陈兵、邓子美《二十世纪中国佛教》，民族出版社2000年版，第411—412页。
② 印顺：《谈入世与佛学》，收于《无净之辩》，《妙云集》下编七，台北：正闻出版社1976年版，第175—251页；江灿腾：《太虚大师的"人生佛教"思想探源》，收于《现代中国佛教思想论集》（一），台北：新文丰出版公司1990年版，第75—107页。

国佛教的文殊、普贤、观音、地藏四大菩萨，作为人间佛教精神的典范。星云法师号召佛教徒把对四大菩萨的朝拜祈求转化为学习效法四大菩萨的实际行动——即以观音的慈悲，给众生方便，为众生服务；以文殊的智慧，引导众生走出迷途，获得光明；以地藏的愿力，使佛法进入每个人的人生、家庭，传遍世界每个角落；以普贤的功行，契理契机，随顺众生，行难行能行之事。20世纪80年代以来，由台湾李元松居士开创的"现代禅"以及由大陆净慧法师倡导的"生活禅"正是继承和发展"人间佛教"、促进中国佛学与"现代性"对话的一种有益探索。李元松的"现代禅""格外重视理性、民主、平权、人道性格的培养"，认为："科学理性的精神有助于学佛者避免陷入迷信鬼神、崇拜权威的迷宫，且是趣向正觉解脱的良器。"① 在方法上，"现代禅"批判扬弃了明清禅宗和中国传统佛教的形式化、教条化，提出了具有强烈现代意识的九条学风：一，坚持经验主义的科学原则；二，主张七情六欲中修行；三，重视世俗的责任义务；四，崇尚侠义情怀；五，不理会袭自印度的古老戒律；六，持重日常生活中的禅定；七，广传禅门心法，倡言证果不难；八，融通大乘小乘显教密宗；九，反对僧尊俗卑，倡导僧俗平等。② 净慧法师的"生活禅"，也是有感于中国佛教自身的现代发展和现代社会的实际需要而"应时应机"产生的。"生活禅"以"觉悟人生、奉献人生"为宗旨，主张把中国佛学理念与社会现实人生结合起来，从而引导佛教在现时代发挥其净化人心、提升道德、祥和社会、促进世界和平的教化功能。此外，近代以来，"慈善"也成为中国佛教教团谋求自身现代化以及建立其与社会有效关联的重要手段。如，近代中国各地兴起的居士佛教慈善活动、中国台湾慈济基金会的慈善活动等，都将"慈善"作为人间佛教的重要手段，并由此构建

---

① 参见李元松《现代人如何学禅》，转引自王雷泉等主编《二十世纪中国社会科学·宗教学卷》，上海人民出版社2005年版，第414页。

② 李元松：《我有明珠一颗》，转引自陈兵、邓子美《二十世纪中国佛教》，第307页。

了一种新型的佛教组织形式。

当然，要真正处理中国佛学和科学、民主的关系，还必须从中国佛学的核心思想内部接纳科学、民主的理念。于是，以科学、民主为入口的针对中国传统佛教思想的批判与反思也在佛教思想界展开。20世纪以来，南京内学院的佛经辨伪运动，就将矛头直指中国传统佛教的核心思想——"本觉思想"与"如来藏思想"，而且这一批判一直延续到20世纪80年代日本的"批判佛教"[①]思潮。中国佛教本觉与如来藏思想之所以成为20世纪佛教批判的靶子，虽有佛教的义理之辩，但也存在着明显的现代性视域，其中一个重要的特征就是批判者开始以科学、民主为入口进而对佛教的义理展开反思与批判。在批判者看来，由于本觉思想理论结构的圆融、调和，极具包容性，所以隐含着磨灭差异、包容善恶、调和一切的社会意识形态功能。以"本觉"思想为反思对象的"性寂""性觉"之辩，意味着佛教思想家们已经开始从中国佛学理论之内核来反思它与科学、民主的相适应关系。就吕澂而言，他虽然是从文献学的角度指出"性寂"和"性觉"的差异，但他十分强调"性寂"的"革新义"，而此"革新义"的强调与其社会批判意识有关，在一定程度上是吕澂对现代理性的正面接受。在吕澂看来，"本觉"思想隐含了"真心"或者"佛性"为一切众生所具足，故只要返本还源即可，如同儒家的"复性论"。"性寂"与"性觉"的差别在于，"性寂"只是"可能的""当然的"，但实现它必须经过实践的"熏闻"，而"性觉"则强调心性本觉是"现实的""已然的"。[②] 吕澂指出"本觉"思想之所以会流行于中国，主要是"经过了有意的变通迁就，采取调

---

① 日本"批判佛教"产生的最初动机就是由社会不公与歧视引起的佛学反思，其反思的结论认为中国佛教中的本觉、如来藏思想及受此影响的日本的"和"的思想都不是"真佛教"，并阻碍了社会公正与民主的实现。有关20世纪的两次本觉思想批判及其现代性视域的考察，可详参拙著《佛教本觉思想论争的现代性考察》，上海古籍出版社2006年版。
② 吕澂：《试论中国佛学有关心性的基本思想》，《吕澂佛学论著选集》第三卷，第1417—1418页。

和的说法，肯定现实的一切（包括社会制度在内）之合理性，既无所抵触于统治阶级的利益，自然就通行无阻"①。

此外，近代居士佛教社会地位的抬升、居士佛教组织的独立发展及其开展的社会慈善事业也具有明显的现代性观念史背景。晚清以来，寺院佛教"经忏"与"荐亡"的佛教模式已经不适应近代社会的需要。而"庙产兴学"运动，其背后也存在现代性的观念史背景。近代居士佛教的佛学取向是从拯救佛教、振兴佛教的角度出发，希望以与"人间化""理性化"的近代观念相一致的原则来引导佛教与社会的融合。可以认为，自杨仁山以来的全国各地独立于僧团之外的居士佛教组织的建立，也正是中国佛教自身"理性化"成长的过程。在此过程中，作为佛教神圣性代言人的僧侣在信仰共同体中地位不断下降，而居士则由世俗的身份上升到与僧侣几乎平等的地位，并进而从事过去只有僧人才可举办的带有"神圣性"的佛事活动。居士代替僧侣从事佛事活动，事实上就建立了一种"世俗化"的教团组织。在世俗化的居士教团组织中，信仰者的宗教身份不再靠"神圣性"的授权，而是通过"捐助献金"来获得准入资格，虽然其中也包括宗教知识与个人品德方面的要求。近代知识分子与工商业者成为居士主体时，他们不仅比僧侣表现得更加"世俗化"，也比封建地主士绅居士表现出更多的"理性化"与"理智化"特征：其一，近代居士对佛教文化传播与佛教教育非常重视，并用讲经说法替代了晚清盛行的经忏香火；其二，按照现代理性化的企业管理方式与资本运作方式来组建居士佛教组织；其三，居士捐献不再用于寺庙经忏与香火，而主要用于各种社会慈善事业。由此可见，近代居士工商业者，已经将市场经济理性植入居士组织建设之中，建立起一种适合商业社会的新佛教。这种新佛教组织的理性化程度，只要考

---

① 吕澂：《试论中国佛学有关心性的基本思想》，《吕澂佛学论著选集》第三卷，第1417—1418页。

察一下条例细致、分明而严谨的《世界佛教居士林章程》就可昭然若揭。此外，就佛教仪式来看，一个值得关注的现象是：晚清的地主士绅居士非常热衷于"经忏荐亡"，而民国居士则大都热衷于社会"慈善"。"慈善"与"荐亡"形成鲜明的对比，这不仅说明了近代居士群体的"理性化"向度，同时也揭示了不同居士身份的社会责任感。从理性化角度来看，"经忏荐亡"往往耗费不少资金，既不符合佛教节俭的精神，更不符合经济理性的倡导。而"慈善"，则多少意味着对生命自由的尊重，对战争杀戮的厌恶，以及对未来美好生活的憧憬。"荐亡"到"慈善"的转变，也揭示出居士佛教自晚清到民国的"理性化"发展与社会心理的变迁。

（三）在佛教研究方法论层面，开始使用西方的现代学术方法，替代"信解行证"的修学传统方式；这一现代佛学研究方法的变迁，既是中国佛学现代性的一部分，同时它也间接促进了中国佛学现代性的发展

传统的佛学及其研究主要是立足信仰，着眼于佛教内部，虽然也涉及外部的比较（比如佛儒道之间的比较），但其本质仍是以佛教为主体而进行的判别。相对于传统的佛学研究，现代佛教研究方法则肇始于近代西方世界的佛学研究活动，可以说，所谓近代的"佛教学"实质上是一种诞生于欧洲的学问[①]，其主要特点是站在第三者的立场，用客观

[①] 就时间而言，欧洲对于佛学的研究始于19世纪初相关佛教文献的考古发现，有关西方各国的佛学研究之详细资料可参见张曼涛主编的《现代佛教学术丛刊》中《现代世界的佛教学》（台北：大乘文化出版社1979年版）一书。在该书中，周祥光撰有《近代世界各国对于佛学之研究与宏扬》一文，他指出："忆百年前Pali一字，鲜有人知，即大乘佛教与小乘佛教两个佛学术语，除中国、印、锡及日本外，亦无人注意及之。当19世纪初，因考古学家朴林塞（Princep）等发掘阿育王碑铭而发现到《锡兰大统史》……由于阿育王铭之发现及《锡兰大统史》英译本之出版，使欧洲的当代印度学者，发生对佛学研究之兴趣。哥本哈根大学之范斯堡教授（Prof. Vincent Fausll），首先将《法句经》Dharmapada译为拉丁文，于西历1855年在欧洲出版。对于佛学研究，亦展开科学之探索。"（《现代世界的佛教学》，台北：大乘文化出版社1979年版，第3页）

的科学方法来探究佛教的教理、历史、艺术等相关学问。这种诞生于西学背景下的佛教学研究方法，在明治以后就传入日本，并对日本的佛学研究方法产生了深刻的影响。① 日本学者樱部建从三个方面对传统与近代的佛学研究方法进行过区分，他指出："所谓资料的差异，是指过去的佛学研究，几乎只凭从印度翻译的汉译佛典和根据汉译佛典撰述的日本著作，把这些书当作佛教研究对象，而近代佛教研究则在此之外，还加上梵文、巴利文原典和藏文译本等等对日本人来说极新的文献；所谓方法的差别，是说过去的佛教学问，是以阐明各宗祖师的'宗义'为目的，各宗各派立场不一，而近代佛教学则采取西方传来的学术观念，摆脱宗派性的制约，自由地采取批评立场，以历史学、文献学或宗教哲学的方法进行研究；所谓意图的差别，是说过去的佛教学研究是从内在的、宗教的层面追求信仰、追求普遍的真理，而近代佛教学则是从学术的、客观的角度追求真理。"② 由此可见，近代西方佛学研究方法作为一种现代学术规范，它是建立在比较语言学与历史文献学之上，以对梵、巴、汉、藏与中亚等语文的兴趣为起点，以掌握原典文献为首务，继而参考现存译本或考古资料，以进行校勘、翻译、注释与解题等研究工作，之后随着学科的细化才开始涉及哲学诠释以及社会学、心理学等多种方法。

随着西学东渐以及西学借道日本的影响，诞生于西方学术背景下的近代佛教学研究方法也逐渐被中国佛教学者所吸收和接纳，从而使得汉语佛学研究出现了明显的"学术化"转向。当然，近代中国佛学研究的这种学术化转向也有其自身的内在因素：其一，就中国传统佛学研究的脉络走向来看，明清之际，中国佛学和儒学一样发生了重要

---

① 南条文雄与高楠顺次郎赴欧学习语言学与文献学知识载誉归国后，激起了仿效西学的热潮；许多学者纷纷以专攻梵文、巴利语、佛教史、印度哲学为业，开始将佛学当作一门现代学科来看待。同时，日本所谓的佛教宗门大学亦纷纷在此时宣告成立。
② 转引自［日］南条文雄《怀旧录》附录，东洋文库本，东京：平凡社1979年版。

的变化，考证学逐渐取代义理学而兴起。有学者指出："明代以后，人们开始注意原典，认为圣贤之道存于经，必须通过严密的考证研究而不是传统的义理玄谈，才是理解的关键，于是道问学与尊德性具有同样的作用……明末许多禅宗丛林中都出现了藏经楼，大量地搜集佛经要典，可见其内部已有了经学研究的要求。"① 虽然中国朴学的考据不同于西方的文献实证，但它毕竟在一定意义上与后者有异曲同工之处，并且不少学者也误将朴学考据视为一种"科学实证"之法。其二，中国佛学在近代逐渐成为广大知识分子共同关心的对象，佛学在"古今中西"的复杂背景下，被装扮成一种反封建罗网的思想武器，被当作中国近代化转型的一种"知识资源"。正是在这种内外背景影响下，中国佛学研究得以走出佛教内部的封闭性，从而为学术化的转向提供了契机。此后，中国佛学的研究开始使用历史文献、哲学诠释以及经学等方法。其中，梁启超、沈曾植、罗振玉、胡适、陈寅恪、汤用彤等，都已经将文献实证和历史学的方法运用于佛学的研究。章太炎、梁启超、梁漱溟、熊十力、牟宗三等人也进行了哲学诠释的尝试。

近代中国学界深受乾嘉考据之风与西方实证思潮的双重影响，佛教研究也是如此，如胡适的禅史研究。"乾嘉学派"是以训诂考据为特点的经学学派，其特点是重视文献、考据之学风，主张"实事求是""无征不信"，反对无据、神秘内省的方法，具有经验主义的色彩。"乾嘉学派"的考据之风为西方实证思潮在中国的流行，提供了肥沃的土壤。所谓西方的"实证"，根据孔德的解释主要包含四层意思：一是与虚幻对立的真实，二是与无用相对的有用，三是与犹疑对立的肯定，四是与模糊相对的精确。在孔德看来，人类思辨的发展先后经过三个阶段，即神学阶段、形而上学阶段和实证阶段。在神学阶

---

① 龚隽：《近代中国佛学研究方法及其批判》，《二十一世纪》1997年10月。

段，世界和人类的命运主要借助于上帝和神灵来解释，这个阶段虽然不可缺少，但它始终是临时的和预备的阶段。在形而上学阶段，人类的认识虽然有所进步，用本质、最后原因和其他抽象观念来说明世界和人类的命运，但这种说明还不是符合外在世界的科学说明。只有到了实证阶段才是唯一完全正常的阶段，人类理性的定型体制的各个方面均寓于此阶段之中。① 实证主义者认为，所谓科学研究主要包括两件事情：先是确立事实，再就是概括规律。这里的事实是指能为感官知觉直接认定的，规律则是依据此类事实归纳出来的。就西方实证思潮进入中国而言，早期有严复译介的以英国为代表的实证论哲学。严复非常重视西方近代的逻辑学，称之为"一切之学"。在"严译八大名著"中，就包括穆勒的《逻辑学的体系》（译为《名学》）、耶芳斯的《名学浅说》、斯宾塞的《社会学研究》（译为《群学肄言》）等实证论作品。继严复之后，胡适对西方的实证方法之介绍也不遗余力。胡适强调"假设"的科学，即所谓"大胆假设，小心求证"。值得注意的是，胡适直接将这种方法应用于佛教研究之中。在《禅宗在中国——它的历史和方法》一文中，胡适明确指出，只有把禅放在它的历史背景中加以研究才能予以正确的理解。胡适曾自信地声称，他对中国思想史的研究，早在30年代就有一桩原始性贡献，那就是对神会有关的四部手抄本的收集与诠释。这种"收集与诠释"就是他研究禅宗的"新观念、新方法"。除了"事实"的考证，胡适的禅宗研究方法的前提是"怀疑"，他在《中国禅学之发展》的报告中说：无论是中国还是日本研究禅学的，"大都用一种新的宗教态度去研究，只是相信，毫不怀疑"。"其次则缺乏历史眼光。"第三就是"对于材料的收集都不注意"。接着他说："我研究禅，不能说完全没有上述缺点，不过民国十五年，我到巴黎，即存心收集资料。"可见，胡适

---

① ［法］奥古斯特·孔德：《论实证精神》，黄建华译，商务印书馆1996年版，第2页。

的禅学研究是一种理性分析的态度，而不是传统的以信仰为先导的信、解、行、证。也就是说，由于心存"怀疑"，故于资料中"求证"。胡适还指出，杜威由疑惑到假设终至求证而圆满的系统思想，帮助了他对一般科学研究的基本步骤的了解。他认为诸如考据、考证这些传统的治学方法，就是"有证据的讨论（无征不信）"，也即赫胥黎的"萨迪法则"。由此可见，胡适的禅学研究方法是以怀疑为前提，以历史为背景，以资料为佐证的"科学实证方法"。①

学术界之外，即使像南京内学院这样的居士佛学研究，也开始受到西方现代学术方法的影响，明显地倾向于现代学术化途径。内学院归宗唯识"性寂"的"根源化"取向及其对中国传统佛教本觉思想的疑伪判别，从方法上看，也是从"疑古"开始的。这种"疑古"倾向，一方面是以"唯识学"之"性寂"思想为"佛理"价值标准，系统地研究佛教源流，以图探清佛家本旨及后世的流变规律；另一方面，也深受胡适式实证思想怀疑、求证之风的影响。吕澂依译文、时间和文献考证指出，不但《起信论》《楞伽经》《楞严经》《圆觉经》有伪经之嫌，就连华严、天台、禅宗等中国化特色比较鲜明的宗派的著作也都是谬误之作。就考据工作而言，吕澂在和熊十力展开"性寂""性觉"之辩前，已经进行了大量的辨伪考据工作。吕澂基于时间上的考证指出：在南北朝时期北方佛家根据时人的不同译著进行取舍，写出《大乘起信论》。此论实际上是以元魏译本《楞伽经》为其标准。由于魏译的经存在一些异解甚至是误解，论文也跟着有不少牵强之说。② 在《禅学述原》一文中，吕澂通过考察禅宗的历史指出，中国禅宗可分三系，而三系之原，皆在印土大乘瑜伽学，只是因为译家传述之详略，而闻者因

---

① 胡适：《中国禅学之发展》，转引自麻天祥《胡适、铃木大拙、印顺禅宗研究方法之比较》，《求索》1997年第6期。
② 吕澂：《试论中国佛学有关心性的基本思想》，《吕澂佛学论著选集》第三卷，第1413—1414页。

立流分派，但得其仿佛而已。① 根据时间、译本、文献以及佛教义理，吕澂得出上述三系禅宗均是误译、谬传的"本觉"思想，而严重背离"本寂"之说。吕指出其误译、误传的形式有"误解名义""妄删文句""传抄错简"等。②

吕澂的佛学辨伪不仅体现在重视名相析辩以及"实事求是"的研究态度上，同时也表现在理性怀疑和考量上。事实上，早在吕澂之师欧阳竟无的佛学研究中就有依"自意"而怀疑的倾向。正如程恭让先生在《抉择于真伪之间——欧阳竟无佛学思想探微》一书中所指出的，欧阳的佛学研究徘徊在"佛意"和"自意"之间，表现为"佛意"与"自意"的紧张与矛盾。欧阳在原则上归依"佛意"的前提下，又对其"自意"常不加束缚，具有"六经皆备于我"之倾向。③ 在继承欧阳方法论的基础上，吕澂则明确主张以"实事求是，分析批判"为原则来研究佛学。他一方面从如实分析出发，扬弃了欧阳的"结论后之研究"的方法；但另一方面他并不简单否定这一方法，而是认识到这一方法与实事求是之间的固有不兼容关系。因为坚持实事求是，就势必对佛教基本教义之外的某些结论进行重新研究；原有的事实如果站不住脚，则结论便不得不改变。吕澂认为佛教基本教义虽然不可改变，但也可以在深入研究的基础上，适应时代需要而作出新的阐发。可见，吕澂的佛学研究确实也不再是传统的"信解行证"之

---

① 吕澂在《禅学述原》一文中指出："所谓三系者，（慧）可、（僧）璨为一系，予名之为楞伽禅，依据为《胜鬘》、《楞伽》也。《楞伽》于《胜鬘》，犹三《传》之于《春秋》。《胜鬘》，经也；《楞伽》，则经之传也，其思想实受之于刘宋求那跋陀罗（译《胜鬘》、《楞伽》者）。（道）信、（弘）忍为一系，予名之为起信禅，依据为《起信论》，其思想受之于北魏菩提流支。惠能又为一系，予名之为般若禅，其据为《金刚经七句义释》（无著《金刚经论》），其思想实受之于隋达磨笈多。三系之原，皆在印土大乘瑜伽学，但以译家传述之详略，而闻者因立流分派，但得其仿佛而已。"见《吕澂佛学论著选集》第一卷，第396页。
② 《吕澂佛学论著选集》第一卷，第401—402页。
③ 程恭让：《抉择于真伪之间——欧阳竟无佛学思想探微》，华东师范大学出版社2000年版，第270页。

法了，而是融入了大胆的怀疑以及佛学之外的理性考量，这种理性考量则与西方的实证思潮和逻辑学不无联系。

此外，20世纪80年代日本的"批判佛教"运动，在一定意义上也是中国佛教现代性遭遇的曲折反映。事实上，"批判佛教"及其导致的"如来藏""本觉"批判之所以成为一个国际性、跨文化的学术事件，并在中、日以及北美学者之间产生热烈的争论，其真正的背景与蕴涵已超越了传统意义上的纯粹佛学义理之辨，而更多的是关乎到现代性背景下东亚佛教研究者的佛教研究方法论，包括佛教观、诠释理据、立场以及研究者在历史经典文献与当下个人经验之间所作出的区分与判断。"批判佛教"的起因即所谓"町田事件"，然后由社会公正问题上升到佛学义理的反思。此外，"批判佛教"是基于理性哲学为背景的佛教诠释，而"场所佛教"则应和了西方哲学的反理性思潮，在一定意义上是海德格尔哲学在东方的呼应；因此，从哲学而言这场争论的焦点在于知识论与本体论哪一个优先的问题。"批判佛教"立足于知识的批判，反对体验主义和神秘主义，进而主张佛教应具备社会批判意识；而"场所佛教"则立足于本体论的立场，对现代理性的根源进行批判。结果，这场基于现代性背景的争论竟将中国化佛教是否"真佛教"的问题推向一个尴尬的境地，同时也把中国佛教面对现代性的挑战引向更深层的思考。"批判佛教"及其论争的相关问题，事实上也反映了不同立论者各自不同的宗教观、不同的诠释立场、不同的理论兴趣以及不同的时代关切与不同的现代性态度。

笔者以为，近现代以来佛教研究方法论的现代转变，其本身既是中国佛学现代性变迁的一部分，同时它也间接地促进了中国佛学的现代性进程，并因方法论的变迁与冲突而将中国佛教的现代性问题复杂化。近代以来佛教研究方法论的冲突与紧张，既来源于近代西学学术方法与传统佛学研究方法之间的差异，也根源于佛教内在传统与现代理性学术思维之间的张力。可以预见，佛教研究方法论的冲突性、多元性仍将在当下及未来中国佛学现代化过程中存在。因此，对近代以来佛教研究的方法论进行再反思，也应该是考察中国佛教现代性的一个重要向度。①

三 中国佛教现代性的特点及其主要问题

中国佛教现代性的大背景是中国近代社会的大变局与"古今中西"思想的大激荡，它体现了中国近代社会变局中宗教的变迁特性以及宗教与政治、文化关系的新变化。概括而言，中国佛教现代性的主要特点有以下几个方面：

其一，中国佛教现代性的历史展开是在"古今中西"文化背景下进行的，是"内因"与"外因"相结合的复杂过程，同时也是一个由被动到自觉、由表及里、由浅入深地展开的过程。晚清以降，中国佛教衰落不堪，其自身寻求变革的要求已经产生，与此同时，中国佛教共同体发生了变革——大量新型知识分子、工商业精英加入了佛教信仰与研究的行列，使得居士及居士佛教的地位抬升，这一信仰主体的改变促进了佛教的现代性变革。就外因而言，随着西学东渐以及中国社会的近代革命，各种现代性的观念从佛学思想诠释入手，促使中国佛教产生了明显的"入世转向"与现代性调适。与此同时，中国佛教也由被动适应过渡到主动寻求自身与现代性的一致性，并由谋求佛教与社会的外部调适逐渐深入到佛学义理现代性的自觉反思。在此过程中，中国佛教现代性向度的哲学观念层面、社会理性层面以及方法论变革层面相互影响，

---

① 关于近代以来佛教方法论的研讨，可参见吴汝钧《佛教研究方法论》（上、下册），台北：学生书局1983年版；萧振邦《"佛学研究与方法论"的再反思》，载《佛教研究方法论学术研讨会论文》，台北：现代佛教学会2001年版；朱文元《佛学研究方法论》，台湾中正大学博士学位论文，2002年；龚隽《近代中国佛学研究方法及其批判》，载《二十一世纪》1997年10月；冯焕真《走向平等的经学观——现代中国佛学研究方法论的反省》，载《鉴往知来：两岸佛学教育研究现况与发展研讨会论文专集》，台北：中华佛学研究所2002年版，第71—95页。

并通过思想界、僧界、居士界在佛教之"学"与"教"中得以展开。

其二，中国佛教现代性的历史展开虽然深受西方现代性观念的影响，但由于中西方不同的社会文化传统以及基督教与佛教这两个不同的宗教信仰模式，中国佛教的现代性呈现出了不同于西方宗教现代性的、属于自己的独特的"理性化"与"世俗化"走向。中国佛教的近代"理性化"虽然有着类似于西方宗教"祛魅"的一面——剔除佛教中国化过程中的迷信、巫术以及民间鬼神信仰成分，但这一被"祛魅"的东西不被认为是佛教内生性的，因而它不是佛教自身被祛魅，更不是像西方宗教由"神话世界"到"科学世界"转变的世界观式的祛魅。某种意义上，中国佛教的近代"理性化"主要以寻求恢复佛教自身理性的"正统"与"正信"为向度。此外，中国佛教由于没有西方宗教那样的"神圣"与"世俗"的二元划分，因此中国佛教的世俗化并不意味着像西方宗教那样的"神圣性"的丧失及宗教社会功能的丧失，恰恰相反，中国佛教的世俗化主要表现为传统"超然世外""不食人间烟火"的佛教开始实践其大乘菩萨道精神而"积极入世"，积极关注自身与社会的连接，关注自身的"社会化"发展。

其三，正由于"古今中西"思想观念的纠结，中国佛教现代性中的"外来因素"与"自身因素"之间产生了种种紧张与对峙。比如，中国佛教在现代化的过程中，一方面受到现代理性观念的影响，如有人希望吸收西方启蒙思想的科学、民主思想来重构佛教理性化的社会批判功能；另一方面，有人又基于佛教的"智慧传统"对现代理性进行反批判，并以此诊疗现代性的困境。对于上述问题，我们看到，东方佛教思想家们表现出了非常复杂的心理：一方面，他们被西方启蒙运动在科学、民主方面的成就所吸引；另一方面，他们中的一些人对于现代性的危机及其虚无的结果深表忧虑，并相信佛教的智慧可以有所帮助。

中国佛教现代性的上述特点及其历史展开中的紧张与对峙，也集中体现或导致了如下的问题：

其一，如何理解中国佛学自身的"理性传统"及其与现代性的关系？中国佛学究竟应该接纳现代性，还是应该反思现代性？

如前文所述，"现代性"的最核心特征源自西方笛卡儿以降的"现代理性"，这一"理性"经由启蒙运动而占据了统治地位，而韦伯将"现代性"概括为"理性化"，并认为西方传统中产生的"理性化"（亦即"合理性"）具有普遍意义与普世价值，而把不同文化的差异解释为"理性化"程度的差别。韦伯的"理性化"概念无视不同文化传统与理性传统的差异，具有"欧洲中心主义"的意味。实际上，西方"理性化"过程中的"工具理性"扩张已经导致了西方现代性自身的危机，为此，反现代主义、后现代主义及其他批判理论都对现代性进行了各种批判与修正。应该承认，不同理性传统具有不同的"合理性"，不同文化传统的现代性模式也并非一定是西方的现代性模式。因此，我们应该立足自身的文化传统切入现代性不同层面的问题，并进入自己的现代性论域。中国佛教、儒家思想都有其自身的理性传统①（或者说都有其自身的"合理性"价值，此非黑格尔意义上作为"世界共性"的"理性"），"佛教理性"② 建立在"缘起论"基础上，其旨趣在于获得究竟的自由与解脱，因此它对工具理性的扩张具有重要的诊疗价值。③

正如舍勒所提出的：生活世界的现代性问题不能仅从社会经济结构来把握，也必须通过人的体验结构来把握。现代现象是一种"总体转

---

① 如梁漱溟先生曾在其《中国文化要义》中提出儒家的理性观，他说："所谓理性者，要亦不外吾人平静通达的心理而已。这似乎很浅近，很寻常，然而这实在是宇宙间顶可贵的东西！宇宙间所有唯一未曾陷于机械化的是人；而人所唯一未曾陷入机械化的，亦只在此。"

② 当古希腊人探索宇宙的本原，并将其归为某种自然质料时，佛教则回避世界本原问题，转而向内回向生命的解脱与自由之追索；当赫拉克利特将变动不居的世界的运动规律概括为逻各斯（logos）时，佛陀则由此得出"无常"，并进而由"无常"得出"无我"。面临"一切皆流"的现象世界，古希腊人的理性开始寻求作为此变化中的规律——"逻各斯"；而佛教面临"一切皆流"的现象界，则揭示其存在的虚妄性，并因此得出世界的"无常""无我"属性。

③ 有关中国佛教对现代性的诊疗价值，可参见唐忠毛《现代性困境与佛教哲学的诊疗价值》，《华东师范大学学报》（哲学社会科学版）2004年第2期。

变",包括社会制度(国家形态、法律制度、经济体制)和精神气质(体验结构)的结构转变。① 在舍勒看来,现代性不仅是一场文化的转变,不仅是环境、制度、艺术的基本概念及形式的转变,不仅是所有知识事务的转变,而根本是人本身的转变,是人的身体、欲望、心灵和精神的内在构造本身的转变;不仅是人的实际生存的转变,更是人的生存标尺的转变。因此,在东方面临现代性的建构时,以中国佛教生命智慧进行的反省和诊疗也应该有其自身的作用。在此意义上,中国佛教与现代性的关系绝不是单向的,而应该是一种"对话"的关系。20世纪发生的两次围绕中国佛教传统的论争正集中体现了这种对话关系:面对现代性的挑战,中国传统佛教的批判者主张佛教应该适应现代理性化的需要,从而使佛教理论本身更具逻辑化,接受科学、民主并具备社会批判功能;而坚持中国传统的佛教思想者则希望从中国佛教的传统出发,从终极的层面提出回应现代性的方案,坚信佛教的理性和智慧有助于修正现代理性的虚妄和局限。也许正是这种紧张对峙的对话互动关系,才能给中国佛教的现代性以更广的视野,才能给人们解决现代性问题以启发。

其二,应该怎样理解中国佛教面临的"世俗化"?怎样处理中国佛教发展的"超越性"(宗教性)与"世俗化"的矛盾?这里面也包含如何面对"人间佛教"的主张。事实上,"世俗化"这个概念在今天的使用已经非常含混不清了,我们往往在不同的语境、不同的角度、不同的意义上使用它。西方宗教"世俗化"的具体含义前文已经罗列了席纳尔与格利雷的总结,从概念史来看,"世俗化"一词在西方的使用,也曾有一个变化的过程:它最初用于宗教战争结束之时,表示原来被教会控制的领土或财产从教会手中转移出来。在罗马教会法规中,这个词又表示有教职的人回归世俗社会。后来,在反教权主义的圈子里,它开

---

① [德]舍勒:《资本主义的未来》,刘小枫编,罗逊伦译,香港牛津大学出版社1995年版,第182页。

始被用来表示现代人脱离宗教保护而获得自由，而在与传统教会有关的圈子里，它则作为"异教化""非基督教化"的代名词，并因此受到攻击。可见，"世俗化"在西方也长期存在着"正""反"两方面的使用。如前文所说，中国佛教的"世俗化"不同于西方宗教的"神圣性"丧失及宗教社会功能的丧失，恰恰相反，中国佛教的"世俗化"恰恰意味着其由"出世"状态转入"社会化"发展。之所以会出现这样的相反走向的世俗化，那是源于中国佛教的"超越模式"及中国佛教的历史存在状态。可以说，中国佛教从未出现过像西方意义上的"教会组织"，并且它长期依附于世俗的王权，因此，中国佛教历史上根本就没有产生过像西方宗教那样的整合社会的"神圣帷幕"的作用。或者说，中国佛教在历史上本来就一直是属于"私人"的事情，而其在近代的入世（"世俗化"）转向则是希望由"私人"的事情转变为一种有组织的社会化生存方式。现在看来，不少学者倡导或希望的这种社会化与组织化发展可能还是无法真正实现，这不仅存在现实政治的原因，更主要的还在于佛教信仰方式的"弥散性"（杨庆堃语）及佛教超越的内在性。

同时，我们在使用"世俗化"一词来表述中国佛教的现代现象时，还应该将之与"俗世化""庸俗化""功利化""商品化"稍作区别。"俗世化"主要是指在现代社会中，原来由宗教所支配的政治、教育、婚姻等事务在司法的意义上脱离宗教，作为公共事务归由俗世行政加以管理；而宗教作为社会子系统及诸种社会制度之一，也要基于俗世的法制原则处理与其他社会制度的关系。"俗世化"与"世俗化"的区别在于："世俗化"主要是指宗教在社会、文化中的地位的变化过程，而"俗世化"关注的是制度构建的政治原则与实践，如政治不受宗教支配、观念与信仰自由、诸宗教平等。此外，我们现在对寺院佛教或其他佛教信仰形式诟病最多的也许还是佛教信仰内容的"庸俗化"、僧尼持戒的松弛与形式化、佛教活动的过分"商品化"以及信徒所表现出的极端"功利化"。事实上,这些现象主要还是属于"信仰活动"自身的层面,并不涵盖"世俗化"所指向的宗教与社会、文化的关系层面。此外,就功利化而言,这也绝非中国佛教的近代现象,它事实上从佛教传入中国开始就存在于中国的民间信仰之中。

此外,还有"人间佛教"的问题。近代以来由太虚开创的"人生佛教"及由印顺、赵朴初在继承太虚基础上倡导的"人间佛教",在某种意义上也是中国佛教"世俗化"的产物,由于中国佛教一贯的"脱世"色彩,其现代化的过程则被倡导为"人生佛教"和"人间佛教"的现实主义走向,并企图将宗教内容与社会生活紧密联系起来,强调宗教的社会实践功能。近年来,有学者对"人间佛教"提出了不同的看法,甚至提出了"质疑",认为"人间佛教"的发展模式一方面会阻碍佛教发展的"多元化",另一方面会导致佛教宗教超越性的丧失。笔者不反对佛教发展的"多元化"(比如山林派、清修派或者其他语系的宗派),但也不认为"人间化"模式会障碍"多元化"。此外,印顺"人间佛教"思想的"大乘非佛说"也受到一些学者的批判,其重要理由在于他们认为印顺的这种主张消解了"圣言量",使得"人间佛教"没有其合法性。笔者以为,这种看法在注重佛教文本与言说的历史连贯性上具有一定道理,但其背后还是走向了西方世俗化理论"神圣"与"世俗化"的二元划分。笔者以为,"人生佛教"与"人间佛教"从其理论的确立来看(如太虚),早已考虑过超越性与宗教性的问题,只是我们今天对"人生佛教"及"人间佛教"赋予了当下的解读。事实上,"人生佛教"及"人间佛教"遵循的是佛教的"中道原则"——将"俗谛"(现实生活)与"真谛"(终极超越)辩证地融贯起来,提供了一种在俗谛中获得"真谛"以及"真俗不二"的超越模式。因为,中国佛教本来就不是靠"神圣性"的外在超越来实现其信仰的,而是在"即心即佛"的模式中实现的,即"在世俗化的文化中,继续发现超越性的存在"。

其三,关于中国佛教现代性中的"祛魅"问题。事实上,西方宗教的"祛魅"过程在其本质上就是"神话世界观"与"科学世界观"的根本对立。由于基督教在形式上是一个神话的体系,所以基督教的"祛魅"就是通过"解除神话",而使其符合现代世界观。鲁道夫·布尔特曼(Rudolf Bultman)曾言:"《圣经》里的古代世界观与现代世界观之间的显著差异在于两种思想方式之间的显著差异,即一种是神话的,另一种则是科学的。"① 而中国佛教在本质上是没有神话体系的,其"缘起论"思想充满了独特的理性思辨,而禅宗的"即心即佛"更是排斥外在的巫术成分。中国佛教理论系统本身无魅可祛,所以中国佛教现代性的"祛魅"主要表现为剔除佛教中国化与民间化过程中的迷信、巫术、香火经忏以及民间鬼神信仰与民俗信仰成分,从而恢复佛教的理性与"正信",可见此种被"祛魅"的东西根本就不是佛教内生性的。笔者看到,这一中国化的"祛魅"往往被当下的佛教学者所赞成,认为中国佛教的民间化形态与民俗化形态阻碍了中国佛教的振兴与发展。可是,这种观点却遭遇到了当代民俗学者与人类学者的极力反对,在他们看来,中国民间与民俗文化在这种现代性的观念中被挤压,因此,这种"祛魅"带有典型的意识形态色彩。笔者以为,长期以来,中国佛教学者往往更多关注于中国佛教观念思想层面的研究,而对于其漫长的民间实践与民俗化发展关注不多,或者在心里仍认为其在"祛魅"的行列。而另一个问题是:中国佛教如果没有最广大的民间信众传承,没有民间化形态的传播及民俗化的发展,那么中国佛教也许根本就不可能那么广泛地呈现在日常生活之中,而中国佛教的历史承传可能也难以真正继续。因此,在中国佛教未来的现代化发展过程中,如何重新审视中国佛教民间化形态及民俗化形态的价值与意义,也应该引起佛

---

① Rudolf Bultman, *Jesus Christ and Mythology*, New York: Charles Scribner's Sons, 1958, p.38.

教学者的足够重视。

结语：参与现代文明多音合奏的"中国佛教现代性"

中国佛教的现代性早已展开、正在进行，并仍将继续。笔者以为，正如佛教中国化仍在持续进行一样，"中国佛教的现代性"也在不断地发展与持续地建构之中，并且具有新时代的内容与意涵。从中国佛教的当代跨国交流，特别是在"一带一路"沿线的国际交流中，我们看到了佛教在不同国家与民族互动中的"共建现象"。这一共建现象，不仅涉及佛教中国化的问题，更涉及中国佛教"国际化"的问题，以及在中国之外的"在地化"问题。正因如此，中国佛教才能成为参与人类现代文明多音合奏的一个独特音符，在此过程中"中国佛教的现代性"要适应一种新的"主体性"与"主体间性"的互动关系。

笔者相信，现代性是依据各自社会不同的政治、经济和文化脉络实现的，并不存在一个单一的现代性，而是有多个现代性。在不同的现代性中，宗教的形式及其演变自然也各不相同。欧洲的现代性虽然是诸种现代性的起源，而且目前仍然对于非欧洲社会的现代性建构起着重要的参考作用，但欧洲的现代性只是现代性自我实现的种种可能的方式之一。中国佛教的现代性，本当立足于佛教自身的"智慧传统"，拥抱现代文明的核心内容，积极参与人类现代文明的再建构。当代，佛教未来的现代性建构，也要依据其置身于其地的政治、经济与文化脉络，如此而言，这不仅是佛教自身的事情，也是现实社会政治、经济与文化的共同选择的实践过程。

从天竺、西域到东亚
——试论菩提心一词的含义演变*

田 健

苏州大学宗教研究所博士后

摘要：菩提心一词是大乘佛教的重要理论范畴和修行实践基础，其发源于印度而经由丝绸之路从西域传到中原，经过传播和嬗变，又以汉传佛教为载体流布到朝鲜半岛和日本。本文以佛教的重要载体——佛典及其注疏在天竺、西域到东亚之传播为主线，考察"菩提心"一词之含义在传播中的嬗变及其特点，从而为理解这一重要范畴与佛教的地域化调适与传播的历史经验提供思考。

关键词：丝绸之路；天竺；西域；东亚；菩提心

佛教东传中土可以说主要是经由海上和陆上丝绸之路来进行的。在这一过程中，源于并高度适应印度文明的佛教，在流布过程中必然要从理论形态、礼仪生活、修证实践、文化塑造等各方面进行自我调适，从而更适合当地的社会文化及民众的共同心理，即佛教语汇系统中的"契理契机"。历史上，佛教成功地实现了这一嬗变，从而为世界呈现了三大语系佛教和众多宗派、学派、流派，也成为"一带一路"中外

---

* 本文是2019年度国家社科基金重大项目"'一带一路'佛教交流史"（项目编号：19ZDA239）的中期成果之一。

交流史中不可或缺的重要内容。因此，总结佛教在"一带一路"交流中的历史经验，有助于今人对促进不同文明的对话以及文明互鉴，并保持各自历史传统基础上的创新发展等方面都具有重要意义。贯穿这一交流的佛教，主要以大乘佛教为载体，这一思想和实践体系发源于印度，经过在西域和中原的传播，为业已纯熟的中华文明所滋养，形成了中国化佛教系统，后者深刻地影响了东亚地区，成为"汉文化圈"深刻的共同思想基础之一。包括中国化佛教在内的大乘佛教对"菩提心"①尤为重视，这是由于"菩提心"被认为是成佛的不共因，即佛教最高价值取向的修行实践之起点。在流传过程中，"菩提心"一词的含义，也与佛教传播过程中的自我调适和嬗变之规律一样，呈现了因时间、地域、人群等因素所导致的含义的演变，而最终汇入到各自地区或民族的文化之中，从而在不同的时空条件下呈现了多元通和的特点。

一 天竺：从净信心到菩提心

在天竺流传的佛教系统，仍以宗阿含经典和部派诸说的小乘佛教为主。不过，即便在阿含系统中，也包含有发愿和发心的内容，在汉译《阿含经》中可以见到有少量提及菩提心者。如《杂阿含经》第659经：

……何等为信根？若圣弟子于如来发菩提心所得净信心，是名

---

① 菩提心，全称阿耨多罗三藐三菩提心。其中，阿耨多罗三藐三菩提为梵语 anuttarasamyasambodhi 之音译，为无上正等正觉之意，所以阿耨多罗三藐三菩提心也就是希求成佛的心。就其略称菩提心来说，汉语译作果道、觉悟，菩提心就是希求觉悟、成佛的心，也是一种愿望的体现。[（唐）智俨：《华严经内章门等杂孔目章》卷二，《大正藏》第45册，财团法人佛陀教育基金会1997年印赠本，第549页] 在很多经典中，都提到过菩提心；而在不同宗派中有各自的理解，因此对于初发菩提心的定义，也需要根据不同宗派教义的差异进行考察。

信根。何等为精进根？于如来发菩提心所起精进方便，是名精进根。何等为念根？于如来初发菩提心所起念，是名念根。何等为定根？于如来初发菩提心所起三昧，是名定根。何等为慧根？于如来初发菩提心所起智慧，是名慧根。……①

此处，译者求那跋陀罗将巴利语的 ekantagato abhippasanno 译作"菩提心"，而此语的字面含义为"一向笃信"②，若按大乘佛教话语体系，较为类似于不退转的信心。相似的内容还可以见于《杂阿含经》第647经③，只不过这部经和第659经仅仅限于在信根的描述上有相似处，其余四根（精进、念、定、慧）在描述上则差异很大。关于这一点，单纯通过比对巴利藏经、汉译阿含并不足以完全说清楚，同时当时是否还存在梵文或巴利文的其他版本，这也有待进一步考证。此外，与"菩提心""发菩提心"相似的，还有"发道心""发道意""发菩萨心""发菩萨意"等④不同的译法。关于这一点，日本学者田上太秀认为"菩提心这个词的原文在巴利原典中未见到"，而他还猜测说求那跋陀罗在翻译的时候，为了强调而将"菩提心"这个词强加进去。不过，通过考察巴利三藏中有关净信的修行目标指向，以及对于"阿耨菩提"在词源学⑤和原典义理方面的深入分析，田上氏也最终承认，在修行目标指向这个意义上，原始佛教以"阿罗汉"为最终目标，而大乘佛教则以成佛为究竟，两者只是在解读"阿耨菩提"的内涵方面有差异，而单就发心这一角度，似乎是具有相同的模式。这一点也提示我们，

---

① 《杂阿含经》卷26，《大正藏》第2册，第184页。
② 《无上品》，《增支部》卷6，《汉译南传大藏经》第22册，元亨寺妙林出版社1994年版，第326页。
③ 《杂阿含经》卷26，《大正藏》第2册，第182页。
④ 《长阿含经》卷10，《大正藏》第1册，第62页下；《增一阿含经》卷1、24、27、28，《大正藏》第2册，第550页中、677页上、699页上、703页中。
⑤ ［日］田上太秀：《菩提心研究》，东京：东京书籍1990年版，第28—29页。

即便在原始佛教并不特别强调"发心"的情况下,发菩提心或者相似的意涵也是存在的。因此,无论是巴利佛典中的"一向笃信",还是大乘佛教强调的"菩提心",抑或是疑似相同经文的不同译本中的"净信心",这些描述无不说明了一种包含有主观努力含义在内的一种愿望的发起,并且将之作为修行的起点。

除了《杂阿含经》外,汉译《增一阿含经》也有关于发心、发愿的经文,如卷三八《马血天子问八政品》。① 这一品中,优波离尊者问佛陀发愿是什么。佛陀具体地教导优波离尊者如何发愿,这包括:(1)离不善趣;(2)生善趣中;(3)回向众生于佛道,得不退转;(4)值遇龙华三会。这里,佛陀还专门说,如果受持八关斋戒后不发愿,"虽获其福,福不足言"②,进一步说明了发愿对获福的重大意义。流传至今的南传藏经中,也有关于发愿的内容,如《小部》中收录的《无碍解道》卷四《慧品·大慧论》所说:

> 佛智转于一切法,佛、世尊于一切法倾心而获得,以欲求而获得,以作意而获得,以发心而获得。③

这就是说,佛的智慧的获得来源包括:于法生倾心、欲求、作意和发心,除了发心本身具有发起一种愿望或发愿之意外,其余的倾心、欲求和作意皆反映了发心前不同程度的内心活动。可见,尽管阿含/南传系统不强调"发心",从而与其他系佛教形成了修行实践上不同的目标取向,但其仍有叙述发愿的内容,某种程度上也是"菩提心"思想的一种呈现和源流。

作为部派佛教思想理论集成代表的《大毗婆沙论》,已开始对菩提

---

① 《增一阿含经》卷38,《大正藏》第2册,第757页上。
② 《增一阿含经》卷38,《大正藏》第2册,第757页上。
③ 《慧品·大慧论》,《小部·无碍解道》卷4,《汉译南传大藏经》第44册,第195页。

心作相关论述。如该论卷 47 谈及不安立"非善根"这一名相的问题时,便举出菩萨修行之事,提出"初菩提心甚为难得"①的说法,这可以看作后续对初心、后心孰为更难之比较的较早的说法。同时,菩提心不退更是被认为是证得佛的十力和四无所畏的前提要素之一。② 不过,该论不承认初发菩提心即名"真实菩萨",故而后续之"初心成佛"亦不予以承认。如卷 176 指出,只有行者满足对菩提的决定和对菩提的趣决定两个条件时,才能称之为"菩萨",而初发心者不满足后者"趣决定",也就是在退不退转方面并未生起决定解。此外,真实菩萨还需要满足修妙相业的条件,包括对"舍诸恶趣,恒生善趣","舍下劣家,恒生贵家","舍非男身,恒得男身","舍不具根,恒具诸根","舍有忘失念,恒得自性生念"五个。③ 从此处可以看到《大毗婆沙论》对"真实菩萨"的要求很高,特别是后边的五项条件隐含着对来生投生的把握能力,这并不是一般常人可以做到的。

在大乘佛教的话语体系中,菩提心一词逐渐得到重视。《瑜伽师地论》是瑜伽行派的重要典籍,唐代仍在天竺流传,由玄奘三藏传译入华。本论是涵盖声闻乘和菩萨乘修行实践的重要著作,而发菩提心作为菩萨乘理论与实践的基石,在本论《菩萨地·发心品》的卷三十五,属于《菩萨地·发正等菩提心品》部分的卷五十,以及属于《摄决择分·菩萨地》部分的卷七十二等中集中得以体现。该论指出发菩提心以"初正愿"为自性,以"定希求"为行相,以"大菩提及诸有情一切义利"为所缘境。④ 值得注意的是,其中提及"初正愿普能摄受其余

---

① 《阿毗达磨大毗婆沙论》卷 47,《大正藏》第 27 册,第 242 页上。
② 《阿毗达磨大毗婆沙论》卷 30:"问:如是十力加行云何? 答:此加行有二种:一近加行,谓顺决择分等;二远加行,谓初不退菩提心等。"(《大正藏》第 27 册,第 157 页下)《阿毗达磨大毗婆沙论》卷 31:"问:此四无畏加行云何? 答:此加行有二种:一近加行,谓顺决择分等;二远加行,谓初不退菩提心等。"(《大正藏》第 27 册,第 159 页上)
③ 《阿毗达磨大毗婆沙论》卷 176,《大正藏》第 27 册,第 886—887 页。
④ 《瑜伽师地论》卷 35,《大正藏》第 30 册,第 480 页中下。

正愿"的说法,这意味着对"初发心"的重视,并认为其含摄后来一切愿、一切菩提分、殊胜善根的能力,是发菩提心的根本,其至还进一步连用"极善""极贤""极妙"以及"最为第一无上"①、"无上菩提根本"② 等来评价其功德和超胜之处。

就菩提心发起的因素而言,论中用四种缘、四种因、四种力来加以概括。③ 其中四缘包括看到佛的神通变化、教法殊胜、末世的教法衰微以及众生感苦,属于引发菩提心的外部条件和促进因素,同时这四种缘涵盖了末法的思想以及"上求下化"的价值取向,这些都是发菩提心愈加受到重视的思想背景。发菩提心的四种因则是引发菩提心的决定性力量,包括自身的种姓具足、多起悲心、不畏极大困苦以及属于外部的善友摄受。此外,发起菩提心还需要四种动力,除了属于自身或他人的努力引发对佛果的好乐之外,还需要"因力"和"加行力":前者指的是发菩提心的根本性力量,包括往昔对大乘法的积累和今世各种机缘的引发;后者所谓"加行",就是指准备工作,也就是要通过"亲近善士""听闻正法""谛思惟"和"长时修习种种善法"来引发和保持菩提心并使之稳固。

《瑜伽师地论》中列举了十种类型的发心,包括:世俗受发心、得法性发心、不决定发心、决定发心、不清净发心、清净发心、羸劣发心、强盛发心、未成果发心和已成果发心。④ 这十种发心类型从凡到圣、从退到不退、从杂染到清净、从狭到广、从因到果,几乎涵盖了发心的所有情况。此外还特别强调发心者需要时常维护的四种心,包括闻思所成心、悲心、资粮心和修所成心,包括了教理学修、大悲心利他实践和其他相关需要准备的条件。与此同时,《瑜伽师地论》中的菩提心

---

① 《瑜伽师地论》卷35,《大正藏》第30册,第480页下。
② 《瑜伽师地论》卷35,《大正藏》第30册,第480页下。
③ 《瑜伽师地论》卷35,《大正藏》第30册,第481页。
④ 《瑜伽师地论》卷72,《大正藏》第30册,第694—695页。

还具有很强的实践性,除了包括九种情况的正行①之外,在该论第五十卷提出了具有实践性的次第,概括来说包括安住菩萨种姓、发心、正修行自他利行,得无杂染方便、无厌倦方便、诸善根增长方便,最终证无上正等菩提。② 而从正修行自利他利直至证得佛果的过程中,所得三种方便还可以进一步细化,其内容十分广泛,从信解到求法,从自己学佛到为人说法,从积累福报到智慧增长,从超越二乘到佛授记别,从有限有相到无限无相,涵盖出家在家的所有内容。③ 此外,发起的菩提心还存在退失与否的问题。论中指出发菩提心具有"永出"和"不永出"两种,其中后者"不永出"就是指会产生退失情况的菩提心。其中退失的情形有"退已不能复发"和"退已后数数更发"两种。④ 关于退失菩提心的因素包括种姓不具足、恶友所摄、悲心微薄、怖畏极大困苦这四种情形,与引发菩提心的"四因"正好背道而驰。这也从反面说明了发菩提心的十二种因素中,四因是最具有决定性意义的。同时,四力中由自力和因力参与的发心是"坚固无动"的,而仅由他力或加行力引发的菩提心则是不坚固的⑤,由此也说明内在决定性因素在发心中的重要性。

总之,以《瑜伽师地论》为代表的大乘佛教著作将发菩提心作为重要的范畴纳入教理和修证实践的阐释,较为系统地提出了菩提心发起要素、特征、修证实践等关键内容,这一著作中关于发菩提心的内容为中国佛教的慈恩宗所重视,其主要内容被唐代慧沼法师汇集入《劝发菩提心集》,成为瑜伽行派发心思想中国化的重要成果,相关受持菩萨戒的仪式在至今的三坛大戒中仍可以见到其影响。值得指出的是,尽管

---

① 《瑜伽师地论》卷72,《大正藏》第30册,第695页上中。
② 《瑜伽师地论》卷50,《大正藏》第30册,第575页下。
③ 《瑜伽师地论》卷50,《大正藏》第30册,第575—576页。
④ 《瑜伽师地论》卷35,《大正藏》第30册,第480—481页。
⑤ 《瑜伽师地论》卷35,《大正藏》第30册,第481页下。

该论中提及了初发菩提心的重要性,但是仅视之为一种更具时间性意义的菩提心的最初发起时间,在修行实践上仅视之为起点;同时,初发心仍不但存在退失的可能,还具有强烈的种姓间的差异,这与后续的《涅槃经》等系统提倡"一切众生皆可成佛"的观点并不一致。

二 西域:从初发心到初心成佛

西域是经陆路进行中外交流的重要枢纽,在佛教东渐的过程中西域扮演着十分重要的角色。在中原、印度、希腊、波斯等多样化文明交流的背景下,大小乘佛教先后从公元前后起传入于阗、龟兹、高昌、安息、月氏等地,其信仰和文化的传统滋润着当地,并呈现独特的人文风貌,这也为佛教的传播以及孕育高僧和学者提供了丰富的土壤。① 佛教在西域的传播,不但对其自身传播形态的嬗变产生了影响,也进一步影响了中原地区的佛教,并最终促成了佛教的中国化形态。西域盛行的大乘经典中,较多涉及"菩提心"概念的包括般若系、华严系经典等,同时《法华经》相关经典提及的"开示悟入佛之知见"亦是对涅槃系经典中"一切众生皆可成佛"说法的另一种表述,这也可视作成佛种姓的平等化趋向。

般若系经典重视菩提心,《大般若经·往生品》中,说明了菩提心的发起与成佛修行实践的程度具有关联,从"正性离生"一直到"辗转证得无上正等菩提"均与发菩提心有关。② 关于这一点,《大智度论》中进行了解释和分析,指出发心包括"罪多福少""福多罪少"和"但行清净福德"三种层次,其中"但行清净"者还可以分为"初心即成

---

① [日]羽田亨:《西域文化史》,耿世民译,新疆人民出版社1981年版,第40—44、56—58、76—82页。
② 《大般若波罗蜜多经》卷7,《大正藏》第5册,第39页中。

菩萨道"和"久修方成不退"两种。① 对于即成菩萨道的行者,《智论》谓之为"利根、坚心,久集无量福德、智慧"②,从而强调了某一类菩萨所具有的利根、坚固发心等特征,而且这一结果应是以长久积集福慧两种资粮为前提。同时,此处所指的正觉,就是指转法轮、度众生、最终示入般涅槃的佛果境者,而不是道理成佛或者未来必然成佛等含义。可见,对某些行者来说,初发心是可以直接达到成佛这一大乘佛教修行之终极目标的。不过,这种情形只是《智论》阐释的两种清净发心之一,并不具有普遍意义。③ 另外,《大般若经》中还多次将成佛与初心、后心以"不即不离"④ 之意蕴而加以叙述。这种"不即不离"就是以"相似相续"的观点看待初心与后心的关联:将初心和后心皆看作一个心念的"基本单元",从而并不是"单个单元"达成佛果,而是心念单元相似相续的过程成就佛果。⑤ 这表明,般若系经典重视佛教缘起法的基本观点,将这种过程论而非机械决定论用于发菩提心与成佛的关系的叙述上。同时,此处的"初发心"实际上是以成佛目标为内容的心念"基本单元",从这个逻辑起点开始自然产生初心与后心、初心与成佛等关系的讨论。此外,《智论》中还辨析了"菩提心""无等等心"和"大心"的差别⑥,提供了关于菩提心的三个层次,同时还将之与六波罗蜜相关联,说明其重视将"菩提心"概念的解读和菩萨道的修行实践相结合。

《涅槃经》也有涉及发心与成佛关系的叙述,同时将佛性、菩提心以及修行实践等相关联。在说明佛陀的十个名号之一"善逝"的含义

---

① 《大智度论》卷38,《大正藏》第25册,第342页下。
② 《大智度论》卷38,《大正藏》第25册,第342页下。
③ 《大智度论》卷45,《大正藏》第25册,第383页中。
④ 《大般若波罗蜜多经》卷330,《大正藏》第6册,第690页;《大般若波罗蜜多经》卷450,《大正藏》第7册,第272—273、273页上中。
⑤ 《大智度论》卷75,《大正藏》第25册,第585页中下。
⑥ 《大智度论》卷41,《大正藏》第25册,第362—363页。

时，该经将"善"解释为阿耨多罗三藐三菩提、初发心和见佛性，皆是成佛之因的同义语，而"逝"解释为如来心和大涅槃，是成佛之果的同义语。① 发菩提心与成佛的结果，统一于"善逝"这一佛陀的名号，从而将佛果诠表为同时具备因相与果德双重含义。此外，"善"和"逝"分别是善知识及善知识之果的含义，据昙无谶《经疏》所解，此处的善知识就是道品②，也就是为菩提心赋予实践的色彩。关于菩提心与佛性的关系，该经记载佛陀在回答师子吼菩萨关于众生具有佛性而不应具有初发心的疑问时，指出菩提心并不等于"佛性"，其原因包括：第一，佛性是常，而菩提心是"心"，因而菩提心是无常的，两者性质有差别；第二，一般所说的"退失"菩提心，只是修行者"迟得"无上菩提而已，从而菩提心与佛性在先后上不同；第三，菩提心不等于佛性，才有一阐提种姓不断佛性的安立。③ 此处的佛性，应是已经成佛的状态下所说，可知《涅槃经》把"初发心"当作成佛实践的起点，而非直接即是结果来叙述的。这种因果、始终的差异需要通过修习得以弥合，以"得大涅槃"为最终的归趣。④ 此外，本经对初发心后如何修习，提出了需要成就的"五事"，这包括信、直心、戒、亲近善友和多闻。⑤ 其中，信的内涵包括对三宝、因果、真俗二谛、一乘和三谛的信仰，这些内容正是建立大乘佛教意义上的信心的基本内容，也是"信成就发心"⑥ 的起点。《涅槃经》中已经有将作为名词的菩提心和偏正短语的初发菩提心进行某种程度的意涵交叠的倾向，而菩提心与实践的密切关系以及初心并不直接等于成佛这些方面也是前面不同经典所一直

---

① 《大般涅槃经》卷18，《大正藏》第12册，第468页下。
② （北凉）昙无谶：《涅槃经会疏》卷16，《卍续藏》第36册，第575页上。
③ 《大般涅槃经》卷28，《大正藏》第12册，第532—533页下；（北凉）昙无谶：《涅槃经会疏》卷26，《卍续藏》第36册，第705页中下。
④ 《大般涅槃经》卷25，《大正藏》第12册，第511页上。
⑤ 《大般涅槃经》卷26，《大正藏》第12册，第517页下。
⑥ 《大乘起信论》卷1，《大正藏》第32册，第580页中。

坚持的。

《华严经》对菩提心和初发心十分重视，与其他经典对初心与成佛之间关系的叙述不同，本经十分重视"初发心"以及"初心成佛"的含义。经的前半部分以文殊引导的信成就发心为起始，经十住、十行、十回向、十地的实践①，达到等觉、妙觉的佛果之境。这一漫长的菩萨道修行历程中，十信成满是初发心的同义语，而"初发心即成正觉"②。可见，无论是从其发起因缘还是从其功德，本经对初心的重视集中体现为将之与佛的功德相等同，从而赋予"初心成佛"之意③。关于初心与后心的关系，经中说初心与后心不同④，这一点未被早期华严家如智俨和法藏所重视，澄观则关注到了初心后心的不同时⑤，并发挥《大品般若》初心后心与成佛不离不即之意，将之含摄并与华严宗的"一即一切"观点相联系进行解读。⑥ 另外，关于本经特有的菩提心的叙述，智俨在《孔目章》中认为《离世间品》中的"普贤心"是一乘菩提心的代表，即《华严经》中菩提心之本义。这一品是《华严经》"托法进修成行分"⑦，前文所列举的十住至十地以及等妙觉的次第，从"解"上理解成佛实践，其中有本经主旨的是"实"说，也有方便引导的"权说"，而此处由

---

① 《大方广佛华严经》卷4，《大正藏》第9册，第418页中。
② 《大方广佛华严经》卷8，《大正藏》第9册，第449页下。
③ 相关论述可参考拙作《华严初发菩提心观法浅见》，《2018年华严国际青年学者论坛论文集》，台北华严莲社；《初心发轫，圆成始终——浅谈佛教发心的当代价值》，第二十四届世界哲学大会，北京，2018年；《从善财童子的初发心修行看人生的成长》，汉传佛教院校论文发表会，厦门，2018年；《华严初发菩提心教法指要》，《2017年华严国际青年学者论坛论文集》，台北华严莲社。
④ 《大方广佛华严经》卷10，《大正藏》第9册，第464页下；《大方广佛华严经》卷19，《大正藏》第10册，第101页上。
⑤ （唐）澄观：《大方广佛华严经疏》卷21，《大正藏》第35册，第656页中。
⑥ （唐）澄观：《大方广佛华严经疏》卷33："《大品》云：菩萨非初心得菩提，亦不离初心后心亦尔。……上诸经论，皆显性相无碍，无断之断。……上犹通实教。若依圆宗，所断之惑一迷一切迷故，一断一切断，无断无不断……"（《大正藏》第35册，第752—753页）
⑦ （唐）法藏：《华严经探玄记》卷2，《大正藏》第35册，第125页中。

"解"导"行",作为正式导入修行实践的部分,更多是对本经主旨的阐述。除"普贤心"外,还包括"普贤行""大悲"以及"发菩提心因缘"①,从菩提心的"体"和"因"予以说明②,而这种普贤心仍是对应"十住位"③,亦即"十信成满"之"初发菩提心"的。而发菩提心功德来自《入法界品》中善财所参访弥勒菩萨时的内容④,这一部分接近善财参学的尾声,由此可见菩提心在实践意义上的重要性。

作为大乘佛教独特的范畴,"菩提心"的含义在西域佛教背景下不断嬗变,呈现了从菩提心到发菩提心、从初发心到初心成佛的演变特点,这与大乘佛教重视成佛论为基础的修行实践有着重要的联系。而涅槃系经典对"一切众生皆可成佛"观点的明确说明,则将菩提心的内涵进一步扩大,将具备发菩提心能力的受众范围扩展为无限。进而通过流传《华严经》大唱"初心成佛"论,更使发菩提心思想汇入了进一步发挥佛教圆融义的进程,这对中原乃至整个东亚佛教都产生了深远影响。将这些论述与西域多样文明交织、多种宗教的竞相登台这一历史做参照,亦可以体会其中与印度佛教传播时所不同之意味。

三 从中原到东亚:佛性与心性

佛教传入中国中原地区,结合本地固有的几乎已经臻熟的儒道等文化,佛教的传播样态,特别是其在思想和实践上,呈现了与天竺和西域不同的风貌。中国化佛教重视发菩提心思想,从台贤二教提倡发菩提

---

① 《大方广佛华严经》卷37,《大正藏》第9册,第634—635页。
② (唐)智俨:《大方广佛华严经搜玄分齐通智方轨》卷4,《大正藏》第35册,第83页下。
③ (唐)智俨:《大方广佛华严经搜玄分齐通智方轨》卷4,《大正藏》第35册,第83页上。
④ 《大方广佛华严经》卷59,《大正藏》第9册,第775—780页。

心,到禅门重视心性,再到禅教禅净合流,发菩提心思想在这一历史进程中或显或隐,而对《华严经》中"初心成佛"义的阐发成为这一进程重要之滥觞。《华严经》中的发菩提心思想经智俨以一乘、三乘之别①的阐发和重构,由法藏在《华严发菩提心章》中集为大成,并通过裴休《普劝僧俗发菩提心文》将之与修行实践相结合,汇入心性论的思想流变之中。

智俨继承地论学派著作《大乘义章》的基本思想框架,在其《华严经内章门等杂孔目章·贤首品初立发菩提心章》(以下简称《孔目·贤首章》)中通过调整内容、树立一乘三乘之别等方式对发菩提心思想进行了重构,开启了华严宗发菩提心思想的诠释先河。②在《孔目·贤首章》中,智俨将《大乘义章》中的六种发心进行调整,并增加了"佛位",从而阐发了《华严经》中的四十二行相③的思想。同时,智俨以"初心成佛"为界限,将外凡与三贤(内凡)、圣者的差异突出出来,这与慧远所说的明显不同。智俨引用三乘的目的就是作为建立一乘的辅助,他将佛位纳入修改版的三乘次第中,就是为后续所说的一乘普贤行做准备。除判摄《大乘义章》的内容是"三乘义"④外,智俨持"在一乘即圆明具德,处三乘则一相孤门,在小乘废深论浅"⑤的态度,亦即认为唯有"一乘"能够达到究竟。就菩提心的结果而言,智俨的说法也与《大乘义章》所提的五种⑥有差异,智俨列出"声闻""缘觉"和"佛"三种菩提,将三种导向结果明确化,从而强化了佛果的特殊性和优越性。

---

① (唐)智俨:《华严五十要问答》卷1,《大正藏》第45册,第521页上。
② (隋)慧远:《大乘义章》卷9,《大正藏》第44册,第636页上—中;(唐)智俨:《华严经内章门等杂孔目章》卷2,《大正藏》第45册,第549页上—中。
③ 四十二位即:十住、十行、十回向、十地、等觉、妙觉。
④ (唐)智俨:《华严经内章门等杂孔目章》卷2,《大正藏》第45册,第549页中。
⑤ (唐)智俨:《华严经内章门等杂孔目章》卷4,《大正藏》第45册,第586页中。
⑥ (隋)慧远:《大乘义章》卷12,《大正藏》第44册,第702页中—下。

在直接说明一乘菩提心时，智俨直接援引《华严经》的具体品名而未做展开。其所引证用于说明一乘菩提心的内容来自《华严经》的《离世间品》和《入法界品》，是直显《华严经》独特意趣的部分，由此便可看出其正显《华严经》一乘圆教义的努力。《离世间品》中的"发菩提心"包括发心之"体"和"因"两个层面，前者名为"普贤心"，即一乘发菩提心之意①，这十种发心对应"十住位"②，也就是说正是"十信成满"之"初发菩提心"，后续法藏也完全继承了上述说法。③ 发菩提心功德来自《入法界品》中善财参访弥勒菩萨时的内容④，前人阐释的时候采用与位阶配对的方式，但智俨并未采纳这一意见，后来法藏进一步发挥出"一种胜德皆通始终，此亦不可别配诸位"⑤的思想，这也是对智俨强调一乘超胜的继承、运用和深化。

法藏的《华严发菩提心章》提出了华严菩提心的定义、特征以及实践要求和方法等方面，这种解读兼具特征性、次第性、修证性，使对菩提心的解读能够从理论理解的层面逐步过渡到修证实践的层面，从而构成了具有宗经、圆融行布无碍、解行相摄等特色的华严菩提心解读体系。法藏将发菩提心开列为渐次深入的"直心""深心""大悲心"这三心，显示了菩提心的多重含义。⑥ 所谓正念真如法，也就是以如理思维缘空性而得发起的趣求空性的菩提心，属于智慧修行的部分；深心，则是从缘空性的修行转到以法界缘起为所缘而广修善行；在此基础上，还要进一步发起救度一切众生的"大悲心"，将信解与行导向无限，以无尽的众生界为所缘，其中便具有了顺普贤行的

---

① （唐）智俨：《大方广佛华严经搜玄分齐通智方轨》卷4，《大正藏》第35册，第83页下。
② （唐）智俨：《大方广佛华严经搜玄分齐通智方轨》卷4，《大正藏》第35册，第83页上。
③ （唐）法藏：《华严经探玄记》卷17，《大正藏》第35册，第424页中。
④ 《大方广佛华严经》卷59，《大正藏》第9册，第775页中—第780页中。
⑤ （唐）法藏：《华严经探玄记》卷20，《大正藏》第35册，第488页上—中。
⑥ （唐）法藏：《华严发菩提心章》，《大正藏》第45册，第651页上。

重大意义。① 后两者也可以视作福德资粮或者悲心的修行，从而构成了菩提心经典定义的基本架构。这一分类虽是直接源于《大乘起信论》的分类范式，但也可从《华严经》原文中找到相关解读，不但涉及具体的寄位修行，而且还与修行中的若干问题（例如发心起点、堪为法器、依止善知识等）颇有联系，从而使华严菩提心"三门说"的依据②能够扩展到《华严经》，且与修行实践联结起来。例如在《卢舍那佛品》中说明堪为听闻佛法的合格法器，需要的七心③就包括直心、悲心和深心等，而其他的四心亦含摄于这三心中。就修行而言也需要这三心的前提，如初地前的闻法要求此大菩萨众具有"直心清净"等功德④，而其中直心则是总，是作为其他要求的引领和总说。⑤《入法界品》所说菩萨成就十种法门则能亲近诸善知识⑥，而其中的第一位便是直心，依次为悲心和深心⑦，其他七心皆为三心内涵所摄。这三门的关系除了次第性外，也有统摄的关系，如欢喜地菩萨发菩提心的修行便含摄三者。⑧ 在善财童子依止自在海师的言教中，我们还能看到三心构成完整的修行体系⑨，即直接对应《华严发菩提心章》的三心⑩，而后续的离苦、摄取众生和得法则分别对应"直心""深心""大悲心"的作用和

---

① 如：《大方广佛华严经》卷40："善男子！汝于此义应如是解。以于众生心平等故，则能成就圆满大悲，以大悲心随众生故，则能成就供养如来。菩萨如是随顺众生，虚空界尽、众生界尽、众生业尽、众生烦恼尽，我此随顺无有穷尽，念念相续，无有间断，身、语、意业无有疲厌。"（《大正藏》第10册，第846页上）
② 按照《华严发菩提心章》所说，此三心是依据《大乘起信论》，笔者对比《华严经》，发现经中隐含了相关说法，见下文讨论。
③ 《大方广佛华严经》卷3，《大正藏》第9册，第409页中。
④ 《大方广佛华严经》卷23，《大正藏》第9册，第543页中。
⑤ （唐）法藏：《华严经探玄记》卷10，《大正藏》第35册，第292页上。
⑥ 《大方广佛华严经》卷57，《大正藏》第9册，第762页中。
⑦ （唐）法藏：《华严经探玄记》卷20，《大正藏》第35册，第484页上。
⑧ 《大方广佛华严经》卷23："是心以大悲为首，智慧增上，方便所护；直心、深心淳至量同佛力……毕定究竟阿耨多罗三藐三菩提，菩萨住如是法，名住欢喜地，以不动法故。"（《大方广佛华严经》卷23，《大正藏》第9册，第544页下）
⑨ 《大方广佛华严经》卷50，《大正藏》第9册，第713页下—714页上。
⑩ （唐）法藏：《华严经探玄记》卷19，《大正藏》第35册，第469页中。

功能。① 因此，开此三门正是法藏意图将统摄教理与修行枢纽的发菩提心思想进一步以这种统摄关系来细化其内涵的重要尝试。

宗密继承源自法藏的"圆明心"思想②，将人的本原问题归结为具有灵知真心③，并提出心所具有的寂知无碍④之特性。这些思想也为裴休撰成《普劝僧俗发菩提心文》（以下简称《劝发心文》）做了思想上的准备。《劝发心文》对"发菩提心"的总说以"觉""道"和"源"⑤来描述，这基本是延续了智俨《孔目·贤首章》中的说法。⑥按体相用三门，《劝发心文》将菩提心之"解"进行展开：菩提心之体为真心，裴休对此的定义是"广大灵知者"⑦，这反映了其继承华严宗思想的特质。菩提心之相为"大悲心""大智心""大愿心"三种。在这三心中，大愿心是主要的方面，呼应了普贤的广大愿行，而悲智二心皆以此为起点。⑧需要指出的是，法藏提出菩提心之相为直心、深心、大悲心三门。⑨澄观继承这一说法⑩，并进一步提出这三心分别与大智心、大愿心和大悲心的对应关系⑪，这一思想源也应对裴休产生了影响。菩提心之"用"开为愿、行两门，正是将"大愿心"进一步展开

---

① （唐）法藏：《华严经探玄记》卷19，《大正藏》第35册，第469页中。
② （唐）法藏：《修华严奥旨妄尽还源观》，《大正藏》第45册，第637页中；（唐）法藏：《华严发菩提心章》，《大正藏》第45册，第651页上。
③ （唐）宗密：《原人论》，《大正藏》第45册，第710页上。
④ （唐）宗密：《禅源诸诠集都序》卷1，《大正藏》第48册，第402页下—403页上。
⑤ （唐）裴休：《劝发菩提心文》卷1，《卍续藏》第58册，第486页上。
⑥ （唐）智俨：《华严经内章门等杂孔目章》卷2，《大正藏》第45册，第549页上。
⑦ （唐）裴休：《劝发菩提心文》卷1，《卍续藏》第58册，第486页中。
⑧ （唐）裴休：《劝发菩提心文》卷1，《卍续藏》第58册，第486页下。
⑨ （唐）法藏：《华严经探玄记》卷7，《大正藏》第35册，第243页下；（唐）法藏：《华严发菩提心章》，《大正藏》第45册，第651页上。
⑩ （唐）澄观：《大方广佛华严经疏》卷18："然三贤十圣，皆以菩提心而为其体。菩提心有三：一者直心，正念真如法故；二者深心，乐修一切诸善行故；三者大悲心，救护一切苦众生故。"（《大正藏》第35册，第634页中）
⑪ （唐）澄观：《大方广佛华严经随疏演义钞》卷35："今初。初明大智心，次慨众生迷此下大悲心，后悼昔不知下大愿心，即菩提心灯，大悲为油，大愿为炷，大智为光，光照法界故。上如次，即直心、大悲心、深心也。"（《大正藏》第36册，第269页上）

而由解导行的步骤。今人一般涉及菩提心的发愿,有"四弘誓愿"① 和"四无量心"② 等,但这里裴休采用的是"五弘誓愿"③ 来呈现菩提心之大愿,这也反映了当时诸宗的交流融合。就实践方面,"证"菩提心从"境""行""果"阐释。"境"分为"菩提道俗"和"圆顿经典",分别对应人和法;"行"包含助菩提法、四懈怠法和四速疾法,分别对应助伴和减损正行及增益正行;"果"包括菩提心功德和凡圣差别,分别以圆融门和行布门来说明菩提心的果德。这些都体现了裴休解行圆融、融合理事的叙述方式。裴休的这部论著以"劝发菩提心"为主题,可以说是最早的发愿文之一,代表了佛教中国化过程中宗经同时有所发挥的尝试,其写作特点也值得关注:首先,该文注重"解行并举"的价值取向。这一价值取向直接决定了该文情理并重的风格,从而更易为人所接受。其次,采用"宗主华严"的诠释理念。该文多次直接引用《华严经》,同时注重圆教见地的运用。再次,呈现"借鉴融合"的叙述风格。裴休对主流传统文化中的儒家、道家颇为熟稔。通过引用孔老的言论来说明三教在慈悲心方面的一致性④,从而将"发菩提心"置于佛教中国化的视野之下。最后,充满"普行无尽"的终极关怀。甫一开始,裴休就用了两个"普告大众"来表明自己的宏愿,同样,除了17处"普劝"或"普愿"外,还使用"一切""一一""念念"等表示普遍含义的词达56处,大量运用这类词汇也说明了欲穷极语言之极限,将一个"普"字贯彻到底的意图,某种程度上也可视为"普济天下"情怀的佛教阐释。

---

① (隋)智顗:《释禅波罗蜜次第法门》卷1,《大正藏》第46册,第476页中。
② 《大智度论》卷20,《大正藏》第25册,第208页下;《阿毗达磨大毗婆沙论》卷141,《大正藏》第27册,第726页下;《瑜伽师地论》卷77,《大正藏》第30册,第724页中;《大乘庄严经论》卷9,《大正藏》第31册,第635页下;(唐)澄观:《大方广佛华严经疏》卷52,《大正藏》第35册,第895页下;(隋)智顗:《法界次第初门》卷1,《大正藏》第46册,第672页中。
③ (唐)裴休:《劝发菩提心文》卷1,《卍续藏》第58册,第486页下。
④ (唐)裴休:《劝发菩提心文》卷1,《卍续藏》第58册,第486页中。

中日韩三国一衣带水，漫长的文化交流组成了以汉字和儒家等思想为主要纽带的东亚文化圈，在这一共同文化背景中，佛教在朝鲜半岛和日本的传播和展开，既汇入佛教沿丝绸之路传播的总体特征，同时又具有其本地本民族的特色。发菩提心思想作为大乘佛教的主要内容，在朝鲜半岛和日本呈现出一种密切结合宗派的特质，近代以来日本注重运用学术工具考察其内涵和文本等方面源流的倾向。

一般将高句丽小兽林王二年（372）视为佛教传入朝鲜半岛的时间点①，佛教甫一传入半岛便以祈福为核心诉求，首先为上层贵族所重视并扩展到一般民众。纵观其发展脉络，从一开始就呈现融合会通的端倪②，与此相配合，半岛佛教深受华严教学的影响，即便是其本土天台宗的创立者义天也曾长期就学于华严宗。同时，在禅教融合的趋势下，半岛本土的撰述运用和发挥华严学"初心成佛"义，为菩提心意涵的嬗变增添了融合与注重实践的色彩。例如，作为仰山慧寂第六代法孙的顺之禅师有《三遍成佛篇》③，将初心成佛与究竟成佛加以区分，同时又将成佛分为顿证、回渐证和渐证三种。很显然，禅门发挥的初心成佛义已经将天台的六即佛思想和华严的初心成佛思想进行了某种程度的融合。而华严宗本身的著作，如更早的新罗义湘所著《一乘法界图》，则从一乘三乘差别的角度，坚持初心与成佛无二的立场。④ 知讷是半岛禅宗的中兴祖师，其在《真心直说》中融华严教于真心说，将菩提心运用于根器判断⑤和真心的定义中，特别是在关于真心内涵的论说中，还

---

① 除了成书于高丽时期的《三国史记》外，高丽时期僧人一然所著《三国遗事》（卷3，《大正藏》第49册，第986页上）和佛教史书《海东高僧传》（卷1，《大正藏》第50册，第1016页上）也都依循这一说法。
② ［韩国］金煐泰：《韩国佛教史概说》，柳雪峰译，社会科学文献出版社1993年版，第2—3页。
③ 《祖堂集》卷20，载蓝吉富编《大藏经补编》第25册，华宇出版社1984年版，第672—680页。
④ ［高丽］义湘：《华严一乘法界图》卷1，《大正藏》第45册，第715页上中。
⑤ ［高丽］知讷：《真心直说》卷1，《大正藏》第48册，第999页中。

将菩提、法界与真心等而视之①,从而反映了从佛性论向心性论转向的趋势。一般认为,知讷的禅学思想较受宗密的影响②,其在《圆顿成佛论》中对初心成佛的问题进行了系统阐释,其关于当机众具有"观行相应"根性的说法③,以及一乘教强调初心成佛与初住后断习气之间的关系④等说法,几乎都是对华严宗相关义理的继承,同时有学者认为知讷重实践,其观法是一种主观的观法。⑤ 以知讷为代表的朝鲜半岛佛教徒对华严宗的菩提心思想予以继承和发展,伴随着中日韩三方的交流,这种以真心为主的菩提心思想也是其中的重要内容。

佛教传入日本据信是在6世纪⑥,正如佛教传入朝鲜半岛一样,日本佛教几乎是以对中国化佛教在文本和主要思想的全盘接受为起点⑦,因而可以看作对历史上中原地区形成的中国化佛教的另辟蹊径的展开。在佛教刚传入日本时,曾有五宗或六宗之说,中国化佛教宗派中华严宗相比在中原成立更早的天台宗,反而更早进入日本人视野中。不过,这一趋势很快被天台宗和真言宗这两家的兴盛所替代,其中天台宗与中原天台宗相比其密教化色彩更为显著。发菩提心的内容是真言宗理论的核心范畴,日本真言宗的空海在其判教著作《十住心论》中,以菩提心为总摄,通过十门判释将佛陀一代时教按照真言密教最高、贤首宗次之的次序进行安排。这一方面说明了菩提心在其思想体系中的重要地位,另一方面也侧面反映了中土华严宗对其解经的借鉴意义。另一方

---

① [高丽]知讷:《真心直说》卷1,《大正藏》第48册,第999页下。
② 李海涛:《"真心":普照知讷对菏泽禅的复归与继承》,《中国哲学史》2014年第2期。
③ [高丽]知讷:《圆顿成佛论》卷1,载东国大学校佛典刊行委员会《韩国佛教全书》第4册,东国大学校出版部1979—2001年版,第725页上。
④ [高丽]知讷:《圆顿成佛论》卷1,载《韩国佛教全书》第4册,东国大学校出版部1979—2001年版,第729—730页。
⑤ [韩国]金煐泰:《韩国佛教史概说》,第361—363页。
⑥ [日]末木文美士:《日本佛教史——思想史的探索》,涂玉盏译,上海古籍出版社2016年版,第1—2页。
⑦ [日]末木文美士:《日本佛教史——思想史的探索》,第34页。

面，作为发菩提心结果的成佛，其实现路径在日本天台宗最澄处又以发挥《法华经》"即身成佛"义和对中原天台宗本觉思想的继承而为日本主流所接受。因此，在日本菩提心思想主要与真言宗对菩提心的诠释以及天台宗的"即身成佛"和本觉思想密切相关。总之，日韩佛教中对菩提心的阐发和运用的特色十分明显，日本以密教化为特征，结合台贤二宗的诠释学；而韩国佛教一直以华严宗为思想底色，其在菩提心思想的运用方面可以认为是中土华严宗发菩提心思想的某种延续。

余论："菩提心"在新时代

纵观菩提心一词在佛教经由丝绸之路传播进程中的演变，实际上正呈现出佛教通过自我调适，进而呈现对内符合自身理论实践发展逻辑，对外又呼应所处环境的特征和要求的发展特点。这一特点也是佛教作为一种文化和宗教不断适应时代和地域，在当代呈现为三大语系，同时各语系佛教内部多种宗派、流派和系统又和谐共存的写照。从这一特点来看，正是对于佛教经典文献的不断顺应时代的诠释和判释，并在这一过程中努力丰富经典文献的数量以及内涵，使得众多社会文化心理具有显著差异的佛教徒以多元却又能够和谐的方式汇聚在一起。菩提心一词在原始佛教中以菩萨本生以及经典中关于"一向笃信"的说法而体现；在大乘佛教中经由佛教的中国化进程而呈现了从解脱论到成佛论，再从佛性论到心性论的转变，这一转变回应了中土文化对于仁义的重视，也符合了世俗社会作为主流的现状；延续着圆融和融合化倾向，菩提心作为主流话语逐步在中土佛教淡化，取而代之以真心和直心，这一趋向在华严宗为基本思想底色的朝鲜半岛也较为明显；而菩提心在日本密教系统中逐渐成为一种修行本体，其具有高度的实践和仪式化色彩，融合化和实用主义的倾向使得菩提心一词的义理性解读更多朝着实践旨趣和本体旨趣演进。当今时代社会生活逐渐接受互联网和人工智能等高科技因素的支撑，特别是人工智能中的心识问题以及互联网运用中的"云道德"问题，可以说是社会科学界共同面临的新问题。古老的佛教在新的时代条件下必然要回应这些新问题、新挑战，而通过对菩提心一词含义嬗变的回顾我们可以发现，其历史经验亦照进现实，为今天如何重新发掘佛教的时代内涵提供经验。

首先，菩提心一词的演进，顺应了时代和受众的需求，并以经典的诠释与判教为两种学术方法，形成了独特而持续活跃的思想史演变过程。因此，系统梳理包括菩提心在内的佛教重要词汇的源流，将提供数个重要的思想史线索，为见微知著地不断构建和完善对佛教思想及其历史价值提供基础素材。其次，菩提心一词的演进也促进了方法的反思与运用。在考察菩提心一词的时代演变及其与佛教历史发展脉络的关系之基础上，有必要进一步对学派、宗派和融合化佛教的方法论进行反思，从而为当代佛教研究范式提供新思路。最后，对菩提心一词的解读伴随着这一思想的运用和展开，丰富了佛教对社会文化的能见度与发挥的作用。佛教不唯是一种理论，更是从佛教产生以来佛教徒共同构筑的文化与实践的不断演进的历史，其中的方法尤为重要。而对方法论的评价，仍要将之纳入最新的实践中去，因此，不断发掘佛教思想及其背后的方法论意义，并不断将之纳入时代的思考中显得尤为重要，而这也是佛教健康发展的必由之路。

方以智对《庄子》的唯识学解读[*]

吴 卿

苏州大学政治与公共管理学院博士生

摘要：方以智在《药地炮庄》中借唯识学解读《庄子》，以"转识成智"会通儒、释、道，一方面消解了阿赖耶识执"识"而生万法的虚妄性；另一方面，也反映了明代唯识学复兴中"即体即用"思想的影响。方以智在《药地炮庄》中以唯识学融通儒、释、道的做法，是明代融通"性相二宗"的延伸，为救治晚明"狂儒""狂禅"的弊端提供了出路。

关键词：《药地炮庄》；阿赖耶识；转识成智；即体即用

一 前言

(一)《药地炮庄》研究综述

方以智（1611—1671），安徽桐城人，在改朝换代的大背景下经历了从明代遗臣到禅宗僧人的蜕变，晚年因文字狱而被清廷拘捕，押赴广东途中投江自尽。他在家学的基础上博览诸家，逐渐形成自己"坐集

---

[*] 本文是 2019 年度国家社科基金重大项目"'一带一路'佛教交流史"（项目编号：19ZDA239）的中期成果之一。

千古之智"的学术风格，其学识涵盖易学、文学、哲学、科学等多个领域，著作颇丰，有《物理小识》《东西均》《易余》《药地炮庄》等诸多作品。

近年来，随着方以智相关著作的整理出版，方以智研究日益成为学术界的一个热点，而作为其晚年集大成之作的《药地炮庄》，随着各版本的整理面世也为方以智庄学或者三教理论研究提供了材料。《药地炮庄》为方以智所撰《庄子》集评，其中不仅收录了历代《庄子》注，还包括明末以方以智之师觉浪道盛禅师为核心的一系遗民学者对于《庄子》的注疏，因此对于庄学研究和明末遗民思想研究都具有巨大的价值。其次，方以智在《药地炮庄》中通过对集评和禅宗公案的巧妙编排，隐晦地表达了包含自己在内的一系学者对于"三教合一"的观点，使得这部书也成为研究方以智思想和明末三教合一思潮的重要文献。就目前《药地炮庄》的研究现状来看，在成书不久之后，王夫之《庄子解》及钱澄之《庄子诂》均有所引用。及至清代乾隆年间，《四库全书总目》中亦有提要。进入20世纪以后，随着70年代《药地炮庄》影印版在台湾出版，很多台湾学者首先开始了相关的研究工作。杨儒宾的《儒门别传——明末清初〈庄〉〈易〉同流的思想史意义》，廖肇亨的《药地生死观论析——以〈东西均〉与〈药地炮庄〉为讨论中心》，均从儒家立场或道家生死观开展《药地炮庄》研究。邱敏捷在《方以智〈药地炮庄〉之"以禅解庄"》一文中分析方以智引用和改动禅宗公案的目的，提出他是以禅宗手法让人超验直观地领悟到《庄子》自由无待的精神境界，从而表现出独特之处。蔡振丰《方以智三教道一论的特色及其体知意义》一文，从"体知"的角度，结合《药地炮庄》《东西均》和《易余》等方以智的相关作品分析其"三教道一"的理论特色，认为方以智视域下的三教功夫及境界有发动的共同基础，体知三教是一个内敛于己的实践活动，体知三教语言是一个在动态的现实活动中还原语言指示性意义的过程。

大陆方面，罗炽在《方以智的道家观》一文中提出了《药地炮庄》是"以儒解庄"的观点。其后，周锋利的《青原学风与方以智晚年思想》从方以智对觉浪道盛"三教并弘"思想的继承与发展来研究《药地炮庄》对青原学风的影响。进入21世纪，黄山书社《方以智全书》的出版为《药地炮庄》的研究提供了新的研究进路。如张永义从版本学的角度在《〈药地炮庄〉成书考》中认为《药地炮庄》的四种版本源于一个版本，方以智对整部著作的编撰工作持续了数十年之久，为其晚年思想的结晶。邢益海在《方以智〈药地炮庄〉版本考》中进一步对目前学界流行的四种版本和影印本进行了考据，提出了四种版本和影印本均来源于安徽省博物馆藏大集堂本的观点，由此凸显了该藏本的独特价值。由于《药地炮庄》除正文以外还包含了大量的序和题跋，对这些序和题跋的研究就成为了解《药地炮庄》的一个窗口。对此，张永义在《〈药地炮庄·序跋发凡〉注释》一文中，就从《药地炮庄》的序、跋和发凡对成书时间、著述风格、学术宗旨及师承渊源等问题进行了简略的考据。韩焕忠的《以禅解庄、以儒解庄——方以智"庄子为尧孔真孤"之说》则从禅学与儒学的立场解读《药地炮庄》的总论部分，讨论方以智思想三教合一的依据。此外，邢益海的《方以智的庄学研究》一书，不仅从儒、道立场开展方以智的庄学研究，更试图从禅学的角度试图解读《药地炮庄》中禅宗公案的意义，拓宽了《药地炮庄》的研究途径。

本文力图在以上研究的基础上开拓新的研究途径，即探究包括方以智在内的一系学者如何把唯识学作为解读《庄子》的方式并体现在《药地炮庄》中，从而通过《药地炮庄》研究明代唯识学的发展。

（二）《药地炮庄》的学派性

《药地炮庄》是方以智所编撰的《庄子》注，在方以智本人的著作之中具有特别的地位。

从引文及序言可以看出，方以智只是负责编撰工作的具体执行人，其师觉浪道盛及其门下诸多学者如陈丹衷等都为之做出了重大贡献，而且觉浪道盛还是该书的创意者。因此《药地炮庄》实际上是包括方以智在内的觉浪道盛一系学者的一次学术集结，但这却不妨碍方以智借对同时代学者观点的肯定与支持表达自己的观点。"药地"者，即是方以智出家以后的游践之地。如同《庄子》一书虽然为庄周学派的学术集结却不妨挂在"庄周"名下一样，《药地炮庄》也可以看成是包括方以智在内的觉浪道盛一系学者的集结之作，而以"药地"二字挂在了方以智名下。"炮"指的是"炮制"，本为中药制作中去除药材毒性的一种方法，方以智却将其作为一种研究方法运用于《庄子》注之中。"兹帙虽曰《炮庄》，实兼三教五宗而大炮之也。"[①] 方以智在编撰《药地炮庄》的时候，尽管广泛地收集历代《庄子》注及觉浪道盛一系学者对《庄子》的注解，但是所有的引文和注解并非随意为之。对于明代以前的《庄子》注，方以智往往通过不断追加后世引文来体现出自己的意见，而眉批上的禅宗公案则是经过改动之后再放在特定的段落之上，用于佐证该引文的正确与否。因此方以智看似在文中较少出现"愚曰"等表示自己态度的句子，却也可以通过撰写代言的形式表达自己的态度，因此要研究《药地炮庄》中方以智的观点，不能用追踪到人的死方法，而是要从整个学派的高度看到方以智可能通过对自己同时代人甚至自己老师的观点的引用来表明自己的立场。此外，"实兼三教五宗"也表明方以智在《药地炮庄》的编撰中采取了多角度的解读，既涵盖了儒、释、道三家，也包括了天台、华严、唯识等佛学宗派，以及曹洞、临济等禅学学派。然而，理清《药地炮庄》中包括方以智在内的觉浪道盛一系学者对庄子采用的多样化解读及其相互交络是一项篇幅浩大的工程。

限于篇幅，本文试图仅从唯识学这一角度来探究方以智如何将唯识

[①] （清）方以智：《药地炮庄》，新北：广文书局1975年标点本，第16页。

学的立场和观点运用于对《庄子》的注疏中,从而弥补当前《药地炮庄》研究中对方以智佛学思想研究的不足。

(三)《药地炮庄》的时代性

同时,《药地炮庄》中唯识学观点的运用,也在一定程度上反映了晚明佛学的发展状况。

在明代,除天台、华严等中国化的佛学思想得以重振以外,具有印度特色的唯识学在当时也得到了一定程度的复兴。究其原因,在于当时禅宗流弊盛行,如蕅益智旭等禅宗大师自觉担负起了为复兴天台、华严等"性宗"学派进而重新拾起作为"相宗"的唯识学的责任,他们企图以"性相不二"之融合消除禅宗的门户争端,对治禅宗不落文字造成的"顽空"。① 于是,这一禅门思潮必然会给逃禅之后的方以智带来影响,而他将这一影响反映于《药地炮庄》之中也就不足为奇了。

由此,本文通过对《药地炮庄》中方以智对唯识学概念的运用进行分析,借此揭示方以智借唯识学集合各家之说"炮制"《庄子》所引发的题外之意,以此为切入点一窥明代学者对唯识学的继承与发展。

二 方以智在《药地炮庄》中对阿赖耶识的发展

阿赖耶识为梵文音译,也被译为一切种子识、异熟识,是唯识学为贯穿"万法唯心造"这一命题而预设的根本心识。在这一染污心识的基础上,唯识学提出了各种名相概念解释世间诸法的生灭,通过破除由这一染污心体而生成的对世间诸法的虚妄执着回答人如何成佛的问题。方以智一方面强调阿赖耶识、末那识(第七识)与前六识的整体性,

---

① 龚鹏程:《晚明唯识学与天台和禅学的交融——以蕅益智旭为例》,《江苏师范大学学报》(哲学社会科学版)2019 年第 5 期。

以天台"中观"会通阿赖耶识生起诸法的功能使之同具染净,淡化了阿赖耶识染污之性质;另一方面,他以《易》的化生精神肯定了阿赖耶识生起万法的功能,以中国易学思辨的特点消解了阿赖耶识执"识"而生万法的虚妄性。

(一)《成唯识论》中的阿赖耶识

唯识学认为世间万法皆由"识"而生。

> 变谓识体转似二分,相见俱依自证起故,依斯二分施设我法,彼二离此无所依故。①

"变"者,指的是此"识"能分为三类(三能变)。

> 一谓异熟,即第八识,多异熟性故;二谓思量,即第七识,恒审思量故;三谓了境,即前六识,了境粗相故。②

依据过去善恶之业而得果报,其性质异于因而成熟或者与因隔世异时成熟谓之"异熟",此性质为阿赖耶识(第八识)的特征,故阿赖耶识也被称为"异熟识";末那识(第七识)以执阿赖耶识(第八识)为"我"(恒思量)为特征,所以是"思量";眼、耳、鼻、舌、身、意等前六识以了别粗相外境为特征,所以是"了境"。看似"识"分为三类,但是末那识因执阿赖耶识为"我",而前六识又是从阿赖耶识中生起的,所以三者实际上是一体,这种区分只是为了细分"识"生起万法的过程。"自证"指的是"自证分",即是"二分"所依据的"识

---

① (唐)玄奘译,韩廷杰校释:《成唯识论校释》,中华书局1998年点校本,第2页。
② (唐)玄奘译:《成唯识论校释》,第96页。

体"（心），"二分"指的是"识"对外缘境之"相分"和"识"对内缘作用之"见分"。"依斯二分施设我法，彼二离此无所依故"，依据"相分"和"见分"能构成的"我"和"法"，离开"自证分"这个"识体"也就没有"二分"，而"识体"（心）二分而成的"我"（内缘）和"法"（外缘）涵盖了世间诸法，所以说"万法唯心"。

（二）阿赖耶识与"空有之争"

阿赖耶识的建立，导致了佛学长期以来的"空有之争"。以龙树为代表的"中观"学者从因缘生法直接以"空性"解构事物存在的实体性，是为"空宗"。而唯识学者及其他持中国化佛学观点的学者以染污之阿赖耶识和善净之如来藏识为世间万法生灭的根源和成佛之可能，是为"有宗"。所谓"有"，只是相对于诸法生灭之根本而言。从学理上看，阿赖耶识和如来藏识因为生起诸法而为"空性"，这一点与"空宗"并无二致。两者的不同就在于"有宗"重视诸法生灭的过程，力图通过诸法生灭作用来体现阿赖耶识和如来藏识。明代禅师们在复兴天台、华严、唯识等学派的同时，也在逐步地融合这些学派的差别。这一点在《药地炮庄》中也有所表现，通过讨论阿赖耶识与末那识、前六识的关系，方以智将天台的"中观"不自觉地引入了"识"之"三能变"。《药地炮庄·应帝王》中"混沌凿窍"之寓言，以混沌无七窍谓之自然，人为之凿窍而用则使得混沌失却自然之本，故七窍凿成，混沌失却混沌之本性而死。方以智在后文将"混沌凿窍"之寓言引申为批评《广深密经》对于"证自证分"、"白净识"（第九识）、"分别识"（第六识）、"思量识"（第七识）的名相划分，认为这削减了阿赖耶识（第八识）的作用与设立的意义，是一种"舍藏识"的做法，"故割截而凿出之耳"[①]。在他看来，唯识学对于八识的划分乃至第九识的建立

---

① （清）方以智：《药地炮庄》，第421页。

过于繁复，就唯识而言，第八识与第九识：

> 实一心也，总是阿赖耶识，总是如来藏识……地、水、火、风转于空，而用于见识，皆气质也，皆灵知也。圣人贯混辟、虚实、形神而明此中理旁通，即化其气质而泯于中节之用矣。盲修欲灭之，偏狂则委之，皆非也。①

"地、水、火、风转于空，而用于见识"的说法，同样见于《成唯识论》：

> 又彼所执地、水、火、风，应非有碍实句义摄，身根所触故。如坚、湿、暖、动。即彼所执坚、湿、暖等，应非无碍德句义摄，身根所触故，如地、水、火、风。地、水、火三，对青色等，俱眼所见。准此应责。故知无实地、水、火、风与坚、湿等各别有性，亦非眼见实地、水、火。②

唯识学认为，由"身根"和"眼根"相交而得"地、水、火、风"之性质"坚、湿、暖、动"，由于这些性质无自性，故反过来论证了"地、水、火、风"之"相"的非真实。而方以智用"皆气质也，皆灵知也"来评述虚妄之相，明显地肯定了虚妄也是有意义的，这就是在用儒、道之概念重新诠释唯识之阿赖耶识生起万法之作用。他认为这种"地、水、火、风"之"相"之非真实的虚妄，恰恰可以为"贯混辟、虚实、形神"提供空间。由此，唯识学以虚妄来否定世界真实性的倾向被转化为肯定，即对在虚妄中充满了无限的可能的肯定。"圣

---

① （清）方以智：《药地炮庄》，第421—422页。
② （唐）玄奘译：《成唯识论校释》，第26页。

人"以"中理旁通"而"贯混辟、虚实、形神",由此在此虚妄的世界中创造出意义。从后面"盲修欲灭之,偏狂则委之,皆非也"来看,方以智显然与同时代的蕅益智旭一样受到天台宗"一心三观"的影响,不自觉地将天台教义引入了对唯识学的理解当中,并以此批评当时"顽空"与狂禅之弊。同时,方以智把阿赖耶识与如来藏识合为"一心",其中也有《大乘起信论》的影子。这些转变,削弱了《成唯识论》中阿赖耶识染污的特征。

(三) 方以智对阿赖耶识的发展

方以智在《药地炮庄》中谈阿赖耶识,跳出了佛、儒之间的门户之别,改用《易》的方式表述了阿赖耶识生起万法的作用。

在《药地炮庄·鼓山蠹言》中,方以智评鼓山元贤的观点曰:

> 夫三界唯心,万法唯识。谓天地生于无极,谓一气生于空界,逐执此空以为万化之根源、一真之实性。殊不知此空从前坏劫而成,是有生也。天地生后,逐失其空,是有灭也。夫此一气,非生于空也,乃从无始劫来,生生不息,阖辟不穷者也。①

这一段文字讲的是将天地万物之产生归于"无极","无极"之"气"归于"空"的作用,从而将"空"执实为天地万物产生的根源,却没有看到"空"是生灭不断的过程所揭示的无实体性;从而认为天地产生之后便失去了"空"的实体性,成为可以消灭的存在。因此化生万物之"气"不是来源于实体"空",而是在不断的生灭过程中不断变化的。以"生生不息""阖辟不穷"来形容"气"的变化,俨然是《易》化生万物的展开方式。此段又以"三界唯心,万法唯识"为开

---

① (清)方以智:《药地炮庄》,第60页。

头,颇有以"气"解释"识"生起万法的作用,为阿赖耶识注入了中国易学的思辨习惯。在这一段的眉批中,方以智又引用了其师王宣之语作了进一步的解释。

> 虚舟曰,凡一切学,先苦法不成,后苦法不化。人无妙悟,徒执死法用,安能善耶?①

"虚舟"为王宣别号,他认为"法不成"与"法不化",原因就在于对于"法"的执着,执着此"法"为一实体,则"法"永远是"法",既不能成也不能化。真正的"空",是在"法"的生灭变化中体现出来的,若不能领悟这一点,只能"徒执死法用"。结合这一段眉批来看,方以智已经将阿赖耶识生起万法的功能看成是易学的"生化不已"了。

通过分析《药地炮庄》中方以智对阿赖耶识的继承和发展,不难发现明代唯识学的复兴在某种意义上已经失去了原有的印度特色,被禅门中人染上了天台、易学等中国传统的思维特征。可以说,经由玄奘引入国内的唯识学,在明代的复兴实质上也是中国化的转变。

三 方以智在《药地炮庄》中对转识成智的发展

唯识学以染污之阿赖耶识为基础,对因"识"而生的世间诸法持一贬斥的态度,力图通过"转识"的方式成就"佛智"以回答如何成佛的问题。因此,唯识学之"识"与"智"是"污"与"净"的关系,两者不可同时具有。明代唯识学复兴,在继承唐代唯识学"转识成智"的基础上,受"即体即用"圆融特征影响,主张将"阿赖耶识"

---

① (清)方以智:《药地炮庄》,第60页。

和"如来藏识"混为一谈,成立一个同具"染净""善恶"之心体,由此将"识"与"智"统一起来。

(一)《成唯识论》中的转识成智

唯识学之转识成智,是在"依他起性"的基础上转"遍计所执性"为"圆成实性"的过程。此"三性",依据《成唯识论》:

> 谓心、心所及所变现,众缘生故,如幻事等,非有似有,诳惑愚夫,一切皆名依他起性。愚夫于此横执我法有、无、一、异、具、不具等,如空花等性相都无,一切皆名遍计所执。依他起上彼所妄执我、法俱空,此空所显识等真性名圆成实。①

"依他起性",认为万物都不是自然而起,而是依于其他因缘和合而起,是无独立自性的;"遍计所执性",对种种因缘和合的事物,计较为"实法""实我",以为心外有实体存在;"圆成实性",于依他起的因缘所生事物之上,不周遍计度,不起执着,而直证"我空""法空"所显的诸法的空性、真实性,也就是真如。②

> "依"谓所依,即依他起,与染、净法为所依故。"染"谓虚妄遍计所执,"净"谓真实圆成实性,转谓二分:转舍、转得。③

转识的关键,在于以"依他起性"为根本,转舍"遍计所执性",转得"圆成实性"。唯识学以此"三自性"来讨论世间诸法的存在层次,以"圆成实性"为诸法存在的最高层次,此"圆成实性"所对应

---

① (唐)玄奘译:《成唯识论校释》,第580页。
② 方立天:《中国佛教哲学要义》,中国人民大学出版社2012年版,第542—543页。
③ (唐)玄奘译:《成唯识论校释》,第636页。

之"识体"也就转变为"智"。

> 此识有漏，八、七、六、五识相应品如次而得，智虽非识而依识转识为主，故说转识得。又有漏位智劣识强，无漏位中智强识劣，为劝有情依智舍识，故说转八识而得此四智。①

唯识学视阿赖耶识为诸法"种子"所构成的"大仓库"，通过"种子"起"现行"，"现行"熏"种子"的方式，末那识（第七识）执着阿赖耶识为"我"并生起第六识与前五识（眼、耳、鼻、舌、身）。"种子"是污染的"有漏种"，它的"现行"与"熏习"构成了包括"识"在内的世间万法。"转识"就是使"有漏种子"变成"无漏种子"，而熏习之"种子"与现行之"识"互为因果，因此"转识"过程依旧离不开"识"的作用，所以说"智虽非识而依识转识为主"。由此转阿赖耶识（第八识）为"大圆镜智"，转末那识（第七识）为"平等性智"，转第六识为"妙观察智"，转前五识为"成所作智"。

（二）《药地炮庄》论述的转识成智

对于唯识学"转识成智"的理论，在《药地炮庄》中也有所体现。就"三自性"而言，在《药地炮庄·齐物论》中"百骸、九窍、六藏，赅而存焉，吾谁与为亲……无有为有，虽有神禹且不能知，吾独且奈何哉"②一段后，方以智引御冷氏之评语：

> 戴渊，盗也，一变而为良臣，岂二物乎？谓其转盗为良，则曰转识成智。谓其实是一物，则识即是智。③

---

① （唐）玄奘译：《成唯识论校释》，第689页。
② （清）方以智：《药地炮庄》，第205页。
③ （清）方以智：《药地炮庄》，第207页。

这里就是用"戴渊投剑"的典故来解读唯识"三自性"。"戴渊"原本是盗贼,"投剑"之后成为东晋将军,尽管身份有所不同,作用也发生了改变,然而"戴渊"还是"戴渊",故"谓其实是一物"。方以智借"戴渊"虽然人不变,但是身份与作用发生变化的例子,形象地说明了在"依他起性"基础上舍弃"遍计所执性"从而转变为"圆成实性"的过程。值得注意的是,此处"谓其实是一物,则识即是智"之说与《成唯识论》中"为劝有情依智舍识"有所不同,也表明了方以智所理解之唯识与唐代唯识学的差异。就《成唯识论》而言,如果"依识",则仍在"遍计所执性"中而非"转识成智"。"转识"之后,"识"全部转变为"圆成实性"中的"智",有"智"无"识",所以只能"依智舍识"。但是方以智由于受到华严、天台、禅宗等中国化佛学思想中"即体即用"的圆融思维影响,并不赞成有"智"无"识"的状态。在他看来,既然"智"为清净本体,就不妨碍"识"的染污发用,只有在"识"中才能见"智",所以"智"与"识"不能分开,不能"依智舍识"。方立天先生曾提出,庄子《齐物论》中的"齐同"特点对华严学的事事无碍论产生了很大影响。① 因此,深受华严学思想影响的方以智在此处提出"则识即是智"的观点并非无的放矢,而是将这一影响延伸到了他对于唯识学的理解之中,然后他又回溯到对庄子《齐物论》的解读之中。

　　方以智关注唯识学的目的还在于借"转识成智"会通儒、释、道三家之学,这一做法也表现了"即体即用"圆融特征对于明代唯识学复兴的影响。《药地炮庄·人间世》中有:"颜回曰:回之未始得使,实自回也;得使之也,未始有回也……是万物之化也,禹舜之所纽也,

---

① 方立天:《中国佛教哲学要义》,第561页。

伏戏几蘧之所行终，而况散焉者乎！"① 其后正曰：

> 善分别于第一义而不动，岂必堕黜作死马医乎？不昧同体之仁以善用差别之智，是谓仁智交圆，即是转识成智。②

同样是"转识成智"，方以智的观点与《成唯识论》有异，他绕过了"三自性""八识"与"种子"，直接用"不昧同体之仁以善用差别之智"予以解释。庄子讲"心斋"，关键在"虚"，"唯道集虚"即是心与大道之境界相吻合的状态，在这种状态下就能"听之以气"，从而做到"虚而待物"。如何是"虚"，如何做到"虚而待物"？庄子没有过多论及，为方以智的发挥提供了空间。所谓"第一义"，本是天台学通过双遣法得到的"中道"，此"中道"不离"有无"，又不堕入"有无"。如果将其执为不动本体，在方以智看来就是"必堕黜作死马医"。以此类推，方以智认为"同体之仁"不是不动本体，而是在差别发用中显示出来的至善良知，方以智将不碍于"同体之仁"，又灵活"善用差别"看成是"智"，此"智"即是唯识学中的"转识成智"。无论是"第一义"还是"同体之仁"，其共同点就在于虽有"体"但是不滞于"体"，而是灵活地在"有无""差别"中显示其作用，方以智认为这种不滞妨的"仁智交圆"才是真正的"智"，由此填补庄子的"虚"，避免让读者将"心斋"误解为堕入虚无从而陷入形而上和形而下的分裂，同时也巧妙地用"即体即用"的圆融特征将儒、释、道交织在一起。

（三）《药地炮庄》揭示出明代唯识学的变化

实际上，无论是借"识即是智"解读"齐同"，还是以"转识成

---

① （清）方以智：《药地炮庄》，第275页。
② （清）方以智：《药地炮庄》，第277页。

智"会通"同体之仁"解读"心斋",其反映出的正是"即体即用"的圆融特征在明代成熟的结果。

除了《庄子》与《易》之中本身就隐含"即体即用"的因素以外,《大乘起信论》中也有"一心开二门"之说。《大乘起信论》将"如来藏心"分为"心真如门"和"心生灭门","真如"是体,"生灭"是用,此二者相互融通。这也是佛学对于"即体即用"特质的改造。及至明代,"即体即用"更是被包括禅门中人在内的广大学者接受,不仅自觉用于处理门户的隔阂,更用来诠释儒、释、道三家关系。《药地炮庄·齐物论》"夫言非吹也,言者有言……欲是其所非而非其所是,则莫若以明"[1] 一段,原文是通过对儒墨争论是非的批判揭示出是非的相对性,提出从事物的本然层面(大道)来判断事物的相貌。方以智在引文中用《易》会通《大乘起信论直解》来解释这一段:

> 《起信论解》曰:"灭心灭相,非灭心体。灭心痴,非灭智也。"不必舍波求水,确然混之不得。大死活来,方许用得着,试以《易》证。自有天地,而太极隐矣。彼方圆对待,流行者是何物耶?画前画后,何不一照?直下自尽而已,何必两层。[2]

《大乘起信论直解》为明代禅师憨山德清所作,其中"灭心灭相,非灭心体。灭心痴,非灭智也"等说法是对憨山德清《大乘起信论直解》中"智性不坏"一段注疏的归纳。从这一说法来看,和《成唯识论》中"依智不依识"的观点类似。然而《大乘起信论》的核心在于"一心开二门",即是将"真如门"和"生灭门"统一于"一心"之下,憨山德清在此纠结于"智性不坏"的做法难免落入如同《成唯识

---

[1] (清)方以智:《药地炮庄》,第 209—210 页。
[2] (清)方以智:《药地炮庄》,第 211—212 页。

论》"依智不依识"的窠臼进而否定"生灭门"的意义。因此,后面方以智借《易》的大化流行提出了自己的看法。"自有天地,而太极隐矣",包括天地在内的六十四卦都是一阴一阳之道演化而来,一阴一阳之道又是由"太极"而来,因此"太极"就在天地之间的所有卦象当中。由此,将"智"比喻为"水体",将"识"比喻为"水波",重要之处在于说明"波水不离",而不是"舍波求水"。

由此,方以智以唯识学"转识成智"会通各家之说于《庄子》之所以可能,在一定程度上表明了"即体即用"特质对明代唯识学的影响。

四 《药地炮庄》与明代唯识学复兴

唯识学复兴,最早是为补救"性宗"(主要指禅宗)在明代的"顽空"流弊,然而随着如憨山德清、蕅益智旭等禅师对儒、道、禅关系的研究,唯识学的一些概念也得以引入对儒、释、道关系的讨论之中。因此,方以智在《药地炮庄》中以唯识学会通儒、释、道的做法并非其独创,反映了明代唯识学的发展方向。同时,无论是禅门会通"相性二宗"的做法,还是引唯识讨论儒、释、道关系,都使得唯识学表现出异于唐代唯识学的中国化特征。

(一)明代唯识学的复兴——会通"性相二宗"

明代唯识学复兴,是在禅宗昌盛的时代背景下开始的,其倡导者多为禅门中人,且非专通唯识,这是明代唯识学的一个特征。以蕅益智旭、高原明昱、林肯堂为代表的禅门中人与学者,虽然对于唯识学多有研究,但并未如唐代法相宗那样严守唯识学风。蕅益智旭既是净土宗九祖,还是天台学公认的大师;高原明昱虽然擅长讲唯识,但也是华严二十五世;林肯堂以居士身份对唯识学有很深入的研究,但其主要贡献却是医学。既然倡导者兼通各家,也就意味着对唯识学的研究不会遵循唐代法相宗的路线,而是兼容了天台、华严、禅宗等学派,这也造成了明代唯识学的第二个特征。实际上,唯识学的这两个特征表明当时的禅门中人及学者研究唯识的目的,并不在于真的要复兴唯识学烦琐的名相概念,而是借唯识之"相宗"对治当时禅门重视"法性"的发展而暴露出的流弊。对于此,倪梁康认为:

> 相宗在中国佛教史上多次扮演匆匆过客的角色。其影响之所以仍不可小觑,乃是因为这个角色多半是禅宗主流的或隐或显的对立面,成为对在中国佛教中占主导地位的思想方法与表述风格的一种牵制和收敛的力量。①

然而,仅仅将唯识学的复兴简单地看成禅宗自我矫正的工具,倪梁康的观点又未免过于简单。毕竟,除唯识学以外,天台、华严等其他学派在明代也有所发展。实际上,在佛学的发展过程中,一直存在着以唯识学为代表的"相宗"与以天台、华严、禅宗等学派为代表的"性宗"之间的争论,前者强调诸法的差别相状,而后者关注诸法的法性融通。② 因此,唯识、天台、华严等学派在明代的复兴,也是蕅益智旭等禅门中人站在禅宗立场上试图以融合会通的方式解决"相宗"与"性宗"之间争论的努力。这一点从龚鹏程对蕅益智旭的评价可以看出:

> 故借着融通合会,智旭事实上同时在做着拣择别裁的工作。拣择性宗相宗两边某些东西,或天台、慈恩、禅、净、律各宗的某些

---

① 倪梁康:《王肯堂及其〈八识规矩集解〉》,《中山大学学报》(社会科学版)2015 年第 2 期。
② 龚晓康:《蕅益智旭性相融通论探析》,《宗教学研究》2013 年第 2 期。

东西出来，予以会通。①

（二）"性相二宗"会通与"种子义"的变化

"性相二宗"会通的可能，在于唯识学之基础"种子义"的改变。这一改变恰恰是"即体即用"之圆融特征作用于唯识学的结果。无论是传统的儒家、道家，还是《大乘起信论》中的"一心开二门"，都隐含着"即体即用"的思维特质，有意无意地影响着禅门中人和学者对唯识学的解读，使得唯识学的"种子义"发生了性质的转变。

"谓本识中亲生自果差别"②，在阿赖耶识中含藏着的产生色法、心法等现行的功能就是"种子"。"种子"是唯识学的根本，它以起现行的方式构成了"八识"与世间诸法。唯识学认为"种子"成立需要六个条件：刹那灭、果具有、恒随转、性决定、待众缘、引自果。③明代的唯识学与唐代相比，"性决定"这一条件发生了根本上的变化。"性决定"是指"种子"的性质是固定的，《成唯识论》曰：

性决定，谓随因力，生善、恶等功能决定，方成种子。④

规定善、恶、无记性的"种子"，只能产生相应的现行，其功能是固定的。于是，善净之"无漏种子"和染污之"有漏种子"的矛盾由此产生：一方面，既然"性决定"，染污之阿赖耶识中的"有漏种子"就永远无法转变为"无漏种子"，"转识成智"就只能通过在阿赖耶识之外建立"无漏种子"才行得通，这又和阿赖耶识的根本识定位相矛

---

① 龚鹏程：《晚明唯识学与天台和禅学的交融——以蕅益智旭为例》，《江苏师范大学学报》（哲学社会科学版）2019年第5期。
② （唐）玄奘译：《成唯识论校释》，第105页。
③ （唐）玄奘译：《成唯识论校释》，第124—125页。
④ （唐）玄奘译：《成唯识论校释》，第124页。

盾。另一方面，依照"性决定"，如果阿赖耶识中本来就有"无漏种子"，那么一旦生起现行，阿赖耶识的染污性质就不能成立，和阿赖耶识的染污识定位又相矛盾。

这一矛盾自印度唯识学创立到玄奘开创法相宗以来一直存在，直到明代蕅益智旭等禅门中人在《大乘起信论》"一心开二门"的影响下，将阿赖耶识解读为以"净"为体，以"染"为用，由此使得"种子"可以同时具备"有漏"与"无漏"的性质，才回答了染污"识"如何转为善净"智"的可能。对此，龚晓康认为：

> 智旭对于性相两宗的融通，既契合了佛教的根本旨趣，又彰显了中国佛教的圆融特色。①

所谓"圆融"，是以传统中国的"即体即用"思维转化了"种子""性决定"的条件，这既使得明代唯识学成为和天台、华严、禅宗一样的中国化佛学流派，也为"性相二宗"的融合提供了机会。

（三）方以智以唯识学救治三教流弊

禅门中人以唯识学为"药"救治禅门"顽空"疾病，会通"相宗"与"性宗"的这一努力，被方以智在《药地炮庄》中进一步发展为以唯识为"药"救治儒、释、道之流弊。《药地炮庄·黄林合录》引吴观我评论阳明后学之语的眉批曰：

> 清凉言儒之见及六识，老庄见及七识，佛始破八识也。将以虚空破八识乎？以空为宗，佛云外道。有疑者否？此论销矿成金，继父必孝，可信政府宰君民，财成收化育。破识用识，君臣道合。所

---

① 龚晓康：《蕅益智旭性相融通论探析》，《宗教学研究》2013年第2期。

贵家督，全在儿孙。止有一实，何更哓哓生死有无枝蔓哉？①

吴观我批评阳明后学专攻良知之体，而忽视了日用之学的作用，认为专攻良知不能"恃良知而废学"。方以智在眉批中引唐代澄观大师以唯识之"八识"会通儒、道、释之境界，在此基础上自问自答"虚空破八识乎"的问题，得出了"破识用识，君臣道合"的观点，引申了吴观我的观点。方以智认为，澄观以"佛破八识"固然提升了佛学在儒、释、道中的地位，但是也有将佛学置于"虚空"的危险。"识"是包括阿赖耶识（第八识）、末那识（第七识）、前六识在内的整体，因此以儒、道、释之境界会通"转识成智"，必然包括了前面破六识的"儒之见"、破七识的"老庄见"和破八识的"佛见"，此"破识"才有可能。"破识用识"，需要从儒、释、道之"识"入手，"君臣道合"各自发用才能转"识"成"智"。

实际上，以唯识学会通儒、释、道的做法非《药地炮庄》所独创，在憨山德清所著《观老庄影响论》中也有体现：

> 若以三界唯心，万法唯识而观，不独三教本来一理，无有一事一法，不从此心所建立；若以平等法界而观，不独三圣本来一体，无有一人一物，不是毗卢遮那海印三昧威神所现。②

但是和憨山德清仅从"识生万法"的立场判别儒、释、道的平等性不同，方以智还进一步从"转识"的层面讨论了儒、释、道的差别发用，从而贯彻了唯识学对差别相状的重视。他之所以重视"转识"，不仅是因为看到了禅门之弊端，还在于清楚地认识到禅门之弊端不仅仅

---

① （清）方以智：《药地炮庄》，第98页。
② （明）憨山著述，孔宏点校：《憨山老人梦游集》下，北京图书馆出版社2005年点校本，第333页。

是禅门的问题或者佛学在明末延续的问题。

> 所痛疾力挽者，则在狂伪二端。今日当拒者，不在杨墨，而在伪儒之乱真儒。当辟者，不在佛老，而在狂儒之滥狂禅。①

"狂伪二端"已经成为晚明的时代病，而"伪儒""狂儒""狂禅"皆是这一病症的表现。为对治这一时代病，使得方以智在受到禅门中人复兴唯识学的影响之下，进一步在《药地炮庄》中以唯识学融会儒、释、道三家。

由此，方以智在《药地炮庄》中对唯识学的运用，反映出了唯识学在明代的复兴是一个融合式的发展，通过"性相二宗"的融合乃至与儒、释、道的融合，为救治晚明"狂儒""狂禅"提供了出路。同时，从唯识学自身之发展而言，禅门中人改变"种子义"融通"性相二宗"，乃至方以智以唯识学融会儒、释、道三家，既使明代唯识学表现出了与唐代唯识学不同的中国化特征，也因此融合而修补了自身理论的不足。

五 总结

唐代唯识学对于名相的繁复考据既是其显著特点，也是其在唐代以后衰落的重要原因，明代唯识学的复兴虽然也强调名相的重要性，却不及唐代唯识学之繁复。究其原因，在于明代唯识学的复兴是为"性相二宗"融合做准备的，而禅门中人以"即体即用"的思维解读唯识学，促进了唯识学中国化的转变，也为方以智借唯识解读《庄子》融合儒、

---

① （清）方以智：《药地炮庄》，第92页。

释、道提供了启示。在他看来,"三教虽异,而道归一致"①,儒、释、道"归为一致"的关键就是"即体即用"之"中":

> 至者,中也。而不妨随时发为三德、五道、九经,此中三教至理,无不贯彻。今欲即儒即释即俗即真,只须向这里具一只眼。②

正是在此"即体即用"的影响下,他可以以天台"中观"会通阿赖耶识生起诸法的功能使之同具染净;也可以以《易》的化生精神肯定阿赖耶识生起万法的功能;更可以借唯识学"转识成智"会通各家之说于《庄子》。

就《药地炮庄》而言,方以智对唯识学的运用很好地论证了自己"此中三教至理,无不贯彻"的观点,具有一定的合理性。但是,也应该看到《药地炮庄》中对唯识学的运用也反映了唯识学在明代的发展。早在南北朝时期,虽然也有地论师和摄论师在争论阿赖耶识的真妄问题,却因为缺少教理支持而无法定论。及至明代,随着天台、华严、禅宗等中国化佛学学派的成熟,蕅益智旭、方以智等人在谈阿赖耶识的真妄问题时就有了教理的支持,从而能在教理上证明阿赖耶识的染净同具。此外,随着《大乘起信论》"一心开二门"被当时学者普遍接受,以"即体即用"的思维解读唯识学,会通《易》《庄》也就成了顺理成章的事情。这一会通,消解了阿赖耶识执"识"而生万法的虚妄性,扩充了唯识学在教理之外的意义。就这个意义而言,明代唯识学之复兴也是唯识学中国化过程中迈出的一大步。

---

① (清)方以智:《药地炮庄》,第74页。
② (清)方以智:《药地炮庄》,第75页。

空性与无住涅槃[*]

吴 畏

内蒙古大学哲学学院讲师

摘要： 本文尝试从《中论》破斥的诸多邪见中，整理出一条脉络：即从有无、因果这样最为基本的概念开始，到世间现象的生灭、动静、时空，进而到生命诸要素等名相概念的次序，应用论中缘起性空的根本道理逐一进行分析，意在阐明论主所讲空的深意，进而在中观的基础上达到对实相的认识。在大乘的义理中，涅槃与世间不二，涅槃境界更是来自对于实相的理解和应用，因此，本文的论述最终落实到涅槃理论新的创见上——无住涅槃。

关键词： 缘起；空性；实相；涅槃

一 有与无的界说

《中论》（Mūlamadhyamakakārikā）是印度龙树（Nāgārjuna）所作，此论所包含的思想是大乘佛教中观学派的心髓，也影响了后来所有的佛教宗派。这部论对从外道到佛教内部派别的种种邪见进行破斥，系统地

---

[*] 本文是2019年度国家社科基金重大项目"'一带一路'佛教交流史"（项目编号：19ZDA239）的中期成果之一。

阐述了佛教的"空"观思想。然而空观的目的是要达到对事物本质的认识，事物的本质就是实相，即对于实在的认识。

关于什么是事物的本质，这是一个人类要面对的根本性问题，推衍起来无外乎作为现象的世界，其背后有没有一个本体存在，如果有，则这个本体从哪里来，生命现象在其存在体系当中的地位，最后落实到生命存在的意义何在这样一些问题。面对现象界，一方面，根据我们的经验，种种现象是存在的；另一方面，现象总是不断变化的。现象的存在和消失在人类思想当中就抽象出"有"（sat）和"无"（asat）这样最为基本的概念。

在古印度，不同思想派别对于事物的"有"还是"无"有不同的看法。如婆罗门教认为梵（Brahman）是常是有，每个生命个体分有了梵，梵在生命个体中就是阿特曼（ātman）——本体意义上的"我"，这样的观点就是"有我"。与此相对，顺世论作为一个反宗教的派别，认为事物是断灭的，最终是无。生命个体的死亡，就是不存在了，是"无我"。

对于事物"有""无"这一根本的哲学问题，佛教有自己独特的立场。佛教认为若把事物当作实在的"有"和实在的"无"，分别是"常见"和"断见"，二者都是偏见，而认为一切现象都是缘起的，缘起故空。这里的空是指性空，既不是说事物是实有的，也不是说事物是实无的。"如《中论》卷第四中说：'未曾有一法，不从因缘生，是故一切法，无不是空者。'强调事物的变化和发展，是佛教在发展中一直坚持的一条基本思想原则。"[1] 早在原始佛教中就已经有了不执"实有"和"实无"的看法，如《杂阿含经》是小乘、大乘共同承认的经典，经中有云："此有故彼有，此生故彼生……此无故彼无，此灭故彼灭。"[2] 事

---

[1] 姚卫群：《佛教思想与印度文化》，北京大学出版社2018年版，第113页。
[2] 《杂阿含经》卷10，《大正藏》第2册，第66页下。

物是因缘而有，因缘而灭。因缘彼此配合、分离构成了现象的生灭，"此有故彼有，此生故彼生"，使人明白事物的有是缘生的，所以要远离事物是"实有"的偏见；"此无故彼无，此灭故彼灭"，同样让人了解事物的无是因缘条件的离散，所以也要远离事物是"实无"的偏见。离"有""无"两边的中道思想在早期佛教就有明确的说明。

二 《中论》空性的证明

佛教发展到了大乘佛教的阶段，内部对于"有""无"这一根本问题产生了分歧，如萨婆多部持法有我无的观点，而大乘中有的派别认为一切皆虚无。龙树菩萨作《中论》本着佛教"缘起性空"这一根本教义，对外道和佛教内部的种种偏见进行破斥。在《观有无品》中首先破除实有的观点，如说一切有部认为法体恒有，法体是待缘而生起作用，即认为先有自性，只不过自性是待缘显现的。论者则指出"自性"与"作法"不相容。若有"自性"，"自性"应作为独有而常在，是"无作"，纯粹而不混杂的；而"作法"是依赖众缘，待他法而有。从自性不应自作，作法也不能作，取消了"自性"存在的合理性。

同样，"他性"也不存在，因为他性就是他物的自性。从有"自性"的角度看，成就自性的诸多条件就为"他性"。"他性"是与"自性"相互因待而有的。有此法和彼法，此法为自性，彼法对于此法就是他性，彼法对于自身则是自性。取消了自性存在的合理性，那么以自性为前提的他性也就不存在了。同时，事物的自性、他性包含了一切法，也就是一切法都不离自性、他性。论中破了自性、他性，那么也就破除了一切法实有。

但是，随之而来的问题是，破去实有之后，又会生出实无的偏见，即把实无当作自性。比如胜论派（Vaies'e Sika）主张，认为事物消失为虚空，就把空的状态绝对化；认为事物有延续，就把事物延续的状态绝对化；认为事物有广延，就把事物延展的状态绝对化。分别构成实句，则成为实句中的"空""时""方"。这些状态的绝对化，并无实在的事物与之相对应，这类绝对化的概念自身就成为"不存在的实体"，这些"实无"的概念被认为具有不存在的特征，是以不存在为自性的。换句话说，认为无是实无，就把实无当作有自性的。然而，中论的《观有无品》对于实无的偏见进行破斥，逻辑是已然破除了实有，又"无法"是依"有法"而存在的，"有法"变异毁坏，才有"无法"的假名。既然"无"是相待于"有"而存在，那么"有"被破斥，"无"自然随之被破。一切法皆是空性。

在《中论》中，论者认为佛所说的缘起是讲有无的统一，世间的一切现象都是迁流变动的，看起来宛然若有，有是假有；从根本上讲是因缘拼凑、和合无自性的，无自性故空。《中论》要揭示的是，无自性才能显示一切法，诸法空性是事物的共相，空性是通于万有的；又只有通过假有的现象才使空的深意得以彰显。所以，空性不离幻有，有无的精妙结合才是空的意义的完整体现。

缘起是有无的统一，空理就蕴藏其中。佛教在论世间性质的时候，把有无的现象放在因果关系当中去说明。因果在佛教的理解当中不仅仅是逻辑上的规律，当前一个事物产生，必然对后面的相关联的事物发生影响，佛教认为这种影响就是事物的力用，也就是业力，它必然潜在地引动、干预后来的事物，以业力感应的形式构成了因果的次第相续。这在主体生命当中，就形成因果轮回的报应理论。

当然，因果轮回的思想在印度是普遍的。在因果中思考事物有无生灭，印度各派思想家亦有不同的理解，比如数论派（Sāṃkhya）认为从一个现象产生另一个现象，前一个现象作为"因"，之所以可以产生后面作为"果"的现象，是因为"因"中包含了"果"。在因果相续中，作为"因"的要素始终存在，所以事物的本性是"有"。把这个有推演到生命现象，故生命个体是有"我"的存在。然而，持相反观点的派别,如胜论派则认为因中无果,他们认为通过对于作为结果的现象进行分析,找不到"因"的存在。所以事物消失了就进入不存在的状态,是"无",生命个体的消亡就是断灭的虚无。而部派佛教当中的有部,更以六因四缘去说明世间一切现象的变化,认为实有因果。

我们来考察一下因果观念是如何在经验中形成的:当一个现象产生,紧接着伴随另一个现象的产生,二者总是如此连在一起出现的时候,人们就把前者称为因,后者称为果。事物的前因后果的联系出现在人们的经验中,构成主体思维的逻辑规则,也就是因果律,因果律是支配世间现象的普遍原则,人们的思考也以此去把握外部世界。西方经验论哲学家休谟(David Hume)在考察人类知识的起源的时候,认为因果关联与人的知识关系最大。按照因果关系去思考,是人类思维的基本模式,因此因果观念就作为最普遍的观念。对于因果概念这样普遍的概念,《中论》也首先予以破斥。

论中认为因中有果、因中无果、因果实有都是错误的见解,空性才是因果的本质,因果只是假名。在《观因缘品》中有:"略广因缘中,求果不可得。因缘中若无,云何从缘出。"[①] 青目的释中解释说:"略者,于和合因缘中无果。广者,于一一缘中亦无果。若略广因缘中无果,云何言果从因缘出。"[②] 因缘和合,其中无果。又于一一缘中分析,都没有果。所以果不从因缘产生。若果不从因缘生,那么因缘又作为谁的因缘呢?所以,因缘也是性空的假名。因果是彼此相待而有,并无自性可言,所以,因果不可以说有,也不可以说无。

因果没有自性,从无自性的因果而来的现象的生与灭也没有自性。青目的解释是:"生相决定不可得故不生。不灭者,若无生,何得有灭。"[③] 上面已经破了一切法有自性,由于生没有自性,所以生相不可

[①] 《中论》卷1,《大正藏》第30册,第3页中。
[②] 《中论》卷1,《大正藏》第30册,第3页中。
[③] 《中论》卷1,《大正藏》第30册,第1页下。

得，也就是不生。生与灭是相对而有的，取消了一方的存在，另一方也就失去了安立的意义。

进而，由于事物本身是不实在的，事物运动的属性也变得可疑。在《观去来品》中有，"已去无有去，未去亦无去。离已去未去，去时亦无去"①，也就是说，我们既经验不到已经过去的事物（已去）在运动，也经验不到尚未出现的事物（未去）在运动；而事物运动发生的时间点，它毕竟离不开已去、未去而存在，所以也不能说事物在此刻有运动（去）的现象。同理，如果否定事物的运动，静止也失去了意义。"去者则不住，不去者不住。离去不去者，何有第三住。"② 青目的解释是："去者不住，去未息故。与去相违名为住。不去者亦不住。何以故？因去法灭故有住。无去则无住。"③ 如果说事物处于运动中（去者），当然不能说是静止（住）。而静止作为运动的息止状态，前提是有运动（去）。如果运动（去）被取消，静止（住）也就不复存在。僧肇在《物不迁论》中认为，为了防止世俗的常见才说"去"，防止小乘执着无常见，才说"住"。说去与住都有所针对，从根本上说事物是没有自性的，事物的属性动与静也并没有所依附的实体性存在，动静本身的合理性就被否定了。

事物的运动总是与时间性相关，人总是很容易通过运动中的事物领会到时间，比如孔子感叹"逝者如斯夫"，当水在流逝，时间感就呈现在主体的意识当中，但这种对时间的感知也是虚妄的，因为时间总是伴随着事物的运动而有，事物本无自体，时间也没有一个实体去依附，所以也是性空的。《观时品》中有："因物故有时，离物何有时。物尚无所有，何况当有时。"④ 实际上时间是相待故有，从根本上讲没有实在

---

① 《中论》卷1，《大正藏》第30册，第3页下。
② 《中论》卷1，《大正藏》第30册，第4页下。
③ 《中论》卷1，《大正藏》第30册，第3页下。
④ 《中论》卷3，《大正藏》第30册，第26页上。

的自性。

"佛教把世间的一切现象称为色（rūpa），梵语'rūpa'是来自 rūp（造形）的动词语根变化而来，故含有'有形状'之意。又 rūpa 是由 rū（坏）之动词语根转变而来，有变坏、变化之意。"[1] "色"本身就有运动变化的含义，所以，色是作法。构成色有六大要素，包括四大物质性的要素——地水火风。另外生命现象也包含在色当中，生命是有情识的，所以也有识（Vijñāna）的要素。再者，需要破除能包含这五个要素构成事物的空间。

在《观六种品》中首先破虚空的实在性，青目解释说"因色故有无色处，无色处名虚空相"[2]，与破除执着有"实无"的道理一样，虚空存在的前提是有色的存在，色灭以后而有的状态，即无色处，也就是虚空。虚空有待于色的存在，色是作法，无常无自性，色灭才有虚空，所以虚空本身不是实有的。而地水火风是因缘和合而有，识又是由于四大因缘和合而有，都是无自性的存在，没有自性就是空性。

论中关于实体的有无、动静、空间、时间都做了分析说明，指出实体本是性空，一切因实体而有的属性也都不实在。

三 空性的思维观察

上面对于世间万有的性质进行了讨论，然而这并非佛教的本义，佛教所理解的世间是由人身感官的一系列作用所构画成就的，《观涅槃品》中有："五阴相续往来因缘故，说名世间。"[3] 人所经验的万物只是众生凭借五阴感官施设的观念，佛法本身并非某个个体单独体会到的神秘体验，而是一切众生都可经验到的，佛法就存在于众生体验着的世

---

[1] 参见缘起工作室"佛学大词典"软件，词条"色"。
[2] 《中论》卷1，《大正藏》第30册，第7页中。
[3] 《中论》卷4，《大正藏》第30册，第36页上。

间"。外境的存在、如何存在可以姑且不论,佛教引导众生出离的世间只是众生通过感官获得外部信息,进而有种种的精神想象而构筑的世间。这有些类似现代语言哲学所认为的,一切现象都只是借助语言而进行成像的。这样,世间就是主体表象着的世间,存在于人的认识当中。

佛教最高目的在于引导生命走向解脱,对于所谓客观世界(外境)的理解也是出于生命本身走向解脱的要求,佛教要摆脱生命的烦恼,对于构成外部世间的要素的分析最终要落实到生命主体,即对生命本身的要素进行审视。在破执有偏见的同时,也对构成生命本身之感觉器官及功能进行了分析。《观六情品》中破斥六情实有,六情指眼、耳、鼻、舌、身、意,在诸感官中,视觉是最敏感的、接受信息最直接的器官,佛教对于眼根也最为重视,把它放在六根之首。与《观来去品》当中的分析原则一致,眼根在已见、未见、见时,都没有看见的现象。此品又说:"离见不离见,见者不可得。以无见者故,何有见可见。"① 如果实有见,那么就不依赖于见者;没有见,见者也不能称为见者。如果没有见者,就不会有能见的主体去分别外境。这也是基于见与见者相因和合的道理说明眼根所有见的功能是空性的。因为眼见色产生识的分别,取消了见的实有,与之相应而起的识受触爱等十二缘起分支也是不实在的。破除其他五根实有的道理亦相同。

如果说六根着重讨论感官的运作机制,讲诸根及其功能不是实有。那么五阴则是从生命体构成的角度来讲,五阴中色构成生命的身体,受、想、行、识构成生命的精神性要素。在《观五阴品》中首先分析色阴不是实有,"若离于色因,色则不可得。若当离于色,色因不可得"②。这里所用的推理仍是基于缘起性空的分析,作为色果从众因中生成,没有自性,因果相待,果无故因无,都是性空的。"受阴及想

---

① 《中论》卷1,《大正藏》第30册,第6页上。
② 《中论》卷1,《大正藏》第30册,第6页中。

阴，行阴识阴等，其余一切法，皆同于色阴。"① 其余四阴，包括一切法都须如此思维，即从性空的角度去分析理解。

　　构成生命的诸要素都是虚幻的，但所构成的生命本身有没有一个实体性的主宰呢？这个问题早期佛教就有明确的态度。佛教产生伊始，就反对婆罗门教的神我而讲无我。诸法无我作为原始佛教的三法印之一使其区别于外道。龙树秉承了这一根本主张，在《观本住品》中，外道质问，如果没有本住（神我），眼耳等诸根没有思维，怎么能知道它们所对的诸尘？既然诸根能认识对象，更应当有一个主体能认识诸多对象。青目分析："为一一根中各有知者，为一知者在诸根中，二俱有过。"② 如果是有一个神，那么"如是眼等诸根，应先有本住。色声香等无有定知者。或可以眼闻声。如人有六向随意见闻。若闻者见者是一，于眼等根随意见闻"③，如果眼、耳、身中各有神，那么每个根都可以在同一时间了知一切对象，"人一而神多，以一切根一时知诸尘，而实不尔"④，这就从经验上对神我进行了否定。若离诸根另外有本住，说神在身内，因为神我是不变的，那么身体也应当不灭；说神在身外，有不朽的神保护身体，身体也不应坏灭。从经验上看，我们不能感知到这样的神存在。

　　从生命内外一一破除实有的偏见，对于根、境、识一切诸要素既看到其缘起性空的本质，又看到其宛然假有的表象，这就是"中观道"。《中论》把"中道观"作为根本的方法，在《观四谛品》中对于"中观"有核心的定义，"众因缘生法，我说即是无。亦为是假名，亦是中道义"⑤，定义中的第一句"众因缘生法"，是标明万有是因缘所生，青

---

① 《中论》卷1，《大正藏》第30册，第7页上。
② 《中论》卷2，《大正藏》第30册，第14页上。
③ 《中论》卷2，《大正藏》第30册，第14页上。
④ 《中论》卷2，《大正藏》第30册，第14页上。
⑤ 《中论》卷4，《大正藏》第30册，第33页中。

目解释"众缘具足和合而物生"①,此句破实在的自性;"我说即是无","是物属众因缘故无自性,无自性故空,空亦复空"②,无自性就是空性,而破实有所剩的空,亦非实有自性的空;"亦为是假名","但为引导众生故,以假名说"③,虽然性空但假名是有,为引导众生证入第一义谛而施设。最后一句,亦是中道义,"离有无二边故,名为中道"④。以上,"众因缘生法,我说即是空"此二句是显示空义第一义谛,为真谛;"亦为是假名",讲缘起法是幻有,为俗谛。真谛是无,俗谛是有,离开有无的分别就是中道,而离开有无的分别的含义也是有无不可分别,统一在一起。

以中道观去看待世界就可以获得正确认识。在《中论》中,每品的品名都有一个"观"字,皆是"观某某品",申明一切以中道的方法去思维观察。通过中观的定义,可以知道中观思想由缘起性空发展得来,中是"空"义的进一步延伸。性空的现象是假有,在思想意识上就表现为假名,也就是名相概念。通过中观的方法对所涉及的基本概念进行分析,它们都不能执着为实有自性。正是因为缘起无自性,这些概念才会出现,如果把这些概念执着为实有,就等同于戏论。戏论因错误的颠倒分别造成,超出戏论,就进入对现象实在的认识。

四 实相与无住涅槃

世间的一切诸法是缘生相续而有,而实相就在其中,这实相就是毕竟无所得的"空"的境界,属于客观存在的理,同时这个"空"也存在于人的认识当中,通过修"如实观"可以证得,属于如来证得的境

---

① 《中论》卷4,《大正藏》第30册,第33页中。
② 《中论》卷4,《大正藏》第30册,第33页中。
③ 《中论》卷4,《大正藏》第30册,第33页中。
④ 《中论》卷4,《大正藏》第30册,第33页中。

界。既然涅槃是如来证得的境界，所以如来性也与世间的理相通。《观如来品》"如来所有性，即是世间性。如来无有性，世间亦无性"①，即如来与世间本性都是"无性"，"无性"就是空性，二者在本性上是无差别的。在《观四谛品》中，青目说"若人见一切法从众缘生，是人即能见佛法身"②，佛的涅槃状态就是法身，谁能理解到缘起的甚深含义，谁就能如实见到佛法身。实相是毕竟清净无所得的空理，在涅槃中，得、至、常、断、生、灭的诸多分别也是不存在的，如《观涅槃品》中所说，涅槃的性质是"无得亦无至，不断亦不常，不生亦不灭"③。

实相涅槃是证得的境界，存在于认识当中，如上面所讲，这认识不是凡夫的认识，因为普通的认识总是凭借头脑中的概念分别去认识。《观法品》中说"一切不实者，诸法未入实相时。各各分别观皆无有实"④，因为颠倒分别并非实相的本性，凡夫在意识中种种分别时就不能进入实相。"推求诸法实性，皆入第一义平等一相。所谓无相，如诸流异色异味入于大海则一色一味"⑤，实相是平等无差别的，"无异无分别"所以是一相，也是无相。只有离开分别颠倒，才有证入实相的可能。《观三相品》中又说"众缘所生法，无自性故寂灭。寂灭名为无。此无彼无相，断言语道灭诸戏论"⑥，诸法实相是毕竟空相，是一切因缘生法的通相，自性寂灭，当断灭诸名相概念才真实显现。

分别来源于众生过去的业力，从业力而起的思维是颠倒虚妄的，思维通过名相概念去认识，而概念总是对应某种现象的概念，是有限制的。凭借有限概念的认识，在分别自性中认识到这个，就不能认识到另

---

① 《中论》卷4，《大正藏》第30册，第31页上。
② 《中论》卷4，《大正藏》第30册，第34页下。
③ 《中论》卷4，《大正藏》第30册，第34页下。
④ 《中论》卷3，《大正藏》第30册，第25页上。
⑤ 《中论》卷3，《大正藏》第30册，第25页上。
⑥ 《中论》卷2，《大正藏》第30册，第10页下。

一个，更不能认识到作为现象的总相。《观业品》"若法从颠倒起，则是虚妄无实。无实故非常。复次贪着颠倒不知实相故"①，颠倒的认识是不能认识实相的。《观法品》"一切心行皆是虚妄，虚妄故应灭。诸法实相者，出诸心数法，无生无灭寂灭相"②，心的思维造作都是虚妄，心行寂灭，诸法实相中无有彼此差别的法。

再者，众生是五阴聚合，五阴因缘和合构成的"我"能认知、作业、感受苦乐，具备五阴的相用，因此由五阴统摄一切有为法，而实相涅槃并非有为法，《观涅槃品》说"不受诸因缘，是名为涅槃"③。众生有五阴，并在五阴构成的世间轮回生死，涅槃是对于五阴世间的出离，不具有五阴的相用，不复因五阴于世间往来生死。

所以，要证得实相涅槃，就要破除因概念分别而有的我执以及由我执进而产生五阴世间的一切法执。破除我执、法执就得到无我智，也就是实观，《观法品》言"灭我我所故，名得无我智。得无我智者，是则名实观"④。灭去我、我所就是如实观察，得到无我智，这在早期佛教就有了这样的说法，佛陀本人就提出八正道，认为以修八正道为因缘，可以获得这样的智慧，《观法品》说"修习八圣道分，灭我我所因缘故，得无我无我所决定智慧"⑤。八正道就是指正见、正思惟、正语、正行、正业、正精进、正意、正定这八种解脱方法，也就是避免苦、乐的中正之道，这与缘起中道的教法在体性上是一致的。通过八正道获得的无我智可以得两种涅槃，"内外我我所灭故诸受亦灭，诸受灭故无量后身皆亦灭，是名说无余涅槃"⑥，根、尘、识一切灭尽无余，五受阴及所生的苦乐受都灭除，受灭相继十二因缘一一断灭，不受后有，就是

---

① 《中论》卷3，《大正藏》第30册，第22页下。
② 《中论》卷3，《大正藏》第30册，第24页中。
③ 《中论》卷4，《大正藏》第30册，第35页中。
④ 《中论》卷3，《大正藏》第30册，第23页下。
⑤ 《中论》卷3，《大正藏》第30册，第24页上。
⑥ 《中论》卷3，《大正藏》第30册，第24页中。

无余涅槃。另一种涅槃是有余涅槃,"诸烦恼及业灭故,名心得解脱"①,有余涅槃只灭除诸烦恼,获得心解脱,指圣者生命还在,但已经灭除一切戏论。圣者在实观中不见诸法起灭,连无我、无我所的概念都不生起。

另外,从二谛的角度去证得涅槃,《观四谛品》言"世俗谛者,一切法性空,而世间颠倒故生虚妄法,于世间是实。诸贤圣真知颠倒性,故知一切法皆空无生,于圣人是第一义谛名为实"②,凡夫认为世间诸法是实有,为俗谛;圣人知诸法缘起性空,为真谛。《观四谛品》"若不依俗谛,不得第一义。不得第一义,则不得涅槃"③,青目解释:"第一义皆因言说。言说是世俗,是故若不依世俗,第一义则不可说。"④前面已经说过涅槃实相是言语断、心行断的境界。因为心识取境而生,是一种分别,所获得的知识是"所取之知",这是凡夫的境界,又因前世的业力使然,不能遍知实相的空性。凡夫有我、法二执,把假名执为实有。圣人为了使凡夫破除种种执着,生起无我智,只能施设名言,以此为方便引导凡夫从世俗谛修行,进而破除执着,证得第一义谛境界。因为实相与世间一切生灭法体性同一,是圣者的自证境界,既然实相是圣者的认识对象,圣者就可以通过言说表达实相,而所借助之假名由方便施设而有,言说作为圣者的方便,是虽有言说而终无言说的,因此在体相上与实相一致,因此这类言说也可说是实相。这也是为什么凡夫能通过听闻圣人言说的熏习,经过自己思维,如实修行,最终也可证入"空性"第一义谛,成就涅槃。

圣者涅槃也就是实相的显现,悟入实相之圣者的相状,即涅槃果。《中论》主要阐述由毕竟空的悟解而于众生起大悲心的大乘法,前面提

---

① 《中论》卷3,《大正藏》第30册,第24页中。
② 《中论》卷4,《大正藏》第30册,第32页下。
③ 《中论》卷4,《大正藏》第30册,第32页下。
④ 《中论》卷4,《大正藏》第30册,第32页下。

到如来性不异世间性,同样,在《观涅槃品》,青目释中说"诸法实相,亦名如法性实际涅槃"①。实相就是涅槃,"以一切法不生不灭故,世间与涅槃无有分别,涅槃与世间亦无分别"②,一切法不生不灭,毕竟空性,这空性就是实相,世间与涅槃皆通于空性,所以彼此无分别。"涅槃之实际,及与世间际。如是二际者,无毫厘差别。"③青目解释:"究竟推求世间涅槃实际无生际,以平等不可得故,无毫厘差别。"④ 这里"际"指境界、状态。世间与涅槃的境界本质上都是平等无差别的。

正是在这个基础上,龙树进而提出有别于小乘的一种新的无住涅槃的思想。这种涅槃思想基于涅槃与世间一体的理论结构,将涅槃理论推向一个新的开放性的境界。因为涅槃与世间的同构性,讲到涅槃也自然联系到一切法。在摆脱一切不相干的戏论之后,涅槃就是要显示一切法的真实面目,让实相完全呈现出来。但实相是在不断流转的世间中而有,世间是无尽的,本身就是毕竟空性,因此,实相就随着世间的无尽而恒常性地"存有"。实相也就是涅槃之内容。站在大乘缘起性空的立场上,世间的万有是无尽缘起,整个世界都普遍地联系在一起,彼此相互依持。追求无余涅槃的过程也因世间的生死迁化而永无止境,如此,修行者以大悲心住世,不离开世间另求涅槃,在现实的世间不做丝毫的停驻,把自己生命的意义永恒地建立在自利利他的精神境界当中,觉悟到在趋向无余涅槃的道路上,引导和救度众生的使命是不可穷尽的,于是,就进入同体大悲的境界,这个动态地无限趋向涅槃境界本身就已经是涅槃境界了。这样的思想对于以后大乘的发展,其影响是巨大的,而这个思想的种子就源自龙树《中论》所彰显的大乘义当中。

---

① 《中论》卷4,《大正藏》第30册,第36页中。
② 《中论》卷4,《大正藏》第30册,第36页上。
③ 《中论》卷4,《大正藏》第30册,第36页上。
④ 《中论》卷4,《大正藏》第30册,第36页上。

果然巴评宗喀巴的"应成"中观论
——以诠释学视角解读

扎西郎甲

陕西师范大学宗教研究中心博士后

摘要：果然巴·索南桑格是15世纪萨迦派一位注重学理的人物。他曾经对宗喀巴的佛学思想进行了激烈的批判，影响深远。在他的名著《辨别正见·胜乘要义月光》中，他驳斥了宗喀巴学说的七个错误：(1)"胜义空性"的论述超出了中观思想；(2)对"世俗名言"的定义错误以及"灭是实有"的说法有严重过失；(3)烦恼障和所知障的定义有误；(4)大小乘同证"二无我"的"创见"经不起分析；(5)大小乘断证境界的阐释有误；(6)不承认阿赖耶识自证分而主张外境实有；(7)不承认以三相正因自性实有。这些批判，从诠释学的角度看，反映了佛教中国化的倾向。

关键词：果然巴；宗喀巴；诠释学；中观；中国化

《辨别正见》中果然巴通过两个角度来论议宗喀巴的中观思想：首先是概述宗喀巴的中观思想，其次是批判宗喀巴的中观思想。本论文从

---

* 本文是2019年度国家社科基金重大项目"'一带一路'佛教交流史"（项目编号：19ZDA239）的中期成果之一。

这两方面的文本内容与理论脉络,来理解果然巴对宗喀巴中观思想的认识。

一 果然巴概述宗喀巴的中观思想

《辨别正见》中,果然巴对宗喀巴(1357—1419)的中观应成见进行了提纲挈领的梳理和概括,以不到二千五百字的论述高度浓缩和提炼了其学说理路和思想旨趣。果然巴在未论及宗喀巴学说理论之前,对其进行了极高的赞扬:

> 由善辨智慧,自力阐释经典之意趣,以慈悲和菩提心等功德所庄严之东方宗喀巴罗桑扎巴之吉祥语,在《根本中论疏》、《辨了义不了义善说论藏》等中,宣说圣域印度自续派大阿阇梨和雪域藏地先贤中观师们未曾了悟之中观应成派精要。其诸多不共之宗派安立和阐释经典之方式,于此粗略宣说其要点。①

果然巴开宗明义地夸赞宗喀巴不仅具足慈悲和智慧,并能通过"自力"来阐释佛教经典的思想内容。这是果然巴给予宗喀巴的极大认可,在佛教中能以"自力"阐释经典者是具有极高的实践境界和理论修养的人,譬如中观宗的鼻祖龙树,才具备如此的能力。果然巴给予宗喀巴如此之高的评价之缘由,是宗喀巴在其代表性论著《根本中论疏》《辨了义不了义善说论藏》等中,阐发了印度自续派大师们和藏地的先贤智者们都没有明白和参悟的中观要义,建立了与众宗不同的宗派理论和独具特色的般若经典诠释方法。接下来,果然巴从七个方面来概述宗

---

① 果然巴索南桑格:《辨别正见—胜乘要义月光》,见《果翰然降巴文集》,中国藏学出版社2013年版,第450页。

喀巴独特的中观思想。

（一）胜义空性的论述

宗喀巴在论述佛教究竟真理即胜义谛时，依据龙树《七十空性论》和圣天《四百论》来阐明将事物执着为实有的无明是一切轮回和痛苦烦恼的根源，因此执着实有的无明是中观需要断除的对象。执着实有的无明，经中观的究竟正理观察分析后，我们会发现一切事物都无实体性的存在，都是无自性的，由无自性故空的。这种由究竟正理分析所得之空性，虽是概念，但是不应舍弃。

果然巴在《辨别正见》中说：

> 《七十空性论》中，对事物执为实有的执著，生起十二缘起故，成为轮回之根本无明。《四百论》中，轮回之种子是意识，外境是所缘，观见外境无我，则遮蔽轮回之种子。或说断除愚痴，则断除一切烦恼，观见缘起则不生愚痴之宣说。于彼之诸疏中，宣说执实有之无明是轮回之根本，中观之所遮是抉择实有，需遣除之。①

紧接着，果然巴说明宗喀巴严格区分自己的中观思想与中观自续派的不同之处，指摘自续派的观点所存在的瑕疵，并标榜自己所主张的中观思想是最究竟的中观应成见地。关于自续派他说："在实有之量方面，自续派的论师们主张，若有不观待内心而外境能独立自存之实有成就，则是真实实有、胜义实有、清净实有之故，彼诸是所遮。而由自相成就，以及由自性成就和自体成就在名言中有故，承许为非所遮也。"②

---

① 果然巴索南桑格：《辨别正见—胜乘要义月光》，见《果斡然降巴文集》，第450页。
② 果然巴索南桑格：《辨别正见—胜乘要义月光》，见《果斡然降巴文集》，第450页。

说明宗喀巴认为自续派所要断除的对象是认为不依赖内心而有独立实体之外在事物的思想,这种思想称作"真实实有""胜义实有",或者"清净实有",是自续派主张断除的对象。但自续派认为从名言施设角度而言,事物又是自相成就、自体成就,是由内心和外在事物相互作用而显现的,是不能通过正理分析断除的。自续派的这一主张,宗喀巴加以否定说:

> 诸应成派认为自续派承许之彼诸所遮是粗略所遮。细微(所遮)是,透过正理分析假立外境时,若有所得,则是成就实有之量故,彼是细微所遮。彼是诸自续派论师们不承许为所遮之故,是应成论之不共窍诀也。如彼之真理,中观经典中所宣说之诸正理寻找时,未所得之唯断除实有之空性无遮,是中观见地之最究竟。亦是真实胜义谛,诸法之究竟本质也。如彼断除实有,于彼断除实有之空性显现执著,是不可断除的,彼是了悟外境之本质之心故,以及中观之所遮只是实有,而彼不执实有之故。①

从这段话中可知,宗喀巴指摘自续派所要断除的是粗略方面的对象,还没有趋入应成派所要断除的细微层面。而应成派认为通过正理分析名言外境时,若有所得,则是所要断除的细微对象,这恰好是自续派主张不能断除的,也是应成派独具特色的地方。宗喀巴强调这种究竟的中观思想是,断除粗细的实有后,对无实有的空性进行执着之心是不能断除的,因为这是参悟本质实相的心。中观所要断除的只是实有,而执着实相的空性不是实有之故,不需要断除。这可谓宗喀巴对中观思想进行大胆发挥、孤明先发,在佛教思想界引起法海波澜,

---

① 果然巴索南桑格:《辨别正见—胜乘要义月光》,见《果斡然降巴文集》,第450页。

褒贬不一。

接着宗喀巴阐述他关于"离四边"中观见的观点。若说宗喀巴的中观见不符合"离四边戏论"中观见的要义,宗喀巴反驳说:

> 非有非无非有无,亦非二者之本性无。如是等宣说外境之本质离四边戏论,若思维由内心不执任一四边之宣说相违,彼之意趣是,胜义上非有,世俗上亦非无之故,心亦不能如彼执持之义,不可按非有非无之字面意义承许。了知遮蔽二者之本义,非有则需是无,非无则需是有,若心不执任一边为中观见地,则与汉地和尚之见地无别之故,遮蔽实有而唯持由实有空之空性是了悟本质之心也。如是若圆满了知执实有,则会产生非两种执著之诸多分别,分别心所持一切外境,由分析究竟之正理断除,遣除一切分别心的颠倒妄想。①

由此可知,宗喀巴对"离四边"中观见,没有按字面意思去理解,而是以"胜义上非有,世俗上非无"的视角去理解和阐释,强调不堕有无、常断二边,才是真正的真空妙有之中道,也就是宗喀巴主张的"缘起性空"之义。他还提出如果心不执着任一边定义为中观见,则与汉地禅宗和尚摩诃衍那之见地不谋而合,没有任何差别了,以此来强调断除实有而唯持自性空之空性是了悟本质实相的心。宗喀巴进一步强调说,断除人法两种实有的执着后,会产生诸多其他与两种执着实有无关的分别心,这些分别心也同样可以由断除实有的究竟中观见地来消除,如宗喀巴说:"由现有除有边,及由空性除无边。若知空性现因果,不为边执见所夺。"② 强调空、有之间相反相成、

---

① 果然巴索南桑格:《辨别正见—胜乘要义月光》,见《果斡然降巴文集》,第 451 页。
② 宗喀巴:《辨了义不了义善说藏论》,见《宗喀巴文集》第 4 卷,民族出版社 2001 年版,第 59 页。

不可偏废和相互统一性。宗喀巴以这样的主张来回应雪域前派所谓断除"四边戏论"的问题。

(二) 世俗名言与灭是实有的论述

有关世俗名言的施设方面，宗喀巴认为："诸中观自续论师承许名言中由自相成就之法，彼（中观应成派）不承许。"① 宗喀巴通过否定自续派在世俗名言上自相实有的观点，随即建立自宗的主张："在名言中安立补特伽罗和法的方法是：此是天赐、此是天赐的耳朵等安立名言时，由彼名言故，天赐和天赐的耳朵等安立为有，除此之外无其他能立是名言中有之义。彼中分析安立名言之义为何寻找时，则无所得而只是安立名言之上建立因果等，乃是此宗之不共主张。"② 因此，宗喀巴认为人与法等一切事物，都是唯名言施设而有的，即"世俗谛"。通过智慧观察和分析所施设的名言，则是了无可得的。在此基础上，宗喀巴探讨如何在世俗谛上建立因果关系，他认为：

> 世俗内安立，虽不承许有阿赖耶识，而安立业果之方法是，若业一旦造作后瞬即遮蔽故，不持续到果产生之时，则业被遮蔽很长时间故，如何产生果呢？于此有部承许业被遮蔽时，生起业之"不损耗"，由彼产生果。经部承许生起业之"获得"，由此产生果。唯识承许在阿赖耶识上留下习气，由此习气生起业果，此诸是业果自性成就之主张。遮蔽彼诸而安立由业生起灭是实有，由此生起业果是不共之要诀也。③

从这段话中，宗喀巴提出各个宗派在如何建立业果联系方面，各有

---

① 果然巴索南桑格：《辨别正见—胜乘要义月光》，见《果翰然降巴文集》，第452页。
② 果然巴索南桑格：《辨别正见—胜乘要义月光》，见《果翰然降巴文集》，第452页。
③ 果然巴索南桑格：《辨别正见—胜乘要义月光》，见《果翰然降巴文集》，第452页。

理论。有部认为业果之间是由"不损耗"来衔接；经部主张是由"获得"来实现业果的相续不间断；唯识则认为通过"阿赖耶识"来达到业果关系的链接；宗喀巴认为以上各部都是承认业果实有成就的观点，是不正确的。他在否定这些观点的同时，主张所谓由业力生起的所谓"灭是实有"是业果相连的中间环节之新说，而且标榜这是中观应成宗又一超胜其他宗派的地方。

在世俗显现层面，宗喀巴还提出："在一杯水中，六道有水、血、脓等产生六种现分时，彼诸眼识无是否迷惑之差别故，如有水之成分般亦有其他物质之成分，此是相同也。"① 这是说六道众生各自观看一杯水时，各自看见水和脓、血等不同客体。而在世俗层面上，不管六道众生的眼识是否有迷惑与否的差别，都能觉察客体。因此，在名言上就像人看见水一样，同样也有脓、血等其他物质的成分。

（三）烦恼障与所知障的论述

果然巴根据对胜义空性和世俗名言的定义，延伸讨论了五个主题，首先是对两种障覆即烦恼障和所知障的论述。《辨别正见》中有：

> 由其他中观论师承许为所知障之法我执，是此宗之烦恼障，十二缘起之无明支分故。所知障，在《入中论自释》中宣说为烦恼之习气故，所以烦恼障的习气与习气之果是主客二相之迷惑。②

这段引文用寥寥数语阐述了宗喀巴对二障与众不同的认识和定义，其他中观论师把"法我执"划分为所知障，而宗喀巴则把它纳入"烦恼障"的范畴，而且认定其为十二缘起支分的"无明"支分。然后引

---

① 果然巴索南桑格：《辨别正见—胜乘要义月光》，见《果翰然降巴文集》，第453页。
② 果然巴索南桑格：《辨别正见—胜乘要义月光》，见《果翰然降巴文集》，第453页。

经据典来说明,所知障属于烦恼的染污熏习,也就是执着实有的习气。所以,这一烦恼的习气即所知障以及由此产生的结果是主客二相的迷惑幻显。

(四) 人我与法我的界定

果然巴延伸讨论的第二主题是宗喀巴对"二我的抉择",即人我和法我的界定问题。对此他在《辨别正见》中说:"阿阇黎清辨承许心之意识为补特伽罗。"宗喀巴认为清辨论师是主张自我意识为人我。而宗喀巴自己主张说:"此宗由俱生我执持为我之所缘境是唯我,执取之所缘是成就实有故,前者是补特伽罗,又是我,后者是补特伽罗之我。法我是一切事物若不依赖他缘而独立自存的实有,则安立为法我。"① 由此可知,宗喀巴主张由"俱生我执"的思想所缘的对境是"唯我",也是"补特伽罗"或者"我",执着唯我为实有的分别心是"人我执";"法"是指诸事物如瓶、桌子等,若法不依赖任何其他物而自在成就者,是"法我",而执着法我为实有的分别心是"法我执"。

(五) 大小乘之断证差别

果然巴延伸讨论的第三主题是宗喀巴对大小乘如何断除烦恼障和所知障,以及如何达臻境界的论述。对此宗喀巴认为:

> 所有由大小乘证悟方面,如先前所述,唯遮蔽实有之空性相同,没有更殊胜的所悟之故,见地方面无差别。认为能否断除所知障方面也无差别,是因为熟练时间的长短,以及慈悲和菩提心等行为之助伴有差别,由此产生能否断除所知障之差别。所知障之对治

---

① 果然巴索南桑格:《辨别正见—胜乘要义月光》,见《果斡然降巴文集》,第454页。

亦如前所述了悟空性见地外，无更殊胜或其他的对治法。①

由此可知，宗喀巴认为大小乘在证悟实相的见地方面，是没有任何差别的，都是以断除实有的空性为最究竟的见地，没有比此见地更超胜和优越的证悟境界。但是，大小乘在断证的能力方面存在差别。在断除所知障层面，大小乘在对究竟见地的熟悉程度和实践时间的长短，以及慈悲心和菩提心实践程度的助力大小方面具有优劣差别。但他仍反复强调说大小乘在对治所知障的见地方面是没有差别的。

大小乘在断除烦恼障和所知障的差别方面，宗喀巴认为：

> 由声闻阿罗汉无余断除烦恼障故，无余断除实执。大乘是未证得八地之前，没有断除实执故，所以在不净七地之时，还会产生成现行之实执。所以在不净七地时，仅仅断除了烦恼障。直到未断除实执种子为止，不可能断除所知障之故，所以断除所知障的分际持为从八地开始。如是此派主张执实有为所知障，不承许把所知障分大中小共九品，二地等修道九地，来对治（九品所知障）之安立等等。②

因此，宗喀巴主张小乘声闻阿罗汉是全面断除了烦恼障，也就是断尽了人我和法我二执，剩下所知障即烦恼的习气部分没有断除。而对于大乘而言，到了八地才能断尽执着人法二我之实有，开始断除所知障。这样，宗喀巴顺理成章地反对其他中观论者（雪域前派）"把所知障分大中小共九品，二地等修道九地，来对治（九品所知障）之安立"的主张。

---

① 果然巴索南桑格：《辨别正见—胜乘要义月光》，见《果翰然降巴文集》，第455页。
② 果然巴索南桑格：《辨别正见—胜乘要义月光》，见《果翰然降巴文集》，第455页。

(六) 不承许阿赖耶识和自证而承许外境的论述

果然巴延伸讨论的第四主题是宗喀巴否认阿赖耶识和自证而主张有外境，对此《辨别正见》中有：

> 于此虽无阿赖耶识，然能安立业果之关联，不承许阿赖耶识。外境和识在《般若经》中，由自性故空之宣说相等，《对法》中自相、共相是共同宣说般，境识二者在名言安立上，寻找安立义是无所得，是相同的。如是由名言而安立世俗有亦无差别之故。①

从这段话可知，宗喀巴通过由名言施设世俗谛及其因果的主张，来否定阿赖耶识和自证的存在。外境和意识虽然从自相和共相的角度被承认，但也是仅从名言施设的层面被承许，若由正理进行观察分析亦是了无可得的。

(七) 无"自续因"之论述

果然巴延伸讨论的第五主题是宗喀巴主张只要认为有"自续因"者，无疑是中观自续派论师清辨等的观点：

> 若承许由自相成就，则必需为自续派，如内道实有论者和清辨等。在名言上亦不承许由自相成就之法，则无疑不成自续派故，此取决于断除细微所断法。于彼清辨论师等承许由自相成就之法，为成办此故承许自续之因。②

---

① 果然巴索南桑格：《辨别正见—胜乘要义月光》，见《果斡然降巴文集》，第456页。
② 果然巴索南桑格：《辨别正见—胜乘要义月光》，见《果斡然降巴文集》，第456页。

宗喀巴主张中观应成派不承认"自续因"的说法，并强调中观应成派是没有任何承许之宗：

> 阿阇黎月称论师等不承许自相实有之故，无理由承许自续因和主张。《显句论》中：若是中观派，必不承许比量等自相实有，极无所立。如是宣说亦作为不承许自续之理由，不承许由自相成就之法而安置也。①

从以上果然巴对宗喀巴中观思想的论述可知，果然巴在论议宗喀巴中观思想之际，首先对宗喀巴的论著及其理论和思想脉络进行了深入的研读、剖析，精准地抓住了其思想旨趣，并逐次罗列，作了"欲想超胜，必先会通"的努力，达到了可谓精通无碍的程度。在此基础上进行论议和辨析，反映出果然巴是个具有批判精神的学理性人物。

宗喀巴对中观思想的阐发表明，他是把其佛学思想的根本理论依据追溯至佛陀中转法轮，即把中转无相法轮视为了义经教，并以中观鼻祖龙树、月称之经典作为自己中观思想的活水源头而进行释经审论、借经立宗的。正如西方诠释学家伽达默尔所说："在理解时不是去扬弃他者的他在性，而是保持这种他在性。"② 对经典进行理解和诠释时，并非凭空而论，而是受到经典文本本身的客观规定和制约，即保持他者的他在性。同时，宗喀巴在阐发中观思想时，进行了创造性的发挥，提出了诸多独具特色、孤明先发的见解，又如伽达默尔进一步说："我们所指的其实乃是理解文本本身。但这就是说，在重新唤起文本意义的过程中解释者自己的思想总是已经参与了进去。就此而言，解释者自己的视域

---

① 果然巴索南桑格：《辨别正见—胜乘要义月光》，见《果翰然降巴文集》，第457页。
② ［德］汉斯-格奥尔格·伽达默尔：《真理与方法》下册，洪汉鼎译，商务印书馆2011年版，第5页。

具有决定性作用。"① 由此,宗喀巴对经典的诠释层面,不仅是照着经典文本的原义讲,即"我注六经",更是做到了接着经典文本讲,即"六经注我"的思想境界。

二 果然巴对宗喀巴中观思想的辩难

果然巴提纲挈领、言简意赅地梳理和论述了宗喀巴的中观思想后,随即进行逐次辩难,指摘其中观思想不符合经典文本原义的观点,对应宗喀巴以上七种思想特点,同样从七个方面进行逐一批判。

(一)胜义空性的批判

对宗喀巴所提出的究竟空性主张,果然巴批判道:"于彼对事物执实有之实执是一切过失之根本故,极其承许断除彼之耽著境,然而由正理判断时无法获得之唯遮蔽实有之空性无遮,许为真实胜义谛,以及攀缘彼空性心承许为非所遮,是超出了中观理论。"② 由此可知,果然巴承认断除实有的重要性,但对宗喀巴主张断除实有之后的空性为究竟中观见,此空性是不需要断除的观点,进行了否定和批判,认为这是超出了中观的理论和思想。紧接着果然巴引用经典对世俗谛和胜义谛下定义:

> 《二谛自注》中:何为世俗谛?所有世间一切之名言安立和文字、言语、符号等也。胜义谛是任谁无起心动念,何况文字等。……所以真实的胜义谛是,超越凡夫之心,由殊胜平等无漏智亦无二元分别显分,不观见有无常断等任何边为胜义谛故。《入行论》中:胜义非心之行境,心是世俗之故。如是宣说之清净正见,

---

① [德]汉斯-格奥尔格·伽达默尔:《真理与方法》上册,第546页。
② 果然巴索南桑格:《辨别正见—胜乘要义月光》,见《果翰然降巴文集》,第457页。

是圣者之平等无漏智，一切凡夫心所观见是假相故，透过正理观察实有，未获得之正理比量所执法之空性无遮，安立为世俗谛。①

说明世俗谛是世间一切名言等安立，而胜义谛是超言绝思，只能由圣智的心才能领悟的，它是没有任何二元对立和执边的思想境界。因此，不管是执着实有，还是执着断除实有之空性，归根结底都属于世俗谛的范畴。针对部分经典里把断除实有的空性称为"胜义谛"，果然巴说：

> 彼是观待执实有之心而了悟无实有故，彼之对境上安立胜义谛是谓相似胜义谛。所安立之原由是观待执实有之心，是了悟本质心之对境故，而安立所需是为证悟真实胜义谛，首先需了悟此也。执持空与非空等任一边都是分别之对境。……断除实有而对所断空性现行执着是不可断除之承许，是中观论之严重错谬。②

果然巴认为宗喀巴主张的究竟胜义谛，其实属于"相似胜义谛"，非究竟胜义谛。因此，果然巴指摘说："宗喀巴对空性执实有作为所遮，执着遮蔽实有之空性为非所断法。则是摧毁佛法精华'离四边戏论'之魔言，是欺惑智慧狭小和福报浅薄之言词。"③

最后果然巴对宗喀巴主张雪域前派"离四边戏论"属于禅宗和尚的观点进行了批判：

> 非有非无之义，胜义上非有，世俗上非无，如是之宣说极不承许。非有非无真实离四边戏论，是圣者平等无漏智慧之证悟，类似的是在凡夫位时，究竟观察之正理智慧之上所了悟的。……究竟分

---

① 果然巴索南桑格：《辨别正见—胜乘要义月光》，见《果翰然降巴文集》，第 458 页。
② 果然巴索南桑格：《辨别正见—胜乘要义月光》，见《果翰然降巴文集》，第 459 页。
③ 果然巴索南桑格：《辨别正见—胜乘要义月光》，见《果翰然降巴文集》，第 459 页。

析之理智上,承许非有非无,则是汉地和尚的见解,如是不加分析观察的言语,随意地在人世间胡说,的确是摧毁佛法精华远离戏论之目的,是由魔种所加持的显现。汉地和尚未对真理进行正理观察,而任意遮蔽分别心,唯任何不作意承许为究竟了悟见地,于此由智者莲花戒以教证和正理进行破斥,此是中观经典中宣说之由诸正理抉择对境之真理时,诸执边的所执境——断除,有无边等戏论之边任何亦唯无所得,于此称谓了悟中观之见地之唯名言故,承许二者相同,是虽自认为博学多识者,没有进行丝毫观察分析,或者肯定是被欺惑方便道之魔附体了。……①

从这段话中可知,果然巴认为"离四边戏论"是圣者在平等圆满无漏的境界中所证悟的,而凡夫是通过究竟观察的正理和智慧来认识类似的离四边戏论。宗喀巴主张雪域前派的"离四边戏论"与禅宗和尚的观点相同之说是错误的,因为前者是通过正理观察分析后所证悟的境界,而后者则是没有经过观察分析而获得的结果,对此在佛教前弘期"顿渐之争"中智者莲花戒以教证和正理进行了破斥。所以对认为两者为相同观点的宗喀巴,果然巴暗讽说即使他是博学多闻的人,也肯定是被魔附体了。

(二) 世俗名言与灭是实有等的批判

果然巴对宗喀巴建立世俗谛的辩难,从建立世俗名言、灭是实有,以及世俗谛上不承许有第八识时,有情所见不同外境如何显现三个方面进行批判。

(1) 世俗名言的批判

果然巴否定宗喀巴主张的世俗谛仅仅是由名言施设的观点,在

---

① 果然巴索南桑格:《辨别正见—胜乘要义月光》,见《果翰然降巴文集》,第459页。

《辨别正见》中说：

> 一切世俗法，此是天赐，此是天赐之眼等，一切名言安立，承许是由名言之故安立为有之外，无其他能立，此非由世俗名言故安立之真实义。……所以在世俗由名言安立宣说之义方面，《二谛自注》中：世俗之名言假立是，是为世人所言境，能智所智之性相，而非能言之性相等等。如是由世人心中浮现而安立，以及依靠彼而由名言安立等，一切宣说为由名言安立之义。遮蔽承许唯名言假立故，……浮现于世俗心中的对境，以及安立于彼上之一切宣说为世俗名言。寻找名言假立之义时，虽说无所得，实际上寻找而有所得（就是无）。①

果然巴主张，宗喀巴所谓这是天赐等一切世俗名言都是唯由名言施设，除此之外没有任何可以建立世俗名言的东西，这不是世俗名言的正确定义。果然巴引用《二谛自注》来佐证说世俗名言的安立是在心和外境的基础上通过名言施设的，而不仅仅只靠名言来安立。果然巴还说，宗喀巴主张世俗名言唯由名言施设，在分析观察时却是了无可得的，但实际上宗喀巴这一主张经不起分析观察，是有所得的，因此不符合究竟中观见的旨趣。

（2）灭是实有的批判

果然巴说宗喀巴认为"透过正理分析业果的关系时，承许业果所依'灭是实有'，此为不共宗义"，果然巴对此提出疑问说：

> 由业生起灭是实有后，灭是实有生起果，是从正理上承许吗？还是从名言上承许？若是正理上承许，则我无话可说。若

---

① 果然巴索南桑格：《辨别正见—胜乘要义月光》，见《果翰然降巴文集》，第460页。

是世俗名言上承许，则名言上业和果为相异，名言上两者间由灭是实有所断故，比如，两河间由一山阻隔般，若是承许，则成名言上先前树之种子，其后树木二者成相异。如果这也承许，则《入中论》中：因此世人仅播种种子等，作为名言上无他生之理由，名言上先前之种子，以及其后之树木非其他故。请记得此宣说。①

这段话中，果然巴辩难宗喀巴所谓"灭是实有"是从名言层面承认，还是从正理的角度承认，接着果然巴说如果从正理角度承认的话，则犯了执着实有的严重过失；如果是从名言层面承认，则表明业果是由"灭是实有"隔断的两种不同的事物，因此不能建立业果关系，如同"种瓜不得豆"般。所以，果然巴指摘宗喀巴说："佛教实有论者们承许业果所依上不损耗、获得、阿赖耶识，而您承许灭是实有等，在中观应成派中，都是同样的错谬者。前三者，是佛教各个宗派论者，而灭是实有论者成远离自宗的外道论者，内道中无故，极其不得承许也。"②

（3）世俗谛上不承许有第八识时，有情所见不同外境如何显现

对六道众生观见一杯水时所显情状的辩难方面，对宗喀巴所谓"在一杯水的位置上，由六道之眼识观看时，六识无错谬而相同故，彼六对境亦同样有之承许"，果然巴发难说：

此超出了中观应成派之理论，与实际之正理相违，应成派之理论观待人之眼识，彼眼识无错谬故，彼之对境有水，其他五眼识是错谬故，彼之五对境亦是观待世间而承许为颠倒世俗。如果观待恶鬼之眼识，彼眼识无错谬故，彼之对境脓血亦在观待彼世间而为真

---

① 果然巴索南桑格：《辨别正见—胜乘要义月光》，见《果翰然降巴文集》，第460页。
② 果然巴索南桑格：《辨别正见—胜乘要义月光》，见《果翰然降巴文集》，第460页。

实,其他五眼识为错谬等可以类推。若不观待人和恶鬼之眼识等安立,问一般来说人的眼识是对还是错的?于此承许一切世俗由心中如是浮现而安立。①

果然巴认为外境是观待内心和眼识而施设的,从人的角度而言,观见一杯水就是一杯水,其他恶鬼等五道众生的五眼识所见是错误的,是所谓"颠倒世俗"。从恶鬼的角度而言,通过其眼识所见是真实的,而其他五道众生所见是错谬的,如是依次类推。由此,果然巴主张一切世俗谛都是由心中呈现的方式而设立的,这与所谓"真理就是视角的真理",以及尼采所说"有各式各样的眼睛,因而有各式各样的真理"似有契合之处。

所以,果然巴说:"不观待能知之心,不知安立法,是如上所述的世俗由名言安立不是吗?可是如今的诸幼稚者不懂得此义故,扭曲了宗义的精要。"② 这是指摘宗喀巴没有正确理解世俗名言的关键内容。

果然巴继续辩难宗喀巴说:

> 此义在《入中论》中:具眼翳者所见同,恶鬼视河为脓血。……一杯水由六道之眼识观待后,一杯水由一个人喝下时,成为此人同时喝下甘露、脓血等六种物质,因为一杯水的位置上有六种物质同时存在之故。由此有滞凝性的六种物质同在一处的主张,是除了外道大自在天外谁能这样言说。……虽说世俗上需不透过观察分析而安立的浮夸之词,实际上显现为经过正理观察而安立故,削弱了中观应成宗对世俗之建立。③

---

① 果然巴索南桑格:《辨别正见—胜乘要义月光》,见《果斡然降巴文集》,第461页。
② 果然巴索南桑格:《辨别正见—胜乘要义月光》,见《果斡然降巴文集》,第462页。
③ 果然巴索南桑格:《辨别正见—胜乘要义月光》,见《果斡然降巴文集》,第462页。

果然巴发难说，如果按宗喀巴的主张，则我们喝一杯水时，同时会喝下甘露、脓血等六种物质，因为一杯水的位置上有六种不同的物质同时存在之故，这是纯属外道大自在天的观点。宗喀巴虽主张世俗名言是不通过观察分析而建立的，实际是做了分析观察而建立的，其不能成为究竟的中观思想。

（三）烦恼障和所知障的批判

有关宗喀巴对二障即所知障和烦恼障的定义方面，果然巴单刀直入地批判道："其他中观论者承许为所知障之法我执，（宗喀巴）却承许为烦恼障，绝非圣龙树的意趣。"① 紧接着引用龙树经典来提出自己的主张：

> 《根本中论》中：业和烦恼消尽故解脱，业和烦恼自分别生。所谓的分别是指法我执，若彼是烦恼障，此时会变成烦恼的过失。又法执为实执，是十二缘起支分之无明故，《七十空性论》中：对于因缘所生法，所生一切诸分别，导师说为无明心，由此产生十二支。如是承许由经典所示是智慧极其低劣的传记，彼经典宣说对法执实有之实执为十二支之因，未宣说为十二之内支分故。②

从这段话中可知，果然巴引用龙树《根本中论》《七十空性论》来阐明对五蕴等事法的执着分别心即法我执属于所知障，这是产生烦恼障的因，众生流转轮回的十二缘起支分是由此产生的。如果按宗喀巴主张法我执也属于烦恼障的观点，则会在逻辑上犯"由烦恼生烦恼"的错

---

① 果然巴索南桑格：《辨别正见—胜乘要义月光》，见《果翰然降巴文集》，第463页。
② 果然巴索南桑格：《辨别正见—胜乘要义月光》，见《果翰然降巴文集》，第463页。

谬，因此果然巴指摘说，这是属于智慧极其低劣的表现。

果然巴进一步说所谓"无明"有两种，即属于烦恼障的无明和属于所知障的无明，他在《辨别正见》中说：

> 如果认为彼诸经典之实执所示为无明，无错谬的，无明有成所知障的无明，以及成烦恼障的无明二种。其一是十二缘起之因，后者属十二支分，由彼经典所示也。所以对法执实有是所知障，……彼之抉择在《宝性论》中说：若执三轮诸分别，此为所知障。……①

由此可知，果然巴主张法我执属于所知障，而法我执包含对法执着实有以及其他诸分别心。

（四）人法二我的批判

果然巴对宗喀巴人我和法我的观点进行辩难，在《辨别正见》中说："二我的抉择方面，阿阇黎清辨说，意识承许为我的名言所依，不承许为我和补特伽罗，意识在分辨法和补特伽罗二者时，承许为法。《思择焰》中说，我们在名言中，意识上直接假立我之声，此意识又执取来世有之故，谓我之身、根之聚合而命名。"② 因此，果然巴主张把意识承许为"法"，所谓"人我"是身以及诸根聚合后而命名的，他指摘宗喀巴说：

> 由俱生我执持为我之所缘——唯我，在名言中有是中观应成派之宗，然而彼是蕴、一和异？由何成就而寻找时，找不到任何一和异二者，所以此时唯我在名言上承许有亦是极其不合理的。……其

---

① 果然巴索南桑格：《辨别正见—胜乘要义月光》，见《果斡然降巴文集》，第463页。
② 果然巴索南桑格：《辨别正见—胜乘要义月光》，见《果斡然降巴文集》，第463页。

他人在如是分析观察时，承许唯我，就是承许我经得起正理观察而存在。……①

对宗喀巴主张通过名言而有"唯我"是应成中观的观点，果然巴认为是极其不合理的，因为经不起分析观察，了无可得。

有关"法我"的观点，果然巴说：

> 如果所谓法我就是安立为诸物质有不依赖他物之本质，则《四百颂》中：虽如是宣说，然仅以此安立非《入中论释》之意趣，彼诸戏论产生一切法相，唯有空性能破除其相。其中的分别就是法我，以及执于彼之执相安立为法我是龙树的旨趣。彼执相有执实的相以及执着实有空性之相等四种故，彼对境之戏论有四边之四戏论安立为法我之故。②

这段话中果然巴引经据典来阐明"法我"不仅仅是宗喀巴所谓不依赖任何他物而有的事物，而是指除人我之外的一切分别心，包含执着实有和执着空性等四边戏论，皆属于"法我"。

（五）大小乘断证差别的批判

由于宗喀巴和果然巴对烦恼障和所知障的界定不同，直接导致他们对大小乘断证的方面出现了分歧，因此果然巴批判宗喀巴说：

> 大小乘二者在唯了悟断除实有之空性见地外，不承许其他见地之差别。此是对大乘甚深广大之见行进行毁谤，大乘之资粮道时，

---

① 果然巴索南桑格：《辨别正见—胜乘要义月光》，见《果翰然降巴文集》，第464页。
② 果然巴索南桑格：《辨别正见—胜乘要义月光》，见《果翰然降巴文集》，第465页。

由闻思来抉择无相法。……《赞集论》中：未证无相法，未得能解脱。故汝于大乘中，圆满描述空性法。……吉祥月称《入中论自释》中：无所缘者是出世间法，有所缘者是名言谛所摄之世间法。此是未获得菩提勇士者是不能了悟的。大乘正法非仅仅宣示唯无我法。……未证悟四无相之任何一种无相，则无解脱。获证声闻菩提，则需了悟实有之无相。获证大乘菩提，则需了悟四种无相之故。于是在声闻乘中，色如气泡般，等等之唯宣示实有之无相，大乘中全面宣示四无相之义故，此亦是见地上具有差别之教证。……中观派主张虽然在证悟无我方面自宗之三乘相同，然而在远离戏论、二资粮、法性、究竟真理上有是否证悟之差别，是在一切中观经典中了然，于此义上，龙树父子和弥勒怙主是同一旨趣。《入中论自释》中：为明晰法无我，在大乘经论中运用广泛的正理加以建立。但小乘的经论中，只是略说法无我的简意。①

从这段冗长的论述中可知，果然巴认为宗喀巴主张大小乘在见地方面没有差别的观点是诽谤大乘甚深广大的义理旨趣，因为小乘仅仅是断除实有的边，即仅仅断除对有相的执着，而没有断除其他"无相"分别心，因此不能完全达到解脱的境界。而大乘不仅要断除有相的执着，还要断除其他四边无相分别戏论，因此可以达到究竟解脱的境界。并且强调说，大乘经论中运用广泛的正理来叙述"法无我"的理论，而在小乘经论中，只是简略地叙述有关这方面的理论。

紧接着果然巴辩难宗喀巴的观点说：

> 或说仅仅一个所断实有，声闻乘精进快速故三世中能断除，大乘则在二大阿僧祇劫中不能断除，其间难道不相违背吗？于此世人

---

① 果然巴索南桑格：《辨别正见—胜乘要义月光》，见《果斡然降巴文集》，第466页。

都会耻笑的。声闻阿罗汉无余断除实执，而承许大乘未到达八地之间，不断除实执，纯粹是对大乘甚深广大之断证进行毁谤，所证同一空性，所断唯实执，所证、所断上，大小乘无差别。声闻现证空性后，不断修持，在即生中能断除所断，而大乘断除所断方面，现证空性，承许需要二大大阿僧祇劫之故。……①

这是批判宗喀巴说，同样是断除实有，小乘声闻乘精进快速故三世中能达到，大乘却需要二大阿僧祇劫才能达臻，这岂不是诽谤大乘吗？如果是这样，那大乘优胜于小乘在什么地方，所谓利根者要趋入大乘的说法，岂不是荒谬？果然巴说："若是这样，则行持佛法一开始趋入大乘，还不如进入极其快速的声闻之道，大乘在未获得八地需要二大无量劫，声闻乘快速则三世中获证阿罗汉，然后可以进入八地之故。此亦是对大乘之道进行毁谤之说。……"② 由此可知，果然巴和宗喀巴在大小乘断证方面的观点大相径庭，这跟宗喀巴对其他思想要点的独创新说，有着内在的关联。

（六）不承认阿赖耶识与自证分，而主张外境实有的批判

如前所述，果然巴认为宗喀巴不承认有阿赖耶识和自证分，而主张外境实有。对此，果然巴批判说：

其他中观派承许有的话，需是由自相有，若承许自相无则需是无。此是对圣地印度的诸大智者进行毁谤，无任何意义。《中观庄严论注》中：面对世俗时不需加以任何观察，自然地看待即可。《二谛论》中：加入运用正理的话，连世俗中亦无生有，故世俗谛

---

① 果然巴索南桑格：《辨别正见—胜乘要义月光》，见《果斡然降巴文集》，第467页。
② 果然巴索南桑格：《辨别正见—胜乘要义月光》，见《果斡然降巴文集》，第468页。

的一切景象就是如其所显。如是所显之体性，对此，不待任何观察。所谓的世俗，如你所见，对此，根本没有所谓的观察之境。阿阇黎清辨说，所谓"唯"，意指连自性的味道亦无。在自续派的可靠论典中，如是宣说是量理，于此更殊胜的世俗之安立方式，在应成派中亦无之故。①

果然巴认为自续派在世俗名言中承认由自相成就，不是指宗喀巴所理解的成就实有，这是对印度智者们进行诽谤。果然巴引用经典说，自相成就是在没有观察分析的情况下而言的，没有一丝实有的味道。由此逻辑推论，果然巴说："业果所依之阿赖耶识，虽然应成派不承许能观察分析，然一般意义上是需承许的。《菩提心注论》中：明确宣说阿赖耶识存在故。"②因此，果然巴主张在名言中有阿赖耶识。而对宗喀巴所谓"承许外境有是应成派不共之理论"③，果然巴回应说，若是这样，"则阿阇黎清辨亦说承许外境有，于此相违。……"④ 意即宗喀巴主张外境有的观点，其实跟自续派承认有外境没有什么区别，这样宗喀巴就落入自相矛盾的境地了。

（七）不承认三相正因，自性实有的批判

宗喀巴否认自续派三相正因，自性实有的观点，对此果然巴辩难说：

> 内外之事物无自生，等四种主张，在一般主张上，应成派和自续派二者没有差别，但自续派承许自续之主张，应成派则承许应成之主张，这是其间的差别。那么二者的差别在哪里呢？法者在前后

---

① 果然巴索南桑格：《辨别正见—胜乘要义月光》，见《果翰然降巴文集》，第467页。
② 果然巴索南桑格：《辨别正见—胜乘要义月光》，见《果翰然降巴文集》，第468页。
③ 果然巴索南桑格：《辨别正见—胜乘要义月光》，见《果翰然降巴文集》，第468页。
④ 果然巴索南桑格：《辨别正见—胜乘要义月光》，见《果翰然降巴文集》，第469页。

论者公认的基础上，前立宗者想要推知其特法，所以用正量的理由来建立所需要的特法，这就是自续的主张。在公认的法者上，虽没有可以的想要推知特法，但发现不利对方之负面理由，暂时利用此理作为自己的主张，就是应成派的主张。

果然巴认为虽然在一般的主张上，自续派和应成派没有差别，但自续派是自续的主张，应成派是应成的主张，其间的差别何在呢？自续派和应成派两者都需要与论敌有公认的共同法者为基础，关键差别在于自续派用正量因建立自宗的观点，应成派则以彼之矛攻彼之盾，而自己不主张建立任何观点。

果然巴在《辨别正见》中以总结性的话语辨析自续派和应成派的异同点："在名言的安立上，不区分自续和应成之差别。在名言的安立上，自续之理论应成派也承许，《入中论》中：恭敬的割肉舍身此情，成为推知内证比量之因。此时，虽然菩提勇士的功德不能为肉眼所见之内证，但是依能舍内外之布施心，就能比量除其内证。比如，从烟可知有火般。如上所述，透过身语的表现，能推知彼是觉醒大乘的种姓。《十地经》中：从烟中知有火，从水鹤知有水，具慧菩萨者，种姓由行知。《现观庄严论》说：（加行道）有四十四种不退转的征兆，都是为自续之正理（正因）。如果彼等非自续正因，则具有烟雾之山上有火之正因，亦不成为自续之因。前述《十地经》和月称《显句论》二者，都无差别的说（比量即自续正因）。因此，祥汤桑巴益西觉乃说：反正非胜义之时，全都可以自由运用自续之理，没有任何抵触，请明辨。荣敦大师也说：名言安立上，应成派也承许自续，这种说法是很实际、合理的。于是应成与自续的主要差别，在于分析真如实相上，主张自续与非自续，这就是关键要点。"① 由此可知，果然巴认为自续派和应成派

---

① 果然巴索南桑格：《辨别正见—胜乘要义月光》，见《果斡然降巴文集》，第470页。

在世俗名言层面没有差别，应成派也承认自续派的推理方式。而在分析真如实相上，应成派不主张自续派推理方式，这是其间的主要区别。

三 总结

果然巴和宗喀巴对中观见的热烈探讨和论辩，说明"中观见"是他们所生活的十四五世纪藏传佛教思想义理的主要潮流，正所谓"大师之间所探讨的问题本身就是一个传统的核心"①，是佛学理论界出现百花齐放、百家争鸣的重要标志。"历史唯物主义者认为一种学说在一个民族流行的程度，决定于这个民族对于这种学说需要的程度。"② 也说明藏传佛教的本土化、中国化进程是其社会文化的主体选择和必由之路。

藏地诸大德对释迦佛陀之教法，以藏语为媒介，进行了具有本土特色的多样阐释，但归根结底都是根据佛陀三转法轮进行释经审论，借教立宗。这一情况转换到伽达默尔诠释学的语境则可以说："语言就是理解本身得以进行的普遍媒介。理解的进行方式就是解释。……一切理解都是解释，而一切解释都是通过语言的媒介而进行的，这种语言媒介既要把对象表述出来，同时又是解释者自己的语言。"③

同时，藏传佛教各大德在理解和诠释佛教经论过程中，又有着独具特色的发挥性和创造性，正如伽达默尔更进一步说："理解甚至根本不能被认为是一种主体性的行为，而要被认为是一种置身于传统过程中的行动，在这过程中过去和现在经常地得以中介。"④ 总之，由于借经抒

---

① Jose' Ignacio Cabezo'n, Geshe Lobsang Dargyay, *Freedom From Extremes: Gorampa's "Distinguishing the views" and the polemics of Emptiness*, New York: Snow Lion, 2007, p. 4.
② 任继愈：《任继愈谈魏晋南北朝的佛教经学》，石油工业出版社2018年版，第272页。
③ ［德］汉斯-格奥尔格·伽达默尔：《真理与方法》上册，第547页。
④ ［德］汉斯-格奥尔格·伽达默尔：《真理与方法》上册，第411页。

义所依凭的了义经教不同，再者诠释者的传承脉络、时空境遇各不相同，所以他们对何为佛陀最究竟的真理产生了春兰秋菊、各擅其胜的阐释方法和宣扬路数，在我国藏传佛教的大花园中，盛开出色彩缤纷的思想花朵和智慧果实，并整体融入中国佛教的思想洪流。

南北朝时期般若空性论与涅槃佛性论的交涉[*]
——以"佛性者名第一义空"为中心的考察

赵 文

南开大学哲学院副教授

摘要：在东晋时期，般若中观学是中国佛教思想界的主流，但自《涅槃经》传入以后，中国佛教的中心议题却很快从般若中观的空性理论转向了涅槃佛性论。促进这一转向的文本根据之一，便是《涅槃经·狮子吼菩萨品》中的"佛性者名第一义空"这一命题。该命题所在段落强调了"一切生死"的空与"大涅槃"（佛性）的不空，而同时见空与不空，才能得到中道、第一义空。《涅槃经》对中观学的中道与空性思想的改造，不仅为熟悉玄学体用论的南朝涅槃学学者带来了真实的"本体"，也对北朝般若中观学的传承者们接受佛性/如来藏思想产生了重要影响。

关键词：《涅槃经》；佛性；如来藏；般若中观；空性

自大乘《大般涅槃经》（Mahāparinirvāṇa-mahāsūtra）译出[①]之后，关于佛性（buddhadhātu）的讨论遂成为南北朝佛教的核心议题之一。

---

[*] 本文是2019年度国家社科基金重大项目"'一带一路'佛教交流史"（项目编号：19ZDA239）的中期成果之一。

[①] 法显、佛陀跋陀罗在417—418年译出《大般泥洹经》，昙无谶则于414—421年译出北本《大般涅槃经》。

然而，大乘《涅槃经》在印度并非十分流行，不仅在留存至今的印度论师之著作中鲜有引用，从存世的梵本材料来看，也仅有极少量的梵文残片在和阗地区出土。而《涅槃经》初传汉地，便受到本土僧团极大重视，很快使得佛性/如来藏思想深入人心。那么，是什么因素导致了《涅槃经》的佛性论能够被汉地僧团所接受，并得以广泛传播、成为中国佛教的核心议题呢？《涅槃经》佛性论介绍到中国之前，中国佛教义理为般若中观经典中的空性思想所主导。为厘清魏晋南北朝佛学思潮由般若中观学转向涅槃佛性论的内在逻辑理路，本文着眼于《涅槃经》中佛性论与中观思想交涉的文本内部证据，特别是考察《涅槃经·狮子吼菩萨品》中的重要命题"佛性者名第一义空"，以及这一命题对于南北朝佛教思想的影响。

一 关中所传般若中观学：空性与中道

中观学根本论书《中论》（Madhyamaka śāstra）与早期般若思想的基本教义是一致的，都阐述了"缘起即是空性"的道理。[①] 该论中一个著名的偈颂，展示了缘起与空性间的关联：

> yaḥ pratītyasamutpādaḥ śūnyatāṃ tāṃ pracakṣmahe |
> sā prajñaptir upādāya pratipat saîva madhyamā || 24.18 || （MMK, p. 426）

［翻译］所谓缘起者，我们称之为空性，

[①] 赵文：《印度部派佛教"无为法"之争与〈般若经〉中"实相"相关概念的成立》，《世界哲学》2020年第2期。

> 此［空性］亦是施设，它即是中道。①

在早期佛教中，缘起与空性没有必然的联系，但站在般若中观思想的角度来看，诸法都是因缘和合而成立的，因而诸法没有独立、不变的自性，其本质只是空性。然而，这里所说的"空性"，也仅仅是名言施设而已，是不能够看作有一个叫作"空性"的事物存在并加以执取的，否则便执取"戏论"了。因而，既不执着自性的存在，也不执着于"空性"，由此便成立了中道（不执着于两边）。鸠摩罗什所译青目的注释，基本延续了这一偈颂的核心观点，还特别提出"空亦复空"的命题，以避免读者执取仅仅作为名相的"空（性）"：

> 众因缘生法，我说即是空。何以故？众缘具足和合而物生。是物属众因缘，故无自性，无自性故空。空亦复空，但为引导众生故，以假名说。离有无二边，故名为中道。是法无性故不得言有，亦无空故不得言无。②

因而，早期的般若中观思想，主要还是致力于对部派佛教思想的批判，和对"缘起"思想的再阐释，而非建构自身的理论体系，在这一点上，鸠摩罗什所传中观学是与龙树的立场相一致的。青目释中"离有无二边，故名为中道"是强调既不执着于"自性有"的妄念，又不执着于否定自性而得到的"空性"之概念。

在鸠摩罗什编译的《大智度论》中，一个与"空性"相关的范畴是"诸法实相"。由于鸠摩罗什译经的广泛影响，在中国佛教的话语体系中，"实相"常常被看作代表佛教真理观的重要概念。然而值得注意

---

① "众因缘生法，我说即是无。亦为是假名，亦是中道义。"（《中论》，《大正藏》第30册，第33页中。）
② 《大正藏》第30册，第33页中。

的是，这一概念并没有紧密对应的梵语词汇，而是由 dharmatā 等概念改译而来。它又与《大品般若经》中的几个概念紧密相关：如（tathatā）、法性（dharmadhātu）、实际（bhūtakoṭi）。这些概念（或其早期的译名）从未并列地出现在最早的《小品般若经》版本（如《道行经》《大明度经》等）之中，然而却在由《小品》扩充而来的《大品般若经》系统里，作为代表"真理"的一组概念而出现。[①] 这些概念在《大智度论》中被解释为"诸法实相"的异名，但有细微的差别，自成一前后贯通之体系：《大智度论》将"如"解释为诸法的别相皆是空，将"法性"解释为诸法的共相是空，进而又将"实际"与"法性"联系起来一起解释——法性（dharmadhātu）虽是空，但却名为"实"，（深）入（法性之）处（position）为"实际"。[②]

《大智度论》中的"诸法实相"可谓是这部论书全部哲学思想之核心。从《鸠摩罗什法师大义》来看，罗什思想常与《大智度论》立场相一致。故此论虽名为翻译，应与罗什个人之思想背景有极其密切之关系。罗什曾著《实相论》，可见罗什以"实相"立宗，[③] 显然因应了印度般若系经典思想发展的内在逻辑，即早期本以否定、批判为特色的空性理论，逐渐转化为具有积极意义的大乘佛教真理观。然而，这对认识论不甚发达、基于玄学传统来解读印度般若中观学空性理论的汉地读者来说，增加了理解的难度。

我们知道，东晋的僧人是在玄学语境下来理解空性学说的。由于最早的《般若经》译经常使用"本无"这一概念，与"本无"相对应的空性、法性，对于东晋僧人来说，只是"无形""无名"，是没有差别、

[①] 赵文：《印度部派佛教"无为法"之争与〈般若经〉中"实相"相关概念的成立》，《世界哲学》2020 年第 2 期。
[②] 赵文：《从鸠摩罗什所译般若系经典看大乘佛教"真理"的中国化》，《宗教与历史》（第十二辑），社会科学文献出版社 2020 年版，第 21—22 页。
[③] "元康《肇论疏》谓：如安法师立义，以性空为宗，作《性空论》。什法师立义，以实相为宗，作《实相论》。是谓命宗也。"（《肇论疏》，《大正藏》第 45 册，第 162 页中。）

对立的本然状态，并非要否定诸法存在之根据的"无自性"；现象界的形象、名言等则被看作是差别对待的、假立的。玄学有无关系的经典论述，如王弼《老子道德经注》谓："天下之物，皆以有为生，有之所始，以无为本。将欲全有，必反于无也。"这里所谓的"无"，并非印度中观学反实在论（"无自性"）的空性，反而是差别的现象事物之全体与本真。这样，早期中国佛教的"本无"，显然与印度中观学大异其趣，而且也与《大智度论》中的思想存在差异：《大智度论》中的"诸法实相"更近于认识论角度下的"真理"，尚无"本体"的意味，但玄学体用论影响下的早期中国般若学，却将"空性"直接认作"无"之"本体"。

另外，当在玄学"体用论"框架中来解读空性理论时，加之易学的影响，很容易将因缘所生诸法看作是暂时的、变易的发用，将空性看作是永恒的、不易的本体，缘起和空性被截然区分开了。若为了不脱离早期中观学"缘起（对应了玄学的'有'）＝性空（对应了玄学的'无'）"的旨趣，又须在玄学"体用论"的框架下来阐述，那么，"即体（无、静止）即用（有、运动变化）"的处理方式无疑是最佳的方案。这正是僧肇作《不真空论》《物不迁论》等诸论的立意。

二 《涅槃经·狮子吼菩萨品》中的"佛性者名第一义空"

可是，玄学的"无"之本体有现象世界的全体与本真之义，这引导着印度佛教文本的中国读者选择了不空的本体。尤其是当《涅槃经》的佛性论传入汉地，罗什门人竺道生（355—434）便将佛性看作不空的本体来对待了。道生对《涅槃经·狮子吼菩萨品》"佛性者名第一义空"的解释如下：

> 答问佛性，体也。要当先见不空，然后见空，乃第一义。第一

义空，已有不空矣。①

佛性（buddha-dhātu）一语中的 dhātu，可以是"原因"的意思，将佛性理解为"成佛之因"更符合这一概念的初衷，法显、昙无谶的译经团队均将之翻译为"性"，很可能也借鉴了早先经典中"法性"（dharma-dhātu）的翻译。道生在《涅槃经》注释里明确地将"第一义空"认作不空的本体，其内在的逻辑理论是怎样的呢？我们需回到"佛性者名第一义空"这一命题在《涅槃经》中的语境：

> 善男子，汝问云何为佛性者。谛听！谛听！吾当为汝分别解说。善男子，佛性者名第一义空，第一义空名为智慧。所言空者，不见空与不空。智者见空及与不空，常与无常，苦之与乐，我与无我。空者一切生死，不空者谓大涅槃。乃至无我者即是生死，我者谓大涅槃。见一切空，不见不空不名中道，乃至见一切无我，不见我者不名中道。中道者名为佛性。以是义故，佛性常恒无有变易，无明覆故，令诸众生不能得见。②

这一段落对第一义空的解释是，不能单独见空，而应同时见一切生死的空与大涅槃的不空。而这样的说法与《中论》大相径庭。并且，该段落标新立异地提出，"中道"（madhyama）是同时见无明杂染的"空"，和被无明覆盖、常恒不变之佛性的"不空"。如前所述，《中论》里对中道的论述反对的是对空性的执着，认为空性也不过是名言施设而已，但并不是兼顾"有"或"不空"。在这一点上，青目的注释表述得十分清楚："无自性故空，空亦复空。但为引导众生故，以假名

---

① 《大般涅槃经集解》，《大正藏》第37册，第544页上。
② 《大般涅槃经》，《大正藏》第12册，第523页中。

说。离有无二边，故名为中道。"① 《中论》青目释里的"离于有无二边"，是既离开存有自性的妄念，又离开一切否定了自性得到的"空性"，这样达到的是离开了名言施设、无所依托的空性。但是，《涅槃经》中的同时见空与不空，实际上是兼顾空和不空，认识到为无明杂染（空）遮蔽，但常恒不变（不空）的佛性/如来藏！然而，这种表述上的近似，使得《涅槃经》的中道佛性很容易为已熟悉般若中观学说的中国僧人所接受。那么，南北朝佛教界是如何接纳与阐释这一特殊命题的呢？本文通过考察南北朝佛教文献中对这一命题的解释和引用来回应这一问题。

三 南朝涅槃师对"佛性者名第一义空"的解读

首先，我们通过考察《大般涅槃经集解》中各家对上引段落的注释②，来展现这一思想在南朝的接受。笔者将各家解释整理、标点如下。其中，以道生的注释最早，且最为简明：

善男子！佛性者名第一义空。（答问佛性体也，要当先见不空，然后见空，乃第一义。第一义空，已有不空矣。佛始见之，故唯佛是佛性也。十住菩萨，亦得名见。下至大乘学者，又得名焉。所以举第一义空为佛性者，良以义类是同。而该下学。用进后徒。不拘常义。而无非是。必可以答无畏问也。）第一义空名为智慧。（不兼见不名智慧也。）所言空者不见空与不空。（单取前句，非第一义也。）智者见空及与不空，常与无常，苦之与乐，我与无我。（明兼见者也。）空者一切生死，不空者谓大涅槃（至）我者谓大

---

① 《中论》，《大正藏》第30册，第33页中。
② 《大般涅槃经集解》，《大正藏》第37册，第544页上—545页上。

涅槃。见一切空不见不空（至）不见我者不名中道。（不偏见者，佛性体也。）中道者名为佛性。以是义故佛性常恒无有变易。（不偏则无不真矣。）无明覆故令诸众生不能得见。（不可以不见为无常也。）声闻缘觉见一切空（至）无中道故不见佛性。

道生认为，佛性为体，应当先见佛性之体不空，而后见一切生死的空，才可得第一义空。唯有佛与十住菩萨，方可见第一义空。佛性因符合中道，所以恒常不变、无不真实，不能因众生不得见，而以佛性为无常。

对于道生而言，佛性即是第一义空，常恒不变，无偏无倚，是体用论背景下的"本体"。基于道生的解释，刘宋到齐梁的涅槃学学者们对"佛性者名第一义空"这一命题作了更为丰富的阐释。首先，相较于道生，刘宋僧亮①的解释更为复杂，认为虽然言"佛性者名第一义空"，但第一义空与佛性二者并非直接等同的。以"第一义空"为境、为因，佛性为智、为果：

善男子！佛性者名第一义空。（佛智之境，是因性也。）第一义空名为智慧。（佛照境之智，是果性也。所以境智双举者，智以照境为能。境若不深，无以显智之能。若智照不明，无以表境之深。要以境智相发，智功乃显也。第一义者是涅槃。涅槃真俗皆实，总名第一义也。空者是生死，生死是俗皆虚，总名为空也。）所言空者不见空与不空。（释境空也。生死以痴为本，无所见故也。）智者见空及与不空，常与无常，苦之与乐，我与无我。（释境第一义也。涅槃以智为主，除颠倒，故不空也。）空者一切

---

① 刘宋时代居于建康多宝寺的道亮（《高僧传》卷七），主张众生是正因佛性。参考布施浩岳《涅槃宗研究》（后篇），国书刊行会1973年版，第233—241页；廖明活：《南北朝时代的佛性学说——中国佛性思想的滥觞》，《中华佛学学报》第二十期。

生死。(重释空也。生死真则无性,俗则无常,故名空也。)不空者谓大涅槃(至)我者谓大涅槃。(重释第一义也。涅槃真亦无性,俗则常住,故名不空也。)见一切空不见不空(至)不见我者不名中道。(释佛智也。先辨偏见者,非佛以非是显是也。)中道者名为佛性。(举不偏之见,以显照无不周,所以称佛也。)以是义故佛性常恒无有变易。(结智所以是佛也。照周则惑尽,惑尽则无变易也。)无明覆故令诸众生不能得见。(答第三问也。境界常有,而覆故不见。)声闻缘觉见一切空(至)无中道故不见佛性。(显不见之人也。不见境故,智亦俱亡也。)

僧亮认为,佛智的对境是因性(第一义空),照境之佛智(佛性)则为果性。所谓的"第一义空"当拆分开来理解:"第一义"是涅槃,"空"者是生死。堕于生死者,既不见(生死之)"空",也不见(涅槃之)"不空"。第一义、涅槃是佛智之境,因佛智无有颠倒,故而涅槃必不为空。生死的真谛是无性,俗谛是无常,因而名为空;第一义、涅槃的真谛亦是无性、俗谛则是常,因而名为不空。《涅槃经》段落在解释佛智时,先辨析偏见,但并不是以否定的方式来彰显佛;而后则举不偏的见解(中道),来显示佛智"照"之周备,智照周备则惑尽,惑尽则无有变异。

僧宗(438—496)[①]之主要观点,与僧亮相近,也是以"第一义空"为境,以佛性、佛果为智:

善男子!佛性者名第一义空。(答初问也。初问果,今答云:以觉了为佛。下改名性为第一义空,举境以辨果智之用也。境下不

[①] 僧宗是《涅槃经》《胜鬘经》的专家(《高僧传》卷八),主张"神明是佛正因"。参考廖明活《南北朝时代的佛性学说——中国佛性思想的滥觞》,《中华佛学学报》第二十期。

过常以无常。常是理中之极，故称第一义也。空者金刚，以是体是苦集，不免坏败，故可空也。）第一义空名为智慧。（向已举境。今明善识第一之与空者，即名佛果，能照之智慧也。）所言空者不见空与不空。（简二乘人也。二乘人在无生平等之时，亦称第一。佛果居生死之表，亦称第一。人情疑是相滥，是故简之。谓二乘皆不见空、不空也。）智者见空及与不空，常与无常，苦之与乐，我与无我。（双识二理，谓佛菩萨也。）空者一切生死。不空者谓大涅槃（至）我者谓大涅槃。见一切空不见不空（至）不见我者不名中道。（理而为论，岂有不识耶。就教而言，但一向唯作空解。解偏故，不名中道也。）中道者名为佛性。（指果地性也。）以是义故佛性常恒无有变易。无明覆故令诸众生不能得见。声闻缘觉见一切空（至）无中道故不见佛性。

在僧宗看来，果境（果智之用）包括：（1）第一义，为理中之极，为恒常；（2）可空者是苦集，为无常。佛果（即佛性）就是能照之智，以第一义、空为其境。二乘人虽也有见第一义者，但为叙述方便，说二乘人皆不见空、不空；佛、菩萨则可识空之理与不空之理。从理的角度来讲，佛、菩萨哪有不识见空与不空？然而从教的角度来讲，过去常强调"空"。讲解有偏差，所以不可名为"中道"。"中道"是为果地之佛性的特征。

齐梁学僧宝亮（444—509）[①] 与僧亮、僧宗之观点有异，以佛果、佛性等同第一义空，是（生死）空与（涅槃）不空不二的状态：

> 善男子！佛性者名第一义空。（第一问有两意，今答亦二别。

[①] 宝亮是齐梁两代著名学僧，有僧俗弟子三千余人，曾奉梁武帝之命撰《大涅槃经义疏》十余万言。参廖明活《南北朝时代的佛性学说——中国佛性思想的滥觞》，《中华佛学学报》第二十期。

且先出果性。佛果如如,以法性为体,无一切相,出百非之表,故名第一义空也。)第一义空名为智慧。(既解果性,今先举体以取智。若不据用以辨体,无以表因果性异。故明佛果众德,唯以第一义空为体也。)所言空者不见空与不空。(佛果体圆,中道之解究竟。于时不复见空与不空为异。但一相无相,空与不空,无可为异。故云:唯有智者,能见空、不空。六行之解,悉尔也。)智者见空及与不空,常与无常,苦之与乐,我与无我。空者一切生死。不空者谓大涅槃(至)我者谓大涅槃。见一切空不见不空(至)不见我者不名中道。(昔明世谛为有,以第一义谛为无。今明生死虚假,空无自体,故名为空。涅槃真实妙有,故名不空。是以一家所解,生死二时是不有,涅槃亦有二时不无也。何者?构因之日,即体虚伪。及至观解,照无一实。故两时推求,并无自性,悉是颠倒妄有。今众生神解,因时已有,修道所除,俗尽真现,两时不空也。所以称涅槃不空,生死为空矣。)中道者名为佛性。(佛果佛性,方是解中道之理耳。)以是义故佛性常恒无有变易。(遂果性体也。向言见一切空,不见不空,不名中道。下举二乘不见,以对明。)无明覆故令诸众生不能得见。声闻缘觉见一切空(至)无中道故不见佛性。(三乘观道,偏不见第一义空,故不行中道。中道之行既不成,云何能得见佛性耶?)

在宝亮看来,佛果即如如、法性体,显现为无相,故名第一义空。若要举(所照之)法性体以取(能照之)智,则当据用(相)以辨体,于是说为无相。所谓的第一义空,即空(之相)与不空(之相)不二。

值得注意的是,宝亮还比较了罗什所传般若中观学与《涅槃经》之中道观,提出:昔日讲世俗谛为有,第一义谛为无;今讲生死虚假、空无自体,所以称之为"空",而涅槃真实有,所以称之为"不空"。

后者是联系起成佛的因果来讲的：生死在（因果）二时是"不有"，涅槃在（因果）二时是"不无"。具体而言，生死在积累因行之时，即体虚伪；觉悟之时，照无一实。所以两时生死皆无自性，均是颠倒妄有。今所讲众生之神解（佛性、涅槃）在因时已经具备，觉悟之时，真谛（第一义谛）显现。因而，在因时与果时涅槃均不空。所以说涅槃不空，生死为空。作为佛果、佛性，契合中道之理。通达佛果、佛性之体，则知体常恒无有变易。

通过以上对《涅槃经》"佛性者名第一义空"这一命题相关注释的比较研究可知，南北朝的《涅槃经》注释者们不仅认同了《涅槃经·狮子吼菩萨品》之中道观，还就佛性与第一义空之间的关系（是智与境之关系，还是二者等同？）、对"第一义空"的解释等方面，展开了深入的讨论。

四 "佛性者名第一义空"对北朝中观学的影响

鸠摩罗什于5世纪初系统地将般若中观学介绍至汉地，僧肇深得其髓，融合玄学意旨，评破三家般若空观（本无、即色、心无）。然而，与罗什门人道生南下后讲习《涅槃经》大约同时，罗什殁后，姚秦政权覆灭，门下徒众离开长安，如僧渊，僧渊门下昙度、道登等，都在讲中观学的著作之外，兼讲《涅槃经》。[①] 这似乎在后来的北朝中观学传统中成为风尚。那么，这样的传统是由谁开启的呢？

断代在约6世纪的敦煌写经（P. 2908）中提到四种有代表性的佛性理论，分别是"性空佛性""众生佛性""神虑佛性"以及"当常佛性"。其中对"性空佛性"的介绍，引用了上述《涅槃经·狮子吼菩萨品》中的命题："以性空为佛性。引下经为证，下经言'佛性者名第一

---

① 吕澂：《中国佛学源流略讲》，中华书局1979年版，第118页。

义空',又复言,'诸佛所师,所谓法也,以法常故,诸佛亦常',以性空为常故,以性空为佛性。"另外,隋代中观学大师吉藏的《大乘玄论》中,记载了南北朝时期十一家佛性论。与敦煌写经中第一种"性空为佛性"的理解相当的,是第十一家:"第十一师,以第一义空为正因佛性。故经云,佛性者名第一义空。故知第一义空为正因佛性也。"①同敦煌写经中记载的"性空为佛性"论者一致,第十一家佛性论者"以第一义空为正因佛性",也是依据前述《涅槃经·狮子吼菩萨品》中的命题。

在这一段文字之后,吉藏继而说道:

> 但河西道朗法师与昙无谶法师,共翻《涅槃经》,亲承三藏作《涅槃义疏》。释佛性义,正以中道为佛性。尔后诸师,皆依朗法师义疏,得讲涅槃乃至释佛性义。师心自作各执异解,悉皆以涅槃所破之义以为正解。岂非是经中所喻解象之殊哉?虽不离象,无有一人得象者也。是故应须破洗。今一一问义若得立,可得以为正因。义若不成,岂不取邪因为正因耶。大略言有十一家。②

在吉藏看来,原弘中观学的河西道朗法师,又与昙无谶法师"共翻《涅槃经》",深得《涅槃经》之旨,故持"中道为佛性"之论。然而,之后的佛性论者(包括"以第一义空为正因佛性者"),皆误读了道朗法师之正解。不过,从历史视角来看,道朗法师是否确实如吉藏所说持有中观学之正解,还值得进一步商榷。

既然前述《涅槃经》中的"佛性者名第一义空"或说中道佛性论,在以性空为正因佛性的主张者之话语中,持续发挥着重要作用,而这一

---

① 《大乘玄论》,《大正藏》第45册,第35页下。
② 《大乘玄论》,《大正藏》第45册,第35页下。

主张在北朝佛教传统中，又可以追溯到河西道朗法师，说明道朗法师正是将佛性论引入北朝中观学传统的关键人物。而且，"佛性者名第一义空"这一命题，本有假借中观学的理论来宣扬佛性论的特点，或许也是道朗法师或其追随者所看重的。

《玄论》进而指出："以第一义空为正因佛性者，此是北地摩诃衍师所用。"① 这里所谓的"北地摩诃衍师"，应当指的是研习《大智度论》的学派——因为僧肇、吉藏等都曾以"摩诃衍论"称《大智度论》。而这样的北朝学派，正是以同时研学、讲习中观论书和《涅槃经》为其特色。大野荣人总结了南北朝至隋代《大智度论》在中国的研习情况，包括大（智度）论·四论、地论、摄论、成实、天台和三论等学派，均对这一部论书有深入研究。特别是"大论·四论"学派中的一些著名人物，同时也是《涅槃经》的弘传者。② 例如，昙延随精研《大智度论》的静蔼学习，但他同时又是北地涅槃学的重要代表人物；而静蔼的另一位弟子，以北周禁佛时撰写《二教论》而闻名的僧人道安，亦会通《涅槃经》和《大智度论》。③

道安的弟子慧影曾侍奉道安，随之住于陟岵寺、大中兴寺，记录了道安讲说的《大智度论》，后来整理了道安的《大智度论》讲义并作《大智度论疏》二十四卷。这也是幸存至今的唯一一部《大智度论》注释书。④ 从《大智度论疏》之中，我们便可窥见南北朝至隋代时以《涅槃经》佛性论解读中观空论的理路。例如，《大智度论》对"诸法实相"之异名的"如""法性""实际"之区别进行了解释，而《大智度

---

① 《大乘玄论》，《大正藏》第45册，第36页下。
② 大野荣人：《〈大智度论〉の中国的展开》，《人间文化》（爱知学院大学人间文化研究所）第16期，2001年。
③ 《续高僧传》提到，道安"进具已后，崇尚《涅槃》，以为遗诀之教。博通《智论》，用资弘道之基。故周世渭滨，盛扬二部，更互谈诲，无替四时。住大陟岵寺，常以弘法为任"。
④ 《续藏经》中现存版本不完整，仅有卷一、卷六、卷十四、卷十五、卷十七、卷二十一、卷二十四等。（大野荣人：《〈大智度论〉の中国的展开》，第6页。）

论疏》对其中的"法性"之相关讨论如下:

> 次释法性义。如前说,各各法空者,即是前别相,明如义中。此等诸法,皆是空相,即是法性也。空有差品,故名如……此法性亦名佛性,亦名不可思议性,亦名涅槃性。二乘虽同入法性,而不得云见佛性。何以故尔?师言,《大本经》云,下智观故不见佛性,以不见故得声闻菩提。中智亦尔。故《大本经》云,佛性者,名第一义空。第一义空,名为智慧。①

上文提到,《大智度论》将如、法性、实际看作是诸法实相的异名,并对三者做了区别:"如"是对各各法自性实有的批判,即各各法别相为空;"法性"则是一切法的总相是空;"实际"则解作"(深)入(法性之)处"。这些都被《大智度论疏》所继承。

然而,《论疏》引述了《大本涅槃经》(此段中作《大本经》)中的"佛性者名第一义空"这一命题,显示出《涅槃经·狮子吼菩萨品》里的中道佛性论,对于南北朝时期僧人诠释《大智度论》中法性(=空性)概念的直接影响。此《涅槃经》文句出现在对"诸法实相""法性"的诠释语境中,也恰恰说明:河西道朗等接受了涅槃学的北朝中观学者们,以"佛性者名第一义空"为文本证据,试图努力会通般若中观思想和涅槃佛性论。

---

① 《大智度论疏》,《续藏经》第46册,第826页中—下。

《大唐西域求法高僧传》中的"善巧方便"考述[*]

黄 益

德州学院义净研究所

摘要：唐三藏法师义净是备受东南亚地区民众敬重的高僧，但他在海外学习生活二十五年之后，仍旧通过《大唐西域求法高僧传》作为重要"陈情表"，巧妙地传递了自己与唐代高僧、使团之间的各种信息交流，充分表达了他兼顾国家利益和宗教信仰的态度，最终实现了他返回东土、在帝王的鼎力支持下翻译、弘传佛教律法的初心。义净在《大唐西域求法高僧传》中将佛教"善巧方便"智慧运用得淋漓尽致，特略作发明。

关键词：善巧方便；义净；《大唐西域求法高僧传》；律仪

"善巧方便"作为名词，可以从多种分类方式加以阐发。在佛教中，它往往是将佛陀证法与佛陀教法紧密联系起来的桥梁，佛陀由此走向众生，接引众生，让众生得以渐次成就。这种特殊的佛陀智慧自被程恭让先生揭示出来之后，学者较为普遍地认同善巧方便和般若智慧两者与大乘佛教的关联，有如大乘佛教的两翼，充分体现了佛陀的教育智慧。作为佛教三宝之一的僧宝，在学习佛藏经典并开展与佛教有关的工

---

[*] 本书是2019年度国家社科基金重大项目"'一带一路'佛教交流史"（项目编号：19ZDA239）的中期成果之一。

作时,也往往效法佛陀的善巧方便,将其转化为一种引导自身及其他众生以达成佛教目的的方式和方法。

当然,受僧人自身的胸怀气度、领悟能力等方面佛学素养的影响,他们在运用善巧方便的过程中,有时会自觉不自觉地将般若智慧和善巧方便人为割裂,甚至导致近现代历史上曾出现"慈悲多祸害,方便出下流"的悲剧。近代历史上,一些僧众罔顾戒律行持,依佛旁道误导佛教信众,僧团甚至被俗界误认为是人死之后助其"超度"的职业团队,此类让太虚法师、弘一法师、法舫法师等高僧大德忧虑的情形所在皆是,激发起一批高僧在末法时代努力培育僧材的行动。

唐朝佛教盛行于中原,其时义净所存的忧虑与此不同。从道安、法显到道宣等一批有志于弘扬律法的高僧通过不懈努力,佛教各部律法在中国的弘传逐渐完备,并因应中国的需要实现了一定程度的中国化,中国僧团也开始对各种律仪进行深入探究,但这种探究在某种程度上却使得用于行持的律仪解说渐次繁复,甚至让部分僧众不知所措。

在严格行持律法的过程中,义净充分认识到了中国佛教律仪存在的难点,遂亲自前往佛教发源地考察,用二十余年的考察和省思,完成了对佛教律藏的全面把握,找到了整理律仪的方案。带着"追览未闻,冀有弘益"的愿望,义净决定返回东土弘扬律仪。在他重返东土之前,也曾巧妙展现佛陀的教育智慧,借助《大唐西域求法高僧传》担当"说客",为《根本说一切有部律》在唐朝的译传铺平道路。由于义净的思维境界与佛陀相比仍有一定差距,为谨慎起见,本文在使用"善巧方便"来说明义净使用方法的巧妙时,选择加引号以略作区分。

一 《大唐西域求法高僧传》即义净的"陈情表"

在《大唐西域求法高僧传》卷下中,义净介绍了自己与大津法师的交流情况:

大津法师者，澧州人也。幼染法门，长敦节俭。有怀省欲，以乞食为务。希礼圣迹，启望王城。每叹曰："释迦悲父，既其不遇。天宫慈氏，宜勖我心。自非睹觉树之真容、谒祥河之胜躅，岂能收情六境、致想三祇者哉。"遂以永淳二年，振锡南海。

爰初结旅，颇有多人。及其角立，唯斯一进。乃赍经像，与唐使相逐。泛舶月余，达尸利佛逝洲。停斯多载，解昆仑语，颇习梵书。洁行斋心，更受圆具。

净于此见，遂遣归唐，望请天恩于西方造寺。既睹利益之弘广，乃轻命而复沧溟。遂以天授二年五月十五日附舶而向长安矣。今附新译杂经论十卷、《南海寄归内法传》四卷、《西域求法高僧传》两卷。赞曰：

嘉尔幼年，慕法情坚。既虔诚于东夏，复请益于西天。重指神州，为物淹流。传十法之弘法，竟千秋而不秋。①

大津法师与唐朝使者同行，从海路前往室利佛逝国。冯承钧先生《王玄策事辑》中没有将这一"唐使"直接当作王玄策及其团队，这是比较谨慎的做法。② 曾有美国学者研究武则天称帝的历史认为，大津法师等人是受生活在湖北沣州一带的武则天的女婿派遣，前往印度为武则天称帝造势。澧州，其实应该写作"沣州"。此说尚未提出更多依据，武则天称帝前后，为其称帝铺平道路而进行的各种努力确实存在，但是否包括大津法师他们这一团队，需要更为细致的依据，这里暂时存疑。但张少锋先生通过义净的《大唐西域求法高僧传》发现了义净所撰西行求法僧人存在籍贯聚集现象，所记僧人中11位出自

---

① （唐）义净著，王邦维校注：《大唐西域求法高僧传校注》，中华书局1988年版，第207—208页。
② 冯承钧：《王玄策事辑》，《清华大学学报》（自然科学版）1932年第1期。

荆州和益州①，确实有这两州权贵委托僧人为武则天称帝造势的蛛丝马迹可寻。

义净得知大津法师与唐朝使团同行，且将返回唐朝，于是请他帮忙带着自己的著作"新译杂经论十卷、《南海寄归内法传》四卷、《西域求法高僧传》两卷"返回唐朝，并期望他向唐朝君主请求"西方造寺"。义净希望中土大唐在西方造寺，是希望中国的僧人在行走各处时，有挂单歇脚的地方。在《大唐西域求法高僧传》中，义净介绍了一些中国僧人成为其他国家寺庙"主人"的情况，如道方师在泥波罗"至大觉寺住，得为主人"②；睹货罗人为本国僧所造僧寺犍陀罗山荼因为资产丰饶，供养餐设，以至于只要从北方经过此地的僧人，"皆住此寺为主人耳"③，其中便包括新罗僧人慧轮。无行禅师与智弘律师在大觉寺被"安置入寺，俱为主人"④。在西方，并不是所有的寺院都可以随便挂单，一般要首先满足本国僧众。根据王亚荣先生的介绍，外国僧众如需要获得和主人同等的待遇，需要转换身份入籍。如果不入籍，则属于客僧，只能在寺院中获取食物，无法享受寺院僧人的其他待遇。⑤这或许是对义净《大唐西域求法高僧传》中"西国主人稍难得也，若其得主，则众事皆同如也，为客但食而已"的释读。⑥ 义净遍行印度和东南亚三十余国，未见中国所修建的寺庙，应是考虑到了当时中国僧众到印度求法的人数渐渐增多，如有本国修建的寺庙，中国僧众在海外展开教育和研究时能获得相对较好的起居条件。而这些的实现，需要较多的资金支持，甚至需要通过使者采用外交手段方能得到顺利展开。请求

---

① 张少锋：《义净所见西行求法僧人籍贯聚集现象探析》，《华夏文化》2020 年第 2 期。
② （唐）义净：《大唐西域求法高僧传校注》，第 48 页。
③ （唐）义净：《大唐西域求法高僧传校注》，第 101 页。
④ （唐）义净：《大唐西域求法高僧传校注》，第 183 页。
⑤ 王亚荣：《西行求律法：义净大师传》，台北：佛光文化事业有限公司 1997 年版，第 207 页。
⑥ （唐）义净：《大唐西域求法高僧传校注》，第 183 页。

西方造寺，不一定需要义净亲自出面。作为唐朝皇帝尚不熟悉的僧人，义净的表达也属人微言轻，起不到什么作用。因此，义净将这一任务拜托给大津法师。义净最想实现的是佛教律仪对中国僧团的规范以及《根本说一切有部律》在中国的译介。

王亚荣先生在《西行求律法：义净大师传》一书中，介绍义净拜托大津法师捎带自己的著作回国时，认为义净除请大津法师带回了他的著作外，还曾在他返回广州后由太守写奏表向朝廷报告义净回归的信息。① 王先生的这种考虑，或许与玄奘回国之前，曾在于阗停留七八个月，通过上表说明自己此前"冒越宪章，私往天竺"的惭惧和现在求法归来希望得到皇帝认同和接纳的愿望，得唐太宗下敕才回到国内有关。② 其实，这种可能性不大。与玄奘回国时唐太宗稳坐帝位不同的是，义净托大津带回自己的著作时，武则天作为中国唯一女皇帝，是否能帝位稳固，还属未知数。在他返回广州后，武则天已经通过《大云经》的助缘，顺利登基。与其让广州太守来撰写奏章，向武则天汇报自己返回东土的讯息，义净更可能选择由武则天正信任的、义净年轻时的好友处一法师来传递相关讯息。《大唐西域求法高僧传》一书，最可能是义净最重要的"陈情表"。

《大唐西域求法高僧传》，原名可能是《大周西域行人传》，这一点经王邦维教授、落合俊典教授等人结合新发现的佛教典籍进行了辨析和论证。③ 义净仅将该书命名为"行人传"比命名为"高僧传"的可能性更大，这一点是没有疑义的。毕竟，从书中所论及的僧众来看，他们多数并不属于高僧范畴，过多高抬溢美将身犯妄语戒，严格持律的义净应不会明知故犯。至于提交此书，由人捎带回国之际是否已经直接增加

---

① 王亚荣：《西行求律法：义净大师传》，第 208 页。
② 《大唐大慈恩寺三藏法师传》卷5，《大正藏》第 50 册，第 251 页。
③ 王邦维：《再谈敦煌写卷 P. 2001 号：学术史与〈大唐西域求法高僧传〉的书名》，《清华大学学报》（哲学社会科学版）2017 年第 5 期。

了"大周"二字则值得商榷。毕竟政治风云变幻，在国内尚难把握，更不用说义净当时仍滞留在室利佛逝国一带，仅靠书信与国内保持并不紧密的联系。中国古代文献典籍的刊刻流传历史中，在刊刻之时增加王朝尊称以示对图籍的肯定和重视，或者在王朝更迭之后减少尊称、删改尊称均比较常见，如《大宋僧史略》即《僧史略》，《皇明经世文编》即《明经世文编》，《御纂医宗金鉴》即《医宗金鉴》等。

义净该书最初的题名甚至可能连"西域"二字也不存在，仅仅是"行人传"或"西行人传"。这种推测与两个情况有关：第一，义净所撰《大唐西域求法高僧传》用不到两万字的篇幅共讲述了56位行人的故事，这些行人有不少并没有到过当时所界定的西域一带，只是在当时所认为的"西洋"（明清时更定为"南洋"）的一个区域活动，因此，使用"西域"来界定这一区域，并不合适。第二，从实际情况来看，"西域"的"域"与"地狱"的"狱"同音。根据学者对武则天的研究可以发现，武则天比较重视文字的释读，并在一定程度上对一些具备同音特质的文字特别敏感，因此，可能提交给武则天的图书，称"大唐西域求法高僧传"犯忌讳，称"西域求法高僧传"同样存在一定的忌讳。正因如此，当时最可能使用的名称是"行人传"。

该书最早使用的名称也可能是"西行人传"。王邦维教授通过敦煌写卷P. 2001《南海寄归内法传》和日本所存可能是唐朝写本的《南海寄归内法传》比较发现，两个相对古老的卷子，一则明确写为"大周西域行人传"，另一则写为"大周西行人传"。王教授当时认为日本留存的写本上漏写了一个字。这个字或许不是抄写者漏写，而刚好是最符合义净提交材料时的相关考虑。这两个版本的经书，应该都抄录于义净已入朝，《南海寄归内法传》和《大唐西域求法高僧传》均已得到武则天的御览和初步认可之后。在传播的过程中，为了彰显其隆重程度，人们将"行人传"或"西行人传"这一书名恭录为"大周西行人传"，或者比拟《大唐西域记》，将其增改为"大周西域行人传"。而在此后，随着义净声誉渐隆，再加上李唐统治的恢复，又有好事之徒将其提升为"大唐西域求法高僧传"。这些迎合朝廷、尊敬作者而重视其书的举动，在事实上造成了对图书内容的部分篡改，也掩盖了部分历史信息。笔者之所以认为"大唐西域求法高僧传"之名的由来是在恢复李唐的统治之后，主要是因为比较《大唐西域求法高僧传》的各种版本时，一些版本中"唐""周"混杂。

早在东晋时，道安法师便曾说过："不依国主，则法事难立。"[1] 在义净试图通过图书推动帝王对佛教律仪弘传的支持时，他必然需要对帝王的喜好和态度有所把握。正是在这种思虑下，义净根据当时武则天可能较长时间称帝但又不能完全确定的情况，选择相对稳妥的表达方式，是比较能理解的。从书名的情况，可以略见义净为争取帝王支持来弘传佛法所采用的"善巧方便"。

二 行人故事数十位，在在处处见律仪

王邦维先生在《大唐西域求法高僧传校注》中指出："当时佛教中藏垢纳污，秽闻层出，不仅一般世俗群众不满，僧教徒中有识之士也深有所感。"[2] 并举例辩机与高阳事件、武则天借佛教造势等事件进行说明。表面上来看，这是义净西行求法的重要原因。实际上，这不是义净所主张的重点。《南海寄归内法传》在序言中，将义净所做工作的重点表达得清晰明确："神州持律，诸部互牵，而讲说撰录之家，遂乃章钞繁杂。五篇七聚，易处更难。方便犯持，显而还隐。遂使覆一篑而情息，听一席而心退。上流之伍，苍髦乃成；中下之徒，白首宁就。律本自然落漠，读疏遂至终身。师弟相承，用为成则。论章段则科而更科，

---

[1] （梁）释慧皎撰，汤用彤校注：《高僧传》，中华书局1992年版，第178页。
[2] （唐）义净：《大唐西域求法高僧传校注》，第3页。

述结罪则句而还句。考其功也，实致为山之劳；核其益焉，时有海珠之润。"① 换言之，义净确定求取并翻译《根本说一切有部律》，将其译介到中国时，主要原因并不是感受到僧团内部出现了一些秽闻丑事，而是感受到了中国当时僧团释读律仪的图书驳杂繁冗、律仪执行过程中存在各种混乱。正因如此，义净希望使用纯粹、准确、易行的律仪取代此前在中国大地上繁杂淆乱、难辨是非、难措手足的律仪。义净在印度和南海的考察，正是以律仪和律学著作为主。义净希望，将《南海寄归内法传》四卷、《大唐西域高僧传》二卷，并杂经论等十卷，寄归国内之后，高僧大德"兴弘法心，无怀彼我，善可量度，顺佛教行"②。

王邦维先生在整理《大唐西域求法高僧传》时，通过义净的两部著作与《大唐西域记》进行比较认为，义净没有写《大唐西域记》相似的著作，与这类著作已存世有关。③ 事实上，义净与玄奘的行走路线不同，如写《大唐西域记》一类作品，仍有不少可以补充和调整的内容。因此，这是义净不撰类似《大唐西域记》这种著作的原因，却不是不撰此类著作的主要原因。仔细阅读义净撰写的《大唐西域求法高僧传》和《南海寄归内法传》，可以看出两书互为表里、互相呼应。换言之，义净是通过众多前往西方求法的僧众的表现进一步说明僧众以律为师的重要性以及佛教律法差异造成的问题，由此引发人们对持律重要性的认同和统一佛教律仪必要性的关注。正因如此，《大唐西域求法高僧传》全书近两万字，几乎处处在彰显与佛教戒律和律仪有关的讯息，这正是义净又一"善巧"所在。仔细说来，义净对前往印度求法的僧众从几个角度展开梳理，以彰显求取佛教律法和重视律仪的价值。

第一，义净着力强调了自己之外共 56 位西行求法行人的律师身份，如益州义朗律师、益州会宁律师、荆州昙光律师、润州玄逵律师、洛阳

---

① （唐）义净著，王邦维校注：《南海寄归内法传校注》，中华书局 2009 年版，第 21 页。
② （唐）义净：《南海寄归内法传校注》，第 24 页。
③ （唐）义净：《大唐西域求法高僧传校注》，第 7 页。

智弘律师、梁州乘如律师等。对这些律师身份的强调本身便是对佛教律师重视西行求律、学习佛教律仪的明确暗示。

法显感慨传入中国的佛教典籍,律藏太少,由此前往印度求取律藏。法显之后,从印度携带大量佛经抵达中国并"遍翻三藏,而偏功律部"①,在佛教律部经典翻译和弘传方面取得巨大成就的学者,无出义净之右者。但在唐朝,义净并非特立独行的西方求律者,有感于佛教律法驳杂或缺失前往印度求律的人并非少数。义净以时间顺序安排前往西方求法的众多行人,律师仍较为突出地呈现在读者面前,与义净自身作为律师,前往西方求法的目的明确指向律藏和律仪,会比较多地访求律师有关。但在撰写《大唐西域求法高僧传》时着意强调他们的律师身份,其暗示和提醒人们关注佛教律师、律法和律仪的作用不言自明。

第二,在逐一介绍各种类型的行人时,义净也往往不失时机地强调他们持守佛教律法、律仪等方面的讯息,强调佛教律藏求取之难和传入中国不易、辨析选择律藏更难。

润州玄逵律师,虽然"遍闲律部,偏务禅寂。戒行严峻,诚罕其流",在东土"空有三衣,袒膊为饰。不披覆膊,衣角搭肩。入寺徒跣,行途着屦。纵使时人见笑,高节曾不间然。不卧长坐,讵胁安眠之席。杜多乞食,宁过酒肆之门。善人皆爱草鞋,巧知皮亦无过。鉴者足不履地,能闲露脚是仪"②。这种未前往佛教圣地观瞻便能较为准确遵从佛教律仪行事的律师,义净很明确表达了自己的敬佩,并对他未能出国求法、年纪轻轻便已去世表达了真切感伤。

沙门玄照法师"爰以翘敬之余,沉情《俱舍》。既解《对法》,清想律仪,两教斯明"③。抵达洛阳之后,很快又奉命寻找不死药,以至于难以完成对律法的翻译:"既与洛阳诸德相见,略论佛法纲纪。敬爱

---

① (唐)智昇撰,富世平点校:《开元释教录》,中华书局2018年版,第559页。
② (唐)义净:《大唐西域求法高僧传校注》,第145页。
③ (唐)义净:《大唐西域求法高僧传校注》,第10页。

寺导律师、观法师等请译《萨婆多部律摄》。既而敕令促去，不遂本怀。所将梵本，悉留京下。"① 义净对他最终未能将律藏部分文献翻译传递到东土深表遗憾。

齐州道希法师在佛涅槃处，"住输婆伴娜，专功律藏"②，爱州大乘灯禅师"戒蘖存怀，禅枝叶虑"③，康国人僧伽跋摩"禀素崇信，戒行清严"④，洛阳昙闰法师"善咒术，学玄理。探律典，玩医明。善容仪，极详审"⑤，荆州法振禅师"濯足禅波，栖心戒海。法侣钦肃，为导为归。讽诵律经，居山居水"⑥。可惜均未回国便已圆寂。义净对他们虽然努力学习律藏，兼有行持，但最终未能顺利回国展开相关律法的弘传很是痛心。

晋州善行"长习律仪，寄情明咒"⑦，虽然希望出国学律，刚到室利佛逝国便一病不起，虽然返回东土，但很快便因疾而亡。善行是义净的弟子，义净痛惜这样的弟子有志于求学律法而最终未能实现目标，无功而返，借此也说明前往海外求取佛教律藏、观瞻律仪并不容易。

荆州道琳法师"搜律藏而戒珠莹，启禅门而定水清"，"常坐不卧，一食全诚"，"慨大教东流，时经多载。定门鲜入，律典颇亏"，出国之后甚至"舍戒重受"，学习《根本说一切有部律》，义净不知他是否安然返回国内。⑧ 荆州无行禅师，"虽年在后生，望逾先进。及乎受具，同坛乃二十余人。诵戒契心，再辰便了。咸称上首，余莫能加"⑨。义净与其分别之后，也不知其具体情况。义净对这些踏上回国旅程的律师

---

① （唐）义净：《大唐西域求法高僧传校注》，第11页。
② （唐）义净：《大唐西域求法高僧传校注》，第36页。
③ （唐）义净：《大唐西域求法高僧传校注》，第88页。
④ （唐）义净：《大唐西域求法高僧传校注》，第93页。
⑤ （唐）义净：《大唐西域求法高僧传校注》，第97页。
⑥ （唐）义净：《大唐西域求法高僧传校注》，第206页。
⑦ （唐）义净：《大唐西域求法高僧传校注》，第167页。
⑧ （唐）义净：《大唐西域求法高僧传校注》，第133—134页。
⑨ （唐）义净：《大唐西域求法高僧传校注》，第182页。

充满期待。毕竟，义净对于自己是否能回国是有所疑虑的，而律仪的学习和传递，形象展示更直观，也更易形成效果，因此，义净在《大唐西域求法高僧传》中着力介绍学律回国的僧众，充分表达了对他们传递西方律仪到东土的殷切期许。

还有一些僧众，虽然尚未返回国内，但在戒律方面也取得了较高的成绩，义净也尽量介绍这些求法僧人，以便东土君主重视，将他们接引回国。如荆州慧命禅师，"戒行疏通，有怀节操"①，最终从匕景还国。澧州僧哲禅师"沉深律苑，控总禅畦"，在三摩呾吒国备受礼敬，住在王寺，"存情梵本，颇有日新矣"。② 并州道生法师虽然在印度"寺内停住多载，学小乘三藏精顺正理"③。

有些行人，虽然因为各种原因最终还俗，但他们为佛教曾做出的贡献非常值得肯定。如运期师"往复宏波，传经帝里，布未曾教"④，为大量佛教典籍传入中国做出了重要贡献，这些不能因他还俗便一笔抹杀。因此，义净也重点阐述了他在经典传递方面做出的贡献。

在上卷结束之时，义净专门介绍了一些寺庙，对这些寺庙中持戒严谨的做法也加以表彰，如屈录迦寺"寺虽贫素，而戒行清严"⑤，那烂陀寺"其门既高，唯安一扇，皆相瞻望，不许安帘。出外平观，四面皆睹。互相检察，宁容片私？"⑥ 义净还专门介绍了那烂陀寺的"僧徒纲轨、出纳之仪"⑦，只是因为已有《中方录》和《寄归传》的详细记载，因此，义净在《大唐西域求法高僧传》中未再详述。

第三，在介绍持守律法、注重律仪的过程中，义净强调指出遵守律

---

① （唐）义净：《大唐西域求法高僧传校注》，第143页。
② （唐）义净：《大唐西域求法高僧传校注》，第169页。
③ （唐）义净：《大唐西域求法高僧传校注》，第49页。
④ （唐）义净：《大唐西域求法高僧传校注》，第81页。
⑤ （唐）义净：《大唐西域求法高僧传校注》，第102页。
⑥ （唐）义净：《大唐西域求法高僧传校注》，第112页。
⑦ （唐）义净：《大唐西域求法高僧传校注》，第113页。

仪受人敬重、不遵守律仪将被驱逐的问题。并州常慜禅师严守戒律，出行时遇险，同行百姓试图确保生命安全，甚至还抢占宝贵的救生空间以保全自身财产安全，互相争斗，而禅师虽然得到有信仰的小船船主邀请，仍选择将生还的机会让给别人，自己"合掌西方，称弥陀佛。念念之顷，舶沉身没"①。这种舍己存人的大士之行，得到了广泛传颂。跟随常慜禅师出行的弟子，"号咷悲泣，亦念西方，与之俱没"②，也得到了义净的着力阐述。尽管禅师的弟子没有禅师那样懂得轻生为物、亡己济人的道理，但还是严格遵守师父的教谕，严格遵守律仪，表现了一位年轻僧侣尊师重教的基本操守，值得尊敬。

并州道方师，虽已成为大觉寺的主人，但"既亏戒检，不习经书，年将老矣"③，虽未明言，实际上已清晰表达了道方师因不守律仪不受敬重的状貌。益州明远法师虽然"容仪雅丽，庠序清遒"，在师子洲备受君王礼敬，但因持守佛律不严，犯下严重的偷盗罪，"潜形阁内，密取佛牙，望归本国，以兴供养"，被人发觉，自此"颇见陵辱"，很可能卒于前往大觉寺的路上。④ 义净通过对这些事迹的记述，强调了作为天人之师必备的素养，说明了僧人必须持戒谨严的问题。

这里回应王邦维先生提出的僧众持戒问题。僧团内部持戒不严需要规范，这一点早在道安之时便已严格强调。但王邦维先生所提辩机、怀义等事件，均事涉皇家，不宜提及。更何况，义净明确知道，在佛教弘传过程中，如果僧众持身严正，有如日光朗照，邪魅自然潜形，因此，那些外在不良表征不必提及，只需要求僧众严格持律便可去恶于无形。这也是义净深谙佛理，解说律法之时的"善巧"所在。

第四，义净特别重视各部派律仪差异造成的问题，对这种问题进行

---

① （唐）义净：《大唐西域求法高僧传校注》，第52页。
② （唐）义净：《大唐西域求法高僧传校注》，第52页。
③ （唐）义净：《大唐西域求法高僧传校注》，第48页。
④ （唐）义净：《大唐西域求法高僧传校注》，第68页。

了较多的辨析。

质多跋摩本身不吃三净肉,在将受具足戒之时,他的师父对他的这种行为不满意,质问他:"如来大师亲开五正,既其无罪,尔何不食?"并要求他:"我依三藏,律有成科。汝之引文,非吾所学。若怀别见,我非汝师。"质多跋摩不得已,最终依师父的要求,含泪改吃三净肉。① 义净虽未明言,实际上通过这个故事已简要说明持守戒律的规定不同,将在僧团内部产生较多的问题。

益州会宁律师在诃陵洲用了三年时间,与诃陵国多闻僧若那跋陀罗一起,"于《阿笈摩经》内译出如来焚身之事",并将它交给运期,"奉表赍经,还至交府,驰驿京兆,奏上阙庭,冀使未闻流布东夏"②。尽管义净钦佩会宁律师精于律典的态度,但对他所翻译的《阿笈摩经》并不称赏,主要是因为这"与《大乘涅槃》颇不相涉"③,义净进而对《大乘涅槃》的情况略有分析,由此暗示,西方的律法也存在部派差异,因此前往西方求取律法,用以增广异闻无妨,将这些运用于僧众之时仍需要谨慎辨析,避免出现误学错用的情况。在介绍荆州无行禅师时,义净也介绍了他翻译《阿笈摩经》之事,"曾因闲隙,译出《阿笈摩经》。述如来涅槃之事,略为三卷,已附归唐。是一切有部律中所出,论其进不乃与会宁所译同矣"④。通过呼应说明,当时同一部佛经可能有不同的学者几乎同时翻译并传递到国内的情况,而这些看似相同的经典,可能属于不同部派的律法,仍需要留意善加辨析。这或许是义净在《南海寄归内法传》序言中强调"凡此所论,皆依根本说一切有部,不可将余部事见糅于斯。此与《十诵》大归相似。有部所分三部之别,一法护、二化地、三迦摄卑,此并不行五天,唯乌长那国及龟

---

① (唐)义净:《大唐西域求法高僧传校注》,第61页。
② (唐)义净:《大唐西域求法高僧传校注》,第76—77页。
③ (唐)义净:《大唐西域求法高僧传校注》,第77页。
④ (唐)义净:《大唐西域求法高僧传校注》,第183页。

兹、于阗杂有行者，然《十诵律》亦不是根本有部也"①的原因。

在介绍洛阳智弘律师时，义净介绍了他在大觉寺"闲《声论》，能梵书。学律仪，习《对法》。既解《俱舍》，复善因明"，后到那烂陀寺和信者道场学习，认识到在东土所学律仪存在一定的问题，"复就名德，重习律仪。恳恳勤勤，无忘寸影。习德光律师所制《律经》。随听随译，实有功夫。善护浮囊，无亏片检。常坐不卧，知足清廉。奉上谦下，久而弥敬"。② 义净由此简要申述了中国国内佛教律仪存在一定的问题，需要重新进行规范，以确保戒行无差。

在义净递交《南海寄归内法传》回国之际，难以判断《重归南海传》是否已附录。如果已经附录，则义净还向东土帝王传递了另外一个重要的讯息：佛教经典的译传，并不是几位僧人凭借自己的个人意志和努力便能实现的，还必须得到国家的大力支持。他们一行五人在室利佛逝国的努力，所得到的结果只是"龙华初会，俱出尘劳"③。

小　　结

遍观义净《大唐西域求法高僧传》，无处不见义净究心佛教律藏、律仪的相关讯息，无时无刻不在关注僧众是否谨严持律，是否正确持律的问题。这也许并不是义净本人在刻意"善巧"，只是由于他自己情之所钟，下笔自然凝结。但正是这种不计个人得失，求取并弘传佛教律法、律仪的真诚，通过一个个行人鲜活的故事，在义净的字里行间渐次彰显，形成了一种无形的磅礴力量，这成为义净深得佛陀善巧方便智慧的真实原因。义净以忘己利人之心行文，通过《大唐西域求法高僧传》，以一个个故事的叠加，说明了学习佛教律仪的重要性，求取佛教

---

① （唐）义净：《南海寄归内法传校注》，第 28 页。
② （唐）义净：《大唐西域求法高僧传校注》，第 175 页。
③ （唐）义净：《大唐西域求法高僧传校注》，第 244 页。

律法的各种艰难，弘传佛教律法中众人的努力，忽视佛教律法执持将造成的问题，在执持佛教律法时专一纯粹的意义……相对完美地展现了佛教在诱人向善的过程中"善巧方便"的特质。

结合《大唐西域求法高僧传》和《南海寄归内法传》的信息，我们还能进一步获知，义净的师父善遇法师因诗词和书法俱佳，曾经折服齐王李祐及其随行的官吏；义净的另外一位师父慧智禅师因为虔诚诵读经书，写经时曾"感得舍利"，这一经书缮写完成后被僧众精装并盛以宝函，在武则天随丈夫唐高宗封禅泰山时带回宫廷；而义净青年时游历所结交的好友处一法师在义净回国之际得到武则天的封赠，成为中国历史上第一批获赠紫衣的九名高僧之一。这些信息的结合，无不说明义净在请大津等人提交《大唐西域求法高僧传》作为"陈情表"时，也充分向武则天暗示了他的身份以及他将兼顾国家利益和宗教信仰的决心。这是义净藏得更深的"善巧方便"，已非《大唐西域求法高僧传》一书所承载的信息。笔者另撰文章对此有所说明。也正是这样的"善巧方便"，最终打动了武则天，让她"敬法重人，亲迎于上东门外"①，为义净后期成为朝廷倚重的紫衣僧奠定了坚实的基础，更为义净组织译场翻译佛经打下了良好的开端。

---

① 《贞元新定释教目录》卷13，《大正藏》第55册，第185页。

佛典汉译概述及其对当今寺院发展的启示[*]

徐文静

西安外事学院七方教育研究院讲师

摘要：佛教传入中国，形成具有中国特色的本土佛教，并最终成为中国文化不可分割的重要组成部分，这一过程中，佛典汉译具有不可替代的重要意义。本文梳理了佛典翻译过程中所形成的译经场的运作形式，探讨了官方译经场的模式，并在此基础上，探讨其对当今寺院发展之重要启示。佛典翻译从最初民间自发的个人行为到政府支持的官方译场的出现，最终形成了具有中国特色的本土佛教，也使得佛教成为中国文化不可分割的一个重要组成部分。

关键词：佛典汉译；官译；私译；运作形式

在我国佛教发展的历史上，佛典翻译占据着十分重要的位置。季羡林先生曾经说："历史上有两次新水的注入使得中华文化长河源远流长，一次是从印度来的水，一次是从西方来的水，这两次新水的注入依靠的都是翻译。"[①] 佛典翻译从东汉时期开始，一直延续到北宋初年，持续时间长达千年，可以说中国佛教是伴随着佛典翻译的发展而展开

---

[*] 本文是2019年度国家社科基金重大项目"'一带一路'佛教交流史"（项目编号：19ZDA239）的中期成果之一。

[①] 转引自王秉钦《20世纪中国翻译思想史》，南开大学出版社2004年版，第26页。

的，同时也是古印度文化和中国文化之间进行的一次相互融合、碰撞的交流。佛典翻译从最初民间自发的个人行为到政府支持的官方译场的出现，最终形成了具有中国特色的本土佛教，也使得佛教成为中国文化不可分割的一个重要组成部分。因此，研究佛典翻译的历史，特别是对官方译经场模式的探索，对了解佛教文化交流来说是十分必要的。

一　佛典汉译的"私译"时期

最早记录佛教传入中国的资料是《三国志·魏志·东夷传》裴注引鱼豢《魏略·西戎》中的一段话："天竺又有神人名'沙律'。昔汉哀帝元寿元年（公元前2年），博士弟子景庐，受大月氏王使伊存口授《浮屠经》，曰复立者，其人也。《浮屠》所载临蒲塞、桑门、伯闻、疏问、白疏问、比丘、晨门，皆弟子号也。"① 由此可见，佛教典籍最早是通过口授的方式传入中国的。

在这之后很长的一段时间内，佛教典籍依旧是以口授的形式被带入中国。到汉明帝时期，据南梁僧祐《出三藏记集》记载："逮孝明感梦，张骞远使，西于月氏写经《四十二章》，韬藏兰台，帝王所印，于是妙像丽于城闉，金刹曜乎京洛，慧教发挥，震照区寓矣。"② 有关《四十二章经》的传入，南梁慧皎《高僧传》也有记载，孝明帝遣羽林中将蔡愔、博士王遵等十二人出使天竺。蔡愔一行出西域，访佛法，写浮屠遗范，并幸遇天竺沙门摄摩腾与竺法兰，蔡愔邀其同来东土弘法。后蔡愔一行与摄摩腾、竺法兰以白马负经东还洛阳，于是立白马寺于洛阳雍西关，二僧驻锡于此，并译经于此。因此，一部分人认为中国佛经翻译是从《四十二章经》开始的。但是汤用彤、吕澂等学者认为这种

---

① （晋）陈寿：《三国志》卷三十，中华书局1959年版，第862页。
② （梁）僧祐：《出三藏记集》卷六，《大正藏》第55册，第5页。

说法是不可靠的。实际上，根据现存的资料很难知道我国的佛典翻译究竟开始于什么时间。

到汉桓帝时期，我国佛典翻译的历史事实逐渐明朗起来。这一时期，随着安世高和支娄迦谶等僧人来华，大批佛教典籍被翻译，并且出现了汉代译经的第一个高潮。安世高是中国佛教翻译史上第一位有明确记载的翻译家，他的译经以小乘佛教经典为主。安世高译经的特点，《高僧传》中概括为："义理明析，文字允正，辩而不华，质而不野。"① 安世高的翻译清晰明了，用词准确，注重经文本身的内容，不做过多的矫饰。支娄迦谶的翻译则是以大乘典籍为主的，他也是第一个把大乘般若学的重要典籍带入中国并翻译出来的翻译家，为后世般若学思想成为中国佛教思想史的重要内容开了先河。支娄迦谶的翻译风格以"贵尚实中""弃文存质"为宗旨，即他也是采用直译的翻译方式来翻译佛经的。

三国时期，最主要的翻译家是支谦。支谦的翻译既有大乘经典也有小乘经典，其中以大乘经典为主。支谦的翻译风格与安世高和支娄迦谶有所不同，例如，支谦将《摩诃般若波罗蜜经》译为《大明度无极经》，将"须菩提"意译为"善业"等。支谦翻译的特点在于将佛教的一些名相用中国人比较熟悉的词语来翻译，使其适应中国人的思想，但是这样造成的结果就是会在一定程度上脱离经文原本的意思。但是支谦"意译"的经文特色，在佛教中国化或者说中印佛教交流上起到了重要的作用，一方面使当时的人们意识到了佛教与中国本土文化之间的相容性，一方面也让后人意识到佛教教义与中国本土思想的差异性。从直译到意译的转变，是中外佛教交流以及佛教中国化进程中的一大进步。

从上文可以知道，汉代到三国时期佛经翻译的特点有：第一，翻译

---

① （梁）释慧皎：《高僧传》卷一，《大正藏》第50册，第323页。

家以外来僧人为主,所译经典也是由外来僧人带入中国,汉人在佛典翻译中处于辅助地位,"均有妙善华语又奉佛至诚之汉人襄助其成",例如,"朔佛赍胡本来,故由彼口授。支谶善传译,故由彼转胡为汉。而汉人孟元士则彼书其文"。① 第二,在翻译原则上,从安世高和支娄迦谶以"信"为主的直译发展到支谦以"文丽"为特色的意译,使佛教迈出了中国化的一大步。第三,这一时期的翻译活动属于民间自发的行为,并没有得到官方的支持。例如支谶翻译《般若道行经》,"劝助者孙和、周提立",就是在民间信仰者的资助下翻译的。

二 佛典汉译的"官译"时期

(一) 雏形时期

西晋时期,佛教在中国社会的发展已经出现了新的风貌。从佛教信仰的人群来看,佛教开始被更多的上层社会人士所接受并由政府开始推广。同时,在佛典翻译方面也有了新的发展。这一时期,译经的人数和数量都有明显的增多,著名的译经师有竺法护。竺法护将自己的一生都奉献给了译经事业,其行迹除了围绕当时主要盛行佛教的北方地区外,还遍及当时的政治中心,竺法护一生所翻译的佛典超过当时西晋总译经数量的一半之多。竺法护翻译的佛教典籍既有阿含类经典,也包含大乘般若类、宝积类等经典。竺法护翻译佛经的方式,为之后译经场的出现提供了雏形。比如,在翻译《修行道地经》时,分工众多,有译者,有担任笔受的人,还有资助翻译的人,这些都为后世译经场的出现提供了参考。

东晋时期,佛教在中国的传播时间已有300年之久。这一时期,北方战乱,民不聊生,社会动荡不安。当时的统治者看到了佛教在维系社

---

① 汤用彤:《汉魏两晋南北朝佛教史》上册,中华书局2016年版,第48页。

会安定、安抚人心方面的作用，为了维护、巩固自己的政权，于是从国家的层面开始鼓励百姓信奉佛教。佛教进入了一个快速发展的时期。佛典翻译也从之前的"私译"转变为官方支持下的有组织的活动。官办译经场正式出现，佛典翻译的质量和数量也得到了全面的提升。当时佛教发展一个显著的特点就是得到了当时统治者的支持，例如，后赵的统治者石虎就是中国历史上第一个公开表示允许人民出家的帝王。前秦时期的苻坚也非常支持佛教的发展。道安就是在苻坚的支持下开始从事佛典翻译工作的。道安将之前的佛经进行整理，编纂了《综理众经目录》一书。该书系统全面地整理了汉、魏两晋所翻译的佛经，是中国佛典目录学的先河。正是在对汉魏两晋佛经进行整理的过程中，道安发现此前佛教典籍在翻译中出现了诸如同本异名，翻译者、翻译时间无从考证，甚至一些伪经等问题，于是道安决定开译场重新整理佛经。在佛经翻译的原则上，道安主张直译，并且提出"五失本""三不易"的翻译理论。"五失本"认为在翻译佛典的时候，有五种原因会使梵文经本丢失其本身的意思；"三不易"认为译者在翻译梵文佛经时有三大难处。正是因为佛典翻译会有"五失本"和"三不易"，因此，道安认为佛典翻译应该采用直译的方式，以保证在翻译的时候能够准确全面地传达经文原本的意思。除了翻译原则以及新的翻译理论的提出，道安对于佛典翻译的贡献主要还是在译经场的创建和组织管理上，道安在政府的支持下开始组织各方面的力量筹办译经场。在道安的组织下昙摩难提、僧伽提婆、僧伽跋澄等人来到长安支持道安的译经事业，在道安的努力下，佛典翻译从"私译"开始走向"官译"。佛典翻译从此之后开始获得国家的支持，并逐渐兴盛起来。

（二）发展时期

到了后秦时期，姚兴更是将支持和扶植佛教定为了国策。姚兴迎请鸠摩罗什到长安，并为其建立逍遥园和大寺两个佛典翻译的译经场，甚至亲自参与佛典翻译工作。从鸠摩罗什开始,佛典翻译正式成为国家的宗教文化事业,佛典翻译迈入全新的时代。佛典翻译得到了政府的全面支持,不再受财力和人力的限制,无论是翻译人数还是翻译经典的数量、质量都获得了飞跃性的发展。直到今天,鸠摩罗什的很多译本依然流行。至此佛典翻译已经有200多年的历史了,鸠摩罗什先是对以前的佛经进行整理,深入研究查漏补缺,勘正谬误之后重新翻译,这也是他译经取得成功的一个重要原因。在鸠摩罗什的主持下,佛教般若类经典、中观论著得到重新翻译,重要的律部经典翻译完成,推动了佛教在中国的进一步发展。罗什不仅在佛经翻译上做出了重要贡献,他的弘法工作也完成得十分出色,培养了诸如僧肇等数千名弟子,行迹遍布中国各地,为佛教在南北朝的兴盛储备了人才。

南北朝时期,南方和北方的大多数政府对佛教也是大力支持的,出现了一大批著名的翻译家。同时,广设译场继续佛典翻译事业。这一时期著名的翻译家有求那跋摩、求那跋陀罗、菩提流支、真谛等。其中以真谛的佛典翻译成就为最,真谛先后在浙江、江西、广州等地组织译经场,"自梁武之末至陈宣帝初年,凡二十三载,所出经论记传,将共三百余卷"①。

西晋到南北朝时期是佛典翻译从"私译"走向"官译"的发展时期。这一时期佛典翻译与之前相比其特点可以概括为:第一,佛典翻译从个人翻译转向了集体翻译,官办"译场"开始出现,例如姚秦的逍遥园等。第二,翻译工作的分工更加细致。从之前翻译的口授、传言、记录到道安主持的译场,在"翻译《十诵比丘戒本》时,昙摩难提手执梵本口诵,僧人佛念记下梵文,道贤传译,慧常负责记录汉语翻译。翻译《鞞婆沙论》时,口授为僧伽跋澄,由昙摩难提笔受为梵语,传译为佛图罗刹,敏智笔受汉语,赵正和道安分别为正义和校对。由此我

---

① 汤用彤:《汉魏两晋南北朝佛教史》上册,第618页。

们得知,长安'译场'在译经程序方面增加了记录梵文、正义和校对三道程序,分工十分细致"①。第三,从翻译者来看,越来越多的中国僧人参与进来,促进了古印度文化和中华文化之间的交流和融合。第四,翻译理论有了新的创见。道安提出"五失本"和"三不易"的翻译规则。鸠摩罗什提倡意译,主张在存真的基础上"依实出华"。慧远认为佛典翻译,"以文应质则疑者众,以质应文则悦者寡"②,主张译经的风格还是应该要忠实于原文。

(三) 全盛时期

隋唐时期是我国佛教发展的全盛时期,佛典翻译也在这一时期达到了顶峰。隋朝时期,隋文帝、隋炀帝都信仰佛教,鼓励和扶植佛教的发展,基于此,佛教在隋唐时期不断地发展和壮大。据统计,"隋高祖文皇帝(开皇三年周朝废寺咸为立之。名山之下各为立寺,一百余州立舍利塔,度僧尼二十三万人,立寺三千七百九十二所,写经四十六藏一十三万二千八十六卷,治故经三千八百五十三部,造像十万六千五百八十躯。自余别造不可具)"③。"隋炀帝(为文皇献后于长安造二禅定,并二木塔。并立别寺十所,官供四事。治故经六百一十二藏,二万九千一百七十二部。治故像一十万一千躯,造新像三千八百五十。度六千二百人)"④。隋文帝在当时的京城大兴城建造寺院,广邀天下名僧,建造大兴善寺为国寺,大兴城成为当时佛教活动的中心。隋炀帝在南方建立慧日道场,并使之成为南方佛教活动的中心,促进了佛教向南方的发展。在隋朝之前,佛典翻译的译场虽然是官译性质即由国家出资,高僧大德主持译经工作,但是这种"官译"场大多数是临时性质的,至隋

---

① 方阳:《东汉至唐代的佛经翻译研究》,硕士学位论文,河北大学,2013年,第13页。
② 张思洁:《中国传统译论范畴及其体系》,上海译文出版社2006年版,第94页。
③ (唐) 道宣:《释迦方志统摄篇》卷二,《大正藏》第51册,第974页。
④ (唐) 道宣:《释迦方志统摄篇》卷二,《大正藏》第51册,第975页。

朝才有了政府设立的专门的"翻经馆","乃下敕于洛水南滨上林园内置翻经馆,搜举翘秀,永镇传法"①。隋朝,著名的翻译家有开皇三大师,分别是那连提黎耶舍、阇那崛多、达摩笈多,但是值得注意的是中国本土译经师彦琮。彦琮"是我国佛经翻译史上在译场译经中担任译主的第一位中国僧人"②。正是隋朝对佛教的恢复和发展,为唐代佛教进入全盛时期打下了基础。

唐朝,佛教在中国的发展进入了鼎盛时期,佛典翻译事业也达到了顶峰。出现了诸如波罗颇迦罗蜜多罗、玄奘、义净、不空等翻译大家。唐朝共建立了13个译经场。其中,波罗颇迦罗蜜多罗也称波颇,波颇译场是唐朝设立的第一个译场,可以说自波颇起,唐朝大规模的国家译经事业正式开始。玄奘译场无论从规模、持续时间还是译经数量上都在唐朝达到了顶峰,玄奘的佛经翻译工作持续了19年之久,共译出经文75部1335卷,占唐代新译佛经总数的一半以上,这样的成就为后世的译经工作提供了丰厚的资源和经验,玄奘对译场制度的完善也为义净等人的译场译经工作打下了坚实的基础。义净所主持的译场有四个,持续时间达11年,集中在长安和洛阳两个地方。与玄奘相比,义净译场的分工更加细致,参与人员也更多,翻译经典共61部239卷。不空译场则是以翻译密教经典为主,持续时间达16年,翻译出经典110部142卷。唐朝佛典汉译的工作持续200年之久,直至唐武宗灭佛,佛典翻译工作渐渐停止,到唐宪宗时期,唐朝政府正式终止了佛典翻译事业。

佛典翻译在隋唐进入全盛时期,这一时期的特点有:第一,翻译者以中国本土僧人为主,而且这些翻译者大都曾西行求学,兼通梵汉,圆融佛理;第二,译场制度进一步发展完善,参与的人员数量增多,分工也更加细致;第三,由于翻译者水平的提高以及译场制度的完善,佛典

---

① (唐)道宣:《续高僧传》卷二,《大正藏》第54册,第434页。
② 徐天池:《论佛经翻译的译场》,《四川师范大学学报》(社会科学版)2007年第4期。

翻译更加具有系统性、计划性和全面性，例如，《华严经》的翻译就从旧译八会三十四品，增加到新译的九会三十九品。佛典翻译的质量也大大高于前代。

（四）最后阶段

北宋译场是我国最后一个由国家组织参与的译场。北宋时期，宋太宗赵匡义在开封的太平兴国寺建立译经院，从唐宪宗时期停滞的"官译"佛典翻译工作得以恢复和发展。这一时期参与译场翻译的主要翻译家以外来僧人为主，例如，天息灾、法天、施护、法护等。中国本土僧人，如惟净、慧洵等只起到辅助作用。到宋神宗熙宁四年（1071），废除译经院，元丰五年（1082）罢译经使、润文官，宋代官办译场的译经活动宣告结束。至此，中国"官译"的佛典翻译工作走向结束，中国的译场译经活动彻底终结。

北宋虽然是官方译经活动的最后一个阶段，但是这一时期的译场译经与前代相比还是有其自身特点的：第一，宋代译经事业在人才上十分缺乏，佛典翻译以外来僧人为主；第二，北宋时期，印度密教盛行并影响到中土，因此北宋佛典翻译以密教经典为主；第三，受密教影响，译场译经的仪式感增强，翻译家在翻译经典之前，有固定的译经仪轨需要遵循；第四，翻译经典以篇幅短小的典籍为主，产生的社会影响很小。

三 中国古代佛经译场的运作形式

我国佛典汉译历经了"千年译经之路"，从汉代持续到北宋，从民间自发行为到国家支持下发展的文化事业，最终建立起了成熟的翻译组织形式：译场译经。译场译经工作在前秦道安主持下初具形态，在后秦鸠摩罗什主持下正式变为国家支持的文化事业进入发展时期，至唐朝在玄奘、义净、不空等几位高僧的主持下达到鼎盛阶段，最后，北宋时期译场译经走向结束。接下来，本文将按照这一发展顺序，选取鸠摩罗什、玄奘和北宋译场的组织结构进行介绍。

(一) 鸠摩罗什译场

鸠摩罗什主持佛典翻译的译场主要有两个，一个是逍遥园，"什既至止，仍请入西明阁逍遥园译出众经"①；一个是大寺，"命大将军常山公左将军安城侯，与义学沙门千二百人，于常安大寺请罗什法师重译正本"②。

有关罗什佛典翻译的情况，《维摩诘经序》中记载："时手执胡文口自宣译，道俗虔虔，一言三复，陶冶精求务存圣意。其文约而诣，其旨婉而彰，微远之言于兹显然。"《大品经序》中记载："法师手执胡本口宣秦言，两释异音交辩文旨，秦王躬揽旧经，验其得失，谘其通途，坦其宗致。与诸旧宿、义业沙门释慧恭、僧迁、宝度、慧精、法钦、道流、僧叡、道恢、道标、道恒、道悰等五百余人，详其义旨，审其文中，然后书之。以其年十二月十五日出尽，校正检括。"③由此，可以知道鸠摩罗什译场的大致情况：从翻译过程来看，首先将梵文佛经用口译的方式翻译出来，与旧译佛典进行比较，详细讨论之后写成初稿，再通过对梵文本、胡本、汉译本进行比较勘校之后最终定本。从翻译者来看，罗什译场参与人员数量庞大，甚至多至千人且都精通佛学，通晓汉语。因此，罗什译场翻译的经文无论是从质量还是数量上都比之前有了很大的进步。

(二) 玄奘译场

《大慈恩寺三藏法师》记载："以贞观十九年二月六日，奉敕于弘福寺翻译圣教要文，凡六百五十七部。"④ "营慈恩寺渐向毕功，轮奂将

---

① (梁) 僧祐：《鸠摩罗什传》，《出三藏记集》，《大正藏》第55册，第102页。
② (梁) 僧祐：《维摩诘经序》，《出三藏记集》，《大正藏》第55册，第59页。
③ (梁) 僧祐：《大品经序》，《出三藏记集》，《大正藏》第55册，第53页。
④ (唐) 慧立、彦悰：《大唐大慈恩寺三藏法师》卷七，《大正藏》第50册，第254页。

成，僧徒尚阙，伏奉敕旨度三百僧，别请五十大德，同奉神居降临行道。其新营道场宜名大慈恩寺，别造翻经院。"① 大慈恩寺设立的翻经院规模宏大，"虹梁藻井，丹青云气，琼础铜踏，金环华铺"，"请就于玉华宫翻译。即以四年冬十月徙于玉华宫，并翻经大德及门徒等同去"。② 由此可见，玄奘主持的译场有弘福寺、大慈恩寺、玉华宫。

　　玄奘主持的译场，从译经分工和人数来看："证义大德谙解大小乘经、论为时辈所推者，一十二人至，即京弘福寺沙门灵润、沙门文备，罗汉寺沙门慧贵，实际寺沙门明琰，宝昌寺沙门法祥，静法寺沙门普贤，法海寺沙门神昉，廓州法讲寺沙门道深，汴州演觉寺沙门玄忠，蒲州普救寺沙门神泰，绵州振向寺沙门敬明，益州多宝寺沙门道因等。又有缀文大德九人至，即京师普光寺沙门栖玄、弘福寺沙门明、会昌寺沙门辩机，终南山丰德寺沙门道宣，简州福聚寺沙门静迈，蒲州普救寺沙门行友、栖严寺沙门道卓，豳州昭仁寺沙门慧立，洛州天宫寺沙门玄则等。又有字学大德一人至，即京大总持寺沙门玄应。又有证梵语、梵文大德一人至，即京大兴善寺沙门玄谟。自余笔受、书手，所司供料等并至。"③ 有译主、证义、证文、度语、笔受、缀文、参译、刊定、润文、梵呗、监护大使④等职位，且协助翻译经书的人数仅20余位。从译经

---

① （唐）慧立、彦悰：《大唐大慈恩寺三藏法师》卷七，《大正藏》第50册，第529页。
② （唐）智昇：《开元释教录》，《大正藏》第55册，第560页。
③ （唐）慧立、彦悰：《大唐大慈恩寺三藏法师》卷七，《大正藏》第50册，第254页。
④ "一、译主：精通华梵，对大、小乘经典非常熟悉，译什么，如何译，由其决断，若有疑难，也交与其裁决。二、证义：保证佛经原典释义准确，为'译主'的得力助手。三、证文：亦称证梵本，实为监听，'译主'宣读梵语经文时，注意所读有否讹夺，一经发现，立即指出。四、度语：又名书字，将梵文字音改记为汉字。五、笔受：将'度语'所录之文字依汉语语法及汉语句式'转梵为汉'。六、缀文：对笔受所出文字再行雕琢，使文字更显自然、通达。七、参译：校勘译文初稿，并用译本回证原文，确认译笔并无乖舛。八、刊定：对译文削冗去芜。九、润文：对译本再作润饰，使修辞文美。十、梵呗：用念梵音调对译本进行唱诵，调整音节不和谐处，以便持诵。十一、监护大使：系朝廷所派官员，负责'译场'的日常监管工作。"引自方阳《东汉至唐代的佛经翻译研究》，硕士学位论文，河北大学，2013年，第13页。

数量看,"凡二十载,总出大小乘经律论等合七十五部一千三百三十五卷"①。

由此可见,玄奘译场的组织分工是十分精细的,在佛典翻译过程中,流程清晰,环环相扣,翻译者各司其职且互相监督。译主、证义负责翻译工作并保证翻译的佛典能够忠实于原文。笔受、缀文、参译、刊定、润文、梵呗负责勘校,润笔保证佛典翻译之后文字的雅正,监护大使则负责译场的日常监督工作,保证佛典翻译工作的正常运行。

(三) 北宋官办译场

北宋是我国官方组织佛典翻译的最后一个阶段。宋代的译场运作模式基本沿袭了唐代的运作方式。从时间上看,宋代的佛典翻译开始于北宋太平兴国七年(982),宋太宗诏立译经院于东京太平兴国寺之西偏,聚三藏天息灾等梵僧数员,及选两街明义学僧,同译新经。译经之务于大宋中兴。② 与唐代译场相比,北宋佛典翻译译场的运作模式更加规范,译场的布局以及译经的布局上宗教氛围更加浓厚。

宋太宗时期,命中使郑守均于太平兴国寺西建译经院。译经院的布局是,中间是译经之所,东序是润文之所,西序乃证义之所。译经堂建成后邀请天息灾等人入住开始佛典翻译工作。

《佛祖统纪》卷四十三记载,宋代译经场的分工有译主、证义、证文、书字、笔受、缀文、参议、刊定、润文官九种分工,"第一译主正坐面外宣传梵文。第二证义坐其左,与译主评量梵文。第三证文坐其右,听译主高读梵文,以验差误。第四书字梵学僧,审听梵文书成华字。……第七参译,参考两土文字使无误。第八刊定,刊削冗长定取句义。第九润文,官于僧众南向设位,参详润色"③。

---

① (唐)智昇:《开元释教录》,《大正藏》第55册,第560页。
② 见(宋)赞宁《大宋僧史略》,《卍续藏经》第88册,第241页。
③ (宋)志磐:《佛祖统纪》卷四十三,《大正藏》第49册,第398页。

与唐代相比，由于这一时期印度密教盛行，宋代佛典翻译也同样受到密教影响，译场在译经的时候，宗教氛围更加浓厚，"天息灾述译经仪式：于东堂面西粉布圣坛（作坛以粉饰之，事在藏经）开四门，各一梵僧主之，持秘密咒七日夜。又设木坛布圣贤名字轮（坛形正圆，层列佛大士天神名佐，环绕其上如车轮之状）目曰大法曼拏罗（此云大会），请圣贤阿伽沐浴（阿伽此云器。凡供养之器，皆称曰阿伽。今言阿伽，乃是沐浴器），设香华灯水殽果之供，礼拜绕旋，祈请冥祐"①。

总之，宋代在译场的组织形式上更加完善，分工上更加合理。但是翻译者人数较少，且人才缺乏，翻译的经典也有限。

四 对当今寺院发展的思考

古代丝绸之路，不仅仅是一条经济互通之路，更是一条文化交流之路。随着国家"一带一路"倡议的提出，异质文化之间的交流越来越频繁，由此必会引起有关异质文化交流与接受的进一步关切和学理探究。佛教作为古代丝绸之路发展过程中流传下来的精神文明，以和平的方式传入中国并且逐渐成为中国传统文化当中不可或缺的一部分，究其原因，佛典汉译对于佛教与中国传统文化的融合有着重要的作用。佛典翻译从民间的"私译"走向"官译"，官方译场的创立，使得佛典翻译工作的程序越来越系统化，组织机构的分工越来越严密化，这样才成就了汉译佛经在中国佛教史乃至世界佛教史上不可替代的地位。因此，通过对佛典汉译这一过程的研究有助于为当今寺庙在佛典整理和寺庙的发展上提供参考。

纵观当今寺院的发展，可以很清楚地知道，目前少有寺庙注重佛典整理或者佛典翻译这样的工作。随着传播手段的不断发展，各国之间文

---

① （宋）志磐：《佛祖统纪》卷四十三，《大正藏》第49册，第398页。

化、思想的相互影响也越来越方便直接，作为中国传统文化的一部分的佛教文化也受到越来越多的人的关注，而作为直接传承佛教文化的寺院更需要担负起佛教文化交流的担子。现今寺院的职能不仅仅是传统意义上的修行之地，同时还担负着旅游场所的职能。以上海为例，许多寺庙都有大量的外国人前来参观学习，对于寺院来说这是让中国佛教走出去的好机会。因此，对于寺院来说，让汉译佛典走出国门，同时去吸收外国最新佛学研究成果，以推动佛教文化的新发展，必定是符合现在社会文化交流的需要的，而这些都需要通过翻译来完成。

通过上文对佛典翻译过程的论述，寺院可以通过以下几个方面来推动新时期的中外佛教交流。

第一，建立"编译馆"。编译馆的运作方式可以在效仿唐代译经场模式的同时结合现代管理学思想进行重新布局。在翻译上，一方面可以将汉译佛经翻译成外文对外传播，主动寻求中国佛教走出去的道路；一方面可以在世界范围内对佛教典籍进行梳理，查漏补缺，重新编辑，特别是梳理翻译藏传佛教保留下来的佛教经典。

第二，注重僧伽人才的培养。任何文化的传播和交流都离不开人才。唐朝时期佛典翻译进入全盛时期与当时大量佛教人才的涌现是密切相关的。到了北宋，虽然译经场比唐代更加规范化，但是因为人才的匮乏，流传下来的汉译佛典相对较少，因此，寺院应当注重对于人才的培养。在僧伽培养上寺院除了对僧人本身佛教基础的培养之外，还应该根据现代社会的发展培养一些专门人才，如寺院管理人才、写作类人才以及外语方面的人才等，拓宽佛教走出去的道路。

第三，志工翻译团队的建立。志工是现今寺院发展离不开的力量，志工团队里也有许多优秀的外语人才。寺院应该积极建立自己的志工翻译团队，引导这些有才能的志工通过翻译工作，在实践中学习佛法。

总之，寺院自身不应该只将眼光局限在自己内部的发展上，更要积极主动地承担起文化交流的责任，佛典翻译就是最好的途径。

历史与信仰

西游高僧法界悟空法师考释*

韩焕忠
苏州大学宗教研究所教授

摘要：唐代高僧法界悟空是西游天竺而回归中土的著名高僧。悟空法师俗姓车，名奉朝，为北魏皇室拓跋氏后裔，原籍京兆云阳青龙乡向义村，天宝十年，随使罽宾，因病出家，得以巡礼印度各地的佛教圣迹。回国时携归佛牙舍利一颗及佛经三部，于龟兹、北庭等地参与佛经的翻译，将汉文译本带回唐朝。法界法师历经四十年，方才回到故国，被安置在章敬寺。

关键词：车奉朝；法界；悟空；佛牙

继法显、玄奘、义净之后，西游天竺而回归中土的著名高僧有法界悟空法师。法显、玄奘、义净等声名甚著，而悟空法师的事迹却不甚彰著。因此本文不揣谫陋，根据唐僧释圆照所著《佛说十力经·大唐贞元新译十地等经记》（为圆照面晤悟空法师所得资料的记录，最可依信，收在《大正藏》第17册，下文简称《经记》）、宋僧释赞宁所撰《宋高僧传·上都章敬寺悟空传》（赞宁据《经记》

---

* 本文是2019年度国家社科基金重大项目"'一带一路'佛教交流史"（项目编号：19ZDA239）的中期成果之一。

等文写成，下文简称《悟空传》）等资料对法师行实略作考释，以就正方家。

一　族姓闾里

对于悟空法师俗家族姓闾里，《经记》载之甚详。中华书局 1987 年出版之标点本《宋高僧传》相关内容标点不确，白璧微瑕，读者利用时当慎。

《经记》云："师本京兆云阳人也，乡号青龙，里名向义，俗姓车氏，字曰奉朝，后魏拓跋氏之胤裔也。天假聪敏，志尚坟典，孝悌居家，忠贞奉国。"① 《悟空传》云："释悟空，京兆云阳人，后魏拓跋之远裔也。天假聪敏，志尚坟典，孝悌之声，蔼于乡里。"② 与《经记》略同，唯《经记》作者圆照亲见悟空法师，故而充满感情色彩；而赞宁年代既久，行文中相对冷静一些而已。

据此可知，悟空法师俗姓车，名奉朝，是北魏皇室拓跋氏的后裔，原籍京兆云阳青龙乡向义村，在今天陕西省泾阳县的北部。车奉朝幼年时非常聪明、灵敏，极其喜欢研读古经贤传，很早就以孝悌闻名乡里，受到人们的称赞，而且具有高度的爱国精神。

《经记》云车奉朝"时年二十有七，方得出家"③，即当肃宗至德二载丁酉，也就是 757 年，由此可以推算出车奉朝当生于 731 年，为唐玄宗开元十九年。圆照谓其"辛卯西征，于今庚午"，即唐德宗贞元六年（790）已经是悟空法师的车朝奉为其叙说游历事，彼时为 60 岁，

---

① （唐）圆照：《佛说十力经·大唐贞元新译十地等经记》，《大正藏》第 17 册，第 715 页下。
② （宋）赞宁：《宋高僧传》卷 3《上都章敬寺悟空传》，《大正藏》第 50 册，第 722 页中。
③ （唐）圆照：《佛说十力经·大唐贞元新译十地等经记》，《大正藏》第 17 册，第 716 页上。

故其殁年当在此后，史未详载，此亦阙如。

唐代世家大族的地位虽不如六朝之时，但门第及地望仍为世所重。因此，拓跋氏之裔的身份在其时可以引起官府及民众对车奉朝的另眼相看，实足荣身。加上车奉朝聪明好学，品德优良，故而受到大唐朝廷信任，得以授职行人，随使罽宾。

二　出家因缘

对于车奉朝随使罽宾因病出家之事，《经记》记载非常详细，而《悟空传》极为简略，可据《经记》及旧、新《唐书》中有关史料考知。

7世纪中叶以后，以伊斯兰教为国教、实行政教合一的阿拉伯帝国（中国史书中称为"大食"）兴起于西亚，并逐渐向外扩张进攻，至8世纪中叶，其影响已达到古印度的西北部等一些信奉佛教的国家。这时的唐王朝正值开元天宝之盛世，也在尽力经略西域。天宝八载（749），陇右节度使哥舒翰大败吐蕃于石堡城。（《旧唐书·玄宗纪·下》）天宝九载（750），安西节度使高仙芝率兵讨伐石国，俘其国王。（《旧唐书·高仙芝传》）这表明唐王朝在西域一带具有很强的军事实力，在一定程度上可以左右形势的变化。处于东西南北交通要道上且信奉佛教的古国罽宾（在现在的克什米尔地区），在衡量各种利害之后，于天宝九载派遣大首领萨波达干与本国三藏舍利越魔赴唐献款内附，请求唐王朝派遣使臣巡按其地。在当时的国际形势下，信奉佛教的罽宾自然希望获得佛教盛行的唐王朝的保护，而唐王朝也视此为加强对西域诸国影响的大好时机，因此在次年，即天宝十载（751），唐玄宗派出以中使内侍省内寺伯赐绯鱼袋张韬光为首的官员四十多人，携带唐王朝的印信，出使罽宾。车奉朝也被朝廷授以左卫泾州四门府别将员外置同正员的职位，随同张韬光出使西域。

张韬光一行取道安西，经疏勒国，渡葱山、杨兴岭，过播蜜川五赤匿国、护蜜国、拘纬国、葛蓝国、蓝婆国、挚和国、乌仗那国、芒誐勃国、高头城、摩但国、信度城，经过近两年的艰难跋涉，最后到达了出使的目的地罽宾国的东都犍陀罗城。罽宾王对张韬光等给予非常热情的接待，对唐王朝的接纳表示感谢。非常不凑巧的是，正当使者完成使命，将要旋归大唐之际，随行官员车奉朝却身染重病，缠绵卧榻。张韬光等急于回朝复命，无奈之下，就将车朝奉留寄在犍陀罗城。大使走后，车朝奉的病情也渐渐痊愈。也可能是在这场病患的逼迫之下，从崇佛成风的关中地区历经艰难来到西天佛国的车朝奉对佛所说的人生是苦的圣谛有了切身的感受，遂萌生了出家为僧的信念，于是就投奔舍利越摩三藏，落发披缁，愿早还乡关，向皇帝复命之后，再孝敬父母双亲，落得个忠孝两全。舍利越摩三藏赐予他法号达摩驮都，翻译为汉语意即法界，他时年27岁，当唐肃宗至德二载（757）丁酉岁。两年后，车朝奉29岁时，礼请文殊矢涅地（正智）为亲教师，邬不羼提为轨范师，驮里魏地为教授师，于迦湿弥罗（罽宾实行双都制，夏天王驻西都迦湿弥罗，冬天王驻东都犍陀罗，有时也分裂为两个国家，因此史书上有时称罽宾西部为迦湿弥罗国，罽宾东部为犍陀罗国），三师七证，受沙弥戒和具足戒，正式成为僧人。① 那时中土僧人的数目当有30万左右，然而基本上都是在中土出家受戒，于西域佛教中心请齐三师七证如律如仪如法受戒的中土高僧，见之于僧传者，唯法界悟空法师一人而已。

案，罽宾自公元前4世纪以来即崇信佛教，是佛教义学和艺术的中心地区之一。小乘说一切有部（即萨婆多部）的学说及禅数之学特别盛行，中国佛教大藏经中收录的小乘经论即多由此地传来。此地有许多

---

① （唐）圆照：《佛说十力经·大唐贞元新译十地等经记》，《大正藏》第17册，第716页上。

高僧东来汉地，成为著名的译经家，如传说中最早的译经家，《四十二章经》的翻译者竺法兰与叶摩腾，就是从罽宾入汉的。但此地为交通要道，不仅具有丰富的小乘经典，也有许多大乘经典。以形象写实、构图平衡为特色的犍陀罗石雕刻像艺术对于我国的造像雕刻艺术也有重大的影响。因此可以说，罽宾，暨迦湿弥罗，是佛教传入中国过程中的最为重要的一个中转站。

三 游历印度

法界出家受戒之后，先是在罽宾著名的大寺院蒙鞬寺里学习小乘佛戒与根本律仪。此蒙鞬寺乃罽宾王（罽宾属于北印度，故史书有时又称之为北天竺）即位时所建，为王家寺院，极其庄严壮丽。罽宾普遍信奉佛教，且多有佛教胜迹，因此不仅本国的达官贵人多喜造寺斋僧，且其他信奉佛教的国家，也有达官贵人等前来施财造寺，故而罽宾一境，佛寺极多，达三百余处，这些寺院里佛塔耸立，同时也都是佛教造像艺术的宝库。法界法师在这里一面参观佛寺，巡礼圣迹，一面学习梵语。他先在迦湿弥罗地区游历了四年，然后又进入犍陀罗城，住在该城的如罗洒王寺里，又在该地区游历了两年。

唐代宗广德二年（764），岁在甲辰，法界法师从犍陀罗出发，南游中印度，谨礼佛塔。在迦毗罗卫国窣赌城，法界法师瞻礼了佛生处塔。按，"窣赌"与"塔"都是梵语音译，此地以有佛生处塔而出名，故名"窣赌城"。在摩揭陀国，法界法师参观了佛成道处塔，并在该处菩提寺结夏安居。在波罗尼斯城鹿野苑中，那是佛初转法轮之处，即为五比丘说四谛法门的地方，法界法师参礼了佛转法轮处塔。在灵鹫峰，法界法师参礼了佛说《法华》等处塔。《法华经》对中国佛教影响巨大，灵鹫山在中国成了佛教圣地的代表。在毗舍离城，即广严城，是佛现不思议神变，说《药师》《维摩》等佛经的地方，法界法师参观了现不思议神变塔。在泥嚩靺多城,法界法师参礼了三道宝阶塔(亦云宝桥)。据说释迦牟尼佛初诞七日,其母摩耶夫人即去世,上生忉利天宫,佛成道后,为报母恩,上忉利天为其母说法,说法完毕,天降三道宝阶,佛顺之而复返人间。在室罗伐城逝多林给孤独园,法界法师参礼了佛说《摩诃般若波罗蜜多经》处塔。在拘尸那城娑罗双林,法界法师参礼了佛涅槃处塔。如上所说八处地方,是佛教最为重要的圣地,因此佛教界于这些地方起塔供养,而瞻礼右绕这八处大塔,则是福德无量的一种大修行。巡礼八处佛塔之后,法界法师在那烂陀寺住止三年,然后又巡礼了印度其他一些著名的佛寺和圣迹。

　　法界法师久游异域,虽然对佛教的信仰随游历的增加而弥为坚定,但还是常常怀恋故国,思念父母,因此就向他的剃度本师舍利越摩三藏表白心迹,希望能回归东土。三藏开始坚决不允,但最后还是为其诚恳感动,亲手授予他梵本《十地经》《回向轮经》《十力经》及释迦牟尼佛牙舍利一颗,以此作为奉献给唐朝皇帝的信物。师徒二人,洒泪而别,法界法师于是踏上了回归故国的漫漫征途。

四　参译佛经

　　法界法师既获三藏允诺,本想泛舟东来,但考虑到海域渺茫,波涛凶险,最后还是决定走陆路,从天山北路还归故国。法界法师的回归之路险象环生。如他走到西域睹货罗国的藩属骨咄国城东湖边时,遇上了一整天都是风雨交加、雷电大作的天气,一霎时地动山摇,他与同行的商人一起赶到一棵大树下躲避,没想到这棵树正好被雷电击中,枝叶摧落,树心燃起大火来。法界法师虽然幸免于难,但这一番惊吓毕竟非同小可,最后还是对佛教的虔诚信仰给了他巨大的精神支撑,帮助他度过了这场大难。

　　又经过数年艰难跋涉,法界法师经过了拘蜜支国、惹瑟知国、式匿国、疏勒国、于阗国、威戎城、据瑟得城，终于来到大唐安西都护府驻节地龟兹。在龟兹，法界法师受到了唐王朝四镇节度使开府仪同三司检校散骑常侍安西副大都护兼御史大夫郭昕、龟兹国王白环、莲花寺三藏沙门勿提提犀鱼（意为莲花精进）等人的竭诚挽留，在此留住了一年多，其间他至诚祈请通晓各种语言的莲花精进三藏将自己从犍陀罗带来的梵语《佛说十力经》译成汉语，莲花精进三藏因此也成为名垂僧史的译经大德。① 此经是佛在舍卫国祇树给孤独园中所说，谓如来具足十力：第一处非处智力，第二业异熟智力，第三静虑解脱等持智力，第四根上下智力，第五乐欲胜解刹别智力，第六种种诸界智力，第七遍趣行智力，第八宿住智力，以天眼见众生生死及善恶业缘无障碍之智力也。第九死生智力，第十漏尽智力。"具此力故得名如来、应正等觉，尊胜殊特，雄猛自在，能转无上清净梵轮，于大众中正师子吼。"② 如前所云，法界法师云游印度多年，兼学梵语，对此翻译，不唯提供了梵语原本，亦当有襄助之功，入藏之时，译人唯题"三藏沙门勿提提犀鱼于安西莲花寺译毕进上"者，正是古代高僧不贪功冒赏、能成人之美的高风亮节的集中表现。

法界法师在安西龟兹居住一年多后，经乌耆国至北庭州。北庭州节度使御史大夫杨袭古与龙兴寺僧众获悉法界法师带有《佛说十地经》与《回向轮经》的梵本，就组织起分工合作、职责明晰的译场：邀请于阗国的三藏沙门尸罗达摩（意为戒法）读梵文并担任译语，沙门大震为笔受，沙门法超为润文，沙门善信为证义，沙门法界为证梵文并译语。《佛说十地经》属于华严部类，是《华严经·十地品》的单行本，汉语译本共有九卷，说菩萨历经十地修行至佛的每一地之功德行相：一、欢喜地，二、离垢地，三、发光地，四、焰慧地，五、难胜地，

---

① （宋）赞宁：《宋高僧传》卷3《唐丘慈国莲华寺莲华精进传》，《大正藏》第50册，第721页上。
② 勿提提犀鱼译：《佛说十力经》，《大正藏》第17册，第718页下。

六、现前地,七、远行地,八、不动地,九、善慧地,十、法云地。《回向轮经》汉语译本一卷,说回向发愿之法及说大回向轮陀罗尼。此二经译人题为"大唐国僧法界从中印度持此梵本请于阗三藏沙门尸罗达摩于北庭龙兴寺译",实则法界法师于译场中出力及地位仅次于尸罗达摩三藏,题中仅显示出法界法师为梵本的提供者,考其原因,一者在于古代东西交通之极为不易,携带大量梵本东来功德已属巨大;二者则是法界法师不自矜其功,而推功于人。戒法三藏亦以此因缘得以名垂僧史。①

事有凑巧,当译经完成之后,就在最后的缮写也将告竣之际,唐王朝四镇北庭宣慰使中使段明秀巡边到此,法界法师带着译好的汉文佛经,与北庭奏事官节度押衙牛昕、安西道奏事官程锷等人,一齐随段明秀入京。他们从贞元五年(789)九月十三日自北庭出发,翌年二月到达上都长安。段明秀将法界法师带来的释迦牟尼佛牙舍利及汉译佛经进奉皇宫大内,这也意味着身为朝廷命官的车奉朝因病出家,滞留异域,最终对皇帝有了一个交代。车奉朝自天宝十载(751)21岁以别将随大使去国,可谓少年英俊,至贞元六年(790),法界法师60岁以老年僧人还都,中经四十年,历玄宗、肃宗、代宗、德宗四帝,唐王朝也经历了安史之乱等巨大的历史变故,从而由盛转衰,法界法师一生最美好的时光,可以说都付与了天竺与西域的漫漫征途之上了。

五 携归佛牙

佛教有供养舍利的传统。舍利向来被视为佛教行化的明证,意味着遵佛教敕,必定获得圆满解脱。舍利又可分为两种:其一,法身舍利,

---

① (宋)赞宁:《宋高僧传》卷3《唐北庭龙兴寺戒法传》,《大正藏》第50册,第721页中。

即佛所说的各种经典和法语，以及其中所包含的无上甚深深妙义理，可以佛经为代表。其二，真身舍利，即佛及高僧入灭已按照佛教的方法荼毗（即火化）后从骨灰中捡出的坚硬物。据说释迦牟尼佛荼毗之后所获舍利有八斛之多，而最为珍贵者，当数四颗佛牙。法界法师携归中土者，即此四牙之一。此牙是如何流入犍陀罗的呢？早于车奉朝120多年到达此地的玄奘法师在顶礼膜拜佛牙之时，曾经听到一个非常动人的故事，此在《大唐西域记》中留下了详细的记录：

> 新城东南十余里，故城北大山阳，有僧伽蓝僧，徒三百余人。其窣堵波中，有佛牙，长可寸半，其色黄白，或至斋日，时放光明。昔讫利多种之灭佛法也，僧徒解散，各随利居。有一沙门，游诸印度。观礼圣迹，申其至诚，后闻本国平定，即事归途，遇诸群象，横行草泽，奔驰震吼。沙门见已，升树以避。是时群象，相趋奔赴，竞吸池水，浸渍树根，互共排掘，树遂蹎仆。既得沙门，负载而行，至大林中，有病象疮痛而卧，引此僧手，至所苦处，乃枯竹所刺也。沙门于是拔竹傅药，裂其裳，裹其足。别有大象，持金函授与病象，象既得已，转授沙门。沙门开函，乃佛牙也。诸象围绕，僧出无由，明日斋时，各持异果，以为中馔。食已，载僧出林，数百里外，方乃下之，各跪拜而去。沙门至国西界，渡一驶河，济乎中流，船将覆没。同舟之人互相谓曰："今此船覆，祸是沙门，必有如来舍利，诸龙利之。"船主检验，果得佛牙。时沙门举佛牙俯谓龙曰："吾今寄汝，不久来取。"遂不渡河，回船而去，顾河叹曰："吾无禁术，龙畜所欺。"重往印度，学禁龙法，三岁之后，复还本国。至河之滨，方设坛场，其龙于是捧佛牙函，以授沙门。沙门持归，于此伽蓝而修供养。①

---

① （唐）玄奘述，辩机撰：《大唐西域记》卷3，《大正藏》第51册，第887页中—下。

大意谓犍陀罗的僧人游学中印度，在归乡的路上，被一群大象请去，为一头被枯竹刺伤的大象疗伤救治，事成之后，大象献上金匣，内盛佛牙。然而在渡河时为龙所阻，无奈之下，僧人又回到印度去学习禁龙之术，三年学成，将设坛施法，龙王献出佛牙舍利。佛牙因此得以在犍陀罗供养。今天看来，这完全是个神话传说。但根据神话学的观点，任何传说都不是空穴来风，而有其原型作为依据，此故事自然亦不能例外。早就有人指出过，佛教界所说的"佛牙四颗，一在天上，一在龙宫，两颗留在人间"，其"天上"当指崇信天神的婆罗门外道，龙宫或指以龙为图腾的当地土著。此说的产生，是为了突出佛牙舍利的弥足珍贵，难可值遇，希望见之者生稀有想，发甚深心，发广大心。对于这个传说也应当作如是观。传说中的象群，当是指犍陀罗与中印度之间的某个骑象的部族；河中龙王，或是指在河上经营摆渡而信奉龙神的艄公之类；三年后完璧奉还，或是双方力量的此消彼长，或是艄公感其信仰的精诚。如此而已。且佛教界将那些能护持佛教、弘扬佛法的人称为"龙象"，所谓"八部天龙""龙天护持""香象渡河""法门龙象"等，皆是誉美之辞。此传说的流播，可以增加佛牙的神秘感和神圣性，对于护持佛牙自然是极为有利的事情。

犍陀罗三藏舍利越摩法师有国师之尊，由他保有这颗佛牙是再自然不过的事情了。但他之所以能忍痛割爱，将这颗弥足珍贵的佛牙交给法界法师带往中土，可能有两个原因：一者是三藏曾于天宝九载（750）奉使入唐，那时正值唐王朝最为繁荣昌盛之时，因此三藏深知中原文明之域，佛教法化盛行，必然能得到很好的供养；二者是三藏与他的这位汉地弟子感情深厚，将此佛牙带回中国，可以向皇帝、大臣、士庶百姓证明法界法师所携归的佛经及所学得的佛教义理与修行真实不虚，有利于佛教在中土的弘扬和传播。

六 隶名章敬

法界法师在外云游四十年，历经千难万险，终于在迟暮之年还归故都。对于他的一生来讲，尚有几件大事须有一个交代：

其一，要将他从西域带回的佛牙舍利与汉文译经进呈朝廷。这事由中使段明秀代为奏进，皇帝览奏之后，下诏将经文与舍利一同交付左神策军，令抄写经文，与佛牙一起进奉内廷。这意味着法界法师带回的佛经译本获得了朝廷的认可，可以入藏流通，为普天下的佛门释子传诵修习。后来圆照法师修《大唐贞元续开元释教录》（简称《贞元录》），将其收录，至今仍为佛教界所传习。圆照法师与法界法师曾经有非常亲切详尽的交谈，所以圆照法师作有《经记》，与经文一道入藏，使览经之人明知译来之不易，以生难遇稀有之想。

其二，向朝廷回复四十年前所奉的使命。作为朝廷命官，无论职务高低，对于国家授命，都要勤力王事，恪尽职守，完成使命之后，要向朝廷复命。车奉朝四十年前以"左卫泾州四门府别将员外置同正员"的身份随张韬光出使罽宾，四十年来未能回国复命，今虽老而还都，总算可以复其旧命了。因此，本道节度奏事官就用了车奉朝在俗时的名衔上奏朝廷。至贞元六年（790）五月十五日，敕授车奉朝为"壮武将军守左金吾卫大将军员外置同正员兼试太常卿"，并下诏褒奖。如此荣耀，朝廷的用意不过是"举范羌入计之劳，慰班超出远之思，俾升崇袟，以劝使臣"。即为将士和使臣们确立一个表率，劝人尽忠报国而已，对于一个六十岁的出家老人，最多不过是一种心理安慰罢了。

其三，要获得国家正式承认的出家僧人身份。古人出家，就不再对国家负担徭役、兵役、赋税等义务，因此国家为保证统治的经济、军事及社会的基础稳定，对出家僧道实行非常严格的户籍管理制度，如寺院须有朝廷赐额方为合法道场，每寺僧人数目有国家严格限定，严禁私自剃度等。车奉朝奉命随大使出使异域，因病出家，虽然从形式上完全符合佛教仪轨，但并没有获得朝廷的认可，尚属"无名僧"，即还没有获得出家的名额，其僧侣身份尚未获得国家的承认。主管僧籍事务的官员左街功德使窦文场以此上表，并请允许法界法师隶名章敬寺。贞元六年（790）二月二十五日，敕允所请，颁予正式的度牒，并赐法号悟空。章敬寺在唐都长安城通化门外，是唐代宗大历二年（767）大宦官鱼朝恩献宅为寺，以资唐代宗生母章敬太后之冥福，请名章敬寺，因其为皇家寺院，故而穷极壮丽，有院48落，房4130多间，[①]为大历之后的名胜之地，如李适、白居易等诗人，都曾光临其地并留有题咏之作。[②]

其四，回乡探亲。悟空法师入住章敬寺后，曾有机会回到故乡，寻访自己的家园。然而四十年间，唐王朝经历了沧桑巨变，当年的青龙乡向义里已没有了他的亲人故友。他父母双亲坟墓上的树木也已经长得拱把那么粗了，兄弟子侄也都不在了，即便是车氏家族中那些远房同姓，也很难打听到他们的情况了。

悟空法师此后的情况无可考见。悟空法师的故籍泾阳县已无"向义里"之村，其所游历的罽宾——克什米尔、印度等地——也不再是佛教信仰的区域，其隶名居止的章敬寺早已荡然无存，但他携归的《佛说十力经》以及委托圆照法师撰写的《大唐贞元新译十地等经记》还收存于大藏经中。我们在阅读这些佛教文献时，当能想起这位孤身远游、冒险异域的法界悟空法师。

[①] 参见《旧唐书·鱼朝恩传》及《长安志·郭外》。
[②] 如唐德宗李适有《七月十五日题章敬寺》，白居易有《梦亡友刘太白同游章敬寺》等。

非本质连生物：汉藏佛教交流中的"双身修法"[*]

朱丽霞

河南大学宗教学研究所所长，哲学与公共管理学院教授

摘要："双身修法"在藏传佛教体系中，具有独特的地位和丰富的内涵。就其在佛法中的地位而言，"双身修法"属于密法中最顶层的法门，只有少部分人才可能修行，并不是藏传佛教的本质与核心。就其特性而言，"双身修法"在藏密中有诸多修行限制，以观想为主的修法备受推崇。就其扩展意义而言，藏密中的双身佛像还包含着对诸多性质不同但密不可分的两极性存在的象征义。所以，对藏传佛教而言，"双身修法"就是非本质连生物，不能视为藏传佛教本身。而非本质连生物作为不同文化的产物，在汉藏佛教交流中，其跨文化引渡的困难较大。

关键词："双身修法"；藏密；汉藏佛教；差异性

对于"双身修法"的研究，学术界一般在密教研究中有所涉及，法国学者罗伯尔·萨耶在《印度—西藏的佛教密宗》中论述得较多，他在"双身修法"的具体修行过程和象征意义的研究中做了很多的工作。而罗文华1999年发表的《历史上的"欢喜佛"与双身修行》，则

---

[*] 本文是2019年度国家社科基金重大项目"'一带一路'佛教交流史"（项目编号：19ZDA239）的中期成果之一。

属于这方面研究的专文，作者结合图像资料和有关元朝的史料，认为"双身修法"在历史上蜕变为皇帝满足肉欲的手段。近年来，沈卫荣先生用文字学和材料分析的方法，引用大量国外最新研究成果，揭示了汉地对"双身修法"（秘密大喜乐法）记载中的误读和歪曲，代表性的著作有《想象西藏：跨文化视野中的和尚、活佛、喇嘛和密教》。①

"双身修法"是藏传佛教密法之一，"双身"指男女和合身，其实质即通过男女交合实现密教所说的"乐空双运"境界。"非本质连生物"则是汤因比提出的一个概念，指的是与宗教最高真理相联结的宗教圣山、仪式、禁忌、神话等，它们不属于宗教的本质。② 本文认为，在宗教交流中，"非本质连生物"恰恰是不同文化背景中宗教最难以逾越的部分，"双身修法"作为藏传佛教"非本质连生物"的一种，便具备这种性质。

从元代开始，随着藏传佛教在汉地的传播，"双身修法"逐渐被汉传佛教界所了知，并由此产生了两种认知和处理模式：排斥和滥用，而这两种方式都以不同层次的误读为前提，其中包括对"双身修法"在藏传佛教中地位的误读和对其本身含义的误读。

在排斥和滥用两种方式中，汉传佛教对"双身修法"的主体态度以前者为主。从历史上看，汉藏佛教的交流、交融是一个客观存在的历史事实，它是中华民族内部汉藏民族关系不断密切的产物，同时，汉藏佛教的交流反过来又进一步密切了汉藏民族关系。但如果对双方的交流历史加以全面、细致的审视，就会发现并非所有的交流都会指向接纳和融合，它也会引发不同文化观念的激荡，在个别问题上，随着双方深入但不够彻底的了解，反而会产生更多的误解和更大的排斥，藏传佛教中

---

① 沈卫荣：《想象西藏：跨文化视野中的和尚、活佛、喇嘛和密教》，北京师范大学出版社 2015 年版。
② ［英］阿诺德·汤因比：《一个历史学家的宗教观》，晏可佳、张龙华译，世纪出版集团、上海人民出版社 2016 年版，第 233—236 页。

的"双身修法"就属于此处所讲的"个别问题"之一。从元末开始，在汉文史料中，上自官方的正史（以《元史》为代表），下至史料笔记、神魔小说、情色文学，"番僧"和"大喜乐""秘密法"频繁地联系在一起，成为知识分子口诛笔伐的对象。时至今日，这种解读理路仍然存在，并成为汉藏佛教互为尊重、互为接纳的隐患。因此，廓清"双身修法"在藏传佛教和藏文化中的位置，对全面理解藏传佛教，对理解汉藏佛教交融原则的依据和基础具有重要意义，对构建汉藏佛教良性互动关系具有清理路基式的作用。

"双身修法"属于佛教密法法门，这里所讲的密法包括"藏密"和"东密"。宗喀巴大师的《密宗道次第广论》，在"密灌顶"和"慧智灌顶"部分，都提到了"双身修法"。所谓灌顶，就是弟子获得了与女子双修的方法与资格。①

学术界普遍认为"双身修法"是印度佛教发展到密宗阶段后，吸收了印度宗教中性力崇拜的成分而形成的修行方法。就藏传佛教而言，"双身修法"保留在密教无上瑜伽部中，其外在的表现形式就是在藏传佛教中有很多拥抱着女伴（明妃）的佛像。但密法中的"双身修法"，既不能作为藏传佛教的主要标志，也不能等同于世俗的男女淫欲。

一 "双身修法"并非藏传佛教的代表

按照汤因比的观点，宗教的劝诫和真理被视为"本质"，非本质性的习俗和仪轨等被视为"非本质连生物"，在宗教认知和传播过程中，为了实现其在地化，需要将其本质与"非本质连生物"剥离，以保全其本质为主。"双身修法"在整个印度佛教史上，属于佛教发展的最后

---

① 详见宗喀巴大师造《密宗道次第广论》，法尊法师译，民族出版社2001年版，第312—313页。

一个阶段的产物,从佛教原初教义的角度看,这的确是佛教"非本质连生物"。密教传入西藏后,在藏传佛教中,"双身修法"并不具有普遍性,也不占据核心地位,并非所有僧人都有修行的机会、资格、意愿。恰恰相反,因为它分属于无上瑜伽部,这是密法的最高阶段(前三个阶段为事部、行部、瑜伽部),以格鲁派为例,能进入这个修行阶段的人凤毛麟角。因为格鲁派非常讲究修行次第,整个修行必须按照"先显后密"的次第修行,不能躐等。所谓"显"即显教、显宗,相当于佛教的基础理论,主要修行内容为一般所说的"五部大论"①及与之相关的注、疏、释等。

格鲁派各显宗学院中对于"五部大论"的学习年限规定不尽相同,但是,总的学程都在15年以上。实际上,一个僧人从字母学起,直到学完"五部大论"需要20年至25年之久,有的甚至要延宕至30年才能考最低等的学位(即格西)。格鲁派的学位共分四等:拉让巴(lha-rams-pa)、措让巴(tshogs-rams-pa)、林塞(gling-bsre)、都让巴(rdo-rams-pa)。最高的拉让巴格西全藏每年只有16个名额,所以系统完成显教修学内容者便少之又少。

只有顺利结束了显宗阶段的学习,才能有资格进入上、下密院修习格鲁派密教的大法。密法也是按照严格的次第修行的,而且按照邢肃芝(法名碧松)在《雪域求法记》中的记述,考上格西进入上、下密院以后,"生活十分艰辛,难以形容",密宗僧人"生活之苦与规律之严,是寻常的僧人所决不能及的",②所以在上、下密院学几年就退学的也很多。柳陞祺也提到西藏上、下密院的喇嘛"纪律尤严,纯重苦修,有许多地方在我们外道看来,几乎是严厉到不讲情理"。上、下密院的

---

① 即法称的《量释论》(因明)、弥勒的《现观庄严论》(般若)、月称的《入中论》(中观)、世亲的《俱舍论》(俱舍论)、功德光的《戒律本论》(律学)。
② 邢肃芝[洛桑珍珠]口述,张健飞、杨念群笔述:《雪域求法记——一个汉人喇嘛的口述史》,生活·读书·新知三联书店2008年版,第186页。

僧人每天"上殿四堂",无论寒暑皆赤脚,第二次上殿结束,凡住院修行未满九年者,"须一律到法园去读经。在法园中,各人有各人的坐处,这是一个可容一人有余的从地面挖下二尺左右深的土坑。坑底用石头铺平,人便坐在上面,不许用坐垫,且亦无遮盖。无论风雨寒暑,都是如此,并随时有康村格根、格郭,及各人的教经师来巡视。如有事故,需要离开时,得先告假。如果无故擅离,就得责打"。① 藏传佛教密法之所以有如此严厉的修学制度,就是为了淘汰部分意志力薄弱的僧人,留下真正有清净信心的僧人。②

在这样的修学体系内,要修到无上瑜伽部的男女双修法门,是极其不容易的。虽然当代的情况有所变化,但对真正的西藏僧人来说,这种修行风格的总体态势并没有发生根本逆转。当然,僧人也可以直接进入密宗学院或者没有修完"五部大论"而中途转入密宗学院,但这样的学僧失去了上修高级阶段密法的机会。此外,即便部分僧人较快地完成了显教阶段的修行,在"双身修法"上,他们中还有一部分人没有实修的意愿。法国学者罗伯尔·萨耶在《印度—西藏的佛教密宗》中说道:"很明显,与一名修法女伴真正地实现肉体结合的简单事实,不可能涉及到那些立志抑制性欲的真正僧侣和修道者。"③

在漫长的显教修行阶段和密宗事部和行部、瑜伽部的三个修行阶段,藏传佛教严禁僧人与女人接触,严禁行淫。所以,男女双修必修具备合格而完整的显教基础,并在获得最高的成就和证悟境界之后,方能进行。周加巷在《至尊宗喀巴大师传》中说:"如果未获得最高的证

---

① 柳陞祺:《西藏的寺与僧(1940年代)》,中国藏学出版社2010年版,第95—96页。
② 邢肃芝在《雪域求法记——一个汉人喇嘛的口述史》中说:"真正的高深密法不是随便可以传授的,传法上师要对弟子进行种种考验,看他是否真的发心纯净,具有善根,具有大慈悲心,以及对于佛法的正知正见,才能传法给他,随便传法的上师是犯戒的。"(邢肃芝:《雪域求法记——一个汉人喇嘛的口述史》,第186页)
③ [法]罗伯尔·萨耶:《印度—西藏的佛教密宗》,耿昇译,中国藏学出版社2000年版,第62页。

达,而受用妇女,如是比丘或沙弥,则成为犯他胜罪,或相似他胜罪,而抛弃了戒律。那怕不是自生趋势(言非主动),但是自诩为佛教徒的人,仅喜乐酒和女人,即与俗家人无有两样,这完全是卑鄙下流的。"①"他胜罪"即善法为其他恶法所战胜之义,为比丘的重罪。

所以,在整个藏传佛教中,"双身修法"属于密中密,从整个教法体系来看,所占比例极小。从修法人数来看,资格、能力、意愿同时具备的修行者凤毛麟角。因为"双身修法"的存在,将藏传佛教等同于性力、淫乱的代名词,是言说者放大的"想象"。

二 "双身修法"的修行限制

即便取得了"双身修法"的资格,藏传佛教中对之也还是有重重限制,最具有代表性的就是格鲁派的祖师——宗喀巴大师在"双身修法"方面的规定:为了防止修法者利用男女合修法行淫,以及为了防止这一修法对无知后学弟子造成不良影响,禁止修法者受用真实的女人,相应的修法只能以观想的方式进行。主要原因是:

> 纵然自己是达到了最高证达的有情,在这样恶劣的浊世中,若真实受用手印(妇女)等,虽是不会成为缠缚自己之因素,然而无任何把握的诸后学会以你为榜样,而步你的后尘,则对于佛教成为严重的损害!②

基于以上种种考量,密教中男女和合的"双身修法"并不轻易传授。英国学者约翰·布洛菲尔德为了学习藏密,曾经长期生活在南亚,

---

① 法王周加巷:《至尊宗喀巴大师传》,郭和卿译,青海人民出版社1988年版,第402—403页。
② 法王周加巷:《至尊宗喀巴大师传》,第405页。

并曾多次到我国考察。在学习藏密的过程中,"他拜多名旅居国外的藏族喇嘛为师,受灌顶仪轨,学习西藏密教的理论和修持,自称'宁玛巴喇嘛',可以算得上西方的一名藏传佛教密宗的崇拜者和获得其真传的人了"①。即便如此,在他有强烈的意愿学习以"贪和欲的转化"为根本目的的"双修"时,也没有获得传授。②约翰·布洛菲尔德跟随的是宁玛派喇嘛,宁玛派对此也是"法不轻传",遑论以重视修行次第、重视戒律为特征的格鲁派了。

不仅如此,就"双身修法"本身的修行而言,也不能忽视其中另外一个层面——观想。也就是说,一些藏密经典所提倡的"双身修法",并不使用真实的女伴,而是在观想中完成的,这使得真实的男女双修更不具有普遍性。保存在藏文大藏经中的《三理趣灯》(Nayatrayapradīpa)指出就"双身修法"而言,也是分为低中高三个层次的:与真实的女人合修的修行者,属于"最低层次的",被称为三摩耶印(samayamudrā)或羯磨印(karmamudrā)。而与观想出的女子交合的修行者属于中等层次的修行者,被称为智印(jñānamudrā)。最高层次的修行者已经脱离欲望,不再有伴侣并懂得大手印(mahāmudrā)无二智。③法尊法师在《评〈藏密答问〉》中论及他的师父——慈愿上人修双身密法时,就提到"修双身法仪轨,一个人依仪轨修"④,这也佐证了《三理趣灯》的观点。实质上,很多密教经典中关于"双身修

---

① [英]约翰·布洛菲尔德:《西藏佛教密宗》,耿昇译,中国藏学出版社2005年版,第2页。
② 他在《西藏佛教密宗》中说:"即使我能够在我的大师身边停留数年以便使他能首先试探我的真诚,然后再指导我的胜进也罢。"([英]约翰·布洛菲尔德:《西藏佛教密宗》,第189页。)
③ 唐纳德·S. 洛佩兹(Donald S. Lopez, Jr.):《空的阐释:〈心经〉的功用》(*Elaborations on Emptiness: Uses of Heart Sūtra*),转引自沈卫荣主编《何谓密教?:关于密教的定义、修习、符号和历史的诠释与争论》,中国藏学出版社2013年版,第283页。
④ 避嚣室主(法尊):《评〈藏密答问〉》,载《海潮音》第31册,上海古籍出版社2003年版,第817页。

法"的描述,具有三种进路:实指、喻指和涵指,实指是在家人将之视为男女实修的解读,喻指是出家人将之视为观修的解读,涵指是其根本性含义,即其本身是"成正等觉""觉悟"和"成佛"的同义词。①

另外,密教中的"双身修法"被赋予和加入了大量密法的咒语、观想和仪轨,仅就形式而言,也不能简单等同于一般俗世的男女情爱。如在进行"密灌顶"时,上师在与明妃"双修"时,除了要将修法的俗女观想为天女外,还要念诵咒语"嗡萨嚩达塔伽达阿奴惹迦那·班哆娑跛·阿摩郭吭",同时观想"以心间种子放光召请毗卢佛与佛眼等入定,从毗卢门入自身中,大贪溶化,经阿嚩都底至金刚摩尼,坚固具生"。② 因此,如果严格按照这些仪轨来修行,"双身修法"的修行难度很大。约翰·布洛菲尔德将之比喻为"使用类似的修持技术就如同玩火和在高压电线上玩走钢丝耍把戏一样"③。

三 "双身修法"的象征意义

在藏传佛教中,男女和合的仪轨、佛像等还具有象征意义,不一定都指向真实的男女和合。因为世俗之人认为男女结合是不同性质事物最紧密的结合方式,所以佛教随顺当时印度普遍性的认识,以男女合体的形式来象征佛教中智慧与方便、因与果、悲与智、显与密、菩提心与空性智慧等的一体性。宗喀巴大师在《菩提道次第广论》中认为"菩提心如父之种,证无我慧如同慈母";"生子俱须父母,道支圆满亦须方便、智慧二品。特须方便上首发菩提心,智慧上首通达空性"④。因为密教中的方便法门更多,所以在藏传佛教中,方便往往代指密教,而显

---

① 沈卫荣:《想象西藏:跨文化视野中的和尚、活佛、喇嘛和密教》,第300页。
② 宗喀巴大师造:《密宗道次第广论》,第312页。
③ [英]约翰·布洛菲尔德:《西藏佛教密宗》,第189页。
④ 宗喀巴大师造:《菩提道次第广论》,第216页。

教主要为修慧，这样智慧往往代表显教，圆满的修行体系必须是智慧与方便双修、显密双修，佛就是这方面的最高成就者。在藏传佛教中，智慧用女性代表，方便（慈悲）用男性代表，显密双修可以通过双身像显现出来。这一点也是学术界普遍认同的，道格拉斯·伦弗鲁·布鲁克斯（Douglas Renfrew Brooks）提出了密教的十个特征，其中就包括：它们采用男神和女神的双极象征体系，当然，也包括事实层面的"它们规定采用传统违禁的事物（例如，酒、肉、性交）"①。

更为重要的是：藏传佛教中也反对以男女合修为名而行蹂躏妇女之实的行径。"后弘期"之初，《土观宗派源流》中提到西藏方面迎请印度超岩寺著名高僧阿底峡（982—1054）的直接原因之一就是"从天竺来的名为红阿阇黎，和绿君班智达等人，倡言蹂躏妇女为合修，杀死敌方是救度，遂有号称为'合度'的邪法出现了"②。

基于这样的背景，"藏密"并不能等同于必然会有性爱意义上的"双身修法"的传授，对于真正的西藏高僧来说，它是一种十分有限的传授。而且，西藏佛教中的密法内容非常丰富，"双身修法"只是其中非常小的一部分，碧松曾经说：

> 康藏各派的密法，算起来有几千种，学习每一种法都必须由上师灌顶传授。密教学派，注重传承，代代祖师相传，继承不断。求受密法灌顶虽多但不必每种都修，有的仅是为了保持传承，以备以后度众生之用。一般是选择一两种与自己最相应的法来修持，持之以恒，才能成就。③

---

① ［美］布鲁克斯（Douglas Renfrew Brooks）：《三个城市的秘密：印度性力派怛特罗主义导论》（*The Secret of the Three Cities: An Introduction to Hindu Śākta Tantrism*），芝加哥：芝加哥大学出版社1990年版，第53页。
② 土观·罗桑却季尼玛：《土观宗派源流》，刘立千译，西藏人民出版社1984年版，第47页。
③ 邢肃芝：《雪域求法记——一个汉人喇嘛的口述史》，第111页。

可见，"双身修法"并不代表全部的藏传佛教密法，而且由于它在藏传佛教中位置特殊，修行难度较大，传授也极为有限。基于其小众化和难度考量，完全可以说"双身修法"是藏传佛教中的"非本质连生物"，并不能作为藏传佛教的代表。藏传佛教作为佛教的一支，其本质依旧是中观见和唯识说，也就是与密教对举的显教的核心内容。按照宗喀巴在《密宗道次第广论》中的观点就是小乘、大乘显教、大乘密教都可以趋向佛地，尽管密教成佛速度快，但密教必须以显教为基础[①]，所以显教思想义理更基础、更本质。但是，无论是在历史上还是在当下社会中，"双身修法"却被部分西方与汉地密宗修习者所追捧，并因此引发了汉地对整个藏传佛教的误解和污名化，被称为"性化西藏"。[②]这既与汉地佛教徒对藏传佛教的片面理解有关，也与汉藏文化传统密切相关。

四 "双身修法"与汉藏佛教文化传统

汉藏佛教在自身的传承发展中，依据自身所根植的文化背景，形成了自身的特色，按照汤因比的解读，就是佛教在传入汉藏两地时，保留了其本质，并依据各地的文化特色，形成了"非本质连生物"。依据汤因比的思路，我们可以说宗教的传播过程，就是不断剥离旧的"非本质连生物"，产生新的"非本质连生物"的过程。一旦新的"非本质连生物"形成，对于特定处境中的宗教而言，这也就变成其根本特性。在不同宗教文化的交流中，由于特定的宗教形态和特定的时间、空间交织，双方一般很难互为认同，更难以互为融通，这就决定了汉藏佛教交

---

① 宗喀巴大师造：《密宗道次第广论》，第36—47页。
② 沈卫荣：《想象西藏：跨文化视野中的和尚、活佛、喇嘛和密教》，第159页。

互融摄的发生域更多的应该是在双方共通的"本质"方面。从藏传佛教本身来说,"双身修法"是一个严密的修学系统最顶层才有可能涉及的修法,它必须要有严格的、成体系的、有次序的显密教法训练作为前导,必须有证量的上师作指导。汉地佛教修学体系与此不同,密宗在唐代虽然也蔚为大观,但毕竟是与其他显教宗派并列发展起来的,其教法体系本身就不是按照"先显后密"的框架构建起来的,更何况其传承在汉地后来还断绝了。民国时期汉地再次兴起的密教,不是"东密"便是"藏密",这二者至今为止也没有和汉地原有的教法体系形成彻底有效的对接。在这种背景下,在当代汉藏佛教交流过程中,汉族信徒盲目学习"双身修法",或者有目的地利用"双身修法",满足私欲,都是罔顾汉传佛教的戒律和发展传统的行为。

"双身修法"的现象在民国密教勃兴时,也曾出现过,但受到以太虚大师为首的汉地大德的批判,最主要的原因就在于它和汉传佛教数千年的律仪不符。太虚大师在《今佛教中之男女僧俗显密问题》中提到由日本来华传密教的僧人,为了取得在华传法的优先权,将传法阿阇梨之位授给俗人,在其所传的密教曼荼罗(坛城)中,大日如来以俗人的形象居于中台,且有女性明妃,这就导致:"男女僧俗,僧俗男女,搅成一团者曰'密教';男女僧俗,僧俗男女,律仪七众者曰'显教'。而男女僧俗应依七众律仪以序次高下否之问题,又转成显教密教问题,益趋重重纠纷而不可开解之势。"大师认为这是"以男女僧俗混然一团谓之密,斥去显理显律者,非显密问题,乃佛魔问题也"。[①] 所以民国时期在汉地传播的"东密",恰恰忽视了宗喀巴所强调的佛教基础理论和戒律问题,忽视了汉地佛教对男女淫欲问题的态度,使得密教始终难以在汉地获得良性发展。

汉藏佛教对"双身修法"的认知差异,主要根植于汉藏文化的差

---

① 太虚大师:《今佛教中之男女僧俗显密问题》,载《海潮音》第11册,第401页。

异，这种差异主要通过伦理道德彰显出来的。

从整个汉文化传统来看，"双身修法"与汉地固有的伦理道德不合。到明清时期，理学较为严苛的两性伦理观已经贯彻到社会各阶层，"双身修法"与整个社会对妇女的伦理道德要求相抵牾，所以一直受到汉地精英阶层的抵制。这种抵制的结果就是在《元史》和明代的各种史料笔记中，充满对藏密的排斥和异化。据《元史·哈麻传》记载：西僧伽璘真以密法见长，他传给元顺帝一种叫秘密大喜乐禅定的密法，"帝又习之，其法亦名双修法。曰演揲儿，曰秘密，皆房中术也。帝乃诏以西天僧为司徒，西蕃僧为大元国师。其徒皆取良家女，或四人、或三人奉之，谓之供养"。这就导致"丑声秽行，著闻于外，虽市井之人，亦恶闻之"。① 这些记载不无偏颇之处。至于史料笔记，以《庚申外史》《草木子》《南村辍耕录》《万历野获编》为代表，更是充斥了大量歪曲的、想象的内容，尤其是《庚申外史》。《庚申外史》中记载元顺帝"建清宁殿，外为百花宫，环绕殿侧。帝以旧例五日一移宫，不厌其所欲，又酷嗜天魔舞女，恐宰相以旧例为言，乃掘地道，盛饰其中。从地道数往就天魔舞女，以昼作夜，外人初不知也"；"又令诸嫔妃百余人，皆受大喜乐佛戒"。②《草木子》中对西藏僧人的记载也极为不堪：

> 自妃子以下至大臣妻室，时时延帝师堂下戒师，于帐中受戒，诵咒作法。凡受戒时，其夫自外归，闻娘子受戒，则至房不入。妃主之寡者，间数日则亲自赴堂受戒，恣其淫泆，名曰大布施，又曰

---

① （明）宋濂等：《元史》卷二五〇，中华书局1976年版，第4583页。
② 任崇岳：《庚申外史笺证》，中州古籍出版社1991年版，第103、104页。沈卫荣先生认为《庚申外史》的记载显然属于"小道消息"，属于小说家言，其真实性大可质疑。（沈卫荣、侯浩然：《文本与历史：藏传佛教历史叙事的形成和汉藏佛学研究的建构》，中国藏学出版社、北京大学出版社2016年版，第241页）

以身布施。其流风之行,中原河北僧皆有妻,公然居佛殿两庑,赴斋称师娘。①

明代朝野在总结元代覆灭的原因时,所谓番僧"双修"之法引发的淫乱,被视为主要原因之一。明太祖"以元末之君不能严宫闱之政,至宫嫔女谒私通外臣,而纳其贿赂,或施金帛于僧道,或番僧入宫中摄持受戒,而大臣命妇亦往来禁掖,淫渎邪乱,礼法荡然,以至于亡"②。明孝宗时,内阁大学士刘健曾上言:"而番僧全无戒律,尤浊乱圣世之大者,自胡元之君肆为淫佚,信其蛊惑,始加崇重,及天兵扫荡,无益败亡,可为明鉴。"③

从元代起,"藏密"的内容大量传入汉地,包括双身修法,由于与汉地固有的伦理道德相抵牾,从而形成了大量充满想象的、误解的记载,并成为汉地僧俗认识藏传佛教的"前见"之一。以史为鉴,可以得出这样的结论:汉传佛教成长于汉文化传统中,其所教化的对象也主要以汉族为主,所以其发展不能忽视汉地固有的伦理道德观念,如果忽视这一文化背景,盲目引入或者推崇密教中的"双身修法",就会加深对汉藏佛教的误解。④ 汉地文化传统中,伦理性很强的儒家思想深刻地影响了一般民众对佛教僧人修行境界的判断,僧众合格的标准最后只剩下最为容易把握的两条:淫欲和酒肉,而且整个社会对不禁酒肉者的容

---

① (明)叶子奇:《草木子》,中华书局1959年版,第84页。
② (明)余继登:《典故纪闻》,中华书局1981年版,第32页。
③ 《明孝宗实录》卷一八八,弘治十五年六月庚午条,"中研院"史语所1962校印本,第3483页。
④ 密教中与性有关的内容,不仅受到汉族知识分子甚至佛教界的攻击,实际上,在西方学者的视域中,对密教中双修的内容的评定,与汉族史书的记载基本立场出奇相似。休·B. 厄本(Hugh B. Urban)在《极端的东方:东方学家思想中"密教"范畴的构建》(*The Extreme Orient: The Construction of Tantrism as a Category in the Orientalist Imagination*)中说:"我们将会看到,有关密教以及它的性欲放纵的话题,是遍布于19世纪晚期和20世纪早期英国文化中关于性这一更宽泛的话题的一部分,就像米歇尔·福柯(Michael Foucault)和其他作者所表现的那样。"《宗教》(*Religion*)第29卷第2期,1999年,第123页。

忍度要比破色戒者宽松些。

与汉文化传统相比较，藏地文化传统对"双修""明妃"等的接纳程度相对较高。吐蕃赞普赤松德赞（742—797）从乌仗那迎请了著名的密教僧人莲花生，"借他的咒术来制服苯教徒"，① 莲花生制服了苯教徒，为吐蕃佛教的发展争取到了生存空间。而"在大阿阇黎莲花生向赞普传授了秘密滋生圆满之三部经教（nang-gi-skyed-rdshogs-sde-gsum）之后，即为赞普灌顶。而赞普将王妃卡茜萨措杰（btsun-mo-mkhar-chen-bzav-vtsho-rgyal）作为灌顶的报酬献给了（莲花生）"②。赤松德赞的王妃应该是吐蕃佛教史上的第一个明妃，此事被记载在西藏佛教史中，而且也没有引发如同汉族史书那样对于同类事件的攻击。

到了"后弘期"，这类修法在宁玛派、噶举派僧人中时有出现，并且对一些大活佛来讲，与其修法的女性或被视为明妃，或被视为妻子，界限逐渐趋于模糊。在清代，红帽系第十世活佛却朱嘉措（chos-grub-rgya-mtsho）与廓尔喀（位置在今尼泊尔）勾结，廓尔喀先后于乾隆五十三年（1788）和乾隆五十五年（1790）两次入侵西藏，清政府派福康安率军入藏击败了廓尔喀，却朱嘉措畏罪自杀。乾隆五十七年（1792）七月十四日，"廓王又将沙玛尔巴的妻子策旺拉冒及其女策旺产珠献给清军"③ 求和。《西藏通史——松石宝串》在辨析这段历史时，提到"红帽喇嘛的明妃的名字平时叫布姆（bu-mo-lags）。根据《噶锡哇世系传》记载，她的真名叫策旺拉冒的可能性极大。没有听说红帽喇嘛有女儿，策旺产珠也许是他的小明妃，或许是藏文名字在汉文中的重复"④。所以，在西藏史

---

① 王森：《西藏佛教发展史略》，中国社会科学出版社1997年版，第8页。
② 巴卧·祖拉陈瓦：《贤者喜宴——吐蕃史译注》，黄颢、周润年译注，中央民族大学出版社2010年版，第143页。
③ 牙含章：《达赖喇嘛传》，华文出版社2001年版，第60页。沙玛尔巴是汉文资料对却朱嘉措的称呼。
④ 恰白·次旦平措等：《西藏通史——松石宝串》（下），陈庆英等译，西藏古籍出版社2004年版，第836页。

籍中,"双身修法"虽然不曾大书特书,但也不曾被认为是和"淫佚"挂钩的行为,不会受到严厉的道德指责。王尧先生在论及噶举派祖师米拉日巴大师的性瑜伽观时就曾说:

> 就密宗修行者而言,男女性行为已被视为法尔如是,心中毫无黏滞。性关系在世间法上是最为敏感的禁区,也是造成种种烦恼的原因。佛教顺世,也相应地避忌。尤其在小乘,视性行为如毒蛇猛兽,因而力求解脱,戒之尤严,慎之又慎。我们在上引的米拉日巴行实中,诸魔以女人的性器来惊吓米拉日巴,而米拉日巴坦然处之,索性以自己的金刚杵(男性阳具)来对治,深深插入石穴之中,示密乘高蹈的双运之相,其心中对性的交合一事并不逃避,亦无任何罪恶感。性的交合在米拉日巴看来,不过是法尔如是,顺其自然,也是一种游戏,一切均无挂碍,对"性"亦无挂碍,心中既然早已超脱,即无需回避。若心中存有差别,有男女之大防,则在潜意识中认为"性"有巨大诱惑力,逃避、推拒,实在是心有挂碍也。①

可见,汉藏地区的佛法同源不同流,其流变中的独特性就在于它根植于自身的历史,根植于不同的文化传统。在佛教的交流与交融中,首先应该注重那些可以超越特殊发展历史和文化背景的佛法内容的互通有无和取长补短,也就是重视佛教中的"本质"性因素的汇通,而不是忽略佛法的传播差异,盲目、武断地进行嫁接,引发双方的互为抵触和互为排斥。因为"非本质连生物"是佛教处境化的产物,具有很强的特殊性,沟通难度较大。所以,汉藏佛教交流的原则和前提必须以汉藏佛教传承的历史和差异性为依据,在引入双方佛教系统中原本不存在的

---

① 王尧:《藏传佛教丛谈》,中国藏学出版社2011年版,第168—169页。

制度、仪轨、修法时,应该持审慎的态度。事实上,汉藏佛教在交流的历史过程中,双方在认知、认可、接纳方面存在的困难主要来自"非本质连生物",这也是近代入藏学法汉僧后来面临的主要问题。碧松(邢肃芝)在《雪域求法记》中说:

> 汉人喇嘛聚在一起,时常会谈论起个人今后的打算。在西藏学佛几年,显密佛教都学了,以后怎么办呢?将来回到汉地,会遇到什么样的结果呢?这都是我们要考虑的。到了西藏以后,环境所限,以前在汉地的很多习惯都改变了,在汉地法师都是吃素食,到了西藏以后没有这个条件,只能开始吃荤,这是其一;穿的衣服也改变了,在汉地穿的是和尚装,如今当了喇嘛,身上穿的是喇嘛衣服。将来回到汉地,这些习惯又要再改回来,否则难以安身,身穿喇嘛服怎么进和尚庙子?这是其二;此外,喇嘛的修法和仪轨与汉地的法师又有不同,就算你考下了格西,学了不少密法,恐怕也很难被汉地的很多大寺庙所接受,长久以来汉地的佛教界对藏传密教一直持有一种偏见,这是其三;其实,若讲到佛学上的造诣,我们在西藏所学远远超过了汉地一般和尚的水平,但这对于他们来说却是很难接受的。所有这些都成了将来我们与汉地佛教间的隔阂,让我们不得不考虑回去以后如何适应。①

碧松作为一个在西藏学有所成(取得拉让巴格西之位)的僧人,他所提到的汉藏佛教认同方面的三个困境,以戒律、仪轨为主,就藏传佛教而言,并非核心的真理和教诫,因而是典型的"非本质连生物",但被碧松视为汉藏佛教在融通方面面临的最大障碍。因为相同的原因,在民国汉藏佛教沟通方面,法尊和能海等人虽然取得了巨大成功,成为

---

① 邢肃芝:《雪域求法记——一个汉人喇嘛的口述史》,第217—218页。

近代沟通汉藏佛教的巨匠。但在他们光环的背后,是许多入藏学法僧人对再次融入汉传佛教宗教生活有意或者无意的回避,他们或者"远离尘世,找清净的地方去闭关清修了",[①] 或者还俗参加工作,这其中包括碧松(还俗后称为邢肃芝)、欧阳无畏以及多杰觉拔尊者的两个汉人弟子等一批人。

总之,无论是汉传佛教还是藏传佛教,其中包含的各种修法毕竟与特定的历史文化关系密切,我们在谈及不同佛教体系中的任何一种法门时,都要重视其产生和存在的历史、文化,正视其出现的必然性,并全面了解其在相应的佛学体系中的地位,给予其客观的评价和相应的尊重,这也是不同语系佛教交流、交融的必要前提。

---

① 邢肃芝:《雪域求法记——一个汉人喇嘛的口述史》,第218页。

"以政驭教"：清代的宗教政策及其对东北亚文化格局的影响
——以盛京为中心*

王 伟
中国社会科学院世界宗教研究所副编审

摘要：本文以清代藏传佛教政策为切入点，尝试展现清王朝如何处理多族群、多文化之间的张力。因此本文涵盖两个层面，一是汉族、蒙古族、满族各族群之间的关系，二是儒、佛与萨满文化的关系。这两个层面其实是交织在一起的，从文化传统上来讲，蒙古人的文化以藏传佛教为主，汉人以儒家文化为主，而满人的文化传统是萨满文化。本文拟探讨清代统治策略如何在这些族群、文化之间寻求平衡，以及对东北亚文化格局产生的影响。

关键词：清代佛教政策；东北亚文化圈；儒家文化

费正清认为，古代东亚世界在政治上形成了以中国为中心的"天下秩序"，中原王朝成为东亚世界的政治中心。① 东北亚地区在地域上主要涵盖中国东北地区、朝鲜半岛和日本，其主要特点是以儒家文化和

---

* 本文是2019年度国家社科基金重大项目"'一带一路'佛教交流史"（项目编号：19ZDA239）的中期成果之一。"以政驭教"参见正文中所引孟森的说法。
① 参见［美］费正清编《中国的世界秩序：传统中国的对外关系》，杜继东译，中国社会科学出版社2010年版。

佛教文化为核心内容，兼有民间萨满传统的多元文化共同体。这种多元文化是中国、日本、朝鲜半岛历史上长期交往所缔造的结果，也与清代宗教政策有一定关系。

由于藏传佛教对蒙古人的重要性，有清一代赋予了藏传佛教举足轻重的政治地位，而同时清廷又强调以儒治国来获取汉人社会的认可，那么如何看待清代的尊佛和崇儒政策以及儒佛关系，历来受到学界重视。张羽新、德勒格等提出清入关前就已开始利用喇嘛教统治蒙古[1]；王钟翰等认为清代出于政治目的在蒙古地区提倡藏传佛教，推行的是分而治之并限制利用的政策[2]；商鸿逵指出清朝统治者善于"因势利导"，因此尊孔和崇奉喇嘛教是成功的[3]。上述观点具有一定代表性，指出了清王朝推崇藏传佛教和儒家思想的实质，对我们理解清代宗教政策有一定的帮助，并为未来的研究提供了富有启示意义的方向。但是以往研究还存在一些问题，在清代文化多样性方面，或者割裂了清代文化的多元性和整体性，研究重心往往是某一教派或民族，未能站在多元文化视角来看待清代的宗教政策；或者在关注多元文化融合方面，更多考虑汉文化对其他民族文化的影响，而忽略了清廷通过政策权衡，应对多元文化的张力与冲突。此外，对清代以盛京为中心的东北亚区域文化关注也是不够的。

本文拟围绕上述问题而展开，作为一个多民族、多文化的国家，清朝存在着满、汉、蒙文化之间的差异，本文拟在前有研究基础上，进一步深入探讨清代如何处理多元文化之间的张力，以及如何实现多元文化的共存与共生。以清王朝对待蒙、汉文化的政策作为切入点，研究清代

---

[1] 张羽新：《努尔哈赤与喇嘛教》，《西藏民族学院学报》1983年第2期；蔡志纯：《试论黄教在蒙古的传播和影响》，《内蒙古社会科学》1985年第5期；德勒格：《内蒙古喇嘛教史》，内蒙古人民出版社1998年版。
[2] 王钟翰：《清代民族宗教政策》，《中国社会科学》1992年第1期。
[3] 商鸿逵：《论清代的尊孔和崇奉喇嘛教》，《社会科学辑刊》1982年第5期。

的宗教政策与政治权力的关系；另外，鉴于清代以东北为本族文化"保留地"，盛京及其周边是最能体现满人文化的地区，因此将盛京作为研究落脚点，分析清代治理策略对盛京乃至东北亚文化格局的影响。在地域上，本文的研究范围涵盖今东北三省、河北北部、内蒙古东部和北部，以及朝鲜半岛。

一 "兴黄教以安众蒙古"的佛教政策

1636 年，漠南蒙古十六部四十九台吉会于盛京，共向皇太极上尊号为"博格达·彻辰汗"，这不但标志着漠南蒙古正式归附于后金，也标志着皇太极成了蒙古大汗。皇太极正是在蒙古势力的支持下称帝，并改国号为大清，之后于 1644 年入关。在这个过程中我们看到，满蒙间政治军事联盟的重要性似乎超越了蒙藏间宗教上的意识形态联盟。[①] 但入关之后，蒙古仍有部分势力未归顺，对清政权存在一定威胁，所以，清代针对蒙古的宗教政策基本上是为了维护统治而展开。

为安抚蒙藏地区，清政府采取了扶持藏传佛教的政策，赋予藏传佛教领袖极高的权力。顺治十年（1653）以金册、金印册封第五世达赖喇嘛阿旺嘉措为"西天大善自在佛所领天下释教普通瓦赤喇怛喇达赖喇嘛"，印文"西天大善自在佛所领天下释教普通瓦赤喇怛喇达赖喇嘛之印"。康熙五十二年（1713），谕曰："著照封达赖喇嘛之例，给以印册，封为班禅额尔德尼。"在蒙古地区，康熙三十二年（1693），册封哲布尊丹巴为"大喇嘛"，掌管喀尔喀蒙古藏传佛教事务；康熙四十五年（1706），正式册封第二世章嘉活佛为"灌顶普善广慈大国师"，执

[①] 吕文利：《明末清初蒙古诸部试图建立"政教二道"中心的实践》，《黑龙江社会科学》2017 年第 3 期。

掌内蒙古藏传佛教事务。① 四大活佛分主教权的格局，既稳定了蒙古民众，也分散了宗教领袖的权力。

清政府还在东北广修寺院，支持藏传佛教的普及。清入关前夕就在其都城盛京四方敕建四座喇嘛寺塔，被认为是密宗所说佛之四业（息增怀伏）的空间化，以达成皇帝消业增寿、国家兴盛、人民安居乐业的祈愿。② 其中，沈阳实胜寺是清朝建立的第一座喇嘛寺庙，早在天聪九年（1635）即首创玛哈噶喇佛堂，崇德元年（1636）皇太极在盛京即皇帝位，将佛堂扩建为"莲华净土实胜寺"，这座寺庙在清朝开国史上具有特殊意义，③ 是当时清朝敕建的政治地位和宗教地位都最重要的藏传佛教大寺。另外，清帝王出行时也会下榻寺院，这使寺院的政治地位得以凸显。例如乾隆四十九年（1784），清帝前往长白山探祖寻根途经向海（今吉林省通榆县），下榻"青海寺"，乾隆帝见"青海寺"的"青"字比"大清"的"清"字少了三点水，如削去了"大清"的半壁江山，于是找来住持，重命寺名，改为"福兴寺"，且亲笔以满、汉、蒙、藏四种文字书写木制匾额，并留有"云飞鹤舞，绿野仙踪。福兴圣地，瑞鼓祥钟"碑文。④

清廷对藏传佛教的扶持不仅限于政治待遇，在经济上也给予了许多特权和优待，喇嘛们不仅可以不向朝廷纳税、不应差役，甚至一些享有特权的高僧还可向百姓征收赋税以及派差等。⑤ 总之，清廷通过册封宗教领袖、修建寺院、资助僧侣等行为，安抚了蒙古人，同时藏传佛教也在东北地区一度兴盛起来。

---

① 参见尕藏加《清代藏传佛教研究》，中国社会科学出版社2014年版，第284—290、254—255页。
② 李勤璞：《西藏的佛国境界：盛京四郊喇嘛寺塔的敕建》，《美术学报》2012年第2期。
③ 李凤民：《沈阳实胜寺创建年代考》，《满族研究》2013年第3期。
④ 聂翔雁：《从福兴寺看藏传佛教对东北地区的影响》，《社会科学战线》2012年第11期。
⑤ 胡垚：《元、清两朝藏传佛教政策管控及其效果》，《深圳大学学报》（人文社会科学版）2018年第2期。

不过，清代对藏传佛教并非一味弘扬，前文提到在活佛册封方面的分权，其实就是一种对教权的限制。另据孟森研究，清代对佛教的尊崇，并非由于信仰，而是"纯为作用"，孟森例举雍正"十年以后，多刻佛经，又自操语录选政，自称圆明居士，亦随诸大师之后，列为语录之一家。其传播语录，自是禅宗派别"。然而，颇为耐人寻味的是，雍正又在语录中说："章嘉呼土克图国师喇嘛，实为朕证明恩师也。"由此，孟森认为："世祖学佛乃学流行中国之佛，视喇嘛纯为作用。世宗学佛，意更在语录等书。明明学中国佛学，而偏戴章嘉佛为师。宗派不同，强合为一。""清之尊用佛教，绝非本心，视宗教为一种作用，不足与大经大法相混。《四库》定自高宗，《宫史》亦乾隆间所修。世宗之舞弄佛教、钳制佛教如彼，高宗之拒外佛教如此。更证以乾隆末年《御制喇嘛说》，则于清代之约束西藏活佛，更可知以政驭教，决不以教妨政之真相矣。"①

孟森此说并非毫无依据，乾隆曾说："我朝虽护黄教，正合于《王制》所谓'修其教不易其俗，齐其政不易其宜'。而惑众乱法者，仍以王法治之，与内地齐民无异。"② 又说："朕于黄教素虽爱护，但必于奉教守法之喇嘛等加以恩遇。若为教中败类，罪在不赦者，即当明正典刑，断不稍为袒护。"③ 确如乾隆所说，清代藏传佛教地位虽高，但绝高不过皇权，即便是藏传佛教地位最高的四大活佛的册封权，也在清政府控制之下。清王朝对藏传佛教僧众的管理，以"革其弊，不易其俗"为宗旨，采取适宜的限制措施。理藩院设立喇嘛印务处，专门处理有关僧众事务，并出台多项明文禁令。④ 例如《大清会典事例》卷九九三所

---

① 孟森：《清史讲义》，北京理工大学出版社2016年版，第273、274、280、277页。
② 雍和宫御制《喇嘛说》碑文，载张双智编著《元代至民国治藏政策法规汇要》，学苑出版社2010年版，第450—452页。
③ 中国藏学研究中心等合编：《元以来西藏地方与中央政府关系档案史料汇编》（2），中国藏学出版社1994年版，第691页。
④ 尕藏加：《清代藏传佛教研究》，第340页。

载《理藩院·禁令·喇嘛禁令》及卷五〇一《礼部·方伎·喇嘛禁例》，皆详细规定了针对藏传佛教的多种禁约。

因此，正如礼亲王爱新觉罗·昭梿在其《啸亭杂录》中所评："国家宠幸黄僧，并非崇奉其教以祈福祥也，只以蒙古诸部敬信黄教已久。故以神道设教，借仗其徒，使其诚心归附以障藩篱，正《王制》所谓'易其政不易其俗'之道也。"① 事实上，藏传佛教领袖在意的是佛教的弘扬以及教区的安稳，而清帝则关注的是政权的稳定及蒙古人的归顺。所以，清帝与藏传佛教领袖可谓各得其所，在皇权与教权之间达成了某种默契，保证了蒙古地区的稳定，巩固了清王朝的版图，从这个意义上讲，这种策略是富有理性而有所成效的。

"易其政不易其俗"的策略不仅体现在清代对蒙古地区的治理上，对汉人社会亦是如此。努尔哈赤时代起，"对于汉民族的传统宗教，包括儒释道三教，也采取了兼容并包、吸纳整合的政策"②。入关后，"以儒家封建伦理为中心，吸取了佛教、道教一些宗教修行方法"，信奉"天地君亲师"，"君权与神权紧密结合起来"。③ 儒家思想中的君权神授保证了清代帝王至高无上的神圣性，然而藏传佛教的领袖也同样具有教内的神圣性，因此，当这两种体系的最高代表相遇时，就产生了种种冲突，下文将对此展开讨论。

二 "儒佛礼仪之争"表象下的文化心理差异与政治考量

清代统治者尊崇藏传佛教，这在某些特定情况下就难免与儒家文化有所冲突，而这种冲突的深层原因又与汉、满、蒙的文化差异有关。这种差异暗含着一种夷夏心理，不仅清代汉臣怀有这种心理，以明代为正

---

① （清）昭梿撰，何英芳点校：《啸亭杂录》，中华书局2010年版，第361页。
② 汪桂平：《清入关前的宗教政策探析》，《世界宗教研究》2019年第4期。
③ 任继愈：《论儒教的形成》，《中国社会科学》1980年第1期。

统的朝鲜王朝，也带着这种夷夏心理来看待清王朝及其文化。我们从达赖和班禅朝见事件的史料中，可以看到不同文化背景所导致的立场冲突，以及清廷的应对。

顺治九年（1652），因达赖喇嘛前来朝见，皇帝就是否去边外迎接一事与众臣商议，担心不迎接，"恐喀尔喀因之不来归顺"，所以谕令众臣各抒己见。满臣认为："上若亲往迎之，喀尔喀亦从之来归，大有裨益也。若请而不迎，恐于理未当。我以礼敬喇嘛，而不入喇嘛之教。又何妨乎？"而汉臣则认为："皇上为天下国家之主，不当往迎喇嘛。喇嘛从者三千余人，又遇岁歉，不可令入内地。若以特请之故，可于诸王大臣中，遣一人代迎。其喇嘛令住边外，遗之金银等物，亦所以敬喇嘛也。"① 从满汉大臣的不同反映，可见他们心态上的差异。满臣赞同清帝出迎达赖喇嘛，是基于喇嘛对蒙古的影响力，完全出于政治考虑，可见满臣在心态上确实"视宗教为一种作用"，对皇帝和达赖喇嘛的尊卑次序反倒没有过于强调；然而汉臣显然对尊卑次序更加敏感，其谏阻既有视皇帝更为尊贵的含义，更有强调儒家正统地位的寓意，同时这种心理也暗含了夷夏之分辨。经过权衡之后，顺治听从了汉臣的建议："卿等谏朕勿往迎喇嘛，此言甚是，朕即停止。"（《大清世祖实录》卷六十八"顺治九年壬辰九月庚午朔"）最终采取了折中办法——达赖喇嘛带部分随从进京，顺治帝以"田猎"之名，与其相会于南苑，从而淡化了朝见的礼仪困扰。

班禅朝见发生在乾隆四十五年（1780），此次事件朝鲜燕行使团中的朴趾源②在《热河日记》中有详细记载。首先是清帝谕令朝鲜使臣参见班禅，在是否行叩拜之礼上，朝鲜使臣与清朝大臣发生了争执，朴趾

---

① 顾祖成等编：《清实录藏族史料》第一集，西藏人民出版社1982年版，第19—20页。
② 朴趾源（1737—1805），朝鲜李氏王朝后期实学派代表人物之一，朝鲜著名思想家、文学家。1780年以观光客身份，随当年燕行使赴清。此行历时3月有余，回国后撰成日记体纪行文《热河日记》。

"以政驭教"：清代的宗教政策及其对东北亚文化格局的影响

源记载说：

> 军机大臣初言皇上也叩头，皇六子也叩头，和硕额驸也叩头，今使臣当行拜叩。使臣朝既，争之礼部曰："拜叩之礼行之天子之庭，今奈何以敬天子之礼施之番僧乎？"争言不已。礼部曰："皇上遇之以师礼，使臣奉皇诏，礼宜如之。"使臣不肯去，坚立争甚力。尚书德保怒，脱帽掷地，投身仰卧炕上，高声曰："亟去亟去！"手麾使臣出。今军机有言，而使臣若不闻也。提督引使至班禅前，军机双手擎帕，立援使臣。使臣受帕，仰首援班禅。班禅坐受帕，略不动身，置帕膝前，帕垂榻下。以次尽受帕，则还授帕军机，军机奉帕立侍于右。使臣方以次还出，军机目乌林哺止使臣，盖使其为礼，而使臣未晓也，因逡巡却步，退坐黑缎绣，次蒙古王下。坐时微俯躬举袂仍坐，军机色皇遽，而使臣业已坐，则亦无如之何，若不见也。①

这段记载详细而生动，先是礼部要求朝鲜使臣行叩拜之礼，遭到拒绝。后来在朝鲜使臣觐见班禅时，军机大臣再次要求叩拜，使臣"若不闻也"，仅奉上哈达之后便坐下。军机大臣面色惶恐，但又毫无办法，只好装作没看见。

其次，朴趾源又详细描述了清帝与班禅相见时的情况："班禅徐起移步，立榻上东偏，笑容欣欣。皇帝离四五间，降舆疾趋至，两手执班禅手，两相搊搦，相视笑语。皇帝冠无顶红丝帽子，衣黑衣，坐织金厚褥，盘股坐。班禅戴金笠，衣黄衣，坐织金厚褥，跏趺。稍东前坐，一榻两褥，膝相联也。数数倾身相语，语时必两相带笑含欢。数数进茶，户部尚书和珅进天子，户部侍郎福长安进班禅。长安，兵部尚书隆安弟

---

① 朴趾源著，朱瑞平点校：《热河日记》，上海书店出版社1997年版，第185页。

也，与和珅俱侍中，贵震朝廷。日既暮，皇帝起，班禅亦起，与皇帝偶立，两相握手，久之，分背降榻。皇帝还内如出仪。班禅乘黄金屋轿，还札什伦布。"① 从这段记述中我们可以看到，清帝将班禅放在一个相对平等的位置上——见面与告别时握手，坐下时"膝相联也"，"语时必两相带笑含欢"，连进茶之人亦是朝廷重臣，这恐怕是帝王所能给予的最高礼遇了。

不过，朝鲜使臣对此愤愤不平，不仅不肯叩拜，甚至说班禅"万古凶人也，必无善终理"。对此，张亚辉评论道："朝鲜使团自视为明之遗民，礼仪之邦，对于清朝皇帝宠佞番僧一事颇不耐烦，再次将满人一古脑儿地划到蛮夷的类别中去了。""这样，我们就可以得到朴趾源眼中的夷夏关系的序列，即热河文庙是承德的华夏中心，然后是避暑山庄的半夷半夏，外庙体系则是夷狄的空间。"② 朝鲜使臣自视为儒家立场，其文化心理与汉臣心理相类。不过，清帝并没有受到这种立场的局限，而是出于全局的考量，尽可能选择了喇嘛和儒臣都能接受的方式。

美国历史学家何伟亚（James Hevia）曾认为，"马嘎尔尼使团的礼仪之争并非不同寻常，礼仪之争亦存在于东亚和亚洲腹地的关系中"，并举六世班禅朝觐之事为证。③ 而张亚辉则认为："承德当时的礼仪之争其实是存在于儒僧之间，而不是皇帝和喇嘛之间，当然，至少从《热河日记》来看，儒家在这次礼仪之争当中并不占上风。"④ 但张亚辉没有注意到的是，在达赖入清见顺治之时，顺治听从了汉臣的建议，没

---

① 朴趾源：《热河日记》，第186页。
② 张亚辉：《〈热河日记〉与"儒藏礼仪之争"：一场多民族帝国盛宴的历史人类学考察》，《青海民族大学学报》（社会科学版）2015年第3期。
③ [美]何伟亚：《怀柔远人：马嘎尔尼使华的中英礼仪冲突》，邓常春译，社会科学文献出版社2002年版，第44页。
④ 张亚辉：《〈热河日记〉与"儒藏礼仪之争"：一场多民族帝国盛宴的历史人类学考察》，《青海民族大学学报》（社会科学版）2015年第3期。

有出迎达赖。班禅朝见事件儒家没有占上风,但是达赖朝见事件却是儒家占了上风。因此事实上,儒藏礼仪之争只是表象,其背后是儒臣在文化上的夷夏心理——视儒家为正统,藏传佛教为异端。清帝则淡化了礼仪之争,其决断是出于政治的权衡,而不是宗教或文化的权衡。所以,朝见事件并不能说明何伟亚关于皇帝与内亚佛教世界的礼仪冲突的看法,当然也并不能说明有清一代儒佛文化究竟谁占更高的地位。

儒佛相遇之际,儒者虽怀有戒备和质疑,但在喇嘛的表现中似乎并没有对儒者的敌意。究其原因,儒者更多出于对皇权至上的维护,而如前文所述,喇嘛更在意教权,对世俗的权力并无争夺之意。清帝正是认清这一点,所以既对喇嘛礼遇有加,又尊崇孔子;既安抚蒙古,又安抚汉人,说到底是为了统治稳固而已,这种统治策略进一步巩固了儒家文化和佛教文化在清王朝的核心地位。需要说明的是,由于对藏传佛教的推崇是出于政治需要,因而在主流意识形态中,清廷对藏传佛教的倡导和推动得以凸显,而在民间,无论是藏传佛教,还是汉传佛教,都广为接受。同时,国家对儒佛的倡导也促进了满人传统萨满信仰与儒佛思想的融合,这种融合在以盛京为中心的清代东北表现得尤为具体,满族、汉族、蒙古族等族群的文化融合,展现了东北亚的文化多面性。

三 清代东北地区萨满文化与儒佛的融会

虽然清代扶持藏传佛教主要是为了安抚蒙藏地区,而推崇儒家思想是为了得到汉人社会的支持,但作为执政者的两项重要施政方针,对以盛京为中心的东北地区必然也会产生深远影响。国家政策层面对佛教的支持,加之其本身的吸引力,使佛教在东北广为传播。东北曾是满族文化的"保留地",有浓厚的萨满文化传统。清代满洲的前身女真人自古崇信萨满,认为萨满能够通神,可以保佑族人平安,家族萨满有治病、驱邪、求子等职责。至清代,满人仍有信奉萨满的传统,"或曰,萨满教为满洲旧教，其仪式以跳神为重，所供神牌，书'法祖敬天'等字，盖满洲夙重祭天之礼，尤重敬祖，以不忘本为教也。或曰，萨满为女巫，非教名也，亦称珊蛮，则音转耳。然萨满术师，不如佛之禅师、耶之神甫得人崇敬，但以巫医、卜筮诸小术敛取财物而已"①。有记载说辽阳地区"信鬼好师巫"②，其实不止辽阳，可以说整个东北地区都有这种风习，这与其地的萨满文化传统有直接关系。萨满教也是朝鲜半岛自古便有的宗教传统，甚至近年来"被人视为解释韩国传统文化的关键"，"韩国萨满教把神秘的和世俗观念融合在一起已有上千年历史了。在韩国社会中，萨满教神秘的世俗观念一直在传播着，这也是萨满教的核心力量"③。

　　清代在国家意识形态上虽推崇儒学，沿袭儒家仪礼对宫廷祭祀进行规范，却保留了萨满仪式的内核。尤其在盛京，清代重要宫廷祭典——堂子祭天和清宁宫（入关后为坤宁宫）萨满祭祀便是发源于此，而这两处都是萨满祭祀的重要场所。其中，"堂子祭天清初起自辽沈，有设杆祭天礼。又于静室总祀社稷诸神祇，名曰堂子。建筑城东内治门外，即古明堂会祀群神之义"（《清史稿》卷八十五"志十六·礼四"），清代12位帝王中，有6位帝王曾前往盛京祭祀堂子。乾隆十二年（1747），颁行《钦定满洲祭神祭天典礼》，使堂子祭祀走向制度化、庙堂化，宫廷的重要祭祀大都在堂子举行，此后民间的萨满祭祀也模仿清宫仪礼。康熙年间，在东北满洲兴起之地，采取了隔离并保留满人原有文化的举措，此后历代帝王也都遵行这一举措。到了乾隆年间更是实行严格的封禁措施，使东北的萨满文化得到较完整的保留。

　　萨满文化的一个核心内容，是萨满的通神技艺，萨满的威望往往由

---

① 徐珂编撰：《清稗类钞》第四册"宗教类"，中华书局1984年版。
② 杨镳、施鸿纂修：《辽阳州志》卷二十七，载姜维公、刘立强主编《中国边疆研究文库·初编·东北边疆卷·十一》，黑龙江教育出版社2014年版，第218页。
③ ［韩］尹以钦：《韩国历史上的萨满教角色》，张晓校译，《满语研究》1996年第2期。

其神通而来。而佛教自传入东北，也展现出"神异"面向。据《晋书》记载，东北地区的第一座佛寺龙翔寺，是因有神龙显现而得名。① 史载东北传法的第一位高僧昙始也是神异之人。梁慧皎《高僧传》："释昙始，关中人。自出家以后，多有异迹。晋孝武太元之末，赍经律数十部，往辽东宣化，显授三乘，立以归戒，盖高句骊闻道之始也。义熙初，复还关中，开导三辅。始足白于面，虽跣涉泥水，未尝沾湿，天下咸称白足和上。"② 昙始于东晋太元末年（396）赴辽东弘法，生平之中多神异之事，《高僧传》因而也将其列入"神异"一类，书中还记载他是在高句丽传法的第一人。

此后佛教在东北的传播，始终伴随着神迹故事，清代也是如此。清入关前便已在以盛京为中心的辽宁地区修建寺庙，其中一些寺庙不乏神秘传说。天聪九年（1635）辽阳西门外曾有敕修佛寺，名为广佑寺，内有碑记曰："此寺创于汉时，唐尉迟恭重修，盖古刹也。"内有自来佛一尊，相传前代有一乡民往广宁贸易，路遇一童子，曰："我欲往广佑寺，能负我往，以银布相酬，其人诺之。"数百里不终朝而至，抵寺则一金身佛像也。数人舆之不动，寺僧异之，酬以银布。康熙二十一年（1682）四月，圣驾幸寺，赐袈裟，寺周可二三里，门对千山，亦州之胜迹也。③

佛教的这种神秘色彩，与东北地区的萨满文化不谋而合，长久以来交融互摄，在东北形成独特的民俗佛教传统。"所谓民俗佛教，是指与学理佛教相对，是影响或组成民间信仰以及民间社会生活的佛教。"④ 我们以两则史料为例：宁古塔有西庙，"中有铜观音一，高八九寸，蓝旗章京某所舍也。某云，阿机人钓而得之江，以为神，杀牛、猪、鸡、

---

① 参见（唐）房玄龄等《晋书》卷109，中华书局1974年版，第2825—2826页。
② （梁）释慧皎撰，汤用彤校注：《高僧传》卷十"神异下"，中华书局1992年版，第385页。
③ 杨镳、施鸿纂修：《辽阳州志》卷二十七，载姜维公、刘立强主编《中国边疆研究文库·初编·东北边疆卷·十一》，第220页。
④ 李四龙：《民俗佛教的形成与特征》，《北京大学学报》（哲学社会科学版）1996年第4期。

鹅必祭，而以血涂其口"①。"巫风盛行，家有病者，不知医药之事，辄招巫入室诵经。装束如方相状，以鼓随之，应声跳舞，云病由某祟，飞镜驱之，向病身按摩数次遂愈。或延喇嘛治之，亦大同小异。"② 这两则记述中，佛教已与民俗相混，以致发生血祭观音像和喇嘛治病与巫者大同小异等事件。宗教传播过程中，因展现神异力量而更易受到认可，与人们的实用主义需求密切相关，也与佛教自身的内在机制有关，"佛教作为一种解脱学，强调要'度脱众生'，而众生的条件、情况各不相同，为此在教化时要'方便善巧''方便权略'，允许采取各种方便方法，灵活地引导众生。这种方便法门，为佛教的自我调节和自我组织提供方法论的基础"③。程恭让进一步认为"佛教在地化及中国化的内在动力源于佛教中善巧方便一系概念思想"，把这种方便法门和佛教的自我调节机制归因于佛教的"善巧方便"思想。④

　　由于具有某种"共性"，民间满族、汉族、蒙古族普通人的宗教文化交流相对于上层社会的激流暗涌来说，则要平和得多。可以说，佛教在东北的传播，是与民间俗习相伴而行的。清代佛教与人们生活息息相关，除了官修寺庙，几乎每个村落、名山都有佛寺，清代的笔记、地方志中记载了很多寺庙，有的寺庙兼有驿站的功能，官员出行经常住在寺庙里，可见佛教已经融入官、民的日常生活。朝鲜燕行使对此亦有记载，康熙年间金昌业《老稼斋燕行日记》载："自凤城以

---

① 杨宾：《柳边纪略》，载姜维公、刘立强主编《中国边疆研究文库·初编·东北边疆卷·八》，第63页。
② 何煜：《黑龙江述略》，载姜维公、刘立强主编《中国边疆研究文库·初编·东北边疆卷·三》，第220页。
③ 方立天：《佛教中国化的历程》，载《方立天文集》第一卷，中国人民大学出版社2006年版，第443页。
④ 程恭让、常凯：《佛教中国化的"内在机制"问题——关于大乘佛教善巧方便思想的再思考》，《西南民族大学学报》（人文社会科学版）2019年第11期。

后，有村必有神庙或佛庙，其土地庙则虽数家村皆有之。"① 吴道一《丙寅燕行杂识》记载："村村立东岳庙，家家皆设佛像，或以塑或以画，非甚残疲之家，皆有之。"② 不过，民间寺庙并非都是正统佛教，如宁古塔地区有既济庙，"祀龙王、火神，僧名天然"，还有土地庙，"河南王姓尼守之"。③ 另外，清代满人崇奉关帝，佛像与关帝共处一庙，民国《吉林新志》载："旗人所祭之神与汉人同，而特重观世音菩萨、伏魔大帝及土地神。故祭时磔豕献酒，必敬必虔焉。"④ 这也是燕行使看到的普遍现象，"家家奉画关帝像，朝夕焚香，店肆亦然。关帝庙必供佛，佛寺必供关帝。为僧者一体尊奉，曾无分别。有村必有寺有庙，如辽阳、沈阳、山海关等处最多"⑤。关帝是民间信仰中儒家和佛教融合的体现，他既是武圣人，是儒家忠义的道德象征；也是降妖伏魔的帝君，是佛教庙宇中的护法神；同时常常作为财神被供奉。所以，关帝在东北被广泛信奉，正是儒家文化和佛教文化融入民间信仰的经典表现。

吕光天曾说："清朝二百六十八年的历史，就是萨满教与佛教融合的历史。"⑥ 儒家文化和佛教文化深入影响了满人的生活，满人以萨满文化为根基，融合了儒佛思想，形成了一种"复数的文化"。这种文化上的互摄，在朝鲜半岛也是同样的情况。"儒教为贵族阶层的社会生活提供了一种视野，佛教则向信徒提供了理解尘世间虚无的学问"，而"对于那些韩国的普通百姓来说，萨满教是他们表达实际需求的方式。正因如此，萨满教对儒、佛、道和基督教等古典宗教产生了非凡

---

① [朝] 金昌业：《老稼斋燕行日记》，载《燕行录全编》第二辑第五册，广西师范大学出版社2012年版，第63页。
② [朝] 吴道一：《丙寅燕行杂识》，载《燕行录全编》第二辑第三册，第55页。
③ 杨宾：《柳边纪略》，载姜维公、刘立强主编《中国边疆研究文库·初编·东北边疆卷·八》，第63页。
④ 李澍田主编：《吉林新志》，吉林文史出版社1991年版，第249页。
⑤ [韩] 李宜显：《庚子燕行杂识》，载《燕行录全编》第二辑第七册，第176页。
⑥ 吕光天：《北方民族的原始社会形态研究》，宁夏人民出版社1981年版，第348页。

的影响"。①

　　结合前文所述，清代统治者对藏传佛教的扶植仅仅是政治考量，并未在满人中推行藏传佛教，所以，清代满人的文化基础仍旧是萨满教。以至于当清朝瓦解，藏传佛教基本退回蒙古，在汉满社会都没有太多的深层影响。清代在东北地区保留了满族文化的萨满信仰底色，这使东北亚至今遗存着巫俗文化色彩，汉、满、蒙地区及朝鲜半岛的文化表现出多元形态。

结　语

　　从前文我们看到，清代所展现的多民族、多文化共处的图景，其实是一种政治权衡的结果。清代无论与汉、蒙还是与朝鲜，所追求的都是一种统治秩序，只要服从清王朝的统治秩序，有时甚至做出一些有限度的让步也是可以的。清政府对朝鲜、对蒙古地区的心态，其实质都是为了实现自己的治理秩序；反过来说，朝鲜对清王朝的朝贡、喇嘛对清王朝的朝贡，其实也是为了稳固自己的区域秩序。对于朝鲜来说，这种朝贡与册封的关系，使得"明清时代的中国作为宗主国没有直接使用武力，而是依据这种关系将朝鲜长期置于自己的支配之下。从朝鲜方面来看，他们凭借这种国家间关系避免了直接的武装侵略和中国王朝的直接统治"②；同理，对于蒙古地区来说，受到册封的喇嘛借助清王朝的庇护，维持了教权的稳定与延续。

　　我们从清代对待佛教和儒家的态度上，可以看到清王朝的统治者，并没有把自己放在某一族群的位置上来施政，而是均衡各方利益，构筑了一个庞大的"天下体系"。尽管前期和中期，曾划定东北为满族文化

---

① [韩]尹以钦：《韩国历史上的萨满教角色》，张晓校译，《满语研究》1996年第2期。
② [日]夫马进：《朝鲜燕行使与朝鲜通信史——使节视野中的中国·日本》，伍跃译，上海古籍出版社2010年版，第49页。

"保留地",但在对中原、西南、西北等其他民族的政策中,也保留了当地的文化与信仰,可见清代的构想是既保留本族文化,也保留他族的文化,以达到统治上的平衡。尽管实践中尚有种种弊端,但其展现出来的包容性和开放性,在一定程度上为未来缔造多元文化的中华民族共同体留下了伏笔,也为东北亚多元文化格局的形成创造了条件。

域外视角下的五台山圣山认同*

王国棉

山西省社会科学院研究员

摘要：中古时期的五台山，以佛教为中介，成为多族群文化互动中的重要枢纽。隋唐之前，汉人视印度为佛教世界的中心，视域外僧人为弘法者、译经者。入唐之后，中国佛教本土认同逐渐强化，域外僧人的角色随之转变，作为族群身份的"胡僧"与华夷观念联系起来。五台山圣山认同的形成过程中，域外僧人是巡礼活动最初的权威参与者，随后又率先接受佛教世界多元认同。在新罗与日本的例子中，以"边缘"与"中心"的更替为形式，圣山认同在族际之间传播。"圣山化"之后产生的"国际化"的互动情境，有助于族际间文化交流，是五台山成为中外文化交流枢纽的关键。

关键词：五台山；域外僧人；巡礼活动；圣山认同

隋唐时期，有许多域外僧人顺着丝绸之路来华慕名参访五台山，这些域外僧人有的留在了五台山，有的在巡礼五台山后去其他地方弘扬佛法。本文将在中古时期族群互动的背景中，从多个视角讨论域外僧人的

---

* 本文是 2019 年度国家社科基金重大项目"'一带一路'佛教交流史"（项目编号：19ZDA239）的中期成果之一。

信仰活动与五台山圣山认同的关系，同时关注五台山巡礼活动中特殊的国际化互动情境。

一　身为弘法者、译经者的"胡僧"

佛教在东汉传入中国，魏晋至隋唐时期，西域僧人东来传译经法，汉僧相率西行求法。以佛教为中心，在中古时期，中西交通日益频繁，文化边界的开放程度很高。用现代语言表达，域外僧人是国际势力，汉僧是本土势力。因此，域外僧人的言语与行为，他们对自身存在意义的表达，关系着汉传佛教的发展趋势。

魏晋之际，北方胡人是较早接受和传播佛教的群体。这一时期，北方游牧民族南下中原。在心理和知识背景上，胡人不同于中原汉人，可能更易于接纳佛教，而后者长期信奉儒家经典。天竺是佛教发源地，西域僧人是传播佛教的中介。就族群关系而言，北方胡人与西域僧人之间的文化差异，并不比他们与中原汉人之间的文化差异更大。中国北方族群关系中开放的边界，为佛教的扎根创造了广阔领域。胡人与西域僧人的交流，缩短了中国与佛教世界的距离。

"胡僧"这一称谓被人们广泛使用，可能是在隋唐时期。人们之所以使用某一类族群标签，目的在于强调我族与他族之区分。"胡僧"并非胡人的自称，而是来自汉人的"他称"。汉人为天竺与西域僧人贴上"胡僧"的标签，以体现汉僧与他们的"区分"。作"区分"的前提，是"汉僧"成为人数众多的群体，产生自我评价与认同的需求。

族群划分是一种主观行为，族群差异是一种社会现象。"胡僧"这一称谓的高度使用频率，折射出隋唐时期域外僧人活动之频繁。唐人对"胡僧"这一称谓的使用，意味着他们作"区分"依据的是怎样的观念，这是很值得讨论的问题。有研究指出，唐代诗文中出现的"胡僧",在形貌特征上存在共性,譬如碧眼、颈长肩宽、两耳垂肩、眉能覆面等。①

在佛教语境下,"胡僧"给人的印象,首先是神秘的外来者。佛教传入中国之后,很长一段时间内,民间常常将佛教信仰与神仙方术混淆起来,从"胡僧"可以很自然地联想到神异感通故事。佛教是外来宗教,"胡僧"是外来者。因为二者之间存在共性,人们就把自己的域外想象,部分地投射到了对"胡僧"的理解中。在汉人对佛教世界的想象中,"胡僧"是既被看作神秘的域外来者,又是肩负讲经传法使命的弘法者。

译经传法是中古时期与域外僧人联系密切的宗教活动。佛经多由梵文写成,中国人仰赖于翻译佛经方能了解佛教教义。在当时,佛经的汉译主要采取先由域外僧人口授,再由中国人笔录并润色成文的形式。早期的译经活动多属私人自发,而多数西域僧人的汉文修养并不高,翻译质量无法保证。下至隋唐时期,朝廷主持下的译场制度发展成熟,翻译活动可以有计划地进行,译经者之间分工明确。

唐以前的译经活动,西域和天竺僧人担任主译。入唐之后,中国僧人开始主持译事,但这一时期译经活动的国际化色彩依然很浓。玄奘的两位重要弟子,同时也是译经的助手,窥基是于阗人,圆测是新罗人。《古清凉传》记载,唐高宗咸亨四年(673),窥基游历五台山:

> (中台上)今有连基石室二枚……其二屋内,花幡供养之具,氍荐受用之资,莫不鲜焉,即慈恩寺沙门大乘基所致也。基,即三藏法师玄奘之上足,以咸亨四年(673),与白黑五百余人往而修焉。②

---

① 查明昊:《转型中的唐五代诗僧群体》,华东师范大学出版社2008年版,第136页。
② (唐)慧祥著,陈扬炯、冯巧英校注:《古清凉传》卷上《古今胜迹三》,山西人民出版社2013年版,第16页。

此处记载透露出，身为出色的译经者，窥基为修行之目的选择入谒五台山。窥基身兼译经者与巡礼者两种身份，而论重要程度，前者居首位。唐高宗年间，五台山中台之上，只见石室、石塔、立像及一些供养之具，可知五台山虽然是南北朝时期最兴盛的佛教山林，但寺院建制远非完备。那个时代，译场是重要的佛教研究和教学中心，名山则被僧俗二众视为适于潜心修行的场所。

二 "四夷之乐"与中国佛教本土认同

有学者据《高僧传》《续高僧传》《宋高僧传》所载域外僧人，考察魏晋至隋唐间域外僧人在中国扮演角色的变动趋势。成书于南朝梁普通三年（522）的《高僧传》中，收录了532位僧人，其中域外僧人59位；"译经"僧65位，而域外僧人中的译经者有49位，主要来自西域和天竺。成书于唐高宗麟德年间的《续高僧传》中，收录了675位僧人，其中域外僧人33位；"译经"僧51位，而域外僧人中的译经者有20位。成书于宋太宗端拱年间的《宋高僧传》，收录了655位僧人，其中域外僧人50位；"译经"僧44位，而域外僧人中的译经者有29人。由此可见，僧人总人数中译经者的比例，以及域外僧人中从事译经者的比例，均随着时代发展逐渐降低，译经的重要性也随时代发展逐渐减弱。南北朝时期，域外僧人中的译经者主要来自天竺、西域，当时域外僧人的主要活动就是译经。[1]

入唐之后，多数经典已译，译经的需求降低，外加译事渐由中国僧人主导，域外僧人的角色慢慢发生着变化。域外僧人逐渐转而从事其他活动，重心由单纯弘法，开始转向求法、修行。《隋书》记载，有一位

---

[1] 林韵柔：《唐代的五台山巡礼活动——兼论入谒五台山的域外僧人》，《中国中古史研究》（第一卷），中华书局2011年版，第323—325页。

沙门建议隋朝乐官万宝常"当言从胡僧受学,云是佛教菩萨所传音律",如此必得隋炀帝另眼相看。宝常如其言,却遭大臣苏威当面怒斥:

> 胡僧所传,乃四夷之乐,非中国宜行。①

隋唐时代之前,在人们心中,"胡僧"是不畏迢递险阻,来到中土弘法度人的文化使者。隋唐之后,"胡僧"褪去了弘法者的光环。在这个例子中,他们竟被直接视作夷狄,胡乐则被视作"四夷之乐"。细究这一转变背后的原因,可能在于,隋唐时期,中国在佛教世界中的位置发生了转变,从原先的边缘,逐渐转变成为印度之外的又一个中心。②

在人们心中,译经者、弘法者的标签遂逐渐从"胡僧"的身上剥落下来,佛教则是来自胡地的思想,因此华夏没有理由信奉它。"胡僧"形象的改变,正是中国佛教本土认同不断强化的结果之一。除此之外,新儒学的产生,以及随之而来的排佛思潮,也对"胡僧"一词的内涵变迁起着某种影响。

隋唐之际,域外僧人在中国佛教中扮演的角色,出现了一次从弘法到巡礼的转变。隋唐之前的时代,是译经僧极为活跃的时代,域外僧人多为弘法目的,远涉中土。隋唐之后,巡礼活动的重要性逐渐增加。与此同时,作为巡礼活动目的地的域内名山,逐渐完成"圣山化"进程。域外僧人的宗教活动,是中古时期佛教世界中一类特殊的族群关系的外在表现,反映的是巡礼活动与佛教本土认同形成的历史脉络。

---

① (唐)魏徵等:《隋书》卷七十八《万宝常传》,中华书局1973年版,第1784页。
② 柯嘉豪(J. Kieschnick):《关于佛教汉化的省思》,收在林富士编《中国史新论(宗教史分册)》,台北:联经出版公司2010年版,第271页;邝士元:《中国学术思想史》,上海三联书店2014年版,第236页。

三　唐代域外僧人在初期巡礼活动中的知识权威

佛教东来以前，五台山曾为"紫府"①，即道教神仙家的居所。五台山佛教始于北魏，但仅属地方性佛教山林，虽有孝文帝游访的传闻，恐出自后人附会。② 隋平天下而南北统一，仁寿年间（601—604）文帝三次诏发舍利至诸州，诏建舍利塔。③ 借助佛教的交流圈，皇权扩展自身的活动领域，冲破旧时代的群体区隔，试图获得普世的影响力。这也意味着，五台山即将在之后的时代，扮演不同于此前时期的新角色。

当我们考虑五台山圣山认同形成的长期过程的时候，应该追问的问题有：佛教圣山的意义？历史上的人们是如何产生圣山认同的？是否存在因时而异、因人而异的情况？长时段历史中，佛家圣山有什么特别之处？

处在一个新的历史门槛的人们，开始以新的视野期待为五台山的位置作出定义。唐人对《华严经·菩萨住处品》"东北方有菩萨住处，名清凉山"④ 的记载作出解读，选择"借重凭依"长安为参照地标，将五台山定位在"大唐"的东北方，配合佛经东北方有清凉山之说。可以说，中国佛教本土认同的强化，改变了中国僧人的自身定位，塑造了他们对本土佛教圣山的需求与认同，这既是五台山"圣山化"的历史背景，也是唐代圣山巡礼活动走向繁盛的动因。

这一时期，前往五台山巡礼的人群中，出现了众多的域外僧人。通过观察域外僧人对五台山巡礼的参与，我们可以对五台山"圣山"认

---

① （唐）慧祥：《古清凉传》卷上《立名标化一》，第11页。
② 林韵柔：《唐代的五台山巡礼活动——兼论入谒五台山的域外僧人》，《中国中古史研究》（第一卷），第330页。
③ 参见杨效俊《隋唐时期佛舍利信仰与崇拜在东亚的传播》，载杜文玉主编《唐史论丛》（第21辑），三秦出版社2015年版，第52页。
④ （唐）慧祥：《古清凉传》卷上《立名标化一》，第11页。此处《华严经》乃《大方广佛华严经》的略称。

同的形成过程有更多了解。乾封二年（667），西域狮子国僧人迦密多罗巡礼五台山。《古清凉传》卷下记载：

> （多罗）至此未久，奉表以闻，特蒙恩许，仍资行调，敕遣鸿胪寺掌客为译语人……多罗以乾封二年六月，登于台首，并将五台县官一员，手力四十人，及余道俗，总五十余人。
>
> 多罗因不饮食，卒行三日，食讫将行，译语诫众曰："大圣住处，亿劫稀闻，况得亲经。诚宜克念，幸各专志，勿复喧哗。设有所逢，但自缄默。"……多罗日夜六时，绕坛行道。又，日别数度，入水澡身。每旦，以净瓶四枚，满盛净水，上著粳米数合，牛乳半升，使人跪捧。①

多罗入山礼拜文殊时，朝廷安排译语人、县官、手力、道俗与之同行。参与圣山巡礼活动，意味着身处特定的互动情境，获得特别的宗教体验。多罗虽不解汉语，身为外来者，却熟谙巡礼仪式，自行"绕坛行道，入水澡身"，并让翻译告诫众人"勿复喧哗""但自缄默"。这一系列行为，体现了多罗具有成熟的参与者的权威，主导着当下的互动领域。而随行的僧俗，身为当地人，却对如何参与巡礼缺乏认知。

因此，在初期的巡礼活动中，就角色行为的表现而言，主角是来自西域和天竺的域外僧人，他们遍行各地，视中国为巡礼路上的一站。巡礼途中，西域僧人"赍莲花，执香炉，肘膝行步，向山顶礼文殊大圣"②，向中国僧人示范了成熟的宗教仪式，中国僧人则履行着学生与

---

① （唐）慧祥：《古清凉传》卷下《游礼感通四》，第27页。
② （唐）惠英：《大方广佛华严经感应传》卷一，《大正藏》第51册，第173页："仪凤年中（676—678），西域有二梵僧，至五台山，赍莲花，执香炉，肘膝行步，向山顶礼文殊大圣。"事亦见（宋）延一《广清凉传》卷下《高德尼事迹二十》，山西人民出版社2013年版，第123页。

观众的角色。由于有语言与文化的障碍，面对有着知识权威的印度，中国佛教是被动的伙伴。但是随着中国佛教本土认同的强化，原本的主动与被动的关系正在缓慢改变。

四 佛教世界的多元化与五台山圣山认同的形成

中国佛教与印度佛教之间的主动与被动、中心与边缘的关系，在隋唐时期，其实正处在一个转型阶段。随着中国佛教本土认同的强化，与五台山"圣山"认同的形成，呈现在巡礼活动中的互动情境不是一成不变的。赞宁《宋高僧传》卷二记载，唐仪凤元年（676），天竺僧人佛陀波利巡礼五台山，与文殊菩萨化现的老翁之间有如下对话：

> 倏焉见一老翁从山而出，作婆罗门语，谓波利曰："师何所求耶？"波利答曰："闻文殊大士隐迹此山，从印度来，欲求瞻礼。"翁曰："师从彼国将《佛顶尊胜陀罗尼经》来否？此土众生多造诸罪，出家之辈亦多所犯。佛顶神咒除罪秘方，若不赍经，徒来何益？纵见文殊，亦何能识？师可还西国，取彼经来，流传此土，即是遍奉众圣，广利群生，拯接幽冥，报诸佛恩也。师取经来至，弟子当示文殊居处。"波利闻已，不胜喜跃。裁抑悲泪，向山更礼。举头之顷，不见老人。波利惊愕，倍增虔恪。遂返本国，取得经回。①

这则故事里的"彼国"与"此土"，暗示历史事件背后的重要背景，是中国与天竺之间的互动。以佛教为中介，两个独立的文化体系结

---

① （宋）赞宁撰，范祥雍点校：《宋高僧传》卷二《唐五台山佛陀波利传》，中华书局1987年版，第28页。事亦见（宋）延一《广清凉传》卷中《佛陀波利入金刚窟十二》，第79页。

为共生关系。在此互动体系中，印度无疑是占据优势的一方。六朝时期，"胡僧"是来到中国弘法度人的文化使者。中国是位居劣势的一方，处在佛教世界的边陲。但是，下至隋唐时期，因"文殊大士隐迹此山"，中心与边陲的传统结构开始发生变迁。佛陀波利遍行各地，作为天竺僧人的他远道而来，依旧抱有行动地位上的优势心理。在聆听文殊教诲以前，他还不知道自己进入了一个新的互动情境。随后，文殊现身，令他速回天竺，取《佛顶尊胜陀罗尼经》来，流传此土，广利群生。文殊菩萨在故事里扮演了一个多元世界观的支持者，并以"纵见文殊，亦何能识？"的质问，批评了佛陀波利心中的天竺中心观，即一元化的自我中心主义，最终，佛陀波利恍然大悟，"遂返本国，取得经回"，暗示他最终理解和接受了互动方式的转变。

五台山的"圣山化"背后，是佛教世界产生的多元认同的背景。唐高宗年间，天竺僧人掘多曾巡礼五台山。《宋高僧传》卷十《唐邺都圆寂传附掘多传》记载：

> 释掘多者，印度人也。从逾沙迹，向慕神州，不问狄鞮，旋通华语，而尚禅定。径谒曹溪能师，机教相接，犹弱丧还家焉。多游五台，路由定襄。[①]

掘多极为仰慕中国佛教，不同于其他天竺僧人。在互动情境中，认同的外在表现可以从诸如语言、修行方式观察到。就语言而言，掘多"不问狄鞮，旋通华语"；就修行而言，掘多信仰的是中国化的佛教禅宗。可以推测，掘多对中国佛教的认同，主要指向文殊信仰和禅宗。

中国僧人想必对天竺人掘多对中国佛教的强烈认同感，感到吃惊和

---

① （宋）赞宁：《宋高僧传》卷十《唐邺都圆寂传附掘多传》，第234页。事亦见（宋）道原《景德传灯录》卷五，《大正藏》第51册，第237页。

不理解。事实上，我们也很少见到天竺僧人久居五台山不归的例子，比如开成四年（839），"天竺那兰陀寺僧三人来游五台，见五色云、圆光、摄身光，归天竺去"①。这也牵涉到佛教法脉传承的问题，开成五年（840），日僧圆仁在五台山遇见来自南天竺的法达，后者自述"我是鸠摩罗什三藏第三代苗裔"②。早期的巡礼中，是天竺和西域的僧人，为中国僧人示范着成熟的宗教实践仪式。天竺是佛教的发源地，梵僧有着权威的话语权，有着不同于中土的佛教传承。

在社会关系中，对他人的观察，常常会成为我们建构自身的依据。他们站在自己的立场看我们，促使我们更容易理解自己行为的意义。"圣山化"后的五台山，成为一处特殊的接触情境，本土认同在接触情境中得到外来者的认可。巡礼作为五台山特有的信仰活动，使五台山颇具国际化色彩，文化交流活动频繁发生。③ 巡礼活动则可以看作域内与域外僧人之间联系的关系网络，互动情境使知识交换与文化评估成为可能。佛教世界相比世俗世界的独立性，使互动情境得以长期存在。在此历史背景之下，域外僧人对佛教世界多元体系的接受，为中国佛教的本土转型提供了价值观转向的空间。

五 "边缘"如何成为"中心"

相比西域与天竺僧人，新罗、日本、渤海的僧人，更容易产生对中国佛教的认同。比如《三国遗事》卷四记载，新罗人慈藏入谒五台山：

---

① ［日］释圆仁著，［日］小野胜年校注，白化文等修订校注：《入唐求法巡礼行记》卷二，花山文艺出版社1992年版，第270页。
② ［日］释圆仁：《入唐求法巡礼行记》卷三，第317页。
③ 日僧圆仁于开成五年（840）过五台山七佛教诫院，忆昔日僧灵仙曾居此处，身亡，"渤海僧贞素哭灵仙上人诗于板上书，钉在壁上"。见［日］圆仁《入唐求法巡礼行记》卷三，第306页。这个例子表明，域外僧人在巡礼活动中，时而会接触并进入国际化的情境。

> 藏自叹边生,西希大华。以仁平三年丙申岁(636)受敕,与门人僧实等十余辈,西入唐,谒清凉山。①

唐代的佛教世界中,中国的位置发生了"中心化",而五台山的角色历经多次兴衰起落,最终在政治权力的推动下实现了"圣山化"。②"自叹边生,西希大华"的新罗僧人慈藏,就选择五台山作为求法的目的地。在趋向多元的佛教世界中,中国佛教逐渐成长为印度以外又一个"中心",新罗在这个过程中充当了"边缘"的角色。

新罗、日本、渤海的僧人,他们在中国较少参与译经,而以修行、习法、巡礼为主要活动。比如新罗僧人崇济在五台山"感文殊菩萨,现受五戒"③。日本僧人灵仙元和十五年(820)巡礼五台山,又在此山的金阁寺居住两年,大和元年(827)左右圆寂于此山的灵境寺。④ 日僧圆觉,开成五年(840)后,长住五台山。⑤ 高丽僧人入谒五台山,师事通晓大师,其师文德二年(889)圆寂后,选择留守,"敬修宝塔,遽立丰碑,兼以常守松门,几遭草寇"⑥。渤海僧人无名,贞元六年(790)巡礼五台,三年后在此山的佛光寺端坐而逝。⑦ 相比西域与印度的僧人,新罗、高丽、日本和渤海的僧人愿意成为更加投入的参与者,也愿意在五台山长期修行。新的互动情境下,中国佛教处在一个优势地位,东方国家的巡礼者加入交流圈,并在努力使自己成为合格的参与者。

以文殊信仰为媒介,五台山实现了"圣山化",在佛教交流圈中获

---

① 一然:《三国遗事》卷四,《慈藏定律》,岳麓书社2009年版,第377页。
② 王俊中:《五台山的"圣山化"与文殊菩萨道场的确立》,《正观杂志》1998年第7期。
③ 一然:《三国遗事》卷四《真表简传》,《慈藏定律》,第400页。
④ [日]木宫泰彦:《中日文化交流史》,胡锡年译,商务印书馆1980年版,第183页。
⑤ 参见[日]木宫泰彦《中日文化交流史》中《遣唐学生学问僧一览表》,第144页。
⑥ 崔彦撝:《高丽国溟州普贤山地藏禅院故国师朗圆大师悟真之塔碑铭》,《全唐文新编》卷一〇〇〇,吉林文史出版社2000年版,第15623页。
⑦ (宋)赞宁:《宋高僧传》卷十七《唐洛阳同德寺无名传》,第426页。

得了特殊的身份。国际化、多元化佛教关系网络的存在,是宗教实践得以跨越族群边界的前提。一些域外僧人因对五台山崇仰无比,回国之后,在本国继续普及文殊信仰的宗教实践。《三国遗事》记载,新罗僧人慈藏入唐后,在太和池边文殊塑像处,文殊化现为僧人对他说:

> 汝本国艮方溟州界有五台山,一万文殊常住在彼,汝往见之。①

慈藏法师在贞观十年(636)入唐求法,接受了文殊信仰,将之带回本国,新罗溟州于是也就有了一座五台山。

有学者还注意到,日僧奝然在北宋雍熙年间(984—987)巡礼五台,回国后在本国爱宕山仿造五台山,建立清凉寺。② 中国五台山成为文殊道场的历史,其实是一个"边缘"成为"中心"的故事。如同中国人之前的做法,新罗人与日本人也在尝试超越"边缘"的位置,成为新的"中心"。正如简·雅各布斯所说:"我们中的很多人认同一个地方是因为我们使用这个地方,对这个地方了解很深且产生亲切感。我们在这个地方四处走动,产生了信赖感。"③ 在多族群互动的情境下,新罗人与中国人一样,建构归属本国的佛教圣山,意在实现信仰的本土化。将圣山认同移植到本土,有助于本土的人群在"使用这个地方"的基础上"产生亲近感"。因此,不同族群之间,以"边缘"与"中心"二重奏的外在表现形式,圣山认同在族际之间传播。

在巡礼活动中,僧人们跨越了政治边界,期望实现佛教中普世主义的理想。在圣山建构中,僧人们根据本族群的生活方式,在思考地区性

---

① 一然:《三国遗事》卷三《台山五万真身》,《慈藏定律》,第320页。
② 崔正森:《世界上有多少五台山及其命名的寺院》,《五台山研究》2015年第4期。
③ [加]简·雅各布斯:《美国大城市的死与生》,金衡山译,译林出版社2005年版,第115页。

差异的基础上，努力使佛教在本国扎根。相融之处表现在宗教教义与仪式实践中，相异之处表现在法脉传承与族群特征上。这可能是仅能在佛教传播中观察到的一类特殊的文化互动现象。

结　论

本文从域外的视角，将五台山圣山认同的形成过程放到中古时期族群互动的背景下，观察佛教圣山巡礼活动中产生的互动情境。这一分析的重要前提，是将"圣山化"过程看作一个变迁问题，注意到历史进程背后参与者组成的社会网络。五台山圣山认同的形成，与中国佛教本土认同的强化，二者属于同时发生的历史过程。本土认同的意义，在于改变佛教世界原有的体系，即改变印度位居中心，中国位居边缘的状况。印度具有的优势地位，不仅体现在译经活动中，也体现在巡礼活动中。唐以前，译经活动的主译主要由域外僧人担当。早期的巡礼活动中，域外僧人熟谙巡礼仪式，主导了互动领域。

域外僧人对中国佛教的认同，反过来增强了中国佛教自身的本土认同。对中国而言，认同意味着从"边缘"向"中心"的地位转化；对域外僧人而言，认同意味着对佛教世界多元体系的参与和接受。如文中所言，新罗僧人与日本僧人在巡礼五台山之后，将这里的信仰模式带回了本国。这表示在多族群互动的情境下，他们与中国人一样，试着借助建构本国的佛教圣山，将"边缘"建构为新的"中心"，实现信仰的本土化。此外，"圣山化"之后产生的"国际化"的互动情境，是五台山成为中外文化交流枢纽的关键。人类学学者认为，特定环境有助于特定行为，特定环境又可以成为某类身份实现的条件。[①] 因此，我们需要追

[①] ［挪威］弗雷德里克·巴斯主编：《族群与边界——文化差异下的社会组织·导言》，李丽琴译，商务印书馆2014年版，第16页。

问，佛教圣山意味着怎样的特定环境？有什么特别之处？佛教信仰成为不同族群跨越政治边界的思想凭借。"圣山化"后的五台山，所具有的特别之处，即在其有助于产生"国际化"的接触情境。中国佛教的本土认同于域外僧人注视的目光下产生，文化效应甚至传播到了相隔千里之远的域外。互动情境中连接不同传统的多元文化互动，和中国佛教本土认同的强化，二者的关系并非相互对抗，而是相互交融。

辽代的密教信仰形态管窥*

夏广兴
上海师范大学对外汉语学院教授

摘要： 密宗兴盛于盛、中唐，经唐武宗"会昌法难"及晚唐、五代的兵乱，中原一带，密教昔日鼎盛之势不在。但在辽朝属地，因地势偏远而未受到冲击，密教信仰在朝野上下，广泛传持。诗文作品中，特别是《全辽文》中有大量表现。本文以石刻文献、出土文物等为对象，梳理其中如佛顶尊胜陀罗尼信仰、观音信仰等各种密教形态的表现，进一步说明华梵交融给当时的宗教精神生活带来的影响。

关键词： 密教；辽代文学；陀罗尼

从唐代中期开始，由于"开元三大士"的宣传，特别是不空将密教的护国思想融于唐密之中，中国的密教信仰到达顶峰。但唐武宗时，一场所谓"惩千古之蠹源，成百王之典法"的废佛运动，[①] 使中原地区佛教遭受毁灭性打击，尤其是密宗。武宗故后，佛教有一定的恢复，但不久，后周世宗显德二年（955），又发动了一场废佛运动，"废佛寺凡

---

* 本文是 2019 年度国家社科基金重大项目"'一带一路'佛教交流史"（项目编号：19ZDA239）的中期成果之一。
① （后晋）刘昫等：《旧唐书》卷 18，中华书局 1975 年版，第 605 页。

三万三百三十六,僧尼系籍者六万一千二百人"①。在这种连续的冲击下,中原的佛教文化严重受挫。然而,与北宋对峙的辽王朝所属的燕云之地,则在唐武宗时的法难事件中幸免于难,也未受到后周世宗废佛的影响,"唯黄河以北,镇、幽、魏、潞等四节度,元来敬重佛法,不折舍,不条流僧尼,佛法之事,一切不动之"②。由于地方节度使多信奉佛教,唐晚期藩镇割据,地方节度使对于中央的政令大多阳奉阴违,因此武宗禁断佛教的诏令在燕云地区并未得到贯彻执行。

一 密教信仰在辽代社会的传持

916年,辽河流域的契丹族人创立了契丹国,自此纵横北疆。947年,契丹改国号为大辽,于今内蒙古巴林左旗南建都,前后传承九帝,历210年。佛教伴随着辽朝的建国而传入,在兴宗时得到统治者的尊崇与扶持,这和石刻中我们看到的兴宗、道宗、天祚三朝规模巨大的佛教文献数目是相吻合的。在佛教极盛的道宗朝,史载:"一岁而饭僧三十六万,一日而祝发三千。"③度僧饭僧的数字惊人。崇佛误国,成为辽代中后期一大弊政,以致后世元人说"辽以释废"④,诚不虚也。辽王朝自立国以来,积极吸纳汉族文化建立政治、教育制度,在发展经济、文化过程中,又致力引进和推广佛教。据《辽代石刻文编》所收集的300余篇石刻题记,有关佛教内容的竟然有200余篇,且其中大部分与密教有关,我们可以看到密教在辽代的巨大影响力。

---

① (宋)薛居正等:《旧五代史》卷115,中华书局1976年版,第1531页。
② [日]圆仁撰,顾承甫、何泉达点校:《入唐求法巡礼行记》,上海古籍出版社1986年版,第196页。
③ (元)脱脱等:《辽史》卷26,中华书局1974年版,第314页。
④ (明)宋濂等:《元史》卷163《张德辉传》,中华书局1976年版,第3823页。

（一）辽代帝王、权贵与密教传持

辽代从燕云地区掠入大量汉族士人进入辽地的同时，也将燕云地区的密教信仰带入了当地的社会文化生活中，以汉族玉田韩氏为代表的密教信仰，深深地吸引并影响了契丹的皇室成员。首先真正信奉密教的是辽景宗的皇后萧绰，在她影响下，契丹的帝族、后族，乃至整个上层社会均奉持佛教，特别是到了兴宗（耶律宗真，1031—1055）、道宗（耶律洪基，1055—1101）和天祚帝时，已达到极度佞佛的程度。据《大辽大横帐兰陵郡夫人建静安寺碑》和《耶律昌允妻萧氏墓志》记载，兰陵夫人萧氏的佛教信仰以密教为主，显密圆通，她信奉的宗教内容也充分体现了当时辽代贵族显密兼修、显密圆通的宗教信仰特色。圣宗统和二年（984），于蓟县独乐寺重塑的十一面观音像，是辽代留存的重要的密教文化遗迹。统和四年（986），圣宗曾下诏于上京举办佛事一月，饭僧万余人。特别是在辽道宗时，朝廷帝王、王室与各地方权贵兴办佛事，饭僧度僧，已形成风气。道宗是历史上著名的佞佛皇帝，据辽代后期出使契丹辽国的北宋大文学家苏辙于《栾城集》中所记：

> 北朝皇帝好佛法，能自讲其书。每夏季，辄会诸京僧徒及其群臣，执经亲讲，所在修盖寺院，度僧甚众。因此僧徒纵恣，放债营利，侵夺小民，民甚苦之。然契丹之人，缘此诵经念佛，杀心稍悛。[①]

另据《辽史》记载，道宗朝曾"一岁而饭僧三十六万，一日而祝发三千"[②]。道宗对释典又颇有心得，据陈述《全辽文》卷九《释摩诃

[①] （宋）苏辙撰，曾枣庄、马德富点校：《栾城集》卷42《二论北朝政事大略》，上海古籍出版社1987年版，第940页。
[②] （元）脱脱等：《辽史》卷26，第314页。

衍论赞玄疏引文》:"我天佑皇帝(道宗)……释典咸穷,雅尚性宗之妙。"① 当时持咒亦甚为流行。按辽代高僧道殿于《显密圆通成佛心要集》卷上所言:"咒是诸佛密法,佛佛相传,不通他解,但当诵读,不须强释。"② 只通过持诵即可达到驱灾纾难、降福避祸的现实目的,且来世的福报可期。此时的辽代密教杂密与纯密融通互涉,互为表里,在辽朝大地,传持不衰。他如舍利和佛牙的信仰亦盛,且于释迦佛舍利外,更有定光佛舍利的流传。

由于辽境地处边塞,且又一直是少数民族统治政权,其宗教文化与思想大多不被所重,史料记载和相关研究成果与中原王朝无法比拟,相对滞后。辽代人研习佛教往往诸宗并参,大小乘兼容,显密圆通。可以说,密教振兴,显密结合,是辽代佛学的一大特点。不仅统治阶级崇奉,民间信仰尤为流行。③ 有辽一代,在辽兴宗、辽道宗在位期间,佛教信仰已经达到极盛,直承唐代的佛教各宗派,影响甚大,其中特别注重华严宗、净土宗和密宗,极力主张以华严宗的圆融思想会通密宗大义,倡导显密双修,净密双修。因此,密教信仰自上而下,影响深远。由于中原汉民的北迁和统治者的大力提倡与护佑,在辽国朝野上下,密教信仰极为普遍。特别到辽代后期,密教发展臻于极盛,成为最发达的教派之一。④

(二) 辽代密教的显密双修及密教经典的传译与雕刻

辽代密教极为盛行,其密教教义直承唐风。辽代密教学的领军人物是燕京圆福寺僧觉苑,活跃于兴宗和道宗时期,是辽代密教的一流学僧。还有一位就是五台山金河寺沙门道殿。在辽代佛教界,觉苑

---

① 陈述辑校:《全辽文》卷9,中华书局1982年版,第213页。
② 《大正藏》第46册,第997页上。
③ 详参朱子方《辽代佛教的宗派、学僧及其著述》,《世界宗教研究》1990年第1期。
④ 朝阳北塔考古勘察队:《辽宁朝阳北塔天宫地宫清理简报》,《文物》1992年第7期。

和道殿是倡导显密圆融的两位代表。辽代研习佛教，不专一经一宗，诸经皆通，显密结合。觉苑先后奉兴宗、道宗之命撰述《科文》《大科》及《演密钞》，这几部撰述均是分析研究《大日经义释演密钞》这一一行学说的密教名著，是辽代密教研究的重要成果，其中所阐释的思想对当时及其后影响甚大。辽代的另一位显密会通的高僧为道殿，其所撰《显密圆通成佛心要集》二卷，就直接受其影响。道殿《显密圆通成佛心要集序》言："兼通内外学，兼究禅、律，后专弘密教"，① 其创立了显密圆通之说，认为"所阅大小之教，不外显密两途"，两者都是"证圣之要津，入真之妙道"。最后提出"双依显密二宗，略示成佛心要"的理论。② 觉苑与道殿两人都据《华严》的圆教思想以融会密义，虽祖述善无畏、一行所传的密教胎藏系，而按其内容，由于会通于《华严》，反而和不空所传的金刚系密教为近。③ 另外，有沙门行琳辑《释教最上乘秘密陀罗陀尼集》三十卷。觉华岛海云寺的海山大师精研《华严经》的同时，也精研密宗，撰《八大菩萨曼陀罗经疏》二卷、《科》一卷，阐扬密典，显密双修，显密圆通。觉华岛海云寺另一位著名学僧是郎思孝，王寂《辽东行部志》载："当辽兴宗时，尊崇佛教，自国主以下，亲王贵族皆师事之（思孝），尝赐大师号，曰崇禄大夫、守司空、辅国大师。"④ 他博通诸经，据高丽僧义天撰《新编诸宗教藏总录》（即《义天录》）卷一，其所撰《八大菩萨曼陀罗》的章疏有"《疏》二卷，《科》一卷"⑤。从郎思孝的经文注疏和科文来看，他也是一位显密兼修、显密圆通的高僧。从这两位密教高僧的修持理论与实践来看，辽代的海云寺也是张扬显密同修、显密圆通的寺院。在辽朝各

---

① 中国佛教协会编：《中国佛教》，知识出版社1980年版，第91页。
② 陈述辑校：《全辽文》卷9，中华书局1982年版。
③ 中国佛教协会编：《中国佛教》，第91页。
④ 王寂撰，贾敬颜疏证：《〈辽东行部志〉疏证稿》，中华书局2004年版，第264页。
⑤ 《大正藏》第55册，第1167页中。

地传播密教的僧人还大有人在。据王鼎于咸雍八年（1072）所撰的《大辽蓟州神山云泉寺记》记载，有位叫志秘的僧人就曾在蓟州一带传持密教，声名远播。①

在辽代，不仅在密教理论上持显密兼习、显密圆通的立场，在具体的宗教实践上，即在寺院建筑与经像祀奉上也反映了这一倾向。如密教的过去七佛信仰就是其中重要一例。如辽宁义县奉国寺，即祀奉七佛，同时，又祀奉一百二十贤圣，而后者即出自《华严经》，显示了显密兼修的特征。辽代的过去七佛信仰是辽代密教信仰的特色之一。建于辽代重熙十六年（1047）的庆州白塔相轮樘内法舍利塔铭文中也载有过去七佛名号。②再如辽宁兴城白塔峪塔，始建于辽道宗耶律洪基大安八年（1092），是辽代诸佛塔中较为著名的一座，其以精美的砖雕著称于世。在该塔的地宫中，铭刻着建塔缘起、建塔功德经以及诸陀罗尼，同时还刻有辽代尊崇的五佛、过去七佛、九圣八明王、八塔、一百二十贤圣、十二光佛佛号，上述这些内容对研究辽代的人文历史、辽代的密教信仰内涵等都极其珍贵。

其实辽代是承继了唐宋的佛学传统，各宗派之间相互融通，并没有明显的门派界限，各宗法师，既弘扬密宗，也弘扬禅宗，同时也兼修华严宗经典。禅密兼修、净密双修者大有人在。辽代的密教信仰广泛传播于社会各个层面。从皇室贵族、权贵，到黎民百姓，都通过造像、建塔、竖幢，以及持诵经咒等行为，参与密教的传持。可以说，辽代密教的盛行，显密之间由对立、冲突到融合，与社会多元文化碰撞不无关系。

关于辽代密典的传译，来自西天竺摩羯陀国的三藏法师即慈贤，其生平不详，"从西竺至，躬慕圣化，志弘咒典"。入宋后奉诏在译经院

---

① 向南：《辽代石刻文编》，河北教育出版社1995年版，第358页。
② 详参德新等《内蒙古巴林右旗庆州白塔发现辽代佛教文物》，《文物》1994年第12期。

译经。契丹建国前后，跟北方、西方的交流频繁，慈贤得以入契丹译经，受封号为"契丹国师"。慈贤在有辽一代传译诸种密典，这也表明辽代密教中富含有直承于印度密教的因子，是探究辽代密教西方来源的重要线索。慈贤所译佛经在北京房山石经、《碛砂藏》等中均有收录，计有10部14卷，几乎全是密教经典，如《大随求陀罗尼经》一卷，《佛说金刚大摧碎陀罗尼经》一卷，《大佛顶陀罗尼经》一卷，《妙吉祥平等秘密最上观门大教王经》五卷，《一切如来白伞盖大佛顶陀罗尼》等。同时，还传译有部分密教相关仪轨，如《如意轮莲华心观门仪》一卷，《妙吉祥平等瑜伽秘密观身成佛仪轨》一卷，《妙吉祥平等观门大教王经略出护摩仪》一卷，《真口意轮莲华心如来修行观仪》等，对辽代密教的繁荣起了促进作用。慈贤在宋受封"西天译经三藏朝奉大夫试光禄卿""明教大师"，在辽受赐"三藏大法师"号并受赐紫衣。慈贤所译《金刚大摧碎陀罗尼经》，明清各藏皆有，也载于《大正藏》第21册，全是汉字表音的密咒，未讲咒的功能。

北京房山区云居寺的石经在经历隋唐之后，至辽、金继续雕造。房山云居寺的石经雕刻开始于隋代，到了唐末一度中断。辽圣宗在太平七年（1027）降诏继续雕刻石经。辽代的续刻工作分为两个阶段，所据经典与稍后雕印的《辽藏》是相同的。辽代补刻的房山石经，自太康十年（1084）起，多雕密典，迄于辽亡。辽人佞密，更甚于中原。圣宗朝对佛教的扶持可以说是空前的。圣宗太平元年（1021），辽廷获得宋朝《开宝藏》的印本，受其启发，极力扶持佛教的朝廷开始组织重新刻印大藏经。《辽藏》或称《契丹藏》，始刻于辽圣宗年间（983—1031），至清宁八年（1062）完成，按照五代可洪《新集藏经音义随函录》编排经序，所收佛典除收录《开元释教录·入藏录》外，尚收入《续开元录》和《贞元录·入藏录》、宋代新译经，而且增收了流传于辽的经论和辽人的著述，收经总数是1414部，6054卷，579帙。大藏经及房山石经的续雕，极大地推动了佛教的传播与影响。咸雍八年

(1072),赐赠高丽一套大藏经,这也直接激发了高丽王朝对大藏经再雕刻的愿望。

辽代是中国历史上少有的音韵字义研究的兴盛时期,其中沙门希麟编纂《续一切经音义》,其人"内精密教,入总持之门;外究墨流,研文字之粹"。密教有研究音韵之学的传统。辽代佛教中密教发达,密教实际重视真言的声音,这就不能不导致音韵之学的发达。释道殿认为密教"遂使甚深观行,变作名言,秘密神宗,翻成音韵"[1],释性嘉所言密教之人"或学声字,迷神咒之本宗"[2],都指出了辽代密教导向音韵文字之学的事实。[3]

二 从石刻题记看辽代的密教信仰形态

密教传入契丹辽地后,经过近百年的发展,呈现出空前的繁盛景象。表现在:佛顶尊胜陀罗尼信仰、密教观音信仰等各种密教信仰形态,广泛地出现在长城南北的辽阔大地上。还有密教题材的造像、壁画等密教文化艺术,也出现在各大寺院中、各舍利塔上。上自帝王、权贵,下至黎民百姓,信佛、崇佛之风,炽盛一时。"综观整个《全辽文》,辽代佛教信众所修持之陀罗尼除《佛顶尊胜陀罗尼经》之外,还有《广大宝楼阁善住秘密陀罗尼经》、《香王菩萨陀罗尼咒经》、《百千印陀罗尼经》、《大随求即得大自在陀罗尼神咒经》、《智炬陀罗尼经》、《虚空藏求闻陀罗尼品》等多种。"[4]

辽代的丧葬习俗中密教的影响尤为明显,表现形态多样,其中密教的佛顶尊胜陀罗尼信仰表现抢眼,表征之一就是经幢的创立。辽人竖幢

---

[1] 阎凤悟主编:《全辽金文》,山西古籍出版社2002年版,第446页。
[2] 阎凤悟主编:《全辽金文》,第448页。
[3] 高华平:《〈全辽文〉与辽代佛教》,《郑州大学学报》(哲学社会科学版)2006年第5期。
[4] 高华平:《〈全辽文〉与辽代佛教》,《郑州大学学报》(哲学社会科学版)2006年第5期。

的原因，归纳有三：一、可消灾纳福。二、可净除人生前一切恶业，免入地狱之苦。如《文永等为亡父母造经幢记》述经幢上所刻题之《佛顶尊胜陀罗尼经》，"是诸佛之秘要，众生之本源。遇之则七逆重罪，咸得消亡；持之则三涂恶业，尽皆除灭"。这是竖幢得以风行的重要动因。三、一些寺院高僧圆寂，其弟子为报师恩，使其亡灵早日超度而造幢，亦称"塔幢"。据《辽代石刻文编》，太宗会同间有：《会同中建陀罗尼经幢记》《宋晖造像题记》；穆宗应历间有：《感化寺智心禅师塔记》《北郑院邑人起建陀罗尼幢记》《承进为荐福大师造幢记》《三盆山崇圣院碑记》《重修范阳白带山云居寺碑》《李崇菀为父彦超造陀罗经幢记》《宝峰寺尊胜陀罗尼幢记》；开泰间有：《白川州陀罗尼经幢记》《朝阳东塔经幢记》《慈云寺舍利塔记》《澄赞上人塔记》。从辽朝汉族民众的尊胜经幢的题记内容来看，多为祈求现世利益，诸如驱难、疗疾、纳福之言，并无解脱、即身成佛之愿，这反映了当时的密教信仰受中原早期密教的影响，仍处于"杂密"阶段的特征。另外，来自印度的慈贤国师，也有《佛顶尊胜陀罗尼经》的传译，但《大正藏》中未曾收录，所以并未引起学界的注意。密教的深奥义理他们难以领会，祈福禳灾、度到彼岸倒是他们最直接的需求，经幢解厄度脱的功用也正在于此。

11世纪中叶以后的辽代，正值兴宗大兴密教之际，佛顶尊胜陀罗尼经幢之建立，朝野成风。此后，迄兴宗之初，契丹朝野多立《佛顶尊胜陀罗尼经》石幢。在政权更迭频繁、多元文化交汇的背景之下，佛顶尊胜陀罗尼信仰仍延续不绝。现从《辽代石刻文编》中所收录的经幢记来看，大多为汉族民众所建立，且大多为佛顶尊胜陀罗尼经幢，这反映了当时民间佛顶尊胜陀罗尼信仰相当流行。据辽代皇陵经幢记《圣宗陵墓幢记》所载，其中残文录有"奉为皇太后天佑皇帝懿德皇后，特建佛顶尊胜陀罗尼幢"等字样，表明帝王及帝室成员对佛顶尊胜陀罗尼信仰的尊信及强烈的护佑心理。权贵的经幢记亦如此，如李彦超曾为大辽开国重臣，亡后其子李崇菀为其建立法幢，所立幢就是"救众生之危苦，拔旁类之罪殃"的佛顶尊胜陀罗尼经幢；张景运《为先亡祖翁考妣建经幢记》："盖闻佛顶尊胜陀罗尼，能与众生除一切恶道、罪障等"；刘庆《为出家男智广特建幢塔记》："伏闻佛顶尊胜陀罗尼者，无边菩萨誓愿弘持。"辽代经幢，于其境内多有残存，以八角形石柱居多，幢身多刻《佛顶尊胜陀罗尼经》，或佛传故事，或刻多数小佛像（名千佛经幢）。幢下部是有雕刻的八角或四角的石台，上部冠以八角屋檐形天盖。据学者统计，在《全辽文》中篇题标明为"陀罗尼幢记"或"陀罗尼塔记"的达25篇之多，另有58篇"经幢记"或"题记""寺碑记"等记载其所修经幢为"陀罗尼幢"。[1] 经幢的设立，源于《佛顶尊胜陀罗尼经》的传持。《佛顶尊胜陀罗尼经》自译出始，前后共刻了七次，其仪轨刻了一次，与其他诸经相比，雕刻频率非常高，反映了社会的需求。从目前发现的敦煌写本及唐代石刻经幢上所刻的《佛顶尊胜陀罗尼经》，几乎全部是佛陀波利的译本。其中《佛顶尊胜陀罗尼经》中的一段开示，开启了佛顶尊胜陀罗尼信仰在中华大地的传持。经中言：

> 佛告天帝，若人能书写此陀罗尼，安高幢上……其影映身，或风吹陀罗尼经幢等上尘落在身上，天帝彼诸众生所有罪业，应堕恶道、地狱、畜生、阎罗王界、饿鬼界、阿修罗身恶道之苦，皆悉不受，亦不为罪垢染污。[2]

这段描述影响深远，后来有人在塔中放置书写的陀罗尼经典。例如朝阳辽代北塔的天宫中出土了大量佛教文物，其中包括密宗法器和供养

---

[1] 高华平：《〈全辽文〉与辽代佛教》，《郑州大学学报》（哲学社会科学版）2006年第5期。
[2] （唐）佛陀波利译：《佛顶尊胜陀罗尼经》，《大正藏》第19册，第351页中。

用具等。在供养的经塔中就放置了陀罗尼经卷。① 朝阳北塔是在辽兴宗重熙十二年至重熙十三年（1043—1044）之间完成重建的，塔内装藏自然要受到当时佛教风尚的影响。辽宁朝阳北塔地宫还出现了石经幢，边栏题有药师七佛名。经幢上刻写佛经咒语，幢身第 1 节上刻有《大佛顶如来放光悉怛多钵怛罗陀罗尼经》，第 2 节上刻有《大随求陀罗尼经》，第 3 节上刻有《佛说金刚大摧碎延寿陀罗尼经》，第 4 节上刻有《佛顶尊胜陀罗尼经》《大轮陀罗尼》《大乘百字密语》等。② 朝阳北塔辽代重熙年间重砌的天宫、地宫，是我国佛教考古的又一重大收获，对研究辽代政治、经济、文化，有较高的学术价值。北京西城陶然亭内慈悲庵有两通辽金经幢。其中辽代经幢位于慈悲庵文昌阁前，建于辽寿昌五年（1099），幢身为八角柱体，八面均有用汉文和音译梵文刻的经文。幢名为"慈智大德佛顶尊胜陀罗尼幢"，可见，该幢为一高僧墓幢。塔座为石雕八角形须弥座，塔身各面均刻佛经。

辽代丧葬习俗中密教影响的另一表征就是随葬品中出土的密教"真言"刻石或胸牌。如 1956 年在辽宁新民县八图营子的一座辽墓中出土的"智炬如来必破地狱真言"鎏金铜胸牌。③ 1970 年 3 月，北京西城区阜成门外，发现一座辽代保静军节度使、御史中丞董庠及妻张氏的合葬墓，出土"灭罪真言"和"智炬如来破地狱真言"刻石一块，时年为寿昌三年（1097），反映了密教真言已进入辽人葬俗之中。④

上述种种可以看出密教在辽代的流行情况。朝阳北塔是我国现存几座珍贵的辽塔之一，自 1988 年朝阳市在清理和重修北塔过程中从天宫发现佛舍利和相关珍贵文物以来，便受到全国学者和民众的关注。北塔装藏刻经以密咒最多，遵循了中国密教的传统规则。辽中天竺摩羯陀国

---

① 参见朝阳北塔考古勘察队《辽宁朝阳北塔天宫地宫清理简报》，《文物》1992 年第 7 期。
② 参见朝阳北塔考古勘察队《辽宁朝阳北塔天宫地宫清理简报》，《文物》1992 年第 7 期。
③ 冯永谦：《辽宁省建平、新民的三座辽墓》，《考古》1960 年第 2 期。
④ 北京市文物管理处：《近年来北京发现的几座辽墓》，《考古》1972 年第 3 期。

三藏法师慈贤译《佛说金刚大摧碎延寿陀罗尼》，刻在北塔经幢第3节幢身，是一首用汉字表梵音的密咒，署名"中天竺摩羯陀国三藏法师译"，三藏法师即慈贤。据《朝阳北塔——考古发掘与维修工程报告》刊载的图版四五、图版四六、图版六五至六六、图版六七至六八、图版六九、图版七十、图版七一集中展示了在经塔银经卷和经幢上雕刻的佛教经文，大都仅摄取部分经文或密咒。综观这些刻经，以密教佛经和真言密咒占绝大部分，反映了辽代密教盛行的情况，都是宝贵的佛教文献资料，对于研究密教及其文献有重要参考价值。① 辽兴宗重熙年间重建的北塔，围绕供奉隋代舍利在经塔银经卷及经幢之上所刻的佛经，主要是辽占领地区最流行的或是《辽藏》中的密教经典及密咒，其中尤以唐代密教高僧不空的译经为多。辽中期以后密教盛行，北塔内藏的刻经是这一情况的反映。

密教对辽代丧葬习俗的影响还表现在舍利塔的创立上。如始建于辽道宗耶律洪基大安八年（1092）的兴城县白塔峪塔，位于辽宁省葫芦岛兴城市白塔乡塔沟村九龙山南的山丘上，是辽代诸佛塔中较为著名的一座，其以精美的砖雕著名于世。在该塔的地宫中，各面镌有建塔缘起、建塔功德经以及诸陀罗尼及佛号，有辽代尊崇的五佛、过去七佛、九圣八明王、八塔、十二光佛佛号，是显密圆通的舍利塔，该塔为研究辽代晚期的皇家佛教信仰形式和内容提供了实证。这些内容对于研究辽代历史、佛教信仰内涵都是极为宝贵的资料。该塔四个正方位塔身壁上雕有佛龛，龛内各雕佛像一尊。

内蒙古巴林右旗庆州白塔出土了大量辽代佛教文物。其中与密教有关的是发现金、银板各一件，金板汉字"相轮樘中陀罗尼咒"。法舍利塔内还密藏以白绢帙袱包封的陀罗尼咒（经书）109卷，金法舍

---

① 杨曾文：《朝阳北塔发现刻经考察——据〈朝阳北塔——考古发掘与维修工程报告〉》，文载杨曾文、肖景林主编《中国佛教的佛舍利崇奉和朝阳辽代北塔：中国·朝阳第二届佛教文化论坛论文集》，宗教文化出版社2009年版。

利单面刻"无垢净光陀罗尼咒"等 7 部杂咒,枨竿陀罗尼发现有 106 卷。

所谓"枨竿陀罗尼",就是在经卷入藏时先将此板卷曲为轴杆状,即所谓"枨竿",其外再用纸本大、小字雕印经咒包卷,这样组成的经咒,我们称之为"枨竿陀罗尼"。① 以上藏于法舍利塔内的铭文、经咒主要是《一切如来心秘密全身舍利陀罗尼经》等密教经典。其中经咒中还刻有上京"福先寺讲经论比丘志渊"等高僧姓名及其法事活动情况的记载,说明圣宗、兴宗年间辽代核心地区佛事活动的兴旺。雕版印经中还发现一幅单页《大乘庄严宝王经六字大明陀罗尼》印经。上述文物的出土,是辽代密教考古的重大发现,为研究辽代密教的流传、信仰、仪轨等提供了非常有价值的实物资料。

辽代修建了很多塔,这些塔的修建均与密教经典有关。特别是塔的命名上,更能体现出与相关密教经典的密切关系。如许多塔都命名为"无垢净光舍利塔",这是因为这些塔的修建,均源于《无垢净光大陀罗尼经》(唐天竺沙门弥陀山等译)。此经为辽代流行的早期密典之一,其内容涉及建塔之功德和礼塔之功德等。阜新塔营子塔则出于《佛说八吉祥经》,此经也是辽代流行的早期密典。据辽寿昌二年(1096)《显密圆通建舍利塔记》:

> 今依《宝箧陀罗尼经》、《无垢净光陀罗尼经》、《菩提场庄严陀罗尼经》、《最胜手总持陀罗尼经》,□□法师建舍利塔。时大辽寿昌二年三月望日,显密圆通法师道(殿)建,弟子性悟施。②

以上石刻表明,该塔是依据佛经所建,依据的佛经不仅仅是一部,

---

① 参见德新等《内蒙古巴林右旗庆州白塔发现辽代佛教文物》,《文物》1994 年第 12 期。
② 向南等辑注:《辽代石刻文续编》,辽宁人民出版社 2010 年版,第 233 页。

而是四部。

在辽代享国的二百年间，与晚唐、五代及北宋的画院之间广泛交流，因此，各画派的绘画技法等，也在辽国境内得到了广泛传播与应用。山西大同善化寺南壁绘《准提佛母法会图》，八臂三面的准提佛母结跏趺坐于青白莲花座上。内蒙古赤峰市巴林左旗炮楼山发掘有辽开龙寺遗址，其中在辽代僧人墓中，发现绘有辽代僧人形象的壁画。画中有一僧左手握右手拇指，其手势均为密教的"大手印"。"伽陵频迦"为佛教经典中"好音鸟"的音译，库伦旗前勿力格八号辽墓壁画中即此鸟之形象，美女头鸟身，手足为鸟翅爪。

上有所行，下有所好，在民间，佛教亦影响到人们的日常生活与习俗，突出地表现为女性喜用黄粉涂面，称为佛装；人名以三宝奴、观音奴、文殊奴、药师奴等为小字等。此外，《准提咒》《六字大明咒》及《八大菩萨曼陀罗经》等在民间也很风行。[①] 还有，具有群众组织特征的邑社在辽代各地广泛流行，据日本学者镰田茂雄《简明中国佛教史》："辽的佛教还渗透到民众之中，产生了千人邑会。千人邑会分隶于各个寺院，由寺主担任领导，一般以在家信徒为会员，会员有一定的施财义务。"[②] 反映了佛教信仰在民间的深入和普及。密教不仅在上层，在民间亦然，我们在石刻中见到的"千人邑""太子邑""佛顶邑""生天塔邑""钟楼邑"等均是群众自发组织的宗教团体，可见密教信仰已深入民间。同时，当时民间最流行的佛教信仰为阿弥陀佛净土信仰，其次为药师如来信仰、炽盛光如来信仰，以及白衣观音信仰等，均属于密教信仰体系。其中药师佛与密教的关系极为密切，在密教部经典中，以药师如来或以供养药师如来相关仪轨，以及诸陀罗尼经中与药师佛相关的经典就有十余部之多，因此，以药师七佛作为佛塔的崇祀对象

---

① 朱子方：《辽代佛教的宗派、学僧及其著述》，《世界宗教研究》1990年第1期。
② ［日］镰田茂雄：《简明中国佛教史》，郑彭年译，上海译文出版社1986年版，第277页。

是符合当时历史文化背景的。辽代对于药师佛的信仰极为普遍，《药师琉璃光七佛本愿功德经》各种译本以及其他相关药师佛的经典在辽代朝野深入人心，尤其为辽庭贵族皇室所青睐。如燕国长公主舍宅建药师院，民间通称她为药师公主。另外，很多契丹贵族子女的小名起为药师奴。同时，具密教色彩的白衣观音信仰亦很盛行。《辽史·地理志一》：

> 兴王寺，有白衣观音像。太宗援石晋主中国，自潞州回，入幽州，幸大悲阁，指此像曰："我梦神人令送石郎为中国帝，即此也。"因移木叶山，建庙。春秋告赛，尊这家神。兴军必告之，乃合符传箭于诸部。①

据上述史料记载，辽太宗将幽州大悲阁中的观音像迁往契丹族的发祥地木叶山，并建庙供奉，将其尊为本民族的守护神。另外，炽盛光如来信仰亦是密教信仰中独特的一支，具体表现为在辽东宝严寺阁上有炽盛佛坛，说明这里曾经举行过炽盛光佛相关的密教法事活动。

综上所述，辽代的密教信仰直承中原密教信仰样态，其各种信仰形态传持于各个阶层，朝野上下，莫不敬奉。但伴随着佛教的世俗化，这一信仰较多地表现为祈求现世利益的杂密特征，呈多元密教信仰趋势，其中佛顶尊胜陀罗尼信仰、密教观音信仰、炽盛光佛信仰等风靡一时。上述诸种形态的密教信仰，集中表现在各类题记、诗文中，丰富了文学作品的内容与艺术表现力。这种接受，得益于本土文化与来源于中原的密教神秘文化的相似性。辽代密教与宋、金、西夏等朝相互影响，传承达百年以上，在辽土大地影响尤为深远。

---

① （元）脱脱等：《辽史》卷37，第446页。

如意轮观音在中国的传播[*]

王丰硕

觉群人间佛教研究中心研究员

摘要："如意宝轮王陀罗尼"在汉传佛教早晚课诵集的十小咒中位列第一，显示了如意轮观音在佛教中的重要地位。从经典传译、本尊身相及咒语意涵、修持法门三个角度来看，如意轮观音类典籍沿着丝绸之路于唐代传入中国，形成了一面二臂、一面六臂为主的本尊身相。其中，六臂相与如意轮咒中的轮宝、思维相、摩尼宝珠、莲花等咒文相互映照，是咒语意涵的可视化体现。随着宋代佛教与高昌回鹘佛教的密切交流，具有汉传佛教特色的如意轮观音修法传播到高昌回鹘。近代以来，持松法师在日本真言宗传承的基础上，对如意轮观音修法进行了本土化的发展。

关键词：如意轮观音；如意轮咒；高昌回鹘；持松法师

作为观音菩萨的报身相之一，如意轮观音在佛教中有着极其重要的地位，例如，汉传佛教早晚课诵集的十小咒中，位列第一的便是"如意宝轮王陀罗尼"，简称为"如意轮咒"。在漫长的历史变迁中，如意

---

* 本文是2019年度国家社科基金重大项目"'一带一路'佛教交流史"（项目编号：19ZDA239）的中期成果之一。

轮观音的图像学及修持体系，经由丝绸之路从印度传播到汉地，形成了具有汉传佛教特色的如意轮观音修持法门。本文以如意轮观音为核心，首先探讨如意轮观音经典在中国的传译过程，接下来详细分析汉译本中的如意轮观音本尊形象及咒语含义，最后以宋代沙门仁岳及近代持松法师所著的如意轮观音修法仪轨为对象，探讨如意轮观音法门在汉传佛教中的发展变化。

一 如意轮观音经典的传译

大乘密教的兴起与陀罗尼的发展，有着密不可分的关系。在印度部派佛教时期，就有以陀罗尼统摄佛法甚深之义的字门，如《四分律》中的五字门，即阿（a）、罗（ra）、波（pa）、遮（ca）、那（na）。到了3世纪左右，三国支谦译《无量门微密持经》中，佛陀称赞陀罗尼为无量门微密之持，乃法之要。① 此时，陀罗尼门已经不再是大乘道的辅助修法，而成为一种独立法门。至五六世纪，密教发生了一次重大的变化，就是陀罗尼与手印、坛法相结合，形成了持明密教。如意轮观音系经典，即属于持明密教观音类典籍。

如意轮观音，是梵文 Cintāmaṇicakra-avalokiteśvara 的意译，也称为如意轮莲花心如来、如意轮菩萨、如意轮王菩萨、密号持宝金刚等，因依《如意轮陀罗尼经》所说，观自在菩萨住于宝部三昧，转法轮并布施世、出世间财宝给受苦众生，成就其愿望，故名如意轮。如意轮观音经典出现在印度的时期，约为五六世纪。此前的印度时值笈多王朝繁盛时期，尤其是在超日王（Vikrama-aditya，380—415年在位）时期，笈多王朝疆域辽阔，物产丰富，据《大唐西域记》载："时室罗伐悉底国毗讫罗摩阿迭多王（唐言超日）威风远洽，臣诸印度，日以

---

① 魏道儒主编：《世界佛教通史》第1卷，中国社会科学出版社2015年版，第613页。

五亿金钱周给贫窭孤独。"① 如意轮观音形象中出现的轮宝、摩尼宝珠等法器,象征着物阜民丰、美乐和谐的盛世景象。在超日王之后,笈多王朝开始步入衰落期。420 年左右,中亚游牧部落嚈哒人(白匈奴人)开始入侵笈多王朝。虽然"匈人对印度的政治影响就消退了。但是,在北印度政治变化中起了催化剂作用的匈人到六世纪中叶目睹了笈多王朝缓慢的腐朽和最后的解体"②。在公元 500 年前后,统一的笈多王朝解体,此后全印度大小政治势力数量相当多,彼此战争不断。这种纷乱的政治局面为如意轮观音密法的流传提供了适宜的环境,作为强调息灾法与增益法的修持体系,如意轮观音修法对统治者而言有利于满足国家利益,对个人而言,能够满足信众希望和平、稳定、富裕的需求。

经由丝绸之路往来于印度、中亚、西域等地的僧侣,在唐代将如意轮观音类经典传入中国。在《大正藏》中,有关如意轮观音的典籍分列在《大正藏·密教部类》《大正藏·事业部类》《大正藏·新编部类》,其中,《大正藏·密教部类》关于如意轮观音的汉译本有十五部,在《诸阿阇梨真言密教部类总录》中的"诸观音部"类记载有如意轮观音类典籍十二部。翻译时间最早的为武周时期的于阗僧人实叉难陀译《观世音菩萨秘密藏如意轮陀罗尼神咒经》,它与宝思惟译《观世音菩萨如意摩尼陀罗尼经》、义净译《佛说观自在如意心陀罗尼咒经》、菩提流志译《如意轮陀罗尼经》为同本异译,但是繁简程度不同。在四个译本中,菩提流志译本最为详尽,共十品:《序品》《破业障品》《诵念法品》《法印品》《坛法品》《佩药品》《含药品》《眼药品》《护摩品》《嘱累品》。实叉难陀译本次之,内容包含八品,无《法印品》《坛法品》;宝思惟译本再次之,无《法印品》《坛法品》《含药品》;

---

① (唐)玄奘:《大唐西域记》第 2 卷,《大正藏》第 51 册,第 880 页下。
② 李特文斯基主编:《中亚文明史》第 3 卷第八章 [印] K. 查克拉巴尔蒂《笈多王国》,马小鹤译,中国对外翻译出版公司 2003 年版,第 164 页。

义净译本最简，内容相当于菩提流志译本的三品，即《序品》《破业障品》《嘱累品》。这四个版本的先后出次序为：实叉难陀本为初出，宝思惟本第二出，义净本第三出，菩提流志本第四出。《开元释教录》中记载，义净本译于景龙四年（710），而菩提流志本译于景龙三年（709）。① 菩提流志本开始翻译的时间早于义净本，可能因为菩提流志译本更为完整，耗时更长，所以译成时间晚于义净本。

随着遣唐僧的到来，如意轮观音经典弘传到日本。圆仁撰《日本国承和五年入唐求法目录》中记载，日本僧侣求取金刚智译《观自在如意轮菩萨瑜伽法要》一卷，《如意轮菩萨真言注义》一卷。由传教大师最澄及圆仁、圆珍所传的日本台密，形成了"六观音"的说法，即：

圣观音：主救度饿鬼道众生

千手观音：主救度地狱道众生

马头观音：主救度畜生道众生

十一面观音：主救度阿修罗道众生

准提观音：主救度人道众生

如意轮观音：主救度天道众生

八九世纪，汉本《圣观自在秘密藏无碍如意轮心陀罗尼》由藏族翻译家法成译为藏文，而在赤松德赞时期，藏文典籍中已有《观自在如意轮陀罗尼》《观世音如意轮心要陀罗尼》等持明密藏。② 根据柏孜克里克第 40 窟绘制于高昌回鹘时期的壁画中呈现出的如意轮观音内外院、如意轮心月轮禅修行者推知，自唐代传入如意轮观音信仰后，及至宋代，由于中原与吐蕃的佛教文化交流密切，如意轮观音信仰也流传于回鹘人之中。

---

① 《大正藏》第 55 册，第 567—569 页。
② 未小妹：《如意轮观音造像考察——以巴蜀石窟为主》，2014 年大足学国际学术研讨会论文集。

二 如意轮观音本尊形象及咒语意涵

关于如意轮观音的本尊身相,《大正藏·密教部类》的十五部典籍中存在两种图像模式:一为曼荼罗,一为单像类。按照本尊手臂数量划分,如意轮观音有二臂相、四臂相、六臂相、八臂相、十臂相、十二臂相等诸多形象。在汉地译本中,如意轮观音形象主要为一面二臂、一面六臂两种。菩提流志译本的《坛法品》中,记载了如意轮观音一面二臂的形象:

> 内院当心画三十二叶开敷莲花,于花台上画如意轮观自在菩萨,面西结跏趺坐,颜貌熙怡身金色相,首戴宝冠冠有化佛,菩萨左手执开莲花,当其台上画如意宝珠,右手作说法相,天诸衣服珠珰环钏,七宝璎珞种种庄严,身放众光。①

此一面二臂如意轮观音位于胎藏界曼荼罗观音院中,四周有八大菩萨、十四天尊及众眷属围绕。建于南宋建炎二年(1128)大足北山第149号如意轮观音窟中的圣像,便是一面二臂:左手执莲花,莲花中间有摩尼宝珠,发出火焰形光,右手在胸前结说法印。除了一面二臂的形象,如意轮观音最常见的为一面六臂身相,在多部经典中均有记载,如唐代不空译《观自在观音如意轮瑜伽》:

> 手持如意宝,六臂身金色,皆想于自身,顶髻宝庄严,冠坐自在王,住于说法相,第一手思维,愍念有情故,第二持意宝,能满一切愿,第三持念珠,为度旁生苦,左按光明山,成就无倾动,第

---

① (唐)菩提流志译:《如意轮陀罗尼经》,《大正藏》第20册,第193页。

二持莲手，能净诸非法，第三挈轮手，能转无上法，六臂广博体，能游于六道。①

这里不仅详细解说了每个手臂所表征的含义，也提出了六臂在总体上象征着如意轮观音游于六道，广度众生。关于如意轮观音一面六臂的记载，还见于金刚智译《观自在如意轮菩萨瑜伽法要》、菩提流志译《不空罥索神变真言经·如意摩尼瓶品》等。

作为持明密教时期形成的修法体系，如意轮观音修法包括设坛结界、迎请、心观本尊、口诵咒语、身结手印、护摩供养等内容，从实叉难陀、宝思惟、义净、菩提流志译本来看，修持如意轮观音法门的利益基本相同，包括：灭四重五逆十恶罪，灭三途八难苦，往生极乐，得世间、出世间成就等。如意轮观音本尊所说的咒语，简称为"如意轮咒"，在不同译本中有着不同的名称。

（1）菩提流志译本为：大莲华峰金刚秘密无障碍如意轮陀罗尼。

（2）义净译本为：青莲华顶旃檀摩尼心，金刚秘密常加护持，所谓无障碍观自在莲华如意宝轮王陀罗尼心咒。

（3）宝思惟译本为：莲花峰金刚加持秘密无碍观世音莲华如意摩尼转轮心陀罗尼。

（4）实叉难陀译本为：摩诃波头摩旃檀摩尼心轮。

在佛法中，持诵咒语多有要求，如沐浴持斋、作法宿日等，才易感而遂通，获得成就。然而，与其他咒语相比，如意轮咒的特殊之处在于几乎没有任何限制，任何人、任何场合都可以持诵，非常方便。宝思惟译本载，诵持如意轮咒：

不简在家出家饮酒食肉有妻子，但诵此咒必能成就，诵此咒人

---

① （唐）不空译：《观自在观音如意轮瑜伽》，《大正藏》第20册，第213页。

不须作法，不求宿日，不求持斋，不须洗浴，不须别衣，但读诵皆悉成就。①

如意轮咒不但方便易持，而且此咒"能于一切所求之事，随心饶益，皆得成就"，"能令众生求愿满足，获大果报"，可谓是所求皆得、吉祥圆满的如意咒，与"大随求咒"有着异曲同工之妙。

现在汉传佛教早晚课诵集中收录的如意轮咒，为义净所译。与宝思惟、菩提流志等翻译相比，义净所译如意轮咒有几点不同：

（1）义净译本中，"南无佛陀耶、南无达磨耶、南无僧伽耶"，在宝思惟、菩提流志译本中是"那谟喝啰怛那怛啰夜耶"，梵语为"namo ratna-trayāya"意为"皈依三宝"，总括义净本中的"南无佛、南无法、南无僧"之意。

（2）义净译本中，"噜噜噜噜"一句，在宝思惟、菩提流志译本中是"噜噜"。义净译本连用两个"噜噜"，而其他译本中只出现一次。梵文"ruru"文意不明，有学者认为有赶快的含义。

（3）义净译本采用意译与音译相结合的方式，继承了玄奘法师的翻译理念，而其他译本则采用音译的方式。

早晚课诵集中出现的如意轮咒，由三部分构成：根本咒、心咒、随心咒，各咒语作用各有不同。根本咒又称大咒或长咒，包含对本尊的诸多赞颂，内容丰富；心咒是根本咒的浓缩，体现了本尊别愿的意涵，也体现了本尊名号的功德；随心咒又叫小咒，是本尊内证本誓的心要精髓。一般来讲，咒语有的具有文字含义，有的不具文字意义，有的两者兼具。由于咒语意涵深奥，历代高僧大德往往不予翻译，然而，如意轮咒是具有文字意义的咒语，通过对咒语进行分析，可以了解咒语与本尊图像学的关系。

---

① （唐）宝思惟译：《观世音菩萨如意摩尼轮陀罗尼念诵法》，《大正藏》第20册，第202页。

1. 根本咒①

namo Buddhāya namo dharmāya namaḥ saṃghāya

义净本：南无佛陀耶 南无达磨耶 南无僧伽耶

解说：南无（namo）有皈依、礼敬等含义，佛陀耶、达磨耶、僧伽耶（Buddhāya、dharmāya、saṃghāya）含义为佛、法、僧，属于为格。

nama āryāvalokiteśvarāya bodhisattvāya mahā-sattvāya

义净本：南无观自在菩萨摩诃萨

解说：在菩提流志译本中，对应的音译为"南无 阿唎耶 婆卢羯帝烁钵啰耶 菩提萨埵婆耶 摩诃萨埵婆耶"，这部分与大悲咒相同。āryā，音译：阿唎耶，意为圣；valokiteśvarāya，音译：婆卢羯帝 烁钵啰耶，意为观自在；bodhisattvāya，音译：菩提萨埵婆耶，意为菩萨；mahā-sattvāya，音译：摩诃萨埵婆耶，对应义净本为"摩诃萨"。

mahā-karuṇikāya

义净本：具大悲者

解说：mahā-karuṇikāya，菩提流志本的音译为"摩诃萨埵婆耶"，意为具大悲心者。

tadyathā

义净本：怛侄他

解说：tadyathā，音译：怛侄他，意为"即说咒曰"，其后是咒语的内容，其前是敬礼文。

---

① 林光明：《认识咒语》，台北：法鼓文化事业有限公司2000年版，第135—144页。

oṃ cakra-varti cintā-maṇi mahā-padme

义净本：唵 斫羯啰伐底 震多末尼 摩诃钵蹬谜

解说：oṃ，音译：唵，为咒语开头音，密法中认为是宇宙原始音，也象征空性。cakra-varti，cakra，斫羯啰，意为轮；varti，伐底，意为转，合起来意为转轮。cintā-maṇi，cintā，震多，意为思惟；maṇi，末尼，意为宝珠，合起来意为如意、如意宝或如意宝珠。mahā-padme，mahā，摩诃，意为大；padme，钵蹬谜，意为莲花。

ruru ruru tiṣṭha jvala

义净本：噜噜 噜噜 底瑟吒 篅啰

解说：ruru，音译：噜噜，文意不明，有学者认为是赶快的意思，义净本中出现两次，其他译本只出现一次；tiṣṭha，音译：底瑟吒，有站立、等待之意；jvala，义净本为篅啰，菩提流志本为"入嚩攞"，意为火焰、光明。

ākarṣaya hūṃ phaṭ svāhā

义净本：阿羯利沙夜 吽癹 莎诃

解说：ākarṣaya，音译：阿羯利沙夜，为牵引、吸引、勾召的意思；hūṃ phaṭ，吽癹，是咒语常见的结尾语，常用于驱赶的用途，是破坏的意思；svāhā，莎诃，咒语结尾音，有吉祥、圆满的意思。

2. 心咒

oṃ padma cintā-maṇi jvala hūṃ

义净本：唵 钵蹋摩 震多末尼 篅攞 吽

解说：心咒中的用字已见于根本咒中，分别为：唵（咒语起始音）钵蹋摩（莲花）震多末尼（如意宝珠）篅攞（火焰、光明）吽（结尾语）

3. 随心咒

oṃ varada padme hūṃ

义净本：唵 跋喇陀 钵亶谜 吽

解说：唵（咒语起始音）跋喇陀（varada 意为与愿、施愿）钵亶谜（padme，莲花）吽（结尾语）

从如意轮咒中可以看出，轮宝、思惟相、摩尼宝珠、莲花是咒语涉及的重要内容，这几个元素也出现在一面六臂的如意轮观音图像之中，可见，一面六臂的如意轮观音形象本质上是咒语元素的可视化形象体现，是依据咒语的意涵而塑造的形象。因而，如意轮咒与六臂如意轮观音形象是相契相应的。关于如意轮观音的标志性形象，樊锦诗、彭金章通过分析敦煌石窟现存的盛唐到西夏的 80 幅如意轮观音经变，认为如意轮观音的重要标志并非"如意轮"，而是"思惟手"。① 通过对如意轮咒的分析，本文认为"cintā-maṇi"作为如意轮咒中代表本尊意涵的核心咒文，"cintā"在图像学上体现的正是"思惟手"的形象表征，说明"思惟相"是如意轮观音的核心内涵。随着不空等人在长安译经活动的开展，一面六臂的如意轮观音形象在唐朝、五代时期迅速普及。日本学者宫治昭提到，出现在印度、东亚的如意轮菩萨相，是一种吸收了自犍陀罗时期出现的"半跏趺坐思惟相"元素的造像形式。②

---

① 樊锦诗、彭金章：《敦煌石窟如意轮观音经变研究》，载古正美《唐代佛教与佛教艺术》，台湾觉风佛教艺术文化基金会 2006 年版，第 131—150 页。
② ［日］宫治昭：《弥勒菩萨与观音菩萨——图像的创立与演变》，贺小萍译，《敦煌研究》2014 年第 3 期。

三　如意轮观音修法在汉传佛教中的变迁

如意轮观音类的经典、坛法、造像，在唐代沿着丝绸之路传播到汉地，在历史的变迁中，逐渐形成了具有汉传佛教特色的如意轮观音修法。从印度传统的密法修持仪轨来看，如意轮观音修法事项烦琐，不仅包括持念咒语，还包含设坛结界、请召迎诵、护摩供养等诸多内容，贯穿其中的是"以菩提心为因，以大悲为根本，以方便为究竟"的三密相应的教理教义。然而，随着唐密的衰微，加之唐、五代时期数百年的变迁，及至宋代，如意轮观音修法已经发生了本土化的改变。

与早期的如意轮观音修法不同，宋代的如意轮观音修法呈现出两个特点：一是不再完全依照密法教义修持如意轮观音，而是采用汉传佛教的义理体系对如意轮观音法门进行理解；二是大大简化了密法的烦琐事相，代之以适合汉地信众日常修行的仪轨。在宋代沙门仁岳所著的《观自在菩萨如意轮咒课法》中，他将如意轮观音修法与天台教理融合在一起，记载了如意轮观音修法的七个步骤：一法式、二观想、三礼赞、四持诵、五忏愿、六验证、七释疑，具有非常鲜明的汉传佛教特色。

第一法式，讲说了发心希求此生现报者，当一心受持此咒。持诵时不问日月星辰等，但止摄心口诵不懈。除此之外，还记载了一个易行版的如意轮观音坛法安置方法，即准备一个三级供台，最上级安置法宝即所持陀罗尼，左安释迦像，右安弥陀像。中级唯安观自在像，左右或华或灯。下级陈列供具。佛菩萨像须面向西放置。如果不能如上安置，但随常式道场。这样的坛法安置方式极为简便，已经脱离了烦琐的坛城形式，具有明显的汉传佛教特色。

第二观想，观想圣观自在相好圆满如日出光明晃曜，所观的如意轮观音身形是菩提流志译本《坛法品》中记载的一面二臂相。沙门仁岳在此处还详细讲说了以天台一心三观的方式进行观想，即"修者依此圣相系念观察，当知此相从心想生，如虚空华本无所有，此相及心原是观音妙净明体，空华即假本无即空，妙体即中三谛圆融，非一非异不可得而思议也……若欲委知行相，当寻玉泉止观"①。此处可以看到，宋代的如意轮观音修法已经不再完全依照三密相应的教义行持，而是将如意轮观音修法作为天台止观的方便，依天台三观为行道。

第三礼赞，如法赞颂、礼拜十方如来、菩萨大士等。在印度的持明密法中，礼赞后往往配有召请、手印、咒语等内容，而在宋代沙门仁岳所著的课法中，礼赞单独出现，并且改为汉地僧众广为接纳的诸佛菩萨圣号。

第四持诵，即如法诵持如意轮观音根本咒、心咒、随心咒。

第五忏愿，即在十方常住三宝前，忏悔罪业。

第六验证，讲说的是修持如意轮观音法门得验的征兆，如见观自在菩萨、阿弥陀佛、极乐世界种种庄严等相。

第七释疑，由于此课法中所记载的坛法与菩提流志译本中的坛法安置不同，因此，此处解释了为何上、中、下的三级安置方式"亦不失其正"。此外，还对修持后没有验相的原因进行解释，比如业障重、太过心急、观修方法不得力等，但是，尽管没有验相，仍需深信，不得生疑。

值得注意的是，加入了释迦牟尼佛、阿弥陀佛的具有汉传佛教特色的坛城安置方式，也出现在柏孜克里克第40窟中。绘制于高昌回鹘时期的柏孜克里克第40窟，右侧壁是依据如意轮观音诸经绘制的如意轮观音经变，其中出现了许多新题材，如十大明王、释迦与弥陀组合像等。陈爱峰认为，柏孜克里克第40窟经变中的新题材源于宋代僧人对如意轮观音修法的本土化创新，通过宋代中原佛教与回鹘佛教的交流，具有中土特色的如意轮修法传播到高昌回鹘。② 除此之外，在德国柏林

---

① （宋）仁岳：《观自在菩萨如意轮咒课法》，CBETA 中华电子佛典协会，https://cbetaonline.dilla.edu.tw/zh/L1571_001，2002年11月16日。
② 陈爱峰：《柏孜克里克第40窟如意轮观音经变研究》，《吐鲁番学研究》2016年第2期。

亚洲艺术博物馆中，珍藏有一幅出自高昌的绢画（Ⅲ533），所画的正是如意轮观音像。这幅画的主人是回鹘人Naměor，他们一家希望通过供养如意轮观音像，不堕恶道，往生兜率，解脱轮回痛苦。① 由此可见，无论是中土高僧来到高昌回鹘传播佛法，还是高昌回鹘僧人游历中土学而传习之，在宋代出现的本土化如意轮观音修法，已经在回鹘僧侣与信众中产生了一定的影响。

到了近代，如意轮观音修法在汉传佛教中出现了复兴，这主要归功于持松法师（1894—1972）"三次东渡、二上高野"，将东、台二密从日本引介回国。由于如意轮观音修法利益大、行持方便，在日本真言宗中，如意轮观音修法是阿阇梨授予弟子的重要传承，流传较广。例如，日本大津市石山寺是真言宗道场，其中就供奉有如意轮观音。在《元亨释书》卷二十八中，记载了日本圆教寺的一尊如意轮像的来历。圆教寺性空法师庵居之初，庵旁有一棵樱桃树。一天，天人降来礼树，并作偈说："稽首生木如意轮，能满有情福寿愿，亦满往生极乐愿，一切众生心所念。"② 之后，树木就用来造如意轮大悲像，长一尺五寸，造像时异鸟翔集，殿下涌出清泉，生病的人饮用之后，疾病痊愈。可见，如意轮观音在日本也有着较为广泛的影响。

持松法师从日本带回的如意轮观音修法，是真言宗中影响较大的本尊修持法门。他在《如意轮观音简修仪轨》中，按照前行礼赞、正行观修、结行回向三部分介绍了如意轮观音法门的修行次第。与宋代沙门仁岳的《观自在菩萨如意轮咒课法》相比，持松法师的如意轮观音修法更具密法特色。在《如意轮观音简修仪轨》中，出现了佛部三昧耶、莲花部三昧耶、金刚部三昧耶、被甲护身等密法

---

① 陈爱峰：《柏孜克里克第40窟如意轮观音经变研究》，《吐鲁番学研究》2016年第2期。
② 师炼：《元亨释书》第28卷，CBETA中华电子佛典协会，https：//cbetaonline.dila.edu.tw/zh/B0173_028，2020年11月16日。

特有的咒语,此外,在正行观修方面,通过口诵咒语,身结手印,心中观想 a 字变成月轮,月轮中有如意轮观音种子字 hrīh 字生起的本尊身相,达到身口意三密相应。1953 年,持松法师建立了真言宗密坛,之后的 14 年中每逢春秋两季举行三天修法大会,传法灌顶,受结缘灌顶者不下数十万人。如意轮观音修法也随之在近代中国出现了复兴。

尽管持松法师的如意轮观音修法较多保留了日本真言宗特色,但是在精研典籍、取舍日本各流派仪轨之后,持松法师结合中国佛教特点,发展出具有本土特色的仪轨式制,主要有以下几点不同:

一、始终身着汉传僧衣,严格秉承汉传佛教之行仪,不改着他服。二、礼佛始终依密教经轨所传五轮投地,不用持花印等。总之,投行者以有漏之五体烦恼于阿字之大地,愿满足五转,证得五智;别之,以此右左膝、左右手、头顶顶礼,愿一切众生安立正道,直至头顶着地,愿离骄慢,成佛之无见顶相(《密教通关》内有详释)。三、行法时不依他方揉搓念珠发出声响,因大师遍览大藏典籍,未见揉搓念珠之出处,故回国后不用,仍依唐译仪轨所载之方式持用念珠。四、对于日本各流派于手印有不同之处,大师一一研究后皆作解释,互通明了,认为不能纠缠于此等表面形式之中,更不能取枝末舍根本,而是要以证得五智实相、究竟成佛为根本。五、大师在主持各种密教法会时,专门设一"经声不断坛",采用汉地传统的"依文直诵"法转读经文。六、大师三次从日本所带回的大量法卷,包括经律论、仪轨、经典、历代祖师著作,特别是唐代流落散失的摹本、抄本、手绘的佛像图鉴及法器、法物等,较多是当年弘法大师空海等来唐学法时取去,现大部分保留在静安寺,此举填补了中国近代密教史上的诸多空白。七、大师于所撰各密教著作,善于归纳总结,明其源委,察其流变,查考诸节,引经据典,一一详细注明,将身口意及观想阐述得非常清楚,从而使得后来者阅读时省时省力，更易明了。①

由此推知，《如意轮观音简修仪轨》中出现的结印方式、持念方式等，并非完全依照真言宗传统，而是持松法师在日本真言宗和佛教三藏典籍的基础上，结合唐代法卷、摹本、抄本等，进行了一定的取舍和筛校后的结果，体现了如意轮观音法门在近代中国佛教中的发展变迁。

四　结语

在汉传佛教早晚课诵集中，如意轮观音根本咒、心咒、随心咒作为常诵咒语之一，因其具有行持方便、所求如意、得世出世间成就的特点，位列十小咒的第一位，在汉传佛教中有着深远的影响力。了解如意轮观音在中国的传播过程，对理解丝绸之路上的佛教文化交流，有着重要的意义。

本文从如意轮观音经典传译、如意轮观音形象及咒语意涵、如意轮观音修法三个方面，探讨了如意轮观音在中国的传播面貌。唐代传入中国的如意轮观音经典，形成了以一面二臂、一面六臂为主的如意轮观音造像。从如意轮咒来看，轮宝、思惟相、摩尼宝珠、莲花是咒语中出现的主要内容，也相应于六臂如意轮观音造像，其中，"思惟相"是如意轮观音的主要标志。随着宋代佛教与高昌回鹘佛教的密切交流，具有汉传佛教特色的如意轮观音修法传播到高昌回鹘。近代以来，持松法师基于日本真言宗和佛教典籍，对如意轮观音修法进行了本土化的发展，推动了如意轮观音法门在近代的复兴。

---

① 杨毓华编：《持松大师选集》，华夏出版社2009年版，第294页。

地藏信仰中国化析论*

韩成才
安阳师范学院马克思主义学院讲师

摘要：源于印度的地藏信仰传入中国以后，经过地藏经典的传译和撰述、信众的想象和演绎、高僧大德的弘扬和推崇，逐渐与中国社会文化相契合，形成了中国化的地藏信仰——地藏菩萨凸显了大愿和大孝的品格，有了"幽冥教主"的称号，成为汉传佛教"四大菩萨"之一，拥有了应化道场九华山，蕴含环保理念。汉传地藏信仰的流传是佛教中国化的典范，也是中印佛教文化交流的典范。

关键词：地藏信仰；中国化；中印佛教

一 引言

佛教中的地藏信仰源于古印度文化中的地神崇拜，在印度佛教中并不流行。[①] 然而，地藏信仰传入中国以后，在漫长的历史发展过程中，地藏菩萨突出彰显了大愿和大孝的品格；并逐渐和地狱世界相联系，有了"幽冥教主"的称号；还拥有了自己的应化道场——安徽九华山，成为汉传佛教"四大菩萨"之一。地藏信仰在

---

* 本文是2019年度国家社科基金重大项目"'一带一路'佛教交流史"（项目编号：19ZDA239）的中期成果之一。
① 参见尹富《中国地藏信仰研究》，巴蜀书社2009年版，第1页。

中国流传的过程中，受到民众普遍的信仰，深深融入了中国人的生活当中，甚而与时俱进，当代的地藏信仰中还拥有了环保意蕴。那么，地藏信仰是怎样融入中国文化、融入民众生活中的呢？本文尝试从地藏信仰的兴起与发展，以及金地藏和九华山道场的形成等方面对此问题作一探讨。

二 地藏信仰的兴起与发展

地藏信仰的起源，可以追溯到古印度文化中地神崇拜思想。[①] 在汉译佛教典籍当中，地藏菩萨的名字最早出现在《佛说罗摩伽经》，该经是《华严经·入法界品》的早期译本，在西秦乞伏国仁时（385—388）便传入中国。[②]《佛说罗摩伽经》中有两处提到了地藏菩萨，一是名为"持地藏菩萨"，在舍卫国祇树给孤独园庄严重阁善胜讲堂，与佛、众多菩萨在一起；二是比丘尼为众多菩萨说普依止清净地藏法门。[③]

随后，在隋代以前所译的佛经当中，也有地藏菩萨之名出现，如《佛说佛名经》《大方广三戒经》《度诸佛境界智光严经》《金光明最胜王经》等[④]，但在这些经中，都没有表现出对地藏菩萨特别的崇奉。

在北齐天竺三藏那连提耶黎舍所译的《大方等大集经·须弥藏分》中，有三品讲到了地藏菩萨。[⑤] 在此经典当中，地藏菩萨的地位得到提高，法力很大。不过，地藏信仰还未在其他相关资料中表现出来。可见，地藏信仰的兴盛，还需另外的契机。

地藏信仰的兴盛，是在隋唐时期。此时，随着以地藏菩萨为主的

[①] 参见庄明兴《中国中古的地藏信仰》，台北：台大出版委员会1999年版，第19页。
[②] 参见尹富《中国地藏信仰研究》，第6页。
[③] 参见（西秦）圣坚译《佛说罗摩伽经》卷上，《大正藏》第10册，第851、856页。
[④] 参见张总《地藏信仰研究》，宗教文化出版社2003年版，第32—35页。
[⑤] 参见（高齐）那连提耶黎舍译《大方等大集经·须弥藏分》，《大正藏》第13册，第383、385、391页。

《大方广十轮经》和《占察善恶业报经》的传译，以及末法思想的传播，地藏信仰开始流行起来。

在中国，"入隋之后，虽然人们依据不同的经典对正法、像法年限规定的不同，对是否已经进入末法时代有种种不同的看法，但末法思想已显然成为一种社会思潮，进入人们的思想与生活之中"①。而《占察善恶业报经》和《大方广十轮经》，均强调地藏菩萨在末法时代的救赎功能。《占察善恶业报经》中，在谈到如何救度身处末法时代的众生时，佛告诉坚净信菩萨，地藏菩萨"虽复普游一切刹土常起功业，而于五浊恶世化益偏厚"②；《大方广十轮经》中，佛告诉净有帝释，地藏菩萨"于无量阿僧祇劫，为五浊恶世成熟众生故而来至此"③。信行禅师于5世纪末开创三阶教，他认为当时所处的时代属于末法期，所处的世界是五浊诸恶世界，而地藏菩萨是在末法恶世救度众生，所以主张念"地藏菩萨"，对地藏信仰的传播起到了推动作用。④

此后，玄奘大师于651年重译《大乘大集地藏十轮经》，更是推动了地藏信仰的兴起。从地藏信仰在民间的表现来看，在这一时期，出现了关于地藏菩萨的写经，如敦煌文献中就有许多《大方广十轮经》的写本⑤；洛阳龙门等地的石窟当中出现了地藏菩萨的造像⑥；并且出现了基于《大乘大集地藏十轮经》而撰成，以地藏菩萨为主的礼忏仪——《赞礼地藏菩萨忏悔发愿法》⑦。不过，从这些地藏信仰的表现来看，地藏菩萨还没有取得"幽冥教主"的身份。

大约从8世纪初开始，地藏菩萨在幽冥界中的救济功能开始凸显出

---

① 尹富：《中国地藏信仰研究》，第58页。
② （隋）菩提灯译：《占察善恶业报经》，《大正藏》第17册，第902页。
③ 失译人：《大方广十轮经》，《大正藏》第13册，第681页。
④ 参见杜继文主编《佛教史》，江苏人民出版社2009年版，第234—236页。
⑤ 参见刘素兰《中国地藏信仰之研究》，硕士学位论文，玄奘人文社会学院宗教学研究所，2002年，第25页。
⑥ 参见常青《龙门石窟地藏菩萨及其有关问题》，《中原文物》1994年第4期。
⑦ 参见汪娟《敦煌礼忏文研究》，台北：法鼓文化事业有限公司1998年版，第297页。

来。随着地狱业报观念在中国社会的深入，唐末五代十王信仰的兴起，以及《地藏菩萨本愿经》和《佛说地藏菩萨经》的出现，地藏菩萨从在冥界救苦的一般菩萨，演变成具有"幽冥教主"地位，偏重于在地狱中救度众生的菩萨。①

《佛说地藏菩萨经》中讲到：地藏菩萨在南方净琉璃世界看到地狱中受苦众生，不忍见众生受苦，而从南方来到地狱。地藏菩萨到地狱中与阎罗王共一处别床而坐。地藏来此的因缘有四种——恐阎王断罪无凭、恐文案交错、恐未合死者横死、恐受罪已了出地狱迟。信奉地藏菩萨定得往生西方极乐世界，从一佛国至一佛国，从一天堂至一天堂。信奉者舍命之时，地藏菩萨会亲自来迎接。②

《地藏菩萨本愿经》中所讲述的地藏菩萨的本生故事，宣扬了地藏菩萨地狱救苦的故事，也突出了地藏菩萨大愿和大孝的品格。

《地藏菩萨本愿经》，署名为唐代于阗实叉难陀所译，收入《大正藏》第13册。此经被学者认为是中土撰述，形成时间在后晋天福年间（936—944）至北宋开宝七年（974）之间。③虽说是中土撰述，但它是在民间影响最广的地藏经典，"隋唐以后中国地藏菩萨的信仰极为普及，以地藏菩萨为幽冥教主，地藏菩萨种种本生事迹入地狱、显孝心等渗入民间信仰的事宜，皆出自《本愿经》"④。在《地藏菩萨本愿经》中载有四则地藏菩萨本生事迹：

在《忉利天神通品》中记载：地藏菩萨于过去久远劫前，身为大长者子，因为见到狮子奋迅具足万行如来佛，具有千福庄严相好，而产生敬仰之心。为了证得庄严之相，在佛前发愿，尽未来际不可计劫，度

---

① 参见萧登福《道教地狱教主——太乙救苦天尊》，台北：新文丰出版股份有限公司2006年版，第261页。
② 参见失译人《佛说地藏菩萨经》，《大正藏》第85册，第2909页。
③ 参见尹富《中国地藏信仰研究》，第368—371页。
④ 张总：《地藏信仰研究》，第6页。

脱六道罪苦众生，要广设方便，尽令众生得解脱。

地藏菩萨在过去曾是一位婆罗门女，她的母亲悦帝利，由于生前不信三宝，堕于无间地狱。圣女为救度母亲出离地狱，瞻礼觉华定自在王如来，布施塔寺，为母亲设供修福，并发大誓愿，尽未来劫广度罪苦众生。

在《阎浮众生业感品》中记载：地藏菩萨在过去是一位国王。在他的国境之内，人民多造恶业，他遂发愿要度尽罪苦众生皆至菩提，否则不愿成佛。

地藏菩萨过去曾是一位女子，名光目。她的母亲堕于地狱受苦，为救度母亲，她遂发愿救拔一切罪苦众生，等到众生全部成佛以后，自己方成正觉。①

这四则故事当中所体现的地狱救赎和孝道精神，使得地藏菩萨成为民众心目中的地狱救赎者和孝道精神的体现者，也使得地藏信仰深深地融入了中国文化之中，融入了民众的生活之中。至此，地藏菩萨大愿与大孝的精神，侧重于地狱救赎的功能，大愿王与幽冥教主的身份，在中国社会中全部彰显出来，且影响至今。

随着时代的发展，当代地藏信仰又有了新的内涵——环保。

台湾法鼓山道场所举行的水陆法会，从2010年开始在地藏坛中新增了修习内容——大地观。② 大地观也就是圣严法师所阐述的佛教的大地观。③ 圣严法师的《佛教的大地观》一文大意如下：

> 大地，就是地球，也是我们赖以生长的土地。我们每个人从生到死、每天的生活都在大地上，大地是我们最大的恩人。我们周围

---

① 参见（唐）实叉难陀译《地藏菩萨本愿经》，《卍新纂续藏经》第13册，第778—781页。
② 参见黄敬涵《法鼓山大悲心水陆法会的特色》，硕士学位论文，辅仁大学宗教学系研究所，2013年，第24页。
③ 圣严法师：《佛教的大地观》，《人生杂志》2001年第215期。

的一切:动物、植物、矿物,都与大地连在一起,通过这些,使我们人与人之间能够互通互容,并且共存共生。

大地正如菩萨的心。许多人只知道要拜佛菩萨,其实只要体会到大地的精神、大地的恩德、大地的功能,我们就能体验到佛菩萨的心,因为佛菩萨的心与大地的心是相同的,只有奉献、付出,不求回报。佛菩萨是无限地贡献、利益一切众生,是非常伟大的,但是很少有人想到要感谢、回报他们。

我们对于大地的爱护,就是感恩,还有对于和大地相关的人、事物给予关怀、照顾爱护,也是一种感恩、回报。如果我们常常体验到大地的功德,以及大地对我们的恩惠,那么眼前所见的一切人、事、物,无不令人生起感恩心,随时随处都可以是感恩的对象。

可以看出,圣严法师在《佛教的大地观》中表达了这样的思想:大地是我们一切众生所依凭的生存环境,人与人之间通过大地互通互容,共存共生;大地所具有的精神品格与佛菩萨一致,只有奉献,不求回报;我们应该以保护环境,以及感恩与大地相关的一切人、事、物,作为对大地恩德的回报。

我们知道,地藏菩萨名称中的"地",就有大地的含义,能承载、养育一切众生及事物。因而,在地藏坛中修持大地观,目的也就是:使信众感受到大地的恩德、地藏菩萨的恩德;保护环境;爱护、感恩身边所有的人和事物。

可以说,圣严法师的大地观是结合时代环境,对地藏信仰所作的新的阐释。我们知道,在当代社会,自然环境恶化严重,环境保护的理念已经成为社会共识;而通过地藏法会宣传环保,就赋予了地藏信仰以新的内涵。

三　金地藏与九华山

在唐代，新罗僧人地藏驻锡九华山。此后，僧地藏逐渐被信众认同为地藏菩萨的化身；在九华山上，由僧地藏始，逐渐吸引了诸多僧人到此修行、弘法；也由唯一的佛教道场——化城寺始，逐渐形成了规模庞大的佛教寺庙群落；九华山也逐渐被认同为地藏菩萨的应化道场。

而关于僧地藏的最早记述，是唐代费冠卿所作的《九华山化城寺记》。下文我们通过分析《九华山化城寺记》和相关文献资料，结合地藏信仰的发展，对金地藏的来历和九华山道场的形成做一分析。

为便于讨论，我们辑录《九华山化城寺记》一文，并以文义将其分为十个段落：

> 九华山，古号九子山。崛起大江之东，揖潜庐于西岸，俨削成于天外。旁临千余里，高峰峻岭臣焉，连冈走陇子焉。自元气凝结，几万斯年。六朝建都，此为关辅。人视山而天长，山阅人而波逝。其间圣后贤臣，歌咏叠兴，言不及者，兹山屈焉。
>
> 开元末，有僧檀号张姓，自群舒至，为乡老胡彦请住，广度男女。时豪所嫉，长吏不明，焚其居而废之。
>
> 时有僧地藏，则新罗王子金氏近属，项耸奇骨，躯长七尺，而力倍百夫。尝曰："六籍寰中，三清术内，惟第一义，与方寸合。"落发涉海，舍舟而徒，睹兹山于云端，自千里而径进，披榛援藟，跨峰越壑，得谷中之地，面阳而宽平，其土黑壤，其泉滑甘。岩栖涧汲，以示高洁。曾遇毒螫，端坐无念。有美妇人，作礼奉药云："小儿无知，愿出泉补过。"应视坐石，石间潨潺，时人谓九子神焉。素愿写四部经，遂下山至南陵，有俞荡等写献焉。自此归山，迹绝人里。

逮至德初，有诸葛节等自麓登峰，山深无人，云日虽鲜明，居惟一僧，闭目石室，其旁折足鼎中，惟白土少米，烹而食之。群老投地号泣："和尚苦行若此，某等深过。已出泉布买檀公旧地，敢冒死请。"大师从之。近山之人，闻者四集，伐木筑室，焕乎禅居。有上首僧胜谕等同建台殿，梗楠豫章，土地生焉，断而斫之；瑸珠琪琼，不求他山。肆其磨砻，开凿溪涧，尽成稻田；相水攸潴，为放生池。乃当殿设释迦文像，左右备饰，次立朱台，挂蒲牢于其中，立楼门以冠其寺。丹素交彩，层层倚空，岩峦队起于前面，松桧阵横于后岭，日月晦明以增其色，云霞聚散而变其状，松声猿啸，相与断续，都非人间也。

建中初，张公严典是邦，仰师高风，施舍甚厚，因移旧额，奏置寺焉。

本州牧贤者到寺严师之敬，江西估客于云外见山，施帛若干匹，钱若干缗，焚香作礼，遥以祈祐。师广德焉，况亲承善诱，感悟深哉。旁邑豪右，一瞻一礼，必献桑土。岂诸牧不合礼焉，富商大族轻其产哉？道德感也。本国闻之，相与渡海。

其徒实众。师忧无粮，发石得土，其色青白，不碜如面。夏则食兼土，冬则衣半火，无少长畲田采薪自给。中岁领一从者，居于南台，自缉麻衣，其重兼钧，堂中榻上，惟此而已。池边建台，厝四部经，终日焚香，独味深旨。

时年九十九，贞元十年夏，忽召众告别，罔知攸适，但闻山鸣石陨，感动无情与□将灭，有尼侍者来，未及语，寺中扣钟，无声堕地。尼来入室，堂椽三坏。吾师其神欤？跌坐函中，经三周星，开将入塔，颜状亦如活时，异动，骨节若撼金锁。经云："菩萨钩锁，百骸鸣矣。"基塔之地，发光如火，其圆光与？

佛庙群材缔构，众力保护，施一金钱，报一重果，下为轮王，上登圣地。昔有护法良吏，洎施一僧、檀越等，具刻铭于石。士疾殁代不能立殊绩以济众，又不能破余财崇胜因缘，啄腥膻，顾儿妇，生为人非，死为鬼责，悲哉！

时元和癸巳岁，余闲居山下，幼所闻见，谨而录之。孟秋十五日记。①

这篇文章的第一段话，介绍了九华山的自然风光、历史地理特点，以及后人对此山的赞叹。

关于第二段引文，我们先来解释"广度男女"这句话的意思。句中的"度"，我们认为它应该解释为"剃度"，而且可能是僧檀号私自收徒，因为当时确实存在私度的现象。② 所以，僧檀号引起当地豪强的不满，才焚烧他的驻锡之地，并且当地长吏对此事也不予明察，不追究责任。另外，从此文第五、六和七段的内容来看，僧地藏也是徒弟甚多，但是他德行高洁，所以受到地方官吏和本地豪门的敬仰和护持。两相比较，可见，僧檀号是因自己私自度众，才导致被焚居废事。

因此，第二段的内容就是——唐玄宗开元末年（741），僧檀号从群舒到达九华山，因乡老胡彦之请，而在此地弘法。但是他私自度徒，导致被焚居废事。

第三段是讲：当时有一名僧人，号地藏，是新罗国王族金氏的近属。他"项耸奇骨，躯长七尺，而力倍百夫"，有着异于常人的相貌、体力。他认为，在儒释道三家之中，唯有佛教与其心意相合，遂出家。他渡海来到中国，又徒步而行，千里之外遥望九华山，慕此山形胜，直接来到九华山修行。他栖息于山岩，饮水于山泉，以示其高洁之行。在九华山修行期间，曾被毒物所蜇，却"端坐无念"，而九子神以"出泉水补过"。他素来发愿写四部经书，于是下山到南陵，得经书后归于山

---

① （清）董诰等编：《全唐文》卷694，中华书局1983年影印本，第7129—7130页。
② 参见汤用彤《隋唐佛教史稿》，武汉大学出版社2008年版，第54—55页。

中,从此与乡人相隔绝。

第四段是讲:在唐肃宗至德初年(756),诸葛节等人,行至九华山中,只见山中唯有僧地藏一人,且其生活困苦。诸葛节等遂告知僧人——你生活如此困苦,是我们的过失;我们已买下僧檀号以前驻锡之地,恳请你去住持。僧人遂前往僧檀号驻锡旧地。然后,九华山周围乡人,以及僧胜谕等人共同努力,建成一殊胜道场。

第五段是讲:唐德宗建中初年(780),张严主政此地。他敬仰僧地藏的高德洁行,所以施舍丰厚,并将化城寺旧时额匾给予僧地藏,还向官府申奏,以正式立寺。

第六段是讲:因修行之高德,僧地藏得到本地州牧中的贤者、江水西面的商人和本地豪强的礼敬、供养;甚至新罗人也慕名而来。

第七段是讲:僧地藏的弟子甚多,他担忧衣食不给,所以领弟子"食兼土""衣半火""畲田采薪",自力更生,过一种苦行的生活。僧地藏自己也苦行、深修,在放生池边,放置四部经书,体味经中深义。

第八段是讲:唐德宗贞元十年(794)时,僧地藏九十九岁。在这年夏天某日,僧地藏召集众人,以示告别,当时出现了"山鸣石陨""寺中扣钟,无声堕地""堂椽三坏"的异相。僧地藏舍报以后,"趺坐函中"。三年后,弟子开函,欲将其肉身移入塔中,却发现他的容颜与生时无异;抬动他的肉身,其骨骼所发声响——"若撼金锁",与佛经中所记的菩萨骨骼声响一样——"菩萨钩锁,百骸鸣矣";建塔之地,"发光如火",犹如佛菩萨头上的圆光。

第九段是讲:佛教的庙宇由信众布施而建成,凡布施者皆得善报。往日护持佛教的良吏,其布施之事,都在碑石上铭记。因此,费冠卿担心后人不能建立功绩度济世人,又不能舍余财以护持佛教,而只顾俗世之乐,将会生时遭人非议,死后被鬼责难。可见,在当时人看来,布施得果报是流行的观点,亦可以看出当地佛教信仰的兴盛。

第十段是讲:费冠卿在唐宪宗元和癸巳年(813),闲居九华山下时,农历七月十五,根据幼时见闻,辑录为文。因此,我们可以知道,这篇文章是费冠卿在 813 年,闲居九华山时,根据自己幼时的所见所闻而写成。此文成稿之时,和僧地藏舍报之时相差 19 年,所以,费冠卿所记,应该较为可信。

经过以上分析,对于僧地藏,我们可以有如下认识:

籍贯与生卒年——僧地藏是新罗国人,俗姓金,当时王族近属。生于 695 年,舍报于 794 年,属于长寿者。

驻锡九华山——他经过思考,在儒释道三家之中,选择皈依佛门,到中国后,因仰慕九华山之形胜,在四十五岁左右(741),来到九华山修行。

建寺——在 756 年之前,他一直在山中修行,与世隔绝。到 756 年时,应诸葛节等人之请,驻锡化城寺。他和众人一起建成一座殊胜禅居道场。

修行——他苦行修道,常端坐修行,研习四部经典(但不清楚是哪四部经)。

影响——僧地藏受诸葛节等人敬仰,被邀至化城寺;受主政官张公敬仰、布施,移送化城寺匾额,并奏请正式立寺;受本地州牧中的贤者、长江西岸的商人、本地豪强的礼敬、供养;新罗人也慕僧之德而来;徒众甚多。

异相——他"项耸奇骨,躯长七尺,而力倍百夫",相貌、体力异于常人;遭遇九子神以"出山泉水"补过;预知自己舍报时间;舍报时"山鸣石陨""寺中扣钟,无声堕地""堂椽三坏";舍报三年后肉身不腐,骨骼结构、声响如菩萨一样;建塔的地方所发之光如佛菩萨头上所发圆光。

通过以上分析,我们可以认为:至少在费冠卿写这篇传记之前,僧地藏还没有被明确认同为地藏菩萨的化身;但是,在当时人们的认识中,有把他混同于地藏菩萨的倾向。

关于上述第一点，我们很好理解，如果僧地藏已经被认同为地藏菩萨，费冠卿会把这一说法记述下来。关于第二点，一是因为僧地藏的法号与地藏菩萨名号相同，二是由僧地藏所具有的异相所致（见前文所述），这一观点，学者们也早有论述。[①]

另外，僧地藏与地藏菩萨的混同，可能与《大乘大集地藏十轮经》中对地藏菩萨的描述有关，经中讲："如是大士，随所止住诸佛国土，随所安住诸三摩地，发起无量殊胜功德，成就无量所化有情。""于一一每晨朝时，为欲成熟诸有情故，入殑伽河沙等诸定。"[②] 这就是说，地藏菩萨以禅定之功，度化菩萨所止住国土上的无量众生。如前所述，僧地藏也常以端坐禅定作为修持法门，所以，有可能信众因此而非常敬仰僧地藏，也因此把僧地藏与地藏菩萨相混同。

到宋代时，因僧地藏俗家姓金，所以金地藏的名号开始流行起来，直到现在还是人们最喜欢用的对僧地藏的称号。[③] 到明代时，高僧蕅益智旭，曾明确地认为金地藏就是地藏菩萨的应化之身。[④] 到清代道光三年（1823），仪润在《百丈清规证义》的《报本章第三》中，介绍地藏圣诞时讲：

> 七月三十日　　地藏圣诞
> 　　证义曰：地藏度生之事，《地藏菩萨本愿经》《地藏十轮经》《占察善恶业报经》中广说。今举东土示迹者。《神僧传》云：佛灭度一千五百年，地藏降迹新罗国主家，姓金，号乔觉。永徽四年，年二十四岁祝发，携白犬善听，航海而来。至江南，池州

---

① 参见聂士全《地藏信仰与金地藏研究述评》，《法音》1996年第7期；张总《九华地藏信仰起源之佛典"钩锁骨鸣"》，《池州学院学报》2012年第1期。
② （唐）玄奘法师译：《大乘大集地藏十轮经》，《大正藏》第13册，第723页。
③ 参见尹文汉、张总《九华山"地藏三尊"图像的形成》，《故宫博物院院刊》2015年第4期。
④ 参见九华山风景区地方志编纂委员会编《九华山志》，黄山书社2013年版，第155页。

府东青阳县九华山,端坐九子山头七十五载。至开元十六年,七月三十夜成道,计年九十九岁。时有阁老闵公,素怀善念,每斋百僧,必虚一位,请洞僧(即地藏也)足数。僧乃乞一袈裟地,公许。衣遍覆九峰,遂尽喜舍。其子求出家,即道明和尚。公后亦离俗网,反礼其子为师。故今侍像,左道明,右闵公,职此故也。菩萨入定二十年,至至德二年,七月三十日,显圣起塔,至今成大道场。①

上述这段引文,讲述了与地藏信仰相关的几个主要形象和传说:一、地藏诞辰——农历七月三十日;二、地藏菩萨化身为金乔觉,携白犬善听,驻锡九华山,九十九岁时,七月三十日成道;三、闵公施地;四、闵公父子出家;五、九华山成大道场。

仪润自称这些内容是引自《神僧传》,其实与《神僧传》中所讲"地藏"内容不符,因为《神僧传》中所讲与费冠卿所记相似,并没有此处引文中所讲述的内容。②但是,这些内容"已约定俗成,在清末至民国的《九华山志》、民国时的佛学大辞典以及建国后的《中国佛教》、《中国大百科全书》等,多依《证义记》的'佛教传说'为据,编写有关'地藏'和'九华山'的词条"③。可见,《证义记》中"传说"的影响。

在分析《证义记》中所述内容之前,我们先来看汤用彤先生的一段话:"佛法,亦宗教,亦哲学。宗教情绪,深存人心,往往以莫须有之史实为象征,发挥神妙之作用。故仅凭陈迹之搜讨,而无同情之默应,必不能得其真。"④ 在这段话中,汤先生指出,"莫须有之史实",

---

① (清)仪润:《百丈清规证义》,《卍新纂续藏经》第63册,第402页。
② 《神僧传》,《大正藏》第50册,第1000页。
③ 焦德水:《金地藏认同为地藏菩萨应化的根据、年代及意义》,《池州学院学报》2011年第4期。
④ 汤用彤:《汉魏两晋南北朝佛教史》,北京大学出版社2011年版,第487页。

会在人们宗教生活中发挥神妙作用；也指出，我们不能拘泥于史迹的考证，而应该以人的情感、心理、宗教需求为要，来体悟"莫须有之史实"的真义。那么，我们遵循这个观点，来探讨一下《证义记》中内容的形成。

首先来看，地藏诞辰——农历七月三十日。在中国民间，七月历来被认为是鬼月，而地藏菩萨在民众心目中有幽冥教主的称号；再者，僧地藏是在农历七月舍报。所以，虽然地藏诞于农历七月三十日，这种说法还有待进一步考证，但是这种说法与僧地藏的舍报时间、地藏菩萨地狱救苦的品格肯定相关。

其次，"金乔觉"的称谓，始见于明代孙樾所作《九华山志》中，谢澍田作这样的解释："金"指金地藏，"乔"是大者的意思，"觉"指觉悟，合起来就是说金地藏是一位大觉悟者。① 也就是说，金乔觉的称谓是对僧地藏德行高洁品格的称赞。

关于金乔觉、闵公父子、善听，有学者指出他们的形象：

> 全部来自现实生活中的人物，地藏菩萨变成了唐代高僧金地藏，长期以来的胁侍道明变成了九华山闵阁老的儿子，另一胁侍闵公不仅是九华山人，还是金地藏大护法，施地建寺，而文殊菩萨化现的金毛狮子则成了金地藏从新罗带来的一条名叫善听的白犬。②

人们乐以对地藏菩萨形象，及相关人物关系进行演绎，原因在于，这会使"人们更加容易亲近地藏菩萨，而闵公父子的故事，在中国宗族社会的背景下则更容易唤起信众对地藏信仰的理解与接受"③。

---

① 参见尹富《中国地藏信仰研究》，第360—361页。
② 尹文汉、张总：《九华山"地藏三尊"图像的形成》，《故宫博物院院刊》2015年第4期。
③ 尹文汉、张总：《九华山"地藏三尊"图像的形成》，《故宫博物院院刊》2015年第4期。

而《证义记》中闵公拜其子为师的事迹，虽然不合世俗之礼，但是其中却含有尊重僧宝、护持佛教的意图。

由上所述可知，新罗来华僧人地藏，随着地藏信仰和时代的发展，逐渐成为地藏菩萨的应化。由此因缘，还衍化出了道明、闵公的故事。这使得人们对地藏菩萨能有一种亲近感，使地藏信仰能够更加为人们所接受。这些人物形象也成了关于地藏菩萨塑像、绘画以及故事的题材。

关于九华山，我们在《证义记》的引文中，讲到九华山"至今成大道场"，《证义记》中在椎钟诵号时就把四大道场、菩萨连在了一起：

南无五台山　　大智文殊师利菩萨

南无峨眉山　　大行普贤菩萨

南无九华山　　大愿地藏菩萨

南无普陀山　　大悲观世音菩萨①

这就意味着至少在清代道光年间，地藏菩萨道场九华山已经为人们所认同。然而追溯地藏道场的形成，还要从僧地藏开始。

回顾前文费冠卿所记，九华山上的化城寺，虽说不是僧地藏首创，但是自僧地藏始，才有规模地发展起来。"山上许多寺院都是围绕着化城寺或者朝向化城寺而建的。清代周文赟在《九华山志·化城寺僧寮图记》中曾说，天下佛寺之盛，千僧及矣。而九华化城寺平时寺僧且三四千人，不能容，分东西两寮，又不能容，各分十余寮，至六七十寮。于是各立门户，纷纷建庙庵，以广招徕，香火之盛，甲于天下。此说或许解释了诸多寺庙朝向化城寺的原因。"②仅此可以看出，九华山自僧地藏以后佛教兴盛的状况。

---

① （清）仪润：《百丈清规证义》，《卍新纂续藏经》第63册，第515页。
② 张总：《地藏信仰研究》，第400页。

九华山成为地藏菩萨道场，究其缘由，是明清时期民间地藏信仰的普及，民众对金地藏与地藏菩萨的混同，官方对九华山佛教的认同，使得九华山作为地藏菩萨道场的地位巩固了下来。① 而且"在九华山地藏道场不断巩固的过程中，晚明'四大高僧'之一的智旭（1599—1655）起了相当大的作用"②。

四　结语

综上所述，我们认为地藏信仰之所以能够中国化的原因在于：

（1）地藏经典的传译和撰述

首先，地藏信仰的传入，有赖于相关佛教经典的传入，比如《十轮经》的传播和重译，使地藏信仰在中国兴盛起来。其次，一些中土撰述的经典，更使得地藏信仰能够契合中国文化、融入民众的生活，比如《地藏菩萨本愿经》《佛说地藏菩萨经》，突出了地藏菩萨孝道的品格，使地藏菩萨拥有了幽冥教主的身份。

（2）与中国社会文化相契合

地藏菩萨大愿救苦的品格契合了隋唐时期的末法思想，大孝的品格契合了中国传统的孝道文化，环保的理念契合了当代社会思潮。

（3）高僧大德的弘扬和推崇

在地藏信仰的兴起和发展、九华山道场形成的过程中，信行禅师、玄奘法师、金地藏、智旭大师以及圣严法师起到了重要的推动作用。③ 信行禅师对地藏菩萨的尊崇和玄奘法师对《十轮经》的重译，使地藏信仰兴盛了起来；金地藏驻锡九华山，是九华山成为地藏道场的起源；

---

① 参见尹富《中国地藏信仰研究》，第368—371页。
② 尹富：《中国地藏信仰研究》，第368页。
③ 在地藏信仰中国化的过程中，起推动作用的高僧大德不止本文所列，因篇幅所限，此处只列举本文中所涉及者。

智旭大师对地藏菩萨的推崇,不但弘扬了地藏信仰,也促成了九华山道场的确立;圣严法师则赋予了地藏信仰新的内涵。

(4)信众的想象和演绎

信众对地藏菩萨孝道事迹的编撰,对金地藏来华故事的演绎,使得地藏菩萨与信众更为亲近,地藏信仰更易为信众所接受。

然而,纵观地藏信仰在中国的兴起和发展,虽然中国化了,但是地藏菩萨慈悲救苦的根本精神没有变,体现的还是佛教中的菩萨道精神。因此,我们可以说汉传地藏信仰的流传是佛教中国化的典范,也是中印佛教文化交流的典范。

禅的生活化及其现代意义

宗 学

九华山大觉禅寺住持

摘要：禅是佛教与中国本土文化，尤其是与儒、道的充分融合与创新。禅强调于日常生活中反观自性，体悟宇宙、人生真相，以出世之心，行入世之事。禅宗大兴是佛教中国化的标志，具有里程碑的意义。禅在精神上的自我超越，对于人的心灵世界和精神生活具有独特的正面意义。禅倡导平常心是道，有助于化解概念性的执着，拆除思想壁垒。禅茶、香道等禅的生活方式，是以如此和平的方式进行，润物细无声，化干戈于无形。在追求真理的道路上，人类所有的文明皆是殊途同归。禅，扎根于现实的生活基础，以禅来会通东西方文明，将有益于现代人生以及人类的和平相处。

关键词：禅；生活化；社会和平

"科技为王"的时代潮流，松动了人类传统文化的根，对人生意义的困惑与迷失，令人苦不堪言。传统是每一个国家的文化根基，切断传统文化的根，无异于切断源远流长的精神命脉。复活传统文化的经验和

---

* 本文是2019年度国家社科基金重大项目"'一带一路'佛教交流史"（项目编号：19ZDA239）的中期成果之一。

智慧，将为文化的新发展奠定坚实的基础。

新的生活秩序正在重塑，禅的智慧能够去妄存真，穿越现代文明的迷雾森林，在东西方文化的融合中，保持清醒，走适合自己的道路。

一 随缘不变

中华文化是在与各民族的交流与碰撞中逐渐形成的。周（前1046—前256年）以前的中国，曾盛行天体崇拜，后来从对充满神秘性的无边无际的天体的崇拜，发展到对"天帝"或有意志的"天"的崇拜。

周文王（约前12世纪）悉心研究，将八卦规范化、条理化，演绎为六十四卦，深刻剖析了宇宙奥秘。易经智慧的普及与发展，推动了理性精神的成熟，逐渐淡化了对于天神的信仰与敬畏，个体意识呈现上升趋势，人们更关注自我意识而不是群体意识，更关注自我利益而非公共利益，中国进入了群雄逐鹿的春秋战国时代。

春秋时代，老子用道的哲学观念取代了上帝（天神）至高的领导地位和统治权威，这是中华民族思想观念上的革命性的一次改变，摆脱了偶像崇拜的束缚，从理性的角度思考世界的起源，以及事物存在和变化的规律。

"道"的哲学理念在中国文化中的地位日益重要，直至被奉为圭臬。明道、行道、传道，成为中国人的理想与追求。道，是宇宙万物的本体，是我们自性中的佛性。

不变随缘，意味着在觉悟、觉醒的基础上，适应变化而不迷失方向，勇于在实践中探索与创新。从此无论历史的因缘怎样变化，"道"始终是中国不变的核心，中华文明无不从此"道"流，无不还归此"道"。

在这不可逆转的历史潮流中，孔子利用自身的理性思想，重建人文自信，积极引导人们将关注的重点转移到现实生活，并试图通过这种方式重构社会的伦理秩序，实现"以人为本"、注重生活的实践。

孔子将《易经》的理性精神，运用到当下生活中来，使之生活化、艺术化。日常生活当中的洒扫应对、衣食住行，孔子都有具体而微的论述。比如在《论语》中，孔子提出了许多饮食卫生标准和原则，如"食饐而餲，鱼馁而肉败，不食"，"食不厌精，脍不厌细"，等等。

孔子建立了日常的伦理道德，从个人的修养到家庭关系，再从小家到国家，提出了格物、致知、诚意、正心、修身、齐家、治国、平天下八条目。孔子的思想体系在诸子百家中脱颖而出，卓然独立，最终成为中华文明几千年来的文化基石，生生不息，延续至今。

孔子的伦理思想，从家庭伦理到天地之大德，天人合一。重要的是，这些理念落实到了日常生活以及风俗习惯中，是几千年来儒家文化历经磨难长盛不衰的关键因素。日常生活习惯是文化传承最稳定可靠的基础。

佛教来自古印度，在中国大地上生根发芽，与中华文明深度融合，内化为与我们文明体系密不可分的禅宗，禅宗实际上也沿袭了儒家文化注重生活实践的思想。禅宗强调不立文字，反观自性，在运水搬柴的日常生活中体悟大道。日常生活就是修行的道场，以一颗"平常心"，安于"当下"本真的生活，以求得解脱，从而将生活与修行融贯为一。

禅的顿悟思想，直指人心，形成了独特的实践方式。禅的源于自性的空性觉照，在实践中呈现出究竟、至简和实用的特性。禅修所带来的悟性，有助于对中国传统文化内涵的正确了解。禅的生活化、艺术化，深刻传达了中国文化的生活情趣与心灵境界。

儒家文化的名相概念繁多，掩盖了儒家精神的万丈光芒，儒家实用主义，培养了积极进取的精神，但一不小心，也容易陷入对于现世名利的执着，甚至难以自拔，而禅具有出世倾向的空性智慧能够破除各种名相概念的束缚，扎根于清净的智慧，从而对名利的诱惑能够保持清醒。

儒与禅皆以道为体，开放、包容，随缘不变，不变随缘。禅与中华文化相互滋养，一方面深刻地影响了亚洲乃至世界文明；另一方面，也不断应对着其他文化所带来的冲击与挑战。

二　历史之鉴

佛教追求的是自性的觉悟，与中国本土文化心心相印。为求取真经，历代高僧万里跋涉，前赴后继，西去印度求法，穿越戈壁沙漠，忍难忍之苦，在"上求佛道、下化众生"的道路上，面对无数的挑战和障碍，初衷不改，不屈不挠，在代代相传的不懈努力下，佛教成为中国文化中不可缺少的重要组成部分。西行求法历经磨难的玄奘法师，被后人誉为中华民族的脊梁。虽然佛教史上发生过"三武一宗"灭佛事件，但灭佛时间不长，并且佛教也都能迅速恢复生机。

与之相反，从唐朝开始，包括基督教在内的西方宗教，屡次主动传入中国，却很难真正融入中国文化。1721年，康熙下令禁止天主教，雍正帝驱逐传教士，都是重要的历史事件。伴随着鸦片战争的战火，西方宗教再度传入，潮来潮去。

对于中国来说，同是外来宗教，为什么会有如此大的反差？我们不妨回顾一下历史。

墨子与孔子皆生活在战事频繁的春秋战国，社会长期处于不稳定的状态，有志之士都致力于为国家社会和平发展寻求长治久安之策。

墨子反对孔子的思想，有"非儒即墨"之说。墨翟认为存在着"上帝"，并且上帝有明确的意志，即"天志"，天有人格和意志，可以主宰人伦秩序、赏善罚恶，赏赐兼爱者，惩罚不兼爱者，同样，鬼神也赏善罚恶，即通过外在的约束来克服我们内心的恶。"天志"强调"兼爱"，天爱人，所以为人创造了万物。天创造了日月和星辰，为给人以光明，天降下雨露雪霜，为让五谷丝麻生长，使得人能有吃穿。这些说法，与基督教的教义何其相似。可是墨子的这一宗教思想，在中国几乎没有发挥多大作用，被湮没在历史的长河中。墨子大约出生在前480年，约480年后耶稣诞生，耶稣的思想却成功地在西方乃至世界得到了广泛传播。在中国历史上，夏代遵从"天命"，商代信奉"鬼神"，到了西周，周公开始"制礼作乐"，"明德慎罚"，转而注重"礼乐文明"，这是中华文化历史上的一个转折。墨子的改良思想，反映了理性精神的蓬勃发展与传统人格化宗教信仰之间的矛盾与纠结。

孔子"敬鬼神而远之"，注重心性的修养和人伦道德观念，不探讨那些所谓有灵验有意志的"鬼神"和"天命"，而将关注点落在西周的礼乐文明上。孔子把国人的观念从"有神论"引导向"无神论"，从这个意义上来说，墨子与孔子的思想确实有很大的不同，孔子的思想更符合中国人的悟性和思维习惯，顺应了历史潮流。孔子的理性精神，彻底改变了中国文化中人格化的宗教偶像崇拜，中国最终选择了孔子，以道为核心的伦理道德观念深入人心。

孔子与墨子思想的差异，从宗教的角度来看，是"自力"与"他力"的问题。

宗教通常都是强调"他力"，认为世界是由一个主宰神创造，他主宰着宇宙人生的一切。人的吉凶祸福、天堂、地狱，皆由神决定，人没有能力决定自己的命运，要想得到永恒的幸福，唯有依靠他力的信仰，即唯一的神或上帝等最高宗教信仰，按照他的意志行事，此即所谓信者得救。

相比之下，佛教强调的是"自力"。佛教否定了世界主宰神的存在，"缘起无自性，一切法无我"，成、住、坏、空四劫，是佛教对于世界生灭变化的基本观点，一切有情生命皆由因果业力牵引。佛教否定主宰神，佛陀自然也不会是主宰神。佛陀是真理的发现者，而不是开创者。佛陀称自己说："我如善导，导人于善道。"佛陀是指导众生觉悟的导师，也称本师，佛陀与弟子的关系，是师生关系。其实每个人的本性与佛并无分别,"佛是已觉悟的众生,众生是尚未觉悟的佛"。修行靠自力,如人饮水,冷暖自知,无可替代。佛陀告诫弟子:"要自依止,法依止,莫异依止。"

从修行实践的角度来看,"自力"与"他力"是不二的,他力就是自力,自力就是他力。观音菩萨代表慈悲、智慧,当我们礼拜观音菩萨像(他力),实际上是在唤醒我们内心的慈悲与智慧(自力);当我们内心充满了慈悲与智慧,我们自己就是观音菩萨在时空中的化身。

自力与他力,殊途同归,没有好坏优劣之分,只是各自因缘不同,根性有异,产生了八万四千法门。

楼宇烈先生说:"中国人的精神世界是一个自我圆满的世界,它不是靠外力来创造、调整的,而是通过自我调整来达到圆满的状态。我们要达到自我圆满的状态,就必须顺其自然。这也是中国文化的一个根本的理念。"①

儒家保留了对天地万物的敬畏之情,但重点是心性的修养。"格物致知、诚意正心",格物,是指探究事物原理,参透事物本质,从而从中获得智慧;"知"是知性,包含了智慧、心得感悟与知识,从而明白需要在生活实践中成就圣贤之道。从这个意义上说,儒家的心学与佛教的心法,都强调"自力",符合中国人的普遍的根性。

中国文化,对于墨子与孔子的历史性抉择,有两个值得注意的要点:一是根性的问题,二是理性思维的日趋成熟。

关于根性,与地域、民族传统有很大关系,正所谓,一方水土养育一方人。禅门实践中,通常将修行者分为两类根性,即顿悟与渐修。《西游记》中,"悟空"代表顿悟根性的众生,"悟净"代表渐修类的众生。猪八戒,悟能,喻意众生皆有佛性,皆有成佛的可能。

顿悟根性的众生,"大疑大悟,小疑小悟,不疑不悟",修行多依

---

① 楼宇烈:《体悟力:楼宇烈的北大哲学课》,中华书局2020年版,第175页。

"自力";而"渐修"类根性的众生,严谨、服从、勤奋,这类众生,比较多地依靠"他力"的宗教信仰。

达摩祖师称震旦(中国)有大乘气象。何为大乘气象?应是顿悟根性众多,但顿悟根性的众生,初入门,比较不易信仰"他力"。中国佛教广为流传的《大乘起信论》,是以理性阐释心性,从而对自性佛产生信心,有别于因为外在的权威或神迹而产生的信仰。这是一个信仰寻找理性支持的过程,这种寻找培养了中国人独特的理性精神。

唐朝,以惠能大师为代表的禅宗顿悟法门崛起,大兴于世,显示了汉传佛教区域,顿悟根性众生最为普遍。

关于理性思维的成熟,与《易经》文化有关,《易经》文化造就了中国人成熟的理性精神。德国科学家莱布尼茨,在《二进制算术的阐述——关于只用0与1,兼论其用处及伏羲所用数字的意义》这篇文章中,高度评价伏羲的科学成就,将伏羲视为"科学始祖"。莱布尼茨在《中国近事》一书中说:"我们从前谁也不曾想到,在这个世界上还有比我们的伦理更完善,立身处世之道更为进步的民族存在。但事实上,我们却发现了中华民族,它竟使我们觉醒了。"

梁漱溟先生说:"中国文化是一种早熟的文化",从宗教意义上来说尤其如此。老子提出的"道",作为宇宙本体,即生命的源头,这具有划时代的意义,标志着在中国具有宗教意义的天、天神、上帝等精神世界偶像权威的衰落。

对于老子"道"的概念的普遍接受,意味着春秋时期中国已经进入了以理性精神为特征的时代,为中国的伦理道德文化开辟了道路。

在此背景之下,墨子重塑人格化的上帝权威,已经不符合时代潮流。

1453年,欧洲经过"中世纪"之后的文艺复兴,才进入了以理性和科学为主要特征的近代文化。科学正在急切地追寻宇宙的本体,以及万物缘起的秘密,这已经涉及了宗教中上帝创造万物的核心命题。理性与科学对西方宗教产生了前所未有的挑战，造成精神上的迷茫，个体缺乏归属感。随着存在主义哲学的产生，宗教这一包容一切的框架也日渐坍塌。

这一现象，与中国的春秋战国时代何其相似。其时的中国，具有宗教意义的天、天神、上帝等精神世界的偶像权威在衰落，新的精神归宿尚未形成。经过了长期的混乱和迷茫，春秋时期，老子提出"道"为宇宙本体，"道"成为人们精神信仰的新寄托，而"气"是组成宇宙万物的基本元素这一观念，已为春秋战国时代的人们所普遍接受，一切有形之体都是依元气生化而生成。

元气是宇宙的始基，是世界万物的渊源和归宿。气是构成宇宙的本始物质，气本为一，分为阴阳，气是阴阳二气的矛盾统一体。气是构成万物最基本的物质要素，万物是气可以感知的有形存在形式。气的内涵揭示了气的普遍性、物质性、无限性和永恒性。气场与现代科学的量子场，是否有可意会而不可言传的联系？至少，我们已经不能用逻辑思维去理解"场"，"场"无形无相，无始无终，只有直觉可以感知到，而对这个"场"的感知，中国古代早已有了非常成熟的修炼方法，如孟子"吾善养吾浩然之气"，以及太极拳、气功等，虽然在传承过程中有被误解的现象，而其真正内涵却是中华文化的精髓，是对宇宙终极智慧的理解，并运用了具体的锻炼方法来增强。

从春秋战国，到1453年，时间跨越了两千年。两千年似乎是很长的时间，但在悟性中，时空是可以被超越的。在佛教，时空只是相对的存在，时空对应的是理性思维，悟性是超时空的存在。

佛教关注的重点是真如本性，所以佛经中的时间，常用"劫"来形容，"劫"是梵文劫簸（kalpa）的音译，是古印度用来计算时间单位的通称，可以算作长时间，也可以算作短时间，长可长到无尽长，短也可以短到一刹那……

每个民族都有各自不同的民族特点与文化传统，应病与药，才是最好的选择。纵观中国宗教发展史，不难看出，通过信仰人格化的宗教，以及由人格化的宗教主宰人伦秩序、赏善罚恶，来克服我们内心的恶，这种方式，从孔子之后，已不是中国精神文化的主流。

从老子、孔子开始，到魏晋玄学，唐代禅宗大兴，宋明理学，中国历史皆主以"道"为核心的理性精神，强调无我与天人合一。

时至今日，科学精神日益昌明，这无疑将极大地推动宗教的理性精神。我们不难看出，佛教中国化的历史选择具有超越时空的智慧，尤其是禅宗纯粹的悟性与理性精神，以及禅的生活化、艺术化，具有独特的适应能力与普世价值。

历史的经验，无数次证明了一个基本事实，外来宗教只有融入中国本土文化，才能扎根于中国。

佛教自传入中国伊始，便不曾停止其中国本土化的进程。中国佛教一直关注的是现世生活的实际意义，这与印度佛教浓厚的出世倾向有着明显的变化。

佛教的最初传入是以养生之术进入中国人的视野，随着佛教的广泛传播，佛教逐渐以宗教信仰的形式，进入了寻常百姓家，佛教已然也是宗教。

魏晋南北朝时期，玄学与般若学充分交流。唐代，禅宗崛起，意味着中国佛教在恢复当初佛陀在菩提树下觉悟的智慧、勇气与信心。佛教内化为我们文明体系中不可或缺的禅宗，逐渐与中国文化融为一体，宋明理学、王阳明的心学都体现了这样的基本特质。

三　禅与生活

唐代禅宗祖统法脉意识深受中国宗法伦理的影响，当然，禅宗祖统法脉，并不关注血缘关系，而是适应了中国的社会管理、尊师重道，以及法脉授受与传承的自觉意识与正统观念。中国宗法伦理中，百善孝为先，孝道思想也深刻影响了佛教。

一棵树要扎根于深厚的土壤，吸收足够的营养，才能稳健地生长。生命的成长也是同样的道理。中华文化传统中，百善孝为首。孝，又称为"孝道"，那么"孝"与"道"有什么关系？

真谛与俗谛，是佛教基本的理论原则。俗谛又名世谛，真谛又名第一义谛。"谛"是真理的意思。真俗二谛是事物所具有的两种真理。佛教修行的主要目的是觉悟，觉悟必须建立在破除我执、法执的基础上，才能体认真实。对于事物的认识，需要从本质与现象两个方面来理解，本质是真谛，现象为缘起。

"缘起为俗谛，性空为真谛。"从俗谛来理解，正如一棵树苗为什么能长成参天大树、能抵挡风雨，因为它扎根于深厚的土壤，我们的父母是我们生命的根本和精神力量的源泉。孝道即是子女对父母的感恩与善行，是一个家庭中的晚辈在处理与长辈的关系时所应具有的道德品质。

孝顺父母，意味着回溯生命之源。禅宗有一句广为流传的话头："父母未生前的本来面目。"我们能孝顺父母的心是观照般若，我们所孝顺的父母是实相般若，这是孝道的真谛。从这个意义上来说，孝道既是中国文化传统中重要的伦理观念，同时也是一种重要的修行方式，和茶道、香道等一样，是开启智慧的生活实践。

行孝道本来就是在息灭贪嗔痴，勤修戒定慧，逐步转迷成悟。"父母本是在世佛，何须千里去灵山"，当一念孝心生起，已然从向外攀缘的分别执着中，开始回归与超越。

诚则明，至诚的孝顺心与天性相应，至诚即无分别执着，身心合一。从这个意义上来说，孝道是中国文化传统中一种重要的修行，与茶道、香道等一样，是开启智慧之道。

如果只是停留在伦理层面理解父慈子孝，将陷于教条、分别、执着，孝道的实践应该是自性的回归，是包容的智慧。

"母"通常也用来形容本体、源头、智慧与道。《道德经》中讲道"我独异于人,而贵食母",这句话的意思是,我和别人不一样,我能深入地思索宇宙万物的本源、根本。在佛教,般若是三世诸佛之"母",般若的意思是"终极智慧"和"辨识智慧",是如实认知一切事物和万物本源的智慧。

中国文化偏重于形象思维与综合思维。形象性是形象思维最基本的特点。形象思维所反映的对象是通过具体事物。在生活中践行孝道,特别适合中国人,通过具体实践体解大道,而不是通过信仰人格化的神与宇宙本体产生联系。

当一念孝心生起,我们已然从向外攀缘的分别执着中,开始回归与超越,更接近于万物的本体。正如树干向上生长,而根往下延伸,虽然方向相反,但正是相反方向的根吸收了大地的营养,滋养大树参天。

行孝道,从某种意义上来说是转变思维模式,从现实生活中的分别取舍,转变为回归内心,至诚恭敬与道相应。正如树根反向生长,不断加深与大地相融,本体才是大树乃至一切生命成长的力量之源。只有扎根于超理性的觉性之中,理性思维才具备长足的发展潜力。

对中国而言,我们不是处在一个缺少信仰的时代,而是一个缺少修养的时代。

对于"悟净"这类根性的众生,直观的人格化宗教信仰,感受亲切,内心安稳。只要树立正确的信仰,心中就有了光明的方向,并踏踏实实,循序渐进。人格化的宗教信仰,依然是人类重要的精神支柱。

对于大乘根性的众生,最大的挑战是自己的心。顿悟根性的众生,在悟性的驱动下,思维非常活跃,狂慧有挑战权威的冲动,如悟空"大闹天宫"。"孙悟空"西行路上,借助空性(金箍棒)"降服其心",一路上与自己的心魔斗争,所遇魔障都是自己的心魔,最终战胜自己,成为斗战胜佛。六祖大师反复强调,皈依"自性佛",自性自度。

《楞严经》云:"理则顿悟,乘悟并销;事非顿除,因次第尽。"

"悟空"被压在五行山下，五行代表物理世界的客观规律，"悟空"最终还是回到当下的现实中来，尊重万物的因果规律，以平常心融通生活与修行，在去西天取经的路上，"孙悟空"一步也没少走。脱离现实生活，就会迷失自己。正念中的日常生活，是涵养我们心性最坚实的基础。

禅不立文字，不重教义，不诉诸纯粹的理性思辨，禅注重实践性与实用性，在日常生活中获得生命的解脱。"佛法在世间，不离世间觉"，禅的实践，是在行住坐卧、劈柴担水的当下中进行。

有源律师来问大珠慧海禅师：

"和尚修道，还用功否？"

师曰："用功。"

曰："如何用功？"

师曰："饥来吃饭，困来即眠。"

曰："一切人总如是，同师用功否？"

师曰："不同。"

曰："何故不同？"

师曰："他吃饭时不肯吃饭，百种须索，睡时不肯睡，千般计较。所以不同也"。

禅宗修行的独特魅力，在于般若智慧，般若为体，方便为用。以般若智慧来观照日常生活，我们将处于觉知的状态。六祖大师闻《金刚经》之前，砍柴只是定，闻经之后舂米，却成了祖师，因为在舂米的当下"应无所住"，慧在其中，舂米的过程已是定慧等持的修行。

南泉禅师说"时人看花如梦相似"，意味着我们常常迷失在对于过去的回忆、对未来的想象以及对当下的焦虑中。在禅者的眼中，这朵花是缘起性空，众缘和合而生，刹那间，眼前的花朵，是如此鲜活的存在，空性透澈，清新脱俗，成为滋养我们生命的力量。

赵州和尚"吃茶去"，长沙景岑禅师的禅语"一根针"，以及"三尺线"，"益州布"，"扬州绢"，都是具体的生活细节，却是禅的真精神，是在提醒我们，不要被囚禁在思量与执着的幻觉中。

"直得动地雨花，何如归堂向火"，讲得天花乱坠也代替不了天冷了烤火取暖这简单的生活现实。饿了吃饭，困了睡觉，渴了喝水，禅已在其中，因为我们是觉醒的。

由艺臻道，由技入道，成为禅生活化的重要方式，从艺术与技术的当下，体味超然物外、淡泊明志的审美情趣。禅提倡的似乎是个人唯美的生活空间，实际上是注重个体生命的解脱，将个体与众生，在"禅"的基础上结合起来，培养了无我利他、同体大悲的菩萨道精神。

禅唯美的生活习惯，一旦得到社会的认同，也就形成了整个社会共同的价值观念。禅茶在禅门广为流传，"茶"是物质的灵芽，"禅"是心的体悟，茶本性空，心与茶、心与心相通，禅茶一味。茶道属于东方文化，相对于西方，东方文化更注重通过具体事物去感受，去理解，茶道也有美学宗教之称。茶道过程中的程序和秩序，形成了茶礼。茶礼作为日常生活中饮茶的礼节仪式，被社会广泛认可，逐渐成了社会礼仪的一部分，唐朝《封氏闻见记》中云："茶道大行，王公朝士无不饮者。"

在禅的生活化过程中，形成了种种以禅为基础的，诸如茶道、香道、花道等导向生活的艺术、导向生命的艺术，乃至社会共同的审美情趣和价值观念。禅文化以其雅俗共赏的独特魅力，为社会交流架构了一个和平的坚实基础，年年岁岁，春夏秋冬，各种节日、茶会、香会的循环，不断地加深着社会的群体记忆。

对于物质占有的疯狂，使得人们被生活的洪流所裹挟，内心无所依托，理性主义的寒流之下，人情冷漠，社会普遍存在焦虑感。人类已大多丧失了传统文化的根，对人生意义感到困惑与迷失，苦不堪言。禅的修行，将滋养我们内心深处的智慧之根，我们的慧根是我们的佛性，是法界本身。必须充分复活传统文化的根，才具备创造新历史的智慧和力量。传统将转化为新时代的发展动力。

禅是佛教与中国本土文化，尤其是与儒、道的充分融合与创新。禅强调于日常生活中反观自性，体悟宇宙、人生真相，以出世之心，行入世之事。禅宗大兴是佛教中国化的标志，具有里程碑的意义。

禅在精神上的自我超越，对于人的心灵世界和精神生活具有独特的正面意义，禅倡导平常心是道，有助于化解概念性的执着，拆除思想壁垒。

禅茶、香道等禅的生活方式，是以如此和平的方式进行，润物细无声，化干戈于无形。

禅的精髓，直指现前一念，本来解脱自在，和平宁静就在当下，正念中跨出去的每一步，每一个呼吸，都可以转化疗愈棘手的心理问题。禅的修行与日常生活中保持觉知，内心深处的平静与大自然融为一体，这种禅的生活方式，普及社会各阶层、各领域，进而形成各具特色的艺术、仪式与习俗。

社会是由个人组成的，个人生活的改善，影响到家庭，从而改善整个社会的生活品质。禅文化的社会意义，体现了"一即一切，一切即一"，小中见大、周遍含容的智慧与慈悲，以及"相互依存"的净土社会理想。

在追求真理的道路上，人类所有的文明皆是殊途同归。禅，扎根于现实的生活基础，以禅来会通东西方文明，将有益于现代人生以及人类的和平相处。

文明与交流

走向对话：晚清基督宗教对佛教的影响与佛教的回应[*]

常　凯
上海大学文学院博士生

摘要：晚清佛教面临着内部的诸多积弊以及来自外部的众多挑战，其中鸦片战争后基督宗教入华传播给佛教带来了复杂的影响。基督宗教以不平等条约的在华传教特权与西方的强大后盾为支撑，又有更为现代化的传教方式，以及其汉语神学文献中对佛教的辟斥都给佛教造成了负面影响。同时，受到基督宗教影响的太平天国运动在反偶像崇拜的旗帜下对佛教造成的打击更甚于以往的灭佛运动，对处于衰落状态的佛教造成的影响较前几次更为强烈。但此时期以杨文会为首的佛教界有识之士亦在近代中国佛教复兴运动中汲取了基督宗教的有效经验，是为晚清佛耶对话的有益尝试。晚清基督宗教在华发展既对佛教造成了多方面的冲击，也成为处于近代转型中的中国佛教的参鉴对象，对晚清佛教影响深远。

关键词：佛耶交流；魏源；谭嗣同；杨文会

---

[*] 本文是2019年度国家社科基金重大项目"'一带一路'佛教交流史"（项目编号：19ZDA239）的中期成果之一。

一 历史中的佛耶交流

中国佛教与基督宗教间的交流可以追溯到唐朝时期景教的在华传播。景教属基督宗教的聂斯托里派（Nestorians），其于贞观九年（635）由阿罗本从波斯传入中国。明天启三年（1623）（一说天启五年即1625年），"大秦景教流行中国碑"于陕西西安附近出土，记载了景教在唐状况。

景教入华传播时间虽然短暂，但仍可见其与佛教的互动。首先，景教徒建寺称僧，且景教僧景净（《景教碑》作者）也曾参与了佛教的译经活动。日本学者高楠顺次郎发现唐德宗时西明寺僧圆照所辑《贞元新定释教目录》卷十七中提及景净参与佛经翻译之事。[①] 其次，《景教碑》与现存几部景教经典中屡见佛教名相的援用。[②] 最后，《景教碑》中提及释教为难景教之事，"圣历年，释子用壮，腾口于东周，先天末，下士大笑，讪谤于西镐，有若僧首罗含，大德及烈，并金方贵绪，物外高僧，共振玄网"[③]。记录了唐武周时期景教在佛教盛行之下的蹇困状态。

会昌五年（845），唐武宗下令禁佛，景教受到波及从而在中原地区销声匿迹，结束了基督宗教初次在华传播的历史。由于佛教始终处于此次佛耶交流的主导地位，而景教实力较弱处于唐代思想的边缘位置，在传播中采用了依附佛教的方式，故而并未能对佛教产生较大影响。

元时基督宗教再次入华，此次入华的基督宗教主要为景教和罗马教廷的方济各会，统称为十字教，蒙语称也里可温（Erkeun）。元朝对各宗教都持较宽容的政策，基督宗教在此时期获得了自由发展，同时佛教

---

① （唐）圆照：《贞元新定释教目录》卷十七，《大正藏》第55册，第892页上。
② 参见黄夏年《景教与佛教关系之初探》，《世界宗教研究》1996年第1期。
③ （唐）景净：《大秦景教流行中国碑》，刻于唐建中二年（781），现藏于西安碑林博物馆。

受到元廷的支持，十分兴盛。

元朝的佛耶交流虽然十分短暂，但亦产生了小规模的冲突。《至元辨伪录》与《禁也里可温搀先祝赞》中就记载了双方之间的竞争关系。①《至元辨伪录》载："今先生言道门最高，秀才人言儒门第一，迭屑人奉'弥失诃'，言得生天，'达失蛮'叫空谢天赐与，细思根本，皆难与佛齐。"② 此为佛教一方辨排其他宗教的记录，其中"弥失诃"即为景教。元大德八年（1304）颁布的《禁也里可温搀先祝赞》③ 中记录了道教对也里可温的呈控，反映了也里可温在传播过程中与佛道二教的冲突。另外，在镇江金山寺归属问题上，佛教与也里可温之间也有一次小规模交涉。镇江金山寺原是晋建武年间所建，元至正十六年（1356）改建为也里可温的十字寺，二十八年（1368），复归佛教。镇江也里可温教受此打击以后，势力日渐衰微，渐至灭亡。④

也里可温依附于元政权发展，并未在下层民众中展开传播，所以随着元灭而一并消亡，对于兴盛的佛教亦未产生较大影响。

明末基督宗教第三次入华，此次传教主体为天主教的耶稣会士。由于欧洲的宗教改革对罗马教廷造成了冲击，天主教成立了耶稣会，并展开了海外传教以弥补其在欧洲的损失。天主教传教士最初受到了在日本传教经验的影响，同时也感到基督宗教与佛教有诸多相似之处，附会佛教进行传教。罗明坚（Michele Ruggieri, 1543—1607）与利玛窦（Matteo Ricci, 1552—1610）皆剃发着僧服，其住所也被命名为"仙花寺"。后来随着利玛窦同中国上层士大夫的结交、对佛教和中国社会状况的逐渐了解，在瞿太素的建议下改穿儒服、称"西儒"（1595），并

---

① 参见王治心《中国基督教史纲》，上海古籍出版社2004年版，第50—53页。
② （元）释祥迈：《至元辨伪录》卷三，转引自（清）钱大昕《廿二史考异》，商务印书馆1958年版，第1434页。
③ 《禁也里可温搀先祝赞》，《大元圣政国朝典章》第三十三卷，中国广播电视出版社1998年版，第64页。
④ 参见王治心《中国基督教史纲》，第52页。

随后提出了"合儒辟佛""上层路线"等适应性传教策略。

此次基督宗教入华正值佛教处于短暂复兴期,而天主教通过借助西学、附会儒家、文字传教等方式,日渐打开传教局面,佛耶之间产生了几次直接的交锋,其存留的相关文献较为丰富。佛教面对天主教的非难而进行护教反诤的文献主要有:云栖袾宏作《天说》对利玛窦的《天主实义》作出回应,普仁截著《辟妄辟略说》以斥徐光启的《辟释氏诸妄》(后张星耀和洪济对《辟妄辟略说》也进行了辩驳),徐昌治编《圣朝破邪集》、蕅益智旭撰《辟邪集》辩护佛教。

清中期随着其他修会的入华传教,耶稣会的传教方式遭到质疑,引发了之后的礼仪之争,最终康熙帝下令禁止天主教在华传播。明末是天主教开辟东方教区的时代,佛教受到了一定冲击,但是此时亦有以明末四大高僧为代表的佛教大德进行了护教反诤。明末清初佛耶双方的论辩主要是以教义为主,且双方的论辩囿于历史局限性存在对彼此的误解。

佛教与基督宗教第四次交流发生在鸦片战争后。基督宗教凭借《南京条约》《望厦条约》《黄埔条约》等一系列不平等条约,打开了禁教局面,道光帝于二十六年(1846)颁布谕旨弛禁天主教,宣告了从康熙五十六年(1717)开始的百年禁教期的结束。在不平等条约的保护下,基督新教、天主教、东正教于19世纪下半叶迅速发展,对处于内外交困的中国佛教产生了一定冲击。

二 晚清基督宗教发展对佛教的挑战

晚清佛教面临内外困境亟须革新,此时期基督宗教的在华传播与迅速发展亦给濒衰的佛教带来了挑战。借基督宗教名义的太平天国运动对佛教予以了沉重打击。基督宗教本身依靠不平等条约的传教特权、西方强大的经济军事后盾以及现代化的布教方式得以迅速发展,对濒衰境地的佛教产生了冲击。另外,晚清时期佛耶之间虽然并未像明末清初一样产生大规模的直接交锋，且此时期基督宗教的辩教护教主体并非佛教，但此时期基督宗教中无论是天主教还是新教的汉语神学文献均涉及对佛教的批判，对佛教的发展产生了一定负面影响。

（一）太平天国运动对晚清佛教的影响

晚清基督宗教在中国起到了复杂的社会作用，其在下层民众中的传播对佛教所造成的最直接的影响之一即太平天国运动。太平天国是借基督宗教的名义、带有民间宗教色彩的反清农民运动，其以独尊一神、反偶像崇拜为旗帜，所到之处庙像尽毁，对佛教的打击十分严重。洪秀全（1814—1864）于广州应试不中，获得新教徒梁发所写的基督宗教宣传册《劝世良言》，并于第三次科考失败后在《劝世良言》的影响下与冯云山等人一起创立了拜上帝会，并于1847年与洪仁玕一起到广州从浸信会传教士罗孝全（Issachar Jacob Roberts，1802—1871）学习基督教教义，但罗孝全以其信仰不纯为由并未为其施洗。之后洪秀全将基督教教义进行了处理，与中国的儒道思想相结合，加入自己的社会政治主张创造出了一种类似于民间秘密宗教的信仰。

1851年洪秀全领导了金田起义，并建号太平天国，改元建制。自咸丰元年（1851）至同治三年（1864）的长达十五年的太平天国运动中，大批佛寺被毁、经书散佚，对中国佛教尤其是东南佛教造成的破坏更甚于历史上历次灭佛运动。据不完全统计，当时江浙一带被毁的名山大刹有：咸丰三年（1853）镇江金山江天寺，金陵灵谷寺、瓦官寺，扬州重宁寺、高旻寺、福缘寺、法净寺（大明寺）、建隆寺、慧因寺、静慧寺、观音禅寺、文峰寺、法海寺、西方寺、石塔寺等；咸丰四年（1854）庐山东林寺；咸丰五年（1855）金陵栖霞寺；咸丰六年（1856）金陵大报恩寺；咸丰十年（1860），常熟三峰清凉寺、破山兴福寺，常州天宁寺、苏州灵岩寺、文山寺、虎丘云岩禅寺、保圣寺、双塔罗汉寺、寒山寺、西园寺，杭州云栖寺、灵隐寺；咸丰十一年

(1861)，宁波天童寺、七塔寺、天宁寺，杭州定慧寺、海潮寺、西天目山禅源寺、上天竺寺、龙兴寺、祥符寺、莲居庵；咸丰末至同治元年（1862），上海龙华寺、静安寺等53所寺院。①

洪秀全虽受到汉语基督宗教文献《劝世良言》的影响创立拜上帝教，但拜上帝教与基督宗教相去甚远，更为贴近中国民间秘密宗教的形式。太平天国政权亦试图争取过传教士的支持，拜上帝会的创始人之一洪仁玕曾与艾约瑟（Joseph Edkins，1823—1905）、慕维廉（William Muirhead，1822—1900）等传教士交往，亦曾作为传教士理雅各（James Legge，1815—1897）的助手在华宣教，因此理雅各等传教士也接触并一定程度上帮助过太平天国运动，但后来传教士发觉所谓的拜上帝教为不能匡正之异端，深感失望。尽管太平天国运动不能算是基督宗教直接对佛教产生的负面影响，但太平天国运动受基督宗教的影响甚大，与基督宗教亦有诸多联系，因而也算基督宗教间接对佛教造成的影响。

（二）基督宗教在华传教特权对晚清佛教的影响

晚清基督宗教第四次入华与之前不同，此时期基督宗教凭借着一系列不平等条约中的在华传教特权及西方强大的经济、军事实力作为后盾，以强劲的势头发展壮大，给衰落的中国佛教带来巨大压力。基督宗教的第三次入华因清中期的禁教而隐，但随着鸦片战争后《南京条约》《望厦条约》《黄埔条约》等一系列不平等条约的签订，对基督宗教的限制已经有所放开，但此时仍规定"外国人不准赴内地传教"。1858年清政府被迫与英、法、美等国签订了《天津条约》，传教士由此获准内地传教。1860年《中法北京条约》签约过程中，法国传教士艾美在中

---

① 魏道儒主编，纪华传著：《世界佛教通史》第六卷，中国社会科学出版社2015年版，第73—74页。

文本里擅自添加了"并任法国传教士在各省租买田地、建造自便"的字句,进一步为基督宗教传教打开方便之门。在不平等条约与西方强大势力的保护下基督宗教在华迅速发展,1807年至1842年间在华新教受洗教徒不足20人,到19世纪末,教徒已有约9.5万人,在有统计资料的25个省中,有21个省是在1860—1900年间传入新教的。①

在具体的传教过程中佛教与基督宗教双方也因为庙产问题时常产生冲突,基督教依仗特权而经常在冲突中取得优势地位,佛教处境十分被动。19世纪60年代法国依据咸丰十年(1860)与清政府所签订的《中法北京条约》第六款,要求清政府赔还从前谋害奉天主教者之时所充之天主堂、学堂、茔坟、田土、房廊等件。以晚清直隶地区为例,1862年正月二十七日行直隶总署行文称:"所有各省天主教堂旧基,如经传教人指出确据,自当给还,如碍难查给,即择地赔偿……如系官地,可以奏明给予,如系民地,亦可置买给予,由官发价。"②但在赔还教产过程中,基督宗教出现依势强压、任意索取的现象,同治年间公文《给各国议办传教章程》中提道:"近年各省地方,抵还教堂,不管是否有碍民情,硬要给还……甚至将有碍体制之地,及公所、会馆、庙宇、为阖地绅民所最尊崇者,均任意索取抵给教堂。"③《定海县志》亦记载,光绪二十一年(1895)"教士垂涎僧人涂田四千亩,以教堂起火,诬僧人所为。巡抚廖寿丰不问原因即命僧人赔送涂田两千亩"④。此类佛教与基督宗教间争夺庙产之冲突事件频发,对佛教教产及声誉造成一定程度的损害。

---

① 参见王美秀等:《基督教史》,江苏人民出版社2019年版,第375—376页。
② "中研院"近代史研究所编:《教务教案档》(第1辑),台北:"中研院"近代史研究所1974年版,第260页。
③ 宝鋆等编:《给各国议办传教章程》,《筹办夷务始末(同治朝)》卷八十二,中华书局1971年版,第3303页。
④ 张力、刘鉴唐:《中国教案史》,四川省社会科学院出版社1987年版,第822页。

（三）现代化的传布方式对晚清佛教的挑战

基督宗教现代化的传布方式也对保守的晚清中国汉传佛教造成了一定冲击。基督宗教传教士文化素质较高，具有热忱的传教精神，在传播西学、近代医疗、教育等公益事业的近代化方面起到非常重要的推动作用。相比之下，晚清许多僧尼对弘法事业持消极态度，对国事也无热忱之心，在寺院中等待信众供养。晚清时期，佛教的传教方式亦较为被动、落后，比之基督宗教走入人群服务人群的积极性及其现代化的传教方式而言缺乏活力。基督宗教本身教义中就包含着积极传教的内容，而且从明末清初天主教入华开始，修士们以传教为使命不惧艰辛来华传教，借助西方科学技术等手段试图通过自上而下的方式传教，晚清新教进入中国后又以更强势、多元的方式进行传教。基督宗教各传教差会通过大规模的布道活动、现代化传教方式扩大教会影响，促使基督宗教迅速发展，与佛教形成了比较强烈的对比。

《东方杂志》于1905年发表了两篇佛耶对比的文章——《论释教之害》与《论提倡佛教》。文章肯定了基督宗教积极的进取精神及服务社会、公益传教的方式，认为基督宗教比之佛教更具有优越性。《论释教之害》[1]中说"释以清净寂灭为宗，无生之可言，故释教盛行之社会必贫弱"，认为中国的贫弱境地，佛教为一端也。是文中还将佛教与基督宗教进行了对比，认为佛教教徒拥财自肥、骄奢淫逸，而基督宗教"盖分人之利以利人为社会之公益，未有如释教教徒之背其教宗，拥良田美产分人之利以自利者也"。该文将庙产兴学一事归于佛教拥产过重之结果，批评浙江寺院依附日本本愿寺的走胡走越之举。《论提倡佛教》[2]中言及基督宗教"其来中国，乘各教之衰而又以学堂善举等，开

---

[1] 《论释教之害》，《东方杂志》1905年，第2卷，第1期，第1—2页。
[2] 《论提倡佛教》，《东方杂志》1905年，第2卷，第7期，第41—42页。

中国各教从来未有之局面"，只不过与中国风俗习惯不相适应且挟国权而来因此能推行至广。认为基督宗教有进取之旨正对中国目前之病症，而佛教讲求寂灭只会令人心志愈加低迷。又言及佛教中浙江三十六寺僧为保产而依附日本本愿寺之事，认为佛教若被他国所利用，则为祸甚于基督宗教。文章肯定了基督宗教的公益传教事业和进取之旨，同时批评佛教的寂灭之性质以及浙江佛教保利甚于保教并提出了对浙江佛教寺院依附日本佛教的担忧。以上两篇文章以基督宗教进取精神与服务社会的公益事业来批评佛教的寂灭之旨及拥产自利的状况，反映了当时一些反对佛教的人士对佛教与基督宗教的看法，也侧面反映出基督宗教现代化的布教方式对佛教的影响。

（四）汉语基督教文献中对佛教的辟斥

虽然在杨文会复兴佛教之前佛教并未对基督宗教构成威胁，基督宗教对当时呈现衰相的佛教也未给予太多的重视，但此时期的汉语基督宗教文献中也多有涉及对佛教的批评。主要有：天主教黄伯禄之《训真辨妄》①及《集说诠真》，朱西满述、郭保禄著之《援溺宝筏》，朱西满述之《扫云记》，李问渔之《理窟》；新教艾约瑟之《释教正谬》《续释教正谬》②，毗凡（Thomas. T. Devan,？—1846）之《劝世崇真文》，慕维廉之《五教通考》，韦廉臣之（Alexander Williamson，1829—1890）《古教汇参》等。除以上文献外，《万国公报》《益闻录》等近代基督宗教报刊也刊录了一些佛教的负面新闻。如《万国公报》刊载的新闻《大清国事：奉天营口铜佛惑众》③以及《弃佛归正三

---

① 《训真辨妄》为《圣教理证》的改编本。
② 艾约瑟为伦敦传道会传教士，其对佛教有较为客观的认识，总体上持正面态度，但《释教正谬》与《续释教正谬》中仍对佛教敬拜偶像等进行了批评。
③ 《大清国事：奉天营口铜佛惑众》，《万国公报》1877年，第461期，第13页。

则》① 等。

就天主教方面的汉语文献而言，黄伯禄之《训真辨妄》（为《圣教理证》一书的改编）和《集说诠真》二书都对佛老、民间信仰进行了批判破斥以弘扬天主教；朱西满述、郭保禄著之《援溺宝筏》以拒异端佛老崇天主正教为要旨，对儒、佛进行了驳斥；朱西满述之《扫云记》认为佛道如无形之云，须待善教（天主教）以扫之，劝人恭敬天主；李问渔独尊天学，将1879—1886年发表于天主教报刊《益闻录》的百篇阐教辩教之文合为《理窟》，对儒释道进行了破斥，其中第五卷对佛教的教义与僧尼素质等进行了集中批判。

从新教方面的汉语文献来看，艾约瑟之《释教正谬》与《续释教正谬》二作均以基督宗教（新教）思想为本位对佛经进行驳斥。《释教正谬》是1857年由艾约瑟撰写、三眼居士翻译、上海墨海书馆印的新教辟佛护教文献，书中认为佛经为虚空之学，为假托臆说，佛教二乘互相矛盾皆不可信，并且辟斥轮回等教义之妄，将佛教与新教进行对比分析以辩护基督宗教。随后日本养鸬彻定之《释教正谬初破》《释教正谬再破》各一卷、南溪之《释教正谬喙斥》二卷、南条神兴之《释教正谬辨驳》对此书进行了辩驳。后艾约瑟又接其前书作《续释教正谬》，于1859年由上海墨海书馆印行，主要破斥观音之说之虚妄、佛经所言之世界无实据，对瑜伽密咒、涅槃净土、地狱果报等都一一进行了驳斥。毗凡之《劝世崇真文》亦以观音之说为虚妄，劝诫世人改信耶稣正教（新教）。慕维廉之《五教通考》与韦廉臣之《古教汇参》二书也涉及了对佛教的批判。《五教通考》一书虽为汉语基督宗教文献，但出版于日本，书中驳斥了佛教的涅槃与偶像崇拜等。《古教汇参》认为佛经诸多内容窃取自《新约》，以基督宗教思想为本位而扬耶抑佛。

---

① 许播美：《弃佛归正三则》，《万国公报》1880年，第574期，第9—10页。

晚清基督宗教汉语文献中对佛教的批判主要以基督宗教思想为本位，在宣扬基督宗教的同时涉及对佛教轮回涅槃等思想以及偶像崇拜行为的破斥，对佛教的发展产生了一定程度的负面影响。

虽然晚清时期基督宗教的发展给佛教带来了诸如以上的挑战，但是随着杨文会复兴佛教的实践与19世纪60年代后基督宗教教案频发、义和团运动对基督宗教的影响，加之维新派思想家对于佛教思想的重新发掘，基督宗教内的有识之士开始重新审视佛教，佛教的著名居士杨文会、新学家谭嗣同等人也都与传教士之间展开了交往，并对近代的佛教复兴产生过积极的影响。

三　晚清思想界对基督宗教的回应

晚清僧才较为凋敝，而居士则相对活跃，他们看到佛教的衰落状况和基督宗教现代化传教方式的应世意义，同传教士展开了积极的交往，在佛教的复兴过程中汲取了基督宗教的有效经验。另外，晚清思想家既将佛教思想作为改良的思想资源，同时也看到基督宗教在华传播的影响，其作品中亦体现了佛耶对话的内容。

（一）夷夏之辩：魏源与《海国图志》

魏源（1794—1857）是我国近代著名的思想家，提倡"经世"思想，提出"师夷长技以制夷"的主张，编有《海国图志》等著作，对近代的思想界影响深远。魏源与佛教深有渊源，早于1828年之时就曾专研佛法，后于1853年皈依空门，另外，在魏源的著作中亦可见到基督宗教的相关内容，反映了魏源的基督宗教观。

《海国图志》是魏源受林则徐之嘱托，在林则徐《四洲志》的基础上编纂而成的，该书于1842年写成50卷，1852年扩充为百卷本，充分阐发了经世、师夷思想。《海国图志》一方面提倡师夷长技，另一方面也对西方的宗教思想有着明确的排斥态度,《海国图志》之卷二十七《天主教考》①即对基督宗教进行了阐释。

首先,魏源对基督宗教有着明显的夷夏之辩的观念。其一,《海国图志》成书于鸦片战争之后,其中对基督宗教的态度是与西方列强的侵略及鸦片贸易联系在一起的,其思想中始终存有夷夏之辩的基底观念。其二,魏源对基督宗教的"古先帝圣师皆为苗裔"的说法嗤之以鼻,提道:"历代之圣君圣臣是邪教之苗裔,六经四书是邪教之微言,将何以分别我大清之君臣,不为邪教之苗裔乎?"②体现出了夷夏之辩的色彩。其三,他认为宗教应发挥教化百姓的作用,而基督宗教于中国之百姓教化无甚益处。尽管魏源也认可基督宗教在西方是起到了教化作用的,但仍旧提出基督宗教不适用于中国的看法。

其次,《海国图志》卷二十七《天主教考》中反映出了魏源的反天主教思想。魏源认为基督宗教是抄袭了其他宗教教义编造的谬论,将基督宗教指为邪教。他认为基督宗教教义是对其他宗教的东剽西窃,于书中指出:"今考所言,兼剽三教之理,而又举三教全排之,变幻支离,真杂学也。"③《天主教考》所引之书多有涉及反基督宗教的内容,如《烈皇小考》《澳门纪略》《破邪论》等。《天主教考》中亦收录有其道听途说的反基督宗教的传言,如"圣母手抱人心""取睛炼银"等故事。④另外,是书中还记录了魏源从《澳门纪略》中摘录的反基督宗教方法,此类反教传言与反教方法的记载对嗣后湖南甚至国内的反基督宗教思想起到了很大的影响。

魏源提倡经世、师夷的思想,治西学为用,已经是晚清较为开明的士大夫,但是他在思想层面仍持有对西方基督宗教的戒备,因而对基督

---

① 此处的天主教为其对基督宗教的统称。
② 魏源:《天主教考》,《海国图志》卷二十七,光绪二季平庆泾固道署重刊本,第9a页。
③ 魏源:《天主教考》,《海国图志》卷二十七,第28b页。
④ 魏源:《天主教考》,《海国图志》卷二十七,第31页。

宗教总体持否定态度。除了出于夷夏之辩对基督宗总体持否定态度外，魏源在《天主教考》一卷末尾也对基督宗教有相对正面的评价，能够开明地看待基督宗教。

（二）通人我：谭嗣同与《仁学》

谭嗣同（1865—1898）是晚清改良派思想家，参与了维新变法运动，为戊戌六君子之一。谭嗣同受西学的影响比较大，他对西学的兴趣已经从理性知识逐渐上升到了政与教的层面①，以"器既变，道安得独不变"作为变法的理论依据，从师夷长技的器物层面变革过渡到了制度变革之上。《仁学》成书于光绪二十二年至二十三年（1896—1897），集中反映了谭嗣同的思想。

《仁学》中有诸多将儒、释、耶概念相联系之处，体现了谭嗣同的宗教观。谭嗣同在《仁学》中以儒、释、耶作为新的三教代替了传统的儒、释、道三教，认为儒、释、耶三教是会通的，其异于名但通于仁之用，赞同"三教教主一也，吾拜其一，则皆拜也"的超越观念，并肯定了儒、释、耶的教化作用。另外谭嗣同对三教的次序也进行了排列，认为"能为仁之元而神于无者有三：曰佛，曰孔，曰耶。佛能统孔、耶，而孔与耶仁同，所以仁不同"②，又言"举凡独夫民贼所为一切束缚之名，皆无得而加诸，而佛遂以独高于群教之上"③，将佛教置诸儒、耶之上。

虽然谭嗣同认为佛教超越于基督宗教之上，但其对基督宗教总体仍持正面看法，《仁学》一书一定程度上受到了基督宗教尤其是传教士的影响。首先，谭嗣同与傅兰雅、李提摩太等传教士都有接触、来往。1893年谭嗣同于沪结识传教士傅兰雅，后于1896年再次拜访，与基督

---

① ［美］张灏：《危机中的中国知识分子：寻求秩序与意义》，高力克等译，新星出版社2006年版，第92页。
② 谭嗣同著，方行、蔡尚思编校：《谭嗣同全集》下册，中华书局1981年版，第289页。
③ 谭嗣同著，方行、蔡尚思编校：《谭嗣同全集》下册，第335页。

宗教接触并产生了兴趣。谭嗣同在给贝元征的书信中曾摘录传教士李提摩太所写的《中国失地失人失财之论》，又曾受到李提摩太之作《百年一觉》的影响，其在与刘淞芙的信中，曾提到传教士李佳白，《仁学》中亦曾征引传教士韦廉臣的《古教汇参》一书，同许多传教士都曾有过交集。

其次，谭嗣同对基督宗教比较了解，基督宗教亦成为《仁学》的重要思想资源。第一，基督宗教"灵魂"的概念对《仁学》的建构有着比较重要的作用。谭嗣同在《仁学》中描述"以太"的概念时提出，其显于用者，在孔谓之仁、元，在佛谓之性海、慈悲，在耶谓之灵魂、爱人如己、视敌如友，将基督宗教灵魂的概念作为阐释"仁"的一个关键点。其在论述不生不灭之以太时亦借用基督宗教灵魂的概念，提出："不言慈悲灵魂，不得有教。第言慈悲灵魂，教而不足以行。言灵魂不极荒诞，又不足行于愚冥顽梗之域。"① 认为灵魂之说有助于修身俟命、教化百姓。第二，《仁学》中肯定了基督宗教的平等、变革之思想。② 文中提道："泰西自摩西造律，所谓十诫者，偏倚于等威名分，言天则私之曰以色列之上帝，而若屏环球不足道，至不平等矣。耶出而变之，大声疾呼，使人人皆为天父之子，使人人皆为天之一小分，使人人皆有自主之权，破有国有家者之私，而纠合同志以别立天国，此耶教之变也……三教不同，同于变；变不同，同于平等。"③ 既肯定了基督宗教变革与平等的内容，同时体现出谭嗣同反封建纲常伦理的思想。

谭嗣同对佛教与基督宗教的总体看法是佛教超越于基督宗教之上，不过《仁学》始终传达出谭嗣同的三教异于名而通于用的三教会通思想，尽管谭嗣同对基督宗教的教义理解略有偏差，但基督宗教的灵魂、

---

① 谭嗣同著，方行、蔡尚思编校：《谭嗣同全集》下册，第 309 页。
② 详见张晓林《基督教平等观念与中国近现代启蒙》，《华东师范大学学报》（哲学社会科学版）2009 年第 3 期。
③ 谭嗣同著，方行、蔡尚思编校：《谭嗣同全集》下册，第 334 页。

博爱等概念与平等、变革的精神仍成为《仁学》的重要思想资源。

（三）他山之石：杨文会与基督宗教界的交往

中国佛教在近代的复兴事业同近代东西文化交流尤其是基督宗教的在华传播有着重要联系。从间接方面来看，对近代中国佛教复兴有着很大影响的日本佛教本身就受到了在日基督宗教的影响；① 从直接影响来看，杨文会等人在近代中国佛教革新运动中积极与基督教徒交往，主动学习借鉴基督宗教的有用经验用以革新佛教，对中国佛教的复兴起到了一定的推动作用。

杨文会是现代居士运动的早期代表，也是晚清明确提出借鉴基督宗教的有效经验来发展佛教的代表。杨文会（1837—1911），字仁山，是中国近代佛教复兴之先驱，美国社会学家 Holmse Welch 誉之为"中国近代佛教复兴之父"。他的主要贡献主要有：创办金陵刻经处，搜集、刊刻了大量易于流通且价值较高的佛教文献；创办祇洹精舍，推行新型佛教教育的实践，培养了佛教人才；具有国际视野，与日本南条文雄（Nanjō Bunyū，1849—1927）、英国马克斯·缪勒（Max Müller，1823—1900）、法国儒莲（Stanislas Aignan Julien，1797—1873）、锡兰达摩波罗（1864—1933）以及在华传教士李提摩太等人进行友好交往，开展佛教的国际交流。杨文会启蒙了中国佛教的革新运动，对后世佛教产生了深远的影响。

杨文会出身官宦世家，曾入曾国藩幕府，光绪四年（1878）随曾纪泽出使欧洲，光绪十二年（1886）又随刘芝田出使英法。杨文会于出使西方时结识了西方的东方学家马克斯·缪勒、儒莲以及日本南条文

---

① 详见 Notto R. Thelle, *Buddhism and Christianity in Japan: From Conflict to Dialogue* 1854-1899, Honolulu: University of Hawaii Press, 1987。另外，汉学家苏迪尔曾言近代日本佛教对基督教制度的借鉴，参见《记事：英教授演说远东宗教》，《海潮音》1922 年第 8 期，第 7—8 页。

雄，开阔了其视野，对其开放的佛学研究产生了重要的影响。杨文会也同基督宗教的传教士有所来往，1884年杨文会于李提摩太拜访曾国荃之行中与李提摩太相识。① 李提摩太虽为基督新教徒，但对大乘佛教较为感兴趣，认为佛教与基督宗教有着共同的源头，他在杨文会的推荐下阅读了《大乘起信论》，之后又在杨文会的协助下将之翻译成英文出版，收录在李提摩太的著作《大乘佛教的新约》（*The New Testament of Higher Buddhism*）中，但李提摩太对佛经的基督教化诠释为杨文会、太虚等人所批评。杨文会认为李提摩太所译之《起信论》颇有援佛入耶之嫌，虽李君自言对《起信论》已解，但执笔之时仍以私见穿凿，② 太虚在《海潮音》上刊载《请国内谙西文之佛学家速纠正西译佛书之谬》一文，认为李提摩太所译《起信论》十分荒谬，为其"欲将基督教高攀援附于佛教而伪造之辞"③。

晚清佛教衰落，杨文会曾喟叹僧徒安于固陋、不学无术的状态，又感受到西方基督宗教入华之后带给佛教的压力，在庙产兴学对佛教的进一步冲击下，提出了振兴佛教教育的策略。杨文会在基督宗教传播的过程中看到宗教积极的社会功能，尽管与李提摩太共译《大乘起信论》之事并不愉快，但杨文会在近代佛教的复兴事业中仍旧汲取了基督宗教的经验，对佛教的教育进行了革新，培养了一批新型的弘法人才，对佛教的复兴起到了推动作用。

杨文会在《支那佛教振兴策一》中曾提出佛教教育改革可借鉴基督宗教教育的经验：

---

① ［英］苏慧廉：《李提摩太在中国》，关志远等译，广西师范大学出版社2007年版，第139页。
② 杨仁山：《等不等观杂录卷七》，楼宇烈等编校：《中国现代学术经典 杨仁山、欧阳渐、吕澂卷》，河北教育出版社1996年版，第137页。
③ 详见太虚《请国内谙西文之佛学家速纠正西译佛书之谬》，《海潮音》1922年第5期，第348页。

>不如因彼教之资，以兴彼教之学，而兼习新法，如耶稣天主教之设学课徒……为今之计，莫若请政务处立一新章，令通国僧道之有财产者，以其半开设学堂。分教内外二班，外班以普通学为主，兼读佛书半时，讲念经教义半时，如西人堂兼习耶稣教之例……如是则佛教渐兴，新学日盛，世出世法，相辅而行。①

其在具体的学堂课程的设想中也参考了基督宗教和日本真宗的办学经验，于《释氏学堂内班课程刍议》② 中提出将僧教育分为三个阶段并制定三级课程。杨文会关于振兴佛教教育的设想于祇洹精舍的创办中得到了一定的实现，虽然祇洹精舍存在的时间很短暂，但是其办学精神及其对于中国佛教现代教育的意义十分重要，成为中国佛教近代新式教育的滥觞。吸收基督宗教经验而创办的祇洹精舍对欧阳渐的支那内学院及太虚大师的武昌佛学院的创办亦具有很大影响，欧阳渐曾提道："今兹所存，惟武昌佛学院与本院，实承祇洹精舍而来也。"③ 由此可见支那内学院与武昌佛学院曾间接受到过基督宗教经验的影响，因而基督宗教对于近代中国佛教的教育革新具有一定的启迪作用。④

另外，杨文会还从基督宗教的传教活动中看到传教对于振兴国家的重要作用，于《支那佛教振兴策二》中提道：

>泰西各国振兴之法，约有两端：一曰通商，二曰传教。通商以损益有无，传教以联合声气。我国推行商业者，渐有其人；而流传

---

① 杨仁山：《等不等观杂录卷一》，楼宇烈等编校：《中国现代学术经典 杨仁山、欧阳渐、吕澂卷》，第21页。
② 杨仁山：《等不等观杂录卷一》，楼宇烈等编校：《中国现代学术经典 杨仁山、欧阳渐、吕澂卷》，第22页。
③ 欧阳竟无：《法相大学特科开学讲演》，王雷泉编选：《欧阳渐文选》，上海远东出版社2011年版，第99页。
④ 赖品超编：《佛耶对话：近代中国佛教与基督宗教的相遇》，宗教文化出版社2008年版，第75页。

宗教者，独付缺如。设有人焉，欲以宗教传于各国，当以何为先？统地球大势论之，能同行而无悖者，莫如佛教。①

杨文会不仅看到复兴中国佛教的重要性，还具备了国际视野，能够以开放的姿态学习基督宗教的有效经验并开展佛教的国际交流，成为中国佛教复兴运动的先驱。

杨文会在近代中国佛教复兴的实践中具有开放的视野，既能够以开放的态度来对待基督宗教，尝试吸收基督宗教可借鉴的经验来推行佛教的复兴实践，并且能够看到佛教国际交流的重要性，对佛教的发展亦保持乐观的态度。尽管就这场佛耶交流实践而言，佛耶双方未能在深入的教理教义层面达成良好交流，但是晚清的这场佛耶相遇仍对佛教产生了有益的影响，李提摩太的佛教研究表达了对东亚佛教传统的关注并挑战了以往欧洲佛教研究中以南传为正统的意识，杨文会借鉴基督宗教的教育经验进行的革新尝试也对近代中国佛教复兴事业的发展起到了积极的作用，成为宗教对话的有益尝试。

四　结语

晚清时期基督宗教以强势的姿态入华传教，使得处于内外交困的佛教面临新的挑战。从基督宗教入华传播给佛教带来的直接影响来看即是受到不平等条约保护的基督宗教在与佛教的庙产之争等冲突中所取得的优势地位以及现代化的传教方式对佛教相对被动的传布方式的冲击，另外还有基督宗教汉语神学文献中的辟佛内容对佛教造成的负面影响；从间接方面来看，受到基督宗教影响的太平天国运动对佛教造成的破坏更

---

① 杨仁山：《等不等观杂录卷一》，楼宇烈等编校：《中国现代学术经典 杨仁山、欧阳渐、吕澂卷》，第21页。

甚于历史上的灭佛运动。

尽管此次基督宗教入华给佛教带来了一系列的挑战，但是在杨文会复兴佛教的实践以前，晚清的基督宗教并未给予佛教太多关注，一方面基督宗教此次来华受到不平等条约中的在华传教特权以及西方强大的后盾的支持发展迅速，另一方面佛教此时处于衰落状态，僧才较为凋敝，没能对基督宗教传教造成过大影响，此时期佛耶间也没能如同明末一般出现大规模、直接的交锋以及大量的、具有影响力的佛教护教反诤文献。但是随着杨文会对佛教的复兴实践、维新思想家对佛教思想资源的重新发掘以及19世纪60年代之后基督宗教教案频发尤其是义和团运动的影响，使得一些传教士开始重新关注佛教，一些视野开放的佛教居士及思想家也关注到了基督宗教，相互展开交流，主要者有杨文会、谭嗣同、李提摩太、李佳白等人。

晚清的佛耶交流对当时佛教的复兴事业以及后来基督宗教的本土化运动都起到了积极的影响，并对民国时期佛教与基督宗教交往亦有良好的示范作用，如民国时期太虚大师在近代佛教革新运动中汲取了基督宗教的有用成分，而传教士艾香德等人亦吸收佛教的有效经验进行基督宗教的本土化实践。虽然晚清时期的基督宗教给佛教带来了诸多挑战，但杨文会等人在近代中国佛教复兴事业中发挥佛教契理契机的精神，借鉴基督宗教的有益成分，使得佛教于重重困境中革除积弊，积极适应现代社会。

近代中国佛教的重新认识

——以伊东忠太中国考察为例[*]

王 彬

江西省社会科学院哲学研究所研究员

摘要：20世纪初，日本古建筑专家伊东忠太对中国古建筑遗迹进行了广泛考察。在他的考察笔记中有大量涉及佛教的内容。伊东忠太的实证性中国考察也是关于日本文化渊源的寻根之旅。这些考察和研究也直接或间接地促进了日本和中国学者对中国古建筑实物及文化的认识，尤其对于久已湮没的云冈石窟等佛教遗迹及其价值的再发现起到极大的推动作用。通过对伊东忠太中国考察之行的研究，对于近代中国佛教的重新认识提供了一个新的独特视角。

关键词：伊东忠太；中国佛教；建筑遗迹

伊东忠太（1867—1954）是近现代日本著名的建筑大师，同时又是一位成果卓著的建筑史学家。1902—1920年，伊东忠太曾六次来华，对中国很多地区进行了广泛考察，并据此发表了诸多研究成果。伊东忠太被认为是近代日本来华进行古建筑考察的第一人。虽然伊东忠太并非

---

[*] 本文是2019年度国家社科基金重大项目"'一带一路'佛教交流史"（项目编号：19ZDA239）的中期成果之一。

佛教研究学者，他在中国的考察重点也并非佛教建筑。但在伊东忠太考察的古建筑遗迹中，佛教建筑却是最多的。伊东忠太留下了非常详尽的考察记录，其中既有古建筑的测绘和形态描述，更记录了考察过程中中国各地风土人情的诸多见闻，包括当时各地佛教状况的观感及评述。这些记录为我们客观了解20世纪初的中国佛教状态提供了极其宝贵的文献依据。笔者撰写本文的目的并非在于梳理伊东忠太的中国考察历程，而是希冀从其广博的考察见闻中，从不同的视角，管窥20世纪初期中国佛教的状况，并探讨以建筑遗迹等实证关联下的中日佛教文化交流的渊源及意义。

一 寻根之旅——由建筑而探寻中日佛教文化之内在联系

在被日本视为"国宝"的古代建筑中，位于日本奈良城外的"法隆寺"当属其一。法隆寺建于日本飞鸟时代，相传为推古天皇和圣德太子所建（607年完成建造）。法隆寺是圣德太子创建的南都七大寺之一，也是佛教传入日本时建造的最早一批寺院之一，是日本保存的最古老的木质建筑之一，在日本佛教界有着崇高的地位和影响。

伊东忠太早年对法隆寺的建筑进行了仔细的研究。日本保存下来的众多古代建筑中，寺院是主要的。历史文献的记载也彰显了古代中国文化对日本文化的深刻全面的影响。千余年的中日交流史上，由中国传播到日本的经典、器具、文物等实物众多，成为中日两国文化交流的见证。从建筑的角度，寻求实物证据来探讨中日两国间文化相承的联系，无疑也是一项具有重要价值的研究。从这个意义上看，伊东忠太对中国建筑（其中以佛教建筑为主）的考察，可以说是一部探求中日文化交流的寻根之旅。

从总的前提来看，日本佛教文化从初始起，几乎完全可以溯源到中国佛教的影响，当是无可置疑之事实。但若进一步深化细化，日本佛教文化中某一种文化现象或特征,是受到中国哪一时期,或源自中国何处的影响,则尚须仔细探究,依托于实物的比较研究,则是最有说服力的证据。这就是伊东忠太对中国建筑进行考察的价值所在。

在伊东忠太的考察笔记中,记载了很多中国建筑元素——从建筑的整体样式,到局部的柱廊、装饰图案等,并考察了其与日本古寺院的相似性和对应性。例如他在广东考察开元寺建筑时,即从寺院石柱上雕刻的图案与日本古代建筑图案的相似性,推测日本古代建筑雕刻的源头实来自中国。

> （顺德府）（开元寺,又称东大寺）有此铭文,东大寺的创建年代就很清楚。此柱为一石柱,附有蛟龙翻腾的雕刻。在日本,当年织田信长建造的安土城也见有雕刻蛟龙的柱子。年代再往下移,至德川时代,此等匠意的雕刻更加多见。现在看来,非常清楚,原来它们都是传自中国。①

伊东忠太在中国旅行考察的过程中,实地调查过不少石窟寺造像。例如,在龙门石窟进行考察时,他发现一些造像的风格与日本的佛教造像风格极为相似,并由此提出日本法隆寺的佛像与龙门石窟的北魏佛像之间在造像风格上有非常紧密的关联。他在总结对龙门石窟雕塑风格的整体印象时曾说:"总而言之,龙门石窟,其佛雕造型,多为北魏时期艺术风格之体现。虽然隋唐二代,在龙门也还开凿石窟若干,但到宋代以后,则再不见有开凿石窟之壮举。从艺术风格看,北魏时期的佛像与日本法隆寺的佛像完全相同。属于唐代时期的龙门佛像,则与日本天平文化时代的佛像如出一辙。不过,于北魏与李唐之间,尚有诸多值得观

---

① ［日］伊东忠太:《中国纪行——伊东忠太建筑学考察手记》,薛雅明、王铁钧译,中国画报出版社 2017 年版,第 91 页。

瞻的文化瑰宝,此段时期,大致相当于日本白凤文化时期至养老年间的历史时代。"① 实际上,伊东忠太在探寻中国古代雕塑造像的实物遗迹时,就是要从中寻找与日本遗留之佛教古迹内在的一致性和相似性,从而为日本佛教文化寻到实证意义和价值上的渊源。这些基于实证比较和关联的研究,对于更加精准地追溯日本佛教文化的源流,加深中日文化联系的认识,具有特殊的重要意义。

二 石窟寺的考察——发现云冈石窟

在伊东忠太看来,他的中国之行中,最大的成就应当是对中国云冈石窟的再发现,这也是他为之骄傲的经历。位于山西大同附近的云冈石窟,现在已经成为世界公认的中国最著名的三大石窟之一,被列为世界人类文化遗产。虽然开凿的年代始于北魏时期,但由于各种因素,在历史上长期处于默默无闻的状态。在伊东忠太来此考察时,几乎还没有受到过多少关注。1902年,伊东忠太在山西云冈考察时,依据文献记载,按图索骥,发现了沉寂已久的石窟寺。随后发表《北清建筑调查报告》《中国山西云冈石窟寺》等。

伊东忠太之所以对云冈石窟予以特别的关注,应该与其对于北魏时期的佛教造像的关注与推崇有直接的联系。他认为北魏时期开凿的佛像的风格,充分体现了中国与印度、西域等国交流的影响,并且这种影响进一步拓展到日本。

他总结说:"北魏王朝,论信佛至笃至诚,当属中国历史之冠。北魏历代帝王,多有大兴土木,以建伽蓝。可惜,凡此建筑,于今已是荡然无存,故北魏时期佛寺建筑究竟如何模样,世人不得知。后人只能从龙门幸存石窟雕刻中探寻北魏佛寺建造的蛛丝马迹,并借此进

---

① [日]伊东忠太:《中国纪行——伊东忠太建筑学考察手记》,第113页。

行相关考证,除此之外,别无他途。据考察结果,笔者以为,当时北魏佛寺建筑应是中国本土传统建筑与西域以及印度建筑相互融合之作品。在北魏鼎盛之时,西域自不待言,最南一面直至印度边陲,最西向有欧洲多马,都与之有过交往。毫无疑问,凡此国家之文化产物也必然传来。"①

通过伊东忠太的上述言论,我们可以看出,他的视野不仅仅是探求日本与中国在佛教文化和艺术上的渊源,更是再试图追溯到西方、印度与中国在佛教建筑和造像上的相似元素所表现出来的文化交流的内在联系,以及这种文化交流所产生的影响,这一尝试,至今仍有重要的现实意义。

三 伊东忠太视野下的中国佛教印象

当代学术界对于近代中国佛教的研究可谓成果卓著,但其主流趋势集中于所谓"中国佛教的复兴"这一大前提并围绕此而展开,也就是说,几乎主流的研究成果或观点,都是落实在近代中国佛教之所谓"复兴"这一主题上。由于对"复兴"的关注,往往忽视了各种文献记载中零散分布的近代中国佛教衰败的一面,即使提及也往往一带而过。久而久之,"复兴"成为理解近代佛教之主流印象,而"衰败"的一面则似日渐湮没。这一倾向,似亟待注意。

关于中国近代佛教的状况,总体呈现出极度衰败的状态,已成为学界之基本共识。虽然近代中国佛教不乏有识之士历经艰辛,试图改变佛教的衰颓状态,但整体来看,在当时的效果仍是极为有限。当然如果从思想史的角度来看,近代中国佛教界出现的各种思潮可谓风起云涌,但其产生的社会影响广泛与否或可商榷。伊东忠太并非专门研究佛教的学

---

① [日]伊东忠太:《中国纪行——伊东忠太建筑学考察手记》,第115页。

者，但他所从事的职业，在实践过程中接触到大量的佛教文化，加之他非常重视中国历史上的宗教文化在专业研究中的重要性，应该说他对中国佛教的历史和文化是相当了解的——这也是近代很多日本来华考察学者都具备的素养。

也许正是因为伊东忠太本人并非从专职的佛教研究者，或是从佛教信仰者的立场和角度来观察当时的中国佛教状况，而基本上是以一个游离于信仰之外的"他者"的角度，或者说从一位博学且严谨的学者的角度来进行观察，无意中就去除了专门的佛教研究者或信仰者容易产生的桎梏和羁绊。他在考察中的见闻观感，也是比较直观的。虽然他对当时中国佛教现状的一些见解似可商榷，但整体来看，他对当时中国佛教状况的观察还是基于较为严谨客观的立场的。在此仅举两个笔者认为值得注意的具有代表性的观点。

1. 藏传佛教是近代中国影响最广泛的佛教派别

伊东忠太对中国宗教状况进行整体判断时曾说："今日中国宗教，乃是多教杂处共存之状况。在当今各种宗教中，居首者当推佛教中的一派，曰'喇嘛教'，此系中国影响最为广泛之教派。……于今日中国佛教而言，除喇嘛教派之外，传统佛教已是萎靡不振，说深受喇嘛教派压制亦不为过。"[①]

坦率地说，当笔者看到伊东忠太的这一观点时，还是感到有些意外的。因为他的这个看法，与现今学术界对于近代中国佛教历史的判断是完全不同的。因为伊东忠太在中国考察的区域主要为汉族地区，而对四川、青海等传统藏传佛教传播地区涉及较少，他的这一结论主要还是针对大范围的汉族地区的情况。所以上述结论可以被转而解读为这样的表述，即藏传佛教在汉族聚集地区具有广泛的影响。

---

① ［日］伊东忠太：《中国纪行——伊东忠太建筑学考察手记》，第45页。

伊东忠太的这段概括性论述很有意思。按通常学术界的观点，近代中国大部分地区，如果从佛教宗派上来划分，几乎是以禅宗和净土宗最为流行。即使是从寺院数量或僧众、信众所信奉的佛教派别上看，也不可能出现藏传佛教在汉族聚居地区影响广泛的状况。汉族聚居地区虽然也有藏传佛教或东密等传播，但远未形成大范围传播的气候，何以更言汉地传统佛教"受喇嘛教派压制"？笔者推测，伊东忠太初来中国时，因勘测北京故宫（内有供奉藏传佛教佛像的楼阁）及著名的藏传佛教寺院雍和宫等，而这些地方都是得到严格保护的皇室相关场所，自然各种设施条件当属上佳。而在其他一些地方，如在杭州飞来峰石窟考察时，见到不少密教或藏传佛教题材和样式的佛像，或可认为历史上在这一地区曾经发生过藏传佛教的影响，但若以此作为其结论的依据，恐怕失之偏颇。另外伊东忠太在山西五台山考察时，也注意到当地藏传佛教寺院占优势的情况。他在谈及五台山佛教寺院的印象时说："五台山原本殿宇堂塔众多，只是不少已经荒芜破落，于今寺院只剩百余，而且，当今所存寺院中有六成带有喇嘛教色彩。"① 五台山地区自元代以来，就是为数不多的汉族地区藏传佛教传播的地方，因此五台山地区的藏传佛教寺院在数量和规模上占主流并不奇怪。相比于一般的汉传佛教寺院普遍衰败破落的状况，这些藏传佛教的寺院条件设施要好得多。这种对比应该是反差非常大的，以至于给伊东忠太留下了藏传佛教影响占优势的印象。

2. "尚北轻南"——对于中国南北方佛教建筑的印象

伊东忠太在对中国南方和北方的佛教建筑等进行考察比较的基础上，提出一个学术观点，笔者将此观点概括为"尚北轻南"，即对北方古建筑遗迹的艺术水准较为推崇，但对南方的古建筑遗迹水准评价较

---

① ［日］伊东忠太：《中国纪行——伊东忠太建筑学考察手记》，第72页。

低，表现出"尚北轻南"的立场。这一观点也在后世的研究者中引起争议。

无论是中国北方还是南方的佛教遗迹，应该都有其自身的特色，若是不对等地进行比较并以此扩展到对整个南北佛教艺术水准优劣的最终结论，似有些让人难以完全接受。但由于当时交通不便、信息量有限等各种因素影响，其考察范围虽然遍及中国大部分地区，仍难免有遗漏之处。但即使如此，伊东忠太的这一结论，也是非常谨慎的，有其可靠而客观的依据。

伊东忠太的考察过程是非常严谨的，如果没有足够确凿的证据，他也不会轻易地下论断。在他的记录中，经常可看到遇到一些似是而非的实物时，他不会武断地下结论，而是叙述并注明此系自己的推测，证据尚不充分。另外他始终秉持将历史文献与实地考察相结合的科学态度。伊东忠太在实地考察前或考察过程中，都要进行细致的文献资料收集和梳理工作。他通常每到一地，都会向当地接待的官府索取并查询地方志书，以对所考察之地的历史及地理风貌有所了解，为考察作好准备，然后依据有用的线索进行实地考察。在他的考察笔记中，经常可见引用地方志书的记载。例如他事先并不十分清楚云冈石窟的情况，但通过搜索史书记录，注意到此地自北魏时期即有开凿石窟寺的记载，而至当地后，又从当地的地方志书中找到更可靠的记载，然后才去到久已荒废的石窟寺进行实地考察，结果大出意外，由此开启了云冈石窟的研究道路。

伊东忠太在评价时，也多持较为客观的态度，不会因为某些地方或遗迹之名声较响而虚以美言粉饰。以伊东忠太专业的眼光来看，即使是在当时一些名声较大的城市或地区，所能见到的真正有价值的古代建筑遗迹也极为罕见，很多建筑的科学和艺术价值并不高。比如，位于四川的峨眉山是著名的佛教名山，但伊东忠太考察峨眉山后，对于峨眉山的建筑评价不高，甚至感到失望，认为无论是建筑造型本身，还是建筑物的装饰,"多数无观赏价值"。评价其建筑结构"其水平并不出于普通民居之上"……"无一特可称有历史价值",其"美学价值"为零。①在他的考察笔记中,也可经常见到对考察遗迹较为负面的评价,但这些评价基本上比较中肯。

另外,南方和北方的佛教遗迹规模、风格差异毕竟是存在的。例如北方的一些石窟寺,其开凿年代、造像规模及数量、艺术表现手法,都是南方的寺庙所无法企及的。而伊东忠太关注并进行考察的石窟寺大多分布在北方地区。这种直观的差异是显而易见的。而近代以来,南方的一些核心重要地区,如江南地带,因饱受战乱等影响,古代佛教建筑遗迹遭到严重破坏,有价值的遗存更少。例如伊东忠太在南京时,曾到著名的大报恩寺遗址考察,而建造于明朝时期的大报恩寺琉璃塔已在清军与太平天国军队的交战中尽毁无几,仅见残存。

江南是中国历史上经济和文化较为发达的地区。而古代中国与日本的佛教文化交流,与江南地区有着较紧密的联系。尤其是六朝时期,南朝的大部分帝王都对佛教极为信奉推崇,广泛建造寺院,更使江南一带佛教极为兴盛。因此,这一地区也是伊东忠太推崇的。他曾对在江南地区发现南朝时期的古代遗迹抱有很大的希望,而六朝建筑遗迹也是其考察的重点之一。但在经过实地考察之后,元代以前的建筑古迹遗存极为少见,这也让伊东忠太感到非常失望。他指出:"中国江南古迹几乎毁废殆尽,故在江南地区考察所遇困难远非之前中国北方之行可比。由于中国南方文化没有北方文化古老,并且成就中国艺术高度发展的佛教,在中国北方最盛,与北方相比,南方明显逊色,南方佛教的纪念性建筑,创建之初,其文化内涵也未必就如北方寺院那般丰厚沉实。加之中世以来,长江平原区域常是兵家争斗之地,为此,千古遗迹多废毁。是

---

① [日]伊东忠太:《中国纪行——伊东忠太建筑学考察手记》,第179页。

故，江南已是古迹难求矣，此话久已成人之共识。"①

当然，在对同类型建筑古迹比较的基础上，认为佛教古建筑南北风格存在明显差异，这一结论基本上是较为客观的。在伊东忠太考察的佛教建筑中，关于佛塔的记载较为多见。经过大量观察和比较，伊东忠太对于中国北方和南方的佛塔风格提出了自己的见解，他认为："南方所见佛塔不多，偶尔有之，亦是多半精致不足、粗犷有余，无法与北方佛塔的雄浑壮美相媲美。在佛塔建造式样的变化方面，南方佛塔也偏于呆板，缺少变化。"② 这一结论，如果我们现在用更多的南北不同地区的古代佛塔遗存进行比较，所得出的结论应该是与他一致的。

伊东忠太还认为："将中国北方与中国南方的古代遗迹进行比较，系饶有兴趣的一个研究课题。毕竟，南北二地属同一文化类型。要说二者的相异之处，主要还是表现在细部手法及装饰方面。就中国南方而言，纤巧精致是其细部手法的一个显著特征，此于屋盖建造上表现得尤为突出。然而，南方建筑却少恢宏雄壮气魄，不免流于轻佻、浮华。堂宇塔刹建造式样，中国南方明显变化不足，不如北方建筑创意何等恣肆汪洋、驰骋纵横。南方的殿堂几近千篇一律。"③

笔者以为，令伊东忠太得出这一印象，可能有一个很重要的原因，即南方所保存下来的真正有价值的古代建筑或造像相比北方遗存要少得多，表现手法也相对单调，由此给伊东忠太留下了南方佛教建筑整体水平较低的印象。另外，伊东忠太所关注的古代建筑遗迹，主要还是侧重于明代之前的遗迹，而他对明代以后，尤其是大量存在的明清时期的建筑遗迹评价本身就不高。而相对南方而言，北方所遗存的古建筑和造像遗迹无论在数量上，还是在艺术水准上，都呈现出相较于南方的更多优势。当然这与伊东忠太本人极为专业的眼光及衡量标准的苛刻也有直接

---

① ［日］伊东忠太：《中国纪行——伊东忠太建筑学考察手记》，第258页。
② ［日］伊东忠太：《中国纪行——伊东忠太建筑学考察手记》，第195页。
③ ［日］伊东忠太：《中国纪行——伊东忠太建筑学考察手记》，第271页。

的关系。

尽管伊东忠太对中国的考察距今已逾百年，但当我们重新回顾他当年的记录及研究成果时，仍能从中感受到当时中国社会的现实状况。如果从当时佛教的状况来看，处于颓废衰败的佛教同时也面临着其自身文化的缺失。如果再展开来讲，当时在中国知识分子阶层中，也存在着对中国传统文化轻视甚至否定的倾向。关于这一点，在伊东忠太的记录中也偶有提及。例如他在广东顺德府考察时，按惯例先去拜访当地的知府。在交谈中，知府听他说来中国进行学术考察后，竟然颇为嘲笑，并称："中国既无学也无术，若是从中国去日本学术考察那还说得通，从日本跑到中国来考察，真是无法理解，云云。"① 另外他在四川汉中府南郑县考察时，与当时的南郑县知县交谈。而这位官员还曾在当时中国风气颇为领先的上海住过很长时间，但对于伊东忠太来中国考察，甚是不以为然，认为："中国历史十有八九造假，所谓古迹，几乎都不可信。在其看来，研究不可凭信的假历史又何益之有？"② 以上两例，与其对话的都是属于知识阶层的官员，但在言谈中对于中国历史和文化的看法却非常极端，不能不说是对中国传统文化自信的反动。

在中国的多次考察，极大地丰富了伊东忠太的研究视野，也促使他在学术观点上发生了一些改变。比如，他原先秉持一个观点，即认为中国"六朝时期，南北两朝艺术风格必定是大相径庭"③。但是经过对南朝和北朝的建筑实物进行考察后，他的观点发生了改变，认为他之前的观点是错误的，从而提出："盖南朝艺术（尤其是佛教艺术）系传自北方，故南北两朝乃同源同型。"④ 这一观点，对于我们当今的佛教艺术研究，仍具有重要的参考价值。

---

① ［日］伊东忠太：《中国纪行——伊东忠太建筑学考察手记》，第90页。
② ［日］伊东忠太：《中国纪行——伊东忠太建筑学考察手记》，第144页。
③ ［日］伊东忠太：《中国纪行——伊东忠太建筑学考察手记》，第271页。
④ ［日］伊东忠太：《中国纪行——伊东忠太建筑学考察手记》，第271页。

另外，在考察过程中，伊东忠太对当时中国对古建筑文物重视和保护意识的缺失也深有体会。而在当时的日本，对于古代建筑的保护意识却要强很多。他在一些地方看到，由于缺乏文物保护意识，即使是对一些雕塑进行所谓的修缮，往往只是用料填充涂抹，却使得原来虽然残破，但却充满灵性和丰富表现力的建筑或雕塑失去原有的风采，艺术价值丧失殆尽。为此伊东忠太在与中国的建筑学家交流时，也呼吁应当重视古建筑的合理保护。他在面对中国营造学社的中国同仁演讲时说："在古来尊重文献、精通文献之中国学者诸氏，调查文献绝非难事。对于遗物，如科学之调查，为之实测制度，作秩序之整理诸端，日本方面虽未为熟练，敢效犬马之劳也。但最为杞忧不能自已者，文献及遗物之保存问题也。文献易为散佚，遗物易于湮没。鄙人于中国各地之古建筑，每痛惜其委弃残毁；而偶有从事修理者，往往粗率陋劣，致失古人原意……在理想上言之：文献遗物之完全保存，乃国家事业。一面以法律之力，加以维护；一面支出相当巨额之国帑，从事整理。然在中国现今之国情，似难望此。然则舍盼望朝野有志之团体，于此极端尽瘁，外此殆无他途。"① 在历史上长期以中国为师的日本，自近代明治维新以来，充分引进和吸收了西方的理念及科技，国力得到大力拓展；但同时由于军国主义思潮的影响，走上了向外侵略的错误道路。但像伊东忠太那样众多促进中日文化交流的有识之士，对于中国文化的崇敬和热爱之情发自内心的真诚——这些是不应该被忘记的。

近代中日文化的交流呈现出与古代中日交流历史不同的趋势。唐代日本向中国派出众多的遣唐使，来中国学习，把中国文化传播到日本。这几乎是从中国向日本单向的文化传播。但近代以来，中国国力积弱，加之在与海外列强的战争中屡屡失败，更激发起诸多爱国志士的强国热

---

① 《中国建筑之研究》，序言 V，伊东忠太营造学社讲演，《中国营造学社汇刊》第 1 卷第 2 册（1930 年 12 月），第 9 页。

情。众多中国人士赴日本学习，直观地感受到日本明治维新改革带来的巨大变化，从而思索和探讨如何向西方学习，以增强中国国力。这也为中国的变化带来了活力。正是像伊东忠太等众多重视中国文化的日本学者的努力，发表了大量关于中国古代建筑的研究成果，才使具有强烈自尊心和民族意识的中国建筑学家受到刺激和激励。如梁思诚、林徽因即是其中的代表。正是因为看到日本学者对于中国古建筑研究所取得的丰硕成果，以及一些研究观点或存在的偏颇，促使梁思诚等具有强烈民族意识和爱国热情的中国学者在极端困难的环境中，开启了寻找中国本土古建筑的发现之旅。在某种意义上讲，这也是促使中国有识之士重新认识中国的契机。而以梁思诚、林徽因等为代表的中国学者在中国古建筑文化领域取得的重要成果，不仅修正了以往日本学者的一些错误观点，也为中国学者在相关领域内争得了话语权，赢得了尊重和认可。这些事例也充分表明，文化的交流和开放是一个国家自信、发展、走向强盛的重要动力。

汉藏佛教交流的研究问题与研究方法[*]

杨　浩

北京大学哲学系、《儒藏》编纂与研究中心助理教授

摘要：针对在西方学界比较流行的"印藏佛学研究"，对"汉藏佛学研究"进行研究是很有意义的，对二者的比较研究更有利于认识各自的特色。本文对已有汉藏佛教研究的现状进行了简单梳理，从文献学、语文学、吐蕃僧诤、思想比较四个方面对已有的问题与方法进行了归纳。从总体上看，汉藏佛教交流的研究已有不少可喜的成果，鉴于大量的藏文文献、汉文文献还有待利用，因此仍有巨大的进一步深入的研究空间。

关键词：汉传佛教；藏传佛教；文献学；语文学

引　言

汉传佛教与藏传佛教是中国佛教最主要的两系，也是北传佛教最大的两系，不仅形成了以汉语、藏语为基础的佛教圣典传统，而且涌现出大量的注释著作与原创论典。两系佛教都深深地打上了本土文化的烙

---

* 本文是2019年度国家社科基金重大项目"'一带一路'佛教交流史"（项目编号：19ZDA239）的中期成果之一。

印，也都深深地影响了原来固有的传统文化。佛教在本土的消失以及在中亚地区的衰亡，使得两系佛教成为北传佛教的仅存硕果。两系佛教都奉印度佛教为圭臬，但实际上又都是继承印度佛教并有进一步的发展。两系佛教之传播印度佛教在时间上具有互补性，汉传佛教主要传播印度佛教与中亚佛教的1世纪到7世纪的一段，而藏传佛教主要传播印度佛教从8世纪到12世纪的一段。因此两系佛教留下来的文献记载，可以拼接出印度佛教史的主要部分，特别是大乘佛教部分。

由于地缘的关系，藏传佛教从一开始就同时从印度与汉地传入，后来因为各种原因，汉传佛教对藏传佛教的影响似乎减弱了，至少在表面上看，藏传佛教与印度佛教关系更为密切。长期以来，西方学界将藏传佛教的研究与印度佛教结合起来，形成所谓的"印藏佛学研究"（Indo-Tibetan Buddhist Studies），这样的研究视角有其优点，是很重要的研究视角。此种研究视角的独尊地位，使得另外一个很重要的视角"汉藏佛学研究"（Sino-Tibetan Buddhist Studies）遭到漠视。此种现象，与西方学术界主要采取文献学、语文学方法对印度佛教进行研究有莫大的关系。不难理解，既然有梵文原典或者至少有被认为很忠实于梵文的藏文译本，何必利用汉文译本呢？即便是研究汉藏佛学的专门学者，对汉文译本也充满了鄙夷的态度，认为汉文大藏经的翻译"问题百出"，除鸠摩罗什、玄奘以外的很多汉文译师都是"名不副实""滥竽充数"，而汉文佛经翻译得不正确，严重地影响了汉传佛教徒对佛学义理的理解，要为佛教史上的争论负主要责任。[①]

且不说传说的佛陀"依义不依语"的教导，对佛教义理的理解与体悟，虽然经典的翻译非常重要，但是也不可忽略佛教传法僧人自身的传承作用。解读翻译经论从来不是领悟佛法的唯一门径，至少还有义

---

① 沈卫荣等：《〈汉藏佛学研究丛书〉编辑缘起》，载谈锡永、沈卫荣、邵颂雄著译《圣入无分别总持经对勘与研究》，中国藏学出版社2007年版。

解、习禅、明律等多种方法。辛岛静志等人对早期汉译佛经的研究证明汉译佛经具有重要的文献价值与语言价值。汉传佛教与藏传佛教似不必抬高其中之一就要贬低另外一个。二者不仅在历史上有着广泛的交流，而且在学术研究中，对二者进行比较研究，也容易看到彼此的优缺点，避免学术研究中先入为主的偏见，甚而通过比较分析总结出各自的特色。本文拟对已有的汉藏交流有关目录与文献进行一简要的梳理。

有关汉藏佛学交流的已有研究，主要收集在藏学研究的目录当中。目前可以利用的外文目录有：

贞兼绫子编《チベット研究文献目录 I：1877—1977》，亚细亚大学アジア研究所，1982 年。①

贞兼绫子编《チベット研究文献目录 II：1978—1995》，高科书店，1995 年。

H. K. Kuløy 与今枝由郎编辑，*Bibliography of Tibetan Studies*，成田山新胜寺，1986 年。

索文清编《チベット研究文献目录：中文、日文版：1945—1999》，风响社，1999 年。

国内藏学研究的书目有《中国藏学书目》（外文出版社 1994 年版）、《中国藏学书目续编》（外文出版社 1997 年版）、《中国藏学书目三编》（外文出版社 2001 年版），论文资料则有《中国藏学论文资料索引（1872—1995）》（中国藏学出版社 1999 年版）、《中国藏学论文资料索引（1996—2004）》（中国藏学出版社 2006 年版）。王尧、王启龙等撰写的《中国藏学史（1949 年前）》（中国社会科学出版社 2013 年版）、《中国藏学史（1950—2005）》（中国社会科学出版社 2013 年版）系统梳理了中国藏学的主要成果与发展脉络，对于了解汉语学界

---

① 汉译本：贞兼绫子编《西藏研究文献目录（日文·中文篇 1877—1977）》，钟美珠译，中州古籍出版社 1986 年版。

藏学的研究有很大助益。较新的书目、论文，则需要依赖各种在线数据库进行检索，如 INBUDS、CiNii、JSTOR 等。

日本学界关于藏传佛教的研究综述，可以参考木村诚司《藏传佛教》一文①；欧美学界藏传佛教研究的历史与主要成果，可以参考李四龙《欧美佛教学术史》的第四章"藏学传统"。

汉藏佛学研究作为一种重要的视角，方兴未艾，目前已经积累了一定的成果，形成了一系列研究问题与研究方法。以下从四个方面对目前汉藏佛教交流的主要内容进行梳理，进而一窥当前研究的问题与方法。

一 文献学

由《甘珠尔》《丹珠尔》所构成的藏文大藏经，虽然是藏传佛教研究的主要文献，但因为二者的主要内容是印度经论的翻译，因此可视为印度佛教的研究，或者至少是以印度佛教研究为中心。欧美学者、日本学者对藏文大藏经的版本与目录进行了很多研究。② 较新的研究成果有：Helmut Eimer、David Germano 主编的 *The Many Canons of Tibetan Buddhism* (Leiden, 2002)。国内出版有校勘本的《中华大藏经》（藏文部分），并且发行了可检索的软件，颇便利用。ACIP（Asian Classics Input Project）项目（https://asianclassics.org/）提供了各类藏文文献电子文本，可供下载利用，正法宝藏网站（https://adarsha.dharmatreasure.org/）提供有《甘珠尔》《丹珠尔》等的文本，可以图文对照阅读。BDRC（Buddhist Digital Resource Center）的 BUDA（The Buddhist Digital Archives）项目（https://library.bdrc.io/）提供各种藏文文献的扫描图片，内容丰富。通过对藏文大藏经、汉文大藏经目录的比较研

---

① 载冈部和雄等《中国佛教研究入门》，台北：法鼓文化 2013 年版。
② 李四龙：《欧美佛教学术史》，北京大学出版社 2009 年版，第 341—342 页。

究，有助于了解汉藏佛典之间的异同，但对现存两部大藏经进行比较是一个烦琐的工作。元代曾组织专家学者编定《至元法宝勘同总录》一书，苏晋仁对该书进行了研究，赞扬该书是藏汉文化交流的里程丰碑。黄明信对该书进行了详细的笺证。侃本对汉藏佛经从年代、队伍、版本、译场组织、翻译理论、翻译实践等方面进行了比较，其中根据《丹噶目录》《布顿佛教史》等对汉译藏经论进行了梳理。其中大约有50余部，经论是否为从汉文翻译学界还有争论。[①] 朱丽霞《藏汉佛教交流史研究》（中国社会科学出版社2018年版）按照时间顺序在每章也特别注意此一时段藏汉佛经的互译情况。目前台湾地区的"佛教藏经目录数位资料库"（http：//jinglu.cbeta.org/tibet.htm）、AIBS（American Institute of Buddhist Studies）项目（http：//databases.aibs.columbia.edu/）提供的数据库，可以比较方便地检索藏汉大藏经之间的对应关系。

不同语言佛典文本的对勘研究，是佛教文献学重要的方法。梵汉对勘的成果已有不少，但汉藏译本的对勘并不多见，但无疑应是研究汉藏佛教交流的一个方面。谈锡永等著译有《〈圣入无分别总持经〉对勘与研究》是这方面的一个代表成果（中国藏学出版社2007年版）。《圣入无分别总持经》经文短小，但对于理解吐蕃僧诤具有重要价值。该经梵文本现存，并且有一个藏译本，以及两个汉文本。两个汉文本，一个是敦煌本、一个是宋施护所译。该书不仅对《圣入无分别总持经》进行了对勘，还重新进行了翻译，并且对其版本、后代解读、其在佛教史上的地位、经文结构等多个方面进行了梳理。此外，任小波对藏译汉传佛教典籍《善恶因果经》进行了对勘研究。[②]

藏文大藏经只是藏文典籍的主要部分，还有大量藏族僧人写作的各

[①] 侃本：《汉藏佛经翻译比较研究》，中国藏学出版社2008年版。
[②] 任小波：《吐蕃时期藏译汉传佛典〈善恶因果经〉对勘与研究》，中国藏学出版社2016年版。

种注疏、历史、专著等藏外文献，正日益引起学者们的重视。藏外文献中，文集类的著作又是其中的主体部分。目前国内比较全的文集类目录是《藏文典籍目录（文集类子目）》3 册，分别于四川民族出版社 1984 年、民族出版社 1989 年、1997 年出版。中国藏学出版社近年来整理出版了"先哲遗书""慧宝丛书""五明丛书"等系列丛书，系统整理了《宗喀巴文集》《克珠·格勒白桑文集》《杰擦·达玛仁钦文集》《萨迦五世祖全集（对勘本）》《觉囊·多罗那他文集》等藏文文集。这些藏族僧人的文集中包含不少与汉传佛教相关的内容，有待学者发掘利用。BUDA 项目、ACIP 项目、正法宝藏网站提供了一定数量的藏文文集电子版，比较方便学者利用。

二 语文学

2008 年 6 月，中国人民大学国学院成立了一个新的学术机构——"汉藏佛学研究中心"，将"汉藏佛学研究"作为一个学科来构建，积极倡导汉藏佛学研究。该中心主任沈卫荣撰写了《汉藏佛学比较研究刍议》一文①，提倡采用语文学的方法来研究汉藏佛教文献，从多语种佛教文献的比较入手研究汉藏佛教的历史和教法。语文学的方法强调从文本出发，通过对文本的细致解读与比较，重构与再现历史。

长期以来，汉译藏传密教文献主要是《大乘要道密集》，学者们在《俄藏黑水城文献》以及国家图书馆、台北故宫博物院发现数量不少的汉译藏传密教文献，拓展了之前对于藏传佛教在西域、汉地传播的历史的认识，相关的研究汇编为《文本中的历史》一书。②

语文学的研究方法带来了新的研究视角，侯浩然撰写了《文本中

---

① 沈卫荣：《汉藏佛学比较研究刍议》，《历史研究》2009 年第 1 期。
② 沈卫荣主编：《文本中的历史：藏传佛教在西域和中原的传播》，中国藏学出版社 2012 年版。

的历史：藏传佛教文本的形成及其历史传统的构建》一文①，总结了西方学界关于藏传佛教史的研究，说明过去我们接受的传统藏传佛教史是如何在文本中一步步形成的，特别描述了藏传佛教前弘期与后弘期之前的所谓"黑暗期"的历史叙事是如何形成的。

《大乘要道密集》作为知名的汉译藏传密教文献，沈卫荣采用语文学的方法，通过文本对勘等，对其中包含的各篇进行分析，期望勾勒出藏传佛教在西域与汉地传播的历史，目前已经有多篇文章以及一本专著问世。②

三 吐蕃僧诤

汉藏佛教交流史上，乃至藏传佛教史上，有一个很"出名"且很"重大"的事件——吐蕃僧诤。其中涉及各种研究方法与思考角度，值得单独讨论。吐蕃僧诤，被戴密微（Paul Demiéville）称为拉萨僧诤，学者还称为桑耶论诤、吐蕃宗论等。据《拔协》《佛教史大宝藏论》等典籍记载，是印度僧人莲花戒为代表的渐门派与汉地禅师摩诃衍为代表的顿门派在吐蕃赞普赤松德赞面前进行的一场辩论。最后汉地禅宗败北，被驱逐出吐蕃，而渐门派成为吐蕃佛教的正宗。

这场论诤得到学者普遍的关注，是由于戴密微的杰出著作《拉萨僧诤记》③。吐蕃僧诤背后的真实历史，引发了一大批学者参与讨论，

---

① 该文修改后，成为沈卫荣、侯浩然主编《文本与历史：藏传佛教历史叙事的形成和汉藏佛学研究的建构》（中国藏学出版社、北京大学出版社2016年版）一书的第二章。
② 《文本与历史：藏传佛教历史叙事的形成和汉藏佛学研究的建构》中的第四、五章，以及沈卫荣《藏传佛教在西域和中原的传播：〈大乘要道密集〉研究初编》，北京师范大学出版社2017年版。
③ Le Concile de Lhasa, Paris, 1952, 汉译本有：耿昇译：《拉萨僧诤记》，西藏人民出版社2001年版。

其中比较著名的有：图奇①、上山大峻②、山口瑞凤③、御牧克己④、D. S. Ruegg⑤、Luis O. Gómez⑥、Samten G. Karmay⑦、黄明信⑧等，还有很多学者讨论到这一主题，发表各自的看法。美国20世纪80年代初出版了一本《汉地与藏地的早期禅宗》⑨，收集了当时欧美学者研究汉藏早期禅宗历史的成果。

吐蕃僧诤是非常具有代表性的事件，新的讨论主要依据敦煌出土的有关汉藏文献，对有关文献的简要梳理可以参考木村诚司《藏传佛教》一文⑩有关敦煌文献的内容。其中有不少相关原始文献，可以进行深入的研究。比如摩诃衍的主张，有敦煌禅宗文献《顿悟大乘正理诀》，而莲花戒的著作则有藏文文献《修习次第论》三篇⑪，其中体现出顿与渐两种修习方法的对比，也是汉藏佛教各自的特色。

随着研究的深入，学者们对吐蕃僧诤是否真实发生产生了严重的怀

---

① G. Tucci, *Minor Buddhist Texts*, vols. 1-3. Rome：IsMEO, 1956-1957.
② 上山大峻：《敦煌佛教の研究》，法藏馆1990年版。
③ 山口瑞凤：《吐蕃王朝佛教史年代考》，载《成田山佛教研究所纪要》3，1978。
④ 御牧克己：《顿悟と渐悟》，载《讲座大乘佛教 七 中观思想》，春秋社1984年版。
⑤ D. S. Ruegg, *Buddha-nature, Mind and the Problem of Gradualism in a Comparative Perspective: On the Transmission and Reception of Buddhism in India and Tibet*. London：Heritage Publishers in arrangement with School of Oriental and African Studies, 1992.
⑥ Luis O. Gómez, "The Direct and Gradual Approaches of Zen Master Mahayana：Fragments of the Teachings of Mo-ho-yen", in Gimello, Robert M. and P. N. Gregory eds., *Studies in Ch'an and Hua-yen*, Honolulu：University of Hawaii Press, 1983, pp. 69-167; Luis O. Gómez, "Purifying Gold：The Metaphor of Effort and Intuition in Buddhist Thought and Practice", in P. N. Gregory, ed., *Sudden and Gradual Approaches to Enlightenment in Chinese Thought*, Honolulu：University of Hawaii Press, 1987, pp. 67-165; Luis O. Gómez, "Indian Material on the Doctrine of Sudden Enlightenment", in Lewis Lancaster and Whalen Lai, eds., *Early Ch'an in China and Tibet*, Berkeley：University of California Press, 1983, pp. 393-434.
⑦ Samten G. Karmay, *The Great Perfection, A Philosophical and Meditative Teaching of Tibetan Buddhism*, Leiden：E. J. Brill, 1988.
⑧ 黄明信：《吐蕃佛教》，中国藏学出版社2010年版。
⑨ Lewis Lancaster and Whalen Lai, eds., *Early Ch'an in China and Tibet*, Berkeley：University of California Press, 1983.
⑩ 见冈部和雄等《中国佛教研究入门》，第149—151页。
⑪ 周拉：《莲花戒名著〈修习次第论〉研究》，宗教文化出版社2010年版。

疑。通过对《拔协》等历史记载进行历史语文学的考察，我们发现这个藏传佛教史上的"重大"事件，可能只是史学家构想出来的一个历史传统，实际上反映了吐蕃时代大家族之间的政治斗争，其更深刻的动机则是意在贬低汉传佛教的地位，以确立藏传佛教为印度佛教的正宗传人，以及吐蕃作为世界佛教中心的地位。①

尹邦志特别以吐蕃僧诤的传说为中心，梳理了吐蕃僧诤的后世影响，分析了汉藏佛教的亲缘关系，是这一方面研究的重要成果。②

四 思想比较

虽然吐蕃僧诤本身可能是虚构的，但这个传说背后却真实反映了汉藏佛教之间的斗争，也蕴含着汉藏佛教不同的风格特点。学者研究发现，历史事实与这个传说恰好相反，禅宗不仅没有退出藏地，而且在藏地产生了很大的影响，其中很重要的点就是禅宗与宁玛派大圆满思想的融合，这一点也是学界探讨的热点。③

关于汉地禅宗与藏传密宗的关系，Sam van Schaik 对敦煌古藏文中有关的文本进行分析，认为其中一部分文本中提及的密宗修法，特别将敦煌地区流行的禅宗中"观心"名下的一系列方法运用在大瑜伽修行的第一阶段，体现出敦煌地区的禅宗具有强烈的密教色彩，说明当时禅法与大圆满在敦煌曾同时流行。④

汉地禅宗的某些派系，被看作中观派，藏地的格鲁派学僧，也多称

---

① 参见：Sam van Schaik, *Tibetan Zen: Discovering a Lost Tradition, The Stories Told by the Dunhuang Cave Manuscripts*, Boston & London: Snow Lion, 2015.
② 尹邦志：《宗通与说通：吐蕃宗论的影响与汉藏佛教亲缘关系》，社会科学文献出版社2014年版。
③ 平松敏雄：《ニンマ派と中国禅》，载《岩波讲座东洋思想十一：チベット佛教》，岩波书店1989年版。
④ Sam van Schaik, "Dzogchen, Chan and the Question of Influence", *Revue d'Etudes Tibétaines*, No. 24, October 2012, pp. 5–19.

自己是中观派,因此汉藏中观思想的差异受到学者的关注。比如松本史朗《三论教学の批判的考察——dhātu-vādaとしての吉藏の思想》①,伊藤隆寿亦有《僧肇と吉藏——中国における中观思想受容の一面》和《三论教学の根本构造——理と教》② 等文讨论类似的问题。

肇始汉地的禅宗学说,在藏地被称为"和尚宗",在历史上曾反复被作为批评的靶子,在宗喀巴的著作中,则被称为"支那堪布遗教"而被批评。无独有偶,觉囊派的他空见,也受到宗喀巴的反对,之后在藏地甚至避谈他空见。在汉地,如来藏学说与顿悟学说有很紧密的联系,可以说如来藏学说中的自性清净心甚至是顿悟学说的理论基础。因此,对觉囊派思想与汉地如来藏思想进行比较研究也是很有价值的。③ Michael R. Sheehy 的《觉囊研究综述》一文对于了解西方学界关于觉囊学说的现状值得参考。④

值得一提的是,学界也有采用哲学思想比较方法对汉藏佛教进行比较研究的。乔根锁等《藏汉佛教哲学思想比较研究》(上海古籍出版社 2012 年版)从形成因素、发展特征、宇宙观、因果报应论、缘起论、中观论、心性论、修行实践论等方面对汉藏佛教进行了比较,同时还比较了藏密与唐密、藏密与禅宗。

结　语

最后,藏传佛教在藏地之外的传播情况,特别是在汉地的传播情况,受到学者们的关注。比如仅著作就有:赵改萍《元明时期藏传佛

---

① 松本史朗:《禅思想の批判的研究》,大藏出版 1994 年版。
② 伊藤隆寿:《中国佛教の批判的研究》,大藏出版 1992 年版。
③ 沈卫荣主编:《他空见与如来藏:觉囊派人物、教法、艺术和历史研究》,北京大学出版社 2014 年版。
④ 译文见沈卫荣主编《他空见与如来藏:觉囊派人物、教法、艺术和历史研究》,第 333—351 页。

教在内地的发展及影响》（中国社会科学出版社2009年版）、朱丽霞《藏汉佛教交流史研究》等。还有与其他地区的文化交流的成果，如崔红芬《文化融合与延续：11—13世纪藏传佛教在西夏的传播与发展》（民族出版社2014年版）、董知珍《7—18世纪西域与西藏地区佛教交流史》（宗教文化出版社2014年版）等。这些都是有关汉藏佛教交流很有价值的论著。

　　汉藏两系佛教，同属于北传佛教，同多异少，因此在看到各自不同的特色的同时，也应当看到甚多相同的地方。两系佛教都是在印度佛教基础上的进一步发展与演变，在哲学思想上都经历了类似的发展逻辑，都在接近的向度上坚持自认的佛教根本宗旨。因此在研究的过程中，文献层面、语言层面、历史史实层面的考证与研究很重要，哲学思想方面同样重要。只有多种层面、多种维度的研究，才能最终呈现出汉藏佛教交流的整体面貌。

海上丝绸之路与观音文化的传播[*]

黄家庭

浙江海洋大学人文学院助理研究员

摘要：观音文化的形成、传播与古代航海息息相关，观音菩萨作为专司海上救难的海神，对亚洲许多国家和地区尤其是沿海地区都产生了深远的影响。印度观音道场由内陆转移到滨海地区并对外传播、中国普陀山观音道场的形成及其向朝鲜半岛、日本、东南亚的传播等都与海上丝绸之路密切相关。

关键词：海上丝绸之路；观音文化；传播；海上救难

观音文化是指以观音信仰为核心所形成的文化现象，涵盖面非常广，包括哲学、宗教学、民俗学、医药学、文学、绘画、雕塑等多个领域。观音信仰是以观世音菩萨为崇奉对象的宗教信仰。大乘菩萨中，观世音菩萨与文殊菩萨、地藏菩萨、普贤菩萨为最著名的四大菩萨，分别表征着慈悲、智慧、大愿和大行，广受信仰。其中，观音信仰最为普及。历史上，随着佛教沿丝绸之路的传播，观音信仰也随之流布开来，泛传于古印度、西域、中国、韩国、日本、越南等大部分

---

[*] 本文是2019年度国家社科基金重大项目"'一带一路'佛教交流史"（项目编号：19ZDA239）的中期成果之一。

亚洲地区，被誉为"半个亚洲的信仰"，而实际上观音信仰对亚洲各国文化的许多方面都产生了非常深远的影响。随着佛法东渐，观音信仰逐步深入民间，明清之时，形成了"家家阿弥陀，户户观世音"的盛况。观音文化是佛教文化的重要组成部分，也是中国传统文化的重要组成部分。

一　海上丝绸之路与佛教文化的传播

自古以来，中国与东南亚、南亚、中亚、北非、欧洲以及东亚的韩国、日本的交往，除了有陆地上的交通路线外，还通过海路来实现。在东西方文化交往中，丝绸之路发挥着重要的作用，加强了世界各族人民之间的联系和交流，成为联结东西方文明的纽带。丝绸之路可以分为陆上和海上两种通道，相较于陆上丝绸之路，海上丝路比陆上丝路延续的时间更为漫长，通往的地区也更为广泛。

早在秦汉时期，中国人就开通了途经东海、南海进入印度洋，然后通往西亚、中亚和欧洲的海上商贸路线，与此同时西方人也从海上向东方开拓商路。早在公元前 2 世纪时，中国的丝绸等物产就已经通过海上通道向外输出，并从海外异邦输入丰富的物产。由于早先在穿越东海、南海的航线上，其主要货物以丝绸为主，所以称为"海上丝绸之路"。"海上丝绸之路"是古代中国与海外交通贸易和文化交往的海上通道，它形成于秦汉时期，发展于魏晋，繁盛于隋唐，鼎盛于宋元，衰落于明清，是已知的最为古老的海上航线。

班固所撰《汉书·地理志》中记载有一条通往印度洋的航路："自日南障塞、徐闻、合浦，航行可五月，有都元国；又船行四月，有邑卢没国；又船行可二十余日，有谌离国；步行可十余日，有夫甘都卢国。自夫甘都卢国船行可二月余，有黄支国，民俗略与珠崖相类。……自黄支船行可八月，到皮宗；船行可二月，到日南象林界云。黄支之南，有已不程国，汉之译使自此还矣。"① 这段记载出现了许多古代地名，这些地方分布在经南海、穿越马六甲海峡至印度洋航路的附近，也是中国的航海船舶远洋航行时停靠的地方。这是中国古代历史典籍中记载的第一条印度洋远洋航线。朝廷掌管这一南洋航海任务的是皇帝的近侍内臣太监（黄门），他们专门招募了具有丰富远洋航海经验的民间船员一起出航，表明民间的远洋航海活动必定早于这一记载。

隋唐时期，这条连接海外的海上航线所运送的大宗货物以丝绸为主。到了宋元时期，随着中国造船技术的发展、指南针的运用以及航海技术的大幅提升，船舶的远洋能力和运载能力都大大加强。运载的货物也逐步多样化，瓷器、香料等也逐渐成为主要的大宗出口货物。这一时期，海上丝绸之路连接着中国与世界上 60 多个国家的海上商业贸易往来，成为东西方经济文化交流的重要海上通道，辐射范围覆盖了大半个地球。海上丝绸之路在促进东西方海上交通、经济文化交流等方面发挥了重要作用。

随着海上丝绸之路的形成和发展，古代中国与周边国家的海上文化交流日趋频繁、通畅。宗教文化交流也不例外，西方的佛教、基督教、伊斯兰教等宗教文化都曾通过海上丝绸之路传播到中国，中国的儒家、道家、佛家文化也沿着海上丝绸之路传入了朝鲜半岛、日本等地。历史上，中国东南沿海所盛行的妈祖民间信仰还随着南海航线传至东南亚地区。因此，海上丝绸之路不仅是一条中外商贸线路，也是一条文化交流之路，在中外宗教文化交流中扮演着重要的角色。

佛教传入中国除了北边的陆上丝绸之路，还有一条重要通道就是南边的海上丝绸之路。在东西方佛教文化交流中，海上丝绸之路发挥着十分重要的作用，产生了深远的影响。佛教在海上丝绸之路上的传播主要有从印度沿着南海航线向中国的传播，和由中国沿着东海航线向朝鲜半

---

① （汉）班固：《汉书》卷二十九，清乾隆武英殿刻本。

岛、日本列岛的传播。值得注意的是，这些传播路线并不是单向的，而是具有双向交流的特色。

公元3—6世纪，随着航海技术的发展和海上贸易的兴盛，海路比陆路更加便捷，往返于海上丝绸之路上的佛教僧人逐渐增多。这些僧人并非海上航行的主体，他们只是搭乘商船的乘客，见证了当时海上商贸的兴衰。到了唐代，海路大开，海上贸易日益兴盛，海上丝绸之路上的商船上有了更多僧人的身影，特别是在唐开元以后，社会经济文化中心逐步南移，海上丝绸之路在东西佛教文化的交流中扮演了比陆上丝绸之路更为重要的角色。海路已经取代陆路成为佛教典籍输入中国的主要通道。唐开元年间，汉传佛教密宗的兴起也得益于从海路而来的印度密教僧人，他们大量翻译密教典籍，弘传教法，促成了唐密的一度兴盛。唐密又通过东海航线向东传入朝鲜半岛、日本，对东亚佛教信仰的格局产生了深远的影响。

二 观音信仰的形成与海上救难的精神需求

位于印度东南端与斯里兰卡本岛之间的保克海峡全长137公里，最窄处宽67公里，东北沟通孟加拉湾，西南与马纳尔湾相接。海峡平均水深只有2—3米，最深处也只有9米，并分布着许多小岛，组成断续相连的罗摩桥。但在古代由于航海条件的限制，在此海峡航行充满着种种不可预知的危险，自古就流传着"黑风海难"和"罗刹鬼难"的传说。

"黑风海难"和"罗刹鬼难"的故事可以追溯到古印度吠陀时期，到婆罗门教时期添加了新的元素，而在佛教各个时期的经典里又得到不同形式的表达。据古印度的传说，罗刹鬼的居住地被称为"罗刹鬼国"，或"罗刹女国""罗刹国"，其地理位置在楞伽岛（又称僧伽罗国、师子国、锡兰岛等，即现在的斯里兰卡），在古印度史诗《罗摩衍那》里，讲述了罗摩为救回被劫走的妻子悉多在神猴哈奴曼及猴群相助下，攻陷楞伽岛，战胜罗刹鬼王罗波那的故事。古印度半岛盛传楞伽岛多金银财宝，自古以来渡海去那里探宝的人络绎不绝。但是探宝必须渡过凶险万分的海峡，往往会遭遇不可预测的风险和灾难，人们在危难之时就会祈求呼告，希望得到救护以摆脱厄难。

渡海寻宝极为凶险，如《大唐大慈恩寺三藏法师传》中说："往师子国者不须水路，海中多有恶风、药叉、涛波之难。"① 在佛教经典中也有记述，如《贤愚经》说："又闻海中，多诸剧难，黑风罗刹，水浪回波，摩竭大鱼，水色之山。如斯众难，安全者少，百伴共往，时有一还。"② 《大乘本生心地观经》说："乘大舶船，入于大海，向东南隅，诣其宝所。时遇北风，漂堕南海，猛风迅疾，昼夜不停。"③ 《佛本行集经》说："于大海内，有诸恐怖。所谓海潮，或时黑风，水流漩洄，低弥罗鱼蛟龙等怖，诸罗刹女。"④ 这些描述说明了位于通往楞伽岛的保克海峡波涛汹涌，风高浪急，海难时有发生，又流传着罗刹吃人的种种恐怖故事，让人生畏。

在原始佛教的佛典里就有关于赴楞伽岛探宝故事的记述。原始佛教时期的《增一阿含经·马王品》中记载了一位海上救护者——马王，在每月的八日、十四日、十五日，在空中盘旋，对遭遇海难的渡海者实施救度，背负遇难者抵达海岸。⑤ 在部派佛教时期的《佛本行集经·五百比丘因缘品》《根本说一切有部毗奈耶·入王宫门学处》等经典中也叙述了同样的故事，情节也大同小异。在巴利藏《本生》中的《云马本生》中也记载了大致相同的故事，说遇困的商主被宝马救出，得以

---

① （唐）慧立、彦悰：《大唐大慈恩寺三藏法师传》卷4，《大正藏》第50册，第241页。
② 《贤愚经》卷9，《大正藏》第4册，第411页。
③ 《大乘本生心地观经》卷4，《大正藏》第3册，第311页。
④ 《佛本行集经》卷49，《大正藏》第3册，第881页。
⑤ 《增一阿含经》卷41，《大正藏》第2册，第769页。

渡海返回故土，并最终想办法救出执迷不悟的五百商人。

关于马王，有一个源自古印度的古老传说，相传有一匹宝马，神通广大，本领高强，经常在楞伽岛附近的海域解救来往海上的商人和探宝者，使其免于罗刹鬼难，驮负他们渡过惊涛骇浪，返回家乡，与亲人团聚。这匹具备超能力的神马也逐渐成为当地海上的保护神，广受人们崇拜和信仰。正是在海上恶劣的生存条件下，人们遭受着种种不可预知危难的压迫，内心渴盼着神灵的救度，于是传说中的马王就成为人们崇拜的对象，满足了航海者的精神需求，成为人们战胜自然的精神支柱。后来，随着佛教的传播，解救害难的主角逐渐发生了变化，与佛和菩萨结合起来，并逐步代替了马王。

观音菩萨的道场在"普陀珞珈山"，此山位于印度南方的海滨。"普陀"是"普陀珞珈"的简称，"普陀珞珈"是由梵语直接音译过来的。东晋佛驮跋陀罗所译《华严经》中说："于此南方有山，名曰光明。彼有菩萨，名观世音。汝诣彼问，云何菩萨学菩萨行，修菩萨道。时，善财童子头面敬礼彼长者足，绕无数匝，眷仰观察，辞退南行。"[①]唐代般若的译本是这样的："于此南方有山，名补怛洛迦。彼有菩萨，名观自在。……海上有山众宝成，贤圣所居极清净。泉流萦带为严饰，华林果树满其中。最胜勇猛利众生，观自在尊于此住。"[②]唐代实叉难陀译本说："于此南方，有山名补怛洛迦。彼有菩萨，名观自在，汝诣彼，问菩萨云何学菩萨行，修菩萨道。即说颂曰：海上有山多圣贤，众宝所成极清净，华果树林皆遍满，泉流池沼悉具足，勇猛丈夫观自在，为利众生住此山。"[③]综合这些译本可以看出，这座普陀珞珈山要向南而行才能到达，即在印度的南方，而且在海边或者海中。

《华严经》中所记载的"普陀珞珈"在南印度确有其山。唐代玄奘

---

① 《大方广佛华严经》卷50，《大正藏》第9册，第718页。
② 《大方广佛华严经》卷16，《大正藏》第10册，第732页。
③ 《大方广佛华严经》卷68，《大正藏》第10册，第366页。

在印度取经期间，就曾经到过这座山的附近，他从南印度著名古国达罗毗荼向南行走了三千余里，到达秣罗矩咤国（亦谓枳秣罗国，位于南印度），并在《大唐西域记》中作了详细的记载："国南滨海有秣刺耶山。……秣刺耶山东有布呾洛迦山。山径危险，岩谷敧倾。山顶有池，其水澄镜，流出大河，周流绕山二十匝入南海。池侧有石天宫，观自在菩萨往来游舍。其有愿见菩萨者，不顾身命，厉水登山，忘其艰险，能达之者盖亦寡矣。而山下居人祈心请见，或作自在天形，或为涂灰外道，慰喻其人，果遂其愿。从此山东北海畔，有城，是往南海僧伽罗国路。闻诸土俗曰，从此入海东南可三千余里，至僧伽罗国（唐言执师子，非印度之境）。"① 玄奘关于观音菩萨道场的记述与《华严经》所记基本一致，且更为清晰准确。从这些记述我们可以了解到，观音菩萨的道场被称为"布呾洛迦山"，这座山位于南印度的海滨，大海在它的南边，信徒朝拜观音菩萨需要涉水登山，此山东北海边有城，是通向僧伽罗国（今斯里兰卡）的出海口，僧伽罗国位于南海之中，在该山的东南方向。据考证，《华严经》和玄奘所记载的这座普陀珞珈山就是今天印度西高止山南段，秣剌耶山以东的巴波那桑山，位于南印度提讷弗利县境内。

　　但据印顺导师考证，观音菩萨道场本来可能并不在此，而是在释迦族的发源地，后来的传说改到了滨海的印度南方。观世音菩萨所居住的道场，梵语为 Potala，或 Potalaka，汉译作补陀洛、补陀洛迦等。圣地究竟在哪里，一直众说纷纭，没有确定的结论。根据佛教的传说，古印度确实有名为补多洛或补多罗迦的地方，可能就是观世音菩萨道场的来源。传说古代的王统，开始于摩诃三摩多，年寿是无量的（不可以年代计的）。其后，先后有王统成立，并说到所住的城名。大天王王统以后，有姓瞿昙的善生王，以后有甘蔗种，都住在补多洛城，此即释迦族

---

① 《大唐西域记》卷10，《大正藏》第51册，第932页。

的来源。这一传说的谱系，虽不完全统一，但在传说的王统住地中，有名为补多洛的地方，却是一致的。古代阿湿波的补多洛、补多洛迦，传说为观世音菩萨的道场——补怛洛迦，传说到南方或他方，是极有可能的。①

作为观音菩萨的道场，源于释尊故乡的普陀珞珈，为何最终转移到印度的东南沿海地区呢？近来有学者认为，观音信仰起源于南印度海滨地区，本是具有海上守护神品格的菩萨，而印度大陆南端自古就流传着解救"黑风海难"和"罗刹鬼难"的信仰，成为观音信仰的主要来源。我们认为，源于释尊本生的菩萨信仰与印度南端的救海难信仰相结合，成为印度观音信仰的主要来源。②

在《佛说罗摩伽经》中说："若有众生，遭于海难，黑风扬波，大浪回复，商人迷惑，不见边涯，如是种种水陆诸难，我于彼处，为作归依，或作洲渚，或作船形，济诸溺人。或作萨薄，或作鲛人，或作象王形、马王形，或作小象形、鼋鼍鳖形、阿修罗王形、海神龙王形，或作狗王、蚊虻形。现如是等种种类形，为作归趣，方便度脱一切苦难。"③这里记述了一位名为婆娑婆陀的夜天，能够化现象王形、马王形、龙王形等种种身相来救度遭遇海难的商人，婆娑婆陀是善财童子五十三参中的一位善知识，是一位主夜神、守夜神，能于暗夜处除恐怖，救护众生，也能守护各种苗稼，生化万物。因此，从这样的记述可以看出，马王这一传说中的救海难的神灵，成为菩萨救世的化身，马王的传说逐步被佛教所吸收和改造。

《撰集百缘经·声闻品》中则记述了佛陀在今世和过去世救度五百商人的故事。经中说："时有五百商人，欲入大海。路由河岸，见彼仙

---

① 印顺：《初期大乘佛教之起源与开展（上）》，《印顺法师佛学著作全集》第十六卷，中华书局2009年版，第414—417页。
② 李利安：《观音信仰的渊源与传播》，宗教文化出版社2008年版，第71—77页。
③ 《佛说罗摩伽经》卷2，《大正藏》第10册，第863页。

人，各共往彼，问讯安吉。劝彼仙人，令共入海。仙人答言，汝等自去，设有恐难，但称我名，当护汝等。尔时商人，闻是语已，进引入海。大获珍宝，还欲来归，道逢罗刹黑风诸难。尔时，商人咸共一心称仙人名，即往救护，脱诸厄难。佛告诸比丘，欲知尔时彼仙人者，则我身是。彼时五百商人者，今五百比丘是。"① 在这里所记述的五百商人探宝故事中，救度者是佛陀过去世修习菩萨行时化现的一位仙人，而不再是马王或其他守护神。

今世佛陀成道后，其前世的因缘中救度的五百商人，成为其弟子，如经中说："值大黑风，吹其船舫，飘堕罗刹鬼国，回波黑风。时诸商人，各各跪拜诸天善神，无一感应，救彼厄难。中有优婆塞，语商人言，有佛世尊，常以大悲，昼夜六时，观察众生，护受苦厄，辄往度之。汝等咸当称彼佛名，或能来此，救我等命。时诸商人，各共同时，称南无佛陀。尔时，世尊遥见商客极遇厄难，即放光明，照耀黑风，风寻消灭，皆得解脱。……即于佛前，求索出家。"② 五百商人遭遇海难，跪拜祈求诸天善神，皆无感应。唯有佛陀恒常以大悲心，昼夜六时不间断地观察众生，若有众生遭受苦难，即前往救度。如何才能得到救度呢？只要称念佛陀的名号，就能获得救度。在这里，佛陀的"大悲""观察"与"称名"紧密结合，这种闻声救度的救难功能，后来为救苦救难的大悲观世音菩萨所承担，就顺理成章了。

那么，佛的救难功能为什么要转嫁给一位菩萨呢？这是基于一种什么样的考量呢？因为按照大乘佛教的观点，佛是已入于涅槃的觉行圆满的成就者，所以由正在修习六度万行广度众生的菩萨来承担世间救苦救难的任务则更趋合理。于是，解救海难的任务便逐渐为观音菩萨所承担。这种转变是随着大乘佛教的兴起而开展的，公元前后海上救难的观

---

① 《撰集百缘经》卷9，《大正藏》第4册，第244页。
② 《撰集百缘经》卷9，《大正藏》第4册，第244页。

音信仰开始流行,特别是为那些经常漂洋过海的商人所信受,最终这种信仰形式在《观世音菩萨普门品》中得到了圆满的表述:"若有无量百千万亿众生受诸苦恼,闻是观世音菩萨,一心称名,观世音菩萨实时观其音声,皆得解脱。若有持是观世音菩萨名者,设入大火,火不能烧,由是菩萨威神力故。若为大水所漂,称其名号,即得浅处。若有百千万亿众生,为求金银琉璃车磲马瑙珊瑚虎珀真珠等宝,入于大海,假使黑风吹其船舫,飘堕罗刹鬼国,其中若有乃至一人,称观世音菩萨名者,是诸人等,皆得解脱罗刹之难,以是因缘,名观世音。若复有人,临当被害,称观世音菩萨名者,彼所执刀杖,寻段段坏,而得解脱。若三千大千国土,满中夜叉罗刹,欲来恼人,闻其称观世音菩萨名者,是诸恶鬼,尚不能以恶眼视之,况复加害。设复有人,若有罪若无罪,杻械枷锁,检系其身,称观世音菩萨名者,皆悉断坏,即得解脱。若三千大千国土,满中怨贼,有一商主,将诸商人,赍持重宝,经过险路,其中一人作是唱言:'诸善男子,勿得恐怖,汝等应当一心称观世音菩萨名号,是菩萨能以无畏施于众生,汝等若称名者,于此怨贼,当得解脱。'众商人闻,俱发声言:'南无观世音菩萨!'称其名故,即得解脱。"① 这里观世音菩萨解救大水所漂难、黑风吹走难、罗刹加害难、商人遇贼难与前述的传说极其类似,表明观音海上救难信仰的最终定型。

流传于保克海峡救海难的马王、宝马,随着佛教信仰的兴起,逐步被仙人、佛陀所暗中取代,并最终随着大乘菩萨信仰的勃兴而让位于观音菩萨。这样,观音菩萨的道场也由地处内陆的佛陀的故乡而迁移到了南印度的海滨。随着印度海上贸易的发展,乃至中国通往印度海上丝绸之路的开辟,往来海上的船只逐步增多,商旅川流不息,面对浩瀚大海上的种种凶险,人们迫切需要海上守护神庇佑,救苦救难的大悲观音菩

---

① 《妙法莲华经》卷7,《大正藏》第9册,第262页。

萨正好适应了人们的这一需求,并进而成为民间普遍的信仰。从另一方面说,由佛本生而来的菩萨信仰也逐步得到丰富和发展,观音菩萨海上救难品格的形成也正好说明了这一点。

三 观音文化的传播与普陀山观音道场的形成

观音救难信仰的产生与古代航海活动息息相关,观音菩萨作为一位专司航海庇佑的菩萨,对亚洲许多国家和地区尤其是沿海地区产生了很大影响。无论是东方还是西方,面对波涛汹涌的大海,航海和海上作业都是充满着极大危险的活动,在无能为力的绝境中,古代先民自然祈祷上苍祈求神灵的护佑,因此祖祖辈辈生活于滨海的渔民总是信仰各种各样的海神,以期在不可预知和掌控的极具冒险性的海洋生活中获得某种精神寄托。随着观音信仰的流行,这些海神信仰逐步与其结合起来,渔民便按照自己的愿望把观音菩萨塑造成了海上的保护神。

观音救难信仰在古代印度产生以后,便与航海安全更紧密地联系在了一起。观音菩萨保佑航海安全的故事,在中国古代典籍中多有记载。据《高僧传》记载:399年,东晋高僧法显从长安出发通过陆上丝绸之路前往天竺(印度)取经,是年他已65岁。东晋义熙五年(409)年底,法显搭乘商舶离开天竺,到达师子国(今斯里兰卡)。义熙七年(411)八月,法显结束取经求法的行程,乘坐商船,循着海上丝绸之路东归。据《高僧传》卷三记载:"既而附商人大舶循海而还,舶有二百许人。值暴风水,人众皆惶慄,即取杂物弃之。显恐弃其经像,唯一心念观世音,及归命汉土众僧,舶任风而去得无伤坏,经十余日,达耶婆提国,停五月。复随他商东适广州,举帆二十余日,夜忽大风,合舶震惧。众咸议曰:'坐载此沙门使我等狼狈,不可以一人故令一众俱亡。'共欲推之。法显檀越厉声呵商人曰:'汝若下此沙门亦应下我,不尔便当见杀,汉地帝王奉佛敬僧,我至彼告王必当罪汝。'商人相视失色俚俯而止。既水尽粮竭，唯任风随流，忽至岸见藜藿菜，依然知是汉地，但未测何方。即乘船入浦，寻村见猎者二人，显问此是何地耶？猎人曰：'此是青州长广郡牢山南岸。'"① 法显所搭乘的商船上总共有200多人，船行不久，遇大风暴，巨浪滔天，船将倾覆。众人皆惊慌失措，为减轻船体的重量，船员把一些杂物扔入海中丢弃。法显唯恐这些人扔掉他随身携带的佛教经像，唯一心称念观世音菩萨名号，祈求平安。后暴风稍缓，商船随风漂泊，历经十余日，到达耶婆提国（今印度尼西亚的苏门答腊岛，一说爪哇岛），休整后继续前行。后又遇大风，飘至山东青州一带方才登陆。法显西行求法，从陆上丝绸之路前往，从海上丝绸之路回归，在惊涛骇浪之时，通过一心称念观世音菩萨名号的信仰实践，来祈求护佑和平安。这一故事说明了观音海上救难信仰在海上丝绸之路上的传播和实践情况。

唐宋时期，在中国滨海的一些地区，人们出海之前都会举行祭拜观音菩萨的仪式，以祈求航海安全，获得庇佑。在中国、朝鲜半岛、日本、东南亚的广阔海域，观音菩萨被奉为海上保护神，又称为南海观音。在许多海上航行的船上都奉祀有观音菩萨的造像，以便在航行中时时礼拜，祈求护佑。"南海Ⅰ号"为南宋时的商船，在中国的东南沿海港口满载货物后，在前往南亚、西亚进行商贸的途中沉没于南海海底。2007年该沉船整体打捞出水，安放于广东海上丝绸之路博物馆，共发掘文物6—8万件，以瓷器、铁器为主，有金银器、漆木器、玉器、钱币等不同种类。其中有一枚玉雕观音像小挂件，极可能为船员或商旅随身携带的贴身用品，用以保佑航海安全。考古学家认为"南海Ⅰ号"沉船"是迄今为止世界上发现的海上沉船中年代最早、船体最大、保存最完整的远洋贸易商船，也是唯一能见证古代海上丝绸之路的沉

---

① （梁）慧皎：《高僧传》卷3，《大正藏》第50册，第338页。

船!"① "南海Ⅰ号"沉船见证了古代的海上丝绸之路,也见证了观音文化在海上丝绸之路上的传播。

自隋唐以来,随着中国化佛教的日益兴盛,观音信仰也走上本土化、世俗化的历程,在中国民间尤其在沿海民众之中观音菩萨的信仰深入人心,观音菩萨的外在形象也发生了变化,逐步脱离外来印度传统伟丈夫的形象,而代之以本土化的慈祥的女性形象。女性化的观音形象充满了母性的慈爱,常常往来于海上,无私地救助海上遇难的渔民和客商。观音菩萨慈航普度、救苦救难的慈悲形象,成为滨海一带民众心目中所崇奉的海神,这一形象完美体现了东方海洋文化所具有的慈悲喜乐、众生平等与和谐共存的文化精神。

明清时期,观音信仰在民间进一步普及,出现了"家家弥陀佛,户户观世音"的局面。观音菩萨所昭示的慈悲精神,在中国民间深入人心,妇孺皆知。在"天有不测风云,人有旦夕祸福"的天灾人祸面前,"千处祈求千处应,苦海常作渡人舟"的观音菩萨成为人们永恒的信仰和救星。在民间传说中,观音菩萨是以和蔼可亲的慈母形象出现于世的。她头戴璎珞珠冠,身穿锦袍,外罩披肩,腰束绡带,光脚踏一朵莲花座,右手执杨枝,左手托挣瓶,瓶内装的是智慧甘露,可以普润世间、救苦救难。在浙江沿海地区,观音形象所融入的海洋文化元素更为明显。观音菩萨以踩波涛、骑鳌鱼的形象出现,被称为鳌鱼观音,是观音菩萨诸多化身之一。在民间信仰中,鳌鱼观音被当地民众视为海上最高的海神。鳌鱼观音现中年妇女的形象,发髻高束,头披风帽,项佩璎珞,手持佛珠,脚踏鳌头,神态安详,慈悲端严。观音菩萨脚踏鳌鱼,为的是在汪洋大海中四处巡游,循声救苦救难,普度众生出离苦海。又因鳌鱼体形硕大,为海中霸主而降伏于观音座下,象征观音之神威无比。

---

① 杨睿:《中国南海Ⅰ号考古与保护》,《中国文物报》2017年7月7日第5版。

中国的普陀山能够成为观音菩萨的道场也与海上丝绸之路的发展密不可分。东汉初年，宁波地区已与朝鲜半岛、日本有交往，至唐代成为中国的大港之一。

两宋时期，靠北的外贸港或因先后为辽、金所占，或受战事影响，外贸大量转移到宁波地区。北宋宣和五年（1123）五月二十六日，徐兢等1000余人分乘8舟出使高丽，途经普陀山，在山上做佛事一昼夜，据载当时："（遵）旧制，使者于此请祷。是夜，僧徒焚诵歌呗甚严，而三节官史、兵卒，莫不虔恪作礼。至中宵，星斗焕然，风幡摇动，人皆欢跃，云'风已回正南矣'。二十七日己卯，舟人以风势未定，尚候其孰。（原注：海上以风转至次日不改者，谓之孰）不尔，至洋中卒尔风回，则茫然不知所向矣。自此，即出洋，故审视风云天时，而后进也。"① 上述文字，是对古时航船在普陀山祈祷观音和候风候潮之盛况的生动记载。各国航船之所以必须在此放洋，因船从明州或镇海起航至此，走的是内海，虽然岛屿棋布，潮流复杂，但无溺覆之虞。可是，从普陀山出发，便驶入外洋，北上朝鲜或日本须横渡东海，南下占城（越南）、阿黎（伊朗）等国须跨越南海，风浪叵测，经常罹难。明代，普陀山上除"十二景"外，尚有"贡舻浮云""香船蔽日"二景，切实地描绘了当年百舸竞集之盛况。

古老的海洋文明孕育出了灿烂的观音文化，观音文化在世界各地的传播也印证了海上丝绸之路的发展轨迹。地处东海的浙江舟山群岛，是海上丝绸之路中遗址、遗迹和文献非常丰富的地方，而普陀山作为千岛之城中最为璀璨的明珠，自唐宋起，一直是明州往高丽、日本方向航线的中转站，清朝初期更是"东亚海上丝绸之路"的始发港、枢纽港。

唐朝时期，新罗长期受唐朝保护，官方和民间往来频繁。有许多新罗船往返于新罗、中、日三国和南亚地区，经营海上贸易、船只租赁、

---

① （宋）徐兢：《宣和奉使高丽图经》卷三十四，清知不足斋丛书本。

航舶打造、提供航海人员和海运等业务。这一时期，又是新罗和日本学僧入唐求法之兴盛阶段，大批新罗僧人翻山越岭、逾溟渤、冒沧瀚，不远千里来到中国，学习唐代文化。他们入唐，大多从海路附商舶而至，在中国的登州或明州（宁波市）登陆，其中又以明州为主，而梅岑山（今普陀山）是当时出入明州必经之地，所有船只都须在那里候风候潮。被称为"海上王"的新罗清海镇守张保皋，凭借其军事力量，组织庞大的国际贸易船队，垄断着新罗、中、日三国沿海以及南亚一带航海活动，而日本进贡船也多次在明州登陆。当时形成了往返于明州、梅岑山、新罗、日本等国的"明州商帮"，其中有被后人称为航海家的张友信、李邻德、李延孝、元净、金文习、任仲元等人；其中张友信曾于大中元年（847）送日本学问僧惠运、仁好、慧锷等回国，后来在日本大宰府任唐通事（翻译和联络人）多年，因此特别著名。

中、日、新罗三国交通如此频繁，唐船、日本船、新罗船来往年年不绝，因此，这时赴唐的日本、新罗学问僧和请益僧搭乘便船入唐求学非常容易，所以竟有像慧锷那样往来于日唐达三次之多的。当时日本和新罗学僧或学生回国，常在楚州或明州寻觅便船，楚州新罗坊的译员刘慎言等常和在长安、天台山的日本僧通信，或代觅便船，照料一切。这些所谓便船，其实都是贸易船，它们把大量的中国丝绸、瓷器等运往世界各国，又从世界各国运回各色各样的特产，在促进国际经贸发展的同时，促进了世界各族人民之间的友谊，而且也推动了东西方海洋文化和佛教文化的交流，在世界文明史上写下了光辉的一页。

据历代山志记载，唐大中十三年（859），日本僧人慧锷从五台山奉观世音菩萨像回国，在明州港搭乘张友信的商船返回日本，船经普陀山洋面受阻，几次出海皆遇风浪，船触在新罗礁上，停滞不能航行，当时他夜梦一胡僧谓之曰："汝若安吾此山，必令便风相送。"慧锷意会是观音菩萨不愿东去，便靠普陀山海岸留下观音像，在潮音洞旁边，由张姓居民供奉，造起了一座小庵堂，称为"不肯去观音院"，是为普陀开山供佛之始。① "新罗礁在西南大洋中石牛港口,即日本僧慧锷触舟祷佛处也。"② 慧锷触舟的新罗礁为经常发生触礁事故的地方,据王连胜考证即是现在位于莲花洋的"缸爿礁"。③

唐宋以来大批高丽使者、商贾、佛教信徒来访中国途中,在普陀山高丽道头一带候风,并登岸前往宝陀寺祈祷航海平安。到了宋代,经济文化中心南移,普陀山已是一处"万国梯航"的重要港口。如《唐会要》说此地位于望海镇(宁波镇海)出入口,"乃新罗和日本航舶停靠处"(《唐会要》卷十八《诸使杂录》上)。"三韩、日本、扶桑、阿黎、占城、渤海数百国雄商钜贾,由此取道放洋。"(元盛熙明《普陀洛迦山传》)北宋元丰三年(1080),内使王舜封出使高丽归来,途经普陀山,"有大龟负舟,望山作礼,龟没舟行,归朝,以其事上之,赐额宝陀观音寺",有了皇帝的赐名,从此,以寺名山,梅岑山被称为"宝陀山",是为普陀山观音道场形成的一个大关节。到了南宋,就有人称此山为"普陀落迦山",到了明代,简称普陀山,完成了名山的演变。被称为"海天佛国"的舟山普陀山,在宋代已成为观世音菩萨教化众生的道场。普陀山面积13平方公里,位居中国四大佛教名山之首,可谓名副其实的"震旦第一佛国",它是我国唯一的海上佛教名山。

明景泰四年(1453),以日本高僧允澎为正使的遣明使船9艘,载1000余人,停泊莲花洋,由明朝派出彩船百余艘,环绕使船欢迎,赠给酒、水、食粮等物。进入沈家门后,又有官员乘画船50余艘,吹角打鼓迎接,然后由宝陀巡检司派官员作向导,经由定海(今镇海)进入宁波(日本《允澎入唐记》)。其盛况可以想见。

由此可知,中国的佛教自印度传入,但印度本国之佛教早在我国宋

---

① (清)许琰:《普陀山志》卷2,清乾隆刻本。
② (清)许琰:《普陀山志》卷1,清乾隆刻本。
③ 王连胜:《普陀山的新罗礁、高丽道头在"东亚海上丝绸之路"中的重要地位》,《宁波与"海上丝绸之路"国际学术研讨会论文集》2005年8月。

朝时就已消亡,可以说,佛教产生在印度,而发展却在中国。随着印度佛教的衰亡,原先在印度的布怛洛迦山也随之销声匿迹。反之,佛教以及观音信仰在中国迅速发扬光大,广泛传播,历代以来,在中国广大领地内到处都建立起专奉观音的圣地,而所有这些"观音圣地"中,唯有浙江普陀山是"东亚海上丝路"的重要中转港,具备把此种信仰传播到东南亚乃至世界各国的条件,由此可知,东南亚各国的观音信仰,很可能都是从浙江普陀山传入的。所以,"海上丝绸之路"是当今普陀山成为国际公认的观音道场之根本原因,可以说,没有"海上丝绸之路",就不会有今天的普陀山,普陀山是中国"海上丝绸之路"国际影响最大之历史遗存。①

四 结语

观音信仰萌芽于佛陀本生故事,经过长时间的孕育,如其他菩萨信仰一样,具有普度众生的品格,在与解救"黑风海难"和"罗刹鬼难"信仰相结合的过程中,观音信仰具有了海上救难的性质,观音菩萨也具备了海上守护神的品格,其大悲救世的精神得以进一步凸显。

古印度南端随着海上航线、海上丝绸之路的开辟,海上贸易的繁荣,人们的海上活动日趋频繁,面对波涛汹涌,在古代简陋的航海条件下,海难频发,人们在精神上迫切地需要一位海上守护神来庇佑海上航行安全。正是这种迫切的现实需求,使观音信仰在当地扎下根来,观音菩萨成为海民们普遍的祭拜对象和崇信对象。观音菩萨的道场也出地处佛陀故乡的内陆迁移到了古印度南端的滨海地区。又经过长时间的演变和融会,大概到了公元前后,以海上救难为特征的观音信仰逐步完善并

---

① 王连胜:《中国"海上丝绸之路"最大历史遗存——普陀山》,《舟山日报》2015年10月28日第6版。

趋于成熟，后来在最初之单行本的《观世音菩萨普门品》中得到完整的表述，观音菩萨大悲救世的精神在海上救难信仰中得以完整地体现。

"大慈大悲"的观音文化精神能够在海上丝绸之路上得以彰显，体现了人类文化的发展和文明进步的历史进程及不同文明之间的相互关系。观音文化作为佛教文化的有机组成部分，正是人类文化中的重要一支。观音文化与古代航海息息相关，作为专司航海庇佑的海神，对亚洲许多国家和地区尤其是沿海地区均产生过很大影响。浙江舟山的普陀山作为观音道场有着悠久的历史，形成了以慈悲救度为特色的观音文化，其逐步形成的过程与海上丝绸之路有着直接而密切的关系。可以这样说，没有海上丝绸之路，就没有今天的普陀山观音圣地，也就没有普陀山的观音文化。

圆瑛大师南洋事迹述略

黄嘉彦
华南师范大学历史文化学院硕士生

摘要： 圆瑛大师是研究近代以来佛教与南洋交流时尤为需要关注的一个重要人物。本文在已整理出版的圆瑛大师年谱、文汇等资料的基础上，结合相关近代报刊史料，对其南洋事迹进行更加详细的考述与分析。圆瑛大师一生共有七次下南洋的经历，目的主要是佛法交流与募化慈善，其交流时间长、次数众多，具有广结善缘的弘法特点。大师的南洋之行具有重要的意义，第一，促进了中国佛教同南洋社会的联系，加强了同东南亚华侨社会的凝聚力；第二，推动中国的佛教精神走向世界，促进世界佛教共同学习。

关键词： 圆瑛；南洋事迹；佛教交流

一 前言

中国近现代著名的高僧圆瑛大师（1878—1953），福建古田县人，俗姓吴，出家后法名宏悟，字圆瑛，号韬光。19岁时到福州鼓山拜梅峰寺增西上人为师，剃度出家，后依涌泉寺妙莲和尚受具足戒。21岁

---

* 本文是2019年度国家社科基金重大项目"'一带一路'佛教交流史"（项目编号：19ZDA239）的中期成果之一。

时北上江浙,先后师从治开、寄禅、道阶、谛闲诸师,此后其在中国近代佛教建设、近代佛教慈善事业、佛学思想方面都有卓越的成就。除此以外,圆瑛大师还弘法于海外,特别是与南洋佛教有着紧密的联系,为中国与南洋的佛教交流作出了巨大的贡献。有学者曾指出,无论从时间长度、跨度上,还是从交流次数上,圆瑛大师都堪称中国与东南亚佛教文化交流最多的高僧。① 因此圆瑛大师是研究近代以来中国与南洋佛教交流时尤为需要关注的一个重要人物。关于圆瑛大师远渡南洋的事迹、目的、时间、行程等基本情况,在明旸法师主编的《圆瑛法师年谱》以及《重订圆瑛大师年谱》中均有较为完整的整理与归纳。然而笔者发现还有许多近代报刊材料与圆瑛大师的南洋交流事迹有关,这是学界以往较少关注到的,本文希望能够结合报刊材料以及圆瑛大师年谱和文汇资料,对圆瑛大师南洋弘法事迹作一个更具体的考述与分析。

大师足迹遍布新加坡、菲律宾、缅甸、印度、马来西亚、锡兰(今斯里兰卡)、泰国等东南亚南亚各国,以及我国的台湾、香港等地区,不仅为促进海内外的佛教文化交流作出了毕生的努力,而且广结善缘,为抗日救国、兴办社会慈善事业作出了杰出的贡献。他一生始终秉持"爱国爱教"的宗旨,成为海内外佛教界为人崇仰的一代楷模。② 为何圆瑛大师能与南洋有密切的关系,笔者认为可以从当时的时代背景和圆瑛大师个人两方面进行分析。从时代背景上分析,清末民初有许多僧人到南洋进行弘法、募捐以及接任住持的活动,受到华侨社会的热情帮助与支持,一方面因为当时侨民对于中国民族主义有着强烈的认同感,与化缘南来的同乡僧人相遇时,便更多一份同乡之情谊;另一方面南来

---

① 许淳熙:《圆瑛大师与东南亚佛教文化交流》,载杭州佛学院编《吴越佛教》第8卷,九州出版社2013年版,第248页。
② 陈田爽:《一代僧楷圆瑛的六度南洋》,《圆瑛大师与佛教文化》,宗教文化出版社2012年版,第99页。

的佛教僧人，满足了中国侨民，特别是许多福建侨民的佛教信仰需求。① 从圆瑛大师个人方面分析，笔者认为有三个因素至关重要。第一，与大师的游历背景与僧众人脉有一定的关系。大师出生于福建，一生主要住持于江浙以及福建一带的寺院，因此在这些地区具有较大的名望和影响力，而闽人又是南洋华侨社会主要的群体，这样的联系为大师在南洋弘法提供了天然的地缘乡情纽带。同时，大师早年到福州涌泉寺请妙莲法师授其具足戒，后至天童寺师从寄禅老和尚，曾与会泉法师、转道法师等一起学习，相交甚好。妙莲法师、转道法师，甚至之后作为圆瑛大师法徒的慈航法师都是常年弘法于南洋的著名高僧。因此，与这些高僧的亲密联系，使法师在南洋弘法和募化具有一定的便利。第二，正如学者所总结的，圆瑛法师弘法有时代意识与世界潮流相结合的特点。② 圆瑛大师同太虚大师一样，一直致力于将汉传佛教推向世界，希望世界佛教一同联合起来，共同发展。从其早年与太虚法师共同创立世界佛教联合会，到晚年参与各类的世界性佛教大会便可以看出这一点，因此，法师也非常希望将大乘佛法的精神传播于南洋各地。第三，与圆瑛大师所宣传的佛法理念有关。圆瑛大师的佛学思想讲求"佛儒教理，同归一辙"，认为佛学与儒学能够相互会通，同时大师提倡佛学是积极入世的，是能够救世的，于国家于社会发展都有好处。③ 而这些思想较易被当时崇尚儒学思想的多数华侨社会所接受。如著名侨商胡文虎就曾提及："吾人虽多崇奉儒教，但同时受佛教之影响亦甚深，即是牺牲自己个人幸福，为社会人群服务之最高道德，如能得此教义普及世界，则

---

① 王荣国：《福建佛教史》，厦门大学出版社1997年版，第406页。
② 陈永革：《佛教弘化的现代转型：民国浙江佛教研究（1912—1949）》，宗教文化出版社2003年版，第131页。
③ 楼宇烈：《圆瑛大师的佛学思想》，载明旸主编《圆瑛大师圆寂四十周年纪念文集》，古吴轩出版社1993年版，第115—129页。

现社会损人利己、欺诈、盗窃、贪污乃至杀人越货病象，自可避免。"①由此可见，圆瑛大师所提出的思想与当时华侨所需要和所认同的价值观念十分契合。以下笔者将对大师多次南洋之行进行考述与分析。

二 圆瑛大师数次南洋之行

（1）第一、二次南洋之行

圆瑛大师的第一次和第二次南洋之行，是在其壮年之时，分别前往印度和缅甸迎取舍利和玉佛。

1907年7月，圆瑛第一次南洋之行，是奉寄禅和尚之命，自甬（宁波）搭轮，远涉重洋，经菲律宾、新加坡、槟榔屿、缅甸仰光，而至印度，请舍利、玉佛回国供养。② 在此次南洋之行途中，圆瑛大师还受到槟城极乐寺善庆老和尚的接待与器重，邀请其为极乐寺的观音阁作序，此篇序名为《南洋吉隆坡观音阁碑记》，后收入圆瑛大师的文集之中。③

1914年8月，圆瑛大师接任宁波永宁寺住持，他为了振兴永宁寺，于同年11月再涉南洋，迎请舍利与玉佛。次年2月，至新加坡弘法，3月至槟榔岛屿讲经说法，9月经过泰国、缅甸、锡兰到达印度，请得舍利，后又到锡兰、缅甸，请得贝叶经以及玉佛。④

（2）第三次南洋之行

圆瑛大师的第三次南洋之行始于1922年10月。关于这次南洋之行的目的，大致可从圆瑛大师1924年在鄞县的演讲词中得知："去岁圆瑛在厦门讲经，莲华寺主人来函邀请往彼讲经。十月出洋，道经嘈叨坡，

---

① 胡文虎：《对于佛教的观感》，《佛教人间》1948年第4期，载黄夏年主编《民国佛教期刊文献集成》第106卷，全国图书馆文献缩微复制中心2006年版，第62页。
② 明旸主编：《圆瑛法师年谱》，宗教文化出版社1996年版，第12页。
③ 《圆瑛大师文汇》，华夏出版社2012年版，第73—74页。
④ 明旸主编：《圆瑛法师年谱》，第21—22页。

往访中国领事,被留讲经两月。后至庇能,复被领事及华侨商董,留讲三月。"① 1922年10月,圆瑛大师在南普陀寺讲完《楞严经》后,受缅甸莲花寺方丈邀请前往缅甸,途经新加坡时,正逢转道法师同当地华侨郑雨生居士设立"星洲普觉讲经会",圆瑛大师就成为转道法师邀请的第一位中国僧人。② 转道和尚对此事尤为重视,从1922年12月在《叻报》上连续多期刊载《星洲普觉讲经会启》,为此次讲经会和圆瑛大师作宣传。《会启》为当地华侨介绍了《大乘起信论》的相关内容,指出其"文约义丰,理明词畅"的特点,易于研读,能够达成"成佛之正轨,实度生之慈航"的作用,同时尤为隆重地介绍了圆瑛大师生平经历及此次讲经的目的:法师誓愿宏深,识见高远,每欲振玄宗于他域,阐佛教之大乘,普度众生,齐登觉岸,由是以身许道,不惮辛劳,渠海浮杯,遄临星岛。从这份《会启》中我们也可以大致了解到圆瑛大师在新加坡讲经的状况。《会启》称圆瑛大师从1922年12月24日开讲,在新加坡丹戎巴葛普陀寺讲授《大乘起信论》一卷,前三日自午后两点至四点,以后每晚九点至十点为期,持续一个月。③ 圆瑛大师的讲经吸引了不少新加坡重要华侨人物,如侨商邱菽园,中国驻新加坡总领事罗昌和副领事秦工亮(即秦汝钦),他们不仅听闻大师讲法,还邀请大师赏图作诗,大师曾为秦汝钦领事的画作名为《题东坡参禅图并序》的诗序。④

而在这次讲经期间,转道和尚还与圆瑛大师谈及重修泉州开元寺之事,转道、转物和尚发愿要以重兴祖庭为己任,圆瑛大师为其精神所感染,三人于佛前立誓,要重兴开元古刹。圆瑛大师在此期间提出了要在

---

① 明旸主编:《圆瑛法师年谱》,第45页。
② 张文学:《海清转道禅师》,中国社会科学出版社2017年版,第161页。
③ 上述内容均引自《星洲普觉讲经会启》,见《叻报》1922年12月22日至27日,同见《海潮音》1923年第1期。
④ 圆瑛:《题东坡参禅图并序》,《海潮音》1923年第2期,载黄夏年主编《民国佛教期刊文献集成》第155卷,第435页。

开元寺新建慈儿院之事，得到了转道、转物和尚的赞同。①

此次讲经备受好评，中国驻新加坡总领事罗昌称其"飞锡天南，讲演大乘，法音如雷，智慧似海，因地菩萨"，并撰有一首《敬赠圆瑛导师法政》的诗："大乘法法原非法，坐有真如不是空。尘网重重裂将破，当前自见玉玲珑。辞中几度寻诗句，赢得醒来当佛供。册载已知沧海量，山深谁击五更钟。年年宦海浮沉里，也识修然净六尘。今日栖迟罗汉岛，炎炎天气困行人。飘飘一苇天南渡，万顷银涛涌达摩。偶向雨花台畔过，黄花翠竹遣愁多。说经孤独园匪远，且喜无须地布金，瞥眼曼陀飞片片，津津法味碧潭深。"② 以此表达自己听完讲经会的感受以及对大师法政的称赞。中国驻新加坡副领事秦汝钦也曾为此事作序一篇，刊登于《海潮音》1923年第7期，题为《送浮屠圆瑛法师序》，其称赞圆瑛大师"德行无边，复星洲法界众生之德遇善缘，为异日植进德之善因"③。新加坡侨商邱菽园对这次讲经会也印象深刻，其多年后路过此地时赋有《重经普陀寺是昔年郑雨生延僧圆瑛讲经处》诗一首："犹记凉宵月，椰阴殿角悬。澜翻文字海，人礼辩才天。敷座挥松尘，行厨列笋筵。至今忘热恼，花雨净蛮烟。"④ 来表达对当时听经的怀念之情。

1923年2月6日（阴历腊月二十一日）在新加坡讲经后，圆瑛大师于2月12日（阴历腊月二十七日）乘船到达槟城，本忠法师和谢氏宗祠家长谢自友居士在广福宫举办欢迎会欢迎大师。圆瑛大师希望在槟城组织一次普益讲经会，本忠法师还刊登《英属槟城普益讲经会启》

---

① 张文学：《海清转道禅师》，第99页。
② 罗昌：《敬赠圆瑛导师法政》，《海潮音》1923年第2期，载黄夏年主编《民国佛教期刊文献集成》第155卷，第436页。
③ 秦汝钦：《送浮屠圆瑛法师序》，《海潮音》1923年第7期，载黄夏年主编《民国佛教期刊文献集成》第156卷，第435页。
④ 邱菽园：《重经普陀寺是昔年郑雨生延僧圆瑛讲经处》，转引自张文学《海清转道禅师》，第162页。

为此次讲经会宣传。圆瑛大师认为："当今之世，去圣时远，人不古若。佛法，尤为救时之要，可以范围人心，可以转移风俗，可以辅助法律之不达，可以增进社会之道德，遂即组织普益讲经会……演讲过去现在因果经全部，冀以佛教真理灌尽于人人脑筋之中，大行法施，普益一切，故以普益名，是为启。"① 此次讲经会于 2 月 23 日（阴历正月初八）开始，于槟城平章会馆进行。

根据《圆瑛法师年谱》记载，1923 年 3 月，圆瑛大师还于槟城谢氏宗祠进行演讲，并且与谢氏家族的谢自友先生成立槟城佛教研究社。② 而这一槟城佛教研究社后来发展成为槟城佛学院。关于圆瑛大师在槟城成立佛教研究社的这段史实，1949 年《觉世》创刊号上的许多文章都有一定介绍，其中《槟城佛学院历史略记》所记特详，这篇文章是由佛教研究社创始人林文进口述，丘不轻记录而成，下面摘取其部分内容加以解读：

> 远在三十年前，曾有静修法师……取道缅甸经过槟榔屿，是时槟榔城方面即广通老和尚出而招待，并邀请静修法师在广福宫观音亭讲《大乘金刚般若波罗蜜经》，听众出家数十人，及在家数人而已，静修法师以国语讲经，由海济师充通译，翻解福建闽南语，经义深奥，听众茫然，非特俗人听不会意，即出家四众，几呼呼入睡乡矣，此为法师祖国南来弘法之第一人，亦为槟城得闻大法之首次。三十年前，槟城方法，根本未曾闻到讲经，宣传佛教弘法利生者，极乐寺虽然在数十年前，早已成立，主持者为妙莲、本忠两位老和尚，十方僧众居者固多，只在寺内自修行道，未尝闻有出而讲经弘法者。其后有广福宫主持广通法师，与在家谢四端，吴秀村，

---

① 《英属槟城普益讲经会启》，《海潮音》1923 年第 3 期，载黄夏年主编《民国佛教期刊文献集成》第 155 卷，第 538 页。
② 明旸主编：《圆瑛法师年谱》，第 37 页。

> 李瑞美，蔡益耀，苏铁石，林文进居士等，于民国十二年，恭请由宁波接待寺募缘而来的圆瑛大师，讲经说法，历次在槟城演讲多次，由圆瑛大师，与谢四端，吴秀村，苏铁石，蔡益耀组织槟城佛学研究社，假双庆寺为社址，由李瑞美、谢四端、林文进、蔡益耀负责向华民政务司署申请注册，几经波折，始于西历一九二五年，获准注册……①

从上述史料中，可以了解到几点重要的信息，第一，在圆瑛大师的倡议下，联合槟城当地华侨、大师共同创立槟城佛学研究社，其社址设立在双庆寺内，并且这个研究社并不是非正式的佛学研究组织，而是在1925年经过政府注册认证正式成立的。第二，这一学社的真正执行者是谢氏家族的谢四端先生，而谢四端先生后来还皈依了圆瑛大师。② 第三，该社的成立原因在于槟城社会缺乏学习和传播佛法的社会氛围，信众对于佛理、佛法不甚了解，而当地僧人又更多注重自身的修行，而缺少讲经弘法的意识，以此圆瑛希望成立该社来促进当地形成听闻佛法、学习经典的风气。

圆瑛大师在槟城说法将近3个月后，可能在4月底至5月才飞至缅甸参见莲花寺住持和瞻礼金塔。此外，7月还应中国台湾基隆灵泉寺善慧和尚邀请前往演讲，并且到台中、台南、新竹等地弘扬佛法。③

此次南洋弘法十分成功，圆瑛大师日后曾对此次南洋之行评价道："南洋讲经，是为创举，各报馆将讲义每日登载，由是各界愈增信仰。"④ 可见大师在当地华侨社会中声望大增。这次讲经之行大师也结

---

① 林文进述，丘不轻撰：《槟城佛学院历史略记》，《觉世》1949年创刊号，载黄夏年主编《民国佛教期刊文献集成·补编》第80卷，中国书店出版社2008年版，第123页。
② 《槟城佛教研究社发起人》，《觉世》1949年创刊号，载黄夏年主编《民国佛教期刊文献集成·补编》第80卷，第109页。
③ 明旸主编：《圆瑛法师年谱》，第39—42页。
④ 明旸主编：《圆瑛法师年谱》，第45页。

交了许多当地华侨和僧侣，侨商和官员也都对圆瑛大师颇为赞赏，这为日后圆瑛大师南洋弘法以及募款等活动奠定了重要的基础。

（3）第四次南洋之行

1926年，圆瑛大师为开办泉州开元慈儿院，又一次南下募款。与圆瑛大师一起南下的还有当时极力推动佛化青年事业的张宗载、宁达蕴以及闽南佛化新青年会的一些成员，如王拯邦、杜万空等共十九人，张、宁二位居士主要应转道法师之邀请，前往星洲成立佛化新青年会的南洋宣传总部。① 据《佛音》载："于丙寅三月二十四日（即阳历五月五日）由厦搭大廉巴海轮南下。于四月初一日（即阳历五月十二日）安抵星洲。五月二十三日下午二时，为当地居士，假座南洋工商补习学校，欢迎圆瑛大师暨张宗载、宁达蕴等诸居士大会。"② 此次欢迎会由转道法师联合新加坡天福宫、顺天宫、城隍庙、龙山寺、普陀寺五处佛教团体一同举办。欢迎会场面热闹，"与会人数不下二百余名，衣冠杂遝，跻满一堂。观察在座人物，除沙门比丘外，以知识界为最多，亦可见近来社会心理之注重佛学矣……随即鸣钟开会，首由主席黄君葆光宣布开会缘由，继即当众行介绍祥见礼，再即递致欢迎词"③。随后由圆瑛大师、张宗载居士进行演讲，而由于时间问题，宁达蕴居士并没有演讲。大会结束后，大师及两位居士的演讲词均刊登于《佛音》月刊上。④ 在此次大会上，圆瑛大师论述了佛教是积极的而非消极的观点，认为佛教于社会国家都有密切的关系，同时阐明了此次南洋之行的目的

---

① 王锋：《太虚及其弟子在南洋的弘法（1922—1947年）》，博士学位论文，厦门大学，2016年，第61页。
② 《闽南佛化新青年会消息》，《佛音》1926年第7、8期合刊，载黄夏年主编《民国佛教期刊文献集成》第26卷，第413页。
③ 《欢迎佛学大家纪盛》，《佛音》1926年第7、8期合刊，载黄夏年主编《民国佛教期刊文献集成》第26卷，第413—414页。
④ 《张宗载先生在南洋欢迎会之演说》《圆瑛法师在南洋欢迎会之演说》《宁达蕴先生在南洋欢迎会之演说》，《佛音》1926年第7、8期合刊，载黄夏年主编《民国佛教期刊文献集成》第26卷，第356—363页。

是为孤儿请愿，筹集基金。① 圆瑛大师的演讲获得了全场的肯定，记者如此报道："即请法师登台演说，法师所讲，为佛学是救世的，非厌世的，是积极的，非消极的，往复开辩，异常透辟。末后讲解至改造世界，必以改造人心为根本，则掌声起于四隅，殊合听众，皆大满意，且姿态雍容，尤为得前未曾有。"② 圆瑛大师由此又结交了许多华侨，日后并保持着长久的联系。如王嘉禄居士就曾诗赠圆瑛大师，而圆瑛大师也赠予回诗，称与王嘉禄居士"论交自恨相逢晚，许我推敲慰所思"③。

根据《圆瑛法师年谱》和《重订圆瑛大师年谱》记载，同年7月，圆瑛大师在新加坡普陀寺讲经，该处有一河每年溺死十人，当地人听闻大师有超度之法，便恳请大师前往超度，大师提出以素食、放生之法进行超度。8月大师与陈宝琛瞻礼万宝佛塔，次陈宝琛诗韵二首以赠。④ 然笔者认为8月圆瑛大师并未与陈宝琛一同礼佛，并赐其诗韵二首。有两点论据可以佐证这一观点，第一，当时陈宝琛已79岁高龄，不再管理南洋的事务。且其1926年8月并未有出访南洋的经历，而是居住于北京，与溥仪和郑孝胥有密切之联系。⑤ 第二，圆瑛大师的此二首诗在1923年石印本的《鹤山极乐寺志》中早已出现，总题名为《过槟城鹤山极乐寺次陈宝琛太史韵》⑥，因此不可能是1926年才创作的。那么，圆瑛大师是何时何地写出这首诗，又为何与陈宝琛有所联系呢？事实上，陈宝琛曾于1906年10月游极乐寺，作了一首《留念妙莲长老》

---

① 《圆瑛法师在南洋欢迎会之演说》，《佛音》1926年第7、8期合刊，载黄夏年主编《民国佛教期刊文献集成》第26卷，第359—362页。
② 《欢迎佛学大家纪盛》，《佛音》1926年第7、8期合刊，载黄夏年主编《民国佛教期刊文献集成》第26卷，第414页。
③ 《圆瑛大师文汇》，第267页。
④ 明旸主编：《圆瑛法师年谱》，第55页。又见明旸主编，照诚校订：《重订圆瑛大师年谱》，中华书局2004年版，第61页。
⑤ 张旭、车树昇、龚任界编著：《陈宝琛年谱》，福建人民出版社2017年版，第473—475页。
⑥ 《鹤山极乐寺志》，载《中国地方志集成·寺观志专辑》第15册，上海书店、江苏古籍出版社、巴蜀书社2016年版，第494页。

的诗刻于石上。① 而在相邻的石刻上还留有一句"佚名、林芳、释圆瑛步韵和诗四首"。② 查《槟城极乐寺志》艺文部分，其录有一位佚名所写《步听水翁韵》、圆瑛大师的《过槟城鹤山极乐寺次陈宝琛太史韵》和林芳的《癸亥孟夏极乐寺得绝句十五首录呈本忠禅师以搏一哂》③等，从这些信息中基本可以推知事情的经过：圆瑛大师在第三次南洋之行时，1923 年夏天同林芳等人游玩极乐寺，看到陈宝琛刻于石上的诗，一时诗意兴起，和韵作诗，并将所和之诗刻于极乐寺内。

9 月圆瑛大师参访南洋怡保陂三保洞以及圆通峪，在游玩三宝洞时受三宝洞住持清心老和尚和其徒宗鉴法师的热情款待，他们还协助大师进行募资，宗鉴法师也曾作为大师侍者，到处弘法。大师后又在圆通峪受到明妙老法师的招待，在此地休养七日，感受清凉幽静的天然佛地妙境。大师对此次参访感触颇深，赋有《三宝洞圆通峪》以作纪念。④

10 月，大师到槟城极乐寺作客，适逢该寺建立舍利宝塔，供十八舍利，本忠老和尚赠予圆瑛大师所余的三颗舍利。12 月，圆瑛大师奉舍利回国，安置于泉州开元寺。⑤ 1930 年圆瑛大师当上天童寺住持后，又在天童寺供养这些舍利。《天童寺舍利塔记》对此事有所记载："圆瑛十五年，讲经南洋群岛，驻锡极乐精蓝……适逢本老和尚，正在建造宝塔，供养十八舍利，永镇千古道场。尚余三颗，持赠与余，欣然拜受……殆至民国庚午，被选住持本山，爰有浙江吴兴信徒顾刑心，夙增灵根，久培德本，悲心远大，志愿恢宏。欲益无尽众生，以成不朽功德，遂讲修塔之事，劝请独立捐资，为作广大福田，并可庄严佛刹。闻之欣诺！由是运石鸠工，经始于甲戌仲冬，落成于乙亥季夏。用记因缘

---

① 《鹤山极乐寺志》，载《中国地方志集成·寺观志专辑》第 15 册，第 491 页。
② 陈铁凡编著：《南洋华裔文物论集》，燕京文化事业股份有限公司 1977 年版，第 155 页。
③ 《鹤山极乐寺志》，载《中国地方志集成·寺观志专辑》第 15 册，第 491、494 页。
④ 明旸主编：《圆瑛法师年谱》，第 56 页。
⑤ 明旸主编：《圆瑛法师年谱》，第 56 页。

于此,俾瞻礼斯塔者,知所由来也。"①

此次南洋之行,在华侨的热心帮助下,圆瑛大师为泉州慈儿院筹募到了充足的开办资金,完成了此行的目的。《佛化策进会会刊》第二辑中的《泉州开元寺慈儿院之惨淡经营》对此有所记载:"圆瑛大师复以基金未固,恐难持久,丙寅夏往南洋各属劝募。转道和尚久驻星洲,道履高洁,深得侨胞之信仰,加以闽中侨胞,附以泉属为最多,眷怀桑梓,深表同情,登高一呼,华谷皆应,不数月竟募集十二万金,俾作慈儿院永久基础。"② 此外,泉州开元慈儿院从创立之初就设有董事会制度,其董事会分内地责任董事会和海外董事会两种,海外董事会有新加坡董事会、仰光董事会、马六甲董事会以及槟榔募捐委员会。海外董事会的成立基金及其利息是慈儿院最重要的经费来源。《省府关于新加坡中华总商会请补助晋江开元慈儿院给教育厅的训令》对初办时的开院经费情况有所记录:"经费来源:(1)资金:新加坡董事会基本基金一万五千元存放新加坡陈嘉庚公司,由该董事会保管,每年生息一千四百四十元。(2)马六甲董事会置基金业产树乳园五十一基甲,价值二万五千元,每年生息二千元。(3)创办人主持释转道常年捐大洋八百元。(4)董事常年捐款四百元。(5)临时捐款。"③

(4) 第五、六、七次南洋之行

圆瑛大师于1937年、1938年和1948年三次远渡重洋,这方面的事迹在圆瑛大师年谱中有比较详细的记述,且因为有明旸法师同行,其所记述之事也较为可信,笔者在此仅作简要总结归纳。

1937年11月中旬,大师偕徒弟明旸法师第五次下南洋。据《圆瑛

---

① 《圆瑛大师文汇》,第72页。
② 《泉州开元寺慈儿院之惨淡经营》,《佛化策进会会刊》1927年第二辑,载黄夏年主编《民国佛教期刊文献集成》第26卷,第516页。
③ 《省府关于新加坡中华总商会请补助晋江开元慈儿院给教育厅的训令》,载泉州市档案馆编《民国时期泉州华侨档案史料》,北方文艺出版社2006年版,第248页。

致内政部呈》："案查本会灾区救护团章程，经呈奉钧部修正准予备案在案。目下抗战开始，各地救护工作，极为需要。上海方面，本会已会同上海慈善团体联合救灾会组织僧侣救护队百五十人，分赴前方服务。救护受伤官兵甚多，各地僧侣已受救护训练者尚多。惟以本会经费支细，华北灾区救护分团尚未能迅速设立，且医药用具及救护车辆均甚缺乏，以致救护工作，无法开展，按照章程第十五条之规定，特推本会理事长圆瑛于本月下旬前赴南洋、新加坡、槟榔屿等处筹募捐款，以期救护团得及早充实力量，发挥救护工作之效能。"① 可见圆瑛大师此次之行向南京国民政府报备过，其目的是在南洋筹集抗日救护团的维持经费。

他11月17日抵达新加坡，受到新加坡居士林林长李后承的热情招待，其后受南洋雪兰莪千佛寺明妙和尚等之请，启建主持祈祷世界和平息灾法会，在新加坡天福宫、总商会等地讲经弘法；在马来西亚巴生坡华侨筹赈会、观音亭，马来西亚槟榔屿福州会馆，槟城普陀寺等处讲经，呼吁侨亲关注支持祖国的抗日救亡。其间号召组织成立募捐委员会，汇款汉口，组织第二僧侣救护队，并应请亲任槟城极乐寺住持。同时受到当地华侨陈嘉庚、胡文虎、胡文豹等人的支持与热诚捐献，至1938年6月，应中国佛教会之召回国。

圆瑛大师此次南洋募款也收获颇丰，新加坡著名船商林金殿先生带头组织新加坡华侨协助中国佛教会灾区救护团募捐委员会，帮助大师共达贰万肆千元，帮助上海、汉口、宁波、湖南的佛教救护组织。② 同时根据圆瑛大师所呈内务部的报告可知，大师先后在新加坡、雪兰莪、槟榔屿三大商埠成立华侨募捐委员会，共募得款三万二千四百元，其中一万五千元系由本会转付，余数由南洋直接汇寄，这些捐款主要用于上海

---

① 《抗战初期佛教徒参加抗日救亡活动史料选（上）》，《民国档案》1996年第3期。
② 《抗战初期佛教徒参加抗日救亡活动史料选（上）》，《民国档案》1996年第3期。

的各救护组织。①

1938年9月,大师同明旸法师第六次下南洋,向各地侨胞报告国内僧侣救护队的情况,并且继续募款,提出"一元钱救国难运动",所得筹款,立刻拨给上海慈善团体联合救灾会。次年4月28日在新加坡天公坛传授皈依,5月4日应邱卫材居士邀请前往棉兰苏岛佛学社研究佛教禅宗,夏天与邱卫材、达真和尚等游棉兰摩达山,作诗多首。② 此后大师还在棉兰观音亭、苏岛佛学会、菲律宾大乘信愿寺讲经说法,于6月底回国。

1948年初,圆瑛大师受槟城极乐寺明德法师、志琨法师邀约主持极乐寺事务,因此他1月下旬带领明旸法师开启第七次下南洋的旅程。2月5日,从香港抵达新加坡,2月15日出席第六届新加坡居士林林友大会。此后到访普陀寺、圆通寺、吉隆坡大茨山崴镇宫等地,于3月上旬抵达槟榔屿,极乐寺僧众热烈欢迎大师的到来。之后大师便在槟城宝誉堂、海客园观音阁、华严寺、妙香林连生道场、洪福寺、极乐寺,吉隆坡观音亭等地演讲开示,受到广大信徒极其热烈的欢迎。在此期间,槟城极乐寺还在5月为大师庆祝七十一岁寿辰,特开千佛授戒,场面十分隆重,新加坡、吉隆坡、马来西亚等地的高僧纷纷到来为大师庆贺。这次大会如律如法,三坛圆具,声扬世界,誉播十方,为槟城佛教开创了新的一页。6月21日圆瑛大师同明旸法师回国,抵达上海。③

除了上述七次圆瑛大师南洋活动外,《圆瑛法师年谱》根据2月15日《海潮音》刊登的《佛法之精神》认为,大师曾在1931年2月15日,于新加坡工商学校演讲《佛法之精神》。④ 然笔者认为这一史实值得商榷,第一,不能以2月15日《海潮音》的发刊日作为圆瑛大师在

---

① 《抗战初期佛教徒参加抗日救亡活动史料选(上)》,《民国档案》1996年第3期。
② 明旸主编:《圆瑛法师年谱》,第144—146页。
③ 明旸主编:《圆瑛法师年谱》,第246—251页。
④ 明旸主编:《圆瑛法师年谱》,第75页。此说法同样被《重订圆瑛大师年谱》所采用。

新加坡工商学校演讲的确切日期。第二，笔者在梳理史料的时候发现，这个名为《佛法之精神》的演讲，与1926年圆瑛大师在新加坡工商学校欢迎会上的演讲实属同文①，且1931年的《佛法之精神》中提道："以前在宁波倡办佛教孤儿院，迄今九周年纪念。"② 宁波佛教孤儿院于1917年成立，因此该文若是在1931年演讲，很显然与史实不符。事实上，在《海潮音》刊载《佛法之精神》的栏目为"佛学讲座"，这个栏目所刊载的演讲并不都是近期的，如这一专栏同期还刊有一篇太虚大师1919年在江巴璧合峡防局所作的名为《创造人间佛教》的演讲。③ 由此推断，圆瑛大师在1931年可能并没有下南洋的行程。

三 圆瑛大师南洋交流的目的与特点

圆瑛大师南洋交流主要有两个目的，第一佛法交流，如早年圆瑛大师南下求取舍利、佛具，之后积极在南洋各岛开普法经会以及成立佛学研究社，晚年住持槟城极乐寺等。第二则是募化，主要是为佛教慈善事业的发展以及抗日战争救护的需要。

关于圆瑛大师南洋交流的特点，已有学者做过总结，如许淳熙先生指出圆瑛大师交流时间长、次数众多，堪称中国与东南亚佛教文化交流最多的高僧。此外大师在交流中大力宣传爱国救国思想，极力提倡素食，其演讲也极具号召力。④ 笔者认为除了以上特点外，还有其他一些特点，在此仅加以补充。

南洋交流实际上还呈现了圆瑛大师广结善缘的弘法特点，大师弘

---

① 《圆瑛法师在南洋欢迎会之演说》，《佛音》1926年第7、8期合刊，载黄夏年主编《民国佛教期刊文献集成》第26卷，第359—362页。
② 明旸主编：《圆瑛法师年谱》，第79页。
③ 参见《海潮音》1931年第1期中的相关信息。
④ 许淳熙：《圆瑛大师与东南亚佛教文化交流》，载杭州佛学院编《吴越佛教》第8卷，第249页。

法的对象并不是只针对出家信徒和在家居士,而是包括更广大的社会人群。如其所举行的星洲普觉讲经会、槟城普益讲经会、槟城佛学研究会,都欢迎对佛学有兴趣而无宗教信仰的人士参加。同时这几次讲经会所讲授的内容也不是深奥难懂的佛学奥义,而是具有普世性质的佛学道理。圆瑛大师之所以有上述的弘法态度和活动,笔者认为有两个原因,第一,圆瑛大师深刻认识到当时爱好佛理的人越来越多,研究佛学会成为未来全球发展的一种态势,而组织讲经会、建立研究社是聚拢这些佛学爱好者和僧界人士很好的一种方式。他在1924年回国后的鄞县佛学研究会的成立演讲中,对这些年倡建研究会活动有所阐释:"自欧风东渐,人尚维新,舍孔教而兴科学,由科学而进哲学,从哲学而入佛学,大势所趋,亦行远自迩之一阶段。故全球各国学者,有信研究学问者,莫不以佛学为归宿……印度学者,组织有佛学研究会。英国发心出家者,已不乏人。美国亦有佛教会……前所信者佛事,今所信者佛理,引起许多人,发心研究佛学,已嘱令组织佛学研究会、佛经流通所、阅经室、佛教讲演堂一所。"① 第二,与圆瑛大师积极入世的佛学思想有关。圆瑛大师主张佛教是积极的、入世的,倡导佛教"积极救世"思想,明确提出大无我、大慈悲、大无畏三种精神为佛教大乘之方。圆瑛大师认为佛教不仅仅是一种宗教精神,而更应该是世人立身之本、社会道德的基本准则。② 因此大师希望不仅仅是僧众,而是更多人通过学习佛法来推动社会、国家的发展。

此外,上述所言的积极入世的佛教精神也被圆瑛大师在南洋广泛传播。圆瑛大师曾提道:"深信佛教,实在是积极的,不是消极;是救世的,不是厌世的。敢大声疾呼而告于我侨胞。"③ 大慈悲的思想是圆瑛

---

① 明旸主编:《圆瑛法师年谱》,第45页。
② 戴康生、黄夏年:《圆瑛大师的社会伦理思想》,载明旸主编《圆瑛大师圆寂四十周年纪念文集》,第101—105页。
③ 《圆瑛大师文汇》,第173页。

大师在南洋交流中所特别强调的一点，其多次下南洋演讲，从《谢氏宗祠讲演》到之后的《吉隆坡欢迎会答词》、新加坡《佛法之精神》中均提到"慈悲平等"的佛教精神。大师对于慈悲平等的概念在这几次演讲之中均有详细的论说，其从佛学法理上解释："何谓慈悲？欲以自觉之道，觉悟众生，普令众生皆得悟入佛知见，与以二严——福德、智慧二种庄严之乐，拔其二死——分段、变异二种生死之苦。"① "何谓平等？法界一相，离别差别；凡圣一加，事理无二。"② 戴康生、黄夏年二先生对圆瑛大师这一精神有所解释，认为圆瑛大师这种诠释说明："慈悲与平等同在一界法界之中，两种关系密切。平等可使众生有成佛的机会……众生了悟平等之理，再大发慈悲之心，慈者与乐，悲者拔苦，于是各各离苦得乐。"③ 圆瑛大师之所以如此重视传播慈悲平等的精神自有其原因，首先，大师认为慈悲平等为佛学的宗旨，尤为重要。其说："就佛之宗旨而论，佛以慈悲为本。"④ 这种慈悲平等的精神是与社会、国家、世界思想紧密结合为一体的。大师曾言："总上而论，佛教即是积极救世的，则与社会国家均有密切之关系。凡抱爱群爱国思想家，皆当极力提倡，极力研究，极力宣传，但得佛教慈悲之旨，而能普及，自可弭杀机于无形，化战器为无用。汝为慈悲之心，我也存慈悲之心，个个皆存慈悲之心，则世界全无苦境，尽成乐观，岂不是不求和平而自得和平耶？"⑤ 此外，大师还积极践行此种慈善精神，从而引起南洋华侨的感应，激发华侨社会慈悲之心与爱国情怀，促进其积极为佛教慈善事业和国家抗战捐赠更多的物资。除了慈悲精神，圆瑛大师在南洋所宣传的入世佛教精神中，还尤为重视佛教与儒学思想相结合，其言：

---

① 《圆瑛大师文汇》，第182页。
② 《圆瑛大师文汇》，第177页。
③ 戴康生、黄夏年：《圆瑛大师的社会伦理思想》，载明旸主编《圆瑛大师圆寂四十周年纪念文集》，第103页。
④ 《圆瑛大师文汇》，第175页。
⑤ 《圆瑛大师文汇》，第176页。

"圆瑛少安儒业,冠入佛门,研究佛学之与儒学,实则同条共贯。"① 其在《谢家宗祠讲演》《培风学校演讲》中就曾多次提到儒学与佛学的共同之处。如其说佛家"返妄归真"与儒家"克己复礼",佛教"明心见性"与儒家"穷理尽性"等概念均有异曲同工之妙。②

四 圆瑛大师南洋交流的意义

综上所述,圆瑛大师共七次下南洋,时间横跨四十余载,具有其重要的意义。第一,大师的弘法与募化促进了中国佛教同南洋佛教的联系,加强了同东南亚华侨社会的凝聚力。特别是东南亚广大海外侨亲在圆瑛大师始终不渝的爱国情怀与慈善精神的感召下,为祖国的抗日战争与各类慈善事业作出了巨大的贡献,由此而建立的文化纽带,将促使中国与东南亚各国间的友谊世代长存。③ 第二,大师的弘法促进了南洋汉传佛教的发展,南洋社会在大师的倡议下,组织起越来越多的研究佛学的组织,探究佛学的氛围在东南亚社会愈加浓厚。同时大师在南洋弘法的过程中也有所收获,其反观国内佛教环境,深刻认识到当时佛教发展程度当以中国最高。④ 由此他更加积极地宣传汉传佛教,极力将中国的佛教精神推向世界,促进世界佛教界共同进步。

---

① 《圆瑛大师文汇》,第185页。
② 《圆瑛大师文汇》,第185页。
③ 许淳熙:《圆瑛大师与东南亚佛教文化交流》,载杭州佛学院编《吴越佛教》第8卷,第249页。
④ 陈永革:《佛教弘化的现代转型:民国浙江佛教研究(1912—1949)》,第132页。

法眼宗在高丽的传播[*]

刘田田

陕西省社会科学院宗教研究所助理研究员

摘要：法眼宗是禅门五宗之一，兴盛于晚唐五代。经过清凉文益、天台德韶两代的努力，至宋初永明延寿时，门下弟子众多，蔚为大观，尤其是吴越国境内的道场，几乎全由法眼宗僧人住持。法眼宗在高丽朝的传播始于清凉文益的门人慧炬等，至永明延寿门下，有高丽学僧几十人，其中佼佼者为高丽国师，地位崇高。法眼宗在高丽的一支又名禅寂宗，是高丽禅宗最重要的一脉，也是五代宋初中土禅宗和高丽往来的重要见证。

关键词：北宋；法眼宗；高丽；禅寂宗

清凉文益的门人中有两位来自高丽的禅师，即道峰慧炬和高丽灵鉴。

据《景德传灯录》卷二十五：

> 高丽道峰慧炬国师，始发机于净慧之室。本国主思慕，遣使来

---

[*] 本文是2019年度国家社科基金重大项目"'一带一路'佛教交流史"（项目编号：19ZDA239）的中期成果之一。

请,遂回故地。国主受心诀,礼待弥厚。一日请入王府上堂,师指威凤楼示众曰:"威凤楼为诸上座举扬了,诸上座还会么?倘若会,且作么生会?若道不会威凤楼,作么生不会?珍重。"师之言教未被中华,亦莫知所终。①

慧炬资料留存不多,据《扬州宁国寺慧炬国师碑文》②残篇记载:慧炬,字弘绍,俗姓卢,高丽光宗时人。慧炬回国是受高丽皇帝使节的迎请,能使皇帝思慕迎请并礼拜为师,可见其学识地位。道峰慧炬作为在高丽弘法的早期法眼宗人,受朝廷倚重,为高丽国师,影响很大,后来高丽禅师来中土求法,多参访法眼一系,这极大地推动了法眼宗在高丽的传播。

文益弟子中还有一位高丽灵鉴禅师。

据《景德传灯录》卷二十六:

高丽灵鉴禅师。僧问:"如何是清净伽蓝?"师曰:"牛栏是。"问:"如何是佛?"师曰:"拽出癫汉着。"③

道峰慧炬和高丽灵鉴资料不多,但从仅存的上堂语录和机缘语录看,颇得清凉文益真传。五代是法眼宗的繁荣发展期,南唐吴越的道场多是法眼传人住持。当时的高丽国与吴越国的民间往来很多,以清凉文益的影响和地位,自然地成为海外僧众参访和学习的对象。

天台德韶的门人中未见有高丽弟子。但德韶因为智者的因缘,对天台宗教典散落不全一事非常关心,派人到高丽抄写带回,也可见当时高丽与吴越国交往频繁,僧众间的交流密切。

---

① (宋)道原:《景德传灯录》卷25,《大正藏》第51册,第414页中。
② 李智冠:《校勘译注历代高僧碑文(高丽篇2)》,伽山文库1990年版,第68页。
③ (宋)道原:《景德传灯录》卷26,《大正藏》第51册,第420页上。

据《景德传灯录》卷二十五：

> 有传天台智者教义寂者，屡言于师曰：智者之教，年祀寝远，虑多散落。今新罗国其本甚备，自非和尚慈力，其孰能致之乎？师于是闻于忠懿王，王遣使及赍师之书往彼国缮写，备足而回。迄今盛行于世矣。①

天台德韶虽然由禅宗悟入，因为常住天台，加之与智者之间可能的联系，对天台宗经典失落不全颇感痛心。听说高丽有全本，德韶全力促成教典归国。由吴越王派人前去缮写又重新传回国内。补全天台宗经典是德韶对天台宗做出的重大贡献，也是五代时期吴越国与高丽交流往来的见证。

天台德韶的门人普门希辩有一位来自高丽的嗣法弟子：高丽国慧洪禅师。慧洪是大法眼下第三世法孙。法眼宗在高丽经过慧炬、灵鉴等禅师的传播发展，势力进一步扩大，前来参访的僧人络绎不绝。

永明延寿有三十六位高丽弟子，据《佛祖历代通载》卷十八：

> （延寿）居永明十五年，度弟子千七百人。开宝七年入天台山，度戒万余人。常与七众受菩萨戒，夜施鬼神食，朝放诸生类，六时散花行道。余力念《法花经》一万三千部，著《宗镜录》一百卷，诗偈赋咏凡千万言。高丽国王览师言教，遣使赍书叙弟子礼，奉金缕袈裟紫晶数珠金澡灌等。彼国僧三十六人，亲承印记归国，各化一方。②

---

① （宋）道原：《景德传灯录》卷25，《大正藏》第51册，第407页中。
② （元）念常集：《佛祖历代通载》卷18，《大正藏》第49册，第658页中。

永明延寿名播海外，《宗镜录》更在高丽传播。高丽国王执弟子礼，以金缕袈裟、紫晶珠、金澡灌等供养，有三十六名高丽僧人得其印记归国，分化一方，法眼宗在高丽进一步发展壮大。

据《朝鲜禅教考》卷一：

> 宋太祖末年即高丽光宗末年也，（即开宝八年乙亥，光宗戊辰。）以僧惠居为国师，坦文为王师。（史云：王崇奉缁流，以为师傅。自是以后，子孙相承，世为家法，多创寺刹。）此二人亦必在三十六人中。然则高丽禅宗皆出于杭州慧禅师矣。①

高丽三十六位得法的法眼宗禅师归国大约在开宝八年（975），是高丽国的光宗时期。这些僧人中，惠居为国师，坦文为王师，地位崇高。二人位列三十六人之中，得到朝廷倚重，子孙繁衍不绝，所以说高丽禅宗皆出于杭州大法眼一脉。据《朝鲜佛教通史》卷二："高丽以还，有禅寂宗，盖法眼益之《惟心诀》，及永明延寿之《宗镜录》之宗旨也。"②法眼宗在高丽发展壮大并形成宗派名"禅寂宗"。其实"禅寂宗"是法眼宗在高丽的一支传承，其宗风心法皆为法眼心印，可见五代宋初吴越国法眼宗的繁盛也促进了其在高丽分支法脉的形成。

据明万历四十年壬子（1612）孟阳川毗耶居士许端甫撰《清虚堂集序》：

> 道峰灵照国师入中原，得法眼永明之传。宋建隆间返本国，大阐玄风，以救末法。而东土蒙伽黎者，乃获袭临济、曹洞之风，其有功于禅宗者，讵浅鲜哉。师之正法眼藏，传于道藏神范，历清凉

---

① 《朝鲜禅教考》卷1，《大藏经补编》第31册，朝鲜寺刹史料，第225页下。
② 《朝鲜佛教通史》卷2，《大藏经补编》第31册，朝鲜寺刹史料，第476页中。

道国，龙门天隐，平山崇信，妙香怀瀅，玄鉴觉照，头流信修，凡六世而得普济懒翁。翁久在上国，博参诸善知识，圆通即旨，蔚为禅林之师表。传其法者，南峰修能为嫡嗣，而正心登阶是继之，即碧松智岩之师也。碧松传于芙蓉灵观，得其道者，唯称清虚老师为最杰。①

道峰灵照国师"得法眼永明之传"且建隆间返国，应该是永明延寿的门人，是得永明印可归国的三十六名高丽僧人之一，可道峰灵照的名字史料并不见载。《朝鲜佛教通史》考证道峰灵照是指清凉文益的门人道峰慧炬国师，可能性很大。从归国时间看，延寿三十六名弟子明显靠后。清凉文益的两名高丽弟子，道峰慧炬和高丽灵鉴，二者同一时期，国师肯定是指慧炬，后世将灵鉴和慧炬两个同一时期的禅师名字混淆成一个，是有可能的。

对于懒翁的师承，通史也有不同看法。据《朝鲜佛教通史》卷三：

> 尚玄（李能和）曰：按《懒翁行状》，师祝发于功德山妙寂庵了然禅师，后入燕都法源寺，参西天指空和尚得法。又往净慈寺见平山处林禅师，出言契合，平山付以衣法云云，并无与头流信修有关系之处。虽然许端甫必有所据，今姑存疑，以俟后考。又按《传灯录》：杭州龙华寺真觉大师灵照，高丽人，而终于本寺云云。则许氏所云灵照，非此人也。又《传灯录》高丽道峰山慧炬国师，始发机于净慧之室。本国主思慕，遣使来请，遂回故地。国主受心诀礼待弥厚云云。且灵照慧炬，或名或字，字义相对。所云道峰灵照国师，疑即道峰慧炬国师，人时地三俱合故。②

---

① 许端甫：《清虚堂集序》，转引自［日］忽滑谷快天《韩国禅教史》下，朱谦之译，中国书店2010年版，第372页。
② 《朝鲜佛教通史》卷3，《大藏经补编》第31册，朝鲜寺刹史料，第637页上。

《通史》作者李能和考证普济懒翁并非头流信修门人的依据是《懒翁行状》。据《宁边安心寺指空懒翁舍利石钟碑文》①记载,懒翁"嗣法平山处林禅师"②。所以明代许端甫懒翁嗣法头流信修的说法存疑。不过许筠作为这一法系的直接传人,又是虔诚居士,应该没有把本派祖师名字传承弄错的道理,也许看到了别的资料也未可知。

按许端甫的说法,法眼宗在高丽的道峰灵照一系传承久远,至明万历年间仍然不绝,可能比本土的法眼宗传承还要长远。传承顺序是:道峰灵照—道藏神范—清凉道国—龙门天隐—平山崇信—妙香怀瀣—玄鉴觉照—头流信修—普济懒翁—南峰修能—正心登阶—碧松智岩—芙蓉灵观—清虚休静。

清虚休静就是许筠的老师清虚泗溟。据许筠《泗溟石藏碑诠序》:

> 惟牧牛江月独得黄梅宗旨,蔚为禅门之冠,钳锤一震,万人皆废。俾涅槃妙心正法眼藏秘传于青丘之域,岂不异哉?普济(五传)为芙蓉灵观,而清虚老师称入室弟子……今世续牧牛江月之道脉者,舍我师(泗溟)其谁。③

牧牛是普照知讷,江月指普济懒翁。许端甫认为二人独得黄梅宗旨。许端甫是懒翁法系,对老师清虚泗溟十分推崇,认为续牧牛江月道脉者,舍清虚无人。

在高丽传法的法眼宗僧人中,永明延寿的门人最多,有明确记载并得到印可分化一方的就有三十六位,实际人数应该更多。此三十六位禅

---

① 李智冠:《校勘译注历代高僧碑文(高丽篇4)》,第404—444页。
② 李智冠:《校勘译注历代高僧碑文(高丽篇4)》,第406页。
③ 许端甫:《清虚堂集序》,转引自[日]忽滑谷快天《韩国禅教史》下,朱谦之译,中国书店2010年版,373页。

师的姓名已不可全考,其中有一位智宗禅师,谥号圆空国师,嗣法永明且有碑文存世,其生平经历详尽,值得仔细研究。根据《原州居顿寺圆空国师胜妙塔碑文》①的记载,智宗禅师(930—1018),俗姓李,字神则,全州人。其母梦见僧人入梦而有娠,口绝荤腥。后晋天福二年(937)八岁时,恰逢弘梵三藏寓居舍那寺,便乞为师。弘梵三藏为其落发,师徒机缘投契。不久,弘梵三藏回印度,智宗未同行。后转投广化寺景格和尚门下受学,如针入水,青出于蓝。

天福十二年(947),智宗在灵通寺官坛受具足戒。受戒时间碑文作开宝三年(970),另据碑文"寿八十九,腊七十二",故"开宝三年"应有误。智宗持戒谨严,《碑文》录其被山神护法事。

> 尝过社省之,有青衣误醉(取)肉柜申(中)所贮米而炊,俄自颠蹶,疾悖(悸)而曰:我是山神,护此上人,汝岂容易弗洁其味乎?听者惊恐,争加礼重。其灵验多此类也。②

青衣错将肉柜中储存的米做了吃食,由此引发了护法山神的不满和阻止。可知智宗日常律己极严,类似神异颇多。

后周广顺三年(953,高丽光宗四年),智宗参曦阳山超禅师。据《碑文》:

> 广顺三年,造曦阳山超禅师,时有侍者僧洒扫法堂,少许地不受水。超问曰:"有个处水不着你作么生?"僧无对。师代曰:"更不要洒,一任扫地。"超公乍聆善应,深识道存,谓若酸蒻一言,阮瞻三语,因成偈颂,用播褒称美价,繇是顿高宾筵,以之

---

① 李智冠:《校勘译注历代高僧碑文(高丽篇2)》,第214—221页。
② 李智冠:《校勘译注历代高僧碑文(高丽篇2)》,第215—216页。

咸服。①

智宗"更不要洒，一任扫地"语很有宗门风范，得到曦阳超的认可。显德初年，高丽高宗皇帝立储君，推崇禅宗，选拔禅师。智宗入选，其地位初显。当时高丽的许多僧人来中国游学，参访交流，智宗也有此想法，经过他的好友证真大师力劝，决定成行。后周显德二年（955，光宗六年），智宗向朝廷汇报出发日期，得到光宗的召见并赐筵践行。于同年到达吴越国，参永明延寿。据《碑文》：

> 先谒永明寺寿禅师，寿问曰："为法来也，为事来也？"师云："为法来。"曰："法无有二，而遍沙界，何劳过海来到这里？"师曰："既遍沙界，何妨过来？"寿公豁开青眼，优待黄头，便解髻珠，即传心印，故得八（入）亲近地，修对治门。时时止饱于醍醐，更无他味；日日唯闻于檐苞（薝葡），弗杂余香。点识玄同，神情朝彻。②

智宗和永明初见时的对话颇类六祖惠能初见五祖弘忍时的情形。智宗幼年出家，经过两任老师的指点，见永明延寿时已经有很好的基础，在国内也有一定的地位，所以初见便得永明认可，得传心印。智宗非常珍惜来之不易的学习机会，碑文用"时时""日日"形容他在永明门下的修行十分刻苦，进步飞速。

智宗还曾到天台国清寺参礼天台宗净光义寂法师。义寂对其礼重有加，以天台宗《大定慧论》相授，智宗修学勤奋。开宝元年（968，光宗十九年），僧统赞宁、天台县宰任殖等请智宗在传教院讲《大定慧

---

① 李智冠：《校勘译注历代高僧碑文（高丽篇2）》，第216页。
② 李智冠：《校勘译注历代高僧碑文（高丽篇2）》，第216页。

论》和《法华经》,一时间名倾华夏,影响很大。以智宗当时在北宋取得的成就,不回国亦可,况北宋文化发达,人才济济。可游学十六年,智宗始终心念故国。

宋开宝三年(970),智宗泛海归国,得到光宗的礼敬,《碑文》载:"光宗示以罗什如秦,摩腾入汉,益厚优贤之意,弥敦奖善之仁。"最初署名大师,入主金光禅院,后又加重大师名,施磨衲袈裟。自此,智宗禅师开始在高丽开宗立派,终成一代宗师。景宗朝,署三重大师,赐水晶念珠。成宗朝,智宗迁住积石寺,赐号为慧月。淳化中进宫说法。穆宗时,累加智宗禅师光天遍照至觉智满圆默禅师,赠绣方袍,并以佛恩寺、护国外帝释院等为住持之所。显宗授智宗"大禅师"号,请住广明寺并赐法号"寂然"。高丽开泰二年,显宗礼智宗为王师,献金银线织成罽锦法衣等。三年后,又加号"普化"。宋天禧二年(1018,显宗九年)夏,智宗迁止于原州贤溪山居顿寺,是月示疾,圆寂,寿八十九,腊七十二。智宗为四朝国师,碑文为中枢直学士桓议郎尚书吏部郎中知诰兼吏馆修撰官赐紫金鱼袋崔冲撰,朝请郎礼宾丞宾赐绯臣金巨雄宣书并篆额。

延寿弟子中还有一位国师释英俊禅师。根据《陕川灵岩寺寂然国师慈光塔碑文》[①]的记载,寂然国师,名英俊,俗姓金,京山府人。其父为居士,"处世怀出世之心,在家有出家之行"。母梦紫衣沙门入内,言是浮石寺大德转生,因而有娠。广顺二年(952)正月,因父母避难,生于原州馆内兴法寺。英俊生而啼哭不止,父母惧怕被贼人发现,弃于林下。父母亲属夜梦语曰:此子七日后止啼。众人皆异,次日见二鹿来舐,遂抱回。乾德二年(920)十三岁出家,剃染于定安县天关寺,礼崇攸和尚为师。后晋开运三年(946),在京城兴国寺官坛受具足

---

① 李智冠:《校勘译注历代高僧碑文(高丽篇2)》,第186—191页。

戒。《碑文》① 云受具年号为天祐三年（906）丙月，疑有误。另据《碑文》"享年八十三，过腊六十九"推出开运三年（946）受具。英俊受具后不久，前往道峰山宁国寺参慧炬国师，慧炬是清凉文益的门人。乾德六年（968），渡海来中土，至吴越国参永明延寿。

> 禅师问："汝是什么处人？"答云："东国人。"禅师曰："东国何似唐国？"师云："达者无东西。"禅师曰："来因什么导东国人？"答云："因禅师所置。"禅师曰："不因人所置事做么生？"答云："禅师试定当看。"禅师曰："日出东方有日。"禅师又问曰："色即不问，如何是心？"答云："阿那个不是底色？"禅师闻曰："东方真佛出世矣。"②

自此投契，礼永明延寿为师，得印可。开宝五年（972）归国，开宝六年（973）住持福林寺，未逾年，参禅者接踵而至。成宗尊英俊"大师"号，移住师子山寺。端拱元年（988）五月夏，奉诏入宫，得赐磨衲袈裟一副。辽统和十五年丁酉（997），穆宗封英俊禅师称号，令住普法寺。安宗加大禅师号，赐磨衲袈裟一副并请住于内帝释院。辽统和二十九年（1011），英俊禅师乞返林间，朝廷许以灵岩寺居之，后显宗恩遇有加，多次派遣官员慰问并赐药香等。开泰三年（1014），示疾示寂，寿八十三，腊六十九，葬于灵岩寺西峰。显宗大恸，派使军器监朴殷梅，使军器承李昌远等追崇冥福，赐谥"寂然禅师慈光之塔"。

法眼宗在高丽的传播发展也符合中土法眼宗的发展规律，由清凉文益至天台德韶再至永明延寿，僧人人数逐渐增加，住持寺院不断扩张，宗风影响也不断扩大。中土法眼宗三代皆出国师，其传人在高丽亦然，

---

① 李智冠：《校勘译注历代高僧碑文（高丽篇2）》，第186—191页。
② 李智冠：《校勘译注历代高僧碑文（高丽篇2）》，第188页。

国师人数众多，地位崇高，并开宗立派名禅寂宗，法脉不断繁衍。可以说，高丽法眼宗作为中土法眼宗的一支，学脉宗风与中土并无二致，应该列入法眼宗的研究范围，与中土法眼宗相互观照，或能梳理出更加完整的法眼宗传播史。

论南诏国时期的佛教交流

李丰春

大理大学

摘要：南诏国作为蜀身毒道上的一个重要节点，西北与吐蕃接壤，佛教交流频繁，内地僧人、西藏僧人以及印度僧人，通过蜀身毒道北路的灵关道、五尺道和永昌道，南路的缅印道以及滇藏道等来往于南诏，使南诏的佛教文化得到长足的发展，佛教交流也变得错综复杂。

关键词：佛教交流；唐朝；天竺；吐蕃

一 南诏的疆域

南诏（738—937）是中国唐朝时崛起于云贵高原一带的古代王国，据《南诏德化碑》记载，南诏国的疆域"西开寻传，禄郫出丽水之金；北接阳山，会川收瑟瑟之宝；南荒奔凑，覆诏愿为外臣；东爨悉归，步头已成内境；建都镇塞，银生于墨嘴之乡；候隙省方，驾憩于洞庭之野"。这就是南诏东西南北的基本疆域。"西开寻传，禄郫出丽水之金。"据方国瑜先生的考证，"丽水"即"寻传大川"，在今勐拱河入伊洛瓦底江口的北面，与密支那、八莫、昔马等地交通，接婆罗门国界，当时主要分布着寻传、祁鲜、裸形等少数民族部落。"禄郫"，据唐樊绰《蛮书》卷二："丽水一名禄郫江。"在今伊洛瓦底江，是南诏入今缅甸的主要通道之一。"金",《云南志》卷七又说:"麸金出丽水,盛沙淘汰取之。"按南诏的法律,男女犯罪,多送丽水淘金。

"北接阳山,会川收瑟瑟之宝。""阳山",是指今四川会理、西昌南北交界处的阳蓬岭,《新唐书·地理志》载:"又经阳蓬岭百余里至俄准添馆;阳蓬岭北㠻州境,其南南诏境。"①"会川"当时又名会同,唐朝时在今四川会理西置会川县,天宝末为南诏所有。即南诏疆域北达今四川会理、西昌一带。"瑟瑟"指碧绿色的宝玉,《云南志》卷七说:"银,会同银山出。锡、瑟瑟,山中出。"《周书·异域传下·波斯》:"〔波斯国〕又出白象、师子……马瑙、水晶、瑟瑟。"说明会川出美玉。

"南荒奔凑,覆诏愿为外臣。""南荒"是指当时与南诏为邻的女王国(今泰国的南奔)、西南骠国(今缅甸曼德勒一带)。南诏曾多次进攻这些国家和地区,其政治、军事影响力遍及东南亚。故碑称:"南荒奔凑,覆诏愿为外臣。"据《蛮书》载:"女王国,去蛮(南诏蛮)界镇南(开南)节度三十余日程。其国去骠州一十日程,往往与骠州百姓交易。蛮贼曾将二万人伐其国,被女王药箭射之,十不存一。蛮贼乃回。"《云南志》卷十记载:"水真腊、陆真腊,与蛮镇南相接,蛮贼曾领军到海畔。见苍波汹涌,怅然收军却回。""昆仑国,正北去蛮界西洱河八十一日程。出象及青木香、旃檀香、紫檀香、槟榔、琉璃、水精、蠡杯等诸香药珍宝犀牛等。蛮贼曾将军马攻之,被昆仑国开路放进军后,凿其路通江,决水淹浸。进退无计。饿死者万余,不死者,昆仑去其右腕放回。"陆真腊国相当于今琅勃拉邦盆地以南的老挝领土及泰国东北部;水真腊国相当于今柬埔寨、越南南部、泰国东南部;女王国相当于今清莱盆地以南的泰国北部及中部地区;昆仑国相当于今泰国南部及马来半岛地区。南诏国攻打到马来半岛,可见南诏的军事控制力已

---

① (宋)欧阳修、宋祁纂:《新唐书·地理志》,中华书局1975年版,第1152页。

达南海。

"东爨悉归,步头已成内境。"东爨即云南东部原爨氏统治地区,据《晋故振威将军建宁太守爨府君之碑》记载,爨宝子官居"振威将军、建宁太守",坐镇南中(今云南、贵州和四川)地区。天宝战争前夕(748),南诏已征服了爨氏统治地区。天宝战争之后,南诏在昆川(今昆明地区)设拓东节度,已完全控制了云南东部原爨氏统治地区。碑称:"威摄步头(今元江),恩收曲靖(今昭通)。"又说:"步头已成内境。"即今滇东北昭通地区和滇东南元江地区,已成为南诏的"内境"。则南诏的东北、东南边境,已达今四川、贵州、广西部分地区。

"建都镇塞,银生于墨嘴之乡。"《云南志》卷四说:"黑齿蛮在永昌、开南,杂种类也。黑齿以漆漆其齿。""墨嘴"即是"黑齿蛮",另外还有金齿、银齿、绣脚、绣面等,他们都是傣族的先民。墨嘴之乡即广泛分布着傣族先民的南诏永昌、开南、银生节度区。包括今天的保山、德宏、临沧、思茅、版纳及缅甸北部地区。这就是南诏的西南边疆。

"候隙省方,驾憩于洞庭之野。"《云南志》卷二说:"碧鸡山在昆池西岸上,与拓东城(今昆明)隔水相对,山有洞庭树,年月久远,空有余本。"所以方国瑜先生认为"洞庭"即指昆川(今滇池地区)。南诏在昆川置拓东城(今昆明),"居二诏,佐镇抚",是仅次于洱海地区的南诏心脏地区。所以南诏王在有空闲的时候,要到昆川来休息。

综上所述,我们可以清晰地看到,南诏的疆域包括了今天的云南全境及与云南交接的西藏、四川、贵州、广西及东南亚各国部分地区。版图北抵大渡河,与唐以一水为界;西北与吐蕃(今西藏)为邻,东与贵州、广西西部接壤;女王国、骠国、婆罗门国、陆真腊国等皆为南诏所征服。[①] 就本文的研究主题而言,佛教在南诏的交流,不外乎与接壤

---

① 向达:《唐代长安与西域文明》,台北:明文书局1982年版,第155页。

的国家，或借助接壤的国家的交通路线进行交流。从当时的交通路线来看，佛教交流主要沿着蜀身毒道北上与唐交流，南下与天竺交流，西北与吐蕃交流。下面分而述之。

二 南诏与唐的佛教交流

隋唐时期，中国内地与印度佛教文化交流比较频繁，蜀身毒道是中印之间佛教文化交流的要道之一，而南诏是这条要道上的重要节点，在此的佛教交流主要表现为印度僧人通过南诏向蜀地弘法传教，而内地僧人也路过南诏到印度求法。"中印两国的佛教文化交流达到高潮，不断有印度僧人来中国弘法传经，也不断有中国僧人跋山涉水到印度取经。很长一个时期，这些往来的高僧充当了中印文化交流的使者。"[①] 这条蜀身毒道分为南路和北路两部分，四川通往南诏的道路为北路，南诏通往印度属南路，被称作缅印道。现在专家学者公认的蜀身毒道共分四段。首先是从成都始发的两条道路：灵关道和五尺道。两道在楚雄、南华汇合，经大勃弄到达叶榆（今大理）。以大理为起点西出的道路被称为永昌道，直到滇越（今腾冲）出境。境外的道路称为缅印道，经古永、掸国（今缅甸）到身毒（今印度）。古道全称蜀身毒道。唐朝与南诏的佛教交流主要沿蜀身毒道的北路进行交流。

（一）蜀身毒道北路的走向

早在张骞通西域之前，在我国的西南地区，就有一条通往大夏和身毒国的古老通商要道，《史记·西南夷列传》载：

> 及元狩元年，博望侯张骞使大夏来，言居大夏时见蜀布、邛竹

---

① 武斌：《中华文化海外传播史》，陕西人民出版社1998年版，第679页。

杖，使问所从来，曰："从东南身毒国，可数千里，得蜀贾人市。"或闻邛西可二千里有身毒国。①

由此可见，中印在公元前一百多年前，就有商贸往来。蜀布、邛竹杖出于四川，四川称蜀，身毒国是古印度的别名，因此这条道被称为蜀身毒道。但这条道路是何时开通的，不同的人有不同的考证。一种考证认为此道早在唐帝尧时代就已经开通，《尚书大传》载：

> 成王时，有苗异茎而生，同为一穗，其大盈车，长几充箱，人有上之者。王召周公而问之，公曰：三苗为一穗，天下其和为一乎？果有越裳氏重译而来。交趾之南，有越裳国，周公居摄六年，制礼作乐，天下和，越裳氏以三象重译，而献白雉。②

又《韩诗外传》卷五也载："比及三年，果有越裳氏重九译而献白雉于周公。"清魏源《圣武记》卷七："老挝即古越裳氏，景迈二国即八百息妇国，皆来贡象。"越南古迹《岭南摭怪》载："周成王时雄王命其臣称越裳氏，献白雉于周。"越南人认为，越裳氏是其祖先。由此可以推测，越裳在交趾之南，在今云南西双版纳首府景洪打洛和越南、老挝一带，与缅甸交界，往西即萨尔温江、伊洛瓦底江，再往西即南海（孟加拉湾）。特别是宋苏轼有《次韵水官诗》："南夷羞白雉，佛国贡青莲。"认为越裳就在南夷，说明佛国是有一条道路通往西南夷的。

杨学政先生主编的《云南宗教史》认为："公元714年（唐玄宗开元二年），南诏王晟罗皮遣宰相张建成向唐朝廷入贡通好，唐玄宗厚礼相待并赐佛像，归途滞留成都学习佛经，回滇后传扬佛教，中原汉传佛

---

① （汉）司马迁：《史记》，中华书局2017年版，第2236页。
② （清）王闿运：《尚书大传补注》（《续修四库全书》本），上海古籍出版社2002年版，第89页。

教开始传入云南。"①

据《万历云南通志》卷一三《蒙化府·仙释》载:"张彦成,蒙舍川人,南诏蒙晟罗遣彦成使于唐,礼待甚厚,赐以浮屠像而归,南中事佛自兹始。"南诏汉传佛教吸收和融合了儒学与道教,具有"三教合一"的特点。其宗派主要有禅宗、华严宗、天台宗、律宗等。总之,南诏佛教多源多流,教派纷繁,内容丰富、复杂,并各具特色,在中国佛教史上占有重要地位。

(二)南诏与内地的佛教交流

第一,汉地高僧来滇弘法。关于汉地佛教传入云南的时间,大部分学者认同《云南志略》《万历云南通志》等史籍中记载的玄宗时南诏张建成使唐朝拜,得赐浮屠像归滇一事,认为南诏(汉地)佛教之始源于此。

汉地僧人来滇传教,所传主要为禅宗,云南禅宗之祖为张惟中。张惟中,"得达摩西之旨,承菏泽之派,为云南五祖之宗"②。惟中禅师在滇中传法,虽行迹已不可细考,但其弟子众多,《南诏中兴画卷》中显示,惟中禅师传法之人为李成眉贤者,而《滇释纪》又记:益州如一禅师,嗣惟中禅师。惟中禅师之后,其徒李成眉继其衣钵,在滇传法。"是时南诏奉佛,贤者徒众千人",可见其弟子之众,弘法之强,被认作云南传六祖之道的第一人。"是时百丈、南泉诸法席颇盛,师遍历参承,咸蒙印可,六祖之道传云南,自师为始。"③ 其在南诏传教,弟子中有名者有岛法师。

第二,南诏通过战争掠夺蜀地僧人。由于滇蜀相邻,并且南诏与唐朝时合时分,两地交界处时常发生战争,南诏常常掠夺成都的僧匠带回

---

① 杨学政主编:《云南宗教史》,云南人民出版社1999年版,第39页。
② (清)释圆鼎编集:《滇释纪》,《云南丛书》第二十九册,中华书局2011年版,第83页。
③ (清)释圆鼎编集:《滇释纪》,《云南丛书》第二十九册,第83页。

南诏。据《旧唐书·列传一百二十四》所载："李德裕为成都尹……遣人入南诏求其所俘工匠，得僧道工匠四千余人。"① 此外，史籍还多次记载南诏侵掠益州之事，由此可想象来滇之僧人数之众。《滇释纪》中所载南诏来滇的名僧就有："益州无相禅师""益州双流尉迟和尚""益州如一禅师""益州南印禅师""益州义俛禅师"等人。只可惜文献过少，无从考证其踪迹。

第三，南诏佛法流入蜀地。唐道宣《道宣律师感通录》中《宣律师感天侍传》载："益州成都多宝石佛者，何代时像从地涌出。答：蜀都元基青城山上。今之成都大海之地。昔迦叶佛时，有人于西耳河（即西洱河）造之，拟多宝佛全身相也，在西耳河鹫头山寺。有成都人往彼兴易，请像将还，至今多宝寺处为海神蹋毁所没。……多宝佛旧在鹫山寺，古基尚在，仍有一塔，常有光明。今向彼土，道由郎州，过三千余里，方达西〔洱〕河。河大阔，或百里、五百里。中山洲亦有古寺经像，而无僧住。经同此文，时闻钟声。百姓殷实，每年二时供养古塔。塔如戒坛，三重石砌，上有覆釜，其数极多。彼土诸人但言神冢，每发光明，人以蔬食祭之，求福祚也。其地西去巂州二千余里，问去天竺非远，往往有至彼者云云。……蜀人但知其灵从地而出，亦不测其根原，见其花跌有多宝字，因遂名为多宝佛，名多宝寺也。"同样的记载亦见唐道世的《法苑珠林》；宋李昉等编辑的《太平广记》也转录了这段文字，并言此事为乾封二年（667）南方天王韦陀将军告诉道宣律师的。这也就是说，依道宣律师的记载，7世纪中叶，即南诏初期，西洱河附近的大理地区已有很多佛塔，当地百姓常常以蔬食供养佛塔，祈求福祚。毫无疑问此时佛教已在大理一带的民间流传开来。至于这条资料所说，成都的多宝佛乃是在西洱河附近发现一事，因涉及神异，可信度如何，尚待稽考，但从侧面表明，南诏有佛法传入蜀地。

---

① （后晋）刘昫等：《旧唐书·列传一百二十四》，中华书局1986年版，第4519页。

三　南诏与天竺的佛教交流

（一）缅印道的走向

蜀身毒道上南诏通印度段，我们称之为缅印道，唐代史籍把这条道称为西洱河天竺道。《新唐书》卷四十三载"安南通天竺道"，详尽描述了贞元年间从大理往缅甸、印度的路线里程："自羊苴咩城（今大理）西至永昌故郡（今保山）三百里。又西渡怒江，至诸葛亮城（今龙陵）二百里。又南至乐城（今瑞丽）二百里。又入骠国（今缅甸）境，经万公等八部落，至悉利城（今缅甸抹谷）七百里。又经突曼城（今缅甸蒲甘）至骠国（今缅甸卑谬）千里。又自骠国西度黑山（今缅甸西部阿拉干山），至东天竺迦摩缕波国（今印度阿萨姆一带）千六百里。又西北渡迦罗都河至奔那伐檀那国（今孟加拉国博格拉一带）六百里。又西南至中天竺国东境恒河南岸羯朱嗢罗国（今印度东部拉吉马哈尔）四百里。又西至摩羯陀国（今印度比哈尔邦）六百里。"① 根据以上记载，从四川成都出发经缅甸到印度的道路主要有南路和北路两条，这两条道路是由成都经西昌、大理、保山到腾冲境内高黎贡山上的诸葛亮城再分开的。南路途经龙陵、瑞丽到缅甸掸邦，经太公城到骠国古都卑谬，再到曼尼普尔，经阿萨姆的布拉马普特拉河谷到印度平原，共计里程8534里。北路经腾冲到缅甸密支那、猛拱，越过那加山脉到印度阿萨姆的东北部，再到布拉马普特拉河中下游而去印度，共计里程7634里。

另有贾耽述安南通缅印道西段（即汉代的西至身毒国道）的走向甚详：由羊苴咩城（今大理）西至永昌，渡怒江达诸葛亮城（在今腾冲东南）分两道：一道经乐城、悉利城、突曼城至骠国，西渡黑山，

---

① （宋）欧阳修、宋祁纂：《新唐书》卷43《地理志下》，第1149页。

至东天竺迦摩波国（今印度阿萨姆邦西部高哈蒂一带），又西北渡迦罗都河至奔那伐檀那国（中心在今孟加拉国拉吉沙希及波格拉一带），又西南至中天竺国东境恒河南岸羯朱嗢罗国（在今印度比哈尔邦巴特那及伽耶一带）。另一道从诸葛亮城西至弥城，达丽水城（在今缅甸密支那以南），西渡丽水、龙泉水至安西城（今缅甸北部孟拱），西渡弥诺江至大秦婆罗门国，又西渡大岭，至东天竺北界个没卢国（在今印度阿萨姆邦西部），西南至中天竺国东北境奔那伐檀那国，与骠国往婆罗门（指今印度、斯里兰卡地区）路汇合。① 可见，此道在汉代已经畅通，唐代还在使用。

另有唐僧慧琳《一切经音义》卷八十一根据晋徐衷《南方记》、唐初魏王李泰编《括地志》等地理书的记载，对唐代缅印道的路径作了更为详细的描述，书中记载了唐代从四川经云南至迦摩缕波的途程："此往五天路径，若从蜀川南出，经余姚、越嶲、不韦、永昌等邑，古号哀牢玉，汉朝始慕化，后改为身毒国，……今并属南蛮（指南诏），北接亘羌杂居之西。过此蛮界，即入土蕃国之南界。西越数重高山峻岭，涉历山谷，凡经三数千里，过吐蕃界，更度雪山南脚，即入东天竺东南界迦摩缕波国……此山路与天竺至近，险阻难行，是大唐与五天陆路之捷径也。仍须及时，盛夏热瘴毒虫，不可行履，遇努难以全生。秋多风雨，水泛又不可行。冬虽无毒，积雪冱寒，又难登陟。唯有正、二、三月乃是过时，仍须译解数种蛮夷语言，兼赍买道之货，仗土人引道，辗转问津，即必得达也。山险无路，难知通塞。"迦摩缕波是唐时的东印度地区，可见，慧琳所说往五天竺的陆路捷径，即为从成都出发，经云南至印度的线路。其中所说的"入吐蕃国之南界，更度雪山南脚"，应指今上缅甸至阿萨姆河三角洲一带。

---

① （宋）欧阳修、宋祁纂：《新唐书》卷43下《地理七下》。此处古地名之今地，据陈佳荣等《古代南海地名汇释》，中华书局1986年版，第1151页。

除此之外，玄奘的《大唐西域记》中提到的迦摩缕波国也是当时缅印道的重要陆路途径，《大唐西域记》卷十载："迦摩缕波国，周万余里。国大都城，周三十余里。……此国东，山阜连接，无大国都，境接西南夷，故其人类蛮獠矣。详问土俗，可两月行，入蜀西南之境，然山川险阻，嶂气氛沴，毒蛇毒草，为害滋甚。国之东南，野象群暴，故此国中，象军特盛。"① 此文中记载的迦摩缕波国，其地望在今印度阿萨姆地区，这已经基本上得到学界的公认。从迦摩缕波至唐之蜀西南境"可两月行"，按唐制陆行每日 50 里计算，约合 3000 里。《唐六典》卷三："度支郎掌水陆道里之路，凡陆行之程，马日七十里，步行及驴五十里，现二里约等于一公里，古代里的长度与现在的略有差异。"唐代之蜀西南境约指四川盆地西南边缘一带，若除去四川盆地边缘至今腾冲一段，剩下的大致也是千余里，这与从腾冲至阿萨姆的距离大体相当。

另一位唐代著名的高僧义净也在其著作中对唐代时的南方丝绸之路有所记载，《南海寄归内法传》卷一原注："从那烂陀东行五百驿，皆名东裔。乃至尽穷，有大黑山，计当土蕃南畔，传云是蜀川西南行可一月余，便达斯岭。次此南畔，逼近海涯，有室利察旦罗国，次东南有郎迦戍国，次东有杜和钵底国。次东极至临邑国。并悉极遵三宝，多持戒之人。"② 那烂陀寺是古代印度摩揭陀国的著名寺庙，唐代玄奘曾经在此庙研习佛经多年，大黑山是今印度与缅甸交界的那加山脉。从义净所载，可以看出唐代时也有僧人从蜀西南沿南方丝绸之路到印度那烂陀寺取经。

（二）缅印道上的佛教交流

1. 中国僧人经缅印道到印度求法

缅印道作为佛教传入的一条重要通道，在西晋末年时就有佛教交流

---

① （唐）玄奘、辩机原著，季羡林等校注：《大唐西域记校注》卷 10，中华书局 1985 年版，第 794—795 页。
② （唐）义净著，王邦维校注：《南海寄归内法传校注》，中华书局 1995 年版，第 199 页。

经此道进行,是时八王之乱起,中国北方动荡,西北丝绸之路通行困难,利用蜀身毒道赴印度的行旅增多,其中不乏去印度求法的高僧。据唐僧义净的《大唐西域求法高僧传·慧琳传》记载:"有一故寺,但有砖基,阙号支那寺。古老相传云是昔室利笈多大王为支那国僧所造。于时有唐僧二十许人,从蜀川牂牁道而出,向莫诃菩提礼拜。王见敬重,遂施此地,以充停息,给大村封二十四所。于后唐僧亡没,村乃割属余人。现有三村入属鹿园寺矣。准量支那寺,至今可五百余年矣。"① 由此可见,在4世纪时,就有若干僧人经过缅印道前往印度求法取经,此后南北朝至隋唐间,有更多的内地僧人通过此道去印度留学求法。唐僧道宣《高僧传》卷七有记载:"释慧睿,冀州人。少出家,持节精峻,常游方而学经,行蜀之西界,为人所抄掠,常使牧羊,有商客敬信者,见而异之,疑是沙门,请问经义,无不综达,商人遂以金赎之。即还袭染衣,笃学弥至,游历诸国,乃至南天竺界。"② 慧睿西游各国最终到达南印度,他精通印度语言和佛学,回国后还协助鸠摩罗什从事翻译工作。据汶江先生统计,上述这些人占两晋南北朝西行求法人数的五分之一左右。③

强盛的唐朝和四邻的交往很频繁,去印度的各条道路都畅通无阻,缅印道因而得到充分的利用。《资治通鉴》卷一九九载,唐贞观二十二年(648):"巂州都督刘伯英上言:松外诸蛮暂降复叛,请出师讨之,以通西洱、天竺之道。"胡三省注曰:"此即汉武帝欲通之道,而为昆明所蔽者也。巂州,汉邛都夷之地,武帝开置越南郡。后周武帝置严州,唐为巂州。"④ 几年后唐太宗派梁建方率蜀兵20万进军滇西。当地

---

① (唐)义净:《大唐西域求法高僧传》,第103页。
② (梁)释慧皎著,朱恒夫、王学均、赵益注:《高僧传》上册,陕西人民出版社2010年版,第386页。
③ 汶江:《历史上的南方丝路》,载伍加伦、江玉祥主编《古代西南丝绸之路研究》,四川大学出版社1990年版。
④ (北宋)司马光:《资治通鉴》卷199,中华书局2012年版,第6255页。

各民族相继归附，这条路完全打通。自此，唐代四川、云南经缅甸到印度的道路，开始有了更多的中印佛教文化交流。

据玄奘《大唐西域记》卷十记载，迦摩缕波国国王拘摩罗看到印度诸国多有歌颂摩诃至那国《秦王破阵乐》，心羡大德之邦，窃思往之。武德元年（618）唐李世民破刘武周，军中所作的《秦王破阵乐》，至贞观初（627）在中国才普遍流行。但是贞观十二年（638）玄奘到达迦摩缕波时，国王拘摩罗就说他"闻之久矣！"① 在玄奘去印度之前，唐代史料并没有中国僧侣取道北印度和中印度而到达此国的记载，可见当时应该有唐代僧侣经过缅印道到达迦摩缕波，将唐代的文化传播到那里，又将佛经带回中国内地。因此，汶江先生认为："迦摩缕波既是和中国很早就有频繁的交往，至四川又有'可两月行'便能到达的捷径，当地对中国的文化交流，也应和贸易一样，直接往还，不必行回曲折，度大漠，再逾雪山，辗转取道中亚和北印度了。"②

唐乾元（758—760）末，吐蕃攻陷河西、陇右各州，沿新疆通行的西北丝绸之路阻绝。唐大中二年（848），张议潮率沙州人民起义，后唐宣宗以沙、瓜等十一州置归义军，从而恢复了对西域的控制。宋代时西夏与宋长期对峙，因此唐乾元以后，中印佛教文化交流主要是沿东线海上丝绸之路和缅印道进行。据史载唐末时，有印度僧人就取此道回国，"先是咸通中，有天竺三藏僧，经过成都，晓五天胡语，通大小乘律论，以北天竺与云南接境，欲假进而还"③。印度僧人经过成都，再经云南而返往北天竺，说明了缅印道在当时仍是四川、云南等地对外交通的要道。

2. 印度僧人经缅印道到中国弘法

除了中国僧人前往印度求法，印度僧人也经缅印道到中国传教弘

---

① （唐）玄奘、辩机：《大唐西域记校注》卷十，第794—795页。
② 汶江：《试论道教对印度的影响》，载伍加伦、江玉祥主编《古代西南丝绸之路研究》，第84页。
③ （宋）孙光宪：《北梦琐言》，上海古籍出版社1981年版，第90页。

法。印度僧人到南诏弘法,首先表现为在南诏设坛讲经。明弘治八年(1495),大理海东乡明庄村大理府儒医杨聪撰的《大师陈公寿藏铭》载:"夫天地始判、阴阳初分,遵三教而为首,凭五常乃作先。天以覆地,而地以载;阴而施,则阳而化。释开口四千之门,法演小始终顿之教导。传丹之九转儒海。人之五常,教有显密,理无东西。佛法之教,始自于从彼西竺之国,流于震旦中华,已经数百余载。分别显密三乘,显以济物利人,密则伏神役鬼,最奥最妙,甚幽甚玄,能返本还原,惟背尘合觉。当则大唐己丑,大摩揭陀始从中印土至于苍洱之中,传此五秘密,名为教外别传。即蒙氏第七世异牟习(应为寻,原文如此——引者注)之代也,以立在家之僧,钦崇密教、瞻礼圣容,设此十四之学,立斯内外之坛。各习本尊为教主,有止禁恶风暴雨,有祛除鬼魅之妖邪、善神常来拥护、恶鬼不能侵临,教法愈隆,威风大振。迄至段酋之代,见鼻祖陈道护,道德深妍,功行逾众,能降龙而伏虎、可祷雨而祈晴,以为护界之僧,故称道护之名也。"

从碑文可以看出:

(1) 佛教始于天竺,流传于中华。

(2) 佛教分显教和密教两种。

(3) 大唐己丑年,大摩揭陀从印度弘法到苍洱之中,传播密教。

(4) 蒙氏第七世异牟寻钦崇密教,蒙氏指南诏国主。

(5) "设此十四之学,立斯内外之坛。"十四,指的是密教的十四生成佛;坛,又称曼陀罗。内坛指在家中设坛,外坛指在寺庙设坛。

(6) "各习本尊为教主。"密教有很多本尊,个人皈依自己的本尊进行修习。如大日如来、大黑天神、八大明王、观世音菩萨等。

(7) "密则伏神役鬼。"密教的主要功能是禳灾祈福,如"有止禁恶风暴雨,有祛除鬼魅之妖邪、善神常来拥护、恶鬼不能侵临"。

(8) "迄至段酋之代。"段酋,指大理国国主。

由此可知,印度密僧经缅印道到南诏弘法。杨学政先生主编的

《云南宗教史》一书中也提出同样的看法:"公元 7 世纪末至 8 世纪,印度密教阿吒力由摩揭陀国(现今比哈尔邦南部)经缅甸北部传入南诏国。受南诏王细奴罗崇敬,开建五密坛场,弘瑜伽法。"①

当时,有不少印度僧人经缅印道到南诏弘法,如《万历云南通志》卷十三《仙释》记:"摩伽陀,天竺人,蒙氏时卓锡于腾冲长洞山,阐瑜伽教,演秘密法,祈祷必应,至今云南土僧名阿吒力者,皆服其教。"《僰古通纪浅述》:"(摩伽陀)国师往石宝山修道,见谋统地方为水所占,乃以锡杖决其东南隅,水泄固。得一香樟木,刻为释迦佛像。"《赵州志》曰:"白须师,西竺人,居赵州之阳曲村,时多蝇蛙,以咒驱之。"又《滇释纪》记载:"圣师李成眉贤者,中天竺人也……游化至大理。"② 同书记:"禅陀子,西域人,天宝间随李成眉游化至大理。"③ 同书记:"罗岷大师,天竺人也。……师游历诸国,后来滇。"④《万历云南通志·寺观志》曰:"杨法律、董奖疋、蒙阁皮、李畔富、段道超五人,并能役使鬼神,招致风雨,降龙制水,救灾禳疫,与张子辰、罗逻倚皆西天竺人,先后为南诏蒙氏礼致教其国人,号曰七师。"其中蒙阁皮是阁罗凤的弟弟,并非天竺人;其他几位虽似汉姓,但据王海涛先生考证,应当是云南法源观音老人到南诏后带出来的第一批学生,并有着印度血统。

除了有文字记载,还有许多天竺僧人雕像可佐证。据李家瑞先生考证,仅剑川石窟中就应有 4 处为天竺僧人的形象,其短须螺髻,披罽牵狗的形象与古籍中对天竺人的描述极为吻合:"天竺国……皆服锦罽,为螺髻于顶……"⑤ 也与《南诏中兴画卷》中执杖牵狗的观音化身极为

---

① 杨学政主编:《云南宗教史》,第 39 页。
② (清)释圆鼎编集:《滇释纪》,《云南丛书》第二十九册,第 82 页。
③ (清)释圆鼎编集:《滇释纪》,《云南丛书》第二十九册,第 82 页。
④ (清)释圆鼎编集:《滇释纪》,《云南丛书》第二十九册,第 84 页。
⑤ (宋)欧阳修、宋祁纂:《新唐书·西域传》,第 6237 页。

相似。古正美《从天王传统到佛王传统——中国中世佛教治国意识形态研究》载:"从《南诏图传》所画的《梵僧》像来看,此〈梵僧〉的确是修莲花部观音法门的僧人……"① 这些均说明南诏时期,天竺僧人在此传教弘法。

《南诏德化碑》云:阁罗凤安定大局后(765),"坐南面以称孤,统东偏而作主。然后修文习武,官设百司,列尊叙卑,位分九等。阐三教,宾四门……"其中"阐三教"者,就是在礼制建设中,把阐扬儒、佛、梵三教定为国策。由此可知,南诏时,佛教已经盛行,并得到统治者的推崇,印度僧人来此传教也就不足为奇了。

其次,佛像雕塑艺术也由此道传入,如剑川石钟寺第6窟明王堂,是至今保存最完好的一窟。该窟整体为佛殿形式,雕六根花立柱将其分为5龛,中间一龛刻释迦、阿难、迦叶,剩余四龛每龛有两尊明王,共有八大明王。该窟最外有二天神:左边为毗沙门天王(即本文的主要描述对象),右边为大黑天神。此毗沙门天王造像通高2.78米,像高1.77米,整体为武将式,立姿,身姿略微呈S形。毗沙门天王像的颜色已模糊不清,有桃形火焰纹的光,头发梳高髻,头戴五佛冠,头冠上有装饰图案,除了头冠正中可以明显看出有一结跏趺坐形式的佛,其余装饰图案模糊不清。腿上包有腔甲,跣足。跣足乃南诏的风俗,《蛮书·蛮夷风俗第八》载:"其蛮……俗皆跣足,虽清平官大军将亦不以为耻。"② 此毗沙门天王造像说明南诏时期,印度僧侣在南诏弘法时,还带来了印度的雕塑技艺。

除此之外,据考古得知,金华山毗沙门天王造像也为南诏时期的雕

---

① 古正美:《从天王传统到佛王传统——中国中世佛教治国意识形态研究》,台北:商周出版社2003年版,第426页。
② 大理白族自治州白族文化研究所编:《大理丛书·考古文物篇(卷五)》,云南民族出版社2009年版,第2748页。

刻。① 金华山石刻，当地人俗称"石将军"，主尊为毗沙门天王造像，左右刻协侍（供养人）像，协侍赤足，天王左臂弯曲托塔，塔由较厚的云纹塔基、方形塔座、莲花座、扁圆形覆钵、塔刹构成，带有浓厚的密教色彩。

禄劝（南诏时期为羁縻宗州地，又名洪农碌券）三台山也有一尊毗沙门天王造像，毗沙门天王造像旁边有一尊护法，这尊护法侧面刻有题记大圣摩诃迦罗大黑天神，此大黑天神脚部及台座尚未完工。在两尊雕像中间有一题记："奉为施主三遍坦绰□□长口□□信男女造"，据题记可推测两尊造像应为南诏后期所刻。②

四川荥经县城西20公里的原邛崃山下的石佛寺摩崖造像，是唐贞元年间开凿的，其造像充满异域风格，与同期其他地方的摩崖造像截然不同，很像魏晋时佛教初传入我国的造像风格。

这些雕塑表明，印度僧人不仅仅设坛讲经，还雕刻佛像供人日常祭拜。

四 南诏与吐蕃的佛教交流

（一）滇藏道的走向

南诏与吐蕃之间的佛教交流，大致沿滇藏道进行。滇藏通道的具体路线，据倪蜕《滇小记·藏程》共有三条，江内（金沙江以南）、江外及危习（维西），而必以丽江为正路。三路之途，又各有小分支，盖官家控制主道，百姓各自分头寻路，又走出若干线路。三条路线是：

一条是由江内鹤（庆）丽（江）镇泛地塔城（今属维西），五站至崩子栏（奔子栏），又三站至毛佉公，又五十四站至乌斯藏（西藏，

---

① 云南省剑川县志编纂委员会编：《剑川县志》，云南民族出版社1999年版，第102页。
② 禄劝彝族苗族自治县地方志编纂委员会编：《禄劝彝族苗族自治县志》，云南人民出版社1995年版，第790页。

此指拉萨)。盖自塔城起,共为六十九站。此为"丽江正路",官道。

另一条是由剑川协泛危习(维西),六站至阿得酋,以下与前同。

第三条是维西路与丽江路实际是一条道,江外路走中甸,间道最近:

> 由中甸六十五里至泥色落,路平,有二十余家,有头目,经(以下有关里程、人家的文字均略)贤乌、崩酒子栏、暑处、拿吉、拉罢、主拉朵、冻虫果、拿棘、松朵、乌龙、孟塘、孤树、令常答、江卡拉及天柱寨是总口、拿泥靶、批送中果、奴连夺、阿不拉塘、阿不司擢列、书罢、隔巴桑岗、迦罗丁、奔当喇顶、迦异史、杂木枯拿、错家卡、昂古、那古、寨闷多门、区查、孤京打、补龙卡、龙祭纳泥把、茶见布、哇绕、家玉丧喀、处信拿朵、颇总、跌拿朵、祭朵、痴利丁、说半多、波地公、拔陆囊、梭妈囊、拉则边巴、查拉、沙公列勒则、楂拉松朵、江模错零、唐卡不刺书、夺牙囊、阿不拉喀、阿布拉满登、弓朵、奴共拉杂、松朵、喇里寨那、哈文、轻边朵、零落喇杂、处谷康喀、查牙龙基、通桑拉没扯、喀鲁张卜浪、自顾松朵、刚喀醋乳、帐零汤哥、拙那桑喀、查谷汤、拉顶、空喀拉摸、德任总、50 里至乌斯藏、蕃名拉撒、有八程走,计 3510 里……非甚远者也。

虽然滇藏道路途遥远,但由于南诏与吐蕃之间分分合合的关系,藏传佛教由此道传入南诏也在情理之中。王忠先生在《新唐书·南诏传笺证》中说,《张胜温画卷》中所有的密教僧人,名目与西藏略同,所以南诏佛教实由吐蕃传入。就传入途径而言,云南密宗由吐蕃传入实有可能。

(二)滇藏道上的佛教交流

南诏阁罗凤自唐天宝十一年(752)依附吐蕃,臣属于吐蕃 40 多年,被册封为赞普钟南国大诏后,西藏密教也给南诏以影响。松赞干布建立吐蕃王朝后,佛教正式传入吐蕃。松赞干布与尼泊尔尺尊公主和唐朝文成公主联姻，这两位公主各从自己的家乡带了一尊佛像到吐蕃。此后，在吐蕃开始兴建佛教寺庙，并翻译了一些佛教经典。松赞干布之后的两代赞普芒松芒赞（650—676）和赤都松（676—704）在位时，吐蕃王室继续扶持佛教，但佛教在吐蕃并没有多大发展。其影响也并未播及洱海地区，但"天宝十年，'南诏臣属于吐蕃'，南诏与吐蕃关系十分密切，而此时，吐蕃贵族掀起了第一次禁佛运动，大量僧人被驱逐，此时的洱海地区白蛮大姓中，佛教已经广为流传，洱海地区当是这些僧人理想的避难之所。824年至838年，吐蕃又掀起了第二次'禁佛运动'，僧人被杀，四处逃亡，这时正是洱海地区大兴佛教之时，更不会排斥这些流亡的僧侣"①。这就使得在客观条件下，进入洱海地区的僧人数量增多，促进了佛教密宗在洱海地区的发展。在天宝战争中，阁破、凤妃及韩陀僧临阵助战，为南诏立下奇功，而在剑川石窟中却不见韩陀僧之踪影，这韩陀僧是何许人呢？很可能就是由吐蕃逃至南诏的西域僧人，韩陀可能是乾陀之误，因绝大部分西域僧人逃往乾陀国，南诏便把逃到本地的西域僧人也当作乾陀僧，估计逃至南诏的西域僧人不会只是在天宝战争中出现的这一个，因为《南诏图传·文字卷》中说到南诏佛教来源时，有一条线路即"从胡梵而至"，"胡"僧当即西域僧，如是，则胡僧之至南诏，这段时间应为最多。

　　僧人通过滇藏道来南诏，也可通过以下资料得以佐证：《南诏图传·文字卷》记南诏晟丰佑时期有西域僧人来南诏，"蒙保和二年乙巳，有西域和尚普立陀诃者入蒙国，曰，'吾西域莲花部尊阿嵯耶观音，行化至汝国，今何在？'语迄，入定上元莲宇，七日始知其坐化，盖观音化身也"②。这则史料表明，普立陀诃到洱海时是保和二年，而且在他之前已有高僧从吐蕃进入南诏。达玛灭佛时，当有不少僧侣从吐

---

① 赵向军：《南诏王室崇信佛教的始因分析》，《大理学院学报》（社会科学版）2006年第1期。
② 转引自李霖灿《南诏大理国新资料的综合研究》，"中研院"民族学研究所1967年版，第13页。

蕃涌向南诏，只是这些僧侣多已湮灭在历史长河之中，无可考证，但也有少数高僧之事迹还依稀可寻，如《白古通记》记载的赞陀崛多即是一例："神僧赞陀崛多，蒙氏保和十六年（839）自西域摩伽陀国来。"《万历·云南通志》卷十三说："赞陀崛多神僧，蒙氏保和十六年，自西域摩伽陀国来，为蒙氏崇信。"摩伽陀国，又称摩揭陀国，中天竺之古国。《滇释纪》中载："赞陀崛多尊者，又云室利达多，西域人也。自摩伽陀国来。"① 而且南诏国主还出世成为佛门弟子，用"君权佛授"的思想统治南诏国。《南诏图传》图画卷中隆舜接受灌顶仪式，成为转轮王，以佛王姿态统治南诏。古正美教授《从天王传统到佛王传统——中国中世佛教治国意识形态研究》载："《南诏图传》的《第七化》便提到，至磋耶九年丁巳岁，'圣驾淋盆'，此处所言的'淋盆'，即是指'以水灌顶'。这则记载有说明隆舜是在改元'磋耶'的第九年（898年）才用'水灌'的方式登上转轮王位。"② 灌顶是藏传佛教中最重要、最基本的宗教仪式。由此可以看出南诏的佛教已经汲取了藏传佛教的精华。至于佛教密宗阿叱力教派的形成，可以说其传播力和影响力都很大，在南诏王室的大力支持下兴建庙宇，并奉佛教为国教。"阿叱力的佛教密僧，他们被称为长老或者国师，国师不但主持宗教活动，还参与政事，为巩固王室的统治出谋划策。"③ 经达玛灭佛后，百余年间藏族地区不见佛教踪迹。洱海一带则正好相反，这一时期佛教密宗得到了南诏王室的大力扶持，以致此后数百年得到了后继各朝王室的崇信和支持，形成了云南独有的密宗阿叱力派。从南诏和吐蕃的佛教关系来看，南诏后期佛教的兴盛离不开部分由吐蕃至南诏的僧人的贡献。更进一步而言，在吐蕃被灭的藏族"前弘期"佛教，却在南诏得到了部分

---

① （清）释圆鼎：《滇释纪》，方国瑜主编《云南史料丛刊·第八卷》，云南大学出版社2001年版，第83页。
② 古正美：《从天王传统到佛王传统——中国中世佛教治国意识形态研究》，第446页。
③ 赵怀仁等：《大理上下四千年》，民族出版社2006年版，第63页。

保存和发展。

综上所述,由于南诏所处的特殊地理位置,毗邻天竺,与唐一水之隔,与吐蕃分分合合,佛教由蜀、由藏或由印度传来皆有可能,因此其与这些国家和地区的佛教文化交流错综复杂。来往于蜀身毒道、滇藏道的僧侣,不仅促进了佛教的大发展,而且促成了南诏成为佛教交流的重要节点。佛教成为南诏的国教,便是佛教在此频繁交流的一个强有力的注脚。

从犍陀罗佛像起源问题看佛教文化的本土化与多元化[*]

伊家慧

南京大学哲学系宗教学系博士生

摘要：位于中亚的犍陀罗地区被公认为佛像起源地之一，在对其文化特征的研究中，学术界在"希腊影响说"与"罗马影响说"两者之间存在着很大分歧。从唯物史观的角度来看，用单一的"希腊化"或"罗马化"都不能客观概括其多元文化特征。这一时期独特的文化是多元因素碰撞与交流下的产物，以"希腊化"为底蕴，以"罗马化"为具体表现形式。

关键词：佛像；希腊化；罗马化；犍陀罗

早期佛教经典《大般涅槃经》中，临终的佛陀留下遗言，即"最后教"，勉励弟子在其灭度后要依据佛法精进修行，以求成佛。[①] 僧团自此一直坚持持戒修行才是成佛之道，而佛陀已经寂灭，不再具有人的形象。因此在佛像产生前，虽然佛教艺术已经存在，但是往往以圣树、

---

[*] 本文是2019年度国家社科基金重大项目"'一带一路'佛教交流史"（项目编号：19ZDA239）的中期成果之一。本文发表于《西南民族大学学报》（人文社会科学版）2023年第6期。此处稍有修改。

① （东晋）法显译：《大般涅槃经》卷3，《大正藏》第1册，第204页。

圣坛、法轮等象征性的抽象图案来表现佛陀①的人物形象。

　　随着距离佛陀生活年代越来越久远，佛教教义不断变化发展，僧众之间的互动性得到加强，佛像应运而生。所谓佛像，广义上指佛陀的图像表现，包括抽象图案，狭义上指以人的形象表现佛陀形象的艺术作品，学术界讨论此问题时往往专指后者。佛像起源是佛教史上的重大问题，代表佛教在图像表现形式上的"偶像崇拜"转型，也反映出佛教在佛陀观等思想观念上的巨大变革。正是这一系列的变革及其成果促进了佛教的远距离传播，最终使得东亚等地区逐渐接受佛教，并产生本土化特征。

　　佛像沿着丝绸之路得到广泛传播之前，是以一种怎样的形态存在，传达了怎样的思想内容，很大程度上决定了传播的过程与结果。佛像如何从无到有、从隐到显、从小到大、从群像到独立成像，产生在何时何地，又如何从产生之地传播到远方的东亚等地区，长期以来一直是学术界关注的热点问题，但是又基本局限于考古学与美术学的领域内，应该得到更加充分、深入、全面的研究。

一　佛像起源问题研究史回顾

　　经过对20世纪以来学术界有关佛像起源代表性观点的梳理和总结，发现其具有丰富的多元性与一定的阶段性特征，并且经历了几次方法论转向，如下表所示。②

---

① ［日］宫治昭：《犍陀罗美术寻踪》，李萍译，人民美术出版社2005年版，第64页。
② 此表格主要参考以下著作：［日］宫治昭：《近年来关于佛像起源问题的研究状况》，李静杰译，《敦煌研究》2000年第2期；庞霄骁：《多元文化与犍陀罗艺术：再论贵霜时代佛教和佛教艺术的发展》，《四川大学学报》（哲学社会科学版）2017年第6期；［意］卡列宁等著：《犍陀罗艺术探源》，魏正中、王倩编译，上海古籍出版社2016年版；［巴基斯坦］瓦利乌拉·汗：《犍陀罗艺术》，陆水林译，商务印书馆1997年版；［日］宫治昭：《犍陀罗美术寻踪》，李萍译，人民美术出版社2006年版；赵玲：《印度秣菟罗早期佛教造像研究》，上海三联书店2012年版。

20 世纪以来学术界有关佛像起源的代表性观点

发表时间	代表学者	产生时间	产生地	主要观点
1913、1922	A. Foucher	公元前 1 世纪初	犍陀罗	希腊影响说
1923	V. Goloubew	公元 1 世纪初叶或中叶	秣菟罗	印度起源说
1927	A. K. Coomaraswamy		秣菟罗 犍陀罗	印度起源说
1949	J. E. van Lohuizen-de Leeuw	公元 1 世纪,贵霜王朝前	秣菟罗	印度起源说
		阎膏珍时代（35—62）	贵霜王朝（50—244） 犍陀罗	
20 世纪 40—50 年代前期	M. Wheeler、H. Buchthal、C. Soper、B. Rowland	公元 1 世纪末		罗马影响说
1960	J. Marshall	公元 1 世纪中叶		希腊影响说
1967	高田修	公元 1 世纪末	秣菟罗	希腊影响说
		公元 2 世纪初		印度起源说
1955—	意大利考古队"斯瓦特考古项目"	公元 1 世纪	犍陀罗 秣菟罗	一、塞种人起源说；二、重新思考"发明地"问题的重要性
1981	J. E. van Lohuizen-de Leeuw	公元前 1 世纪下半叶至公元 1 世纪上半叶	秣菟罗	印度起源说

续表

发表时间	代表学者	产生时间	产生地	主要观点
1984	R. C. Sharma	公元前1世纪下半叶至公元1世纪上半叶	秣菟罗	印度起源说
		公元1世纪下半叶	犍陀罗	
1985、1986	S. J. Czuma	公元1世纪中叶	秣菟罗	
		公元1世纪下半叶	犍陀罗	
1985	J. Cribb	公元2世纪中叶之前	秣菟罗	
		公元2世纪中叶	犍陀罗	
1985	A. K. Narain	公元前95—前75年	犍陀罗	喀喇昆仑山起源说,与塞种人相关
1983、1987	A. H. Dani	公元前1世纪	喀喇昆仑山	
1974—1989	平川彰	公元1世纪,贵霜王朝	犍陀罗	佛像的起源与佛教思想密切相关
1983、1984	桑山正进			提出贵霜民族性说,田边胜美把研究重心放在宗教心理的角度
1988	田边胜美			
1988、1989	瓦利乌拉·汗	公元25—60年,帕提亚时代		希腊罗马双重影响
1996	宫治昭	贵霜王朝	犍陀罗秣菟罗	提出将研究重心转移到佛陀观的视角上

现代学术体系中,最早讨论佛像起源问题的是负责印度考古工作的英国军官和考古学家 Sir. Alexander Cunningham(1814—1893),他在1874年所作的考古报告中,提出了如下猜想:西北印度的雕塑艺术可能沿袭自希腊雕刻的影响,但是并没有详细而具体的研究和

论证。① 最早明确提出外来文化影响说的是德国印度学家、藏学家、考古学家、中亚探险家 Albert Grünwedel（1856—1935），其发表于 1893 年的著作《印度佛教艺术》认为，一些佛教艺术元素属于本土文化与外来文化结合的产物。② 以方法论转向为视角，20 世纪以来学术界有关佛像起源的代表性观点可以划分为前后两个阶段。

第一阶段：1980 年以前，考古学与美术学为主的研究

佛像起源问题大讨论的第一个发展阶段开始于犍陀罗佛像"希腊影响说"的提出，集中于考古学与美术史领域，问题集中于：对佛像发源地、发源时间的确定，以及佛像发源与外来文化和本土文化之间的关系，并没有深入到佛教思想史和社会史的层面。

英国考古学家 J. Marshall（1876—1958）在其发表于 1960 年的著作《犍陀罗佛教艺术》中提出，佛像诞生于公元 1 世纪中叶贵霜王朝时期的犍陀罗地区，并且与帕提亚艺术打下的基础有重要关系。③ 他认为，最早的雕刻在佛塔上的图像，先是"佛本生故事"，后来为世俗生活事件，再后来则为佛陀形象，但是对佛陀人物形象的塑造直到犍陀罗流派的发展时期才得以超越前两者而成为主要内容。而用象征手法表现佛陀形象，正是早期印度流派区别于犍陀罗流派的特征之一。他进一步提出，犍陀罗艺术是由印度艺术和希腊艺术融合演变而成的。④ 自此，"希腊影响说"得以正式确立，并成为影响最大的一派。近年来，有学者提出佛像起源的"希腊影响说"是殖民主义影响下的佛教研究所呈现出的特征，有失

---

① A. Cunningham, *Report for the Years* 1872 – 73, Vol. 5, New Delhi: Archaeological Survey of India, 1874, p. 123.

② A. Grünwedel, *Buddhist Art of India*, Trans. by A. C. Gibson, London: Bernard Quaritch, 1901.

③ Marshall, J., *The Buddhist Art of Gandhara: The Story of the Early School, Its Birth, Growth and Decline*, Cambridge: Cambridge University Press, 1960. 译文可参考[英]约翰·马歇尔《犍陀罗佛教艺术》，许建英译，新疆美术摄影出版社 1999 年版。

④ Marshall, J., *The Buddhist Art of Gandhara: The Story of the Early School, Its Birth, Growth and Decline*, Cambridge: Cambridge University Press, 1960, pp. 7 – 9, 63.

客观性。① 但是也有学者认为，这种说法未免矫枉过正。②

被称为"犍陀罗研究之父"的法国考古学家 A. Foucher（1865—1952）在 20 世纪初的著作中提出，佛像产生于公元前 1 世纪初的犍陀罗地区，是在希腊文化影响下、混合了印度本土风格的"混合产物"，即"希腊式佛教艺术"（Greco-Buddhist art）③，这就是后来影响最大的"希腊影响说"。

与此相对，20 世纪 40—50 年代前期，欧美学者 M. Wheeler、H. Buchthal、C. Soper、B. Rowland 提出"罗马影响说"，认为犍陀罗佛像产生于公元 1 世纪末前后的犍陀罗，其中的西方文化影响并非来源于希腊，而是当时贵霜王朝和罗马帝国海上贸易与文化交流的结果。④

"希腊影响说"和"罗马影响说"都认为佛像是以希腊文化为核心的外来文化影响下的产物，而另一派学者则提出了"印度起源说"，即认为佛像产生于印度本土，其中以"秣菟罗起源说"最为盛行。印度北部城市秣菟罗（Mathura）是婆罗门教的前身薄伽梵派（Bhagavata）和耆那教（Jainism）的发源地，佛陀曾游经此地宣教。公元前 6 世纪佛陀在世的时代，秣菟罗是古印度十六国之一苏罗森那（Surasena）国的都城，随后经历了孔雀王朝、巽伽王朝，至公元 1 世纪秣菟罗成为贵霜帝国的冬都。⑤

---

① ［美］唐纳德·S. 洛佩兹编：《佛之主事们——殖民主义下的佛教研究》，中国人民大学国学院西域历史语言研究所译，中国人民大学出版社 2018 年版，第 65—113 页。
② 刘震：《东方主义、东方学、印度史和印度学》，《中华读书报》2019 年 7 月 3 日。
③ Foucher, A., *The Beginnings of Buddhist Art and other Essays in Indian and Central-Asian Archaeology*, Paris：P. Geuthner. 译文可参考［法］阿·福歇《佛教艺术的早期阶段》，王平先、魏文捷译，甘肃人民出版社 2008 年版。
④ R. E. M. Wheeler, "Romano-Buddhist Art：An Old Problem Restated, *Anliquities*", No. 23, 1949；H. Buchthal, "The Western Aspects of Gandhara Sculpture", *Proceedings of the British Academy*, Vol. 31, 1945；A. C. Soper, "The Roman Style in Gandhara", *American Journal of Archaeology*, Vol. 55, No. 4, 1951；B. Rowland, "A Revised Chronology of Gandhara Sculpture", *The Art Bulletin*, Vol. 18, 1936；"Gandhara and Late Antique Art：The Buddha Image", *American Journal of Archaeology*, Vol. 49, 1942.
⑤ 赵玲：《印度秣菟罗早期佛教造像研究》，第 1 页。

自 1923 年开始，以 V. Goloubew 为首开始反驳"犍陀罗起源说"。①1927 年，斯里兰卡裔美国学者 A. K. Coomaraswamy（1877—1947）提出"秣菟罗起源说"，犍陀罗和秣菟罗两地的佛像于公元 1 世纪初叶或中叶同时产生，相互独立，而秣菟罗佛像才是此后印度佛教艺术发展的主要源头。② 荷兰学者 J. E. van Lohuizen-de Leeuw 于 1949 年出版的著作《斯基泰时期》中指出，最早的犍陀罗佛像产生于贵霜王朝（50—244）阎膏珍时代（35—62）。而在此之前的公元 1 世纪前半叶，即贵霜王朝之前，秣菟罗佛像已经诞生并发展壮大，并未被希腊艺术影响，而是印度本土造像艺术发展的结果。因此，印度传统对犍陀罗艺术的影响程度可能比学术界普遍认为的更大。③

1967 年，日本学者高田修在其著作《佛像的起源》中提出，佛像在犍陀罗和秣菟罗几乎同时出现，犍陀罗稍早一些。犍陀罗佛像出现于公元 1 世纪末，秣菟罗佛像则出现于公元 2 世纪初，两者互相独立，犍陀罗开创了以人的形象表现佛陀的时代。犍陀罗佛像是受到希腊艺术影响、欧亚文化混合下的产物，秣菟罗佛像可能是在听闻犍陀罗佛像已经产生后以自己本土的风格对这股潮流做出的呼应。④ 高田修的理论是对"希腊影响说"与"印度起源说"的折中。

早在 1955 年，意大利考古队"斯瓦特考古项目"启动，一系列考察研究延续至今。通过考古发掘，他们在犍陀罗艺术研究史上第一次确凿地证明了犍陀罗艺术中首次出现以人的形象表现佛陀、以"精神传记"的形式讲述佛传故事一系列行为的推动者可能并非贵霜王朝，而

---

① 赵玲：《印度秣菟罗早期佛教造像研究》，第 5 页。
② Ananda K. Coomaraswamy, "The Origin of the Buddha Image", *The Art Bulletin*, Vol. 9, No. 4 (Jun., 1927), pp. 287 – 329.
③ J. E. van Lohuizen-de Leeuw, *The Scythian Perido*, Leiden 1949. 译文可参考［荷兰］J. E. 范·洛惠泽恩-德·黎乌：《斯基泰时期》，许建英、贾建飞译，云南人民出版社 2002 年版。
④ ［日］高田修：《佛像的起源》，高桥宣治、杨美莉译，华宇出版社 1986 年版。

是塞人及其附属国。① 同时也提出希腊、罗马、印度三种起源说的学术困境，早期佛像风格的复杂性提示我们重新思考并降低人为"发明"问题的重要性。②

第二阶段：1980 年至今，多学科研究的新探索

1980 年以后，欧美学者的研究重新活跃起来，该问题再次成为学术热点，这一变化与考古学新发现以及"秣菟罗起源说"这一新观点有直接关系。③ 在此基础上，学术界的研究领域拓展到了佛教思想史等更深入的层面，发生方法论转向，进入第二阶段。

随着考古学新发现的产生，荷兰学者 J. E. van Lohuizen-de Leeuw 重提"印度起源说"，认为佛像诞生于公元前 1 世纪下半叶至公元 1 世纪上半叶的秣菟罗。印度学者 R. C. Sharma 也认为佛像产生于公元前 1 世纪下半叶至公元 1 世纪上半叶的秣菟罗，而犍陀罗佛像则在其后的公元 1 世纪下半叶出现，即秣菟罗佛像早于犍陀罗佛像。美国学者 S. J. Czuma 提出，佛像产生于公元 1 世纪中叶的秣菟罗和公元 1 世纪下半叶的犍陀罗。英国学者 J. Cribb 提出，佛像产生于公元 2 世纪中叶之前的秣菟罗和公元 2 世纪中叶的犍陀罗。④

除此之外，其他学者逐渐将讨论的焦点从起源地点与起源时间转向其他问题，印度学者 A. K. Narain 和巴基斯坦学者 A. H. Dani 提出"喀喇昆仑山起源说"，认为佛像的产生与塞种人相关。日本学者平川彰将佛像产生时间定位于公元 1 世纪的贵霜王朝，与欧美主流观点一致，同时又提出佛像起源与佛教思想密切相关。日本学者桑山正进和田边胜美

---

① [意] 卡列宁等编著：《犍陀罗艺术探源》，第 54 页。
② [意] 卡列宁等编著：《犍陀罗艺术探源》，第 162 页。
③ [日] 宫治昭：《近年来关于佛像起源问题的研究状况》，李静杰译，《敦煌研究》2000 年第 2 期。
④ [日] 宫治昭：《近年来关于佛像起源问题的研究状况》，李静杰译，《敦煌研究》2000 年第 2 期。

提出"贵霜民族性说",后者把研究重心放在宗教心理学的角度上。①巴基斯坦学者瓦利乌拉·汗认为佛像诞生于帕提亚时代的犍陀罗,是希腊、罗马双重影响下的产物。1996年,日本学者宫治昭提出以佛陀观尤其是普罗大众的"释迦信仰"作为视角去研究佛像起源的方法。

经过长期探索,学术界对佛像起源问题的研究视角从现象层面造像风格的判定发展到更深层次的佛教思想之上。大乘佛教兴起时间为公元前1—3世纪是学术界的主流看法②,初期大乘佛教经典结集的较早期时代可以追溯到公元前1世纪③。佛像起源时期,大乘佛教与部派佛教同时存在,并且互相影响,正是部派佛教与大乘佛教之间的过渡期,体现出多重混合、多线并行的特征。

希腊、罗马、印度三种起源说是佛像起源问题一直以来的讨论焦点之一,学术界普遍认同希腊或罗马影响真实存在。在"希腊影响说"与"罗马影响说"之间存在很大分歧,讨论集中于犍陀罗佛像,分为三种观点:一,希腊影响说;二,罗马影响说;三,希腊罗马双重影响说。究竟是"希腊化"还是"罗马化"?犍陀罗佛像起源问题的多元文化特征值得重新探讨。

二 犍陀罗的地理位置:东西方文明的十字路口

(一)犍陀罗的地理范围

犍陀罗地区被称为"古典时代人类文明的熔炉","东西方文明的十字路口"。印度文明、波斯文明、希腊文明,以及草原文明在此

---

① [日]宫治昭:《近年来关于佛像起源问题的研究状况》,李静杰译,《敦煌研究》2000年第2期。
② 杜继文主编:《佛教史》,江苏人民出版社2008年版,第51页。
③ 程恭让:《佛典汉译、理解与诠释研究:以善巧方便一系概念思想为中心》,中国社会科学出版社2017年版,第61—62页。

碰撞与交融。犍陀罗地处亚欧大陆中心地带，是丝绸之路的贸易中心。犍陀罗地区保留着诸多人类文明遗迹，包括布路沙不逻、塔克西拉、斯瓦特、迦毕试、那竭和哈达、布特卡拉、塔拜克、艾娜克等。①

狭义上的犍陀罗（Gandhāra）指白沙瓦河谷（Peshawer Valley）地区，地处今阿富汗西部边界的苏莱曼山脉（Suleiman Mountains）与东部的印度河之间。广义上的犍陀罗一般泛指"大犍陀罗"（Greater Gandhāra）地区，除狭义上的犍陀罗外还包括北部的斯瓦特（Swat）和另外一些河谷、东部的塔克西拉（Taxila）附近以及西部的阿富汗东部边界。由于历史上犍陀罗本土曾先后被并入印度—希腊王朝（Indo-Greek）、印度—斯基泰王朝（Indo-Scythian）、印度—帕提亚王朝（Indo-Parthian）及贵霜王朝（Kusānaempires）等多个王朝的版图，因此深受犍陀罗文化影响的一些区域也被归入"大犍陀罗"范围之内。②

（二）古代文献与汉文史籍中的犍陀罗

在吠陀、梵书、经书、《后禅定经》、奥义书、佛典与史诗、波斯阿契美尼德帝国时期有关文献、希腊历史学家希罗多德的著作等古代文献中皆提到犍陀罗。关于犍陀罗的范围，根据印度史诗《罗摩衍那》记载，包括西北旁遮普和西北边境省交界地区。另一部印度史诗《摩诃婆罗多》记载，犍陀罗是乌特拉帕特即北印度的一部分或一个国家。据《本生经》记载，犍陀罗曾包括迦湿弥罗和呾叉始罗。③

---

① 孙英刚、何平：《犍陀罗文明史》，生活·读书·新知三联书店2018年版，第2—4页。阿泽姆著，苏玉敏译：《犍陀罗佛教考古综论》，载李崇峰主编《犍陀罗与中国》，文物出版社2019年版，第40—59页。
② ［美］邵瑞琪：《犍陀罗古代佛教经卷：大英图书馆佉卢文残片概述》，心举、朗安译，中华书局2019年版，第3页。
③ ［巴基斯坦］瓦利乌拉·汗：《犍陀罗艺术》，第15—26页。

犍陀罗属于古印度十六国之一，在中国正史中起初称为"罽宾国"，西方史学家称之为"印度希腊王国"或"希腊大夏王国"（前189—前90），《汉书·西域传》中记载其以阿富汗喀布尔河中下游及其各支流河谷平原为中心，包括犍陀罗、迦毕试、乌苌、呾叉始罗等地。①

（三）西行求法僧游记中的犍陀罗

法显于400年到达印度时，属于笈多王朝统治时期，提到犍陀罗当时是一个国家。此后，520年，赴西域求经的宋云和惠生也提到了犍陀罗。玄奘于629—630年游历了犍陀罗，对其地理、历史、政治、宗教等情况进行了详细记载，此时犍陀罗佛教已经衰落②，"僧伽蓝千余所，摧残荒废，芜漫萧条"。

《大唐西域记》：

> 健驮逻国，东西千余里，南北八百余里，东临信度河。国大都城号布路沙布逻，周四十余里。王族绝嗣，役属迦毕试国。……人性恇怯，好习典艺，多敬异道，少信正法。自古已来，印度之境作论诸师，则有那罗延天、无著菩萨、世亲菩萨、法救、如意、胁尊者等本生处也。僧伽蓝千余所，摧残荒废，芜漫萧条，诸窣堵波颇多颓圮。天祠百数，异道杂居。③

林梅村认为，从地理范围来看，这里的"健驮逻国"指汉代罽宾国。④

---

① 林梅村：《汉晋艺术之犍陀罗文化因素》，载李崇峰主编《犍陀罗与中国》，第258页。
② ［巴基斯坦］瓦利乌拉·汗：《犍陀罗艺术》，第45—46页。
③ （唐）玄奘、辩机原著，季羡林等校注：《大唐西域记校注》，中华书局1985年版，第232—233页。
④ 林梅村：《汉晋艺术之犍陀罗文化因素》，载李崇峰主编《犍陀罗与中国》，第259页。

最早到达该地区的求法僧法显在《佛国记》中将其译作"犍陀卫",《释氏西域记》中译作"犍陀越",北魏《洛阳伽蓝记》中称之为"乾陀罗",《大唐西域记》译作"健驮逻",林梅村认为前两者为犍陀罗语音译,而后两者为梵语音译。①

三 从巴克特里亚到犍陀罗:希腊化文明的影响

(一)"希腊化"概念

"希腊化"(the Hellenistic)指亚历山大及其后继者对东方的征服与统治,使希腊文化传播到东方,并和当地文化碰撞、融合,形成一种以希腊语、希腊艺术形式、希腊城市为主要载体和特征的新的文化体系。它介于古典希腊到罗马帝国之间的过渡时期,被认为客观上成为沟通东西方文化大交流与大融合的桥梁。②

"希腊化"的概念最早由德国历史学家 J. G. Droysen(1808—1884)提出,此前这一时期通常被认为是希腊文化的衰退期,长期受到学术界的忽视。此后,"希腊化"的概念开始被认定为希腊古典时期之后的又一个时代,并与希腊文化东传的历史现象紧密相关。"希腊化"包含三层意涵:一,"希腊化文化",即希腊文化向东方传播后与东方文化相融合的产物;二,"希腊化时代"(Hellenistic Age)指从亚历山大东征(前334)到埃及托勒密王朝最后灭亡(前30)之间的历史时期③;三,"希腊精神",即希腊、罗马的古典文化。④ 值得注意的是,这一概念产生的历史背景导致其又带有"希腊中心主义"和"西

---

① 林梅村:《汉晋艺术之犍陀罗文化因素》,载李崇峰主编《犍陀罗与中国》,第259页。
② 杨巨平:《碰撞与交融:希腊化时代的历史与文化》,中国社会科学出版社2018年版,第3—4页。
③ 杨巨平:《碰撞与交融:希腊化时代的历史与文化》,第1页。
④ [日]森谷公俊:《亚历山大的征服与神话》,徐磊译,北京日报出版社2020年版,第10页。

方中心主义"色彩。①

(二)"希腊化世界"的范围

公认的"希腊化世界"包括从东地中海到如今的中亚、印度,跨越欧亚非三大洲,并且通过丝绸之路的间接传送,"希腊化文化"的信息影响到了汉代中国。②希腊化王国主要指亚历山大后继者们建立的三个大国和若干小国,包括埃及的托勒密王国、亚洲的塞琉古王国、希腊本土的马其顿王国,以及从塞琉古王国中脱离出来的帕加玛王国、巴克特里亚王国等。③受希腊文化影响较深的地区还包括帕提亚,其地理位置介于塞琉古王国和巴克特里亚王国之间,在语言文字、建筑艺术、思想文化等多方面体现出极其浓厚的希腊化文化色彩,甚至被英国历史学家汤因比(Arnold Joseph Toynbee,1889—1975)称为"爱希腊帝国"(Philhellene Empire)与"希腊文化的热心赞助者"。④在贵霜王朝之前,帕提亚人统治西北印度,这时希腊艺术在该地区出现过一次强大的复兴运动,为后来犍陀罗艺术中希腊艺术的强烈影响打下基础。⑤

(三)巴克特里亚、犍陀罗与"希腊化"

犍陀罗地区与古希腊的接触始于公元前331—前327年,亚历山大大帝征服塔克西拉(Taxila,又译呾叉始罗)。公元前305年,孔雀王朝打败希腊人,当时的犍陀罗地区是其行省。公元前270年,阿育王

---

① [日]森谷公俊:《亚历山大的征服与神话》,徐磊译,第11页。
② 杨巨平:《碰撞与交融:希腊化时代的历史与文化》,第17—18页。
③ 杨巨平:《碰撞与交融:希腊化时代的历史与文化》,第47页。
④ 杨巨平:《碰撞与交融:希腊化时代的历史与文化》,第168页。
⑤ Marshall, J., *The Buddhist Art of Gandhara: The Story of the Early School, Its Birth, Growth and Decline*, Cambridge: Cambridge University Press, 1960. 译文可参考[英]约翰·马歇尔《犍陀罗佛教艺术》。

(Asoka)继位,希腊人在巴克特里亚和犍陀罗地区占有较大比例。公元前253年,阿育王派遣僧团到巴克特里亚和犍陀罗传教,使得当时最为兴盛的部派佛教说一切有部在迦湿弥罗、犍陀罗得以发展壮大。① 南传《善见律》以及《增一阿含经》中的《蛇喻经》记载了阿育王曾到罽宾和犍陀罗传播佛教。②

公元前195年,希腊—巴克特里亚人征服了犍陀罗,统治犍陀罗时间长达135年。③ 巴克特里亚在汉文史籍中被称为"大夏","希腊化文化"是其重要组成部分。"巴克特里亚"包括兴都库什山麓、今阿富汗大部分地区和塔吉克斯坦的中南部,以及阿姆河中游的部分地区。公元前331—前327年,亚历山大大帝征服这一地区,其统治土崩瓦解之后,留下的希腊人建立了希腊—巴克特里亚王国。后来在德米特里一世(Demetrius Ⅰ of Bactria)等君主的军事扩张下,其统治范围拓展到西北印度的犍陀罗等地。④

杨巨平将巴克特里亚王国称为"希、印、中文明的相逢之地",他将该王国的历史分为两个阶段:第一阶段是"巴克特里亚—希腊人时期";第二阶段是"印度—希腊人时期",此时巴克特里亚王国扩张到印度腹地,这些带有混合文化基因的人群在民族特性与文化属性上与印度人融为一体,形成"印度—希腊人"。巴克特里亚地处中国、印度、西亚之间,是丝绸之路的重要节点。约公元前200年左右,巴克特里亚版图迅速扩大,并且向东方打开了通往中国西域的道路。⑤ 公元前2世纪中叶,米南德(Menander)统治时期,希腊人开始了在印度西北部

---

① 孙英刚、何平:《犍陀罗文明史》,第543—549页。[美]邵瑞琪:《犍陀罗古代佛教经卷:大英图书馆佉卢文残片概述》,第5页。
② 吕澂:《印度佛学源流略讲》,上海人民出版社1979年版,第30页。
③ 孙英刚、何平:《犍陀罗文明史》,第543—549页。[美]邵瑞琪:《犍陀罗古代佛教经卷:大英图书馆佉卢文残片概述》,第5页。
④ 孙英刚、何平:《犍陀罗文明史》,第14页。
⑤ 杨巨平:《碰撞与交融:希腊化时代的历史与文化》,第60—61页。

长达一个多世纪的稳定统治。他积极拉拢印度本地贵族，曾与佛教僧侣讨论佛教教义，《那先比丘经》中对此有记载，后世很多人因此认为他已经皈依佛教。①

吕澂将西北印度称为"希腊文化与印度文化的混合区"②，英国学者查尔斯·埃利奥特（Charles Eliot，1894—1931）提出，《本生经》中提到的佛教学术中心呾叉始罗大学城便坐落于西北印度，并且贝斯那加尔铭文证实了进入印度的外国人已经采纳了印度宗教。③虽然在地理位置上远离希腊化世界的中心即地中海地区，但是巴克特里亚王国被认为在很长一段时间内保持了希腊化国家的基本特色。④匈牙利学者 J. 哈尔马塔（J. Harmatta）提出，随着希腊—巴克特里亚王国的兴起，希腊文化成为中亚文明的"经常和基本的要素"，经历了"根本的变化"，改变了生产与生活，产生了一种新的"混合文明"，构成中亚文明的基础。⑤

四 贵霜王朝时期的犍陀罗：丝绸之路上的佛教中心

（一）贵霜王朝与迦腻色迦

学术界多数学者将佛像起源时间确定为贵霜王朝时期或其建立前夕。公元前 2 世纪，原居甘肃敦煌、祁连之间的游牧民族月氏族在被匈奴人打败后被迫西迁，占领巴克特里亚地区。1 世纪，贵霜王朝成立，

---

① 杨巨平：《碰撞与交融：希腊化时代的历史与文化》，第 62 页。
② 吕澂：《印度佛学源流略讲》，第 33 页。
③ ［英］查尔斯·埃利奥特：《印度教与佛教史纲》第一卷，李荣熙译，商务印书馆 1982 年版，第 22 页。
④ 杨巨平：《碰撞与交融：希腊化时代的历史与文化》，第 63 页。
⑤ ［匈牙利］哈尔马塔主编：《中亚文明史》第 2 卷，徐文堪译，中国对外翻译出版公司 2002 年版，第 1—2 页。

基本上统治了西北印度。① 贵霜帝国分为前后两个阶段，分别属于两个家族，第一阶段为 30—130 年，主要执政者为丘就却（Kujula Kadphises）和阎膏珍（Vima Kadphises）；第二阶段为 144—241 年，主要执政者为迦腻色迦（Kanichka）。②

迦腻色迦在位年代目前尚无定论，吕澂认为大约为 128—150 年。他定都犍陀罗，试图将佛教培养成政治统治工具，建立了许多佛教建筑。《洛阳伽蓝记》记载北魏宋云到印度时见过该地区的佛塔，玄奘在《大唐西域记》中也有记载。大庙石铭中记载了迦腻色迦尤其提倡说一切有部，传说中由他发起的论著《大毗婆沙论》奠定了其在经院哲学中的代表性地位，还出现了马鸣、众护、世友等著名佛教思想精英，众护甚至成为王师。③

（二）佛教在犍陀罗的发展

5 世纪 70 年代末，嚈哒人攻占犍陀罗。4—8 世纪，商路变迁导致佛教艺术中心转向巴米扬。550—600 年，巴米扬大佛造出。8—9 世纪，犍陀罗艺术凋零。18 世纪中期，欧洲学者开始对贵霜帝国开展以考古学为主的研究。1833—1834 年，考古发掘出一块刻有佛陀禅定的圆形石雕，被认为是近代犍陀罗佛教艺术研究的开端。19 世纪中期到 20 世纪中期，大量犍陀罗文物出土，考古学研究取得丰硕成果。④

一些仅存中译本的部派佛教论书中常提到"犍陀罗传统"，一般认为《阿毗昙心论》等论书成书于犍陀罗。⑤ 贵霜帝国时期中亚地区

---

① 吕澂：《印度佛学源流略讲》，第 33 页。
② ［法］R. 格鲁塞：《从希腊到中国》，常书鸿译，浙江人民美术出版社 1985 年版，第 26 页。
③ 吕澂：《印度佛学源流略讲》，第 33—35 页。
④ 孙英刚、何平：《犍陀罗文明史》，第 543—549 页。
⑤ ［美］邵瑞琪：《犍陀罗古代佛教经卷：大英图书馆佉卢文残片概述》，第 5 页。

盛行说一切有部，但是在某些地区也出土了大众部与大乘佛教铭刻的遗迹，大致可以推断出该地区当时为部派佛教与大乘佛教混合共存的状态。①

犍陀罗在不同历史时期都曾作为重要的佛教经院哲学研究中心，1—2世纪的犍陀罗不仅是佛教艺术的中心，同时也是佛教思想的中心。② 美国学者邵瑞琪（Richard Salomon）根据大英图书馆佉卢文残片推断，法藏部早期兴盛及此后没落可能都与支持它的印度—斯基泰王朝被贵霜王朝所取代有关，而后者提倡说一切有部。③ 大量法藏部铭文证实其活动中心在大犍陀罗地区，属于法藏部的汉译《长阿含经》从语言学角度来看由犍陀罗语译介而来。④ 于阗出土的佉卢文《法句经》也被认为是法藏部所有。⑤

学术界主流观点将法藏部界定为说一切有部的分支，《异部宗轮论》与上座部巴利语系资料进一步认为其为说一切有部衍生出的化地部的分支，在早期佛教传播中占据显赫地位⑥，甚至有学者认为"早期亚洲中部佛教的布教风潮"就是由这一部派所倡导，其使用的语言正是犍陀罗语。至少有三个部派（法藏部、说一切有部和大众部）使用犍陀罗语在犍陀罗地区传教，但是目前发现的大多数甚至全部犍陀罗语写本都属于法藏部，据此邵瑞琪认为，法藏部在犍陀罗佛教的形成阶段以及在佛教与佛教经典向亚洲中部传播的过程中占据了主导地位。⑦ 但是法藏部也并非一家独大，说一切有部等其他部派与之并

---

① 唐熙阳：《阿富汗与阿姆河北岸地区佛教考古综述》，载李崇峰主编《犍陀罗与中国》，第201页。
② ［美］邵瑞琪：《犍陀罗古代佛教经卷：大英图书馆佉卢文残片概述》，第202页。
③ ［美］邵瑞琪：《犍陀罗古代佛教经卷：大英图书馆佉卢文残片概述》，第11页。
④ ［美］邵瑞琪：《犍陀罗古代佛教经卷：大英图书馆佉卢文残片概述》，第196页。
⑤ ［美］邵瑞琪：《犍陀罗古代佛教经卷：大英图书馆佉卢文残片概述》，第193页。
⑥ ［美］邵瑞琪：《犍陀罗古代佛教经卷：大英图书馆佉卢文残片概述》，第190页。
⑦ ［美］邵瑞琪：《犍陀罗古代佛教经卷：大英图书馆佉卢文残片概述》，第194页。

存。① 说一切有部在犍陀罗兴盛起来后，仍然有梵语佛教写本残片可能属于法藏部，并没有消失。法藏部在印度本土留下的文本和考古遗存非常稀少。②

3世纪开始，巴米扬地区一度成为区域性佛教传播中心，其艺术风格融合了犍陀罗、中亚、波斯及当地本土特色，形成一种新的艺术表现形式。虽然当时巴米扬地区盛行说出世部（Lokottaravāda），但是大众部或者大乘佛教图像在石窟中分布广泛，尤其是弥勒佛造像。③ 根据玄奘记载，巴米扬是说出世部的一个中心④，但是考古证据证明它也是大乘佛教的一个据点。

（三）犍陀罗佛教的东传

犍陀罗佛教的东传既有普通民众自发地参与，也有僧团有意识地进行传播。一方面，东汉灵帝时期，贵霜帝国战乱频仍，民不聊生，一些贵霜难民开始从犍陀罗等地区流向塔里木盆地、敦煌甚至中原汉地。贵霜难民在人口流动过程中沿路传播佛教，塔里木盆地和洛阳出土的佉卢文遗存即为证据。另一方面，贵霜帝国既是部派佛教兴盛之地，同时也被认为是大乘佛教发源地之一。在迦腻色迦支持下，部派佛教在犍陀罗完成第四次大结集，但是不久后大乘佛教的兴起使得部派佛教在当地竞争激烈的宗教市场中压力倍增，开始向塔里木盆地及其以东地区传播。⑤

---

① ［美］邵瑞琪：《犍陀罗古代佛教经卷：大英图书馆佉卢文残片概述》，第200页。
② ［美］邵瑞琪：《犍陀罗古代佛教经卷：大英图书馆佉卢文残片概述》，第191页。
③ 唐熙阳：《阿富汗与阿姆河北岸地区佛教考古综述》，载李崇峰主编《犍陀罗与中国》，第182—183页。
④ （唐）玄奘、辩机：《大唐西域记校注》，第129页。
⑤ 林梅村：《汉晋艺术之犍陀罗文化因素》，载李崇峰主编《犍陀罗与中国》，第262—263页。

五 在"希腊化"与"罗马化"之间:贵霜王朝的文化属性

(一) 巴克特里亚和印度希腊人的文化属性

在前750年到前650年之间,希腊文化经历"东方化时代"。希腊因素与东方因素的融合与互动很早就开始发生。① 日本学者森谷公俊进一步提出,早在前8世纪至前6世纪时,希腊人在与波斯人的互动中就积极学习了东方文化,这种文化融合是双向的,而不是由希腊文化单方面主导。"希腊化文化"混合了中国、帕提亚、罗马以及印度等多个国家和地区的文化,不仅仅是单一的希腊文化。因此,"希腊化时代"的亚洲是一个多种文化相互交织的多元化世界,希腊文化只是其中一个要素。②

1938年,W. W. Tarn 在《巴克特里亚和印度的希腊人》(*The Greeks in Bactria and India*) 一书中提出的"巴克特里亚和印度的希腊人王国属于第五个希腊化国家"的观点。1957年,A. K. Narain 在其著作《印度希腊人》(*The Indo-Greeks*) 中则主张印度—希腊人的历史并非希腊化世界的一部分,而属于印度史。Frank Holt 提出,这两种对立的观点并不能合理解释巴克特里亚的文化特质,在他看来,巴克特里亚是一个深受印度文化影响的希腊化国家。此后,关于巴克特里亚文化属性问题的讨论一直受到学术界关注。2014年,英国学者 Rachel Mairs 在《远东希腊化:希腊人统治时期中亚的考古学、语言学与族群认同》(*The Hellenistic Far East: Archaeology, Language and Identity in Greek Central Asia*) 一书中提出希腊化时期的远东地区属于广泛的希腊化世界的一部分。然而,这一地区的希腊化进程并不完全是政治统治的结果,也可能

---

① 陈恒:《略论古希腊文明中的东方因素》,《上海师范大学学报》(哲学社会科学版) 2004年第1期。
② [日] 森谷公俊:《亚历山大的征服与神话》,第35、288—289页。

源于大众自愿接受希腊文化的行为。贵霜王朝可以视为希腊—巴克特里亚王国的继承者，同时也继承了历史变动所造成的文化形态上的变化性与多样性。①

由于巴克特里亚—希腊人和印度—希腊人在地理上与"希腊化世界"其他地区长期隔绝，公元以前在开始"印度化"进程后仍然在一定程度上坚持自身文化，并试图将二者进行有机融合，因此"印度化"的同时也是"希腊化"。希腊人对印度宗教信仰与文化的接受过程可以从钱币的变化上反映出来：第一阶段中，佛教意象以象征性、隐喻的形式出现，例如狮子、菩提树、佛塔等。第二阶段进入米南德时期，开始出现希印对应的隐喻符号，说明希腊人开始有意地将希印两种宗教文化进行一定程度上的融合。②

王权神化与王朝崇拜也是希腊化时期君主制的一大特色，其有三大来源：一是古代埃及、波斯、巴比伦等国的传统，二是希腊的神人同形同性观念，三是马其顿的王族神裔传统。希腊人对王权神化思想的接受始于亚历山大，他最初的意图是利用君权神授思想建构自己统治的合法性，客观上却导致希腊宗教与东方宗教的混合。③ 也有学者认为，虽然宗教混合现象在"希腊化时代"曾经得到广泛发展，但是"希腊化文化"是一种上层阶级的文化，下层大众仍然坚守着本土文化和宗教传统。④

（二）罗马、贵霜与中国之间的贸易交往

公元前3世纪末，罗马人从西方袭来，巴克特里亚希腊人成为希腊

---

① Rachel Mairs, *The Hellenistic Far East: Archaeology, Language and Identity in Greek Central Asia*, Oakland: University of California Press, 2014. 齐小艳：《评瑞秋·梅尔斯〈远东希腊化：希腊人统治时期中亚考古、语言和认同〉》，《全球史评论》2016年第2期。
② 杨巨平：《希腊化还是印度化——"Yavanas"考》，《历史研究》2011年第6期。
③ 杨巨平：《碰撞与交融：希腊化时代的历史与文化》，第98—99、155页。
④ 陈恒：《关于希腊化时代的若干问题》，《华东师范大学学报》（哲学社会科学版）1997年第2期。

化王国的"回光返照"。希腊化王国的政治势力气数已尽,但是希腊化文化却伴随着成为"希腊化文化俘虏"的罗马人和占领印度一部分地区的巴克特里亚人的政治活动继续向四周扩散和渗透。①

公元1世纪,罗马人已经注意到了中国与印度之间的贸易交往。公元2世纪,罗马人的活动范围拓展到了东南亚和南亚,通过海陆两条路线到达中国,与中国建立了直接的贸易关系。② 罗马人在受到希腊文化巨大影响的同时,也创造出了自身的特色,形成了自己民族的文化。③ 贵霜帝国长期在国际贸易中扮演着中间商的角色,罗马与其交易货物可达到数千吨,同时其也在印度洋和塔里木盆地之间进行国际贸易征税,获得大量收入。贵霜帝国控制西北印度,边界线达到"憍赏弥"即中国云南边境、缅境掸邦④以及印度河流域,并延伸到阿拉伯海各港口,通过海路建立西北印度、红海、波斯湾与罗马帝国的商业联系。

贵霜王朝开国皇帝丘就却就发行刻有戴着罗马桂冠的古代皇帝头像的钱币,并以希腊语写着"贵霜王丘就却",其他钱币上则在正面刻着希腊国王头像,背面刻着希腊半神赫拉克勒斯像。丘就却的继任者维马·塔克图则发行了刻有希腊国王式头像的钱币,承认了贵霜帝国中希腊居民的地位。有学者认为,贵霜帝国还可能雇用了从希腊到印度从事雕刻工作的希腊工匠,而犍陀罗佛像的产生有可能受到了希腊

---

① 杨巨平:《碰撞与交融:希腊化时代的历史与文化》,第162页。
② 张绪山:《罗马帝国沿海路向东方的探索》,《史学月刊》2001年第1期。
③ 陈恒、鲍红信:《希腊化,还是罗马化——罗马对希腊文化的模仿、调适与创新》,《史林》2011年第5期。陈恒:《希腊化的另一面:罗马的希腊化》,《学术研究》2005年第10期。
④ 憍赏弥:古代地名,英文对音拼写应是Kawsampi或Kosambi、Kausambi等,常常存在于傣掸民族传说与《法句经》等佛教典籍中,大致位于今日傣掸民族居住的云南边境和缅境掸邦。参见:黎道纲:《憍赏弥和九掸卑——傣掸古国之谜讨论》,《东南亚》2002年第1期;何平:《解开"憍赏弥"之谜——掸傣民族传说中的"憍赏弥"之我见》,《东南亚》1995年第1期。

工匠的影响。贵霜帝国还曾派遣宗教使节前往罗马帝国，其中就包括佛教僧人。①

六　结语

犍陀罗佛像并非"希腊化"的直接产物，具有"混合文明"的特征。② 这一特定时期的罗马文化是向西迁回传播的"希腊化文化"。③ 从唯物史观角度来看，用单一的"希腊化"或"罗马化"都不能客观概括佛像起源土壤中的多元文化特征。犍陀罗佛像起源问题是佛教传播过程中一个独特的侧面和缩影，反映出宗教在传播过程中所面临的诸多问题及其可能的应对方式，值得深入探讨与研究。

第一，佛教文化的本土化与多元化使其具有较强的生命力。

佛教的传播从一开始便具有多元性和复杂性，不是单一派别的孤立化传播。佛教在坚持自身教义与思想内涵的同时，积极进行本土化与多元化发展，减小了其在各地区传播中受到的本土固有文化阻力，并且在与多元文化互动中具备了更好的普适性，从而获得较强的生命力。

第二，佛教文化是宗教市场竞争刺激下的产物。

无论在原始佛教起源地——印度，还是部派佛教、大乘佛教发展的中心地区——中亚，乃至传播至东亚、东南亚，佛教的生存与发展长期处于激烈的宗教市场竞争中，迫使僧团与信众进行创造性的宗教实践活动，促进了佛教的不断发展革新。

第三，佛教信徒群体的多元化使其获得更大的发展空间。

佛教在传播过程中，得到了各地区本土社会中多层次人群的接受，

---

① ［英］拉乌尔·麦克劳克林：《罗马帝国与丝绸之路》，周云兰译，广东人民出版社2019年版，第111、112、116、118页。
② 杨巨平：《碰撞与交融：希腊化时代的历史与文化》，第259页。
③ ［日］森谷公俊：《亚历山大的征服与神话》，第292页。

包括僧人、王室贵族、商人、普通民众等在内的群体都曾参与佛教的自发或自觉传播过程，这有赖于佛教教义的特殊性及其在传播过程中形成的包容性与灵活性。佛教信徒群体的多元化使其在发展过程中对特定阶层的依赖性得到弱化，具有较大的发展空间与较强的社会性。

高原丝绸之路与藏传佛教的建立[*]

尹邦志

西南民族大学学报编辑部研究员

摘要：历史上发挥过重要的经济、军事、政治、文化交流作用的"唐蕃古道"和"尼婆罗道"，现在学术界合称为"吐蕃丝绸之路"或"高原丝绸之路"。它和通常所说的"北方丝绸之路"及吐蕃通到益州（今四川）和南诏（今云南）的通道都可连通。吐蕃丝绸之路为我们提供了研究吐蕃佛教的建立的新视角，即除了考察"师君三尊"等一些关键人物的宗教感情、行为和思想外，可以从宗教的地缘关系来观察佛教在吐蕃建立的背景。正是由于"吐蕃丝绸之路"的存在，汉地佛教直接、间接地影响了吐蕃高层人士的宗教信仰，他们利用交通条件，分别向中原和印度求法、引进僧人和佛法，并将中原和印度的高僧聚集在拉萨，传播佛教、展开辩论。可见，"吐蕃丝绸之路"是吐蕃佛教建立的必要条件。

关键词：吐蕃丝绸之路；吐蕃佛教；汉藏交流；中印交流；佛教地缘关系

---

[*] 本文是2019年度国家社科基金重大项目"'一带一路'佛教交流史"（项目编号：19ZDA239）的中期成果之一。

藏传佛教的历史和汉传佛教的历史，在书写的传统上有很大的不同。这是由两地佛教的发展特点、佛教界的观念而区别开来的。汉传佛教历史典籍的第一章，通常是要追问佛教是什么时候传入的。藏传佛教的史书，则关注佛教是如何在高原建立法幢的，并且提出了一个严谨的标准：佛法僧三宝齐备了，佛法才算在吐蕃建立了。藏人普遍认为，佛法建立的时间，是在赤松德赞时期，尤其以桑耶寺的建成、僧团的确立为标志。

吐蕃佛法得以建立，通常归功于"师君三尊"——赞普赤松德赞、堪布寂护和上师莲花生。当然，他们只是代表性人物，为他们做铺垫、穿针引线的人，以及有其他种种因缘的，大有人在。但是，从他们的身上，已经可以看到丝绸之路在吐蕃佛教建立过程中的影响。

一 金和尚促成赤松德赞的信仰

虽然莲花生和寂护对佛教体系的贡献更大，但是，吐蕃佛教的建立这一事件的核心人物，却应该是赤松德赞。在吐蕃佛教的舞台上，他是三人之中最早登场的。记载这位赞普信仰历程的最早的文献，一般认为是《拔协》。据说这是赤松德赞时期的佛教宗师拔赛囊所写，但书中有后人添加的内容。书中说，为了唐蕃友好，汉人皇帝派了一个大臣常驻拉萨，他的儿子桑喜（又叫甲楚）从小就和小王子（赤松德赞）成了玩伴。此外，他可能还有其他汉族小伙伴。他们玩耍、闲聊的时候，会涉及一些汉族的典籍，包括佛典当中的观念。例如，有一次，小伙伴们讨论杀死鸟的罪业，小王子从桑喜那里知道了汉地所传佛经中有"十善法"之说。因为这次闲聊，他的父王便派遣桑喜带领四个使臣，前往中原朝廷取经。他们受到了唐朝皇帝的欢迎，得到了一千部金字佛经。

返回吐蕃的途中，他们遇到了一位神僧尼玛。尼玛以神通看到了当时吐蕃佛本之争中佛教受到摧毁的情形，赠送给他们三本佛经《十善法经》《金刚经》和《佛说稻秆经》，让他们带回去，按顺序向赤松德赞讲解，让他逐步确立信仰。并预言将来要请寂护大师来弘扬佛法，吐蕃佛法必定昌盛兴隆。通常认为，这个尼玛就是巴蜀禅宗史上大名鼎鼎的金和尚，藏人对他是非常虔诚的。后来，王子即位后，机缘成熟，桑喜向他次第讲解了这三部经，赞普领悟到，要有正行、正见，要见行双修，遂对佛法产生了坚定的信仰。①

此后，吐蕃取得了对敦煌的统治，敦煌的高僧纷纷受到赤松德赞的尊重，摩诃衍在沙洲降下之日，就被迫不及待地迎请到了拉萨，赤松德赞赞普及其姨母等人均从他领受禅法。摩诃衍在拉萨传法，弟子迅速扩大到五千多人。这个规模，比汉地的一般大禅师影响还要大！由此可见汉传佛教这一时期的影响之深。

二 高原丝绸之路

（一）唐蕃古道

赤松德赞信佛的过程，颇有传奇色彩，但是合乎情理。这显示出，唐蕃之间的交通是一个重要的外缘。从《拔协》可以看到，当时有一些汉地的和尚在拉萨等地修行。书中对这些和尚的来源没有交代，推测有两种可能：一是随金城公主进入吐蕃，一是自发从汉地到那里去修行。这些都说明，从汉地到拉萨传法的道路是通畅的。

汉藏交流最早的历史，是无法考证的。汉藏两个民族，学术界一般认为有共同的族源和语源。两个民族早期的神话以及宇宙起源、人类起源的传说都有相似之处。本教研究者认为，本教和道教的相似度也很高。考古学者指出，西藏苏热地区发现的旧石器时代的器具可能受到了华北地区的影响。② 著名的卡若文化遗址中发现的粟类谷物，说明新石

---

① （唐）拔赛囊原著，佟锦华、黄布凡译注，《拔协》（增补本译注），四川民族出版社1990年版，第5—7页。
② 安志敏等：《藏北申扎、双湖的旧石器和细石器》，《考古》1979年第6期。

器时期的西藏也受到了黄河流域文化的影响。① 2006 年 5 月,在西藏的噶尔县门土乡古鲁甲寺发现了"王侯羊王鸟兽织锦",上有虎羊鸟等对称图案,和小篆字体的"王""侯"等字。考古学家判定其年代为 5 世纪中期至 7 世纪初期。② 这些考古材料说明,汉藏之间早就存在一条丝绸之路。

《隋书·裴矩传》对这条道路已经有了明确的记载:"其东女国、南婆罗门国等,并随其所往,诸处得达。"意思是说,吐蕃东部的女国,在今四川金川、丹巴一带,南部的婆罗门国,即天竺(印度),都已经有路通达了。松赞干布的父亲朗日伦赞时期,汉地的医学等已经传入吐蕃,这是学术界的共识。当时,经过吐蕃的征战、贸易,已经打通了一条连接党项—女国—吐蕃—天竺的道路。

图 1　王侯字样的织物

---

① 童恩正:《西藏考古综述》,《考古》1985 年第 9 期。
② 霍巍:《一方古织物和一座古城堡》,《中国西藏》2011 年第 1 期。

正是这一道路的存在，松赞干布（617—650）向唐太宗（598—649）请求迎娶公主未获准许时，吐蕃军队便径直打到了松州，同时将附国、吐谷浑收归辖下。663年，吐蕃灭了吐谷浑。松州现在叫松潘，离成都三百来公里，离西安八百公里。吐蕃的势力已经直达唐朝的巴蜀边境。松赞干布还向尼泊尔进军，开拓了南方的通道。

文成公主（625—680）进藏的路线被称为"唐蕃古道"，是唐朝和吐蕃往来的官道。古道跨越今陕西、甘肃、青海和西藏4个省区，总共约3000公里。传统上认为，古道首先越过陕甘两省的界山——陇山，到达秦州（今天水），西上越鸟鼠山到临州（今临洮），经河州（今临夏）渡黄河，进入青海。唐蕃古道大半在青海境内。经龙支城（今民和柴沟北古城）向西北，到鄯州（今乐都），到达唐王朝边境。至此，走完古道的东段。西段经鄯城（今西宁）、临蕃城（今湟中）至绥戎城（今湟源县南），沿羌水经石堡城（今湟源石城山）、赤岭（今日月山）、尉迟川（今倒淌河）至莫离驿（今共和东巴）；经大非川（今共和切吉草原）、那录驿（今兴海大河坝）、暖泉（今温泉）、烈谟海（今喀拉海）、过海（今玛多黄河沿），越紫山（今巴颜喀拉山），渡牦牛河（今通天河），经玉树地区，过当拉山（今唐古拉山查吾拉山口）到那曲（今阁川驿）。此后，从羊八井到拉萨。"唐蕃古道"继续延伸，可达尼泊尔、印度等国。

"唐蕃古道"的西段，目前还没有完全研究清楚。唐代僧人道宣（596—667）在《释迦方志》卷1中对此有一个记载：

> 自汉至唐，往印度者，其道众多，未可言尽。如后所纪，且依大唐往年使者，则有三道。依道所经，具睹遗迹，即而序之。其东道者，从河州西北，度大河上曼天岭，减四百里至鄯州。又西减百里至鄯城镇，古州地也。又西南减百里，至故承风

戍，是随①互市地也。又西减二百里至清海。海中有小山，海周七百余里，海西南至吐谷浑衙帐。又西南至国界，名白兰羌。北界至积鱼城，西北至多弥国。又西南至苏毗国。又西南至敢国。又南少东至吐蕃国。又西南至小羊同国。又西南度呾仓去关，吐蕃南界也。又东少南度末上加三鼻关东南入谷，经十三飞梯、十九栈道。又东南或西南，缘葛攀藤，野行四十余日，至北印度尼波罗国。②

2013年，四川省文物考古研究院等在四川省石渠县境内考古工作中，发现了3处石刻群遗存——须巴神山、白马神山、洛须村，确认为吐蕃时期的遗存，因此推断文成公主入藏时经过这里。笔者长期在甘孜州等地调研，康定附近的塔公，传说最初是公主入藏时留下了佛像，因而发展起来的一个道场。总之，文成公主入藏的路线，至今仍然没有确切的研究成果。众多的说法，反映了唐朝时唐蕃之间的交通并非只有一条官道，或者，官道有辅助线。

"唐蕃古道"也是丝绸之路。东汉明帝永平年间（58—75），川西北的白狼人田恭被益州刺史护送到朝廷，献诗三首。其一《远夷乐德歌诗》提到了丝绸：

大汉是治，与天意合。吏译平端，不从我来。闻风向化，所见奇异。

多赐缯布、甘酒美食。昌乐肉飞，屈申悉备。蛮夷贫薄，无所报嗣！

---

① 随，即隋。隋炀帝于大业五年（609）西巡，一路派军追击吐谷浑，到达燕支山（今甘肃山丹县大黄山），接受高昌王鞠伯雅等西域二十七国国王、使者朝谒、奉献数千里之地，置西海、河源、鄯善、且末四郡，并设互市。隋炀帝西巡，廓清了丝绸之路上甘肃、青海一带的障碍，加强了与党项、吐谷浑、女国等地的联系。
② （唐）道宣：《释迦方志》卷1，《大正藏》第51册，第950页下。

愿主长寿，子孙昌炽！

诗中的"缯布"是丝织品和棉纺品的总称。大汉天子以此赏赐给边疆人民，建立和巩固联系，丝绸为民族地区的经济文化繁荣做出了贡献，也为各民族不断走向统一做出了贡献。

在吐蕃与唐朝的交往过程中，丝绸也发挥了重要的作用。松赞干布迎接文成公主时，看到汉族官员身穿绸缎衣服，自己穿的是皮革，不仅自惭形秽，从此渐慕华风，改易唐装。文成公主也不遗余力地教藏人纺织、制衣。从此以后，唐蕃双方的朝贡、赏赐、贸易中，丝织品都引人注目。藏人的服装，至今仍有唐装的影响。藏语的"丝""绸""缎子"等词语，均来自汉译。

这些丝织品的作用和性质，史书中有明确的记载。开元七年（719）六月，吐蕃遣使请和，"唐朝大享其使，因赐其束帛，用修前好"。光是给赞普的，就有3000段。给赞普的祖母、母亲、王妃、将军、首领等人的，亦数量巨大。开元二十一年（733），命工部尚书李暠持节使于吐蕃，"以国信物一万匹、私觌物二千匹，皆杂以五彩遣之"。"国信物""私觌物"，既说明了丝绸的性质，也说明了它的广泛用途。由此可见，丝绸称得上唐蕃古道上最有价值的物品，对连接唐蕃关系发挥着直接的、无可替代的作用。

吐蕃不仅通过唐王室获得丝绸，在其统治河西、陇右之际，还把丝绸作为赋税强加于汉族百姓头上。敦煌文书中有一个词叫"丝绸部落"，藤枝晃认为是专门从事丝织品生产的部落。除了向汉族人课税，东女国等部也有任务，每年向赞普王廷缴纳丝绸。这样，吐蕃的各级官员，乃至一些普通百姓也可以衣锦着裘了。

除了自身的消耗，吐蕃人还把丝绸用于贸易。唐王朝在大量赏赐给他们丝绸的时候，也许也考虑到了这一点。斯坦因的《古代中亚遗迹》一书中指出，吐蕃在中国与西亚，尤其是萨珊王朝的贸易中占据着重要的地位。"吐蕃内侵唐朝的战争，和战后的请和、通款，都是围绕着丝绸贸易为主的经济文化交往这个核心。"①

（二）尼婆罗道

综上可见，唐蕃古道并不是一条天然通达的大道，其凿通与维持，均有政治、军事、经贸、文化的力量在起作用。从吐蕃到天竺的道路的畅通，也是一样，人的因素不可忽视。松赞干布迎娶赤尊公主时，佛法借这条道路从尼婆罗（今尼泊尔）传入吐蕃。此后，一个格外令人瞩目的人，大名鼎鼎的王玄策，为这条道路增加了传奇色彩。

据《旧唐书》卷一百九十八《列传第一百四十八》记载，贞观十年（636），高僧玄奘从天竺取经回到唐朝，对唐朝与天竺的关系产生了巨大的影响。"先是遣右率府长史王玄策使天竺，其四天竺国王咸遣使朝贡。"这里是把玄奘归国和王玄策出使两件事写成因果关系了。史实可能是，中天竺王尸罗逸多（606—648）统一了五天竺，于贞观十五年（641）自称摩揭陀王，遣使通唐。唐太宗遣梁怀璥回报。尸罗逸多以为幸事，再派使者入唐。贞观十七年（643），唐太宗派遣朝散大夫李义表为正使、前融州黄水县令王玄策为副使，取道吐蕃，经尼婆罗，再访天竺。使团在天竺延宕颇久，十九年（645），朝谒了耆阇崛山、菩提伽耶等地，勒碑纪念，方才返国。

其间，东天竺童子王请赐道教经典，朝廷命玄奘、成玄英等30余人译成梵文。647年，派王玄策为正使、蒋师仁为副使，取道吐蕃，前往天竺。四天竺亦遣使朝贡。这个时期，尸罗逸多去世，国中大乱，其臣那伏帝阿罗那顺篡立，尽发胡兵，拒唐朝使团于境外，劫掠诸国贡献之物，使团30余人战败被擒。后来，王玄策寻机宵遁，走至吐蕃，松赞干布发精锐1200人，命尼婆罗出骑兵7000人，挺进中天竺，大破其

---

① 张云：《吐蕃丝绸之路》，江苏人民出版社2017年版，第167页。

国,阿罗那顺也被擒获,押送长安。王玄策则前往东天竺,送达经书。

唐高宗显庆二年(657),为送袈裟,王玄策再次取道吐蕃,出使天竺,受到盛大欢迎。显庆五年(660),王玄策于回程中,在罽宾迎请一片佛骨,带回长安。1990年,霍巍等考古学者在西藏日喀则市吉隆县(宗喀)以北的阿瓦呷英山嘴发现了一通《大唐天竺使出铭》,记载了"左骁卫长史王玄策"经过此地时所看到的美景,以及对佛法的敬意,和对大唐的歌颂。

《大唐天竺使出铭》的位置,距今中尼边境70公里。因此,这条连结中印的道路,被称为尼婆罗道。

王玄策三次出使天竺,对于这条道路的畅通,无疑是做出了巨大贡献。

三 吐蕃佛教的建立

(一)沿尼婆罗道弘法

以上所说的唐蕃古道和尼婆罗道,合起来可称为吐蕃丝绸之路。它和通常所说的丝绸之路,即北方丝绸之路,在唐朝境内是比较接近或有部分重合的。此外,吐蕃还有通到益州(今四川)和南诏(今云南)的通道,都可与吐蕃丝绸之路贯通。

吐蕃丝绸之路为我们提供了研究吐蕃佛教建立的新视角。如果没有这个视角,我们更多地会把目光集中在"师君三尊"等一些著名人物的身上,从他们的宗教感情、他们的成长经历、他们的行为和思想,以及相关的背景出发,来寻找吐蕃佛教得以建立的原因、条件和过程。而吐蕃丝绸之路的视野,或许会吸引人更多地从宗教地缘关系来加以观察,在一个更为宏阔的空间上来看待这个事情。当然,宗教的地域因素,我们这里也是要通过一个个的人来带出的。而且,为了节约篇幅,只以寂护和莲花生为例来说明。

寂护比莲花生先到吐蕃，他是由拔赛囊迎请来的。拔赛囊是赤松德赞的父亲赤德祖赞的大臣。赤德祖赞晚年，信奉本教的大臣当权，压制、取消佛教。拔赛囊的一儿一女去世，不得祭祀。他颇为苦闷，因而向一个和尚请教轮回之说。（这里出现了汉地佛教的因素。）和尚在超度时，根据他们夫妻的选择，让儿子转生为神，女儿则又投胎到自己家中。这样，拔赛囊确信了佛教，向赤松德赞请求，要到天竺和尼婆罗求法。为了避免本教大臣的反对，赞普任命他为芒域的长官。芒域在吐蕃和尼婆罗边境上。（这里，印度佛教的因素出现了，和汉地佛教没有任何违和之处。）拔赛囊借机到印度朝拜圣地、学习佛法后，便迎请寂护到了吐蕃。拔赛囊是在尼婆罗国王的协助下见到寂护的。寂护是那烂陀寺的宗教领袖，是中观瑜伽行派的创始人，但是他久有到吐蕃弘法的志向，因而使因缘巧合。不用说，他们是经由吐蕃丝绸之路而来的。

寂护的弘法活动也是沿着这条大道次第展开的。他先是在芒域接受了拔赛囊新建的两座寺庙以及其他供养，为他传授了发菩提心的仪轨，确立了教导吐蕃众生的计划，等候时机。赤松德赞和信佛的大臣剪除了反佛大臣后，派人把他迎请到拉萨。寂护接受赞普的礼遇后，以罽宾人阿难陀为翻译，在宫中宣讲"十善""十八界""十二缘起"等教义。四个月后，反佛的人以瘟疫和灾荒为借口，把他驱逐了。他沿着来路，回到了尼婆罗。赞普并未失去信仰，命拔赛囊和桑喜等30人去汉地取经，他们顺利地完成了使命。从取经这件事可以看到，赞普对于汉传佛教和印度佛教没有分别。可以说，拉萨在这个时候，通过唐蕃古道和尼婆罗道，无碍地融汇着不同地域的佛教传承，各地的佛教都在往这里汇聚。

赞普再次命令拔赛囊迎请寂护堪布。他到达芒域时，寂护和莲花生，以及为修建桑耶寺而请来的一位尼婆罗工匠已经整装待发。又是在这条路上，莲花生大师和各种反佛势力斗智斗勇，施展着佛法的威力，一路高歌猛进。所以，后来的《莲花生大师传》，把这一行程描绘成降妖伏魔的史诗、传奇。尼婆罗道在赤尊公主和王玄策的时候就比唐蕃古道更有宗教特色，在莲花生走过之后，更是成了一条密宗之路。

师君三尊齐聚之后，吐蕃迎来了历史的转折。寂护大师的弘法再也没有遇到大的障碍，他还运用自己无坚不摧的因明武器，战胜了本教势力，为佛教的弘扬开辟了康庄大道，使中观瑜伽行派的旗帜高高飘扬在世界屋脊，成为吐蕃佛教的正宗。莲花生大师传播了完整的密教体系，建立了出家、在家两部修行团体，即便后来僧团遭受了朗达玛的灭顶之灾，在家密宗行者也保持了薪火未断。他们共同成就的一项伟业，是建成了桑耶寺。在这里，来自汉地、印度的经典得到了翻译，佛教的教义得到了宣讲，戒律得到了传承，各种修行活动得以顺利开展。关键的是，为了吐蕃佛教的永久发展，请来印度说一切有部的 12 位僧人，尝试剃度了拔·赤斯，此后又剃度了拔赛囊、毗卢遮那等六人，合称"七试人"或"七觉士"。在他们的引领和赞普的命令下，没有子嗣的王妃和尚论的信佛子弟全部出家了。这样，就建立了一个颇有规模的僧团。这标志着佛教的法幢真正在吐蕃矗立起来了，一个民族从此皈依三宝了。

（二）高原上的佛法交锋

说到吐蕃佛教的建立，不能仅仅叙述桑耶寺的标志性作用，而必须把时间的下限放到"顿渐之争"之后。这是从三个方面来考虑的：（1）吐蕃佛教来源于丝绸之路上不同传承的融汇，其中最主要的，是从敦煌方向传入的汉传佛教各个学派、教派，和从尼婆罗方向传来的印度佛教的各个流派，它们在桑耶寺等地汇聚、交流，融会成藏传佛教。"顿渐之争"正好是体现这个融汇的一个典型事件，内涵极为深厚。（2）僧团的建立是事相上的，"顿渐之争"是从教义和修行体系上展开的。离开了对它的分析，对吐蕃佛教建立的陈述是不完整的。（3）"顿渐之争"主导了藏传佛教界对于佛教的认识，形成了一个传统，一直延续。

这是从影响来说的。但是，此刻的重点显然不能放在对于深奥教理的冗长复述和分析上，而只能勾勒一个概貌，以从思想的层面说明丝绸之路的丰富性、开放性、交融性及其对藏传佛教建立的影响。

因为资料缺失的原因，"顿渐之争"发生的时间，没有明确的记载，也没有据以做出判断的可靠依据。国内外学术界经过几十年的研究，大体确定在792年及以后的一段时间。792年是指争论的主角摩诃衍和莲花戒加入辩论的时间。事件的起因和发展，则要追溯到寂护圆寂的时候，具体哪一年并不清晰。

桑耶寺修成后，从敦煌、成都等地传入的禅宗等佛法，以及印度的显密佛法都在这里获得了基地，迅速扩大了影响，招徕了许多信徒。但是，由于教派不同、修行路线不同、宗风不同，也引起了相互间的不解、误解，甚至冲突。寂护圆寂后，拔赛囊（出家后的法名是益西旺波）住持桑耶寺，他也是赞普之师，但无力解决这些冲突。同时，他又因为建议赞普由国库给予比丘盛大供养，引起赞普尊崇的娘·定埃增等人的不满。娘氏家族在朗日伦赞时期就为吐蕃王朝的建立立下了汗马功劳，娘·定埃增对佛法也非常虔诚，史书上记载他在禅修方面也颇有成就。他的反对意见导致益西旺波出走到偏远的岩洞中去修行，不再管理教务。白央继承他的职位后，也没有制止争论和冲突。

桑耶寺的教义争端反映到赞普那里。他判断为"顿门派"和"渐门派"之争。这两个词语都来自禅宗，但是这里所指的却是汉地禅师的思想和印度的中观瑜伽行派、说一切有部的教义。禅宗主张"教外别传，不立文字，直指人心，见性成佛"，巴蜀禅风所及，更是毁弃一切佛像、经书、仪轨、事相上的修行；印度人的作风则与此相反，强调严守戒律、念诵经典、如理作意、依教修观。在修行路线上，双方是极其对立的。汉传佛教界对这种对立见惯不惊，但印度僧人及其追随者则坚持对方是错误的。赞普判断为"顿渐之争"，实际上扩大了神会所掀起的"南顿北渐之争"的内涵，赋予"顿门""渐门"新的内涵，即用"顿门"来指宗通法门，用"渐门"来指说通法门。这是颇有新意的。

赞普本人虽然接受过不同的传承，但他倾向于渐门派，认为更适合吐蕃的情况。这引起了顿门派激烈的、极端的抗争。抗争者中不乏年轻的外国王子等，他们不惜自残身体，甚至扬言自杀。赞普于是通过各种途径，多方请益、征求意见。益西旺波也被迫表明意见，建议到印度迎请寂护的弟子莲花戒。这样，莲花戒和摩诃衍进入对垒。

双方争论的过程，已经无法还原。藏文史书认为，是按照一种传统，采取了"御前辩论"的形式，失败方向胜利方献花，退出吐蕃。最后的失败者是摩诃衍。但是20世纪末以来，敦煌文献中摩诃衍等人留下的《顿悟大乘正理决》等得到了学术界持续数十年的研究，戴密微的《拉萨僧诤记》等著作产生了深远的影响，基本上推翻了"御前辩论"之说。禅宗在顿渐之争之后仍在吐蕃传承，也得到了更多的承认。

从寂护的《中观庄严论》、莲花戒的《修习次第》、摩诃衍的《顿悟大乘正理决》等文献来看，禅宗与中观瑜伽行派都遵奉《楞伽经》和《般若经》，可称为"楞伽宗"，或者"大般若宗"。《楞伽经》中所讲述的修行方法，就包含有"顿门""渐门"。因此，可以说赞普的称谓是没有什么错误的。双方修行的目标、意趣是相同的，只是方法不同。但是，当时部分僧人一定要在二者之中抉择一个正确和错误，这个影响是巨大的。事实上，后弘期的整个历史都在讨论这件事情，而且一直有一个坚持判断正误的传统，同时也有一个驳斥他们的传统。只是后一个传统几乎不受人重视，因为坚持这一传统的人不爱著书立说，声音不大。但是，我们由中观瑜伽行派和禅宗在思想上的这种相似的背景，可以看到，在丝绸之路不同路段上发展起来的佛教宗派，有着天然的共通性。

还有一个更为值得探讨的问题，即中观瑜伽行派在印度佛教中的特殊性。印度佛教界盛行因明，教派之间经常辩论。他们在教义上往往各是其是，互相非之。中观派和瑜伽行派在七八世纪即以"空有之争"

长期水火不相容，形成这一时期印度佛教格局上最大的现象。玄奘西游，以中道汇通两家学说，著《会宗论》，稍稍改变了这一学风，但影响并不显著。而寂护所创立的中观瑜伽行派，却旗帜鲜明地融汇两派，以中观学说为胜义谛，以瑜伽行派学说为世俗谛，以中道来和会空有之争，不能不说是玄奘大师影响下的产物。玄奘大师在中原对禅宗也有启迪之功。他启迪的两个"楞伽宗"却在雪域高原交锋，实在是令人惊叹的丝路奇观！

五代宋初佛教海外交流管窥*

张 琴
九江学院庐山文化研究中心研究员

摘要：五代至宋初半个多世纪政权割据、群雄纷争的时期，佛教的海外交流虽然受到影响，却未曾中断，而且由于南北佛教中心转移、禅宗奇崛独盛，呈现出一定的时代特点，如南方禅宗的发展吸引了来自新罗、高丽的求法者，北方中原政权则与西域、印度往来较多。中土禅宗传到海外，成为海外禅派的源头；吴越国重佛敬僧，为天台教籍的复归做出了重要贡献，也为宋代《大藏经》的刊刻奠定了基础。自后梁始，从西域、印度不断得到的梵经贝叶为北宋组织官方译经创造了条件。五代宋初海外佛教交流中所起到的发轫与承前启后之功，时至今日仍然是中国与海外文化接续的纽带，成为文化共同体中的一部分。

关键词：五代宋初；佛教；海外；交流

由于时间短促，战乱频仍，五代十国（907—979）时期曾经被认为在中国几千年的历史进程中并没有什么发展，史学界通常将其作为"隋唐史的延续"。不过，近年来，学界已注意到，在由唐入宋、由中

---

* 本文是 2019 年度国家社科基金重大项目"'一带一路'佛教交流史"（项目编号：19ZDA239）的中期成果之一。

古到近古转变的过程中,五代时期"带有一定关键性质","只有透彻地研究这个过渡时期的政治、经济和文化,才能对宋代及宋以后的中国社会诸形态有清楚的了解"①。因而,五代史研究当前取得很大的进展,如陕西师范大学历史文化学院杜文玉教授及其学生专注于此,已做出了较多成果。②

关于五代佛教的情况,20世纪就有专文论述,如吕澂《五代佛教》(《中国佛教》第一辑,知识出版社1980年版)、白文固《五代佛教的发展》[《青海师范大学学报》(社科版)1985年第3期]、李斌城《五代十国佛教研究》(《唐研究》第一卷,北京大学出版社1995年版)等,不过显然这些研究还不够,因此,2010年9月24—25日,在复旦大学文史研究院召开的以"佛教史研究的方法与前景"为主题的学术研讨会上,哈佛大学罗柏松(James Robson)教授在《在佛教研究之边界上——东亚佛教研究中概念和方法论的转型》一文中指出:"尽管唐代佛教的一些研究已经在沿着温斯坦(Stanley Weinstein)及其他学者的开创性的早期论著展开,许多学者仍然仿佛不存在五代十国似地讨论着唐宋变革的议题。"③ 在会议讨论环节,他再次呼吁:"以前是唐朝和宋朝的佛教研究已经写了好多,但是我们都是从唐朝跑到宋朝,五代十国在哪?……我们研究五代十国,为什么不研究五代十国的佛教呢?"④ 该研讨会召开至今已有十余年,罗柏松教授的呼吁也得到了一定的呼应,尤其是在国别佛教研究方面出现了如《吴越佛教之发展》(赖建成,花木兰文化出版社2010年版)、《吴越国佛教史》(李辉,中国社会科学出版社2015年版)等专著。

---

① 傅璇琮等主编:《五代会要·前言》,杭州出版社2004年版,第2页。
② 杜文玉教授还作为首席专家承担了2014年度国家社会科学基金重大项目"五代十国历史文献的整理与研究"。
③ 复旦大学文史研究院编:《佛教史研究的方法与前景》,中华书局2013年版,第95页。
④ 复旦大学文史研究院编:《佛教史研究的方法与前景》,第286页。

不过，鉴于五代宋初佛教海外交流研究尚不多，本文即拟从三个方面入手，管窥这一时期海外佛教交流所起到的发轫与承前启后之功，以期抛砖引玉，引起学界对这一时期佛教文化发展的重视及进一步的探讨。需要说明的是，由于五代始于唐天祐四年（907），终于宋建隆元年（960），十国割据以北汉（951—979）于979年降宋为终点，所以本文讨论的"五代宋初"实则以907—979年为区间。

一 禅宗的"黄金时代"及海外来华习禅的僧人

长达四年的会昌法难，给中土佛教带来了重大打击，寺院被拆、僧尼还俗，天台、唯识、华严等义理佛教宗派的章疏教典几乎散失殆尽。唐武宗之后的几代帝王虽然重新举佛，但时渐唐末，气运已衰，佛教不振。五代宋初，中原政权更迭频繁，南北十国并立，社会动荡不安。佛教方面，唯有惠能（638—713）门下的南宗禅发展迅速，于南岳怀让（677—744）、青原行思（671—740）两支法脉中衍生出曹洞、沩仰、临济、云门、法眼等诸多禅系，至五代宋初臻于鼎盛，这段时期也被称为禅宗发展的"黄金时代"。①

正是由于中国本土诞生的禅宗大放异彩，五代宋初海外来华习禅者络绎不绝，他们有的修行有成，留在中土，弘化一方；也有的回国之

---

① "在20世纪80年代以前的研究中，古典禅（classical Chan Buddhism）一词经常被用来描述马祖道一（709—788）等中唐禅师及其在晚唐五代的后裔的活动，大致覆盖8世纪后期至10世纪后期约两个世纪的时期。禅佛教发展的这一古典时期，还经常被称为黄金时代。"（贾晋华：《古典禅研究——中唐至五代禅宗发展新探》，上海人民出版社2013年版，第1页）虽然也有国外学者如 John R. McRae 等认为禅的黄金时代在宋代（John R. McRae, *Seeing through Zen: Encounter, Transformation, and Genealogy in Chinese Chan Buddhism*, Berkeley: University of California Press, 2003, p. 19），但正如贾晋华所言："承认中唐至五代为禅宗发展的古典时期或黄金时代，并不意味着一定要宣称宋代就是禅宗的衰落时代，或反转过来，如果我们从不偏不倚的视角来观察这两个时代，就会发现两者都是禅的黄金时代。"（贾晋华：《古典禅研究——中唐至五代禅宗发展新探》，第20页）

后,被尊为国师,或创立禅派,形成自己的特色,流传后世。根据五代时编纂的《祖堂集》及北宋编纂的《景德传灯录》,结合僧传等资料梳理可见,这些僧人主要来自朝鲜半岛的新罗与高丽。

朝鲜半岛的僧人早在唐代中期,就来中土习禅。不过,由于高丽王朝建国于918年,935年方合并新罗,因此,《祖堂集》中并无"新罗""高丽"称呼之别,而一概称来自朝鲜半岛者为"东国人"。所以,《祖堂集》中所称唐代"东国人"实为新罗人,如"药山惟俨勘东国僧"① 中的"东国"即为新罗。《景德传灯录》中则无以"东国"指称唐代新罗的说法,如其记载南岳怀让门下与马祖道一(709—788)同学者有"新罗国本如禅师";池州南泉普愿(748—834)门下有"新罗国道均禅师";杭州盐官齐安(?—842)门下有"新罗品日禅师";百丈怀海(720—814)门下二传弟子中有新罗"慧禅师""洪直禅师""无染禅师";唐末曹洞宗云居道膺(835—902)门下有新罗"云住和尚""庆猷禅师""慧禅师"等。

五代时期,新罗在华禅僧依然不少,如百丈安和尚,号明照禅师,嗣法曹洞宗僧疏山匡仁,在洪州(今南昌)弘化。明照去世后,门人为其画像写影。法眼文益(885—958)见之赞曰:"对目谁写蟾辉,碧池日面月面。轮圆须弥须弥,一指月面豪芒。"②

更有许多新罗来华习禅的僧人,其本名无载,只是以国名代称,如云门文偃(864—949)门下:

师问新罗僧:"将什么物过海?"曰:"草贼败也。"③

值得注意的是,《景德传灯录》中记载的五代宋初禅师的平日机缘

---

① (五代)静、筠二禅师编:《祖堂集》卷四,《大藏经补编》第25册,第389页上。
② (宋)道原撰:《景德传灯录》卷第二十,《大正藏》第51册,第367页下。
③ (宋)道原撰:《景德传灯录》卷第十九,《大正藏》第51册,第356页中。

语句中，常以"新罗"为勘探弟子修行水平或启发弟子开悟的话头，如福州长庆慧棱（854—932）门下婺州金鳞报恩院宝资晓悟大师上堂：

> 有学人问："如何是金刚一只箭？"晓悟曰："道什么？"其僧再问，师曰："过新罗国去也。"①

福州怡山长庆藏用禅师上堂时：

> 僧曰："如何是伽蓝中人？"师曰："新罗白水。"②

南岳般若寺启柔禅师门下：

> 僧问："西天以腊人为验，此土如何？"师曰："新罗人草鞋。"③

潞府妙胜臻禅师门下：

> 问："心心寂灭即不问，如何是向上一路？"师曰："一条济水贯新罗。"④

还有如僧问"如何是睹面事？"禅师答"新罗国去也"⑤，或开堂讲法中有"看天看地，新罗国里，和南不审，日消万两黄金，虽然如

---

① （宋）道原撰：《景德传灯录》卷第二十一，《大正藏》第 51 册，第 375 页中。
② （宋）道原撰：《景德传灯录》卷第二十二，《大正藏》第 51 册，第 381 页中。
③ （宋）道原撰：《景德传灯录》卷第二十三，《大正藏》第 51 册，第 389 页上。
④ （宋）道原撰：《景德传灯录》卷第二十三，《大正藏》第 51 册，第 390 页下。
⑤ （宋）道原撰：《景德传灯录》卷第二十三，《大正藏》第 51 册，第 393 页下。

是犹是少分"①等话语。不过,其中并无以"高丽"为话头的现象,说明当时中土佛教僧人对"新罗"印象非常之深,而这应该与唐代新罗僧在华习禅成就大有关联。②

《祖堂集》中称五代时期杭州龙华寺灵照禅师(870—947)为"东国人"。灵照禅师又称齐云和尚,号真觉大师,雪峰义存法嗣,《景德传灯录》中称其为"高丽人"。灵照游闽(福建)越(浙江),恬淡自持,"居唯一衲,服勤众务",闽中人称"照布衲"。灵照先后住婺州齐云山,越州镜清院、报慈院,禅众"翕然依附"。吴越忠献王钱弘佐(928—947)钦重灵照,于杭州建龙华寺,供奉金华傅大士灵骨道具,请其住持,并赐紫衣。后晋天福十二年(947)灵照示寂,世寿七十八,起塔于大慈山。③

另一位嗣法雪峰义存的高丽僧人玄讷,住持福清院道场。福清院在泉州南安西山,为当时太守王延彬所建。王延彬仰慕玄讷,"请转法轮,敬奏紫衣"④。玄讷住福清院三十年,传雪峰之灯,大阐禅风,后

---

① (宋)道原撰:《景德传灯录》卷第二十四,《大正藏》第51册,第403页下。
② 道义是把中土禅宗带到朝鲜半岛的第一人。道义原称元寂禅师,北汉郡人,建中五年(784)随遣唐使过海入唐,往五台山,又到曹溪礼拜六祖惠能像。后入江西洪州开元寺,礼西堂智藏(735—814)为师。之后改名道义,"头陀而诣百丈山怀海和尚",百丈怀海赞其:"江西禅脉,总属东国之僧欤?"[(五代)静、筠二禅师编:《祖堂集》卷第十七,《大藏经补编》第25册,第615页中] 道义回国后住雪岳山陈田寺,其二传弟子体澄在智迦山开创宝林寺,确立了朝鲜禅宗智迦山派,为朝鲜曹溪宗九山之一,道义被尊为开山之祖。(楼宇烈主编:《中外宗教交流史》,湖南教育出版社1998年版,第100页) 又有双峰道允,于长庆五年(825)入唐,参谒南泉普愿并获印可,南泉普愿叹曰:"吾宗法印,归东国矣。"[(五代)静、筠二禅师编:《祖堂集》卷第十七,《大藏经补编》第25册,第628页中] 道允回国后,其弟子折中住师子山兴宁禅院,号师子山派,推道允为初祖。唐代如雪岳道义、双峰道允这样从中土习禅有成、回国发扬光大禅法的还有不少,正如学者们指出的,朝鲜半岛的"禅门九山","不论是在法系传承上,还是在禅学思想上,皆源于中国禅宗"。(楼宇烈主编:《中外宗教交流史》,第102页) 唐代朝鲜半岛的佛教即以新罗僧从中土带回的禅法为主。
③ (宋)道原撰:《景德传灯录》卷第十八,《大正藏》第51册,第352页上。
④ (五代)静、筠二禅师编:《祖堂集》卷第十一,《大藏经补编》第25册,第520页上。

卒于西山。① 《祖堂集》卷十一、《景德传灯录》卷十九录有其机缘语句。

五代宋初禅门以法眼宗最盛。法眼宗三位祖师法眼文益、天台德韶（891—972）、永明延寿（904—975）主要在南唐、吴越两国弘法，尤其是吴越国中后期至宋初，朝鲜半岛前来求法的僧人，拜于法眼宗门下的不少。如高丽道峰山慧炬在文益门下开悟后，高丽国主特地派人请其回国，尊为国师，"受心诀，礼待弥厚"。慧炬法语在中土流传甚少，唯《景德传灯录》记载，慧炬在王府上堂时，指威凤楼示众云："威凤楼为诸上座举扬了，诸上座还会么？傥若会且作么生会？若道不会，威凤楼作么生不会？珍重。"②

天台德韶门下杭州普门寺希辩禅师的法嗣中有高丽僧人慧洪，《景德传灯录》中记有其名，不过行迹失载。

永明延寿更是道风远播，所撰百卷《宗镜录》等传到海外，高丽国主览其言教，倾慕不已，致信延寿"叙弟子之礼"，并送来"金线织成袈裟、紫水精数珠、金澡罐等"。延寿门下有高丽僧三十六人，皆"亲承印记"，前后归国，各化一方。③

尤为值得一提的是，永明延寿弟子中一位叫作智宗（930—1018）的高丽僧人。后周显德二年（955），智宗从海路到达吴越国，投时在杭州净慈寺的延寿门下，二人有一段对话，颇堪玩味：

> 寿问曰："为法来也，为事来也？"师云："为法来。"曰："法无有二，而遍沙界，何劳过海，来到这里？"师曰："既遍沙界，何妨过来？"寿公豁开青眼，优待黄头，便解髻珠，即传心印。④

---

① （五代）静、筠二禅师编：《祖堂集》卷第十九，第356页中。
② （宋）道原撰：《景德传灯录》卷第二十五，《大正藏》第51册，第414页中。
③ （宋）道原撰：《景德传灯录》卷第二十六，《大正藏》第51册，第422页上。
④ [朝鲜] 李能和撰：《朝鲜佛教通史》下编，《大正藏补编》第31册，第637页上。

这段对话，可见智宗既能够领悟佛法至理，又不废世间俗行，理事圆融，故而永明延寿对他另眼相看，以心传心。智宗传承法眼宗风的另外一个重要表现是禅教结合，因为，他不仅习禅，又礼天台宗螺溪义寂（919—987）为师，学习天台教法。开宝元年（968），僧统赞宁（919—1001）及天台县宰邀请智宗在传教院开讲《大定慧论》和《法华经》，受到众僧的高度评价。从开宝三年（970）归国至天禧二年（1018）示寂这四十九年的时间中，智宗禅教双弘，"既致力于弘传法眼宗，又致力于弘传义寂的天台教旨"，受到高丽光宗、景宗等五朝皇帝的礼遇，"先后署'大师''重大师''三重大师'尊号，赐'光天遍照至觉智满圆默禅师'号，授'大禅师'号，拜为'普化王师'，示寂后又追谥为'圆空国师'，是朝鲜佛教史上一位重要人物"[①]。

法眼宗于北宋中期即衰微以至于断绝，因海外弘传而得以承继，所以朝鲜李朝末期学者李能和（1869—1943）在其所著《朝鲜佛教通史》中谓"罗末丽初，则传法眼宗者最多"。朝鲜半岛僧人来中土习禅得法后，"仍留彼土，一世宗仰，非徒海东之光，亦为天下之福。其佩祖师心印，还归本国者，多为国师。既有法力，又有势力。于是禅派压倒他宗，此为海东佛教宗旨迁变之一大关键"[②]。可见，五代宋初中土禅宗对海外尤其是朝鲜半岛佛教影响至深。

二 吴越兴佛之举及天台教籍的复归

吴越国（907—978）历七十余年，共三代五王，钱镠（852—932）、钱元瓘（887—941）、钱弘佐（928—947）等历代奉佛、敬僧、

---

① 陈荣富：《浙江佛教史》，华夏出版社2001年版，第433页。
② ［朝鲜］李能和撰：《朝鲜佛教通史》下编，《大正藏补编》第31册，第636页中。

造寺、建塔都是常见之举。钱镠早值与佛教的因缘，他在未发迹时，遇沩仰系径山洪諲禅师（？—901），洪諲告诉他："好自爱，他日贵极，当与佛法为主！"后来钱镠累立战功，节节高升，始终不忘洪諲之语。①据北宋朱长文（1039—1098）《吴郡图经续记》，钱镠在吴地（今苏州）为帅时，见此地寺院多遭毁废，而竭力修旧图新，"唯恐不及"，由此"郡之内外，胜刹相望"，"民莫不喜蠲财以施僧，华屋邃庑，斋馔丰洁，四方莫能及"。②如文喜、虚受、幼璋等僧人皆为钱镠礼重。③

文穆王钱元瓘出生之前，有僧人预言他为贵子。④钱元瓘在位十年，希觉、道怤、全付等僧人为其所礼敬⑤；后唐长兴四年（933），钱元瓘撰《建化度禅院宝幢记》中有云："真如演化，以广大慈悲，济度沙界。其有达微妙之音，弘胜善之缘，尽孝思之心，创清净之业，靡不回慧炬而照烛，乘法力以津梁，超彼龙天，证菩提之因果。"⑥可见其佛学根底很深厚。

忠献王钱弘佐继位后，免除道宫佛寺一切赋税。⑦忠懿王钱弘俶则礼法眼宗二祖天台德韶为国师。海外来华习禅的禅师同样受到吴越政权的恭敬礼敬，前文提到钱弘佐迎请高丽灵照禅师，住持杭州龙华寺，灵照上堂有赞曰：

> 我吴越国大祖世皇，崇敬佛法；当今殿下，敬重三宝，兴阐大乘，皆是灵山受佛付嘱来。大师令公迎请大士归朝，入内道场供

---

① （宋）赞宁撰：《宋高僧传》卷第十二，《大正藏》第50册，第780页下。
② （宋）朱长文撰：《吴郡图经续记》，江苏古籍出版社1999年版，第30页。
③ （清）吴任臣撰，徐敏霞、周莹点校：《十国春秋》卷第八十九，中华书局2010年版，第1281、1282页。
④ （清）吴任臣撰，徐敏霞、周莹点校：《十国春秋》卷第八十九，第1117页。
⑤ （宋）赞宁撰：《宋高僧传》卷第十六、卷第十三，《大正藏》第50册，第810页中、787页上—中。
⑥ （清）阮元主编：《两浙金石志》卷四，浙江古籍出版社2012年版，第74页。
⑦ （宋）钱俨撰，李最欣校点：《吴越备史》卷三，杭州出版社2004年版，第6233页。

养，兼宣下造寺功德，以当寺便是弥勒之内菀。宝塔安大士真身，又是令公兴建，地久天长，古今罕有；播在于四海，八方知闻。昨者伏蒙圣恩，宣赐当寺住持，许聚玄徒。敢不率以焚，修励一心而报答圣躬？许赐从容，有事近前。①

五代宋初的吴越国辖区包括今天浙江全省及苏南一带，后又扩展至福州。② 灯录及僧传中记录的来自新罗、高丽的禅僧也大都在吴越境内修行、弘化，这既与吴越兴佛之举有关，也与吴越近海，海路交通发达有关。而这些也为天台典籍的回流奠定了基础。

从会昌三年（843）至六年（846），唐武宗拆寺毁像，多方下令焚烧经疏，致使华严、天台等教门受到重创，经疏散落，难得其全。天台教典情况，如《宋高僧传》中《晤恩传》载："先是天台宗教，会昌毁废，文义残缺。谈妙之辞，没名不显。"③《义寂传》中云："先是智者教迹，远则安史兵残，近则会昌焚毁，零编断简，本折枝摧。传者何凭端正甚学？"④可见五代时期天台宗之凋零与衰微。

天台义寂（919—987），字常照，俗姓胡，温州永嘉人，性不喜荤血，幼年于开元寺出家，习学《法华经》，又去浙江会稽学南山律，后到天台研习止观，遂感慨天台教典散失严重。⑤ 史料中关于天台教典回归的记载有出入，主要集中于两点：一、究竟是德韶还是义寂向忠懿王钱弘俶请求派人取回天台典籍的？二、天台典籍到底是从日本还是高丽取回？《景德传灯录》中记载，义寂多次向德韶谈起天台典籍散落之事，而"新罗国其本甚备"，德韶向钱弘俶诉说情况，于是"王遣使及

---

① （五代）静、筠二禅师编：《祖堂集》卷第十一，《大藏经补编》第25册，第518页上。
② 张秀民：《中国印刷史》，上海人民出版社1989年版，第44页。
③ （宋）赞宁撰：《宋高僧传》卷第七，《大正藏》第50册，第751页下。
④ （宋）赞宁撰：《宋高僧传》卷第七，《大正藏》第50册，第752页中。
⑤ （宋）赞宁撰：《宋高僧传》卷第七，《大正藏》第50册，第752页中。

赍师之书，往彼国缮写，备足而回"①。《禅林僧宝传》与之记载相同。但是，《宋高僧传》之《义寂传》中却说，义寂"后款告韶禅师，嘱人泛舟于日本国购获仅足"②。

还有一种说法，如《佛祖统纪》记载，天台典籍的搜求，高丽、日本都有去，但是高丽派僧人谛观前来送回天台典籍③，并未提到从日本送来。另外，求天台教籍的因缘是，忠懿王钱弘俶召义寂讲解智者教义，方知天台教典不全④，并非义寂多次向德韶主动请求，由德韶再向忠懿王建议所致。

《十国春秋》中的记载又有不同，钱弘俶读《永嘉集》，对其中"同除四住，此处为齐若伏无明三藏"之句，不明其意，请教国师德韶，德韶则推荐义寂"必解此语"。义寂见钱弘俶后说："此智者大师《妙玄》中文。时安史兵残，近则会昌焚毁，中朝教藏残阙殆尽，今唯海东高丽阐教方盛，全书在彼。"钱弘俶因此才"遣国书执币使高丽，求取一家章疏"。⑤

史料记载的出入引起学界争议，关于天台教籍的复返，也产生各执一词的三种观点：1. 由高丽而非由日本复还中国；2. 由日本而非高丽复还中国；3. 由高丽和日本复还中国。⑥ 如张风雷对多种史料甄别考辨认为，天台教籍由日本和高丽复归皆有其可靠性，具体分析如下：

---

① （宋）道原撰：《景德传灯录》卷第二十五，《大正藏》第51册，第407页中。
② （宋）赞宁撰：《宋高僧传》卷第七，《大正藏》第50册，第752页中。
③ "至是高丽遣沙门谛观持论疏诸文至螺溪，谒寂法师。一宗教文，复还中国。"（宋）志磐撰：《佛祖统纪·吴越王传》卷第四十三，《大正藏》第49册，第394页下。
④ "（钱弘俶）又尝召螺溪寂法师，至金门建讲，问智者教义，以典籍不全，慨然遣使赍重宝，求遗书于高丽、日本。于是一家教卷复见全盛。"（宋）志磐撰：《佛祖统纪·吴越王传》卷第十，《大正藏》第49册，第206页中。
⑤ （清）吴任臣撰：《十国春秋》卷第八十九，中华书局2010年版，第1286页。
⑥ 张风雷：《五代宋初天台教籍复归中土问题的再检讨》，《江西师范大学学报》（哲学社会科学版）2004年第6期。

在五代、宋初天台教籍复归中土的问题上,"遣使日本"说既确乎有据,"遣使高丽"说亦难以否认,那么,最有可能的大概还是往日本、高丽两国皆曾遣使求取天台教籍。至于遣使求籍及教籍复归的时间,或如何勇强氏所言,吴越求经日本是在汉、周之际,而求经高丽则是在宋朝初年。此外,如木宫泰彦等学者所指出的那样,在宋初之后,随着中国与高丽、日本的贸易往来和文化交流,亦陆续有包括天台教典在内的佛教典籍自高丽、日本复归中土。不过,那多半是吴越亡国之后的事了。①

自唐代以来,高丽、日本即与中土有密切往来,并得到唐帝所赐经藏。五代宋初,三国往来依然较为频繁,天台典籍的复归与高丽、日本都有关联,也很自然,只是去两国取天台教籍的时间应有不同。至于义寂、德韶、钱弘俶三人在这件事上所起的作用大小,虽然史料记述不完全一致②,但是也"多非势不两立、不可并存者,或如摸象之譬,盖由各见一端而致记述之详略轻象有所不同耳",因为:

> 韩国学者李永子教授在《天台思想》中言"谛观到中国是由义寂法师的天台教学振兴之愿望和忠懿王求法意志以及德韶禅师护法意志等相互作用的结果",可谓的论。更进而言之,螺溪义寂重

---

① 张风雷:《五代宋初天台教籍复归中土问题的再检讨》,《江西师范大学学报》(哲学社会科学版)2004年第6期。
② "如《宋高僧传·义寂传》强调的是义寂重振天台教观的迫切愿望;《景德传灯录·德韶传》在强调义寂振兴天台的迫切愿望的同时,还特别彰显了德韶在其中所起的重要作用;《杨文公谈苑》的相关记则未有片言只语提及义寂与德韶,强调的完全是吴越王的护法意志。自《宝云振祖集·净光法师传》而下的南宋史料,包括《释门正统·义寂世家》、《佛祖统纪》之《净光尊者纪》及《高丽谛观传》《吴越忠懿王传》等,都或简或详地加上了吴越王因览内典昧于教相,以咨韶国师,韶师荐之以寂师,寂师为王建讲而请遣使海外求取教典等情节。"张风雷:《五代宋初天台教籍复归中土问题的再检讨》,《江西师范大学学报》(哲学社会科学版)2004年第6期。

振天台的急切愿望为内在动因，德韶国师与吴越忠懿王的护法行动为外在助缘，如此因缘和合，始有天台教籍之去珠复还。①

天台典籍从日本与高丽复归都有可能的说法是很有道理的。谛观从高丽带来天台典籍，有史可征，兹不赘述。1954年（日本昭和二十九年），日本九州太宰府神社发现的一份古文书中，记载日僧日延"为天台山宝幢院平等房慈念大和尚依大唐天台德韶和尚书信，缮写法门度送之使"②。日延是平安中期肥前国（今佐贺、长崎一带）延历寺高僧。这份文书记载，后周广顺三年（953），日延受慈念大和尚的委派，以"缮写法门度送使"（即送书使）的名义，将天台教籍送至吴越国。后周显德五年（958），日延携钱弘俶"宝箧印经塔"启程回国，此段史实分别见于《日本纪略》和成寻的《参天台五台山记》。与日延同时代的日僧道喜，在村上天皇康保二年（965）七月二十二日所写的《宝箧印经记》中，对吴越王钱弘俶铸造八万四千塔和日延携归"宝箧印经塔"一事也留下笔墨，并详细叙述了钱弘俶铸造八万四千塔的缘起。③所以，天台典籍从日本取回也有可靠的证据。

事实上，不管天台典籍究竟是从日本还是高丽取回，也不管是因为什么动机取回，天台典籍由散佚至复归，吴越钱氏都起到了至为重要的作用。而且，由于佛教文化的凝聚力，吴越与高丽等海外诸国友好往来，互通有无，不啻外交佳话。另如《朝鲜佛教通史》中还记载，四明沙门子麟，曾赴高丽传天台教法。后来，高丽派遣李仁日送子麟回

---

① 张风雷：《五代宋初天台教籍复归中土问题的再检讨》，《江西师范大学学报》（哲学社会科学版）2004年第6期。
② 转引自张风雷《五代宋初天台教籍复归中土问题的再检讨》，《江西师范大学学报》（哲学社会科学版）2004年第6期。
③ 王力：《宝箧印经塔与吴越国对日文化交流》，《浙江大学学报》（人文社会科学版）2002年第5期。

国,吴越王钱镠专门于郡城建寺院,以安其众。①

天台典籍复归后,义寂在佛陇道场、国清寺"相继讲训",后来又振兴螺溪道场,"四方学侣雾拥云屯"②,天台宗由此逐渐兴盛。天台德韶则协助兴建了数十所天台道场,因此,赞宁称德韶"功成不宰,心地坦夷"③。义寂的弟子中比较知名的有澄彧、宝翔、义通(972—988),义通之后又传四明知礼(960—1028)。随着宋代天台内部的"山家""山外"之争,又给天台宗的再次兴盛带来了契机。

三 北方中原政权与海外佛教往来

五代时期,南方诸国战争较少,相对安定;北方后梁、后唐、后晋、后汉、后周五个中原政权虽存续仅53年,但更替了十三个帝王,战乱频仍,因而,佛教由隋唐时期的北方盛南方衰一转而为南方盛北方衰了,这一点从禅宗兴盛与发展主要在南方也可见一斑。④

不过,由于北方的五台山在佛教徒的心目中,是文殊菩萨演教的道场,世界佛教圣地之一,所以,即便是五代群雄纷争的时期,也有印度僧人来参礼五台山。如敦煌地区保存了一份《印度普化大师五台山巡礼记》(P.3931)的文献,夹杂在五代甘州回鹘国的49件汉文书启公文中,"记载了印度的普化大师自中印度至五台山游历各寺的逐日情

---

① [朝鲜]李能和撰:《朝鲜佛教通史》中编,《大正藏补编》第31册,第465页上。
② (宋)赞宁撰:《宋高僧传》卷第七,《大正藏》第50册,第752页中。
③ (宋)赞宁撰:《宋高僧传》卷第十三,《大正藏》第50册,第789页上。
④ 有学者专门根据僧传中记载的僧人籍贯及僧尼人数进行统计,也可证明五代宋初佛教南盛北衰的现实。"《续高僧传》所记,隋及唐前期的高僧多是北方籍人,江淮以南寥若晨星,而赣、闽、粤地区竟无一人。但到了唐季五代时期,情况就大不相同了。《宋高僧传》所载僧侣五百余人,其中属于唐后期和五代时期的有三百二十人。这三百二十人中有一百九十人籍属江淮以南,仅一百三十人系籍北方。""另以僧尼人数而言,周世宗禁佛,还俗僧尼为数不少,使黄河流域僧尼骤减。赵宋代周而立,允许修复被后周并省的寺院,北方地区的僧尼人数微有增加,不过在很长一个时期内北方僧尼数始终不敌南方。"白文固:《五代佛教的发展》,《青海师范大学学报》(社会科学版)1985年第3期。

况,详载各寺院及名胜古迹方位等"①。但是,由于山西特殊的地理位置及举足轻重的历史地位②,"中原地区的五个王朝,中间的三个——后唐、后晋、后汉,都是从山西起家的沙陀部族;首尾两个——后梁和后周,在其建立政权的过程中,也和山西有关。中原的王朝以外,还有十个分裂割据的独立王国,其中九个在秦岭淮河以南,在北方的一个,就是局处山西的'北汉'"③,所以,乱世之中,有关五代宋初五台山佛教对外交流的记载相对有限。

除此之外,中原政权在寺院新建、僧尼剃度、出家资格认定等方面也有抑制政策,如后唐禁止再建寺院,天成元年(926)十一月敕:"应今日已前修盖的寺院,无令毁废,自此后不得辄有建造。"④后晋亦如此,天福四年(939)十二月敕:"今后诸道州府,城郭村坊,不得创造寺宇。所有自前盖者,即听依旧住持。"⑤

但是,出于祈福禳灾等功利性的需要,中原政权都在一定程度上儒佛道兼奉。即便周世宗(921—959)毁佛,也主要是为了改变铜钱流通不足的问题,周世宗曾告诉侍臣:"今以钱货之弊,将立监铸钱。佛像之属凡是铜者,并从销铸。卿等勿以毁佛兴利,而有难色。"⑥此外,后周毁佛并不是废除所有的寺院,而主要是废除"诸道州府县镇村坊"已建而无敕额的寺院,"应有敕额者一切仍旧"⑦。960年宋太祖即位,对佛教虽然仍有限制发展,但并未打击、阻碍佛教的发展,而且纠正了后周毁佛的一些做法,如建隆元年(960)六月,下诏各路寺院,经周

---

① 崔正森:《五台山佛教史》,山西人民出版社2000年版,第459页。
② "山西地理条件特殊,东南西三面有太行山、王屋山、黄河环绕,受战争影响较小;又北临草原,容易取得良马,用于作战;而且离政治中心长安、洛阳、开封一线很近,随时可以袭击都城。"李裕民:《论五代时期山西的历史地位》,《史志学刊》2016年第1期。
③ 张捷夫:《五代时期的山西》,《沧桑》1994年第6期。
④ (宋)王溥:《五代会要》卷十二《寺》,上海古籍出版社2012年版,第195页。
⑤ (宋)王溥:《五代会要》卷十二《寺》,第195、196页。
⑥ (宋)王钦若等编:《册府元龟》卷五百一《邦计部》,中华书局1960年版,第6009页。
⑦ (宋)王溥:《五代会要》卷十二《寺》,第196页。

世宗显德二年（955）当废未毁者"听存"。已毁寺院所有佛像"许移置存留"，由此"人间所藏铜像稍稍得出"①。

因此，五代宋初的中原政权非但未中断与其他国家的佛教交流，甚至把它作为与海外联系、交好的手段。但是，由于地域与交通的限制，从相关文献记载来看，这一时期中原政权的佛教交流主要在西域、印度等地，既接待来访者，也有僧人外出游学，以下以时间为序扼要梳理。

后梁开平元年（907）五月中，有泉州僧人智宣从西域还至东京，向梁太祖进献辟支佛骨，及"梵书多罗叶夹经律"。智宣曾效仿义净所为，赴西域礼佛塔，求中土没有的佛典。对于智宣的返回及进献之物，梁太祖非常高兴，"宣赐分物"，并打算把智宣带回的梵夹翻译成中文，可惜，"于时干戈，不遑此务也"②。

宋太祖建隆三年（962）五月，西域于阗国沙门善名等七人来，太祖下诏住相国寺。是年十一月，高昌国遣僧人法渊前来进献辟支佛牙、玉器。③

宋太祖乾德二年（964），太祖"诏沙门三百人，入天竺求舍利及贝多叶书"，其中有成都牛心寺僧继业，俗姓王，耀州人，隶东京天寿院。至开宝九年（976），继业方从天竺返回牛心寺。继业所藏《涅槃经》一函，四十二卷，于每一卷后，分别记录西域的行程，"虽不甚详，然地里大略可考，世所罕见"④。继业等人西域所行所见如下：

> 业自阶州出塞西行，由灵武、西凉、甘、肃、瓜、沙等州，入伊吴、高昌、焉耆、于阗、疏勒、大食诸国，度雪岭至布路州国。

---

① （宋）志磐撰：《佛祖统纪》卷第四十，《大正藏》第49册，第394页下。
② （宋）赞宁撰：《宋高僧传》卷第三十，《大正藏》第50册，第897页下。
③ （宋）志磐撰：《佛祖统纪》卷第四十三，《大正藏》第49册，第395页上。
④ （宋）范成大著，颜晓军点校：《吴船录》卷上，浙江人民美术出版社2016年版，第21页。

又度大葱岭。雪山至伽湿弥罗国，西登大山，有萨埵太子投崖饲虎处，遂至犍陀罗国，谓之中印土。

又西至庶流波国即左烂陀罗国。国有二寺。

又西过四大国，至大曲女城，南临陷牟河，北背洹河，塔庙甚多而无僧尼。

又西二程，有宝阶故基。

又西至波罗奈国，两城相距五里，南临洹河。

又西北十许里，至鹿野苑，塔庙佛迹最夥。业自云别有传记，今不传矣。①

上述可见，无论是人数还是行程都说明，此为北宋官方派出的比较庞大的僧人使团，历十二年之久求佛经原典，可谓虔诚。这也为后来宋太宗设译经院、组织译经奠定了基础。

宋太祖乾德三年（965），沧州沙门道圆回国，偕同于阗使者至京师，献佛舍利、贝叶梵经。道圆游五天竺往返计十八年。太祖召见，询问西土风俗，并赐道圆紫方袍、器币。②

宋太祖乾德四年（966），太祖遣僧行勤一百五十七人往西竺求法，"并赐诏书谕令遣人前导"，各"赐装钱三万"。行勤等人历焉耆、龟兹、迦弥罗等国。③ 由于五代宋初也值印度国土不宁、佛教衰颓之际，中印文化交流未免受到影响。宋太祖两次派出的上百位僧人入天竺取经，走的都是西域道，但从此以后，"西域道上日渐沉寂，偶有印僧来华，也是零星记载。海上通道较前繁荣，但与东南亚交往较多，与印度则少"④。

---

① （宋）范成大著，颜晓军点校：《吴船录》卷上，第21、22页。
② （宋）志磐撰：《佛祖统纪》卷第四十三，《大正藏》第49册，第395页上。
③ （宋）志磐撰：《佛祖统纪》卷第四十三，《大正藏》第49册，第395页中。
④ 王海涛：《云南佛教史》，云南美术出版社2001年版，第39页。

宋太祖开宝四年（971），沙门建盛自西竺还，进贝叶梵经。偕同前来的还有梵僧曼殊室利。曼殊室利为中天竺王子，持律很精。太祖下诏馆于相国寺。①

宋太宗太平兴国二年（977），西天沙门吉祥来，进贝叶梵经。②

宋太宗太平兴国三年（978）三月，开宝寺沙门继从等从西天还，献梵经、佛舍利塔、菩提树叶、孔雀尾拂等，太宗赐紫方袍。是年四月，中天竺沙门钵纳摩来，献佛舍利塔、牦牛尾拂。曼殊室利求归本国，太宗下诏从之。是年，吴越王钱弘俶奉版图归顺宋朝。③

频繁地派出僧人游学西域，及热情接待域外返回的僧人，说明宋初对佛教文化交流的重视，尤其是注意到整理佛藏的重要性。开宝四年（971），宋太祖敕高品张从信往益州雕刻《大藏经》版④，这是我国历史上第一次由官方刊刻当时能够搜集到的所有佛经，对后世影响重大。

雕刻佛经用于流通，五代时期已然盛行，后晋天福间即有雕版本《金刚经》问世。⑤ 吴越地区的印刷业更是由于佛教经像的刊刻而得到很大的推动，尤其是吴越王钱弘俶与永明延寿所印的佛教经像、塔图咒语，有数字可考者即有"六十八万二千卷（或本）"⑥，数量之巨，可谓空前。永明延寿刊印的经咒有《弥陀经》《楞严经》《法华经》《观音经》《佛顶咒》《大悲咒》，时间"约印于九三九年左右"；972年开版《弥陀经》《法界心图》"印七万余本"。⑦ 吴越王钱弘俶首开官府大规模刻经之先河，从出土资料显示，钱弘俶于后周显德三年（956）、宋太祖乾德三年（965）、宋太祖开宝八年（975）三次雕印《宝箧印

---

① （宋）志磐撰：《佛祖统纪》卷第四十三，《大正藏》第49册，第396页上。
② （宋）志磐撰：《佛祖统纪》卷第四十三，《大正藏》第49册，第397页中。
③ （宋）志磐撰：《佛祖统纪》卷第四十三，《大正藏》第49册，第397页中。
④ （宋）志磐撰：《佛祖统纪》卷第四十三，《大正藏》第49册，第396页上。
⑤ 此版本发现于敦煌，可惜已被法国伯希和盗走。张秀民：《中国印刷史》，第51页。
⑥ 张秀民：《中国印刷史》，第50页。
⑦ 张秀民：《中国印刷史》，第47页。

经》各八万四千卷，藏于阿育王塔及雷峰塔内。①

"五代时雕版印刷的推进，对于文化典籍的传播起着前所未有的影响和作用，也直接促进宋代文献编纂和印刷事业的发展。"② 随着佚失佛籍的复归及雕版印刷业的兴盛，宋初在益州开雕的《开宝藏》于983年刻成。高丽王朝受其影响，也雕刻了一套《大藏经》。高丽藏经后毁于蒙古军的战火，于公元1236年再度雕刻，历时16年完成，"经板至今仍存于海印寺内"③。

除此之外，五代后梁意欲从事却由于战事频繁而未竟的译经事业，随着僧人从西域带回梵夹的增多，也为宋太宗于太平兴国三年（978）创立传法院（译经院），展开中国佛教史上又一次由官方组织的大规模译经奠定了基础。

结　语

五代至宋初不到百年，而政权割据，战乱不断，是中国历史上又一个分裂的时期。但佛教自东汉传入中土之后，日渐扎根，成为中国传统文化不可分割的一部分。具有中国本土特色适应时代发展的大乘佛教宗派禅宗，于五代乱离之世散发出奇异的光彩，衍生出许多禅派，诞生了一批著名的高僧，更吸引了许多来自新罗、高丽等海外国家的求法学禅者。由于社会政治与地理等原因，五代宋初的佛教海外交流显然也呈现出其独有的特点。

其一，在南北政权中，南方政权与朝鲜半岛的新罗、高丽交往较

---

① 张秀民：《中国印刷史》，第45、46页。这三次出土，与宋志磐《佛祖统纪》"吴越王钱俶，天性敬佛，慕阿育王造塔之事，用金铜精钢造八万四千塔。中藏《宝箧印心咒经》，布散部内，凡十年而讫功"的记载相符。（宋）志磐撰：《佛祖统纪》卷第四十三，《大正藏》第49册，第394页下。
② 傅璇琮等主编：《五代会要·前言》，第2页。
③ 楼宇烈主编：《中外宗教交流史》，第103页。

多；北方政权则主要局限于与西域、印度的佛教往来。南方政权以禅宗的传播为主，并且成为朝鲜半岛禅派的源头，对后世海外佛教前来寻根问祖有发轫之功。中土与海外佛教交流源远流长，相互影响很深，佛教文化把来自不同国家、民族的信仰者凝聚成一个文化共同体，从五代宋初的佛教发展中也得到鲜明的印证。

其二，海外来华的僧人，以习禅求法及参礼佛教圣地为主；中土赴海外的僧人，一方面为求取本土佚毁的佛教典籍，另一方面是求取佛经原典。尤其是，当中土佛教遭遇会昌法难、唐末动乱、五代乱离等一系列打击，以至于经典散佚之时，传播至海外的佛教典籍的回流，也成为中国佛教史上重要的大事件。所以，天台教籍自高丽及日本的复归为天台宗的复兴及《大藏经》的雕刻奠定了文献基础。而自西域、印度不断带回的梵经贝叶也为宋代组织官方译经提供了来源，创造了条件。五代宋初时期的佛教对宋代佛教的版图及发展走向有着很大的影响，则是无疑。

其三，南方吴越国主敬僧重佛，保境安民，所以境内佛教格外兴盛。更兼地理位置优越，海上交通便利，"9世纪初，中国商船开始活跃于东海，吴越之地更成为对日交通的要道"[①]。所以，即便在日本官方担心卷入中国的战乱纷争之中，于宽平六年（894）废止遣唐使，又提出"禁止渡航海外的消极锁国政策"[②] 的情况下，尚有日僧借助商船，往来中国，实现瞻圣、传法等愿望。如醍醐天皇延长五年（927），有宽建、超会、宽铺等十一位日僧，乘商船横渡东海，先赴五台山瞻礼圣迹，之后在各地参访。宽铺还在中土弘传瑜伽教，随其受法灌顶的中国弟子有三十余人。[③]

---

① 王力：《宝箧印经塔与吴越国对日文化交流》，《浙江大学学报》（人文社会科学版）2002年第5期。
② 崔正森：《五台山佛教史》，第467页。
③ ［日］成寻：《参天台五台山记》第六，《大藏经补编》第32册，第395页上。

从历史研究来看，五代宋初的对外贸易很发达，甚至毫不逊色于唐代，南唐、南汉等其他南方政权所处的交通地理位置也各有优势①，只是由于笔者现有资料尚不完备，所以本文未能对五代宋初佛教海外交流有更为全面的论述，而只能冠以"管窥"之名，从有限的角度入手，其他则有待于今后进一步的发现、考察与研究。

---

① "五代十国时期，虽然政治局势动荡不稳，但是海外贸易却丝毫不比唐代逊色，海上交通非常繁忙，有大批中外船只往来于中国沿海各港口。通观这一历史时期的海外交通线，主要有高丽、日本、东南亚、南亚、西亚、非洲等方向。由于中国海岸线甚长，港口众多，对海外的交通也因地理位置的不同，呈现出明显的分工。其中，通往高丽、日本的海上交通线，主要从山东半岛的登、莱二港和南唐、吴越境内诸港出发；而通往东南亚、南亚、西亚及非洲的航船则从福建境内诸港及广州港出发。反之亦然，来自这些国家和地区的商船也大都是按照这种分布状态进入中国港口的。"杜文玉：《五代十国经济史》，学苑出版社2011年版，第211页。

丝绸之路上的佛教信仰传播
——基于中古汉地佛足迹信仰的考察

黄 凯

上海大学文学院博士生

摘要： 佛足迹信仰是印度佛教佛陀信仰的一种重要形态，体现了印度早期佛教的佛陀观与宗教实践方式。中国汉文化地区，具有明确实物依据的佛足迹图像始于初唐玄奘、王玄策从中印度带回的粉本，但以文献记载来看，佛足迹信仰进入中国的时间则远远早于初唐。在两晋南北朝时期就有大量承载佛足迹信仰内容的经典通过丝绸之路传至中国。这一时期来往于丝绸之路上的域外来华僧人和西行求法僧也在古印度亲身接触到佛足迹信仰。佛足迹图像及其信仰从域外到中国的传播，丰富了丝绸之路上的宗教、艺术、文化交流，拓展了中国佛教的信仰形态与内涵。

关键词： 佛足迹；遗迹崇拜；灭罪；信仰实践

佛足迹是佛陀造像出现之前代表佛陀的象征物之一。印度前佛像时期常采用佛足、圣树、法轮、佛塔等图样以象征佛陀。现有实物资料显示，约公元前 2 世纪左右，象征佛陀的佛足迹图像开始出现。佛足迹信

---

* 本文是 2019 年度国家社科基金重大项目"'一带一路'佛教交流史"（项目编号：19ZDA239）的中期成果之一。

仰是以佛陀信仰为核心,以佛陀足迹为对象,以经典、石刻、图像及其他延伸信仰内容为承载的一种佛教信仰。佛足迹信仰是早期佛教佛陀信仰的一种重要形态,反映了那个时代佛教徒与佛陀之间的关系模式,体现了早期佛教的佛陀观与宗教实践方式。① 学术界过去对佛足迹信仰的研究比较薄弱,尤其是佛足迹信仰初传中国的相关问题至今不甚明晰。李静杰先生认为在中国汉文化地区,具有明确实物和文献依据的佛足迹图像始于初唐玄奘、王玄策从中印度带回的粉本。② 这一结论是以佛足迹图像作为考察对象而得出,确实可以成立。但佛足迹图像只是佛足迹信仰内容的一部分,佛足迹图像进入中国的时间不能等同于佛足迹信仰进入中国的时间。而且,李静杰先生的结论有一个严格的前提设置,即"具有明确实物和文献依据",对于那些有文献记载而无实物遗存的资料,虽然不能用于佛足迹图像的研究,但对于研究佛足迹信仰却有重要的价值。佛足迹信仰何时进入中国,至今还没有一个明确的定论。本文通过考察南北朝时期与佛足迹信仰有关的佛教文献,拟为佛足迹信仰初传中国的相关问题提供一点基础性探索。

一 东晋南北朝汉译佛典中的佛足迹信仰

佛教信仰的流传,往往是以佛教经典的翻译为先导。佛足迹信仰进入中国同样也有相关佛教经典作为承载。笔者翻检佛教典籍发现,在东晋南北朝时期,一些含有佛足迹信仰内容的经典就已经比较集中地被翻译到了中国。

后秦时来华印度僧人佛陀跋陀罗(359—429)所翻译的《佛说观佛三昧海经》,其中就有体现佛足迹信仰的内容。《佛说观佛三昧海经》

---

① 黄凯、刘世超:《〈大唐西域记〉中的佛足迹石崇拜》,《五台山研究》2018 年第 1 期。
② 李静杰:《佛足迹图像的传播与信仰(下)——以印度与中国为中心》,《故宫博物院院刊》2011 年第 5 期。

卷六《观四威仪品》：

> 若有众生，佛在世时，见佛行者，步步之中见千辐轮相，除却千劫极重恶罪。佛去世后，三昧正受想佛行者，亦除千劫极重恶业，虽不想行，见佛迹者、见像行者，步步亦除千劫极重恶业。①
>
> 佛告阿难，汝从今日持如来语遍告弟子：佛灭度后，造好形像令身相足，亦作无量化佛色像，及通身光及画佛迹，以微妙彩及颇梨珠安白毫处，令诸众生得见是相，但见此相心生欢喜，此人除却百亿那由他恒河沙劫生死之罪。②

上引经文提出，佛足迹信仰具有一个重要内涵——灭罪，并具体介绍了四种可以灭除千劫极重恶罪的情况：第一，在佛陀在世时，亲眼看到佛陀行走以及佛脚印中的千辐轮相；第二，在佛陀去世后，能够观想佛陀行走的身影；第三，在佛陀去世后，能够目睹佛陀足迹；第四，在佛陀去世后，能够摹画佛足迹。这四种做法都可以灭除恶业重罪，佛足迹在此被赋予了灭罪消业的信仰内涵。灭罪思想是佛教的核心思想之一，大小乘经论都强调灭罪，但对如何灭罪、灭罪的程度与范围的认识却有不同。大乘佛教关于灭罪提出很多方法，通常被中国佛教徒所熟知的有：礼佛、念佛、诵经、抄经、刻经、忏悔、造像等，这些方法都可以帮助佛教信仰者灭除自身的罪。佛足迹信仰无疑是向这些佛教信仰者打开了一条新的灭罪之门。20世纪80年代，龙门东山擂鼓台发现了一例佛足迹图像碑，学者通过对比擂鼓台窟前遗址出土的唐天祐三年（906）"大佛顶陀罗尼经"幢中"千福圆满，万罪消除"的主题，认

---

① 佛陀跋陀罗译：《佛说观佛三昧海经》第6卷，《大正藏》第15册，第675页下。
② 佛陀跋陀罗译：《佛说观佛三昧海经》第6卷，《大正藏》第15册，第675页下。

为此佛足碑与擂鼓台石窟寺院所体现的"除罪"这一宗教主题是一致的。① 这也反映了佛足迹信仰的这一灭罪内涵在佛教实践层面的落实。

昙无谶（385—433）于北凉玄始十五年（426）译出的《优婆塞戒经》则将佛足迹和菩萨戒联系起来，佛足迹成为戒的别名和代表。《优婆塞戒经》卷六《尸波罗蜜品二三》：

> 如是戒者，亦名初地，亦名导地，亦名平地，亦名等地，亦名慈地，亦名悲地，亦名佛迹，亦名一切功德根本，亦名福田。②

在僧祐（445—518）所编的《出三藏记集》中，有一部单译本的《佛迹见千辐轮相经》一卷③，成书稍晚的《众经目录》介绍该经是出自《杂阿含经》第四卷④。该经虽然现已不存，但元嘉二十年（443）译出的《杂阿含经》卷四的内容极有可能就是这部《佛迹见千辐轮相经》，因而我们仍然可以从《杂阿含经》一窥其中有关佛足迹信仰的内容。《杂阿含经》卷四《一〇一》：

> 如是我闻：一时，佛在拘萨罗人间游行，有从迦帝聚落、堕鸠罗聚落二村中间，一树下坐，入昼正受。时，有豆磨种姓婆罗门随彼道行，寻佛后来，见佛脚迹千辐轮相，印文显现，齐辐圆辋，众好满足。见已，作是念："我未曾见人间有如是足迹，今当随迹以求其人。"即寻脚迹至于佛所，来见世尊坐一树下，入昼正受，严容绝世，诸根澄静，其心寂定，第一调伏，正观成就，光相巍巍，犹若金山。⑤

---

① 焦建辉、谷宏耀：《龙门东山擂鼓台佛足迹图像碑及相关问题》，《中原文物》2014 年第 5 期。
② 昙无谶译：《优婆塞戒经》第 6 卷，《大正藏》第 24 册，第 1065 页中。
③ 释僧祐：《出三藏记集》第 4 卷，《大正藏》第 55 册，第 22 页上。
④ 法经：《众经目录》第 3 卷，《大正藏》第 55 册，第 166 页上。
⑤ 求那跋陀罗译：《杂阿含经》第 4 卷，《大正藏》第 2 册，第 28 页上—下。

根据《杂阿含经》的这段记载，佛陀在世时其足迹就已表现出"千辐轮相，印文显现，齐辐圆辋，众好满足"的特征，千辐轮相也是以后佛足迹图像的基本元素，这一点与现存的佛足迹实物是一致的。在《杂阿含经》卷五十中还有一处提到佛足迹。《杂阿含经》卷五十《一三四九》：

  如是我闻：一时，佛在拘萨罗国人间游行，住一林中。时，有天神，依彼林者，见佛行迹，低头谛观，修于佛念。时，有优楼鸟住于道中，行欲蹈佛足迹。尔时，天神即说偈言："汝今优楼鸟，团目栖树间，莫乱如来迹，坏我念佛境。"时，彼天神说此偈已，默然念佛。①

在这段经文中，天神看到佛陀的足迹后对着佛足迹观想佛陀，当一只优楼鸟要踩到佛足迹时，天神严厉地阻止了它。佛足迹在这里不仅是佛陀的象征，神圣不可侵犯，而且与佛教的修行实践——念佛紧密地联系起来，成为信仰实践的对象。

北魏太平真君六年（445），凉州沙门慧觉等翻译的《贤愚经》则记录了鸡足山上的佛足迹，以及弥勒等人前去礼拜的事情。《贤愚经》卷十二《波婆离品五十》：

  时弥勒等，进趣王舍，近到鹫头山，见佛足迹，千辐轮相晒然如画，即问人言：此是谁迹？有人答言：斯是佛迹。时弥勒等，遂怀慕仰，徘徊迹侧，豫钦渴仰。②

---

① 求那跋陀罗译：《杂阿含经》第50卷，《大正藏》第2册，第371页中。
② 慧觉：《贤愚经》第12卷，《大正藏》第4册，第433页上—中。

除了上述这些译者、翻译时间等信息准确清楚的经典外，还有一部著者、译者以及翻译时间均不详的《分别功德论》也提到了佛足迹信仰。该书在《后汉录》中记为失译，《历代三宝纪》则认为译于东汉中平二年（185）。学者方一新、高列过考证认为该书应当翻译于西晋以后。① 王毅力认为翻译年代不早于西晋，甚至是东晋。② 陈祥明也认为翻译时代不早于东晋不晚于齐梁之间，且译作者有可能与《增一阿含经》属于同一个译经团队。③ 总之，将《分别功德论》视为一部东晋至南朝时期的作品，应该是比较可靠的。在《分别功德论》中，对于佛足迹有如下描述：

> 佛身金刚，无有诸漏。若行时，足离地四寸，千辐相文，迹现于地。足下诸虫蚁，七日安隐。若其命终者，皆得生天上。昔有一恶比丘，本是外道，欲假服诽谤。逐如来行，多杀飞虫着佛迹处，言蹈虫杀也。然虫虽死，遇佛迹处寻还得活。④

这段文字除了介绍佛足迹具有千辐轮相的特征之外，还记载了佛足迹的一个特别之处，那就是即便已经死了的虫子放在佛足迹上，也能死而复活。佛足迹被赋予了起死回生的信仰内涵。尽管这一说法具有强烈的神异色彩，但是也从侧面反映了早期佛教对佛足迹的认识和态度是崇敬而神圣的。

除了以上所举的明确提到佛足迹信仰的经典外，约于北凉永和五年（437）前后，由浮陀跋摩与道泰等翻译的《阿毗昙毗婆沙论》中还提

---

① 方一新、高列过：《从文献记载看〈分别功德论〉的翻译年代》，《中国典籍与文化论丛》，凤凰出版社2012年版，第203—213页。
② 王毅力：《从词汇角度看〈分别功德论〉的翻译年代》，《宗教学研究》2012年第1期。
③ 陈祥明：《汉文佛典失译经语言时代考辨——以〈分别功德论〉为例兼其译作者》，《泰山学院学报》2017年第4期。
④ 《分别功德论》第2卷，《大正藏》第25册，第35页下。

到在罽宾国有一个佛迹林。《阿毗昙毗婆沙论》卷九《智品二》：

> 有大论师名奢提罗，至罽宾国，于时佛迹林中有阿罗汉名婆秀罗具足三明，离三界欲，通达三藏，于内外经论无不究畅。①

这里的"佛迹林"是否意为"有佛陀足迹的树林"，限于资料不足我们尚不能给出定论。但从上文所引的其他经典中多次以"佛迹"来称呼佛足迹的情况来看，"佛迹林"的"佛迹"为佛陀足迹之意，是非常有可能的。这也从侧面反映出佛足迹信仰在印度和中亚的流行。

综上，在4世纪到5世纪之间，《佛说观佛三昧海经》《优婆塞戒经》《佛迹见千辐轮相经》《杂阿含经》《贤愚经》《分别功德论》《阿毗昙毗婆沙论》等一批有关佛足迹信仰的域外佛教典籍被翻译到中国汉地。这些经典所呈现的佛足迹信仰是丰富多彩的，它们多数都记载了佛足迹具有千辐轮相的特征，同时也介绍了佛足迹具有佛陀象征、灭除重罪、起死回生等信仰功能，并依此发展出观想佛陀、念佛等信仰实践形式。可以说在初唐的玄奘、王玄策带回佛足迹图本之前，对于佛足迹这一佛教信仰对象，汉地已经并不陌生。

二 东晋南北朝中国著作所记载的佛足迹信仰

东晋南北朝时期，除了翻译到中国的佛教经论中含有大量的佛足迹信仰内容之外，中国人所撰写的佛教典籍中，特别是在中国西行求法僧的传记中记录了许多有关佛足迹的内容。

从现有文献考察，第一个介绍印度的佛足迹信仰情况给中国人的，

---

① 《阿毗昙毗婆沙论》第9卷，《大正藏》第28册，第63页上。

应该是法显（334—420）。① 法显是第一位经陆路前往印度并由海路回国的西行求法高僧。成于义熙十二年（416）的《法显传》（也称《佛国记》）中就有大量的佛足迹的记载：

> 佛至北天竺，即到此国也，佛遗足迹于此，或长或短在人心念，至今犹尔。②
>
> 阿育王坏七塔作八万四千塔，最初所作大塔在城南三里余，此塔前有佛迹，起精舍，户北向塔。③
>
> 法显生不值佛，但见遗迹处所而已，即于石窟前诵《首楞严》，停止一宿。④
>
> 佛至其国，欲化恶龙。以神足力，一足蹑王城北，一足蹑山顶，两迹相去十五由延。王于城北迹上起大塔。⑤

从上面所摘列的资料可以看到，法显不仅介绍了印度的佛足迹分布和崇拜情况，还提到自己在佛足迹前停留一夜念诵《楞严经》的行为。这应该是中国人参与印度佛足迹信仰活动的最早案例。从现存的一些佛足迹图像碑的碑文，我们可以看到，后人对佛足迹的认识基本上都是来源于玄奘的《大唐西域记》，然而法显《佛国记》对印度佛足迹信仰的介绍则比玄奘要早近 200 年。

---

① 在与法显同时期的中国撰述中提到佛足迹的还有庐山慧远（334—416）的《维摩义记》："履践如来所行之迹，是十地上所得益也。通则一切智慧、三昧、神通、解脱、陀罗尼等皆是佛迹，十地顺行名为履践。别则末后金刚三昧是其佛迹。"（释慧远：《维摩义记》，《大正藏》第 38 册，第 513 页下）但慧远这里所讲的佛足迹并不是我们所要讨论的佛足迹信仰，慧远所讲的佛足迹更多的是一种修行上的步佛足迹，所表达的是一种等同于佛的修行境界。
② 法显：《高僧法显传》第 1 卷，《大正藏》第 51 册，第 858 页上。
③ 法显：《高僧法显传》第 1 卷，《大正藏》第 51 册，第 862 页中。
④ 法显：《高僧法显传》第 1 卷，《大正藏》第 51 册，第 863 页上。
⑤ 法显：《高僧法显传》第 1 卷，《大正藏》第 51 册，第 864 页下。

北魏神龟元年（518），太后遣崇立寺比丘惠生与敦煌人宋云等去西域取经。在记述这次取经经过的《北魏僧惠生使西域记》中，记载了惠生和宋云在印度所见到的佛足迹的情况：

> 十二月初旬入乌场国。……国中有如来晒衣履石之处，其余佛迹，所至炳然。每一佛迹，辄有寺塔履之。
>
> 至正光元年四月中旬入乾陀罗国。……复西行十三日，至佛沙伏城。城郭端直，林泉茂盛，土饶珍宝，风俗淳善。名僧德泉，道行高奇。石像庄严，通身金箔。有迦叶波佛迹。①

虽然这里介绍的依然是印度的佛足迹信仰情况，但是所提到的乌苌国的佛足迹和佛沙伏城的佛足迹都是法显在《佛国记》里面没有提到的。惠生的介绍，可以使中国人可以更加清楚地了解到印度佛足迹信仰的分布和信仰情况。

《出三藏记集》中还记载了西行求法僧智猛在印度见到佛足迹的情况。"至迦罗卫国，见佛发、佛牙及肉髻骨、佛影、佛迹，炳然具存。"② 可以想见，在东晋南北朝时期，西行求法的僧人亲眼见到佛足迹，应当是一件比较普遍的事情。随着这些求法僧的回国，佛足迹信仰随之也被介绍到中国，为中国人所了解。

除了上述几本著作之外，北魏郦道元（472—527）的《水经注》和杨炫之撰写、成书于东魏武定五年（547）的《洛阳伽蓝记》，对印度的佛足迹信仰都有一定程度的介绍。这两本著作中有关佛足迹的记述，基本上都是引用《法显传》的内容，在此不再单独讨论。同时，通过《水经注》《洛阳伽蓝记》的引用和转载，佛足迹信仰进一步在汉

---

① 释惠生：《北魏僧惠生使西域记》，《大正藏》第51册，第867页上—中。
② 释僧祐：《出三藏记集》第15卷，《大正藏》第55册，第113页中—下。

地得到传播,应当是情理之中的事情。

总之,东晋南北朝时期的西行求法僧人,在西域、印度目睹了大量的佛足迹,并将之记载、介绍到汉地,为国人所知。在这些求法僧的记载里,佛足迹作为佛陀的遗迹,被人们以建寺、建塔的方式供养、礼拜,反映了古印度佛教遗迹信仰的重要形态。佛教发展的早期,反对偶像崇拜,从佛陀入灭到佛造像出现前的很长一段时间内,佛教的信仰形态主要有三种:舍利信仰、遗物信仰和遗迹信仰。① 其中佛遗迹信仰可分为两类:圣地信仰和佛足迹信仰。佛足迹作为佛陀遗迹的代表,是佛陀生前行迹所留,承载着佛陀弘法行迹的重要信息,成为佛陀象征性的表现。见佛足迹如见佛陀,对佛足迹的崇拜寄托着人们对佛陀的追念,其本质也是佛陀信仰的一种。

三 南北朝时期汉地的佛足迹信仰活动

尽管在上述的域外佛教典籍和中国僧人的著作中,对佛足迹信仰已经有了比较频繁的介绍,但是所涉及的内容主要还是古印度的佛足迹信仰,对中国汉地佛足迹信仰情况则鲜有提及。然而我们翻检史料依然可以找到一些蛛丝马迹。

在道宣(596—667)所编的《广弘明集》卷十六中,有一篇梁简文帝的《谢敕苦行像并佛迹等启》,内容就涉及佛足迹信仰:

> 臣讳启,舍人顾建奉宣敕旨,以金铜苦行佛并佛迹、供养具等,赍使供养。伏以六年道树,超出四魔。千辐足轮,德圆万善,故能闻见悟解,逢遇祛尘。②

---

① 黄凯、刘世超:《〈大唐西域记〉中的佛足迹石崇拜》,《五台山研究》2018 年第 1 期。
② 释道宣:《广弘明集》第 16 卷,《大正藏》第 52 册,第 209 页上—中。

这一段奏文表明，在南朝萧梁时期，中国汉地已经有了制作、供养佛足迹的活动，并且认为崇拜、供养佛足迹具有"闻见悟解，逢遇祛尘"的作用。

同时，在《广弘明集·佛德篇》中的"晋代已来佛像感应相"部分也记载了初唐时全国各地存在佛足迹信仰的情况。

> 渝州西百里相思寺北，石山上有佛迹十二枚。皆长三尺，阔一尺一寸，深九寸，中有鱼文。在佛堂北十五步，见有僧住。
> 循州东北兴宁县灵龛寺北，石上佛迹三十余。大者长五尺已下。①
> 简州三学山寺有佛迹。每夜神灯在空，远见近灭。至六斋夜，其灯则多。②

渝州即今重庆市，兴宁县即今广东省兴宁县，简州即今四川省简阳市。从这三处佛足迹所处的位置并不集中这一情况来看，佛足迹信仰在当时的分布是比较广泛的。值得注意的是，三学山寺的佛足迹不仅见载于道宣的《广弘明集》，也出现在初唐诗人王勃的笔下。初唐四杰之一的王勃，曾写过一首题为《观佛迹寺》的诗。

> 莲座神容俨，松崖圣趾余。年长金迹浅，地久石文疏。
> 颓华临曲磴，倾影赴前除。共嗟陵谷远，俄视化城虚。③

其中的"圣趾"指的就是佛足迹，而"年长金迹浅，地久石文疏"两句表明，这座佛迹寺建成的时间应当很早。王勃短暂的一生中曾有西游蜀地的经历，据傅朝阳介绍，王勃由广汉南行到了金堂县，游览佛教

---

① 释道宣：《广弘明集》第15卷，《大正藏》第52册，第203页上—中。
② 释道宣：《广弘明集》第15卷，《大正藏》第52册，第203页中。
③ 周振甫主编：《唐诗宋词元曲全集 全唐诗》第2册，黄山书社1999年版，第479页。

胜地三学山寺，写下《游梵宇三觉寺》一诗。又观看寺东壁的佛迹，写了《观佛迹寺》一诗。① 这些记载虽然产生于唐初，但是所记的佛足迹则年代久远，应是隋唐之前的作品。一定程度上可以反映南北朝时期中国佛足迹信仰的情况。

在《广弘明集》的作者道宣所撰写的另外一部作品《续高僧传》中，同样记载了一个与佛足迹信仰有关的人物：

> 释智旷……于咸阳造佛迹寺。……以开皇二十年九月二十四日，终于四望开圣寺。……仁寿元年，永济寺僧法贵，死而又稣，见阎罗王，放还正值旷乘宫殿自空直下，罪人喜曰：三果圣僧来救我等。所造八寺咸有灵奇，或涌飞泉，时降佛迹。②

如果道宣记述属实，则梁、隋之际汉地就已经出现了佛足迹信仰。释智旷这一生活在梁、隋之际的高僧，在咸阳主持修建了以"佛迹"命名的寺院"佛迹寺"，并且在他去世之后，他所修建的8座寺院都出现了天降佛足迹的神圣瑞像，尽管这一事件发生的时候已经是在隋代，但也说明了在隋之前的南北朝时期，佛足迹信仰在汉地已经具有一定的基础。

四 余论：佛足迹信仰接受史与中国佛教史的"减法"研究

在东晋南北朝时期，《佛迹见千辐轮相经》《杂阿含经》《佛说观佛

---

① 傅朝阳：《"初唐四杰"之首王勃》，山西春秋电子音像出版社2007年版，第15页。
② 释道宣：《续高僧传》第25卷，《大正藏》第50册，第658页中—659页上。

三昧海经》《优婆塞戒经》《阿毗昙毗婆沙论》《贤愚经》等承载佛足迹信仰内容的经典被传译至中国。诸如法显、智猛、惠生等往来于丝绸之路上的西行求法僧人，在回国后撰写的记录域外见闻的著作以及他们的传记中，也大量介绍了古印度佛足迹信仰的情况。可以说，对于4—6世纪的中国人来说，佛足迹信仰这种域外佛教信仰形态并不特别陌生。与此同时，中国佛教徒不仅开始制作佛足迹，而且出现了以佛足迹命名的寺院，并留下了关于佛足迹凭空出现在寺院天空的奇异记载，这些无疑都表明，佛足迹信仰在中国汉地已经拥有一定的信仰基础。佛足迹信仰从域外到中国的传播，丰富了丝绸之路上的宗教、艺术、文化的交流，也拓展了中国佛教的信仰形态与内涵。

佛足迹信仰作为一种特别的佛教信仰形态，之所以被中国人所接受，应该归功于佛足迹所具有的两大信仰内涵：第一，佛足迹是佛教遗迹信仰的重要内容。第二，佛足迹是佛教灭罪思想及实践的载体。佛足迹信仰作为早期佛教佛陀信仰的一种特别形态，体现了早期佛教的佛陀观与宗教实践方式。尽管中国汉文化地区具有明确实物和文献依据的佛足迹图像，是始于初唐玄奘、王玄策从中印度带回的粉本，但从本文的研究来看，佛足迹信仰进入中国的时间则远远早于初唐。

隋唐时期，因为玄奘、王玄策的影响，佛足迹信仰在汉地相当盛行。武周时期，因成州出现佛足迹而改年号"大足"，这既反映了佛足迹信仰在当时的流行与影响，反过来也会促使佛足迹信仰的继续传播。《宝刻类编》卷二即有长安二年（702）阎朝隐、范元晢分别撰写京兆"司刑寺佛迹碑铭"的记载[1]，反映了当时佛足迹信仰的流行。前文提到的擂鼓台佛足迹图像碑，大概就是在这一背景下雕造的。[2] 佛足迹信仰首先流行于国都长安周围，而后传播到河南、山西、四川及东南沿

---

[1] 《宝刻类编》，中华书局1985年版，第58页。
[2] 焦建辉、谷宏耀：《龙门东山擂鼓台佛足迹图像碑及相关问题》，《中原文物》2014年第5期。

海，并在传播过程中由佛足迹石逐渐演变为佛足迹图石碑、纸本佛足迹图像等不同的载体和多种表现方式。

宋代佛足迹信仰处在比较缓慢的发展阶段，迄今所知的宋代佛足迹石，仅有陕西耀县和重庆大足石刻两例，并且已经由佛足迹石演变为佛足迹图像石碑。这表明佛足迹信仰这种来自印度的域外佛教文化形态已经开始了中国化的进程。

明代佛足迹图像及信仰出现复兴的景象，在汉藏佛教寺院中都出现了佛足迹图像的雕造现象。而清代的佛足迹图像则相对较少，几乎没有新增的佛足迹图像实物，佛足迹信仰出现了大衰落的情况。明清时期的佛足迹图像几乎都以佛足迹图像碑的形式呈现。同时，明清时期佛足迹图像碑的流行，其意义也完全转移到了单纯的佛教纪念意义，不再具有宗教崇拜的意涵，佛足迹信仰在中国的发展进入尾声。

近代以来，佛足迹信仰在中国有了复兴的迹象。据笔者调查所知，20世纪下半叶以来，我国境内新雕造的佛足迹石有：山西五台山普寿寺、陕西长安归元寺、陕西商洛兴龙寺、辽宁灵岩寺、上海崇明区无为寺、江苏南京牛首山、台湾高雄紫竹林精舍等。

佛足信仰自东晋南北朝时期传入中国，为国人所熟悉。隋唐时期一度相当流行，而在宋元时期几乎消亡。明清时期，佛足图像因为具有禅宗法脉的纪念意义而一度得到流行，再到近代佛足迹图像以其"步佛足迹"的信仰内涵而受到越来越多寺院重视。这一佛足迹信仰在中国的接受史，是笔者想要尝试梳理清楚的问题所在。限于篇幅和笔者能力不足，本文仅仅就佛足迹信仰进入中国的问题，即东晋南北朝时期汉地佛足迹信仰的传入问题，做了基础性的资料整理和问题讨论。

从本文的讨论可以看到，佛足迹信仰在进入中国之初，其实并不受国人所重视。佛足迹信仰的一个重要内涵是"灭罪"，但是，考察有关佛教史的传世文献和考古资料会发现，相比于佛足迹，中国佛教徒似乎对佛像、经典更感兴趣，礼佛、念佛、诵经、抄经、刻经、造像等"灭罪"的信仰形式更受人们的欢迎。隋唐以降的佛足迹也是纪念的属性大于信仰的属性。基于此，笔者尝试提出几个问题：首先，为什么佛足迹信仰这种佛教信仰形态没能在中国普遍流行？是什么限制了中国人对它的接受？其次，佛教作为一种域外宗教文化，拥有浩繁的典籍、丰富的义理思想和多样的信仰实践形态，但中国人对佛教并非全盘接纳。许多佛教典籍没有被翻译到中国，或翻译过来后束之高阁无人问津。许多佛教思想、崇拜形式传播到中国后并不为国人所接受。那么，国人接受佛教文化的内在准则和机制又是怎样的呢？这一准则与佛教在地化（中国化）之间的关系又如何？第三，葛兆光提出中国思想史研究应该做"减法"，即不仅应该注意思想史上保留下来的材料和内容，也要关注那些被淘汰、被覆盖、被遗忘的部分，以及它们被遗忘的原因。佛足迹信仰的中国接受史，即是一个中国佛教思想史领域典型的"减法"研究案例。对佛足迹信仰这种传入中国后被不断边缘化的信仰形态的研究，必将为中国佛教史、中国佛教思想史的研究打开一个新的视角。

东南亚佛学

东晋两宋间印尼与岭南佛教文化交流考述[*]

何方耀
华南农业大学教授

摘要：古代印度尼西亚诸岛国如陆上丝路之于阗、龟兹诸国一样乃佛法东传华夏之中转站和集散地，而岭南乃海上丝绸之路之东方始发港，故岭南自东晋开始便与阇婆、室利佛逝、三佛齐等印度尼西亚古代诸岛国展开了密切的佛教文化交流。就印度尼西亚诸岛国而言，它是海路西来梵僧之中转站和瞭望所，西行求法华僧之梵语训练场所和岭南经典译场之海外延伸；岭南诸港则是梵僧入华的登岸地和迎送站，西行求法僧人的始发港和集散地，同时又是政府网罗域外高僧的情报搜集所和中外僧人北上弘法的主要通道；在东晋至宋末的一千年岁月里，佛教文化逐渐成为岭南与印度尼西亚诸岛国间朝贡贸易之纽带，外交活动之媒介，两地之间人员往来、信息相通，留下了众多有待发掘的历史文化遗产。

关键词：佛教文化；岭南；室利佛逝；三佛齐；朝贡贸易

中印间的海上商贸航线既是两个文明古国间物质文化交流的重要通道，也是精神文化交流的途径，佛教东渐入华即是这种精神文化交

---

[*] 本文是2019年度国家社科基金重大项目"'一带一路'佛教交流史"（项目编号：19ZDA239）的中期成果之一。

流的产物,而处于太平洋和印度洋交汇处的印度尼西亚所属诸岛(以下简称印尼诸岛)则是中印间佛教僧众往来、佛教文化交流的重要中转站和集散地,其重要性一如陆上丝绸之路的于阗、龟兹等西域诸国,在佛教东传中国的历史进程中曾起过不可替代的重要作用。岭南地区滨临南海,乃海上丝绸之路东方始发港所在地,曾是佛教海道入华的"西来初地"和出入港,因此,在印尼诸岛这一中转站和岭南这一出入港之间曾发生过密切的佛教文化交流,学界前辈和时贤曾对这一方面的问题进行过多角度的研究,但一如海路佛教传播史的研究情况一样,还存在许多未发之覆,本文拟在前辈研究的基础上,对两晋至两宋间印尼诸岛,特别是爪哇岛和苏门答腊岛诸古代国家与岭南之间的佛教文化交流相关问题再做探讨,以深化相关问题的研究。

一 印尼诸岛佛教传播发展概况勾勒

对印度佛教初传中国的情况,冯承钧曾评述道:"南海一道亦为佛教输入之要途,南海之交趾犹之西域之于阗也。……是欲寻究佛教最初输入之故实,应在南海一道中求之。"① 诚如斯言,南海航道在佛教东被的过程中曾起过极为重要的作用,但是,将交趾比喻为于阗却并非十分准确,如果将印尼诸岛比诸于阗、龟兹等西域诸国,似乎更为贴切,缘印尼诸岛与于阗等西域诸国一样,都是印度文化和佛教传入中国的重要媒介,也是印度来华弘法梵僧和中国西行求法僧人重要的中转站,佛教信仰曾在这两个区域发展繁荣,在13世纪之后又不约而同地走上了伊斯兰化的道路,今天这两个曾经高度佛化的地区完全伊斯兰化了,成为伊斯兰世界的重要组成部分,人们只能通过埋

---

① 冯承钧:《中国南洋交通史》,商务印书馆2011年版,第9页。

藏于地下的佛教遗迹来缅怀其西天佛国曾经的盛况了。与于阗、龟兹等西域诸国一样，印尼诸岛也曾是印度佛僧的弘法重镇和中国海路西行求法僧的必经驿站。所以，就印度佛教入华而言，印尼诸岛和于阗等西域诸国分别代表了海、陆两条丝绸之路佛教文化交流的重要中转站和桥头堡。

要讨论印尼诸岛与岭南地区佛教交流的历史，首先需要简要勾勒印尼诸岛的地理范围以及其佛教传播发展的基本情况，才能进一步讨论其与岭南的佛教文化交流，否则，时空界限模糊，其佛教传播发展情况不明，讨论其与岭南佛教文化交流，可能会陷入盲人摸象、雾里看花之窘境。与对于阗、龟兹等西域诸国的佛教史的研究相比，印尼诸岛佛教史的研究相对薄弱，且成果多为西方学者的著作，国内研究印尼佛教史的专著尚未发现。

（一）空间范围

就地理范围而言，印度尼西亚是一个近代才产生的国家，历史上出现在印尼群岛的主要国家，包括早期的叶调国（Javadvipa）、耶婆提（Yavadvipa），以及唐代的室利佛逝（Srivijaya）、宋代的三佛齐（Samboja，Sambaj 是室利佛逝的延续王朝），尤其是元明时期的满者伯夷（Madjapahit，Majapahit），在全盛时期其控制范围除了今天印尼的五个主要岛屿［苏门答腊（Sumatra）、爪哇（Java）、加里曼丹（Kalimantan）、苏拉威西（Sulawesi）、伊里安再也（Iranjaya，即巴布亚新几内亚西部印尼所属部分）］和几百个小岛之外，有时还包括今天的马来半岛甚至中南半岛的部分地区。① 在这一广大的区域，历史上曾经兴起过无数大小不等的王国，或相互兼并，或彼此控制，常常是一个较

---

① 现在印尼陆地部分大致可分为5个大岛及30个左右的岛屿群。参见［新加坡］林亦秋《元磁州窑瓷——在印尼满者伯夷王朝的风光》，《收藏》2012年第11期。

大的王国控制臣服周边众多的小国，形成一种紧密程度由中心向外递减的王国联盟体系，有人称之为"曼陀罗体系"，① 而在历史的进程中这种臣属体系的王国往往此起彼伏、变化不居，其臣属关系也因实力的兴衰而重构或倒置，原来的盟主降为附庸，原来的附庸则升为盟主，在新的实力基础上建立新的臣属关系。例如，夏连特拉王朝（Wailendra Dynasty，也译"山地王朝"）原本是室利佛逝之藩属，后通过联姻，反客为主，控制了整个室利佛逝，此后发展成为统辖整个印尼诸岛和马来半岛的庞大王国三佛齐。据宋代赵汝适记载，三佛齐在强盛时期，臣属甚广，今印度尼西亚和马来西亚很多地区都为其势力范围，"管州十有五……蓬丰（pahang）、登牙侬（Trenngganu）、凌牙斯加（Lengkasnka，地跨马来半岛东西岸，西至吉陀、东至宋卡）、吉兰丹（Kelantan）、佛罗安（Beranang，在马来半岛西岸 Langat 河上）、日罗亭（Yirudingam，在马来半岛中）、潜迈（似为 Khmer 之讹译）、拔沓（疑指苏门答剌岛中 Battak 部落）、单马令（Tambralinga，今 Ligar）、加罗希（Grahi，今 Chaiga）、巴林冯（Palembang）、新拖（Sunda，爪哇岛西部）、监篦（Kampar，即苏门答剌岛东岸）、蓝无里（Lamuri，苏门答剌岛西北）、细兰（Ceylon）"②。这里所罗列之地名，包括了印尼诸岛和马来半岛，"潜迈"应为今日中南半岛之柬埔寨，除了"细兰（即今天之斯里兰卡）"学者们有所怀疑外，对其他所属地之记载没有太大异议。说明三佛齐全盛时所辖属国版图之广大超出了今天印尼的版图。因此，今天的印尼诸岛，包括今天的马来半岛诸港口就是本研究所涉及的地理空间。

---

① 参见吕振刚《曼陀罗体系的兴衰：以 1293—1527 的满者伯夷王国为中心的考察》，《史林》2017 年第 6 期；另参见［新加坡］袁腱《室利佛逝及沉船出水的密宗法器》，《故宫博物院院刊》2007 年第 6 期。
② 参见（宋）赵汝适原撰，杨博文校释《诸蕃志》，中华书局 2000 年版，第 34—36 页；另参见林家劲《两宋与三佛齐友好关系略述》，《中山大学学报》（社会科学版）1962 年第 4 期。

(二) 时间界定

中国与印尼诸岛之间的交往究竟始于何时，已不可详考，就佛教交流而言，至少在东晋时期（317—420）中国求法僧法显从印度航海归国时（413）就到过爪哇岛。而就印尼诸岛王国的历史发展线索而论，从中国的隋唐（7 世纪）之际到中国的明代（1368—1644），印尼历史上先后由室利佛逝（686—907）、三佛齐（907—1397）和满者伯夷（1293—1527）三个相继而兴的王朝起主导作用。但就中印佛教交流的历史而言，印度佛教在 13 世纪后，即中国的南宋和印尼的满者伯夷王朝兴起之后基本走向衰亡，中印间的佛教文化交流也逐渐淡出历史的主流。所以，从时间界限来说本文讨论的内容主要是三佛齐衰亡之前（13 世纪之前）岭南与印尼诸岛的佛教文化交流史。

(三) 印尼诸岛佛教传播发展概况勾勒

印度尼西亚是一个在印尼诸岛近代民族独立运动中兴起的名称，[①]大航海时代以来西方人（主要为荷兰人和英国人）曾称之为"东印度群岛"，中国史籍唐宋时称之为"南海"，元明时代则称之为"西洋"，清代称之为"南洋"（清代的"西洋"则变成西欧各国的专称），要之，它是中、印文化交汇、碰撞的前沿地带。历史上它曾是印度文化和印度人的殖民地。印度人曾在这里建立殖民地、商业中心甚至印度化的王国，印度的宗教文化（主要婆罗门教和佛教）也曾在此传播流传，进而成为当地主要的意识形态和信仰形式。

佛教文化大约在公元初就开始在印尼社会传播，但其影响不大。约 3 世纪，苏门答腊岛、爪哇岛、苏拉威西岛就出现了佛教信仰活动并留

---

① 参见王任叔《印度尼西亚古代史》（上册），中国社会科学出版社 1987 年版，第 1—6 页。

下了相关历史遗迹。① 但到 5 世纪初印尼爪哇岛诸国的信仰仍以婆罗门教为主，佛教只是边缘的宗教。中国首位赴印度求法且成功归来的求法僧法显约于 413 年抵达"耶婆提国"（Yavadvipa），于此停留五月有余，然后换乘其他商船向广州进发。多数学者认为此"耶婆提"位于爪哇岛。② 而法显在其游记《佛国记》中描述道："其国外道、婆罗门兴盛，佛法不足言。"③ 一般认为佛教正式传入印尼则在五世纪，且主要传播者为罽宾国高僧求那跋摩（Gunavarman，汉译：功德铠），他于 420 年左右化导了阇婆王国王室，使上座部佛教（即通常所谓的小乘佛教）在阇婆国传播并发展成为主流信仰。因此，"阇婆成了中爪哇第一个印度化的佛教王国，崇奉小乘佛教"④。"更确切地说，求那跋摩把小乘佛教中的部派之一——说一切有部（Sarvāstivāda）传入印尼。"⑤"从那时起，佛教取代了当地的婆罗门教，成为印尼阇婆国等周围岛国的国教。"⑥ 事实上，求那跋摩弘化阇婆国，并非印尼诸岛佛教传播之始，"佛教的最早传入是在苏门答腊，特别是巨港（Palempang）"⑦。

---

① 如在苏门答腊、爪哇、苏拉威西岛"都留下了三世纪以前阿摩罗跋胝式的铜佛像和石佛像"。史蒂文·德拉克雷（Steven Drakeley）：《印度尼西亚史》（The History of Indonesia），郭子林译，商务印书馆 2019 年版，第 14 页。另参见《简明不列颠百科全书》（中译本）第 9 卷，其中写道："公元一世纪，印度佛教文化传入印尼。"中国大百科全书出版社 1986 年版，第 137 页；王任叔：《印度尼西亚古代史》（上册），第 437 页。
② 关于耶婆提地理位置之考证，成果众多，也众说纷纭，主要参考章巽《〈法显传〉校注：我国古代的海上交通》，复旦大学出版社 2015 年版；岑仲勉：《〈佛游天竺记〉考释》，知识产权出版社 2014 年版；［法］费瑯：《苏门答剌古国考》，冯承钧译，中华书局 2002 年版；［法］伯希和：《交广印度两道考》，冯承钧译，中华书局 2003 年版，第 252—254 页；法显：《佛国记注译》，郭鹏等注译，长春出版社 1995 年版。王任叔认为"耶婆提"国的具体位置就是爪哇岛西部位于茂物附近芝沙丹尼河上游地区的古国多罗磨国，参见氏撰《印度尼西亚古代史》（上册），第 331—336 页。
③ 章巽：《〈法显传〉校注：我国古代的海上交通》，第 136 页。
④ 参见孔远志《佛教在印度尼西亚》，《东南亚研究》1991 年第 3 期；王任叔《印度尼西亚古代史》（上册），第 341—343 页。
⑤ 沃约哇西多：《印尼文化史》，1957 年第 5 版，第 24 页。
⑥ 世界宗教研究所《各国宗教概况》编写组编：《各国宗教概况》，中国社会科学出版社 1984 年版，第 64 页。
⑦ 王任叔：《印度尼西亚古代史》（上册），第 437 页。

即苏门答腊岛应该是佛教首先传入的地方,但直到义净于唐咸亨二年(671)于广州乘商舶抵达苏门答腊巨港时,当地仍然是上座部佛教占优势,义净在其著作中描述道:"南海诸洲有十余国,纯唯根本有部。正量时钦,近日已来,少兼余二。……斯乃咸遵佛法,多是小乘,唯末罗游有大乘耳。"① 也就是说,在义净时代,"南海各国佛教当时还都是小乘教派,只有末罗游(Malāyu)稍有大乘教派"②。即说一切有部占主导地位,也有少量正量部(Sammatīya)的活动。但在义净从印度返回苏门答腊之后,大乘佛教开始在苏门答腊、爪哇等地传播,并逐渐成为主流。"684 年在巨港附近达朗·杜沃(Talang Tuw)所刻的碑铭,记载着国王建花园一事,碑铭末尾是一长串佛教祝福文",就是大乘佛教的用语。③ 证明 7 世纪末大乘佛教已传入室利佛逝王室。"当时(印度)佛学七大师之一、印度著名高僧夏基阿基尔特(Syatyakirti)和印度那烂陀高僧达摩婆罗(Dharmapala)等前来室利佛逝登坛讲学,宣传大乘佛教。"④ 所以,"到八世纪后,仅就爪哇来说,已是大乘教兴盛时代了"⑤。

7 世纪中期,随着印度佛教的密教化,金刚乘佛教(Vajrayāna)开始在印度流行,与此相应,金刚乘密教也开始在印尼传播。有学者认为,夏连特拉(Wailendra)家族(来自中爪哇,9 世纪后半叶控制室利佛逝)早在 7 世纪,"便信奉佛教的金刚乘(Vajrayāna),后来他们尽力推行大乘佛教于印度尼西亚和马来半岛"。"八世纪初印度班扎巴

---

① (唐)义净撰,王邦维点校:《南海寄归内法传校注》,中华书局 1995 年版,第 12—13 页。
② 王任叔:《印度尼西亚古代史》(上册),第 437 页。
③ 孔远志:《佛教在印度尼西亚》,《东南亚研究》1991 年第 3 期。
④ 哈桑·沙特利主编:《印尼百科全书》,转引自王任叔《印度尼西亚古代史》(上册),第 437 页。
⑤ 王任叔:《印度尼西亚古代史》(上册),第 438 页。

那（Pancapaan）率那烂陀佛教众僧人将大乘教派中的瑜伽行派传至印尼。"①"公元718年前后，印度大乘密教'五祖'金刚智（Vajrabodhi，汉译：跋日罗菩提）将大乘密教传入印尼，被中爪哇的夏连特拉王朝奉为国教。"② 金刚智《宋高僧传》有专传，他也是中国密宗开山祖师"开元三大士"之一。夏连特拉王朝是在爪哇兴起并随后控制室利佛逝的王朝，金刚乘密教在印尼诸岛的传播之具体情形如何因文献的缺乏已难以详考，但夏连特拉王朝于8世纪下半叶，在中爪哇日惹（Yoguakarta）附近兴建的蜚声遐迩的婆罗浮屠陵庙（Borobudur），为迄今世界上最大的佛塔，被称为世界八大奇景之一。"除婆罗浮屠外，爪哇著名的佛教陵庙还有：中爪哇的卡拉珊陵庙（Candi Kalasan）、萨里陵庙（Candi Sari）、千庙陵庙（Candi Sewu）、巴旺陵庙（Candi Pawon）以及东爪哇的加高陵庙（Candi Jago）、宋勃拉宛陵庙（Candi Sumberawan）等。"③ 这些著名遗迹就是对当时金刚乘在爪哇等印尼诸岛传播盛况无言的叙述，说明佛教密宗曾在爪哇岛盛极一时。

　　7—10世纪的室利佛逝，10—13世纪由夏连特拉王室延续的三佛齐虽然以佛教为其主要信仰，但婆罗门教特别是湿婆教（Sivaism）也有一定势力，并且形成了两教整合的趋势，例如832年爪哇岛甘达苏利的碑铭开头时就写道："敬奉湿婆，献身于大乘佛教。"两教似乎"合而为一"。这一特点也可从某些陵庙的建筑风格中看到。例如爪哇的婆罗浮屠、加高陵庙和苏门答腊的宋勃拉宛陵庙都各自兼有佛教和印度教的色彩。④ 因此，在室利佛逝和三佛齐统治时期，印尼诸岛的佛教具有了梵、佛合一的特色。13世纪末在反抗元朝军队入侵的战争中兴起的满

---

① E.M.勒布，R.汉·格顿：《苏门答腊民族志》，林惠祥译，《南洋问题资料译丛》1960年第3期；印尼宗教部：《佛教2500年》，转引自孔远志《佛教在印度尼西亚》，《东南亚研究》1991年第3期。
② 世界宗教研究所《各国宗教概况》编写组编：《各国宗教概况》，第10页。
③ 孔远志：《佛教在印度尼西亚》，《东南亚研究》1991年第3期。
④ 参见孔远志《佛教在印度尼西亚》，《东南亚研究》1991年第3期。

者伯夷王朝（《元史》称"麻偌巴歇"），最初虽然信仰湿婆教，后来仍然以佛教信仰为主，所以，从隋唐之际（7世纪）到明朝中后期（16世纪）印尼诸岛诸王朝基本以佛教信仰为主，而且从最初的上座部小乘佛教（主要为说一切有部）到8世纪后的大乘佛教，再到夏连特拉王室控制的三佛齐时代的密宗兴盛，基本上与印度本土佛教发展的阶段性特征相适应，密教形态的大乘佛教为其佛教发展的最终形式和阶段。

二 佛法东传之中转站和瞭望哨，梵僧来华之登岸地和情报站

界定了时空范围，梳理了印尼诸岛佛教传播发展的大致脉络，下面我们讨论印尼诸岛与中国岭南地区在中印佛教文化交流中的相互关系以及所扮演的角色。岭南是中印间海上商贸航线的门户和东方始发港所在地，而印尼诸岛则是东西海上商贸航线的中转站，就海上贸易而言两地之重要性自不待言，对室利佛逝及三佛齐"在南海之中，诸蕃东西水道之要冲也。东自阇婆诸国，西自大食、故临诸国，无不由其而入中国"[1]的中转要冲地位学界有众多研究，此不赘述。就佛教文化交流而言，印尼诸岛和岭南之间在中印僧人往来弘化、佛教经论传译、佛化外交活动诸方面都有着密切的联系。而无论是中外佛教僧人之往来、佛教经论之传译、佛化外交之活动又均以商贸活动为基础和依托，这是由海上交通的特点所决定的。

在陆上丝绸之路，中、印间东来西去的佛教僧侣一般也须与商队结伴同行，但也有如法显等十一人、法勇等二十五人独立组团翻越昆仑山

---

[1] （宋）周去非著，杨武泉校注：《岭外代答校注》，中华书局1999年版，第86页。

赴印求法的例子,① 但海上无论中印佛教僧人的东来西去，还是外交使团的衔节奉命，以及朝圣团队的奉使西行，都必须搭乘商船才能成行。从《汉书·地理志》所载泛海出访黄支国的黄门使者，到第一位赴印求法沿海路归来的求法僧法显，都必须搭乘商船、辗转印尼或南海诸岛才能完成使命，可以说，离开了商贸船舶，所有求法和外交活动都寸步难行，因为中古时代中印之间既没有客船也没有直达船舶，辗转停靠南海各地港口的商贸船舶是唯一的乘载工具。② 所以，佛教文化交流与传播也只能以商贸活动为基础和依托。又因为中印间没有直达船舶，印尼是必经之中转站，岭南是中西佛教僧侣往来的出入港，在这样的机缘之下，印尼诸岛与岭南诸口岸之间就注定存在紧密依存互动的联系。

（一）印尼诸岛：印度僧人东来弘法之中转站和瞭望哨

佛教由海路传入中国，岭南乃最初的登岸之地，而汉魏（22—265）时期的登岸港湾主要为北部湾的交趾、徐闻、合浦等地，两晋（265—420）之后广州港逐渐取代交州,③ 成为海上丝绸之路最为主要的东方港湾和弘法僧人主要的登岸之地，并将这种中心始发港的优势一直保持到明清时期（只有元代的泉州港一度超过广州港）。

---

① 法显等十一人求法事迹见（梁）慧皎撰，汤用彤点校《高僧传》卷三，中华书局1992年版，第87—90页；（晋）法显：《佛国记》，《大正藏》第51册，第875—866页。法勇等二十五人西行求法事迹见撰（梁）慧皎《高僧传》卷三，第93—94页；（唐）道宣撰，范祥雍点校《释迦方志》，中华书局2000年版，第98页；（梁）僧祐撰，苏晋仁、萧錬子点校《出三藏记集》卷十五，中华书局1995年版，第581—582页。
② 到了明朝才有郑和这样庞大的使团往返于南海乃至波斯湾及东非海岸诸国，虽然郑和船队无须如汉代使团那样辗转搭乘贾舶，有自己独立的船队往返于东西之间，但同样需要在沿线诸国停靠交流。
③ 东汉建安二十二年（217）吴中郎将步骘将交州州治由广信（今梧州）迁至番禺，黄武五年（226）孙权采纳吕岱建议分交州为交、广二州。此后交、广二州又再度合并为交州，永安七年（264）复置交、广二州，广州遂从交州分出成为一个独立的行政单位，从此广州便取代交州成为南海丝路最为主要的始发港。参见杨万秀、钟卓安主编《广州简史》，广东人民出版社1996年版，第202—203页。

南北朝以前，由于航海技术设备的限制，海上船舶大多沿大陆架做近海航行，以岭南的商舶为例，大多由珠三角或北部湾诸港出发，经中南半岛沿越南海岸线到达泰国湾，或沿马来半岛或越过克拉地峡进入安达曼海、孟加拉湾抵达印度，即《汉书·地理志》所载汉使所走之路线。这种近海航行使越南南部的扶南（Nokor Phnom，1—7世纪初）成了中印间海上交通的枢纽和中转站。南北朝之后，随着航海技术的进步，深海航行航线逐渐取代近海航线，海上商舶可直接进入南中国海作深海航行，经印尼诸岛，特别是苏门答腊、爪哇和加里曼丹诸岛中转，出马六甲海峡或巽他海峡进入印度洋，最后抵达印度次大陆沿海诸港，岭南广州逐渐取代交州的地位成为梵僧登岸的主要港湾，印尼诸岛也取代扶南成为中印海上航线的中转地。① 作为以商贸活动为依托的佛教传播活动，印尼诸岛也成为梵僧入华弘法的主要中转站和集散地，与岭南广州登岸地产生了密切的联系。

有史籍可考的第一位沿海路西来弘法的域外僧人乃支疆梁接（Kalasivi，月氏人，华言正无畏），他于三国孙亮五凤二年（255）泛海至交州，传法译经。② 此后，在求那跋摩来华（424年左右）之前，先后有梁强娄至（Kalaruci，西域人，晋言真喜）、耆域（Jīvaka，天竺人）、支法防（西域人）、昙摩耶舍（Dharmayasas，罽宾人，华言法

---

① 正如学者们指出的那样：“从义净记载的求法高僧从海道前往印度求法路线，我们可以发现中国同南海海上交通的重心在义净时期已完成了从马来半岛北部、暹罗湾沿岸到苏门答腊岛南部、爪哇的大转移。”见石坚平《义净时期中国同南海的海上交通》，《江西社会科学》2001年第2期。另参见周中坚《室利佛逝——中古时期南海交通的总枢纽》，作者在文中指出：“公元七世纪，东南亚历史发生了令人瞩目的重大变化：由于船只续航能力的提高和东西方航海贸易的发展，南海航道向马六甲海峡和巽他海峡转移，称雄南海四百年之久的东南亚历史上第一个大国扶南最后衰亡，一个新的东南亚大国室利佛逝开始在海峡地区兴起。”《海交史研究》1986年第1期。
② 当时交州州治在番禺，即今广州市。支疆梁接事迹见（隋）费长房《历代三宝纪》卷五，《大正藏》第49册，第56页下；（唐）智昇：《开元释教录》卷二，《大正藏》第54册，第491页下。另参见何方耀《晋唐时期南海求法高僧群体研究》，宗教文化出版社2008年版，第23页。

明)、佛陀跋陀罗（Buddhabhadra，印度迦毗罗卫人，华言觉贤）、竺难提（Nandi，印度居士，晋言喜）等印度或西域僧人搭乘商船，① 泛海抵达岭南来到中国弘传佛法。以上来华僧人，中土僧传、经录均有记载，但其中只有约于424年抵达广州的求那跋摩，僧传和经录中较为详细记载了他弘化爪哇岛阇婆国的经历，因此也被学界视为将小乘佛教传入爪哇的第一人。②

如同于阗、龟兹诸国乃陆路域外僧伽来华弘传佛法的中转站和集散地一样，印尼诸岛不仅是印度梵僧航海来华的中转站，也是中外僧人海路弘传佛法的瞭望哨，他们在这里积累一定的声誉和影响之后，才带着更为有利的条件进入中国弘法译经。许多经海路来华的印度僧人都有在印尼诸岛或马来半岛、中南半岛诸国弘化的经历，并由此开启他们入华弘法的大门。其中，最具代表性的就是南北朝刘宋时期（420—479）的求那跋摩和唐代开元年间（713—741）的金刚智。

据内典史籍记载（来华弘法的印度僧人在其祖国印度都没有留下任何文献记载），求那跋摩本罽宾王种，367年生，出家受戒，洞明九部，博晓四含，妙入禅要，时人号曰三藏法师。后至师子国，观风弘教，后发愿前往中国弘法。遂乘商舶抵达爪哇岛，后又附舶到达岭南，在岭南粤北地区弘化经年，后出大庾岭进入江西，于元嘉八年（431）沿赣江抵达刘宋都城建邺（今南京）。与宋文帝刘义隆讨论在家修道与戒杀之关系时，深得文帝赞赏，获得皇室大力资助，译经传法，成就非凡。六十五岁圆寂于建邺祇洹寺，圆寂前曾留下一首篇幅颇长的临终偈，述说自己的弘法经历和得道因缘。而其传记中关于弘化阇婆国和泛海来粤之因缘，充分反映了印尼诸岛与岭南之间的互动联系，为便于分

---

① 以上诸人行迹参见何方耀《晋唐时期南海求法高僧群体研究》所载"晋唐时期南海道往来佛教僧俗行变一览表"，第23—53页。
② 参见王任叔《印度尼西亚古代史》（上册），第341—343页；世界宗教研究所《各国宗教概况》编写组编《各国宗教概况》，第64页。

析，现将《高僧传》的一段材料移录如下：

求那跋摩（Gunavarman），此云功德铠，累世为王，治在罽宾国。……后到师子国，观风弘教，识真之众，咸谓已得初果（须陀恒果，Srotāpanna，沙门四果之初果，意为预流、入流）。仪形感物，见者发心，后至阇婆国，初，未至一日，阇婆王母夜梦见一道士飞舶入国，明旦果是跋摩来至，王母敬以圣礼，从受五戒。母因劝王曰："宿世因缘，得为母子，我已受戒，而汝不信，恐后生之因，永绝今果。"王迫以母敕，即奉命受戒，渐染既久，专精稍笃。顷之，邻兵犯境，王谓跋摩曰："外贼恃力，欲见侵侮，若与战斗，伤杀必多；如其不拒，危亡将至。今唯归命师尊，不知何计？"跋摩曰："暴寇相攻，宜须御捍，但当起慈悲心，勿兴害念耳。"王自领兵拟之，旗鼓始交，贼便退散。王遇流矢伤脚，跋摩为咒水洗之，信宿平复。王恭信稍殷，乃欲出家修道，因告群臣曰："吾欲躯栖法门，卿等可更择明主。"群臣皆拜伏劝请曰："王若舍国，则子民无依。且敌国凶强，恃险相对，如夫恩覆，则黔首奚处？大王天慈，宁不愍念？敢以死请，早其悃福。"王不忍固违，乃就群臣请三愿，若许者，当留治国。一愿凡所王境，同奉和尚；二愿尽所治内，一切断杀；三愿所有储财，赈给贫病。群臣欢喜，佥然敬诺。于是一国皆从受戒。王后为跋摩立精舍，躬自引材，伤王脚指。跋摩为咒治，有顷平复，导化之声，播于遐迩，邻国闻风，皆遣使要请。时京师名德沙门慧观、慧聪等，远挹风猷，思欲餐禀，以元嘉元年（424）九月，面启文帝，求迎请跋摩，帝敕交州刺史，令泛舶延致。观等又遣沙门法长、道冲、道俊等，往彼祈请，并致书于跋摩及阇婆王婆多加等，必希顾临宋境，流行道教。跋摩以圣化宜广，不惮游方。先已随商人竺难提舶，欲向一小国，会值便风，遂致广州，故其遗文云："业行风所吹，遂至于宋

553

境。"此之谓也。文帝知跋摩已至南海，于是复敕州郡，令资送下京。①

之所以不避冗长，移录此篇，盖因此段文献就印尼诸岛与岭南佛教文化交流史而言，蕴含了不可移易的丰富信息，非此，无以阐述印尼、岭南两地之间的密切关系。从此段文献可以获得如下信息：

首先，求那跋摩乃北印度罽宾国（今克什米尔）人，其童真入道，精通小乘经论，专修禅定。与一般泛海来华弘法梵僧一样，从南印度或师子国附舶起航，泛海东来。可知南印度或师子国、印尼诸岛国、岭南诸港是梵僧入华的典型航海路线，师子国、印尼诸岛、岭南诸港则是连接这条航线的三个重要站点，缺一不可。

其次，阇婆国（一般认为在爪哇岛中部）② 乃其东来弘法的第一站，但并非其最终目的地。他虔心传播佛法于阇婆既是弘法度生之需，也是为进入中国准备资粮。从域外僧人来华弘化的行迹来看，大多是从上层入手，取得上层统治者的支持，然后逐渐向民间扩展，这也是古代多数宗教传播的通例。而要取得统治者的支持，除了宗教本身有荫翼王化、稳定社会的潜在功能外，另一个重要的条件就是传教者有一定的名望或资历，得到当政者的信任或欣赏。作为来华弘法的梵僧，除了来自西方佛国这一光环之外，还必须有弘法的经历和成就作为取得当政者支持的条件。跋摩弘化阇婆的成功经历正是起到了这一作用。他在阇婆弘法时有两件弘法事迹与中国早期佛教史有惊人相似之处。一是未曾入境，王母梦见道人入境；二是阇婆王拟舍弃王位出家修行。这与中国的"夜梦金人，永平求法"和梁武帝舍身佛寺何其相似。当然，不能就此推论说跋摩的这些弘法经历乃向壁虚构，只能说这是弘传佛法常用的桥

---

① （梁）慧皎：《高僧传》，第105—108页。
② 参见王任叔《印度尼西亚古代史》（上册），第342页。

段。另外，跋摩禅定功夫精湛，拥有神通，这也在弘法过程中发挥了重要作用，文献中两次为阇婆国王咒水疗伤，就是证明。他后来抵达岭南在粤北弘法时也多次施展神通，这与浮图澄以神通化导后赵（319—351）暴虐的石勒、石虎有异曲同工之妙。①

最后，跋摩精通三藏，辩才无碍，善于应对，富于急才，也是其弘法成功的重要条件，他在回复阇婆国王是否反击敌国侵略时的应对，与他到南京后回复宋文帝帝王是否应该戒杀的问题一样，回答得非常机智圆融，显示了高度的智慧和应对的机敏。② 这些都是他弘化阇婆取得成功的重要因素。

虽然他在阇婆国的传法活动取得了巨大的成功，赢得了王国上下的尊崇，"导化之声，播于遐迩，邻国闻风，皆遣使要请"。但他的传法目光显然不是仅仅局限于爪哇或南海诸岛一隅，中国才是他弘传佛法的最终目的地。他在阇婆的弘法业绩，终于引起了中国僧俗两界的高度关注，"京师名德沙门慧观、慧聪等，远挹风猷，思欲餐禀，以元嘉元年（424）九月，面启文帝，求迎请跋摩，帝敕交州刺史，令泛舶延致。观等又遣沙门法长、道冲、道俊等，往彼祈请，并致书于跋摩及阇婆王婆多加等，必希顾临宋境，流行道教"。皇帝和僧界大德都向他发出邀请，并派僧人前往阇婆国迎接。面对中国僧俗两界的热情邀请，他意识

---

① 《高僧传》曾描述其在粤北的神通事迹，"或冒雨不沾，或履泥不湿"，或降伏老虎，或化为狮子，或"亘空弥漫，生青莲花"，"其灵异无方，类多如此"。见（梁）慧皎《高僧传》，第107页。

② 《高僧传》记载其在建邺与宋文帝的对话：文帝引见，劳问殷勤，因又言曰："弟子常欲持斋不杀，迫以身殉物，不获从志。法师既不远万里，来化此国，将何以教之？"跋摩曰："夫道在心不在事，法由己，非由人。且帝王与匹夫所修各异，匹夫身贱名劣，言令不威，若不克己苦躬，将何为用？帝王以四海为家，万民为子，出一嘉言，则士女咸悦，布一善政，则人神以和。刑不夭命，役无劳力，则使风雨适时，寒暖应节，百谷滋繁，桑麻郁茂。如此持斋，斋亦大矣；如此不杀，德亦众矣。宁在阙半日之餐，全一禽之命，然后方为弘济耶？"帝乃抚几叹曰："夫俗人迷于远理，沙门滞于近教。迷于远理者，谓至道虚说；滞于近教者，则拘恋篇章。至如法师所言，真谓开悟明达，可与言天人之际矣。"见（梁）慧皎《高僧传》，第107—108页。

到赴中国弘法的资粮已准备完毕,并因"圣化宜广,不惮游方",马上离开阇婆,搭乘商人竺难提的商船经一小国抵达广州。到达广州之后,又得到宋文帝的热情邀请,由广州刺史护送到宋都建邺译经传法,完成了他弘法中国的夙愿。

唐代沿海路来华的密教大师金刚智的弘法策略也大致如此,《宋高僧传》中只是简单地记载其航海行程:"次复游师子国,登楞伽山,东行佛誓、裸人等二十余国。闻脂那佛法崇盛,泛海而来,以多难故,累岁方至。开元己未岁(719)达于广府,敕迎就慈恩寺。"①"佛誓"即室利佛逝的简称。金刚智同样从师子国启航,经印尼苏门答腊(室利佛逝)中转,经过几年的努力才在岭南广州登岸。而《贞元释教录》则较为详细地记载了其发愿往支那弘法并在室利佛逝中转弘化的经历。

> 和上白(南天竺国)王:"贫道先发诚愿,往支那国礼文殊师利并传佛法。"即日辞王,王曰:"唐国途遥绝远,大海难渡,不得可到。住此教化,足获利益。"再三请住,和上宿志不移。王曰:"必若去时,差使相送,兼进方物。"……
>
> 得好风,便一日一夜渡海,却到师子国勃支利津口,逢波斯舶三十五只,其国市易珍宝,诸商主见和上,同心陪从,师子国王室哩室啰闻和上再至,又迎官中一月供养。苦留不住,重礼佛牙,便即进路。王使道俗香花音乐,饯送海岸。和上至发行日,是诸商主并相随渡海,经一月至佛逝国。佛逝国王将金伞盖、金床来迎和上。缘阻恶风,停留五月,风定之后,方得进发。经过诸国小小异物及以海难洪波杂沸不可具述。②

---

① (宋)赞宁撰,范祥雍点校:《宋高僧传》卷一《洛阳广福寺金刚智传》,中华书局1987年版,第4页。
② (唐)圆照撰:《贞元新定释教目录》,《大正藏》第55册,第876页上。

从上述文献可知，金刚智与求那跋摩一样也是在印度时便发愿航海前往中国弘法，同样至南印度，再到师子国，从师子国乘船启航东来，他所搭乘的是拥有三十五只商舶的波斯船队，中途在印尼诸岛中转、弘化。"从七世纪到十三世纪，在长达七百年的时间里，室利佛逝既是东南亚最大的海上强国，又是南海交通的总枢纽"①，控制了众多的周边小邦。作为海上霸主的室利佛逝国国王亲自"将金伞盖、金床来迎和上"，说明他在南海诸国名声之显著，他在佛逝弘化五个月时间，并往其他小国传播密法，也是声名鹊起，人未至岭南，名声已传遍僧俗两界。所以当他"行至广府，重遭暴雨，时节度使二三千人，乘小船数百只，并以香花音乐，海口远迎"，欢迎规模之大，超过了历代西来高僧。他于开元八年（720）到达东都洛阳后，"四事供养，僧徒请法，王公问道。从是随驾，往复两都，至十一年（723）方事翻译"。② 不仅供养丰厚，且陪伴皇帝往来于洛阳与长安之间，得到朝廷的大力资助，于723年开始翻译密教经典，成为将密宗传入中国的"开元三大士"之一。

这里还应强调的一点，就是那些往返运载佛教僧人的商舶舶主也是中印间佛教文化交流不可或缺的重要资源。如求那跋摩从阇婆来岭南所搭乘的是"商人竺难提舶"，其中的商舶舶主竺难提（Nandin）就不仅是一个成功的商舶舶主，而且是一个佛学造诣精深、热心弘法的佛门居士。他在宋元嘉时（424—452）曾两度从斯里兰卡运送铁萨罗等十九名师子国比丘尼至广州，然后北上南京为中国尼众二部授戒，为中国比丘尼如法如仪受戒之始，并且在晋宋间（410—420）于广州译出《威革长者六向拜经》一卷。另译有《请观世音消伏毒害陀罗尼经》一卷

---

① 周中坚：《室利佛逝——中古时期南海交通的总枢纽》，《海交史研究》1986年第1期。
② （唐）圆照撰：《贞元新定释教目录》，《大正藏》第55册，第876页上。

和《大乘方便经》二卷。① 金刚智所搭乘的商舶舶主情形如何，虽没有留下文献记载，但观其在师子国出发时所搭乘拥有35艘船的庞大船队，"诸商主见和上，同心陪从"之语，应该也是佛教的信仰者或同情者，正因为有了这些白衣商人的支持和资助，才有了师子国、印尼诸岛和岭南之间佛教文化交流航线的畅通和兴盛。

所以南印度、师子国、印尼诸岛与岭南之间出现了一条由佛教而紧密连接起来的海上通道，印尼诸岛就是必经驿站和集散地，同时，也是中外僧人在这里弘传佛法，积累名声、资粮的瞭望哨，成了中印之间佛教交流不可或缺的重要一环。

（二）岭南诸港：海路弘法僧人之登岸地和情报站

西方梵僧来华弘法，首先在印尼诸岛停留弘化，积累一定资粮和名声之后，便航海北上在岭南各口岸登陆，开启其中国的弘法事业。当然，从历代海路来华的梵僧弘法路线来看，岭南地区一般也不是他们的最终目的地，也是其来华弘法之驿站，他们在岭南驻锡的时间或长或短，但最终都会北上中原，除了真谛三藏不得已滞留广州王园寺（今广州光孝寺）译经说法以至终老外，基本没有西来梵僧终老岭南，如果说印尼诸岛国是海路梵僧入华弘法的中转站的话，那岭南诸港则是他们登陆华夏北上中原弘法的通道。也正因为如此，岭南官府对印尼诸岛的佛教僧人的传法活动十分关注，随时了解南海诸国的佛教动态，并及时向朝廷汇报，岭南诸港则既是弘法僧人的登岸地，又是沟通南海与中央朝廷的情报站。

自南北朝开始，岭南地区逐渐成为朝廷网罗中外名德的重要场所，而这里的地方官员也将寻找、搜罗、护送海上来华高僧往首都弘法视为

---

① 竺难提事迹见（隋）费长房《历代三宝纪》卷七，《大正藏》第49册，第72—73页；（唐）道宣：《大唐内典录》，《大正藏》第55册，第244—247页；（唐）智昇：《开元释教录》，《大正藏》第55册，第503—509页。

自己的分内之事。除了上面讨论的求那跋摩和金刚智之外，据僧传记载，还有众多西方僧人由岭南官员推荐并护送到中央朝廷弘传佛法。南朝宋元嘉六年（429）和元嘉十年（433）分两次来华的师子国十九名比丘尼，南朝宋元嘉十二年（435）至广州的求那跋陀罗（Gunabhadra），南朝齐建元（479—482）初由海路来华的求那毗地（Gunaviddhi），梁普通八年（527）九月抵达广州的禅宗初祖菩提达摩（Boddhidharma），梁大同十二年（546）八月抵达南海（今广州）的真谛三藏（Paramartha，华言真谛，或云拘那罗陀 Gunarata，华言依亲），唐仪凤年间（676—679）抵达广州的日照（梵名地婆诃罗，Divākara），与玄奘同时代的那提三藏（梵名布如乌伐邪，Punyopaya，华言福生，讹略云那提），武则天长寿年间（692—694）来华的阿尔真那（Manicintana 或 Ratnacintana，华言宝思惟），武则天时与宰相房融一起在广州法性寺（今广州光孝寺）翻译《楞严经》的般剌蜜帝（Pramiti，华言极量），唐德宗贞元年间（785—850）抵达广州的般剌若（Prajñā，此云智慧），唐德宗兴元元年（784）左右在广州活动的梵僧连华（Padma）等西来僧人，[①] 都曾由岭南官员罗致或护送到中央朝廷。

著名的禅宗东土初祖菩提达摩"泛重溟，凡三周寒暑"，方至广州，僧传虽未具体记载其南海弘化的经历，但显然也是在印尼诸岛弘化过程中取得了一定声望，广州刺史萧昂才派人迎请，并上告梁武帝达摩来穗消息，武帝随即派人将其迎至南京。[②] 真谛更是由梁武帝派使节到扶南（今越南南部和柬埔寨）寻找，并由扶南将其当作贡品送往广州，

---

① 以上诸人行迹参见何方耀《晋唐时期南海求法高僧群体研究》所载"晋唐时期南海道往来佛教僧俗行变一览表"，第23—53页。
② 记载初祖达摩事迹的文献很多，且是时间愈后内容愈为详细具体。主要有《续高僧传》卷十九本传；《洛阳伽蓝记》卷一永宁寺条、修梵寺条；《祖堂集》卷二，中州古籍出版社2001年版，第60—72页；《景德传灯录》卷三，成都古籍书店2000年版，第29—37页；《佛祖统纪》卷三十七，第1503—1549页；（清）顾光：《光孝寺志》卷六《法系志》。

广州刺史不仅将他送往南京，而且在他颠沛流离再次流落广州时由广州刺史欧阳頠、欧阳纥父子加以供养安置，让其在法性寺译经传法直至圆寂。①

可知至少从南北朝至唐宋，搜罗汇报名德信息，迎请海路来华名僧，接送著名僧人至首都等政治文化中心之地是岭南官员的重要政务之一。正因为岭南诸港扮演了西来梵僧情报站和迎送团的作用，南印度、师子国、印尼诸岛、岭南诸港就联结成了一条佛教法东传的活动链条，前后衔接，环环相扣，构成了西来梵僧和求法华僧弘传佛法的活动通道。

三 域外语言训练之场所，佛典翻译之重镇

印尼诸岛对来华弘法的梵僧来说意义重大，对沿海路赴印求法的中国僧人来说同样非同寻常，除了是不可或缺的中转驿站之外，还是求法僧印度语言训练的重要场域和域外佛典传译的重镇之一。

（一）域外印度语言文字训练重要场所

从魏晋开始，中国僧众就开始了西行求法活动，第一位赴西域求法的中国僧人为朱士行，他于魏甘露五年（260）西行求法，虽然只是到了西域的于阗，却拉开了中国僧俗长达千年的西行求法运动的序幕。佛教在中国的传播由中国人的被动接受变成了主动探求，由印度佛教文化的单向输入变成了双向互动，也正是这一点决定了佛教这一外来宗教与其他古代外来宗教在中国传播命运的差别：佛教在千年的岁月里完成了中国化，形成了儒释道三教并存互动的文化格局，成为中国文化的有机

---

① 真谛行迹见《续高僧传》卷一本传；《开元释教录》卷九，《大正藏》第54册，第546—547页上；《贞元新定释教目录》卷九、卷十，《大正藏》第54册，第836页中—837页中、844页中—845页上。

组成部分，而其他外来宗教，如中古时的"三夷教"却始终没有改变其外来者的身份。

而对赴印求法的中国僧人来说，第一个要克服的就是语言障碍，只有彻底掌握、精通印度语言文字（即印度古代通用的书面语梵语 Sanskrit 和民间俗语 Prākrit）才能顺利完成赴印求法的任务。通观求法僧印度语言学习的场域大致分为三个部分：中国本土，西域、南海诸国，以及印度本土。① 而就海道而言，印尼诸岛国则是赴印求法僧印度语言文字学习最为重要的场所之一。

就陆上丝绸之路而言，于阗、龟兹等西域诸国曾是中国西行求法僧梵语学习的重要场所，因为西域诸国虽然有各自的民族语言，但印度梵语却为当地寺庙僧人的通用语，法显在其《佛国记》中描述道："唯国国胡语不同，然出家人皆习天竺书、天竺语。"② 所以，从曹魏时代的朱士行开始，沿陆路西行求法的中国僧人都将于阗等西域诸国作为学习和练习印度语言的重要场所。两晋时期"河西沙门释昙学、威德等凡有八僧，结志游方，远寻经典。于于阗大寺遇般遮于瑟之会。……学等八僧随缘分听，于是竞习胡语"③。此后，沿陆路赴印的求法僧大多会利用西域诸国寺庙学习梵文，因为从中国内地（长安）沿陆路赴印度大概要经历三年时间，三年间求法僧会在西域寺庙挂单、坐夏，而这正是学习梵语的大好机会，法显和玄奘沿陆路赴印时都是如此。海路的印尼诸岛国，其情况与西域于阗、龟兹等国情形相似，不仅寺庙僧众间通用梵语，世俗王公贵族也大多熟悉印度语言文字。爪哇岛和苏门答腊岛所发掘的古代碑文，大多就是用梵文书写或者是用梵文字母拼写的古代马来语，就可说明印度语言文字在当地

---

① 参见何方耀《中国历史上首场外语学习运动考述》，《澳门理工学报》2019 年第 4 期。
② 章巽：《〈法显传〉校注：我国古代的海上交通》，第 38 页。
③ （梁）僧祐：《出三藏记集》，第 351 页。

的流行程度。① 到 7 世纪下半叶室利佛逝王国兴起之后，当地寺院更是通用梵语。义净于唐高宗咸亨二年（671）从广州泛海抵达佛逝，于武则天长寿二年（693）离开佛逝返回广州，先后三次驻锡苏门答腊岛，并在此侨居达十年之久，应该说是对佛逝情况了解最为广泛深入的中国僧人。他反复强调佛逝对中国求法僧印度语言学习、天竺佛门习俗了解的重要性。"又南海诸洲，咸多敬信，人王国主，崇福为怀，此佛逝廓下僧众千余，学问为怀，并多行钵，所有寻读乃与中国不殊，沙门轨仪悉皆无别，若其唐僧欲向西方为听读者，停斯一二载，习其法式，方进中天，亦是佳也。"② 文中的"中国"并非指华夏，乃是指中印度（Madhyadeśa）③，所谓"所有寻读乃与中国不殊"，指的是室利佛逝僧人读诵佛典所用语言文字与印度一样，都是梵语，寺庙出家人礼仪习俗也与印度没有差别，因此，建议中国求法僧在这里停留一二年，提高自己的梵文水平，熟悉寺庙仪轨，然后再赴印度寺庙听取西方大德讲授经论、阅读梵文佛典就会事半功倍。他自己就在室利佛逝"经停六月，渐学声明（'声明'，佛教'五明'之一，即梵语文法修辞学）"④ 然后再赴印度求法。唐代大津法师也"以永淳二年（683），振锡南海（广州）……乃赍经像，与唐使相逐，泛舶月余，达尸利佛逝洲。停斯多

---

① 参见［法］费瑯《苏门答剌古国考》，冯承均译，中华书局 2002 年版；孔远志：《马来语发展史上的重要文献——中国高僧义净记载的昆仑语》，《东南亚研究》1990 年第 2 期；桂光华：《室利佛逝王国兴衰试析》，《南洋问题》1992 年第 2 期。
② 义净在其所译之《根本说一切有部百一羯磨》中所作的一条注。见《大正藏》第 24 册，第 477 页下。
③ "中国"一词，在求法僧所撰之文献中有时指中印度，有时指整个印度。古代印度人将五印之中央部分称为 Madhyadeśa，即"中国"之意。中国僧人有时沿袭印度人这一用法，以"中国"指中印度，有时又以"中国"指整个印度。参见王邦维《"洛州无影"：〈南海寄归内法传〉中一条记载的最新考察》，纪念京都大学人文科学研究所建所 75 周年"中国宗教文献研究国际学术研讨会"论文（2004 年 11 月 18 日至 21 日，日本京都），此文经作者修改后，更名为《再说"洛州无影"》，收入《唐研究》第十卷，北京大学出版社 2004 年版，第 377—382 页；另参见 B. C. Law, *Historical Geography of Ancient India*, Delhi：Ess Publications, 1976, pp. 11–15.
④ （唐）义净撰，王邦维校注：《大唐西域求法高僧传校注》，中华书局 1988 年版，第 152 页。

载,解昆仑语,颇习梵书,洁行斋心,更受圆具"①。大津法师在室利佛逝停留多年,学习当地的语言昆仑语(一般认为是一种古代马来语)②和梵语,而且还在佛逝受具足戒,成为一名正式僧人。而晋唐间有姓名事迹可考的50名海路求法僧中,唐代43名,占百分之八十六,无一例外都在南海诸国停留中转,其间学习梵文便是一项重要内容。③可知,以佛逝为中心的南海诸国是求法僧梵文训练之要站。

宋代,由于佛教在印度的衰落,中印之间僧人往来比以前减少,但室利佛逝作为南海佛教中心的地位并没有改变,在中印的宗教交往中仍继续发挥作用。北宋时期,许多沿海路赴印求法的中国僧人仍然将印尼的三佛齐作为梵语学习的重要场所,太平兴国八年(983),中国僧人法遇赴印求法,并邀请在三佛齐的"天竺僧弥摩罗失黎语不多"到中国翻译经典,回中国后又再次沿海道赴印,再度在三佛齐逗留,④说明宋代的三佛齐(首都一度在占卑,后又迁回室利佛逝旧都巨港)仍然是西来梵僧的中转站和中国求法僧梵文学习的重要基地。

(二) 域外佛典传译重镇

印度语文的佛典一般都在中国本土的寺庙中由中外僧人合作译为汉文,较少在域外翻译经典,因为经典的传译是一件宏大而复杂的工程,所需资源、人员众多,鸠摩罗什在长安逍遥园译经时,参与译场工作者最多时达三千多人,玄奘法师在长安的译场也有几百人,译经

---

① (唐)义净:《大唐西域求法高僧传校注》,第207页。
② 参阅孔远志《马来语发展史上的重要文献——中国高僧义净记载的昆仑语》,《东南亚研究》1990年第2期;桂光华:《室利佛逝王国兴衰试析》,《南洋问题》1992年第2期。
③ 参见何方耀《汉唐海路求法僧群体研究》之"汉唐海路求法僧行迹一览表",《普门学报》2006年第2期(总32期)。
④ 《宋史》卷四九〇《天竺传》,引自张星烺编注,朱杰勤校订《中西交通史料汇编》第四册,中华书局2003年版,第2185页;另参见周中坚《室利佛逝——中古时期南海交通的总枢纽》,《海交史研究》1986年第1期。

人员的分工也非常细致，设有译主、笔受、译语（度语）、证梵本、证梵义、证禅义、润文、证义、梵呗、校勘、正字、监护大使等烦琐复杂的职位，① 规模庞大，开销巨大，因此，从隋唐时代起译场大多由国家资助、控制，只有少数经典在特殊情况下才在域外传译，陆路域外经典传译场所主要为于阗、龟兹等西域诸国，海路则主要为南海印尼诸岛国。《贤愚经》就是由上文提到的昙学等八僧在于阗根据其听读记录，途经高昌国时综合整理为一集，后又至凉州经沙门慧朗审核命名而成。②

关于中外僧人在印尼诸岛译经的案例，义净法师在其《大唐西域求法高僧传》中有一段较为翔实的记载。

> 会宁律师，益州成都人也。……爰以麟德年中（664—665）杖锡南海，泛舶至诃陵洲。停住三载，遂共诃陵国多闻僧若那跋陀罗（jñānabhadra，意为智贤）于《阿笈摩经》内译出如来焚身之事，斯与《大乘涅槃》颇不相涉。然《大乘涅槃》西国净亲见目云其大数有二十五千颂，翻译可成六十余卷。检其全部，竟而不获，但得初《大众问品》下夹，有四千余颂。会宁既译得《阿笈摩》本，遂令小僧运期奉表赍经，还至交府，驰驿京兆，奉上阙庭，冀使未闻流布东夏。运期从京还达交趾，告诸道俗，蒙赠小绢数百匹，重诣诃陵，报德智贤（义净自注：若那跋陀罗也）。与会宁相见，于是会宁方适西国。③

---

① 关于古代译场组织情况，可参阅《宋高僧传》卷三之介绍，(宋) 赞宁《宋高僧传》，第 52—58 页。
② 参见 (梁) 僧祐《出三藏记集》，第 351 页；另见 (元魏) 凉州沙门慧觉等在高昌郡译《贤愚经》，《大正藏》第 4 册，第 349—357 页。
③ (唐) 义净：《大唐西域求法高僧传校注》，第 76—77 页。

文中的"诃陵"洲在今印尼加里曼丹岛西部。^① 会宁法师与梵僧智贤合作从《阿笈摩经》^② 译出之"如来焚身之事",即释迦牟尼于拘尸那城娑罗双树下圆寂时之神变和圆寂后按印度传统火化遗体并分舍利之事,此即《大般涅槃经后分》^③。义净通过检索梵文后认为,其内容为中土汉译几种版本的大乘《涅槃经》所无。^④ 会宁与智贤翻译完毕后,由随行的年轻僧人运期搭乘商舶经交趾送到京城(长安),交给朝廷,希望能批准入藏流布天下。运期完成任务后又返回诃陵与会宁会合,一同乘商舶赴印度求法。是为华僧会宁与梵僧智贤于诃陵国合译佛典(《大般涅槃经后分》)之明确记载。

而义净自己也曾在室利佛逝撰写著作并翻译佛典。他在印度求法十载(675—684),于光宅元年(684)于印度东岸耽摩立底国(Tamralipti,位于今印度西孟加拉邦米德纳普尔县的塔姆卢克附近)^⑤ 乘商舶抵达室利佛逝,"所将梵本三藏五十万余颂,唐译可成千卷,权居佛逝"。此后直到武周长寿二年(693)启程离开佛逝赴广州,在广州待了一年多时间,于证圣元年(695)初离开广州北上东都洛阳。^⑥ 他在佛逝居住了将近十年,在这里著述译经,为了聘请译经助手和求购

---

① 关于诃陵的具体地址,学界有不同意见,笔者以为王邦维教授"诃陵似不在爪哇,而在今加里曼丹岛西部"比较可信。缘《新唐书》卷三《地理志》引贾耽"广州通海夷道"明确指出:"佛逝东水行四五日,至诃陵,南中洲之最大者。"加里曼丹岛面积74.33万平方千米,为世界第三大岛;苏门答腊岛,47.3万平方千米;爪哇岛13.88万平方千米,则南海中岛屿之最大者非加里曼丹岛莫属。参见(唐)义净《大唐西域求法高僧传校注》,第54—55页。
② 阿笈摩(āgama),汉译《阿含经》,南传上座部之五种巴利文经典:长部、中部、相应部、增支部、小部。参见(唐)义净《大唐西域求法高僧传校注》,第78页。
③ 见(唐)南海波凌国沙门若那跋陀罗译《大般涅槃经后分》(上、下卷),《大正藏》第12册,第900—912页。
④ 中土汉译之《大涅槃经》主要有西晋竺法护译《方等般泥洹经》、东晋法显译《大般泥洹经》、北凉昙无谶译《大般涅槃经》四十卷(通称北本)、刘宋慧严等根据昙无谶译本改编之《大般涅槃经》三十六卷(一般称为南本)等译本。
⑤ 参见(唐)义净《大唐西域求法高僧传校注》,第91页。
⑥ 关于义净最后离开佛逝和广州的时间参见王邦维《义净与〈南海寄归内法传〉》,载(唐)义净《南海寄归内法传校注》,第18—19页。

纸墨，其间，他还于永昌元年（689）搭乘商舶回过一次广州，驻锡于广州制旨寺（今光孝寺），寺里僧人给他介绍了四位译经助手并捐赠了大量纸墨，他于当年冬天与贞固、怀业、道宏、法朗等四位助手一起搭乘商舶返回佛逝，继续他的译经活动。

前文提到大津法师于唐永淳二年（683）抵达佛逝，并于此停住多年，学习昆仑语和梵语。义净在其著作中记载："净于此见（大津），遂遣归唐，望请天恩于西方造寺。即睹利益之弘广，乃轻命而复沧溟。遂以天授二年（691）五月十五日附舶而向长安。今附新译杂经论十卷、《南海寄归内法传》四卷、《西域求法高僧传》两卷。"[①] 即受义净委托，大津法师从佛逝泛舶返回中土，护送义净在佛逝所译之佛典和其所著之《求法高僧传》和《寄归传》等著作，并恳请朝廷出资于西方（印度）建造寺庙，供中国求法僧赴印求法时居住。文中的"新译杂经论十卷"就是义净于佛逝所译之佛典，[②] 说明义净确实与其从广州请到的四位助手一起在佛逝翻译了佛教经论，印尼诸岛乃南海诸国中佛典汉译的重要场所，或者说是中土译场的海外延伸。

四　朝贡贸易之纽带，政治外交活动之媒介

岭南与印尼诸岛国间的佛教交流本以商贸活动为依托和基础，但随着交流的深入和佛教在两地社会影响的扩大，佛教反过来又渗透到商贸甚至外交活动之中，而古代中国与南海诸国的商贸活动又往往是在"朝贡"的名义下进行的，被称为"朝贡贸易体系"。所以，商贸活动、

---

① 参见（唐）义净《大唐西域求法高僧传校注》，第207页。
② 关于义净在佛逝"新译杂经论十卷"的具体内容，王邦维教授考证为：《无常经》《一百五十赞佛颂》《龙树菩萨劝诫王颂》。参见（唐）义净《大唐西域求法高僧传校注》，第210页。

政治外交、佛教交流往往相互渗透，特别是在佛教文化成为两地主流文化之后，佛教常常又在许多情况下成为朝贡贸易的纽带和政治外交活动之媒介。

首先，在南北朝至两宋期间，中国与南海诸国有无数次的朝贡活动，①南海诸国所进贡之物品常常有佛教典籍和佛门圣物，其所上之国书常常也充满佛教用语，有时甚至有僧人担任外交使节，所以，我们可以将这种外交活动称为"佛化外交活动"。

从南朝宋元嘉年间（424—453）起，印尼及南海诸国就不断遣使中国，其国书中往往多引佛教用语，如《宋书》记载，"阇婆婆达国元嘉十二年（435）国王师黎婆达拖阿罗跋摩遣使奉表曰"，开篇便写道："宋国大主大国天子足下，敬礼一切种智，安隐天人师，降伏四魔，成等正觉，转尊法轮，度脱众生，教化已周，入于涅槃，舍利流布，起无量塔，众宝庄严，如须弥山，经法流布，如日照明，无量净僧，犹如列宿。"②所谓"阇婆婆达"，其中的"婆达"应是衍文，即阇婆国（在今印尼爪哇岛）。③而据《梁书》记载，爪哇附近的巴厘岛也于南朝梁时遣使来朝，"天监十六年（517）遣使奉表曰：'伏承圣王，信重三宝，兴立寺塔，校饰庄严，周遍国土。……伏惟皇帝是我真佛。臣是婆利国主，今敬稽首，礼圣王足下。'"④与阇婆国国书相似，通篇国书基本是"佛言佛语"。此后之室利佛逝、三佛齐乃至元明时之满者伯夷，类多如是。

而这些持国书来朝的贡使，其所贡方物中也往往有佛教典籍、圣

---

① 例如，北宋时期，三佛齐共派来使节二十八次，以北宋一百六十多年计，不到六年就有一次遣使，是南海国家使节对宋廷最密切的国家之一。参见林家劲《两宋与三佛齐友好关系略述》，《中山大学学报》（社会科学版）1962 年第 4 期。
② 沈约：《宋书》卷九十七《阇婆婆达传》，中华书局 1974 年版，第 2384 页。另参见（宋）李昉等撰《太平御览》册 4，卷 787《四夷部》之《阇婆达国》条，中华书局 1985 年影印本，第 3478 页。
③ 冯承钧：《中国南洋交通史》，第 102 页。
④ 冯承钧：《中国南洋交通史》，第 152—153 页。

物之类物品。如三佛齐在宋天禧元年（1017），"其王霞迟苏勿吒蒲迷（Haji Sumutabhūmi）遣使蒲谋西等"入华朝贡，其贡品中就有"梵夹经、昆仑奴"等物品。① "梵夹经"就是梵文佛经，可知梵文佛经曾是印尼诸岛国进贡给中国的重要贡品之一。而有时寺庙建设、铸钟乃至寺庙命名也可成为拉近外交关系的内容或纽带。

据《诸番志》和《宋史·三佛齐传》记载："咸平六年（1003）上言，其王思离朱啰无尼佛麻调华遣使李加排，副使无陁李南悲来贡，且言本国建佛寺以祝圣寿，愿赐名及钟，上嘉其意，诏以承天万寿为额，并以钟赐焉。授加排归德将军。"② 三佛齐本国建佛寺、铸钟、取寺名，本为其国"内政"，但三佛齐要将其变成一种两国间的外交活动，派遣使臣到中国要求宋真宗为其寺庙题名、赐钟，其目的就在借佛事谋国事，以佛教为纽带，拉近两国之间的关系。

其次，在双方往来的使节中往往有僧人厕身其中，僧人身负传播佛法和外交活动的双重使命。由僧人扮演外交使节角色乃南海诸国及印度、师子国与中国交往之传统。据《太平御览》卷787《四夷部八·南蛮·师子国》记载，宋元嘉五年（428），师子国国王刹利摩诃南托四道人（僧人）遣二白衣（居士）送牙台像入中国，并携有致宋朝皇帝国书。③ 即师子国王派出的外交使团为四名僧人和两名在家居士。而中国僧人有时也身负外交使节身份。唐"开元三大士"之一的不空三藏，本印度人，后入华为中土印侨，少年时随家人航海至爪哇岛，在此遇到来此弘化的密宗大师金刚智并被收为入室弟子，后一起泛海来华，随侍

---

① 事见（元）脱脱等《宋史》489卷《三佛齐传》，中华书局1985年版，第14089页。
② 事见（元）脱脱等《宋史》489卷《三佛齐传》，第14089页。
③ 《太平御览》卷787《四夷部八·南蛮·师子国》引《宋元嘉起居注》，中华书局1985年影印本，第3486页；另见耿引曾《以佛教为中心的中斯文化交流》，载周一良主编《中外文化交流史》，河南人民出版社1987年版，第478页。

左右，成为其衣钵弟子。① 金刚智圆寂后，奉命出使南海诸国、师子国、印度等国寻求密宗典籍。《宋高僧传》谓其"影堂既成，追谥已毕，曾奉遗旨，令往五天竺并师子国，遂议遐征"②。"至开元二十九年（741）秋，先师（金刚智）厌代。入塔之后，有诏令赍国信，使师子国。"③ 成为身负王命的外交使节之后，不空率领弟子二十一人，"附昆仑舶，离南海（南海郡，今广州）至诃陵国界"④。担任使节身份的不空三藏访问的第一站就是地属印尼的诃陵国，其后继续访问斯里兰卡和印度等国，是一种典型的佛化外交活动。

至宋代这种僧人参与的外交活动仍然史不绝书。前面提到赴印求法的法遇法师搭乘商舶途经三佛齐时，遇到竺僧弥摩罗失黎语不多，邀请他至中土译经。法遇回国后打算第二次前往印度，请求皇帝"给所经诸国敕书"，三佛齐是宋朝皇帝赐给敕书的国家之一。⑤ 是亦僧人兼外交使节之例。

第三，利用佛教文化交流活动促进双方的商贸活动。海路佛教文化交流本来即以商贸活动为依托和基础，可以说是商贸搭台，佛教唱戏。但当佛教交流成为一种双方认可且具有广泛社会影响的力量时，商贸活动又依托佛法交流活动，形成佛教搭台、商贸唱戏的局面。

在各国与印度的佛教文化交流中，许多国家都在印度建有佛寺，包括三佛齐等印尼和南海诸国都在印度建有本国的佛寺，供本国求法僧众

---

① 经录谓其"至开元六年岁在戊午（718），年甫十四，于阇婆国见弘教三藏金刚智而师事之，随侍南溟，乘航架险，惊波鼓浪，如影随形。开元八年（720）方至东洛"。（唐）圆照：《贞元新定释教目录》，《大正藏》第55册，第881页上。
② （宋）赞宁：《宋高僧传》卷一《不空传》，第7页。
③ （唐）沙门飞锡：《大唐故大德开封仪同三司试鸿胪卿肃国公大兴善寺大广智三藏和上之碑》，《大正藏》第52册，第848页中—849页下。
④ （宋）赞宁：《宋高僧传》卷一《不空传》，第7页。
⑤ 事见（元）脱脱、欧阳玄等《宋史》卷249《天竺传》，第14105页。另参见张星烺编注，朱杰勤校订《中西交通史料汇编》第四册，中华书局2003年版，第2185页。

和商人停留、居住。① 因此，义净才有了向武后上书希望大周于西方（印度）造寺的建议，这种建寺活动其实就是佛教交流和商贸活动互为依托的表现。在三佛齐与岭南的佛教文化交流中也出现了这种类似的情形，最具典型意义的就是学界业已进行了众多研究的三佛齐城主"地主都首领"地华加啰（Deva Kulo）于广州重修天庆观的历史事件。

1957年在广州海珠北路与净慧路附近发现了《重修广州天庆观碑记》，由此引发了学界对三佛齐重修广州天庆观问题的研究。天庆观遗址在今海珠北路祝寿巷，其前身为唐时的开元寺，约兴建于武后垂拱年间（685—688），北宋大中祥符二年（1009），开元寺被更为道教观庙，称天庆观。仁宗皇祐四年（1052）广西安南边境壮族首领侬智高围攻广州焚毁该观，此后，粤中道教中人欲重修宫观，但因费用巨大，一直未能实施。宋英宗治平四年（1067）三佛齐"地主都首领"地华加啰出资兴建已被焚毁的广州天庆观。历时十三年，耗费巨额资金，至神宗元丰二年（1079）工程方告完成，工程完成之后由天庆观住持崇道大师赐紫何德顺立碑勒石，纪念其功德。关于地华加啰之身份，其委托重修人员之往来印、粤两地之经历，重修宫观之经过，修复宫观之目的、动机、作用、影响，前辈时贤多有讨论。地华加啰身份复杂显赫，他既是三佛齐的"地主都首领"，同时又于1076年成为南印度强国注辇国的国王罗贞陀罗·调华·库洛东伽（Chola Deva Kulottunga），并于宋熙宁十年（1077）代表三佛齐和注辇国到中国朝贡。② 三佛齐和注辇两国都不信仰道教，其修复天庆观并非出自自己的信仰偏好，而是因为宋朝国君偏爱道教，借此重修活动以投其所好，拉近与宋廷之关系，同时，

---

① 三佛齐曾在南印度注辇国（Chola）科罗曼德海岸（Coromandel Coast）内加巴塔姆（Negapatam）建筑佛寺（Chulamanivarma Vihara），供其国赴印活动的商人和僧人居住。参见林家劲《两宋与三佛齐友好关系略述》，《中山大学学报》（社会科学版）1962年第4期；另参见黎道纲《〈宋史〉地华伽罗身份的争议》，《南洋问题研究》2004年第2期。

② 事见（元）脱脱等《宋史》之《三佛齐传》和《注辇传》，第14089—14090页。另参见黎道纲《〈宋史〉地华伽罗身份的争议》，《南洋问题研究》2004年第2期。

博得海路商贸重镇广州地方官民的好感,以及为三佛齐商人在广州谋得一个落脚之地,诸如此类问题学者们多有讨论,此不详述。① 这里要指出的是,天庆观当时虽为道观,重修天庆观与佛教文化交流及商贸活动也有着密切关系,据重修天庆观碑文记载,三佛齐在宫观修复工程之后,花费四十万金钱为天庆观购置田产"入充道流之用",同时还花费"金钱各十万在净慧寺置田,均为僧尼斋粥之费"。② 也就是说,三佛齐在为天庆观购置了四十万金钱的田产之后,还为净慧寺(即今广州六榕寺)购置了十万金钱的田产净业,以供养寺院僧众。对此一举动,学界较少注意,如果说重修天庆观并购置四十万金的田产更多是为了外交和商贸的需要,那么为净慧寺置净业则更多是出于信仰的需要,因为毕竟三佛齐是一个佛教国家,僧人来到广州活动住在道观多有不便。即使到了宋代,印度佛教逐渐衰落直至消亡,但三佛齐仍然是佛法传播中心,据记载,入藏传法的密宗大师阿底峡(982—1054),曾在印度那烂陀寺学习,后听闻"金洲(即苏门答腊)法称大师"一代宗师,遂于31岁时携125名弟子赴三佛齐跟随法称法师学习慈悲菩提心法十二年之久,可见室利佛逝佛教之兴盛。③ 故宋代仍有许多三佛齐的僧人航海来穗。前文提到的中国求法僧法遇于太平兴国八年(983),从三佛齐邀请"天竺僧弥摩罗失黎语不多"到中国弘法即是一例。

第四,蕃坊中有三佛齐佛教居士在广州弘法。

---

① 关于三佛齐重修天庆观的讨论参阅戴裔煊《宋代三佛齐重修广州天庆观碑记考释》,《学术研究》1962年第2期;林家劲:《两宋与三佛齐友好关系略述》,《中山大学学报》(社会科学版)1962年第4期;[印度]K. A. 尼逻干达·沙斯千利(马德拉斯大学):《印度尼西亚古代史上的室利佛逝(上)》,《南洋问题资料译丛》1957年第2期;周南京:《历史上中国与印度尼西亚的文化交流》,载周一良主编《中外文化交流史》,第207—209页;黎道纲:《〈宋史〉地华伽罗身份的争议》,《南洋问题研究》2004年第2期。
② (清)郑荣等修、桂坫等纂:(宣统)《续修南海县志》之《金石略一》,岭南美术出版社据宣统三年(1911)羊城留香斋刻本影印,1909年出版,第278页;另见阅戴裔煊《宋代三佛齐重修广州天庆观碑记考释》文末所附之碑文录文,《学术研究》1962年第2期。
③ [新加坡]袁腱:《室利佛逝及沉船出水的密宗法器》,《故宫博物院院刊》2007年第6期。

据《萍洲可谈》记载:"余(朱彧)在广州,尝因犒设,蕃人大集府中,蕃长引一三佛齐人来,云善诵《孔雀明王经》。余思佛书所谓真言者,殊不可晓,意其传讹,喜得为正,因令诵之。其人以两手向背,倚柱而呼,声正如瓶中倾沸汤,更无一声似世传孔雀真言者。余谓其书已经重译,宜其不同,但流俗以引书为荐亡者,不知中国鬼神如何晓会。"①

据此段简略的记载,我们可以知道,此善诵《孔雀明王经》的三佛齐人即是"蕃坊"中的三佛齐侨民,因为朱彧设宴款待来广州从事商贸活动的蕃商,由蕃坊负责人"蕃长"将此善诵《孔雀明王经》的三佛齐人引荐给朱彧,如果不是蕃坊中人,也就不需要蕃长引荐了。当然,引荐之目的是投朱彧所好,因为朱彧"思佛书所谓真言者(Mantra),殊不可晓,意其传讹,喜得为正,因令诵之"。即朱彧一直以为佛门中之真言咒语,其意难解,发音不正确,也难以知晓。希望通过一位真正懂得真言"正"音的人,以了解正确的真言咒语之发音。然而,这位三佛齐人的真言读诵大出其预料之外,与他平常听到的真言咒语完全不同,"更无一声似世传孔雀真言者",所谓"世传孔雀真言者"一定是他平常听到的中国僧人持诵的汉译真言咒语,而这位三佛齐人读诵的肯定是梵语真言。不仅因为三佛齐佛教界流行梵语,且其读诵"声正如瓶中倾沸汤","瓶中倾沸汤"是什么声音呢?就是有很多咕噜咕噜的声音,意即有众多的弹舌之音,而这正是梵语真言的特点。《孔雀明王经》从鸠摩罗什开始就有传译,一直到宋代前后都有人翻译,现存藏经中共有六种译本,而以唐玄宗时不空三藏的译本最为通行。② 其序言开篇就讲

---

① 事见朱彧《萍洲可谈》卷二。另参见周中坚《室利佛逝——中古时期南海交通的总枢纽》,《海交史研究》1986 年第 1 期。
② 《孔雀王咒经》亦称《孔雀王陀罗尼经》《孔雀明王陀罗尼经》《佛说孔雀王咒经》。前后共六译:后秦鸠摩罗什译《孔雀王咒经》一卷、南朝梁扶南国僧伽婆罗译《孔雀王咒经》二卷、唐不空三藏译《佛母大金曜孔雀明王经》三卷、唐义净译《大孔雀咒经》三卷、失译《大金色孔雀王咒经》一卷、失译《佛说大金色孔雀王咒经》一卷。其中不空译本最为流行。参见刘保金《中国佛典通论》,河北教育出版社 1997 年版,第 181 页。

此经之巨大实用价值,"《佛母大孔雀明王经》者,牟尼大仙之灵言也,总持真句、悲救要门,绾悉地之玄宗、息波澜之苦海"。"演陀罗尼,能超众苦,发声应念,系缚冰销。"① "悉地",梵语 Siddhi,乃成就之意,即此真言乃取得现实成就、息灭苦海波澜之妙法,能超拔众苦,只要根据正念发声持诵,所有"系缚"就会冰消瓦解。此经虽然具有如此法力,但经文之晦涩难懂,佶屈聱牙,一般人望之如同天书,不要说读诵,就是文字也难以理解。如唐不空译本前面有一段《读诵佛母大孔雀明王经前启请法》,其中就有一段咒语:

怛你也(合二)佗(声引一去)迦哩迦啰(引)哩(二)矩畔(引)腻(三)饷弃(四)迦么啰(引)乞史(合二)贺(引)哩(引)底(五)贺哩计(引)施室哩(二合引)么底(丁经切六)加哩冰(卑孕切)誐黎(七)揽迷钵罗(合二)揽迷(八)迦攞播(引)势(九)迦攞戍(引)娜哩(十)。②

括号里为发音说明(大藏经中实为小字注文),但对一般人而言,如坠五里雾中,不知所云。因为经文多数是咒语,而且又被译为汉语,一般人根本无法阅读,更不知如何正确发声,所以,经文序言中对如何读诵、正确发声做了翔实的说明。"此经须知大例,若是寻常字体傍加口者,即须弹舌道之,但为此方无字故借音耳;余自准可依字直说,不得漫有声势,致使本音即便乖梵韵。又读诵时,声合长短,字有轻重,看注四声而读,终须师授方能惬当。"③

所谓的"寻常字体傍加口者",即正常的字加一个口字旁,即须发弹舌音。"声合长短,字有轻重",即元音或韵母有长元音和短元音之

---

① (唐)不空译:《佛母大金曜孔雀明王经》,《大正藏》第19册,第415页上。
② 《乾隆大藏经》第29册《五大部外重译经》(六),台湾净宗学会印,第601页。
③ (唐)不空译:《佛母大金曜孔雀明王经》,《大正藏》第19册,第415页中。

分，虽译为汉语，也要有所区别。如前面《启请法》咒语中的"哩"都发音"ri"，啰都发音"ra"。注有"引"字的都发长音，如"迦哩迦啰（引）"则"啰"音"rā"；"怛你也（合二）佗（声引一去）"中的"佗"发音"thā"。①

这对没有长短元音概念的中国人来说是很难的，所以，"终须师授方能惬当"，最好有老师指导发音方为妥当。而这位善诵《孔雀明王经》的三佛齐人就属于当时广州能指导发音的老师之一。由于朱彧不懂梵语，当然对其梵语读诵也就莫名其妙了。最后只能调侃说"流俗以引书为荐亡者，不知中国鬼神如何晓会"。即一般俗人以为此经咒乃是超度亡灵的，用这种梵语读诵，不知道那些不懂梵语的中国鬼神们如何知晓其意。

宋代正是三佛齐密宗兴盛的时代，三佛齐人来广州弘传密法也在情理之中，虽然文献只记载了一例，但蕃坊中显然不只有一位善诵密咒的三佛齐人，以三佛齐与广州贸易之密切，双方佛教僧俗往来之频繁，蕃坊中精通佛法或密法的三佛齐人应该不在少数，三佛齐为蕃坊附近的净慧寺购置田产净业既是商贸的需要更是信仰的需要。以商事助佛事，以佛事促商事，商佛互动，相互依存，成为印尼诸岛国与岭南佛教文化交流的一大特色。

余　论

今天学界所称的"海上丝绸之路"，即汉魏时代所称的"南海道"

---

① 《启请法》咒语中的开头几句"怛你也（合二）佗（声引一去）迦哩迦啰（引）哩（二）矩畔（引）腻（三）饷弃（四）迦么啰（引）乞史（合二）贺（引）哩（引）底（五）贺哩计（引）施室哩（二合引）么底（丁经切六）"，其梵文形式为：Tadyathā. kāli karāli kūmbāṇḍi, ṣaṃkhini, kamalākṣi, hārīti, harikeśi, śrīmati。参见（唐）不空译《佛母大金曜孔雀明王经》注（38）《大正藏》第19册，第415页下。

和唐代所称的"广州通海夷道",这条著名的海上商贸航道一方联系着印度等"西方"诸国,一方连接着岭南诸港,特别是作为主要口岸的广州在中古时代曾被沿海道而来的印度人直呼为"支那"(cīna)而称整个中国或都城长安为"摩诃支那"(Mahācīna),① 印度佛教沿这条海上商贸航线传入中国时,处于太平洋和印度洋之间的印尼诸岛则是一个不可逾越的中转站和交会之地,如果说岭南诸港是中外海道弘法僧人的出入港和北上通道的话,印尼诸岛则是佛法东来的中转站和集散地,其中,尤以苏门答腊和爪哇二岛与岭南关系最为密切,虽然在今天中国人的口语中"爪哇国"常常比喻遥不可及的地方,但在古代长达近千年的时间里,爪哇等印尼诸岛国曾与岭南地区声气相闻,信息相通,商舶交错,梵影往返,商佛之间互为依托、互为辅助,商事、佛事、国事、天下事,在岭南与印尼诸岛之间演绎出动人的历史篇章,留下了众多的历史疑案等待后人发覆,也留下了众多的宝贵历史遗产等我们去开发继承。

---

① 古代印度人称广州为支那,称都城长安或整个中国为"摩诃支那"(Mahācīna)。参见(唐)慧立、彦悰撰,孙毓棠、谢方点校《大慈恩寺三藏法师传》卷七,中华书局2000年版,第162页;另见《大正藏》第50册,第261页上;(唐)圆照:《贞元新定释教目录》卷十四《总集郡经录上之十四》,《大正藏》第55册,第874页上;(宋)希麟:《续一切经音义》卷二《支那条》,《大正藏》第5册,第939页中。

从僧人的寄居、募化到留居：
汉传佛教在马来西亚扎根*

官远程
马来西亚拉曼大学博士生

摘要：马来半岛受印度佛教文化影响较早，也曾出现几个佛教国家，但自15世纪以后马来半岛的佛教逐渐衰微。明清之际，有中国移民前往马来（西）亚谋生，中国汉传佛教僧人也时有前往，寄居在民间香火庙以为华人社会主持祭祀等仪式，但此时僧人是华人丧葬文化的主持者，并没有起到弘扬佛法的作用。在19世纪以后，随着华人人口及经济力量的增长，开始有中国僧人前往马来（西）亚募化，以筹款回中国修缮寺庙。这样的因缘也使得中国僧人受到当地华人的拥戴而建寺留居弘法。妙莲法师筹建并于1906年完工的极乐寺是中国汉传佛教正式在马来西亚扎根的标志。僧人在汉传佛教扎根马来西亚过程中，扮演着重要的角色。

关键词：汉传佛教；僧人；马来西亚；广福宫；极乐寺

---

* 本文是2019年度国家社科基金重大项目"'一带一路'佛教交流史"（项目编号：19ZDA239）的中期成果之一。

从僧人的寄居、募化到留居：汉传佛教在马来西亚扎根

一　前言

本文将关注中国汉传佛教是如何传入马来西亚①并在此扎根，中国僧人在当中又起到了怎样的作用。17 世纪，中国僧人开始前来马来西亚，寄居、住持华人社会的民间香火庙，②那时候的僧人素质相对低下，没有起到弘扬佛法的作用。清代后期中国僧人来马来西亚募款，此时出洋募化的僧人虽并非为弘法而来，但也由此因缘，僧人受到马来西亚本土信士支持，而建立起了正规的汉传佛教道场，僧人也留居于此而弘扬汉传佛教。中国僧人通过早期寄居民间香火庙，中间经过来马来西亚募化而结缘，进而留居于此建寺弘法，使得汉传佛教逐步扎根于马来西亚。

其实汉传佛教僧人在现今马来西亚地域上的活动足迹较早，但那时候的僧人仅是来此中转而前往印度求法。马来半岛早期受印度文化影响，佛教也很早便传入马来半岛，马来西亚地域上也曾出现过几个以佛教为主要信仰的国家，在中国历史文献中可以找到这些古国的名字，如：狼牙修（Langkasuka）③、丹丹（不详）④ 等国。这些国家向中国遣

---

① 本文为了论述的一致性，皆用"马来西亚"来称谓前后期不同时期的马来西亚地域。马来西亚于 1957 年从英殖民者手中争取独立，时称"马来亚联合邦"（Federation of Malaya）；时至 1963 年又与新加坡、婆罗洲的沙巴及砂拉越组成"马来西亚"，全称"马来西亚联合邦"（Federation of Malaysia）；1965 年，新加坡从马来西亚分离而独立建国。
② 此方面的研究成果有王琛发《换取"香资"度众生——从文物碑铭探讨 18、19 世纪马六甲海峡三市的华僧活动》，《无尽灯》2004 年第 182 期。
③ 狼牙修的历史及其疆域，目前并没有确切的定论。不过学术界有一个大致的共识：狼牙修建国年代约为公元 1 世纪末至 2 世纪。狼牙修建国年代是历史学者从中国史书《梁书》卷五十四的《狼牙修国传》中推算而来，书中记载有狼牙修"国人说，立国以来四百余年，后嗣衰弱，王族有贤者，国人归之"之句。而中国南北朝中的萧梁立国年代为 502—557 年，在公元 6 世纪，因此而推知狼牙修约在 1—2 世纪建国。根据杨博文的考证，《梁书》之狼牙修、《隋书》之狼牙须、《续高僧传·拘那罗陀传》之棱伽修、《事林广记》之凌牙苏家、《岛夷志略》之龙牙犀角，皆系《爪哇史颂》所举之 Lengkasuka 对音，也即印度尼西亚古代碑铭中的 Ilangasogam，地当今北大年（Patani），大约位于现在马来西亚吉打州至泰国 Nakhon Srithamarat 一带。杨博文校释：《诸蕃志校释》，中华书局 1996 年版，第 45—46 页。
④ 在今天马来西亚吉兰丹一带。

使献物，并进行贸易活动。随着贸易商船的往来，很多中国前往印度求法的僧人，也会途经马来西亚地域上的佛教古国，尤其以中国佛教大盛的唐代为突出，① 如狼牙修、羯荼②等国；而从印度等地到中国弘传佛教的僧尼鲜有在马来西亚地域上停留的记载。③ 整体来看，早期的中国与马来西亚在佛教层面上并没有过多交流的记录，"曾经在中国历史典籍上留下马来半岛足迹的僧人，由于只是过渡，非为传教，因此对当地佛教或文化所发生的意义和影响，也就相当微乎其微到几乎没有什么作用的程度"④。

15世纪后，随着马六甲王朝的建立及阿拉伯商人的到来，王族们改信伊斯兰教后，佛教在马六甲王朝便开始衰退了，整体上马来西亚地域上的佛教便逐渐式微，只在马来半岛北部几个与泰国接连的州属，仍流传着泰国传统佛教。⑤ 而现代的马来西亚佛教是18世纪末英殖民政府大量引进劳工而新输入的。⑥ 现今的马来西亚佛教有着自中国传入的汉传佛教，从斯里兰卡、缅甸、泰国等地传入的南传佛教；藏传佛教也

---

① 佛教传入中国，有来自域外的僧人前来中国从事弘法及译经之工作，随后也逐步开始有中国僧侣西行求法。从中国西行到印度寻求经典，主要有两条路径，一是北方的陆路，如东晋的法显法师（约337—422），从河西走廊、经西域进入古印度；另一条是随着航海事业发展而有的南方海路。而通过搭乘商船出洋求法的僧人，大都会途经东南亚一些古国，即现今的马来半岛、印度尼西亚群岛等。方立天：《中国佛教与传统文化》，中国人民大学出版社2009年版，第26—27页。
② 羯荼，古吉打王国（Kedah Tua），是位于马来半岛著名的早期王国之一。
③ 此方面的研究成果可参考何方耀《晋唐时期南海求法高僧群体研究》，宗教文化出版社2008年版，第38—57页。
④ 陈美华：《马来西亚的汉语系佛教：历史的足迹、近现代的再传入与在地扎根》，载李丰楙等合著《马来西亚与印度尼西亚的宗教与认同：伊斯兰、佛教与华人信仰》，"中研院"亚太区域研究中心2009年版，第64页。
⑤ 陈秋平：《独立后的西马来西亚佛教研究》，博士学位论文，南京大学，2010年，第2页。
⑥ 关于马来西亚的佛教发展分期，其中净海法师（1931— ）的说法是分为两大时期：一是马来亚早期佛教时期，从4、5世纪印度佛教传入到15世纪初被伊斯兰教取代为止，出现了狼牙修、盘盘国、丹丹国、羯荼、佛罗安、蓬丰等佛教国家；另一个则是现代马来西亚佛教时期，是19世纪后"华侨佛教徒和南传佛教徒的重新输入"。释净海：《马来亚早期佛教考略》，载张曼涛主编《东南亚佛教研究》，台北：大乘文化出版社1978年版，第326—337页。

于1970年代初期开始在马来西亚发展。虽然马来西亚的佛教是多元共生局面,但从道场数量、信徒人数来看,属于汉传佛教系统者最多。

二 寄居僧人:作为祭祀文化主持者

在现今的马来西亚地域上,马六甲是最早出现中国人谋生并停居的地方。明末清初,中国移民跨海而来,他们也将自身的文化携带过来,其中就包括了信仰文化、祭祀文化等。虽然他们的信仰对象并不是纯粹的佛教,而伴有诸多民间信仰成分,但请中国僧人主持丧葬祭祀仪式,则是当时留居马六甲的中国人的共同选择。这些僧人寄居在融合多元信仰的民间香火庙,如马六甲的宝山亭、青云亭及槟城的广福宫等,为当地华人社会的丧葬祭祀等事务服务。僧人更多的是以华人祭祀文化主持者的身份出现,且因寄居在香火庙里,也少有以弘扬佛法为目的的讲经说法活动。

马六甲公冢三宝山①下的宝山亭福德祠保有一通1795年所立的《建造祠坛功德碑》,其碑文中有"开元寺僧昆山同募建日立石"②字样,这是目前在马来西亚发现的碑文中出现中国僧人名字最早的记载。根据学者的推断,碑文中所言的开元寺应该是中国泉州的开元寺。③ 昆山法师(生卒年不详)应当是在1795年或之前就已经在马六甲区域活动,其作为建造福德祠坛的同募建人,即表明他在住持宝三亭福德祠

---

① 马六甲三宝山是马来西亚历史最悠久的华人公冢。
② 傅吾康、陈铁凡编:《马来西亚华文铭刻萃编》(卷一),吉隆坡:马来亚大学出版部1982年版,第271页。
③ 中国迄今还留有十余座名叫开元寺的寺庙,不过,以唐代垂拱二年(686)始建的泉州开元寺最为著名。清代时泉州是中国距离马六甲海峡较近同时来往也较频繁的港口,开元寺也是闽南名刹,马六甲当地社会亦主要是以漳泉两系福建人为主流。因此这位昆山法师最可能是来自泉州开元寺。他也必须是通晓漳泉人的语言、风俗及信仰习俗,方才能立足于宝山亭。王琛发:《换取"香资"度众生——从文物碑铭探讨18、19世纪马六甲海峡三市的华僧活动》,《无尽灯》2004年第182期。

坛，负责三宝山的管理以及华人祭祀事务。在《建造祠坛功德碑》的碑文中记载："甲必丹大蔡公荣任为政，视民如伤，泽被群黎，恩荣枯骨，全故老之善举，造百世之鸿勋。义举首倡，爰诸位捐金，建造祀坛于三宝山下，此可谓尽美尽善。"碑文中还言："于是乎先贤故老，有祭冢之举，迄今六十余年。然少立祀坛，逐年致祭，常为风雨所阻，不能表尽寸诚……"① 根据碑文可以确定，宝山亭福德祠是由甲必丹蔡士章（1750—1802）领建，而这位昆山法师能够作为"同募建"人出现，极大可能是昆山法师为了满足民众的祭祀需求而建议修建宝山亭祠坛，其目的是更为有效地进行祭祀仪式，以求不"常为风雨所阻"。在立碑的1795年之前的六十余年，就已经"有祭冢之举"，因此，我们可以推知大约在1730年前的三宝山，已经有祭祀活动，而且这些祭祀活动极有可能是汉传佛教僧人在主持仪式。由此可知，宝山亭佛教僧人的主要任务与马六甲华人社会对死亡的终极关怀有关，是为华人主持丧葬祭拜仪式，打理祭祀用品等事务。僧人是作为华人社会丧葬祭祀文化的主持者身份出现的。

作为三宝山的管理单位青云亭②，是融合儒释道三教的民间信仰场所，但请佛教僧人驻锡青云亭却是事实。1801年的《重兴青云亭碑记》中有："时龙飞辛酉年月日信士邱华金敬撰 僧悦成。"③ 由此可知，在1801年或之前也有僧人悦成法师（生卒年不详）驻锡在青云亭。甚至

---

① 傅吾康、陈铁凡编：《马来西亚华文铭刻萃编》（卷一），第271页。
② 荷兰于1641年打败葡萄牙后，取得了马六甲的统治权，荷兰殖民政府为了方便管理华人事务，而设置了"华人甲必丹"。"华人甲必丹"通过青云亭来处理华人社会事务。当时的青云亭不仅仅是行使权力的一个机构，也是宗教信仰的场所，更是处理安葬先人事宜的福利管理单位，这些事务在当时都是极为重要的。1826年，英殖民政府接管了马六甲，华人甲必丹曾佛霖（1793—1874）去世之后，便没有了新的委任，曾佛霖是最后一位华人甲必丹。英殖民政府在1877年开始实施华民护卫司（Chinese Protector）制度。黄文斌：《明末清初马六甲华人甲必丹事迹探析》，《南洋问题研究》2018年第2期。
③ 傅吾康、陈铁凡编：《马来西亚华文铭刻萃编》（卷一），第238页。

在1700年前便已经有僧人在青云亭内念经①的记录。昆山法师、悦成法师是有文献可依的中国僧人在马六甲活动的较早例证,而在1845年重修青云亭的碑石上,再次提及蔡士章于1801年倡导重修青云亭的情况:"禅舍僧堂,惟有鼯鼠栖陈而已。"② 有禅舍僧堂的建立,进一步表明青云亭在1801年前便有僧人居住,但因为较长段时期内并无僧居住,才出现"惟有鼯鼠栖陈而已",这与清廷政府严厉苛刻的出海政策控制令有极大关系。

明末清初之际,郑成功(1624—1662)的抗清力量还盘踞在海上,因此当时清政府下令实行海禁与向内迁界,以此来阻绝海上的抗清力量与内陆居民间的联系。清政府统一台湾后,逐渐开放海禁,沿海居民可以从事海外贸易活动,但对出洋进行贸易的人,限令其定期回国。1727年规定,出洋贸易者期限为二年,逾期不归者即不准归国;1742年,出洋贸易的期限放宽至三年,逾期则不准许回籍;对于那些长期滞留海外的人,清政府历来视之为"海贼之薮",海外移民回乡时,一旦被官府发觉,也要受到抄家、充军等严厉处罚。③ 在这样的政策之下,出洋者需要三思而后行,因为可能面临着不能回归故土之境地,这影响了南洋的贸易活动,导致贸易船只减少,出洋不便,因此也影响到中国僧人到南洋各地弘法。

---

① 林孝胜在《草创时期的青云亭》一文中提到,法国于1698年首次派遣一个使节团到中国进行商贸活动,弗罗吉(Francois Froger)乃是该使节团成员之一,弗罗吉所著之《第一个法国使节团出使中国的航行日记(1698—1700)》记载了他途经马六甲,并登岸观光,到青云亭内参观,文中提及青云亭的建筑结构、内部装饰以及有三个和尚在亭内佛像前跪拜念经。林孝胜:《草创时期的青云亭》,载柯木林、林孝胜《新华历史与人物研究》,新加坡:南洋学会1986年版,第39—48页。由此可见,在1700年前,就已经有佛教僧人在青云亭内驻锡。另外,马六甲青云亭的《条规簿》亦记载了青云亭耆老在1862年和1901年所议决之和尚佛事礼封条规,足见青云亭应该是历来均有和尚驻锡其内,唯真实情况无资料可查。曾衍盛:《马来西亚最古老庙宇青云亭个案研究》,马六甲:Loh Printinh Press(M)SDN BHD,2011,第128页。
② 傅吾康、陈铁凡编:《马来西亚华文铭刻萃编》(卷一),第245页。
③ 郑莉:《明清时期海外移民的庙宇网络》,《学术月刊》2016年第1期。

槟城于 1786 年开埠后,华人便逐渐涌入。槟城第一座华人庙宇是 1800 年建成的广福宫。① 如同马六甲的青云亭一样,广福宫也不是纯粹的佛寺,但也延请佛教僧侣住持。槟城广福宫在 1824 年重建的碑文里提道:"重建后进一座告成后,载祀列圣像于中,旁筑舍以住僧而整顿之。"② 虽然 1824 年便建舍以住僧整顿,但未曾提及僧人住持广福宫的进一步记载,但可以肯定的是广福宫有僧人住持,并进行整顿广福宫的事务。而槟城有名字记载的首位僧人发现于 1854 年立在海珠屿大伯公庙的一块墓碑上:"开元顺寂沙弥西滨禅师。"③ 虽然这位西滨禅师(生卒年不详)在大伯公庙的身份现无从考证,但是根据槟城以漳州、泉州人居多来分析推论,槟城海珠屿大伯公庙的西滨禅师与前文言及的马六甲宝山亭的昆山法师,应该是来自同一间开元寺,也即泉州开元寺。④

由以上来看,我们可以肯定在马六甲三宝山下的宝山亭,1800 年前后有僧人住持在内;马六甲青云亭 1700 年前便有僧人在内诵经的记载;而槟城广福宫,1824 年以后便有僧人驻锡在内而整顿之。虽然这些华人庙宇主祭观音,但其称号并非纯佛教中的观音菩萨。寄居在这些香火庙的僧人重在主持华人社会的丧葬祭拜仪式,是华人祭祀文化的主持者,并非为弘传佛法而来。他们的生计依托"香资"制度而维持,这种制度也表现出僧人的地位相对较低,并没有管理香火庙的权力。

何为"香资"制度呢?1801 年在宝山亭立的《蔡士章奉献市厝碑》中提到"市厝"一词,即闽南语"市内的屋业";碑文提到"宝

---

① 1795 年马六甲由荷兰殖民者转让给英国东印度公司托管,因此,马六甲的华商、劳工等开始涌入槟城,共同开发槟城。槟城、马六甲的闽粤华族先驱共同建立广福宫,当时马六甲的甲必丹蔡士章捐建广福宫的数额居首。
② 傅吾康、陈铁凡编:《马来西亚华文铭刻萃编》(卷二),第 526 页。
③ 傅吾康、陈铁凡编:《马来西亚华文铭刻萃编》(卷二),第 519 页。
④ 陈爱梅、孙源智:《福州寺院的南洋印记——福州佛教与马来亚华人社会关系探析》,载张禹东、庄国土编《华侨华人文献学刊》(第六辑),社会科学文献出版社 2018 年版,第 93 页。

山亭之建，所以奠幽冥而重祭祀者也"，蔡士章捐出自己的一处屋子供宝山亭收"厝税"，也即收房租之意，其目的是维持宝山亭的运作。碑文中也明文规定租金收入的分配法："全年该收厝税，议定贰拾伍文付本亭和尚为香资，贰拾文交逐年炉主祭冢日另设壹席于禄位之前，其余所剩钱额，仍然留存，以防修葺之费。"① 碑文中提及的"香资"便是当时马六甲华人社会为了维持从事祭祀活动的僧人生活而设立的补贴资金。

  一般而言，僧人是依靠信众的供养而维持生计，但是在 1800 年前后的马六甲区域，华人人口仅数百人而已，直到 1817 年，才有 1006 人。② 王琛发分析当时马六甲的华人人口数量后认为，"香资"制度在所处时代是具备合理性的，极适合开拓初期人口稀少的社会，它确保了社会集体能稳定宗教服务者的生活，以便维持群体中每个人都必要又不一定经常需要的宗教服务；只有固定数目或比例的"香资"，才可确保僧人的生活，而不仅仅是依赖微薄而不确定的个人供养或香油钱，此举能让僧人安心驻锡当地。③ 另，根据青云亭的会议部资料显示，在 1912 年 4 月 29 日的会议中提道："议定宝山亭为要依旧例用和尚一名作住持，每月应贴其香油薪金五元。该和尚着常住亭内。"④ 可见，到了 20 世纪初，宝山亭延请僧人住持的方式也还是

---

① 傅吾康、陈铁凡编：《马来西亚华文铭刻萃编》（卷一），第 273 页。
② 马六甲华人人口数据分布如下：1829 年 4797 人，1842 年 6882 人，1852 年 10680 人，1860 年 10039 人。许云樵：《中华民族拓殖马来半岛考》，载《雪兰莪中华大会堂庆祝五十四周年纪念特刊》，吉隆坡：生活印刷有限公司 1977 年版，第 533 页。从马六甲人口增加来看，1842 年到 1852 年增长最多，这与中国国内的情势有一定关系，1842 年鸦片战争后，签订了《南京条约》，允许五口通商，中国国内民众生活困难，民不聊生，沿海有条件之居民出洋谋求生活者增加。
③ 王琛发：《换取"香资"度众生——从文物碑铭探讨 18、19 世纪马六甲海峡三市的华僧活动》，《无尽灯》2004 年第 182 期。
④ 参见曾衍盛《马来西亚最古老庙宇青云亭个案研究》，第 57 页。

采取这种香资制度。①

马六甲宝山亭依托"香资"聘请住持僧的做法,也同样在槟城广福宫出现。在1854年时,沃恩(J. D. Vaughan)提到槟城广福宫,"这些负责祭祀的人来自福建,他们接受乐捐,他们在每场葬礼中收取一元,对在广场上进行的每场表演也收取一元"②。从这些文字里我们可以看到,当时的广福宫僧人主要在华人社会从事祈福法会及为亡人送葬仪式等。虽然记录中并没有明确说明这些僧人也是以"香资"形式度日,但马六甲和槟城当时同属英国殖民地,随着1786年槟城的开埠,马六甲地区的华人也涌入槟城,再加之捐款修建广福宫的蔡士章,已经在马六甲捐助房租以支持施行香资方式请僧人住持宝山亭,因此,这种香资制度也被延续到槟城广福宫,是具有合理性的。

由此可见,19世纪初中国汉传佛教僧人前来马来西亚住持民间香火庙,无论是马六甲的宝山亭,抑或是槟城的广福宫,虽然有僧人在内驻锡,但僧人属于寄居者,并没有管理权,仅是为华人社会主持祭祀仪式、从事经忏佛事等活动,他们的生活以"香资"制度而维持。这些中国僧人也就弱化了传扬佛法以及在当地讲经说法的重要职能,因此谈不上在马来西亚传扬汉传佛教。

依据沃恩的观察来进一步分析,沃恩在其著作中提及他和友人到华

---

① 至于青云亭在19世纪是否也是以"香资"制度方式延请僧侣驻锡,虽然现在没有具体的文字材料来证明,但是我们可以做出合理的推断,同时代、同地区且同为蔡士章所领导的两个亭,应该是沿用同一套制度体系。在1826年的《李士坚配享木牌文》中提道:"拨出厝一座,将近年所收厝税,抽出呷钱以供壹年祭费,所剩若干,交逐年炉主收存,以为修举之资。"傅吾康、陈铁凡编:《马来西亚华文铭刻萃编》(卷一),第241页。在《李士坚配享木牌文》中虽然未提及僧人驻锡青云亭,但至少已经说明青云亭与宝山亭的运作管理制度类似。
② J. D. Vaughan, *The Manner and Custom of the Chinese of the Straits Settlements*, Singapore: The Mission Press, 1879, p. 58. 原文如下: The priests attached to the temple, as in Singapore, are natives of Fuhkien and are paid by voluntary subscriptions; they also receive a dollar for each funeral they attend and a dollar for each theatrical exhibition facing the building.

人庙宇时,问起一些庙宇内的僧人念了成千上万遍的经文的意思时,这些僧人也不明白是什么意思;另外,他也提及一些当地人对佛教的认识,一位峇峇(Baba)①说:

> 他向来都是到这庙里祭拜,他知道神是印度教的神,僧人们只吃蔬菜,不吃肉,而又立誓单身。但是他不知道这个宗教意味着什么,他也无法说出庙里的天后或其他神明的更多情况。他过节来此,点燃香炉,烧掉祭祀用品,向神像致敬,然后欢喜地离开。他相信灵魂的轮回,以及相信邪恶的做坏事的人会以畜生形态现于人间。②

可见,前来庙里祭拜的信徒缺乏对佛教的认识,也从侧面显示了这些从中国而来的在庙里驻锡的僧人,重点是为华人社会主持祭祀仪式,鲜少演说佛法义理。

依托"香资"制度为生的僧人,并没有起到传播佛法的作用,他们是主持祭祀仪式的受雇用者,寄居在香火庙而已,并没有所有权。僧人的被雇用关系,也面临着被责罚或解聘的可能。1874年马六甲青云

---

① 陈志明的研究指出:一般来说,文化上受到马来人或者其他非华人族群影响的华人为"峇峇"(Baba)、"娘惹"(Nyonya),又称"海峡华人"或"海峡出生的华人",男性称为峇峇,女性称为娘惹。陈志明:《海峡殖民地的华人——峇峇华人的社会与文化》,载林水檺、骆静山合编《马来西亚华人史》,吉隆坡:马来西亚留台校友会联合总会1984年版,第167—169页。
② J. D. Vaughan, *The Manner and Custom of the Chinese of the Straits Settlements*, Singapore: The Mission Press, 1879, pp. 54 – 55. 原文如下:The baba said he had visited this temple all his life; he knew the Gods were Hindu, and that the priests eat only vegetables; no flesh could they eat; and they were sworn to celibacy but what the religion meant he knew not. Nor could he tell more about the Queen of Heaven in the big temple and the other gods there. He visited the place on festivals; lit his incense sticks, burnt sacrificial paper, made his obeisance to the idols and went his way rejoicing. He fully believed in the transmigration of souls, and the return of the wicked to the earth in the shape of animals.

亭的《甲国青云亭规簿》提到"若遇和尚及亭内之伴，或有不宜之事，或仰何务，当责则责，当嫌则嫌"的条文。① 早在 1836 年新加坡恒山亭为僧人所制定的《恒山亭重立规约五条》第四条规约里就有相应的规定约束。② 从这些条规中不难看出，在"香资"制度下所聘请或雇用的僧人，仅是为华人社会主持祭祀文化仪式的一种工作人员，并未能担纲弘传佛法、续佛慧命之责任。僧人犹如庙宇所聘请的"打工者"一般，庙宇的管理层也会对僧人的行为进行干预。③ 僧人行为不符合要求，就会被"解聘"。

因受聘驻锡槟城广福宫的僧人行为受到非议，管理层决定辞退这些僧人，由此辞退旧僧而寻找聘请新僧入住之契机，为中国汉传佛教正式奠基马来西亚创下了条件。

---

① 王琛发：《换取"香资"度众生——从文物碑铭探讨 18、19 世纪马六甲海峡三市的华僧活动》，《无尽灯》2004 年第 182 期。
② 新加坡《恒山亭重立规约五条》中第四条规定："凡清明节、七月普度、中秋佳节，一概不许闲人在亭内及亭外左右私设宝场，以乱规模，倘有不遵者请褒黎、大狗、吗礁来，挪交褒黎主责罚，又不许亭内和尚设卖鸦片烟，并不许在亭边左右设卖鸦片烟馆。如有妄行不遵者被众查知，将和尚革出，将烟馆拆毁决不容恕。"陈荆和、陈育崧编：《新加坡华文碑铭集录》，香港中文大学出版社 1972 年版，第 225 页。由此可见，第四条规约严禁私设赌场和贩卖鸦片等非法活动，若有不遵从者，当请"褒黎"（英语音译"Police"）、"大狗"（闽南语俗称"警长"）、"吗礁"（马来语"警察"Mata-Mata 音译）前来逮捕，挪交给褒黎主（警察首长）责罚；而住持和尚若也违禁犯法，则公议革除。许源泰、丁荷生、严滢伟、薛逸然：《新加坡华族义山研究——以福建义山恒山亭的开山和维持模式为例》，《南洋学报》第七十三卷。
③ 释明贤就指出：在清朝，马来亚的华人一度被朝廷视为化外之民，早期南下的僧人们一方面要冒着海禁与客死他乡的危险，一方面马六甲地区当时华人不多，出家人无寺庙可住只好栖居义冢，也可满足民众度死超生的需求。这种寄居义冢香火庙、赖香资为生的生活打破了僧人们丛林生活的传统，既不能有效促进佛教弘法的展开，也不利于出家人自身修行的继续。若无定慧，难免会随波逐流，而乡绅管理香火庙、以香资供养僧人的规制，又为僧人的生存增加了无数被动杂染、卷入尘俗乃至有损佛门形象的可能性。释明贤：《虚云老和尚三下南洋对汉传佛教南下有何影响?》，凤凰网佛教，2016 年 4 月 12 日，https://fo.ifeng.com/a/20160412/41593174_0.shtml，2020 年 7 月 9 日访问。

三 僧人的募化：马来西亚华社支持中国汉传佛教发展

在 19 世纪 80 年代，因为驻锡广福宫中的一些僧人"行为不当，不能守志奉道"，而受到公众人士的非议；殖民政府因此在 1887 年委任二十名商绅，包括胡泰兴（1825—?）、许武安（1825—1905）、邱天德（1826—1891）、许森美（生卒年不详）和谢德顺（生卒年不详）等为值年董事，全权负责庙务，以及甄选适当的人选担任住持和尚。① 英殖民政府都插手广福宫事务，可见当时的"公众人士的非议"颇为严重，也显示出驻锡在广福宫的僧人是处于"雇用"从属地位，并没有过多的自主权。诚然，那个时期来马来西亚驻锡的中国僧人也因为个人学识颇低，甚至行为不当，且有只会念经但不懂经文、教义的现象。这也是那个时候中国汉传佛教界普遍存在的问题，即佛教为"死人的佛教"或"经忏的佛教"。②

英殖民政府插手处理槟城广福宫事务后，便于 1887 年委任二十名商绅董事，而这批人便礼聘来槟城募化的福州鼓山涌泉寺住持妙莲法师（1844—1907）驻锡广福宫，此举奠定了中国汉传佛教在马来西亚发展的起点。《槟城鹤山极乐寺志》卷二《妙莲和尚传》里记载：

> 乙酉（按：1885 年）托钵南洋群岛回山重修法堂，又修龟山崇熙寺。丁亥（按：1887 年）复南渡槟榔屿，则已声华丕显，护法云兴，诸侨绅特请之住持广福宫。即屿之香火庙也，征其岁供为公费焉。③

---

① 释开谛编：《南游云水情：佛教大德弘化星马记事》，槟城：宝誉堂教育推广中心 2010 年版，第 68 页。
② 正因为中国佛教如此，也就由此而出现了太虚大师等人主张的佛教改革，力图将"死人的佛教"进行改变，将"人生的佛教"进行发扬。
③ 释宝慈：《槟城鹤山极乐寺志》，槟城：槟城极乐寺 1923 年版，第 21 页。

妙莲法师曾在1885年偕鼓山涌泉寺监院宝森法师（生卒年不详）等六人到南洋群岛募化，① 以重修鼓山涌泉寺法堂及崇熙寺。②

和妙莲法师一样，也有多位中国僧人到南洋各地募化。此处仅列举部分，以说明中国僧人出洋募化维修中国寺庙的现象是较为常见的，尤其是福建地区寺庙里的僧人，槟城是其重要的一个募化站点。

比妙莲法师更早前往南洋募化的是怡山西禅寺的监院微妙法师（？—1891？），他前往新加坡、马来西亚、缅甸、菲律宾、泰国等地募款，依靠启建佛坛念经或讲经弘法等活动，募得巨款回中国而重建怡山西禅寺。③ 根据《西禅小记》卷三《第五十三代微妙耀源禅师》记载，微妙法师：

> 尝在鼓山涌泉寺执苦行十年，严寒酷暑，帐被俱无。同治季年复至怡山。……嗣奉旨着自备工料，向柏林寺恭刷全经，禅师苦无费，遂挈二徒至海上募化。丁丑奉经回闽。既得藏经，复谋建阁以贮。乡人陈公宝琛左右之台湾巡抚刘铭传，请建坛礼佛，暹罗许总督，及槟榔屿、小吕宋巨商，先后请建设道场。有验，遂大喜舍。募金既多，重建怡山大殿、藏经阁、法堂、天王殿及各堂庑楼阁，焕然一新。师曾礼四大名山，并赴暹罗、印度、缅甸、马来等地，朝参真谛。……旋就日哩华侨之聘。辛卯七月二

---

① 《鹤山极乐寺志》卷七《极乐寺缘起述略》记载："以鼓山方丈募捐法堂，偕监院宝森等六人，杖锡南游托钵，槟屿人既纯诚。"释宝慈：《槟城鹤山极乐寺志》，第83页。
② 虽然槟城也是鼓山涌泉寺在南洋募化的重要据点，但鼓山涌泉寺中落款为槟城人士的楹联并不多，但有为数不少的楹联是由槟城极乐寺诸僧所捐赠。这或许与涌泉寺妙莲法师较早在槟城兴建极乐寺有关。陈爱梅、孙源智：《福州寺院的南洋印记——福州佛教与马来亚华人社会关系探析》，载张禹东、庄国土编《华侨华人文献学刊》（第六辑），第107页。
③ 苏庆华：《独立前华人宗教》，载林水檺、何启良、何国忠、赖观福合编《马来西亚华人史新编》（第三册），吉隆坡：马来西亚中华大会堂总会1998年版，第434页。

十日,圆寂槟岛,徒辈奉骨还山,葬于本山寺后。微妙和尚薙度派字:妙慧光辉亮参禅,雄震善缘乘宝莲,精进勤修愿力大,祥云瑞庆志和成。①

怡山西禅寺内现存两块题写南洋助缘芳名的石碑及其他楹联题刻,都显示了微妙法师在南洋募化时有诸多来自槟城的捐款者。两块芳名碑是微妙法师往南洋募化归来后所立,内容应是分不同时间多次镌刻,碑文出现的时间包括光绪甲申年(1884)及光绪丙戌年(1886),其中以来自槟城的绅商人数最多。② 因此,论者认为微妙法师抵达槟城后,可能在新建立的峇都眼东公冢服务,结识了当时在该公冢担任董事或出资的侨领,并且向他们募化,以资助西禅寺的修建。③

再如,喜参法师(1848—1911)1895 年住持厦门南普陀寺,鉴于"宗风寥落,殿宇荒凉","力谋恢复殿宇、宗风丕振",④ 因此在光绪末年偕转解法师(生卒年不详)前往新、马募化,其目的是募资修建南普陀寺。⑤《厦门佛教志》卷之四第十四章《僧伽传》民国篇中的"释转初"部分记载:"光绪末年,转初为募资重修岩寺殿堂,

---

① 释证亮编:《西禅小记》,广陵书社 1942 年版,第 16 页。
② 包括辜洪德、辜上达、李丕俊、李丕耀、李丕渊、胡泰兴、李振传、邱天德、邱允恭、谢德顺、胡甘氏、蔡有邦、蔡有格等人。陈爱梅、孙源智:《福州寺院的南洋印记——福州佛教与马来亚华人社会关系探析》,载张禹东、庄国土编《华侨华人文献学刊》(第六辑),第 97—106 页。
③ 陈爱梅、孙源智:《福州寺院的南洋印记——福州佛教与马来亚华人社会关系探析》,载张禹东、庄国土编《华侨华人文献学刊》(第六辑),第 101 页。
④《喜参老和尚塔铭并序》,《南普陀寺—寺志》(第七章 文物史迹),南普陀,2020 年 7 月 14 日,阅自:http://nanputuo.com/temple/NptSiZhi.aspx?channel_id=44&articleid=221。
⑤《雪峰寺志续编》载:释转解出家南安雪峰寺后,"越年,鹭岛南普陀喜参和尚传戒,公(按:释转解)径往受具……参老(按:释喜参)南游星、马,公与焉……"参见《转解老和尚事略》,收录于蒋严慧辑《雪峰寺志续编》。

往南洋星、马募化,得到南洋诸善信支持,归建雪峰大殿及东西楼。又重修慧泉寺、太湖岩、古玄洞、石室岩等寺宇。"① 转初法师(1871—1921)也是到新加坡、马来西亚等地募款回中国修建寺院。后来驻锡马六甲青云亭的平章法师(?—1916),为修复龟洋福清寺,于清末多次前往新加坡、马来西亚募化。② 云果法师(1882—1914)于1906年东渡台湾,南泛星洲、泗水、菲律宾募集巨金,修复泉州承天寺大雄宝殿及僧寮、库房、功德楼等。③ 虚云法师(1840—1959)前往槟城三次,分别是1905年、1907年、1908年;第三次是由泰国往槟城募化鸡足山建设经费,当时在极乐寺宣讲《大乘起信论》及《普贤行愿品》,听经者颇多,也使得极乐寺成了当时槟城的佛教弘化讲经重地。④

这些前往马来西亚等地募款的僧人,在外时间长短不一,绝大多数是周游好几个地区。虽然他们比依靠"香资"制度为生的僧人要利于佛法之传播,在募化过程中,为了吸引信众而达到募款之目的,会举办一些讲经说法、启建佛坛念经等活动,但他们的目的并非到南洋传播佛法。这些募化的僧人,大都是佛寺的住持或监院等,素养普遍较高,同时华人社会也出于"修福"及"做功德"的角度,给予募化僧人以积极回应。这表明华人社会较为注重"修福"而忽略"修慧",也展现了华人社会对中国汉传佛教发展的支持。

从早期马六甲宝山亭的昆山法师及槟城海珠屿大伯公庙的西滨禅师

---

① 《释转初》,厦门地方志,2020年7月15日,阅自:http://www.fzb.xm.gov.cn/zyz/xmfjz/。
② 杨美煊:《龟洋古刹》,海潮摄影艺术出版社1993年版,第73—74页。
③ 尤智生:《月台开士录》,载曾栋、王建设编《泉州承天寺重兴录》,泉州承天寺1993年版,第13页。
④ 姜联招:《汉传佛教高僧对槟榔屿人文建设之贡献——以妙莲、竺摩为主的探索》,载马来西亚佛教研究学会编《第二届马来西亚佛教国际研讨会论文集》,吉隆坡:马来西亚佛教研究学会2011年版,第34页。

等人，到 19 世纪下半叶的微妙法师、妙莲法师等人，他们都是来自福建地域的佛教寺院。可以从三个角度去理解为何福建佛教界僧侣较多下南洋募款。

其一是有募化市场。中国福建早早就与东南亚诸国发生了交往联系与航海贸易。东南亚地域有福建人定居，其中也包括马来西亚。泉州、漳州、厦门等港口相继兴盛，使福建人出海有交通之方便。鸦片战争后，中国沿海一带依靠自给自足的农民大多破产，太平天国运动、土匪骚扰械斗等，迫使大批福建人迁徙东南亚一带，形成了一波移民浪潮。因此，福建社群人数众多，僧人有募化的对象。

其二是语言无障碍。福建僧侣前往福建社区募化，语言上没有多大障碍，虽然福建各个地区的方言也不尽相同，但总会有对应的方言群体存在。这些僧侣前来募化也会辅助以做佛事、念经等，以满足捐助者的需求。

其三是福建地区的佛教向来较为兴盛，佛寺、僧侣也较多。诚如蕙庭法师（1897—1933）在 1928 年时说的那样："厦门寺庙不下十余所，僧人甚稀，且多散居南洋各处"；"泉州寺庙较二地（按：厦门、漳州）为多，僧侣亦甚寥落，且多散居南洋各地"。[①] 开谛法师在《南游云水情（续篇）——佛教大德弘化星马记事》中整理出了马来西亚汉传佛教在中国大陆的 19 座祖亭，除普陀山福泉庵这一座在浙江省外，其余 18 座[②]均在福建省。因此，整体上来看，福建地区的僧侣出洋募化者居

---

① 释蕙庭：《闽南佛化新气象》，载黄夏年编《民国佛教期刊文献集成》（补编）（第 139 卷），中国书店出版社 2008 年版，第 363—366 页。
② 分别是：福州鼓山涌泉寺、莆田梅峰光孝寺、莆田南山广化寺、雪峰崇圣禅寺、南安杨梅山雪峰禅寺、塔斗山会元禅寺、福州怡山西禅寺、福州开元寺、象峰崇福寺、龟山福清寺、囊山慈寿寺、江口鼓峰涌源寺、福州瑞峰林阳寺、厦门南普陀寺、厦门虎溪岩寺、南山崇福寺、泉州承天寺、泉州崇福寺。释开谛编：《南游云水情（续篇）——佛教大德弘化星马记事》，槟城：宝誉堂教育推广中心 2013 年版，第 8 页。

多,在海外建寺的也多,这也就使得对马来西亚汉传佛教发展影响较大者也以福建籍居多。①

四 僧人的留居:汉传佛教在马来西亚扎根

出洋募化的僧人中,有人受到当地社会侨领乡绅的拥戴,于是成就了僧人在当地建立汉传佛寺。妙莲法师在槟城创建极乐寺,便是中国僧人在马来西亚建立正规汉传佛寺且受到中国清政府承认与嘉许的最早例子。②

槟城广福宫因为原有驻锡僧人受到非议,在英殖民政府的干预下而将之辞退,妙莲法师1887年再次前来槟城时,便受到了槟城侨绅的延请而住持广福宫。

前清丁亥岁(按:1887年),妙莲禅师再渡槟城,侨绅邱天德、胡泰兴、林花鐕、周兴扬诸公因请之住持广福宫香火,而责以

---

① 马来西亚拉曼大学中华研究中心于2014年11月出版的《马来西亚华人人物志》(共四册),该书收录从17世纪至20世纪末的马来(西)亚人物。其中宗教篇中收录有16人,佛教僧尼一共有9位。这9位出家众中,福建僧尼占了7位,占78%。大部分的佛教僧尼是在20世纪中叶以后才开始在马来西亚活动,他们所以被收录在人物志传记里,正因为这些僧尼都是对马来西亚社会产生过贡献及一定的影响,并不局限在佛教界。黄文斌:《福建僧尼对马来(西)亚汉传佛教及文教的贡献——以〈马来西亚华人人物志〉为案例研究》,2015年金门太武山海印寺暨东南佛教国际学术研讨会论文,金门,2015年6月,第1—3页。

② 杜忠全曾在讲座中指出微嘉法师1895年便在马来西亚怡保的广福岩出家,并且在广福岩的客堂上1908年的牌匾中和1910年在福建莆田市梅峰光孝寺所立的碑文中均有微嘉法师的名字,通过这些田野考察得来的文献资料,杜忠全推论出虽然极乐寺是马来西亚的第一个官寺,但是这并不能代表其就是马来西亚汉传佛教的起源。也就是说杜忠全的研究将马来西亚汉传佛教的起源推得比极乐寺更早。《讲座回顾:传承与信仰论坛》,马来亚大学中文系,http://www.umchinesestudies.org.my/%E5%9B%9E%E9%A1%BE-%E4%BC%A0%E6%89%BF%E4%B8%8E%E4%BF%A1%E4%BB%B0-20191207/,2019年12月17日。因此,虽然杜忠全的研究将马来西亚汉传佛教的起源推到极乐寺之前,但极乐寺是第一座受到中国清政府认可的汉传佛寺之地位仍是不可动摇的。

从僧人的寄居、募化到留居：汉传佛教在马来西亚扎根

二千余金之岁供，名曰宝烛偈，是为鼓山僧住持广福宫之始。①

虽然妙莲法师在 1887 年便受到槟城侨绅的邀请来住持广福宫，但却是在 1888 年秋②才因辞去旧僧而正式入住。

妙莲法师驻锡广福宫并不是采取之前的"香资"制度，而是一种称为"宝烛偈"（或谓"香烛偈"）的制度，即妙莲法师以"二千余金"的岁供费用承包广福宫香火，由其管理该庙事务。妙莲法师驻锡广福宫，是鼓山涌泉寺僧人住持广福宫的开始，后来一直持续到 1920 年 7 月③；这也是福建鼓山涌泉寺法脉开始在马来西亚弘化的开始。在妙莲法师的住持下，广福宫的主要业务并未出现多大转变，仍是为华人社会提供"佛事"服务，但其地位与前靠"香资"为生的僧人相比，已经具有了一定自主权。妙莲法师在住持期间，接触到槟城的侨领乡绅，为其后续在槟城的进一步发展，推动汉传佛教正式在马来西亚落地打下了坚实的基础。

妙莲法师在驻锡期间，有感于广福宫对出家人弘法修行多有障碍，广福宫"居屿市，地狭人嚣，苟非动静一如之士便生挂碍"，妙莲法师"苦之，于是蜡屐选胜，杖策寻幽"，遂于亚逸淡山中寻得极乐寺地址。④ 妙莲法师驻锡广福宫三年后，在槟城华人商贾的协助下，于 1891 年开建马来西亚第一座正规且被清政府认可的汉传佛教寺院——极乐

---

① 释宝慈：《槟城鹤山极乐寺志》，第 109—110 页。
② 《槟城鹤山极乐寺志》卷七《极乐寺缘起述略》记载："戊子年（按：1888 年）秋，即辞去广福宫旧僧而请师住持焉。广福宫者屿之公庙也，其香烛由师等售卖，每年责以缴款二千余金，名曰'香烛偈'，且限住僧十二人，足应侨人两家佛事之请而已云。"释宝慈：《槟城鹤山极乐寺志》，第 84 页。可知，妙莲法师是 1888 年秋才正式驻锡广福宫。
③ 《鹤山极乐寺志》卷八《辞住广福宫原因》载："民国八年，广福绅董有另投宝烛偈，视价低昂为去取之议。惟时适欧战将终，世况日蹙，而本寺之佛教公司，又经营方亟猬务繁充。其住持僧本忠、善庆，既分身不暇，亦雅不欲争此蝇头。惟奈廿余年来之手续，仍多未了，故当日特自声明，再住一年至九年七月，乃函辞诸绅董，请派人接管而退事焉。"释宝慈：《槟城鹤山极乐寺志》，第 110 页。
④ 释宝慈：《槟城鹤山极乐寺志》，第 84 页。

寺。而当时护持妙莲法师开建极乐寺的五大护法有：张振勋（1841—1916）、张煜南（1851—1911）、谢荣光（1848—1916）、郑嗣文（1821—1901）及戴春荣（1849—1919）。① 五大护法之一的张振勋（弼士），其商业雄于荷兰属的苏门答腊各埠，更辟地种植，槟榔屿、新加坡、马来半岛各埠、香港、上海、天津等处，莫不有其商业；他以商而仕，历任清朝驻槟城领事官、驻新加坡总领事官，由太仆寺卿晋秩工部侍郎，可谓是财力及社会地位均颇高。② 有了这些财力颇丰人士的支持，可以协助解决建寺的经费问题。

妙莲法师在筹建极乐寺的同时，按照"宝烛偈"制度管理广福宫事务，并让鼓山涌泉寺的本忠法师（1866—1936）、得如法师（1855—1902）前来协助。妙莲法师等僧人在广福宫为华人社会服务，进一步扩大了影响群体，累积了社会声誉，结交了社会乡绅，为其开建极乐寺提供社会支持。③

妙莲法师自鼓山涌泉寺而来，协助其管理广福宫、筹建极乐寺的本忠法师、得如法师、善庆法师（1860？—1921）等也都来自鼓山涌泉寺，因此极乐寺言明：

> 本寺渊源鼓山，则凡任鼓山方丈者，即遥为兼任本寺住持。至现居本寺之职事人，数僧众，俱系由鼓山分发而来。嗣后鼓山拟举方丈，其所举者，无论举鼓、举屿之职事人，均当先期函达本寺。

---

① 释宝慈：《槟城鹤山极乐寺志》，第84页。
② 释宝慈：《槟城鹤山极乐寺志》，第87页。关于这五大护法的情况，可参考《槟城鹤山极乐寺志》第87—92页之《五大总理传略》。
③ 根据《极乐寺志》卷七《助创本寺芳名录及建筑费》记载，捐助极乐寺的情况如下：张振勋：三万五千元；张煜南：一万元；张鸿南：七千元；郑嗣文：六千元；谢荣光：七千元；戴春荣：三千元；陈西祥：五千五百元；刘金榜：四千元；颜五美：三千元；邱汉阳：三千元；饶喜娘：三千元；陈西村：二千五百元。捐款金额在1000—2000间者有60人。可以看出，极乐寺的创建，获得了很多社会贤达人士之支持。释宝慈：《槟城鹤山极乐寺志》，第101—102页。

由众商妥，乃可实行，庶能志同道合，融两常住如一也。①

中国鼓山涌泉寺与马来西亚槟城极乐寺，是"融两常住如一也"，极乐寺也就成了涌泉寺的海外下院。也正是有了这层关系，妙莲法师1904年北上京师时，一次请得两部《龙藏》，一部就供在槟城极乐寺，这是妙莲法师为极乐寺向清政府取得海外官寺的地位。② 同时光绪皇帝（1871—1908）御书"大雄宝殿"及慈禧太后（1835—1908）御书"海天佛地"之匾额颁给极乐寺，《龙藏》及匾额至今仍在。极乐寺获得如此殊荣，显示出清政府承认极乐寺的地位，极乐寺因此带有官方意味。

在弘法讲经方面，根据所见的有限资料，未曾发现妙莲法师在广福宫和极乐寺有讲经说法的记载。妙莲法师一方面要领导鼓山僧众管理广福宫的法事，另一方面需要募款兴建极乐寺，同时也是中国鼓山涌泉寺方丈。在此种情况之下，欲进行系统讲经弘法，显得颇为困难。所以，妙莲法师在近代佛教史上对建寺安僧的贡献颇大于对佛法义理的研究和弘传。但在妙莲法师的直接或间接影响下，从20世纪初开始，马来西亚华人社会有了讲经说法之弘法会，而开始注重于传扬佛法。

极乐寺不同于早期的华人信仰庙宇，与青云亭、广福宫等独栋建筑物不同，而是按照中国禅宗丛林寺院的建筑格局来规划建设，整个建筑群落工程浩大，因此，前后历时十五年才建筑完成。极乐寺的建成，无论是在马来西亚还是在整个东南亚，皆属首创之举，它让纯粹的汉传佛教道场屹立于南洋。自此之后，中国汉传佛教正式在马来西亚扎根，汉传佛教在马来西亚的发展也进入了新篇章。

除了妙莲法师在槟城侨绅的协助下开建极乐寺这个例子之外，在1907年莆田囊山慈寿寺源智法师（生卒年不详）在马来西亚巴生建设

---

① 释宝慈：《槟城鹤山极乐寺志》，第106页。
② 杜忠全：《妙莲：极乐禅寺开山祖师》，载何启良主编《马来西亚华人人物志》，八打灵：拉曼大学中华研究中心2014年版，第998页。

了观音亭，并以之作为囊山慈寿寺的廨院。① 这是汉传佛教另一法脉前来马来西亚创建寺庙。关于源智法师的进一步资料，比较少见，根据囊山慈寿寺的资料介绍，1908年，源智法师、慧贤法师（生卒年不详）相继筹款兴建了囊山慈寿寺的禅堂、斋堂、库房、客室、钟鼓楼、伽蓝殿、祖师殿、功德堂及左右两廊。② 由此可以推知，源智法师极有可能是1907年或之前便来到马来西亚雪兰莪巴生一带募化，其目的是募款回中国修缮福建莆田囊山慈寿寺，这样的因缘致使其在巴生善信的辅助之下建设了巴生观音亭。③

妙莲法师和源智法师是因从中国直接到马来西亚募化的因缘，在本土善信的协助下而建设佛寺，这是第一种建寺模式，新加坡双林寺④的建立也符合这种模式。早期中国僧人在马来西亚乃至新加坡等海外建寺，还存在着第二种模式，便是先到本土已有的中国佛寺之下院或相关道场，进行弘法与服务工作，待有因缘后再新建佛寺。

第二种建寺模式在马来西亚最早要以极乐寺的善庆法师为代表。协助妙莲法师开山的鼓山涌泉寺僧善庆法师于1904年在雪兰莪古毛建设

---

① 《寺庙创建法师简介》，马来西亚佛教总会，2010年6月14日，http://www.mbahq.my/index.php/2010-06-09-02-42-11/761-2010-06-09-03-06-17.html，2020年7月11日。另外，现今的囊山慈寿寺在海外拥有6个下院，如马来西亚的紫竹亭、观音亭、慈光亭，印度尼西亚的金德院、廖内岛妈祖宫和茂物福德庙等。《囊山慈寿寺（囊山寺）》，莆田文化网，2012年6月3日，http://www.ptwhw.com/?post=1187，2020年11月12日。
② 《囊山慈寿寺（囊山寺）》，莆田文化网，2012年6月3日，http://www.ptwhw.com/?post=1187，2020年11月12日。
③ 有资料显示：巴生观音亭1892年时只是位于巴生南区老街林茂街的一个拜观音的亭子，是当时先民所留下的痕迹，1895年曾经搬到雪州皇室展览厅的位置，1907年，源智法师修建时才再度将其搬到巴生五条路的现址，并获得政府颁发永久地契。具体是否如此，还有待进一步资料的佐证。
④ 在南洋创建纯粹汉传佛教寺院，极乐寺应是最早的，1891年便动工了。与马来西亚毗邻的新加坡，也在1898年开建了第一间纯佛教道场——新加坡双林寺，其由福州怡山西禅寺微妙法师的弟子贤慧法师与性慧法师二人在刘金榜的捐助支持下而创建。双林寺自1898年创建，历时十一载才竣工，成为新加坡最早的汉传佛教寺院。双林寺为怡山西禅寺的廨院，是中国僧人在新加坡创建的寺院，是中国佛教影响新加坡佛教发展的例证。叶钟铃：《刘金榜创建双林禅寺始末》，《亚洲文化》1997年第21期。

观音阁，这可能是雪兰莪古毛的第一座佛教道场。至于善庆法师为什么于1904年建立新的道场？为什么选择在距离槟城极乐寺300公里外的古毛呢？这当中涉及了一些客观机缘及善庆法师本身的主观意愿。客观上是极乐寺工程已近尾声，善庆法师有时间新建其他庙宇；加上当时"有信女叶门李氏，至屿来寺拈香"，邀请僧人前往已经有前殿一所的"观音阁""料理香火"。主观上是善庆法师想寻觅一处奉祀宗亲师长的地方，其个人的这一愿望在极乐寺难以实现。[1] 善庆法师在雪兰莪地区建设"观音阁"，是中国僧人将汉传佛教传入马来西亚的槟城后，开始由槟城散开到马来西亚其他地区的重要开始，而这种先到马来西亚已有的汉传佛寺弘法或驻锡，再借助因缘到其他地区建佛寺的模式，在其后的发展中较为常见，如：极乐寺第二任方丈本忠法师，先在极乐寺服务，而后于1922年在槟城车水路创建观音寺；定光法师（1906—1986）在1926年到马六甲的青云亭，曾出任监院，后于1946年在麻坡正式创建净业寺；伯圆法师（1914—2009）于1947年由鼓山派遣至极乐寺任监院，后于1961年在八打灵再也建湖滨精舍。

无论是鼓山涌泉寺的妙莲法师于1891年开始在槟城修建极乐寺，抑或是莆田囊山慈寿寺的源智法师于1907年在巴生建设观音亭，又或者是善庆法师从槟城而到雪兰莪建设观音阁等，这些从中国来到马来西亚的僧人在马来西亚创建了很多汉传佛教庙宇，在20世纪中叶前后尤为突出。僧人建寺留居而弘法利生，极大地推动了汉传佛教在马来西亚的传扬。

前文我们论述了依托住持香火庙广福宫的妙莲法师，在槟城逐渐建立起中国汉传佛教的正规道场。而同样有僧人驻锡的香火庙马六甲青云亭，其情况却与槟城不同。青云亭在1700年之前，便有僧人在内念经

---

[1] 魏明宽：《汉传佛教在马来亚发展初探——以妙莲、善庆及本忠之佛教活动为中心》，载张禹东、庄国土编《华侨华人文献学刊》（第六辑），第217页。

的记载，在1801年的碑文中有僧人悦成法师出现，因此，可以认定青云亭有僧人驻锡的事实。根据青云亭内一铜钟上之文字记载："马六甲青云亭住持僧转伏敬立，宣统三年岁次辛亥荔月下浣吉置。"这是当时的住持转伏法师（生卒年不详）在1911年所立的钟。可见在1911年之前，青云亭由转伏法师或其同系法脉僧人住持。真正依托青云亭而对马来西亚佛教发展具有推动力的是中国龟山福清禅寺的僧人。1911年前便驻锡青云亭的转伏法师并非龟山福清禅寺法脉，① 李维国考察认为转伏法师是来自福建南安杨梅山雪峰禅寺。② 转伏法师在住持青云亭期间，因为一些纠纷③而在1916年被辞退，便由龟山福清禅寺的平章法师继任。平章法师是首位住持青云亭的龟山福清禅寺僧人。然而他住持十一个月后便圆寂，后续的香林法师及其弟子们，才真正逐步在马六甲乃至在马来西亚其他地区推动了汉传佛教的传播。

五 结论

明清之际，不断有中国人到东南亚等地经商或定居，这些移民也将自身的信仰文化、祭祀文化等带到暂居地或长居地，建立起带有儒释道信仰成分在内的民间信仰场所。虽然并非纯佛教，但多是延请汉传佛教僧人负责华人社会的祭祀、丧葬仪式等。马六甲三宝山下宝山亭中的碑文是马来西亚最早有中国僧人名字出现的记载。当时的僧人是依托领取

---

① 因其法名并非列入近代重兴龟山寺历代祖师名单内。
② 李维国：《全马最古老华人寺庙——马六甲青云亭》，《福报》2001年5/6月刊。
③ 青云亭的会议记录《公仪部》1915年10月30日记载："曾清秀君宣布转伏师曾于九月初一日在本亭内与其手下和尚口角，并已代伊为之调停，免至公堂争讼云云"；又1916年1月23日记载："本亭主席昨日承接政务司大人来英字示为训勉，即指点众职员宜将现时之住持僧辞退，另请别为僧人做本亭住持云云。……转伏僧所生种种事端不得确实证明，惟□□内人及外人屡生事端，况且今被政务司大人见疑，爰众职员正欲使转伏师自行告退。……众职员议决着将本亭住持之任交过平章师暂行代理。准其于二月初一算起，方得本亭之一切。"曾衍盛：《马来西亚最古老庙宇青云亭个案研究》，第131—132页。

"工资"样式的"香资"制度而生存，僧人寄居于香火庙，并没有过多的权力，也难以达到在马来西亚弘扬佛法的功能，仅限于念经超度，对于佛法义理的讲解则几乎没有。1800年建成的槟城广福宫，也是如此。

随着中国鸦片战争的失败，以及后来的太平天国运动等因素，当时国内民众生活困难，而英殖民政府在马来半岛的开发，需要大量劳工，因此，促成了诸多福建、广东等沿海地区的居民"冒险"外出谋生，槟城、马六甲、新加坡等地便是其重要的落脚点。华人社会逐渐形成，经济能力提升，吸引了中国僧人前来东南亚的华人社会中募款，其目的是回中国修缮佛寺。怡山西禅寺的微妙法师便是其中的重要代表，而比微妙法师迟一点到槟城募化的妙莲法师，也因募化因缘而受到槟城乡绅拥戴，先通过"宝烛偈"制度而管理广福宫事务，三年后的1891年便开始创建马来西亚第一座正规的汉传佛教道场，也受到中国清政府的肯定，极乐寺也因此带有官寺的意味。自此，中国汉传佛教才真正在马来西亚扎根。

总之，早期僧人前来马来西亚寄居在民间香火庙，作为华人祭祀文化的主持者，并没有传播佛法；19世纪华人社会逐渐形成，中国僧人为修缮中国佛寺而来马来西亚募化，也由此因缘，促成了僧人受到拥戴而留居在马来西亚开建正规汉传佛寺，中国汉传佛教也正式在此地扎根。而中国僧人从"寄人篱下"主持祭祀仪式，到因募化结缘而建正规汉传佛寺，僧人的身份地位也在逐渐提升，他们在中国汉传佛教在海外的传播中逐渐展现出主动性。

越南福田和尚对明莲池大师"仪轨三文"的继承与发扬

[越] 释圆发（Le The Thuy Hang）

上海大学文学院博士生

摘要：福田和尚是越南 18—19 世纪著名的佛教界领袖，其制定的《放生戒杀文》《小瑜伽施食科》《禅林规约》三部仪轨，均是参考借鉴中国明末莲池大师的著作编撰而成的，有继承又有发扬，可以说是中国佛教在越南本土化的最直接成果。

关键词：莲池大师；福田和尚；放生戒杀；瑜伽施食；禅林规约

一 越南福田和尚生平

福田和尚（1784—1863），越南河内省应和府山明县白衫社中盛村人，俗姓武。世寿 80 岁，僧腊 69 岁，戒腊 61 岁。父亲武进公，字善来，谥贤哲；母亲黎氏烂，号妙灿。他在家排行老二，俗名"善祥"。福田和尚生于农民大起义的西山战乱时代，长在后阮初期（越南最后一个封建王朝），有着"贬西赞阮"的历史情感，其所经四朝，正是越

---

* 本文是 2019 年度国家社科基金重大项目"'一带一路'佛教交流史"（项目编号：19ZDA239）的中期成果之一。

南国家和佛教稳定发展、繁荣的时代。也正是在这一时代，福田和尚作为越南佛教界的领袖，深深地得到历代朝廷的赏识和信任。

福田和尚有三个法名，三个尊号。12岁，他跟从河内省常信府青池县盛烈社大悲寺圆光海潜禅师出家，得法号"密因"。15岁，随河内省常信府青池县南畲社福椿寺慈风海炯禅师学习，受沙弥戒，得法号"寂寂"。20岁，至北宁省慈山府山岸县扶宁社法云寺从慈光寂讲禅师受具足戒。"安禅"法号则可能是其承接临济宗法脉时所得。52岁，在顺化皇城参加僧人考试，被明命帝封为"僧纲"，并赐予戒刀和尊号"福田"。随着其所带领的临济宗莲派禅派丛林日渐壮大，福田和尚又被尊称为"天福和尚"。因其住持蒲山大觉寺，又被尊称为"蒲山长老"。

福田和尚的剃度恩师圆光海潜禅师、沙弥戒恩师慈风海炯禅师、具足戒恩师慈光寂讲禅师，各自的生平和修行事迹都非常精彩。福田的荐度弟子有十余位，都曾弘化一方。他的僧弟子中，著名的有照方禅师、宝莲普禅禅师、通荣禅师、春雷通慧禅师等。其继承临济莲派的尼弟子中，较知名的有清勤比丘尼、金岁比丘尼、金台比丘尼、光景比丘尼。其在家弟子中，对福田和尚弘法支持力度最大的，当属其菩萨戒弟子阮登楷，法名大方。此外，还有许多朝廷重臣和要员邀请福田和尚亲至其府邸或者官营，为他们传授三皈五戒乃至菩萨戒，这些人大多精进修行，虔诚供养，成为后阮佛儒融合的官方代表，促使民间百姓对佛教更加崇信。

福田和尚一生建造的寺庙众多，最重要的有六所，分别是蒲山社大觉禅寺、嘉瑞社福林禅寺、富儿社大光禅寺、中瑞社黄云禅寺、莲池海会寺和报天坊报天寺，分布在三个省份：河内省、山西省、北宁省，每个省均有两所。其中，蒲山寺和莲宗寺是最重要的两个道场，蒲山寺最早重建，莲宗寺则规模最大。

福田和尚是临济传人，自幼便成长于越南北部"拙公禅派""莲宗禅派"门下，与两派都有着非常深厚的关系，不仅本人师承两派传人，而且其弟子也在两派中作为法嗣，传承法脉。在他的带领下，源于临济宗"拙公禅派"的"莲派"得到了复兴和发展，成为19世纪上半叶越南北部最有影响力的禅派。

二 对莲池大师仪轨三文的"改汉适越"

放生、超度、禅修，是佛教独具特色的重要修行内容，需要相应的仪轨文书加以规范。福田和尚非常重视明朝莲池大师（袾宏，1535—1615）的著作，将他制定的《戒杀放生文》《瑜伽施食》和《禅林规约》进行了改编和增撰，使其更加适应越南佛教的实际情况。这三个中国原始文本和福田和尚改编的文本都能找到，对之进行比较，一是可非常明确地了解福田和尚的有关思想，二是可从侧面了解那个时代越南佛教的一些情况，三是可以发现明清之际中越佛教交流对于越南佛教带来的利益和影响之大。

（一）中越《放生戒杀文》比较

在笔者收集到的越南汉文古籍中，有两个版本的《放生戒杀文》，一个是内容完整的单行本，另外一个附于《禅林规约》后面，残缺不全，为示区别，前者称为"单行本"，后者称为"附录本"。单行本和附录本中，均在最前面的"略引"结束后，注明是"嗣德五年岁壬子八月望日蒲山寺临济派刀牒福田和尚要略"。嗣德五年，即1852年，福田和尚正当69岁高龄。从单行本最后的功德芳名部分刊印的"嗣德五年拾月初拾日山西省国威府丹凤县安所社阮氏玩号妙莹锓梓"，可知，福田和尚在当年的八月十五日中秋节，便将此本撰写完毕，在当年的十月初十日，以"阮氏玩"（法名"妙莹"）为主的众多功德主便将此文供养刊印。另据此本"河内省莲池海会寺藏板"字样，可知此文之印板，存放于河内省莲池海会寺，不知道现在是否还有存留。

单行本的《放生戒杀文》①是完整的版本，由四个部分组成：（1）略引；（2）放生仪轨；（3）莲池大师戒杀七章；（4）儒家戒杀放生举例。附录本虽有完整的略引和仪轨，但是戒杀七章则从第三章开始缺失。

莲池大师的《戒杀放生文》，则由七部分组成：（1）海虞严讷撰序；（2）戒杀七章；（3）戒杀祝愿；（4）放生文；（5）放生祝愿；（6）附录：钓弋说；（7）书放生卷后。

略引第一段，福田和尚首先指出"戒杀放生"是符合"天道""物类"及"仁道"三方面的。其次，针对现实中的两种情况，即放生之时，"不授三皈，不演教法"或者"略授三皈，而不广称三聚净戒、十二因缘、四谛六度，忏悔发露，拔业神咒等文"，来说明其不足之处在于"不能远离苦趣"，不能"现前拔业，来世超生"。准此可知，福田和尚撰写《放生戒杀文》的动机就是"以便常用"，方便大众平时放生之时使用。促使大众按照仪轨进行放生，让放生不仅能"利一生物命"，还能使得所放生之物、参加放生之人，能够"闻法信受"，"远离苦趣"，进而"现前拔业，来世超生"。

略引的第二段，除了最末句之外，全部直接抄录自莲池袾宏大师的《云栖法汇（选录）》卷14"世梦"条，②这段话同时也深受雍正皇帝喜爱，于1733年编入了《御选语录》中。③

---

① ［越］福田和尚编撰：《放生戒杀文》，汉喃院古籍编号：A1963，第2—3页。
② （明）袾宏说：《云栖法汇（选录）（第12卷—第25卷）》卷14"世梦"条，《嘉兴藏》第33册，第B277号，第70页下。全文如下：古云"处世若大梦"，经云"却来观世间，犹如梦中事"。云"若云如者，不得已而喻言之也"。究极而言，则真梦也，非喻也。人生自少而壮，自壮而老，自老而死，俄而入一胞胎也，俄而出一胞胎也，俄而又入又出之无穷已也。而生不知来，死不知去，蒙蒙然，冥冥然，千生万劫而不自知也。俄而沉地狱，俄而为鬼为畜，为人为天，升而沉，沉而升。皇皇然，忙忙然，千生万劫而不自知也。非真梦乎？古诗云："枕上片时春中，行尽江南数千里。"今被利名牵，往返于万里者，岂必枕上为然也。故知庄生梦蝴蝶，其未梦蝴蝶时，亦梦也。夫子梦周公，其未梦周公时，亦梦也。旷大劫来，无一时一刻而不在梦中也。破尽无明，朗然大觉，曰："天上天下，惟吾独尊。"夫是之谓"梦醒汉"。
③ 《御选语录》卷13，《卍新续藏》第68册，第590页中。

略引的最末一句，是引用的一句古人的话，"也曾天帝殿游行，已向阎王汤鼎沸"，也就是第二段末尾所说的，"俄而沉地狱，俄而为鬼为畜，为人为天，升而沉，沉而升"，这是对众生在六道中轮回不息的一个写照。

"轮回说"，和"缘起论""因果论"是佛教的三大基础教义，不论是"自利"还是"利他"，其最终目的都是要脱离六道轮回，进入涅槃寂静的境界。因此，对轮回的认识和了解，是学佛的初门。只有认识了轮回之苦，才能生起出离心，才会发愿修行，才会发大悲心，行菩萨道，愿一切众生离苦得乐，度一切众生脱离苦海。

1. "放生仪轨"改编版简述

仪轨题为"嗣德五年岁壬子八月望日蒲山寺临济派刀牒福田和尚要略"，福田和尚非常明确地表示，他所撰写的《放生戒杀文》，乃"要略"，即"简略地说明其宗旨"，这也是福田和尚编撰所有仪轨的特点之一。

文第一段："盖闻三界升沉，四生浪荡……今日（禅徒善信）念及汝身，为赎汝命，放归山水，随意遨游。"乃仪轨之开场白，说明因怜悯六道轮回中畜生被困、被杀之苦，有此放生。文第二段，是对畜生道众生之佛性的描述，文中所称动物及其佛性，在各类佛典中皆能找到其故事，下文内容为：（1）皈依三宝，使畜生成为佛弟子，为其种下善根。（2）授三聚净戒，即"菩萨戒"。（3）为畜生"忏悔业障"。（4）为畜生"发四弘誓愿"。此之目的是"现前拔业"。再下文，内容为：（1）称七宝如来名号；（2）六波罗蜜；（3）四圣谛；（4）十二因缘。此之目的是"来世超生"。然而，虽然有内容，但福田和尚却并未详细解说这些内容具体为何，如何思维佛法，仅仅只是名字言说而已。

再下文内容为：（1）一个咒语，虽然没有标出来，估计应该是三遍或者七遍。（2）南无阿弥陀佛，多多益善；（3）拔一切业障根本得生净土陀罗尼,也是俗称的"往生咒",一般三遍;(4)南无生净土菩萨,三称。

中国目前常用的《放生仪轨》,大体是参考宋朝天台宗四明尊者所作之《放生文》改编而来,主要包括:(1)前有洒净仪式,唱《杨枝净水》赞偈。(2)三称"南无大悲观世音菩萨"之后,大众同诵"大悲咒"至少三遍;再诵《心经》一遍,"往生咒"三遍,三称"南无甘露王菩萨摩诃萨"。(3)上述8个基础内容,即三皈、授戒、忏罪、发四弘誓愿、称七宝如来名、六波罗蜜、四圣谛、十二因缘,但都更加详细,不仅称名,还解释其佛教义理。(4)放生咒语,但内容和福田和尚版本的咒语不同,和现代越南佛教界通用的放生咒语也不一样。(5)最后还有"放生发愿",并"回向偈"。

总的来说,福田和尚编撰的《放生仪轨》,最大的特点就是"简略"。究其原因,可能是由于其最根本目的,是使得放生成为日常化的行动,因此将内容减省到不能再减省为止。而且这个仪轨,在没有出家僧人在场的情况下,也完全可以自行举行,大大提高了放生的效率,减少了时间和人员成本。

2. "莲池大师戒杀七章"改编版简述

莲池大师的"戒杀七章",收录于《嘉兴大藏经》(新文丰版)第32册 No. B277《云栖法汇(选录)》(共25卷)之第11卷。福田和尚的《放生戒杀文》的单行本,则几乎完全照搬;但在《禅林规约》后附录的《放生戒杀文》中,则是福田和尚改编过的。通过将大藏经中的内容与福田和尚所摘录的内容相比较,发现福田和尚也并非完全照搬其内容,在主体内容大体不变的情况下,做了节略,并在每章后附加了自己的一个小结。例如:

第一章:生日不宜杀生。比较二者,不难看出,福田和尚之文有四处不同:(1)是日正宜戒杀、持斋、放生。此处增加了"放生"二字,可见福田和尚非常重视放生。(2)"此举世习行而不觉其非,可为痛哭流涕长太息者一也",福田和尚略去了每章中的这句话。(3)章末莲池大师用痛惜的语气对社会上的习气加以批评,并举正反两例进行对比。福田和尚则加以省略。(4)最后用短短的"明者戒杀也"五个字将莲池大师戒杀第一章的主题思想总结了出来,强调了"明智"之心。

第二章:生子不宜杀生。(1)增加"于心过毒",强调"庆我子生,而杀死他子"是非常狠毒的事情。(2)用"造孽"替代莲池大师文中的"造业"。孽,即恶业,更加强调杀生乃"恶业"。(3)福田和尚用"亦太愚痴也"来评价"生子而杀生"的行为,比莲池大师多一个"痴"字,既愚且痴,加强语气。(4)略去"猎户误杀子"的故事。(4)用"爱己子生,当爱他子命,慈爱不杀也"一句,对此章主题内容进行小结,与莲池大师文中"人畜虽殊,爱子之心一也,安可杀欤"相对应。似乎福田和尚的"爱己及人"的说法更切合莲池大师所举之例,强调了"慈爱"之心。

第三章:祭祖先不宜杀生。(1)莲池大师为"祭先不宜杀生",福田和尚增加了"祖",将"先"的内容加以扩大。吴德盛在其《越南的信仰和信仰文化》一书中说:"在越人各种民间信仰中,祖先崇拜是最为普遍和历史最为悠久的一种信仰方式。"[①] 所以,福田和尚此处的改动,可能是顺应越南的民风民俗。(2)"徒增冤业",而莲池大师为"徒增业耳",以"冤"形容"业",增强大众对"杀生以祭"行为不当的认识。(3)增加"当移资买活物放生或作地方善事,以累积阴德,可超度先灵永生,愿大孝之人,不用荤类祭祀也"之内容,明确告诉大众,不宜杀生祭祀,但放生或做善事,是"大孝之人"应当做的。(4)略去了"梁武帝以面为牺牲"的典故和讨论,似乎有回避"祀之必用血"这个古老观念的用意。

---

① 吴德盛:《越南的信仰和信仰文化》,河内:社会科学出版社2001年版,第37页。

第四章：婚礼不宜杀生。（1）福田和尚用"前厅喜事，后厨杀生"来加强"吉日而用凶杀"的对比，用"不吉"的肯定语气，代替了莲池大师"不亦惨乎"的感叹语气。（2）略去莲池大师对"人与畜生俱不思离"的阐述。（3）明确用"故应禁杀，当用素斋宴客为佳也"小结此章大意，较之莲池大师的"信乎婚之不宜杀矣"的感叹，更加明确地提出"素斋宴客"的建议。目前越南全国范围内素斋餐馆遍地皆是，越南国民食素的传统风俗也很浓厚，素斋种类和色香味都非常有特色，应该和古来高僧大德尤其是福田和尚对"素斋宴客"的提倡是分不开的。

第五章：宴客不宜杀生。（1）增加"好意食水甜"五字，估计是越南民间的俗语，意思是如果你诚心诚意与宾朋相处，就是喝水也是甜的，与中国民间的"有情饮水饱"类似。（2）用"有良心者，能不悲乎？"代替莲池大师"有人心者，能不悲乎？"，强调人的"良知之心"，便于理解。（3）此章小结为："为我死者，折吾福，仁智者不食生灵也。"替代莲池大师的"若知盘中之物从砧几冤号中来，则以彼极苦，为我极欢。虽食，食且不下咽矣。可不悲乎！"省略莲池大师"人畜苦乐"之较量，更加直接地打动百姓朴素的求福之心，强调了"虔诚"之心。

第六章：祈神不宜杀生。（1）莲池大师此章题为"祈禳不宜杀生"，改"祈禳"为"祈神"，让百姓更加容易理解文中"杀牲祀神，以祈福佑"之意思。（2）增加"人人爱命，物物贪生"之语，推己及物，明白直接。（3）用"夫正直仁爱者，才可成仙做神"解释"夫正直者为神"之句，能加强对"神其可私乎"的理解，对文化程度较低的越南普通百姓来说，是非常容易理解和接受的。（4）用"造罪神担，神仙不欢"小结莲池大师对"种种淫祀之邪见"的讨论，回避了"本人分定，非鬼神所为"可能引发的争论。（5）最后用"至诚祭拜，当用青菜水果，素品既经济又实诚，神必护庇赐福也"小结此章大意，和前几章一样，强调"素斋"，而且指出"青菜水果"，以及用"至诚"之心来祭拜，必定会感得"神必护庇赐福"的果报。

第七章：营业不宜杀生。（1）增"或畋猎，或渔捕"为"或畋猎飞禽，或渔捕水族"，并增加了屠宰中更加常见的"鸡鸭"两种禽类。（2）用"以杀业成家而子孙昌盛者"解释"以杀昌裕"四字，更加白话。（3）改莲池大师之"种地狱之深因，受来生之恶报"为"杀多者，更种地狱之深罪因，而受来生之恶报"，意在以"少杀"替代"多杀"，以"不杀"替代"少杀"，逐步建立"戒杀"之观念。（4）省略"屠羊卖鳝者"之恶报，估计此二事虽在中国为"近在邻居"之事，但越南未有见闻，故而不提。（5）以"智者不营杀业也"小结此章之内容，替代莲池大师的"我劝世人，若无生计，宁丐食耳。造杀而生，不如忍饥而死也。吁！可不戒哉！"以积极正面的"智者"之行来劝戒杀，取代"忍饥而死"的常人不能理解之行为，似乎对普通老百姓更加具有说服力，强调了"智者"之心。

经过全文对比，福田和尚小结莲池大师的戒杀七章的主题思想，分别为：（1）明者戒杀；（2）慈爱不杀；（3）大孝不杀；（4）婚礼禁杀；（5）仁智者不食生；（6）祈神至诚不杀；（7）智者不营杀业。总的来说，福田和尚的改编，意思明了，内容简洁，对于一般民众来说，是非常容易理解和传诵的。

3. "儒家戒杀放生"改编版简述

福田和尚的这部分内容，则举了很多例子，大体可分为十大类：（1）三部经典之言论：《孔子家语》《孟子》《礼记》。（2）儒家大德之言行：周濂溪、程颐、子产、裴相国（裴休）、田子方、李景文、孙良嗣、潘县令、颜鲁公、张商英、宋郊宋祈兄弟、朱熹、邵康节、真西山、成汤、程明道。（3）帝王之言行：齐宣帝、唐太宗、隋文帝、唐高宗、唐武后、唐肃宗、宋太祖、宋真宗、周穆王。（4）用动物譬喻十二位具体的人或某一类人。(5) 动物与人相互感通, 如福田和尚所谓"知君臣之道"的例子: 唐明皇之马、昭宗之猴、宋少帝之白 (困鸟)。(6) 动物亲子之间相互感通, 如福田和尚所谓"有父子之道"的例子: 蜀中之狷、郴州之猿、鲜于氏之蝠。(7) 动物与配偶之间相互感通, 如福田和尚所举"知有夫妇之义"的例子: 房氏之鸡、武后之秦吉、郴氏之贞燕、淮安之烈死鸟。(8) 动物与同类之间相互感通, 如福田和尚所谓"知有同类"的例子: 智觉寺之鹃、李氏之猫。(9) 动物能为主人效劳, 如福田和尚所谓"知有忠于事"的例子: 陇山鹦鹉、清溪之燕、陆机之犬、刘承之马、王城之输。(10) 动物能服从号令而行动, 如福田和尚所谓"知贤守令"的例子: 京兆之鸦。

总的来说, 以上例子均出自中国, 并无越南本国的例子。仔细与莲池大师的《戒杀放生文》之《放生文》对比, 不难发现这十类例子的影子, 但也并不是所有都能找到, 例如: 莲池大师文中"解网着于成汤, 畜鱼兴于子产","贸死命于屠家, 张提刑魂超天界; 易余生于钓艇, 李景文毒解丹砂","孙良嗣解赠缴之危, 卜葬而羽虫交助; 潘县令设江湖之禁, 去任而水族悲号"等。

(二) 中越《瑜伽施食》比较

目前福田和尚的《小瑜伽施食科》仅有一个版本, 共25页, 作为《禅林规约》的附录而流行于世, 现仅越南胡志明市慧光禅苑有对外刊印。其文分三部分: (1) 瑜伽施食起教因缘; (2) 施食仪轨; (3) 所需榜文及文疏。"起教缘由"后, 题有"绍治四年岁次甲辰十一月望日, 富儿社大光禅寺临济法派度牒福田和尚沙门安禅新编"字样, 准此可知, 该科仪由福田和尚撰于1844年的农历十一月十五日。由科仪末尾"绍治七年岁次丁未一阳月既望莲池监寺恭写"字样, 得知该科仪由莲池海会寺的监寺写于1847年的农历十一月十六日。科仪最末,有"留板寿昌县旧楼村莲池海会寺"字样，不知现在的莲池海会寺还能否寻找到该印板。

1. 瑜伽施食起教因缘

瑜伽施食起教的因缘，来自佛陀的堂弟阿难（亦译为"阿难陀"）。唐朝密宗祖师不空三藏所翻译的《瑜伽集要焰口施食起教阿难陀缘由》①（以下简称《缘由经》）中第一次提到这段因缘，福田和尚的瑜伽施食起教因缘是以之为蓝本，并加以简略而成的。《缘由经》以及福田和尚的简略文，主要内容可分为三部分：（1）焰口鬼王告阿难三日后其将命终，并告施食可免斯难；（2）佛答阿难之所咨问；（3）施食法坛布置陈设。

《缘由经》所说是阿难为避免命终而行施食，佛说施食目的是"能令施主，转障消灾延年益寿"，福田和尚《小瑜伽施食科》亦说"若男子女人，欲求长寿，福德增荣"，显然，瑜伽施食首先是利益生者的。其次，《缘由经》中佛还说"（若干有情）承如来教，得出三涂，无量地狱发菩提心"，亦即瑜伽施食还能利益亡者，但《小瑜伽施食科》未提到此方面的利益之处。现今行瑜伽施食法，一般来讲，斋主最大的目的是超度亡者，而非利益生者。这点是值得我们关注的。

2. "施食仪轨"改编版简述

福田和尚亦提到，瑜伽施食法分三种："小瑜伽法，中瑜伽蒙山法，大瑜伽古本法。"他自陈此新编为"小瑜伽法"。所谓"小"，亦即"简略"。中瑜伽蒙山法，即现代汉传佛教晚课诵之"蒙山施食"，为汉传僧人传统的"五堂功课"之一，大众念诵一遍，施食者同时"放蒙山"，为饿鬼施食，为时十分钟左右，所依据之仪轨，完全按照莲池大师的《蒙山施食仪》而来，无一字增减。大瑜伽古

---

① （唐）不空译：《瑜伽集要焰口施食起教阿难陀缘由》，《大正藏》第21册。

本法，即唐朝不空三藏所翻译之《瑜伽集要焰口施食仪》，[①] 明朝莲池大师对其进行了整理，撰写了《瑜伽集要施食仪轨》[②]、《修设瑜伽集要施食坛仪》[③] 等。如此一来，其作法仪轨和坛场仪轨均完备起来。

虽然福田和尚称其瑜伽为"小"，但其内容甚至比"中瑜伽蒙山法"还要复杂，因为其还摘录了"大瑜伽古本法"中的一些内容。除了有诸多赞偈之外，其主要内容有：（1）礼拜三宝、参礼常住、香花迎请。（2）《大忏悔文》中前35佛洪名。（3）召请十二类有情众生。通过与《瑜伽集要施食仪轨》进行对比，不难发现，福田和尚所编中召请的十二类有情众生，均从此书摘录而来，分别为：前王后伯、英雄将帅、文臣宰辅、文人举子、缁衣释子、玄门道士、他乡客旅、阵亡兵卒、血湖产难、冥顽悖逆、裙钗妇女、伤亡横死十二类孤魂等众。（4）施食。仪轨与《蒙山施食仪》同，从"若人欲了之，三世一切佛，应观法界性，一切唯心造"开始，经：破地狱真言、普召请真言、解冤结真言等，并诵七佛名号，三皈依，忏悔，四弘誓愿，地藏灭定业真言、观音灭罪障真言。然后进行（5）为颂法乐。即为召请来的十二类有情众生简要解说《般若》《宝积》《华严》《涅槃》四部大经之精华要旨，及四谛、十二因缘、六度。（6）普供养真言，再到《般若心经》、往生咒、普回向真言。这个时候，法主也进行施食的活动。（7）宣读文疏，散食化衣，念佛回向。其后所附文书共有四类：祭孤魂文、寒林所榜文、右榜通知、斋主文疏。不一一叙述。

3. 关于施食手印的问题

在莲池大师勘定的《瑜伽集要施食仪轨》中，共涉及21种手印。

[①] （唐）不空译：《瑜伽集要焰口施食仪》，《嘉兴大藏经》（新文丰版）第19册。
[②] （明）袾宏重订：《瑜伽集要施食仪轨》，《卍新纂续藏经》第59册。
[③] （明）袾宏补注：《修设瑜伽集要施食坛仪》，《卍新纂续藏经》第59册。

先奉请地藏王菩萨之后，召请十二类有情众生，然后次第结 7 种手印，分别是：召请恶鬼印、召罪印、催罪印、破定业印、忏悔灭罪印、妙色身如来施甘露印、开咽喉印。之后，再次第结七种手印：南无宝胜如来、南无离怖畏如来、南无广博身如来、南无妙色身如来、南无多宝如来、南无阿弥陀如来、南无世间广大威德自在光明如来。经过三皈依之后，再次第结 7 种手印：三宝印、发菩提心印、三昧耶印、无量威德自在光明如来印，之后，手结无量威德自在光明如来印等。

莲池大师曾说，"三业相应，之谓瑜伽"，既为"瑜伽"，即是"三密相应"。自古以来佛教都非常重视手印，为何福田和尚的《小瑜伽施食科》极少涉及手印的结放？究其原因，可能有二：（1）因不知道而不编入。这是因为大瑜伽施食古法的手印如何结放，需要师徒相传，并且要授以印可，因此对"瑜伽师"的要求非常之高。越南的瑜伽师需要到汉地进行长年的学习，方能掌握并纯熟。（2）因不适合而不编入。可能此科文乃大众通用版本，非瑜伽师所专用之科文版本，故而未注明。因为手印的结打非常复杂，还要图文相配，所以篇幅很大。根据笔者所掌握的资料来看，第二种原因的可能性比较大，因为在施食时，福田和尚记载了诵三昧耶戒真言、变食真言、甘露水真言、一字水轮真言、香乳海真言等内容，根据作者了解，此内容均有相应的手印，只是在福田和尚的《小瑜伽施食科》文中没有说明。这就属于是"有手印而未写出"的情况。

（三）中越《禅林规约》比较

福田和尚所撰写的《禅林规约》，目前作者所见仅有一个版本，乃由胡志明市慧光禅苑刊印。由四部分组成：（1）禅林规约序，共 3 页。（2）禅林规约卷一，共 38 页。（3）禅林执事条约卷二，共 10 页。（4）禅林规约十条卷三，共 24 页。全书扉页右侧注明"绍治元年岁次辛丑夏僧安居日",即 1841 年农历四月十五日,福田和尚于此日完成此规约。

1. "禅林规约序"简述

序文内容并不长,全文八百余字,主要内容分为六个部分:(1)追溯唐朝百丈禅师所制规约,为丛林制度统一之始。(2)宣扬性泉杜多和尚于大明求法求戒回国的事迹,赞叹其为越南戒律之复兴所作之贡献。(3)阐发其"伪西无道"的历史情感。(4)陈述自嘉隆朝以来举国上下的佛教复兴概况。(5)特别说明朝廷重臣阮登楷所做功德,及其对禅林恢复的巨大作用。(6)自陈撰写本规约之因缘及主要内容。

中国禅宗六祖惠能大师的三世徒百丈怀海(六祖惠能—南岳怀让—马祖道一—百丈怀海)于 814 年制定了丛林清规(世称"古清规")。禅宗形成初期,禅林尚无制度、仪式,故该清规设有法堂、僧堂、方丈等制度,又规定众僧分别担任东序、寮元、堂主、化主等各种职务,为八九世纪间中国禅宗脱离律寺,维持独自教团生活之必要规范。最初《百丈清规》分上、下两卷,计有九章。卷上有祝厘章第一、报恩章第二、报本章第三、尊祖章第四、住持章第五。卷下有两序章第六、大众章第七、节腊章第八、法器章第九。之后经历多次增删重编,到元顺帝元统三年(1335),更由元朝廷命江西百丈山住持德辉和尚重辑定本,并由金陵大龙翔集庆寺住持大䜣等校正。德辉乃取历史上几次修订的崇宁、咸淳、至大三本荟萃参同,重新诠次,又删繁补缺,折中得失,分成九章,厘为二卷。此本即名《敕修百丈清规》,颁行全国,共同遵守。虽其名仍为《百丈清规》,但内容精神已去古益远,面目全非。从明迄今,数百年间,都通行此本,只分卷略有出入而已(明藏本改刻为八卷)。

越南黎朝永祐年间(1735—1740),越南临济宗莲宗寺的性泉杜多和尚到大明学法求法,可能见过《百丈清规》,但越南汉喃院历经 30 多年在全国收集到的古籍中，并未见到有《百丈清规》，相反，明朝莲池大师的《云栖共住规约》（以下简称《云栖规约》）①倒是"今存印本三种，均用同一刻版，分别印于景兴三十六年（1775）和嗣德三十年（1877）"②，"寺庙规约，中国云栖寺制订，有（越南）南昌县细川社宝龛寺住持僧人清志序。书分上、下、别、附四册，含目录一篇，其中包括仪式安排、诵念时间、休息、着衣、往来等内容，并有对不严守规约者的处罚条例"③。《云栖规约》收录于嘉兴藏《云栖法汇》第 22 卷，对明清两朝的禅林管理起到巨大的作用。

福田和尚主要参考《云栖规约》来制定越南版本的《禅林规约》，他在序末说道："拙僧虽不敏，忝在住持，思欲警策僧徒，接引后进，庶几于律稍严，禅规粗整，上或可以报佛恩德，下有一酬本督部堂护道之盛心也。乃略录《云栖规约》，抄撰十章，先以礼佛仪式，并诸偈颂，次列比某（丘）沙弥日用事宜，后附规约十条，以便行持，颜之曰《禅林规约》三卷。"

2. "禅林规约卷一"改编版简述

主要内容有：（1）礼佛仪，共 4 页半；除了大悲咒、准提咒等各三遍之外，还有若干偈颂，间杂各类咒语，最后是忏悔、祝愿、三皈依。这个礼佛仪全程需要近一个小时。估计福田和尚将其制定为每日的共修功课之一。（2）大乘诸品尊经略录钞妙偈，共 34 页，开头是香赞、开经偈，然后是具体的经录，包括：《三千佛名经（53 佛）》《华

---

① （明）袾宏说：《云栖共住规约》，收录于《云栖法汇（选录）》（第 22 卷），《嘉兴大藏经》（新文丰版）第 33 册，第 B277 号。
② 三个版本的馆藏情况分别为：越南汉喃院收藏两版本的馆藏编号为 AC567、AC402；位于巴黎的法国远东学院图书馆的馆藏编号为：Paris SA. PD. 2391。
③ 此内容出自"越南汉喃文献目录资料库系统"，网址为：http://140.109.24.171/hannan/ 输入关键词"规约"即可出现"云栖共住规约"之条目，及有关三个印本的简介。

严经》《法华经》等。① (3) 最后，诵往生咒七遍，经一遍，立拜或跪拜礼佛发愿文、祝愿、回向。

佛教经典三藏十二部，确实非常之多，福田和尚选择了其中的66部，摘录名言警句，涵盖了经、律、论等多方面的内容，尤其是戒律方面的，确实是非常便于集中、快速地教授和学习。

首先，值得注意的是，他将《慈悲三昧水忏法》和《梁皇宝忏》这两部明显是中国人编写的忏法仪轨，称之为"经"，这是中国佛教界从来不曾为之的事情，中国僧人承认的唯一一部由中国人撰写的，可以称之为"经"的，是禅宗六祖惠能大师的《坛经》，这或许与越南佛教对传自中国的经典非常尊重的传统有关，但笔者认为，福田和尚采纳了这一称呼，更多的是表明他对忏法的重视。他本人独撰了《普门忏法》，估计同样也是出于对忏法十分重视的原因。

其次，其中也包括从9部密教经典中摘录的妙偈，有：《楞严经》《佛母大孔雀明王经》《准提咒经》《法炬陀罗尼经》《大乘莲花藏经》《不空罥索神变经》《大乘方便总持经》《一向出菩萨经》《庄严宝王经》。可见与中国的汉传佛教也学习密教经典一样，越南的汉传佛教也不排斥密教经典。

再次，福田和尚选录了《增一阿含经》《长阿含经》《杂阿含经》

---

① 共包括：《三千佛名经（53佛）》《华严经》《法华经》《涅槃经》《大集经》《楞严经》《金刚经》《因果经》《金光明经》《阿弥陀经》《心经》《忏悔文》《观无量寿佛经》《八大人觉经》《梵网经》《七贤女经》《四十二章经》《无量寿经》《维摩诘经》《地藏经》《大方便佛报恩经》《弥勒下生经》《观楞伽阿跋多罗宝经》《般舟三昧经》《佛藏经》《增一阿含经》《菩萨善戒经》《正法念处经》《佛本行集经》《佛说因缘僧护经》《圆觉经》《佛母大孔雀明王经》《金刚三昧经》《准提咒经》《百喻经》《佛说出家功德经》《长阿含经》《大宝积经》《毗尼母经》《胜定经》《法炬陀罗尼经》《佛说目连问戒律五百轻重事经》《小金光明经》《慈悲三昧水忏法经》《梁皇宝忏经》《六度集经》《教化地狱经》《沙弥尼戒经》《大乘莲华藏经》《着（善）恭敬经》《大集经》《不空罥索神变经》《佛说大云经》《大乘方便总持经》《一向出菩萨经》《轮转五道经》《仪则经》《百缘经》《庄严宝王经》《优钵祇王经》《欢预（豫）经》《杂阿含经》《沩山警策铭》《大经（即大涅槃经）》《佛话经》《万佛名经》。

等三部阿含经中的精言妙语，但均非常简略。

3. "禅林执事条约卷二"改编版简述

本部分内容分十个部分，分别是：（1）执事名称；（2）十条僧约；（3）定香；（4）僧籍式；（5）求戒启式；（6）禅林职事名词及权责；（7）沙弥过犯忏悔式；（8）具戒忏悔式；（9）菩萨戒忏悔式；（10）犯重求住式。

（1）执事名称，共列举29个，与《云栖规约》的名目一模一样，①其中有两个"菜头"，估计第二个是在制作刻板时，"茶头"之误笔。云栖所谓"园头"是看管园子的人，而福田做"圆头"，估计是笔误。云栖是"担力"，福田是"抬力"，顾名思义，都是指负责挑负、抬担子的人。这三处不同，并无大碍，可以视为完全一样。

（2）僧约，共十条。其中，福田所有"举罪"，在云栖为"出院"，而福田本仅是在第十条末尾注明"已上有某事太过者出院"，可见福田和尚的规约比云栖规约要稍微放松一些。第一条，福田和尚为"敦尚戒律"，云栖为"敦尚戒德"，其他文字同。

（3）定香，即禅门坐香的时间，随节气不同而进行调整：冬至（四炷），立春（三炷半），春分（三炷），立夏（三炷半），夏至（二炷），立秋（二炷半），秋分（三柱炷），立冬（三炷半），与云栖同。

（4）僧籍式。"某甲字某，年几岁，系某省某府某县某籍某氏兄弟几子。以何为业。于某年月日在某处出家，礼某人名下为徒。在彼同住几年，今于某年月日特来求住，或进堂，或作务。"其中，福田为"某氏兄弟几子"，云栖为"某氏第几子"，意思一样。

（5）求戒启式。内容为："求戒弟子某甲，年几十几岁，系某省某府某县某都人（云栖有'或军匠民灶籍'）。姓某氏。于某年月日在于

---

① 包括：当家、知库、知众、知客、书记、知山、知屋、直板、典座、饭头、菜头、菜（茶）头、柴头、火头、碗头、磨头、圆（园）头、净头、抬（担）力、化饭、铺堂、香灯、侍者、看病、看老、警策、山门、听用、印房。

某处某寺出家，礼师某师（云栖为'人'）名下。今于某年月日，幸遇大慈悲父，接引苦海众生。某发大乘心，忏去无始罪愆，求受（云栖为'授'）某戒。故启。或求授某戒，则其具足戒律衣钵锡杖，坐具、滤水囊，至于一切图物，供佛斋僧，付本寺办作。"最后一句云栖无，表明福田和尚的禅林制度要求为求戒僧人统一置办用具。

（6）禅林职事胪列。共罗列了11种职事名称，并阐明其权责，分别是：方丈和尚位、监寺僧、看病僧、书记僧、知库僧、直谏僧、香灯僧、知客僧、典座僧、知园僧、知星僧。"职事"与"执事"两名称，汉语发音相同，但是从其内容看，却具有不一样的含义。虽然"职事"也做具体的事情，但职事团队组成了整个丛林的管理层，而"执事"则属于最基层的僧执。两者的服务范围虽有重合的地方，但是"职事"更加侧重管理、安排。

其中，"直谏僧"和"知星僧"，是《云栖规约》中所不曾有的，《百丈清规》也不曾有。在大藏经中，亦不见有此名目，估计是越南的本土创造，但尚不能证明是福田和尚首创。直谏僧，与僧团戒律有关，其职责是："凡僧俗有所过失则谏，三谏不止，则集僧惩治，以免揽群乱众。但以正己化人而已。"可知其主要负责僧俗之过失的纠察或者警策。"三谏不止，则集僧惩治"是大乘戒律通行的惯例。知星僧，与僧团房舍建设有关，其职责是："凡殿、堂、寮、舍、厨、厂、屋、宇，时时观看，或漏者宜早修盖，或该修者或该造者，白监寺及时整理。"

（7）沙弥过犯忏悔式。福田《禅林规约》为："轻过：十戒，犯坐高广大床，歌舞观听，过午不精进，金银不行施，各礼八十八佛。"而《云栖规约》则处罚为："各纳病房银一分。无银，礼佛五十拜。"

（8）具戒忏悔式。福田《禅林规约》为："犯僧残，（云栖：纳重务银一钱二分，无银）礼佛六百拜。犯萨耆波逸提，（云栖：纳病房银四分，无银）礼佛三百拜（云栖：二百拜）。犯二不定法、九十波逸提、四悔过法，（云栖：各纳病房银二分，无银）礼佛二百拜（云栖：

一百拜）。犯一百应当学法，七灭诤法，（云栖：各折病房银半分，无银）礼佛一百拜（云栖：二十五拜）。"

（9）菩萨戒忏悔式。福田《禅林规约》为："犯十重中，第六说四众过戒、第七自赞毁他戒、第八悭惜加毁戒、第九嗔心不受悔戒，情轻者准僧残例。犯四十八轻垢，或五日、四三二一半日，量处（指重务日期）。"此处与云栖同。

（10）犯重求住式。本条云栖题为：重过。福田《禅林规约》为："犯根本戒，造大恶业，摈出。复来求住者，查审真实悔改，内外二十众保举，准容入众。作重务半年，原重务者，加至三年。不得依班次行立，不得着褊衫戒衣。不得称表字。每夜跪读戒文。不作重务，纳银一两八钱。每夜跪读所受戒文，夜礼佛一百拜，三月忏满入众。虽愿（原）受大戒者，重受五戒。又（有）百善方许进戒，又百善进十戒，又百善进具戒，又百善进菩萨戒。"除了两个误字之外，基本内容同云栖。但是《云栖规约》在此后还有一句话："过应出院，情可容者，许以善准。一上罚乃至十上罚，每一上罚除一百善。准入众，依班行立、礼佛。"

总的来说，福田和尚似乎不赞同用"罚钱"的形式加以管理，故而除了"犯重求住式"中，保留了"不作重务，纳银一两八钱"一条之外，将其他"纳银免忏"的情况都取消了，只保留了用拜佛来进行忏悔的方式，而且针对每种违犯戒律的情况，福田和尚的处罚都比莲池大师的要重，可见福田和尚还要更加严格一些。

4. "禅林规约十条卷三"简述

这卷应为福田和尚自己撰写。[①] 题为"后学临济莲宗门天福和尚法名安禅撰"，前两卷都是用的"编辑"二字，而此卷用"撰"，表明福

[①] ［越］福田和尚编撰：《禅林规约》卷三，撰于绍治元年1841年，"慧光佛典丛刊"第12册，胡志明市"慧光书院"2015年影印本，第1—24页。

田和尚自陈为独立撰写，而非摘录或引用。这确实是有事实根据的，遍查大藏经，也没有类似的内容和形式。其后，有"蒲山大觉禅寺门徒七罪较定"字样，意思是说，蒲山大觉禅寺的所有弟子均对此十条规约与戒律典籍进行了详细的对校。所谓七罪，指的是《四分律》中，比丘戒可"七罪科分"，[①] 因此用"七罪较定"来说明"对所有条目都进行了比较和确定"之意。

卷三的内容包括十条，每条都由"条款"和"较定"两部分组成，分别是：（1）戒律威仪章第一；（2）布萨礼忏章第二；（3）讲说经典章第三；（4）行道功课章第四；（5）疾病死葬章第五；（6）行住坐卧章第六；（7）执着人我章第七；（8）法场处事章第八；（9）学问作福章第九；（10）违失规约章第十。

在"较定"部分，福田和尚对"规约十条"的作用及意义做了总结式的阐述，他说："规者谨持威仪，约者束敛决定初心，行善沮恶也。便是僧中法器，佛阶可期。得遇佛乘，夙生庆幸。嗟乎！时当末法，世降中衰，故宗徒同心，结制十条体例，永为恒式，勤修策励，进道严身，折接后来，同生极乐国也。"

《规约十条》涉及丛林生活的所有重要方面，举例说理，广征博引，语重心长，因为是福田和尚的原创之作，故最能反映他的丛林思想。归纳起来，有如下特点：

（1）重视僧伽的教育。教育形式包括"自我学习""师弟相传""丛林讲法"三方面；教育内容则非常丰富，经律论三藏都不应偏废，而尤以戒律为首要。强调教育的目的是增进道业，追求佛果。（2）积极倡导"重德贵和，赞谦倡节"的禅门价值观。在每条规约中，字里行间都体现出对戒德、和合、谦虚、节俭四个方面的要求，以及对具体做法的规定，并指出不合理、不合法的行为，予以批评。（3）摸索丛

[①] （姚秦）佛陀耶舍、竺佛念译：《四分律》卷1，《大正藏》第22册，第567页上。

林管理的制度化建设。身担越南僧团最高职务，福田和尚有必要也必须探索禅门共修的轨则。"一人执笔，宗门共校"体现出其鼓励僧人"平等参与"的管理态度，"凡有体例，必有说理"体现出其"教育为本"的管理原则，"重忏轻罚，针砭时弊"体现出其"有的放矢"的管理风格。（4）积极吸收借鉴儒家经验。他例举众多儒家圣贤名人之事迹，用以劝导、警示禅门行人，说明儒佛互通，但亦明确强调"道"毕竟有不同，不可混淆而失本。

三 越南仪轨三文特点小结

与莲池大师的《戒杀放生文》相比，福田和尚的《放生戒杀文》有如下特点：（1）文字更加简略扼要；（2）有放生仪轨，实用性更强；（3）摘录并小结了莲池大师的戒杀七章；（4）突出强调儒家放生戒杀之案例；（5）将"放生"置于"戒杀"前，表达了对"放生"行为的积极鼓励和重视。

福田和尚所制定的"小瑜伽施食法"和日常课诵所包含的"蒙山施食"相比，更加具有针对性；和"大瑜伽古本法"相比，更加简略易懂。最关键的是，其虽没有撰写出秘法手印的结放内容，但非常重视佛教教理的传递。据笔者了解，目前越南流行的施食，即是完全依照此"小瑜伽施食法"而进行的。古本施食耗时太长，蒙山施食时间又太短，而福田和尚改撰的"小瑜伽施食法"则在内容、形式、所需时间上等都非常适合一个为时半天的法会，故而其流行至今，长盛不衰。

福田和尚所制定的《禅林规约》则内容庞大，卷一涉及礼佛仪轨、佛偈汇集；卷二明确执事与职事之权责；卷三制定规约十条，促进自学共修。最能体现福田和尚丛林思想的，是其完全原创的"禅林规约十条卷三"部分，主要可归纳为四点：（1）非常重视僧伽的教育；（2）积极倡导"重德贵和，赞谦倡节"的禅门价值观；（3）摸索丛林管理的制度化建设；（4）积极吸收借鉴儒家经验。福田和尚似乎不赞同用"罚钱"的形式管理僧团，故而除了"犯重求住式"中，保留了"不作重务，纳银一两八钱"一条之外，将其他"纳银免忏"的情况都取消了，只保留了用拜佛来进行忏悔的方式。而且针对每种违犯戒律的情况，福田和尚的处罚都比莲池大师的要重，甚至福田和尚在其他方面也要更加严格一些，这也是越南禅门规约的特点。

从目前越南汉文古籍文献收集的情况来看，福田和尚是越南历史上现存著作最多的僧人了。在其所有著作中，《放生戒杀文》《小瑜伽施食科》《禅林规约》三部作品的特殊性在于，它们是参考借鉴中国明朝末期四大高僧之一的莲池大师的著作编撰而成的，可以说是中国佛教在越南本土化的最直接成果，因此意义重大。而放生、施食、禅修这三件事，确实是佛教界最重要的日常轨则，对其在仪轨上进行统一，在佛理上予以阐明，能给出家、在家七众非常大的便利和利益。虽然目前没有证据显示这三篇文字的流行程度，但在19世纪中叶，至少以莲派寺为核心的六大道场及在其中居住、学习的众多禅僧（估计超过千人），均应以此为生活、修行的轨则。

莲池大师的著作何时传入越南尚待考证。福田和尚对莲池大师的佛教思想与实践的继承与发扬，不仅体现在对其仪轨三文的"改汉适越"，还体现在对莲池大师编辑、弘赞注释的戒律的引入、喃译和注释。例如《沙弥尼律仪要略》《沙弥尼律仪要略增注》《沙弥律仪解义》等，作者将另外撰文予以介绍。总之，这些都深刻地体现了明清时期莲池大师的佛法思想与实践对越南佛教的影响。

越南天台初祖显奇大师生平初探*

释慧正

上海大学文学院历史系博士后

[越] 释圆发（Le Thi Thuy Hang）

上海大学文学院博士生

摘要： 在香港妙参法师和盐城高鹤年居士的共同努力下，陈春亭转道入佛，努力开创青山寺使其成为香港最早的佛教道场，并将从谛闲大师处继承来的天台宗法义予以弘扬，还培养了七位越南弟子，分别在越南弘扬天台宗，因此显奇大师也被尊奉为"越南天台宗初祖"。本文通过文献分析，将其个人信息中的若干方面，包括俗家姓名、俗家妻女、国籍和籍贯、剃度与受戒日期及生卒年等，做了考据和澄清，并将其与高鹤年居士、妙参和尚以及谛闲大师之间的法缘加以说明。

关键词： 显奇大师；天台宗；越南佛教

显奇大师，被越南僧尼尊为"越南天台宗初祖"。他俗姓陈，从中国天台第47代祖师谛闲大师出家后，一直在香港青山寺弘法传戒，直到圆寂。他一生中收了七位越南弟子，分别是：1928年的释了坛、释了学、

---

* 本文是2019年度国家社科基金重大项目"'一带一路'佛教交流史"（项目编号：19ZDA239）的中期成果之一。

释尼了相，1933年的释了禅、释了乐、释了证，1935年的释了即。其中释尼了相还是显奇法师俗家的亲侄女。正是这七位法师，将天台宗的教义带回越南，开创了越南的天台宗，他们共同尊奉显奇大师为初祖。

因为地域的隔离，越南天台宗弟子对显奇大师的生平并不是很清楚，有关传记也语焉不详。笔者因殊胜的因缘，接触到有关的历史材料，可以将显奇大师从谛闲大师剃度得戒这段经历更加详细地呈现出来。

一 个人信息考

越南方面目前对显奇大师的具体个人信息，其生卒年、姓名、国籍或籍贯、出生地、父母姓名、在俗家排行、有无兄弟姐妹等，都没有明确的说明，尤其在姓名、生年、籍贯、剃度受戒年份四个方面，争议最大。

2014年，越南的安言法师（即何文勇博士）在其博士学位论文《越南天台宗研究》中说："总之，关于显奇法师，中国和越南都没有很充足的材料来说清楚。其实本人也觉得很无助，不知道依据什么来支撑自己的观点。我来中国学习时带有很大的期望，就是可以找到一些有关显奇法师的材料。但是中国的材料也不多，比本人在越南知道的还少。因此，我只好对在越南的各位天台宗前辈进行采访，他们都肯定说显奇法师就是越南人。"①

对于显奇大师的个人信息，香港高等法院1998年11月26日做出的编号为HCMP 562/92 的判决书（以下简称"香港判决书"）应是最具有说服力的。显奇大师和了幻大师（俗名张森泉或张纯白）二人花费巨大心血建设青山禅院，在显奇大师圆寂近60周年（1996）之际，

---

① 何文勇（Ha Van Dung）：《越南天台宗研究》，博士学位论文，华中师范大学，2014年，第51页。

刚好遇到香港大发展，政府请求迁建青山禅院所属之地，附带将近3亿港币的迁建费，引发了一场所属权的官司，多家涉入，港人皆知。其判决书多达153页。法院为慎重起见，还邀请了香港的萧国建教授和黎志添博士两位著名专家，对显奇大师的身份和经历进行了考证和介绍，他们的研究结果被法院采信，作为有效的证词，具有法律效力，因此其中呈现了比较丰富的有关个人信息，给我们提供了很多研究的线索。

（一）俗家姓名

对于显奇大师的俗家姓名，有多种说法，笔者认为其身份证明文件上之俗家姓名应该为"陈春亭"。证据有五：（1）香港判决书。文中当指称显奇大师的时候，全部使用的是"陈春亭"的名字。法院判决书具有法律效力，一般根据其俗家身份证件而来，是所有证据中最可靠的。（2）谛闲大师遗作。谛闲大师在为其剃度后，专门做了题为《示新发意人：须发菩提心以为根本》的开示（以下简称"谛闲大师开示"），被收录在《谛闲大师文集》中。其中写道："兹有陈春亭居士，夙禀佛敕，乘愿再来……乃许宣以三坛大戒……法名得真，一字显奇。"谛闲大师是其剃度恩师，对徒弟应该十分了解，而且因为受戒，还要填写戒牒文书等，对其俗家姓名应该是有印象且相对准确的。（3）释明慧《大屿山志》。其中的"释妙参"词条中，说道："又当时屯门青山寺之前身，原属纯阳仙观，乃先天道信徒道场。妙参和尚乃将其男主持说服，随谛闲法师出家，法名显奇。即青山寺开山第一代祖师。"①（4）高鹤年的《名山游访记》。在《屯门杯渡山游访记》一篇中，这样记载："庙名青山禅院，黎一真先生与陈春亭、张纯白诸君所倡修。"但后文又有"复返杯渡山，与陈春亭居士至港"字样。在查阅《名山游访记》时发现，有的版本"亭"为"庭"字，两者音同字异，有可

---

① 释明慧：《大屿山志》，香港宝莲禅寺1957年版，第49页。

能是排版时产生的失误。高鹤年居士的游访记相对而言，其时间和地点的准确度，都比较为人认可。（5）林大魁的《青山禅院大观》，记载说："青山有杯渡寺、青云观，久废，居士为之重建。这位居士就是陈春亭。"① 这种说法，被青山禅院的导游词所引用。导游词不是很严格的文献，却也从青山禅院的立场，表明了他们所认可的有关信息。

显奇大师的俗名，也有其他不同说法，现呈现如下：（1）越南安言法师《越南天台宗研究》中说他"俗姓陈，字国亮"。又加了一个注释，说在《天台宗观宗讲寺志》② 中写的是"陈春亮"。经笔者核查寺志后发现，原文并非"春亮"，而是"春亭"，当是安言法师笔误。（2）在网络上"妙参法师"的百度条目中，出现了"陈吉祥"一名，看其经历，早年经商，中年修道，晚年出家，法号显奇。显然"陈吉祥"可能是显奇大师俗家的另外一个名字。经笔者核查，乃引自凌波居士著作。（3）在方祖猷编辑的《天台宗观宗讲寺志（1912—1949）》中，有显奇法师的小传，提到了"吉祥"之名，其实是他的字：

> ［显奇法师］（1859—1932），福建漳州浦甫县人，俗姓陈，名春亭，字吉祥。清咸丰九年（1859年）生。幼时即吃长素。年青时至香港经商，因定居香港。初信道教先天道，住持青山道教纯阳宫。民国初年，受香港观音山凌云寺妙参法师及高鹤年居士化导，改信佛教。1922年，至观宗讲寺，从谛闲大师落发，并受具足戒，法名得真，字显奇。回香港后，改纯阳宫为青山寺，为该寺开山住持。1927年宝静法师至港弘法，受邀至青山寺开讲《梵网经》，听众踊跃。1931年，镇江竹林寺住持霭亭法师至香港弘化，亦曾在青山寺讲经。1932年示寂于青山寺，世寿73。③

---

① 林大魁：《青山禅院大观》，未找到该书，但见于香港判决书。
② 原文写的《天台宗观宗讲自记》，应是《天台宗观宗讲寺志》之讹误。
③ 方祖猷：《天台宗观宗讲寺志（1912—1949）》，宗教文化出版社2006年版，第116页。

这个小传，明显是根据谛闲大师开示而来，因为该小传后，附上了谛闲大师在为其剃度后，专门做的题为《示新发意人：须发菩提心以为根本》的开示，从中可见对显奇法师的个人评价相当之高。该小传中几个具体的时间点，特别是1922年剃度受戒，即根据谛闲大师的说法而来，因为其他资料一般说是1918年或者1921年剃度受戒。

（二）俗家妻女

显奇大师在出家之前，曾经有妻室。根据香港判决书所言，"据闻何妙清是陈春亭的妻子"①，作为具有法律效应力的判决书，法官在文书中的说法应当是有一定真实性的。但可能出于对宗教人士的尊重，没有特别强调，只是用"据闻"两字来含糊表达。从判决书中多次出现"何妙清"女士积极购买有关土地房产，并用于修建佛教有关场所等，明显是协助青山禅院的建设和慈善用途，便可以知道，大师的俗家妻子是十分支持他从事佛教事业的，甚至立下遗嘱，将自己名下的土地转给青山禅院。"立遗嘱人何妙清以一份声称1936年10月2日及该日注册的遗嘱性文件将他这个地段的全部土地权益传给……青山禅院受托人了幻，达安。"②

许多人都认为显奇大师在俗家有一个女儿名叫"金姑"，至今百度、互动百科上输入"妙参和尚"或者"妙参法师"，都会出现这样的内容："显奇的女儿金姑，也是先天道信徒，并且信心坚固，墨守成法，不愿改信佛教。妙参法师以方便善巧，予以度化，日久之后，因缘成熟，乃求其布施。金姑问：'和尚所求何物，皆可施与。'妙参法师

---

① 香港高等法院判决书，编号：HCMP 562/92，判决日期：1998年11月26日，第1.5部分，第6页。
② 香港高等法院判决书，编号：HCMP 562/92，判决日期：1998年11月26日，第2.5部分，第9页。

谓:'愿得其头发以作佛事。'金姑省悟,遂以父为师,依显奇和尚剃度出家,后来往九华山求受具足戒。"金姑到底是不是显奇大师的女儿,其实是有疑问的。

以上事迹由于为凌波居士所写,并编入《中国近代佛门人物志》,其渊源应当见于《大屿山志》的"妙参和尚"一条,原文曰:"又当时屯门青山寺之前身,原属纯阳仙观,乃先天道信徒道场。妙参和尚乃将其男住持说服,随谛闲法师出家,法名显奇,即青山寺开山第一代祖师。其女住持名金姑太,墨守成法,不愿出家落发。妙参和尚见之,求其布施。金姑太问其所求何物,皆可施与。妙参和尚谓其愿得金姑太之头发以作佛事。金姑太乃悟,遂随显奇和尚薙发出家,后往九华山求受具足戒。"①

仔细分析这段话,不难发现,纯阳仙观的男住持,是陈春亭;金姑太,其实应当是纯阳仙观的女住持。与前文"妙参和尚乃将其男住持说服"相对应,"其女住持名金姑太",应理解为"纯阳仙观的女住持,名叫金姑太",而非"陈春亭的女儿,也是住持,名叫金姑"。因这样说不符合中国人的表达逻辑,否则应当说"其女金姑,亦住持"。而且原文中说"金姑太乃悟,遂随显奇和尚薙发出家",而翻译成现代文之后,出于前面以为金姑太是陈春亭的女儿的误解,后文中才出现"以父为师"的字样,检查明慧法师所撰原文中,并无这四个字,应当是翻译者根据前面错误的理解进行了敷衍而成。且香港判决书中只字未提陈春亭有女之事。照道理来讲,这样重要的法律信息,应当要附带说明的。

(三) 国籍和籍贯

有关证据均表明,显奇法师是中国福建漳州浦甫县人。证据有三:(1) 香港判决书,采纳了幻大师的碑文之记载。了幻大师,俗名张森

---

① 释明慧:《大屿山志》,第49—50页。

泉,别名纯白,虚云老和尚之徒弟。香港高等法院的判决书中,记录说:"据了幻大师的碑文所载,陈春亭是中国福建省漳浦人。他早年来港,经营生意买卖,其后诚心向佛,并在油麻地庙街设立斋堂。在中华民国成立初期(约为1911年至1920年之间),由于理财不善,他不得不结束所有生意。一日,他与友人张森泉一起到青山游览,并在斗母古庙过了一夜。"① 这可能是他最初与青山结下的缘分。(2)《青山禅院大观》记载:"陈春亭原籍福建漳浦,初到香港时经商,致富后在九龙山各地设多处斋堂。因其信奉佛教,后来隐居青山,以后远赴宁波观宗寺请谛闲法师收他为徒,出家后法号显奇。显奇返回香港后,与其好友张纯白居士致力于募缘兴建青山寺。"(3)《天台宗观宗讲寺志》,说陈春亭是"福建漳州浦甫县人"。可见,漳浦,是"漳州浦甫县"的简称。

越南安言法师坚定地认为,显奇大师是越南人,说他"出生在越南嘉定省芹勺县 Rạch Quan 社(今隆安省芹勺县)",② 他的判断来自采访越南天台宗前辈。对于越南法师而言,当然非常希望天台初祖是越南人。安言法师不能接受显奇大师是中国人的说法,他说:"在《天台宗观宗讲寺志》③ 中记载说:显奇法师是中国人,这种说法肯定是错误的。"同时他举出来三个理由:④ (1) 他个人采访越南天台前辈的结果。他说:"越南天台宗的各位法师都知道显奇法师的来历,同时他的故乡在嘉定省芹德县 Rạch Quan 村。这地名也足以说明显奇是越南人。"但

---

① 香港高等法院判决书,编号:HCMP 562/92,判决日期:1998年11月26日,第2.5部分,第67页。
② 何文勇(Ha Van Dung):《越南天台宗研究》,博士学位论文,华中师范大学,2014年,第47页。
③ 何文勇(Ha Van Dung):《越南天台宗研究》,博士学位论文,华中师范大学,2014年,第51页。因作者是越南人,对汉语不太熟悉,该书名被讹误为《天台宗观宗者自至》。
④ 何文勇(Ha Van Dung):《越南天台宗研究》,博士学位论文,华中师范大学,2014年,第51页。

在前文中，他说显奇大师是嘉定省芹苧县 Rạch Quan 社人。文字上稍有出入。这个说法不见于任何其他文献，是何文勇自己采访的结果，不能作为严格的文献资料，只能作为参考。（2）以显奇大师侄女是越南人来反证。他说："再说，如果说显奇是中国人，那了相尼师是什么？本来是他的亲侄女，而了相的确是越南人。从此可以推断显奇正是越南人。"所谓"侄女"，是兄弟的女儿，也有可能其父加入了越南籍，也可能其母是越南人，因此笔者认为，叔叔是中国人而侄女是越南人的情况，完全是有可能的，现实生活中这样的情况比比皆是。（3）以越南人前来受戒学习为理由。他说："正因为他是越南人，所以以后他的各位老师朋友才有机会来香港受戒并学修天台教观。"而在显奇大师的弟子中，大部分为华人，但外国人也不在少数，因为其弟子遍布南洋，那么多弟子中，只有 7 位是越南人，也很难就此推断师父一定是越南人。

笔者认为安言法师的这三条理由都不充分。反过来说，越南天台宗的初祖非越南人而是中国人，并非不可以接受。事实上，越南佛教历史上，几个禅宗宗派中，5 世纪时最早的灭喜派初祖毗尼多流支是印度人；8 世纪的无言通禅师是中国人；13 世纪的草堂禅师是中国人。只有 13 世纪竹林禅派的初祖陈仁宗是越南本土人。之后 16 世纪将临济禅宗传入越南的，也是中国的圆炆拙公和尚。事实上，宗派的初祖是不是本土人，并不影响宗派在本土的发展，只要师父高明，传法正宗，弟子发心，努力弘传，一样能法水长流。

（四）剃度与受戒

笔者认为，谛闲大师为显奇大师剃度是在农历二月初八日，受具足戒是在二月十九日，11 天，显奇大师就完成了从道教长老到菩萨比丘的蜕变。这个结论的主要根据是谛闲大师对显奇大师题为《示新发意人：须发菩提心以为根本》的开示："命监院志师为正训，科主能师副之，住持禅长老为羯磨，仁都讲为教授，乃于佛出家日脱白，法名得真，一字显奇。是晚作法，演习毗尼。先授以三皈，进授以十戒，然后恭请十师，登坛受具。至大士圣诞良辰，圆满菩提三聚净戒。"① 佛出家日，是农历二月初八日。大士圣诞，笔者认为可能是二月十九日观音大士的诞辰。可见谛闲大师在非常时期，给予显奇大师非常之待遇，仅用了 11 天就完成了为其剃度及授三皈、十戒、具足戒的全过程。谛闲大师当年为显奇大师传戒的文书如果尚在，当是最好的参考资料。

但是显奇大师具体剃度受戒的年份，却成了一个谜，至少有三种说法。（1）方祖猷认为显奇大师 1918 年剃度受戒。他说："香港青山寺显奇大师是在未落发前，于 1918 年由高鹤年居士陪同，至观宗讲寺，依谛闲大师落发。"② （2）据高鹤年所说，则是 1921 年落发受戒，其《名山游访记》记载："民十春，余自滇粤归，扫墓。邀师赴宁波，劝谛老收徒。此徒系香港青山陈春庭（亭），有徒众二三万人于南洋群岛，而非正道。余三渡重洋，化他归正，送依谛闲法师出家，取名显奇。"③ 民十年，即 1921 年。在《名山游访记》另一处，也提道："民国十年……黎公发心有年，与陈张二公，于青山设道场，志在普渡众生也。乘轮到沪，转宁波观宗寺，介绍陈君，投谛闲老法师出家，取名显奇，受三坛大戒。"④ （3）根据谛闲法师所说，则应在 1922 年。在开示中，有"辛酉冬……次年春……乃许宣以三坛大戒"等内容。辛酉年 1921 年，次年是 1922 年。具体是哪一年，笔者认为高鹤年居士的年份时间记得很清楚，且前后都有具体翔实的历史事件和个人游访经历，可信度相对较高。

---

① 《示新发意人：须发菩提心以为根本》，引自（民）谛闲大师，《谛闲大师集》，第五编《开示》第二篇，网络地址为：https://www.liaotuo.com/firw/hcrw/dxfs/80536.htm/。
② 方祖猷：《天台宗观宗讲寺志（1912—1949）》，第 9 页。
③ 高鹤年著，吴雨香点校：《名山游访记》，宗教文化出版社 2000 年版，第 341 页。
④ 高鹤年：《名山游访记》，第 244 页。

(五) 生卒年

关于显奇大师的生卒年,比较确切的是其忌日,为农历四月初三。越南安言法师说:"每年阴历四月三日是显奇法师的忌日,属于天台宗的僧尼集中起来举办非常隆重的纪念活动。"① 这点上基本没有什么疑问。对于显奇大师的卒年,最确切的说法是香港判决书,其说"陈春亭即显奇住持1932年逝世"②。作为法律文件,具有最强的证明力。安言法师说其1936年圆寂,是证据不足的。

但显奇大师具体出生在哪一年,则有多种说法。(1)《天台宗观宗讲寺志》中,标为1859—1932年。(2)安言法师在《越南天台宗研究》中标1863—1936年,说其"生于嗣德十七年(越南阮朝翼英宗年号,1863癸亥年)",但并没有提供有关证据或文献证明。(3)谛闲大师在《示新发意人:须发菩提心以为根本》的开示中,有这样一段话:"高君携其入室,五体投地,先询其年,且喜与予同庚,迟予半载。""同庚"的意思,一般是"同年"或者"同龄"的意思,如果年龄相近,无喜可言,应当是在高鹤年的引荐之下,显奇大师来到谛闲大师前,顶礼求度,谛闲大师一问之下,刚好同岁,才会觉得意外的惊喜。

谛闲大师的生年,却也存在多说。在家弟子黄性沕记载谛闲大师口述之言,"光绪七年,余年已二十三岁",③ 光绪七年是1881年,倒推来算,1881 - 23 + 1 = 1859年。口述结束部分,黄居士按云:"民国十八年夏六月……老人年七十有二矣",④ 民国十八年是1929年,1929 - 72 + 1 = 1858年。于凌波居士在为该书所作的序中,标出"谛闲大师

---

① 何文勇(Ha Van Dung):《越南天台宗研究》,博士学位论文,华中师范大学,2014年,第123页。
② 香港高等法院判决书,编号:HCMP 562/92,判决日期:1998年11月26日。第1.5部分,第9页。
③ 方祖猷:《天台宗观宗讲寺志(1912—1949)》,第51页。
④ 方祖猷:《天台宗观宗讲寺志(1912—1949)》,第53页。

(1858—1932)"和"咸丰八年生"的说法。① 咸丰八年，就是1858年。该书作者方祖猷在《自序》中也提到"1928年，谛闲大师已71岁",② 倒推来算，1928 – 71 + 1 = 1858年。在同一小传的结尾，又说："1932年，75岁"，倒推来算，1932 – 75 + 1 = 1858年。谛闲大师的高足法嗣宝静大师也为谛闲大师做了小传，名为《传天台教观第四十三祖中兴四明观宗寺老法师行状》，其中提到"光绪三年，时才二十岁耳"，光绪三年是1877年，倒推来算，1877 – 20 + 1 = 1858年。但是在目录中，却标出"谛闲大师（1853—1932）"，在正文谛闲大师的小传中，开头说"［天台宗第四十三祖鄞县观宗讲寺始祖谛闲大师］（1853—1932）",③ 这样同一部文献中出现谛闲大师生年就有1853、1858、1859三种说法。

如果按照2018年是诞辰160周年来算，生年应当是1859年。如果生年是1858年，那么2018年应当是其诞辰161周年。本次会议的主办方将2018认定为其诞辰160周年，应当默认谛闲大师生年是1859年。关于1858或者1859年之说，可能是按照虚岁或者实岁的不同而言，然而笔者认为，谛闲大师最可能是1858年出生，因为证据相对较多。如果显奇大师与谛闲大师"同庚"，则显奇大师和谛闲大师一样，也最可能是1858年出生。

二 三位善知识

（一）高鹤年三渡重洋劝皈佛门

高鹤年《名山游访记·屯门杯渡山游访记》云："民十春，余自滇粤归，扫墓。邀（印光大）师赴宁波，劝谛老收徒。此徒系香港青山

---

① 方祖猷：《天台宗观宗讲寺志（1912—1949）》，第2页。
② 方祖猷：《天台宗观宗讲寺志（1912—1949）》，第6页。
③ 方祖猷：《天台宗观宗讲寺志（1912—1949）》，第44页。

陈春庭（亭），有徒众二三万人于南洋群岛，而非正道。余三渡重洋，化他归正，送依谛闲法师出家，取名显奇。受戒之时，冤业缠身，余代受之。后数万徒众，皆归正道。事毕与显奇至普陀，与师同行。到申机缘成熟，皈依者众。其供养之款，概作印书之用。至扬寓少怀学校，事毕送师回山。余返刘庄，建造贞节净土安老院。"①

高鹤年《名山游访记·复游灵岩山略记》云："（民十年正月）二十一日，由后谷茂林，参观华严阁。下坡乘轮抵港，往澳门三巴子街，有功德林，乃张玉涛居士所创设。朝林上人领导复返杯渡山，与陈春庭（亭）居士至港，黎乙真居士来轮送行。谈及富贵学道难，贫穷布施难。纯白居士说：'忍色离欲难，见好不求难。'潘君云：'有势不用难。'黎公发心有年，与陈张二公，于青山设道场，志在普渡众生也。乘轮到沪，转宁波观宗寺，介绍陈君，投谛闲老法师出家，取名显奇，受三坛大戒。时陈君宿业发现，余代替之。谛老作记。事毕朝礼普陀。"②

高鹤年《印光大师苦行略记》云："民国十年春，余自粤罗浮、杯渡山经冬。送香港青山陈春廷（亭）老居士，赴宁波观宗寺出家受戒。"③

高鹤年居士所言"三渡重洋"在《名山游访记》中均有记载。（1）第一次，应该是在民国九年冬月初六（即 1920 年农历十一月初六）之前。高居士记录说："民九冬，游香港沌门杯渡山，即青山，昔杯渡禅师游行之地也。去港九十里，山高约十里。昔韩文公游此，峰上题有'高山第一'四字。中岩洞口有坊，曰杯渡遗迹。庙名青山禅院，

---

① 高鹤年：《名山游访记》，第341—342页。
② 高鹤年：《名山游访记》，第244页。
③ 高鹤年：《印光大师苦行略记》，载海量编辑《印光大师永思集》，弘化社2013年版，第32页。

黎一真先生与陈春亭、张纯白诸君所倡修。"① 之所以认为在初六之前，是因为初六日高鹤年居士离开杯渡山，到达广东省惠州市的罗浮山游访。高鹤年记载说："民九冬月初六日，由杯渡山，至上水站，搭广九火车，抵石龙镇，于龙庵晤妙参诸友，同游罗浮。"② 此时高鹤年便认识了妙参和尚。这次可能是高鹤年与陈春亭初次见面，但是鹤年居士在此次游记中没有提到他。（2）第二次，应当在民国九年冬月十二日（即1920年农历十一月十二日）。高鹤年居士在《罗浮山游访记》中记录说："十二日，仍回宝积，旋返杯渡山过冬。"这是鹤年居士第二次到杯渡山，肯定与陈春亭有交流。"次朝送客毕，仍回关房。出关后，性莲、智妙、妙参、朝琳、愿参诸友来，邀往大峪山观音山等处一游。"此处"大峪山"可能是"大屿山"的讹误。妙参和尚就是观音山凌云寺的住持，因此尽地主之谊邀请居士前去参访，也是情理之中的事。而妙参和尚和彼时的陈春亭，则是老相识，自然会更加亲近地介绍交流。（3）第三次，应该是民国十年（1921）正月二十一日后的几日内。"民十，阴历正月二十…… 二十一日，由后谷茂林，参观华严阁。下坡乘轮抵港，往澳门三巴子街，有功德林，乃张玉涛居士所创设。朝林上人领导复返杯渡山，与陈春庭（亭）居士至港，黎乙真居士来轮送行。"③ 这次高鹤年和陈春亭两位应当是一同从澳门回到香港的。

经过这三次香港之行，高鹤年居士对陈春亭应该已经十分了解，故而不久之后，大概是在民国十年的正月二十一日之后，二月初八之前："乘轮到沪，转宁波观宗寺，介绍陈君，投谛闲老法师出家，取名显奇，受三坛大戒。时陈君宿业发现，余代替之。谛老作记。事毕朝礼普

---

① 高鹤年：《名山游访记》，第242页。
② 高鹤年：《名山游访记》，第236页。
③ 高鹤年：《名山游访记》，第244页。

陀。"① 说在二月初八之前，因为谛老为其剃度，即在二月初八佛出家日。鹤年居士说的"谛老作记"，应当是谛闲大师剃度时为显奇大师所做开示之记录，中有显奇之小传。

高鹤年居士提到当显奇大师受戒时，"陈君宿业发现，余代替之"，又说"受戒之时，冤业缠身，余代受之"，意思是说显奇大师快要受三坛大戒的时候，现前起了很多业障，而高鹤年居士"代受之"。用什么方式代受，高鹤年居士没有说清楚，但笔者猜测，应当是替其忏悔发愿等修行，在佛菩萨前誓言愿意替其承担一切业障，其慈悲之心可见，感人至深。究其原因，谛闲大师在剃度开示的显奇小传中，有"适值高君鹤年居士入山相访，陈君喜甚，遂订以三生之约"的内容。"三生之约"的具体内容不得而知，笔者猜测，应当是"前生有缘，今生相见，来生相聚龙华三会"之类佛教同参道友之间的约定。

（二）释妙参近水楼台多多化导

百度和互动百科上，"妙参和尚"或"妙参法师"词条，都会有这样的内容，笔者认为应该是于凌波居士所撰，但未找到具体出处，估计应当是其编撰的《中国近代佛门人物志》："当时屯门青山寺的前身，原是一座纯阳观，是一处先天道信徒的道场，住持这座道场的，是一位陈吉祥老先生。陈吉祥是福建莆田人，咸丰九年出生。后来在香港以经商致富。中年信了先天道，主持纯阳宫。妙参法师在此期间，和陈吉祥相识，以佛法化导他。陈吉祥乃悟知先天道不是究竟之法，转而崇信佛教，并于一九一八年，到宁波观宗讲寺，依天台大德谛闲老法师落发出家，法名显奇。于观宗寺受戒后回到香港，改建纯阳宫为青山寺，显奇为青山寺开山住持。"

1911年前后，妙参和尚在辛亥革命爆发、国家动荡之际，来到香

---

① 高鹤年：《名山游访记》，第244页。

港,"聊同师友等往港求暂息之地",① 彼时应该慢慢结识了时为纯阳仙观住持的陈春亭,并经常在一起交流。但是具体如何结识,怎么交流,都没有文献资料可以说明。但我们有理由猜测,看到资质非凡的陈春亭,妙参和尚十分喜欢,便常常留意化导。最终在高鹤年居士的三次游访之际,又相聚谈论,顺应因缘而合力劝导,促成了陈春亭"转道入佛"之事。

(三) 谛长老剃度传戒苦心开示

在为陈春亭剃度受戒之后,谛闲大师也为其作了开示,并将此开示记录了下来。谛闲大师与高居士相熟,但与妙参大师可能相交甚少,因此在此开示之中,并未提及妙参大师。相反从香港佛教界的角度而言,他们对妙参大师比较熟悉,对高鹤年居士不太了解。这个开示现在编入了《谛闲大师文集》中。全文如下:

> 示新发意人:须发菩提心以为根本
>
> 菩提善根,性德中固有物,久蕴于五阴身心而不自觉。如草种之在地,但有土处,莫不有之。一逢时雨,即便发生。惟雨有早晚,故生有迟速耳。人之佛性,亦复如是。经云:知法常无性。佛种从缘起,能达缘起无性,即成佛之真种矣!
>
> 广东为佛法禅道之源,前有曹溪,后有憨山。如巨夜明灯,中流砥柱,作世间眼,为人天师。自憨师灭度后,至今已数百年矣。嗟乎!去圣时遥,典型扫地。至今所有僧徒,不知竟为何事,唯务驰骋六根,备造众恶。目击时流,滔滔皆是。即有一二肯修苦行者,如披沙拣金,非曰全无,有亦不多。故有志出生死者,不遇明师,流入异道,盖亦多矣。

---

① 释明慧:《大屿山志》,第49—50页。

兹有陈春亭居士，凤禀佛敕，乘愿再来，隐实施权，脱珍着弊，作先天教之领袖，密而不露者，已数十年，苦心孤诣，导引后昆，使诸男女子弟服膺明诲，其功伟矣。辛酉冬，陈君猛思："即今年逾花甲，后景更有几何？"适值高君鹤年居士入山相访，陈君喜甚，遂订以三生之约。《孟》云："油然作云，沛然下雨，则苗勃然兴之矣。"陈君与高君之缘，亦若是而已矣。

次年春，遂联袂出山，仿优楼频螺故事，航海来甬，直入观宗，甘愿薙发染衣，乞受金刚宝戒。高居士头面作礼，详呈衷曲。予遂首肯曰："大事因缘，不可思议，非率尔也，须面勘之。"高君携其入室，五体投地，先询其年，且喜与予同庚，迟予半载。察言辨色，笃信纯诚，非常品也，乃许宣以三坛大戒。

命监院志师为正训，科主能师副之，住持禅长老为羯磨，仁都讲为教授，乃于佛出家日脱白，法名得真，一字显奇。是晚作法，演习毗尼。先授以三皈，进授以十戒，然后恭请十师，登坛受具。至大士圣诞良辰，圆满菩提三聚净戒。

经云："金刚光明宝戒，是一切佛本源，一切菩萨本源。一切众生皆有佛性，一切意识色心，是情是心，皆入佛性戒中。"又云："众生受佛戒，即入诸佛位，位同大觉已。真是诸佛子。"余曰："佛子善哉！我虽和盘托出，尔当自问最初以何心出山？以何（心访）师？今日以何心薙除须发，而披法服？以何心乐求佛法，禀受此戒？苟得真心，则三世诸佛，历代祖师，普及一切大地有情，一齐向老僧一毫端上，放光动地也。"

须知释迦老子，初坐道场，便宣明过去十方三世诸佛之戒法。故曰："我今卢舍那，方坐莲华台。周匝千华上，复现千释迦。尔时千百亿，还至本道场。各坐菩提树，诵我本师戒。"观此可知，释迦世尊但是发明诸佛此心，宣传诸佛此戒，及至四十九年，为人委曲周旋者，亦不过普令众生信受此戒耳。举要言之，西天四七，东土二三，列祖相承，无非密持此戒，不过悟得此戒，本自有之，不从人得。性自具足者也，岂离此心戒外，别有妙悟耶？

若从此发心，增进不退，顿悟本心，即永断生死，一超直入菩提彼岸。即从今日，发足一步为初地也。于戏！一阴以至冰，一阳而炎赫。自造化之机如此，道化之机亦然。将转魔界而成佛界。未始非从尔一人一事而倡始乎？

又复应知，我佛如来应机施教，所说法门，大似恒河沙数。就中求其三根普被，上下兼收，至直捷、最圆顿者，无如净土一门欤？善导和尚云："唯有径路修行，但念阿弥陀佛。"永明祖师云："无禅有净土，万修万人去。但得见弥陀，何愁不开悟？"

真大德，尔当发广大心，认真念佛。当以此法自度，犹未为晚。信得极，愿得切，近则七日内，远在临终。此是一生取办法门，万勿当面错过。仍即以此法，化彼有缘，同生净土，嘱诸徒属，展转演扬，度尽众生而后已。如此则方不负数十年隐化之苦衷，亦不负高居士数千里跋涉程途之密意。同报佛恩，同成正觉，尔其志之，尔其勉之！

小　　结

经过上述考证，笔者认为这样对显奇大师的生平做介绍似乎更加准确一些：

显奇法师（1858—1932），福建漳州浦甫县人。俗姓陈，名春亭，字吉祥。生于1858年，圆寂于1932年农历四月初三，世寿75，僧腊12。初到香港时经商，致富后热心慈善，在九龙山各地设多处斋堂。初信奉道教，隐居青山纯阳仙观。后在香港观音山凌云寺住持妙参大师的循循善诱，以及大陆高鹤年居士三渡重洋的劝导之下转道入佛。1921年，已过花甲的陈春亭在高鹤年居士的陪同之下，远赴千里，从香港至宁波宗观讲寺，投谛闲大师求出家，遂于当年农历二月初八剃度，二月十九受具足戒，法名得真，字显奇。之后认真学习谛闲大师的天台教法。返港后，将原属道教先天道的青云观，改建成佛教禅院，成为香港青山寺的开山祖师，并将天台宗的教义在东南亚一带传播。其弟子中有七位来自越南，受戒后返回越南各自积极传播天台。显奇法师被诸位越南弟子尊奉为共同的初祖。其俗家妻子何妙清在其出家后，全心护持其建寺弘法之事业，并将所有遗产均捐献给佛教。

越南黎朝性泉湛公禅师在中国参学取经及传播经书研究*

[越] 阮进山

上海大学文学院博士后

摘要：众所周知，越南佛教受汉传佛教影响甚深，特别在越南后黎朝阶段，表现在两国高僧纷纷来往传道、学习、传受戒。中国名僧赴越传道者如拙公禅师（1590—1644）、石廉禅师（1633—1704）、元韶禅师（1648—1728）等，到了今天他们的影响力仍然存在。越南僧人在清初也来中国参学、受戒、取经，其代表如水月通觉禅师。但是历来很少有人知道性泉湛公和尚在中国参学之经历与他取经的功绩。本文以性泉湛公为对象，研究六年间（1730—1736）他在广东省鼎湖山庆云寺参学、受戒并请三百部一千余卷经书回越南的经历。回国之后，这些经典被佛教界接受、弘传、多次重刊，佛教思想从中国传到了越南，到了今天仍有深刻的影响力。

关键词：越南；鼎湖山庆云寺；性泉湛公；弘赞在犙；刻经

---

* 本文是2019年度国家社科基金重大项目"'一带一路'佛教交流史"（项目编号：19ZDA239）的中期成果之一。

一 "一带一路"背景之下性泉湛公禅师之参学

在越南佛教的历史演变过程中,有五个外来因素增加了越南佛教的生命力。

第一,2世纪时,印度僧人丘陀罗、摩诃耆域①与本地僧人康僧会禅师(?—280)在越南弘传佛教,逐渐成立了嬴楼佛教中心,此佛教中心将佛教与越南本土信仰结合起来,形成了越南佛教四法(法云、法雨、法雷、法电),奠定了越南佛教的初期阶段。

第二,从6世纪到10世纪,印度毗尼多留支禅师(?—594)、中国僧人无言通禅师(759—826)与草堂禅师(997—?)陆续到越南传播禅法,在此基础上,李、陈时期,佛教变成了越南国教,其顶峰就是陈仁宗融合三个禅派——毗尼多留支、草堂、无言通的思想而成立本土化的禅派——"竹林禅派"。

第三,到17世纪,水月禅师(1637—1704)从中国留学回来,传播曹洞禅,促进越南佛教进一步的发展。与此同时,中国临济僧人也抵达越南弘传佛法,如拙公和尚(1590—1644,在北部弘传)、元韶(1648—1728,在中部弘传)。因此,后来越南佛教的传承法脉即以临济与曹洞为主。

第四,1930—1945年,在中国高僧太虚大师振兴佛教的鼓励下,越南佛教也进入了振兴佛教的阶段,其表现亦如太虚大师所提倡:教理革命、教制革命、教产革命。越南佛教当时也获得了一定的成果:培养僧才、出版佛教杂志、寺院建设,等等。

第五,到了21世纪,在4.0时代,在多元化交流的背景下,越南佛教又有了新的发展机会,其成就表现为以下几个方面:教育僧才、教

---

① 性慕重刊:《古珠法云佛本行语录》,1752年版,第1页(汉喃研究院编号A/818)。

训信徒、弘扬佛法、发展佛教文化,等等。

17世纪时,有几位中国曹洞宗高僧赴越弘法,其中代表人物有四位:

(1)觉峰禅师(?—1714),他创建了顺化省报国寺,禅师的塔墓存留至今,上有碑文曰:"曹洞源流开山含龙天寿寺讳法涵号觉峰祖师宝塔。"

(2)克玄禅师(?—1706),是顺化省禅林寺的开山者。今禅林寺祖堂还有他的灵位:"曹洞正宗开山禅林寺讳如资上克下玄大老和尚之觉灵。"

(3)石廉禅师,他受南方阮国主之请到越南传戒。根据《海外记事》记载,1695年4月8日,他给三千位戒子授过戒,其中国主阮福周(1691—1727)也是他的戒子,法号叫兴龙。但他的影响犹如昙花一现,并不深远。

(4)兴莲果弘禅师,他师承石廉禅师,在广南省五行山三台寺修行,弘传曹洞宗,被国主阮福周封为国师。

如此看来,在整个越南佛教历史发展进程中,在中越文化圈中,中国僧人赴越传道之努力已经把外来的因素带来越南本地,不只为当时的佛教注入了新的活力,而且建立了今天越南佛教的多数宗派,及代表祖庭:

(1)佛皇陈仁宗,是竹林禅派的奠定者,祖庭在广宁省之安子山。

(2)水月通觉禅师,是北越曹洞南传正派的奠定者,祖庭在海洋省衹阳山圣光寺。

(3)了观禅师,是临济了观禅派的奠定者,祖庭在顺化省天台山禅宗寺。

(4)先觉海净禅师,是临济家谱禅派的奠定者,祖庭在胡志明市新平县觉林寺。

(5)慧灯禅师,是天台禅教宗禅派的奠定者,祖庭在巴地头顿省天台寺。

（6）了禅禅师，是天台教观禅派的奠定者，祖庭在隆安省宗盛寺。

（7）护宗禅师，是南宗原始佛教的奠定者，祖庭在胡志明市首德县宝光寺。

（8）明灯光禅师，是乞士系派的奠定者，祖庭在胡志明市明灯光法苑。

两位中国高僧在越南成立禅派，至今祖庭犹在：

（1）圆炆拙拙禅师，是北部临济禅派的奠定者，祖庭在北宁省笔塔寺。

（2）明海法宝禅师，是中部临济禅派祝圣支派的奠定者，祖庭在广南省祝圣寺。①

在越南佛教如此丰富的创宗立派的历史中，在"一带一路"文化圈之下，不少中国僧人赴越传播佛法让越南佛教有了新的形态、新的祖庭；与此同时，也有不少越南僧人去中国参学、求法、请经，归国之后，他们很多都成为如水月禅师那样的开宗者。性泉湛公禅师也是在此激励下，去中国参学请经的。

中国佛教历史悠久，博大精深，是因为有不少僧人如玄奘、义净等不辞艰苦，跋涉山川，经历多年，入竺求法，请回大量经书，然后翻译阐扬，这不只让中国佛教辉煌发展，而且还对语言、思想、学术等传统文化进行了补充。同样，越南的性泉湛公和尚，为了改革当时戒律疲弊、经书缺乏的现象而北上请经，从中国请回大量经书。而关于性泉禅师的材料主要在越南汉文古籍中，且保留在他修行的地方，所以世人知之甚少。本文对于湛公禅师从两个方面进行研究：一，他的生平与他在中国参学的经历；二，他请回的佛教经典及其传播状况。

---

① 释同本：《从柤阳传奇寻归曹洞南传禅派根源》，越南曹洞禅派研讨会内刊，2015年，第227—229页。

二 性泉湛公禅师生平与在中国参学的经历

1. 性泉生卒年之考述

关于湛公性泉禅师（1708—1778）的生平，《禅苑继灯录》（以下简称《继灯录》）记载："河内继灯第七十六世，莲宗第二代，杜多两国和尚。南定省武仙多谷人。俗姓黄，十二岁出家，投于莲宗寺，顶礼上士求剃度，受十法，昼夜六时礼颂学习，执劳服役，六年行满。云游参问知识。一日上士叹曰：'时当末法，世降中衰，大道寥寥，戒律已无闻矣。'于是其师对性泉说：'汝可远求大教，匡复弊端。何如耳？'师礼谢奉命。祖送好偈云：'禅林古镜久埋尘，为法忘身几个人？五十三参今古在，八旬行脚也辛勤。'自此思惟深入，发弘誓愿，寻究经律，诣佛祖前上香礼拜毕，具奏得旨，时黎永祐间。自是栖山航海六个月至广州府，鼎湖山庆云大禅寺。住寓三关三个月。一日维那僧出门外，见师形色忧恼，问曰：'汝从何方来？志求何事？'师曰：'贫僧是安南小国，远行千里，欲求大法，无由得达，敢烦仁者，转禀和尚，实贫僧万幸。'维那具禀缘由。和尚曰：'善哉。'时师入方丈，顶礼其金光端和尚，陈情暴白。光端曰：'入挂搭去。'师自此扞劳忍苦，不惜身命，服役三年。三年习学，专持礼诵学习，手不释卷。时师二十五岁，求进比丘菩萨戒。讳其金，号光端为和尚；讳正语号止言，为结摩师；[①] 讳光觉，号癯如，为教授师。尊证七位，明实大德、七间大德、性具大德、克己大德、慎天大德、定庵大德、维持大德、作持大德，与授具戒。自此寻章摘句，无所不通，取得经律论三百部，一千余卷。供斋一顿，费约精银十笏。六年行满，具禀凯还故国。和尚付嘱偈曰：

[①] 根据丁福保主编的《佛学大辞典》，应该是"羯磨"或"羯摩"而不是"结摩"，即授戒三师之一，授戒时读羯磨文的人。

'还而不悟，悟而不迷，心无迷悟，直坐莲花。'辞谢三师大众而还。还至仁睦村，三玄门，上士归西已三年矣。即将三藏经律留在乾安寺，一切僧尼请师为和尚，重受戒法。弘四分律，自师为始。自此潜者复兴，光者复续。时师行年七十，命众鸣钟集僧，谓上足海炯曰：'吾道兴隆，岂非汝耶？'付嘱偈云：'至道无言，入不二门，法门无量，谁是后昆？'师结跏而化。阇维舍利无数。建塔含龙寺、崇福寺二处奉事。时黎永祐十年间。"①

如山禅师于 1734 年编撰的《继灯录》只记载到临济宗第 73 世。1859 年，福田和尚续刻《继灯录》并补充第 75 世如澄麟角和尚与第 76 世性泉湛公和尚。根据上文，湛公的生平中有三点可以确定下来。首先，《继灯录》载：师从中国回国"还至仁睦村，三玄门，上士归西已三年矣"。意思是说，1733 年，他的师父如澄麟角上士圆寂，② 三年后，湛公回国，即 1736 年。他在中国六年，出国参学当在 1730 年，从此肯定他在中国阶段确实是 1730—1736 年。其次，《继灯录》记载的"具奏得旨，时黎永祐间"是错的，因为 1730 年他出国参学时，不是永祐年间（1735—1740），而是黎朝永庆年间（1729—1730）。最后，《继灯录》记载"三年习学，专持礼诵学习，手不释卷。时师二十五岁，求

---

① 如山编辑，福田续编：《禅苑继灯录》，河内莲派寺藏板1859 年版，第 47 页。
② 如山编辑，福田续编：《禅苑继灯录》，第 43—44 页。内容为："河内继灯第七十五世祖，莲宗寺离尘院如澄麟角上士，是第一世开山始祖，贯清化省永槊山人，姓郑，名拾，是晋光王之子，母武氏，怀胎满月生师，当正和十七年（1695）丙子五月初五日酉时出世。额有日角，熹宗闻之，以第四公主妻之。虽居紫府之荣，心悬波罗之境，时有私营在寿昌县白梅坊，一区土园池沼六亩，后园有一堆土阜，高七八尺许，一日命命军家，掘土阜于足底实为深湛，造一涧海放金鱼，忽见一大莲藕，军家呈师，师以为出家之兆，因莲藕之瑞，化家为寺名莲宗，院曰离尘。不入村坊，自是笃志参禅。一日上疏愿舍俗出家。得旨，是日直往东潮之安子山龙洞寺，顶礼正觉真源和尚，时祖行年八十，谓曰：'缘会高会，何见之晚耶？'师曰：'师资会合，时至而出。'祖曰：'重兴佛祖，是汝一人。'自是日夜研究三藏，无所不通。一日上堂具威仪求进具戒，未几祖曰：'我归西时至，我得法于真源和尚。'时师年三十七。一日谓众曰：'四大苦身，岂能长久？'遂回西安坐，付嘱性泉湛公和尚曰：'本从无本，从无为来，还从无为去，我本无来去，死生何曾累？'言毕，面西念佛而化，当黎龙德二年（1733），大众建塔造像，三寺奉事。"

进比丘菩萨戒",即 1730 年他到中国时才 22 岁,三年后正好 25 岁他受比丘戒,推出性泉 1708 年出生。《继灯录》载:"时师行年七十"圆寂,推出 1778 年他往生。1778 年是黎朝景兴三十九年而不是《继灯录》记载的"时黎永祐十年间"。

从上所论可以对于性泉湛公禅师的生平作一总结:禅师讳性泉,字湛公,号杜多两国和尚,越南黎朝僧人。于 1708 年生,俗姓黄,南定省武仙多谷人;十二岁(1720)拜如澄麟角为师得受沙弥十戒;1720—1726 年,六年间为如澄禅师的侍者;1726—1729 年,云游参问知识。1730 年,奉师父之言,遵黎朝之旨,去中国参学。经过六个月时间,他到了广州府鼎湖山庆云寺。到此之后,他在三关门口流连三个月后才入众。经过三年考验、努力修学,1733 年(25 岁)他得受比丘戒与菩萨戒。经过六年参学,黎永祐二年(1736)他请得经书三百部一千多卷回到越南。至三玄门即崇福寺①时,听到师父已经圆寂三年的消息,他把经书留在乾安寺②。39 岁以后,他在越南北部等地弘传《四分律》,并受当时僧尼之请,担任和尚重受戒法。于 1778 年,传法于弟子海炯后圆寂,世寿 70,戒腊 45。弟子于含龙寺与崇福寺起塔供养,永奉香火。

2. 性泉参学之原因与路线

性泉禅师在世的时期,越南佛教不重视戒律问题,佛教界产生了许多弊端,出家人不依戒律行持,所以大道寥寥,佛法衰微。《戒坛》中记载了 1831 年左右的现象:"暨于上德拙公祖师(1590—1644),念南

---

① 三玄门即三玄寺,或崇福寺,属河内市清春郡下停坊羌停路巷 117,门牌 47 号。性泉圆寂后,另一份舍利在三玄寺塔墓。
② 乾安寺,又名南同寺。今属河内市埭多郡南同坊阮良鹏埔第 64 巷第 32 号。寺建于李英宗大定二年(1141)。根据乾安寺碑记 1621 年记载:1621 年僧录司阮仁字、法藏僧统进行寺院重修。黎朝正和十八年(1697)再次重修大殿、三关、钟楼。因此 1736 年,性泉取经从中国回越南时,此寺规模已经比较庞大并遵法藏僧统的禅风。

越系是边方土苴，传持量难端的，故大展婆心一片，历涉夫万里山川，诣于交州弘传戒法。逮余先祖水月和尚道南禅师（1647—1704），不惮行尘劳顿，身到湖州凤凰受戒将回以传南国。历余第五世祖更遇湛公祖师杜多菩萨，得鼎湖之净戒，振我越之滞俺授……。今见诸方丛阙，本国僧行，或授戒而不具员僧，便谓吾以心印；或剃发而不持佛戒，自言我是法门；或披缁而未受沙弥，已直受比丘菩萨；或持戒而未周六载，已举登乞士沙门。"① 为了复兴佛教，如澄劝弟子去国外留学，研究律学。《继灯录》载他的师父感叹："时当末法，世降中衰，大道寥寥，戒律已无闻矣……汝可远求大教，匡复弊端。何如耳？"湛公上路之前，如澄还写了一首诗鼓励弟子修行需要"为法忘身"，要学习《华严经》所说善财童子参访五十三个善知识。因性泉的师父是郑主的官员出身，湛公才能收到黎维祊皇帝的批注并颁给敕旨让他出国参学、请经，《继灯录》载为："具奏得旨。"水月禅师② 1664 年去中国参学是非常艰辛的，所以性泉才会花费"精银十笏"坐船到广州。到中国取经也是当时中越交流的主流思潮，李庆新指出："十七八世纪，中国明清鼎革之际，为了发展已经式微的越南佛教，越南方面积极召唤中国遗民僧人前来弘法，并引入汉地的佛教典籍。当时中国仍会时常赐予越南汉籍，种类也不断增多，但多以儒家经典为主，除了官方的往来，越南使臣、差役、士兵、僧人、道士、侨民和商人也是当时汉籍

---

① 曹洞门人，《受戒》序，河内市东英县净明寺印刻1831年版，第1—11页。
② 宽翌：《曹洞南传第一祖师语录》，1806年版。水月禅师的简历小结为：禅师字水月，号通觉道南，越南黎朝高僧。俗名：邓甲，1637年出生。籍贯：安南国山南道先兴府御天县清潮社人（今越南国太平省兴河县新礼社清朝村）。幼时习儒学，18岁参加乡试第四场，登贡举。20岁在太平省泰瑞县瑞良社虎队村寺出家。28岁（1664）到中国参学，经过北京又回湖州，拜一句智教禅师为师，30岁受比丘戒，并继承中国曹洞宗谱系法脉。经过三年修学（1664—1667），得心印与曹洞宗传灯偈回越南。回国后的37年内，在海洋、河内等地的下龙寺、琼林寺、洪福寺、安子山等地，极力弘传禅、律思想。在42位出家弟子中，选择了最优秀的弟子宗演为法嗣，并于1704年传心印，之后示寂于圣光寺，荼毗后，弟子们于下龙寺与圣光寺内起石塔供养。

采购的主要媒介。"①

3. 性泉参学之地点与院主

性泉直接来到庆云寺参学。庆云寺位于广东省肇庆市鼎湖区鼎湖山，建于1636年，第一代栖壑禅师开山，第二代由弘赞大师住持。弘赞在此住持29年，其禅、律、密等方面的佛学著作颇多，对庆云寺的创立和发展都作出了很大贡献，当时公认他"戒律精严，为诸方推重"，"所成就者甚众，岭海之间，以得鼎湖戒为重"，②影响范围不只在中国国内，还传到了国外，其中就包括越南。③弘赞的著作共计24部、102卷④，特别注重律藏经典的注释，如：1643年弘赞完成了《四分戒本如释》《四分律名义标释》《式叉摩那尼戒本》《沙弥律仪要略增注》等，这些书如今仍被越南僧尼修学和研究。当时弘赞的戒律学风早已传到越南，引发了性泉到庆云寺取经、求戒的因缘。性泉到庆云寺时，已经是金光号端和尚担任第十三代住持的时期（1736—1747）了，但仍保持着弘赞的戒律精神，表现在给性泉传戒的戒师数量、仪轨都比较完整上。

4. 性泉参学之受戒与禅位

《毗婆沙律》载："佛告阿难，我灭度后，有五种法，令正法久住：一、毗尼者是汝大师。二、下至五人，持律在世。三、若中国十人、边地五人，如法授戒。四、乃至二十人出罪。五、以律师持律，是故佛法

---

① 李庆新：《清代广东与越南的书籍交流》，《学术研究》2015年第12期。
② 《弘赞和尚选集》，广东旅游出版社2015年版，第50页。
③ 弘赞：《四分戒本如释》，1738年，第27页。印刻说明中有："永祐四年（1738）戊午仲夏谷日，光庆寺侍者沙弥海烟拜写。"如果此本是性泉1736年请回的话，这本书的影响力很大；如果不是的话，说明性泉还没去中国之前，这本书就已经在越南流行了。
④ 郑兴中：《弘赞在犙生平与著作述略》，《肇庆学院学报》2017年第1期。

住世五千年矣。"① 根据如此的戒律规定：性泉的情况属于第三种法，即如果在中心国家受戒，要三师七证；如果在边地，可以三师二证。在庆云寺戒坛有三师、七证："其金号光端为和尚；讳正语号止言为羯磨师；讳光觉号癙如为教授师。尊证七位：明实大德、七间大德、性具大德、克己大德、慎天大德、定庵大德、维持大德、作持大德。"（《继灯录》一共列出八位，可能有一位当为典礼，负责传戒的唱诵）25 岁的性泉为什么要在中国才请受比丘戒与菩萨戒呢？因为越南"时当末法，世降中衰，大道寥寥"，连他的师父也感叹："戒律已无闻。"如上所述，水月禅师于 1664 年去中国参学，比性泉去中国留学还早 66 年，当时也仍要在中国受比丘戒，成就出家人的具足戒品。由此可知，越南当时戒律精神和戒律仪轨还没普及，促使了他们去中国受戒。因此性泉受戒、取经（其中有戒律经书）回越南后让"一切僧尼请师为和尚，重受戒法"。"重"即已经受过戒，再一次请性泉当传戒和尚给他们传戒，所以《莲宗寺碑》载："多将三藏将回，我国有具足三坛从此始。"② 不只在传戒方面，在越南"弘《四分律》，自师为始"，即性泉把弘赞所著的律书，特别是把其中的《四分律》作为核心来弘传。而《四分律》在中国是道宣律师成立律宗的基本经典依据。因此，1859 年，福田续编《禅苑继灯录》时认定：性泉是弘传《四分律》的开始人。性泉禅师先在越南出家，后在鼎湖山受比丘菩萨戒，故被称为"两国和尚"。虽然在中国受戒，但是他的法脉仍是临济禅派。

---

① 此意由越南印刻的《授戒仪范总集》根据《善见律》简约而成的。《善见律》原文："云何令正法久住？一者身自随法，二者能令他得法，因法故正心持律，因持律故得入禅定，因禅定故而得道果，是名令正法久住。如律本中说，佛语阿难：'若我灭度后，毗尼即是汝大师也。'是名令正法久住。下至五比丘戒律，在世能令正法久住，若中天竺佛法灭，若边地有五人受戒，满十人往中天竺，得与人具足戒，是名令正法久住。如是乃至二十人得出罪，是名令正法久住。因律师故，令正法久住，是名持律五德。"《善见律毗婆沙》卷十六，《大正藏》第 24 册，第 786 页上。
② 河内市莲宗寺石碑，田野调查所得。

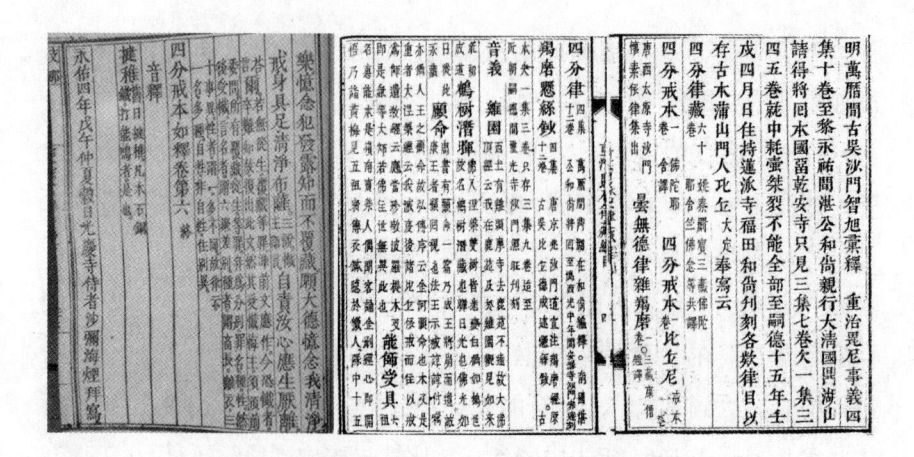

图1—3 由性泉从中国广东鼎湖山庆云寺请回的
《四分戒本如释》及其在越南的刻本

关于性泉的禅门法脉，《继灯录》指出，湛公寂泉禅师是临济宗第76世。这意味着：菩提达摩为第28世，惠能为第33世，临济义玄为第38世，一直传到第72世拙公和尚。1607年，拙公和尚抵达越南中部，1633年到河内传道，受到当时的黎王与郑主官员士民所崇敬。拙公禅师先住河内之看山寺，后到北宁省笔塔寺并在此圆寂。拙公传法于越南弟子明良为第73世，真源慧灯为第74世，如澄麟角为第75世。湛公性泉由如澄得法故排第76世。后湛公传给海炯为第77世。因拙公禅师传承了中国智板突空禅师所提倡的临济宗传灯偈："智慧清净，道德圆明，真如性海，寂照普通。心源广续，本觉昌隆。能仁圣果，常演宽宏。惟传法印，正悟会融。坚持戒定，永继祖宗。"所以到拙公仍保存从"圆"字往下，到了性泉禅师即至"性"字。河内市莲派寺家谱碑记载了此寺的传承："莲派古号莲宗寺，创立自黎朝裕宗年间，开山第一救生上士，姓名郑十，系郑普光王子。下二传性泉和尚，下三传宝山性爌和尚，下四传慈风海炯禅师，下五传真寂，下六传密因福田，下二传头陀监院实是七代、下八传我尊师碧潭初祖。"① 2019 年，该派还在越南北部传承，传到了"觉"。与此同时，性泉还是莲宗第二代。莲宗由如澄禅师所创，是第一代，以河内莲派寺为中心。如澄传性泉为二代，性泉传海炯等。因此性泉虽然在中国受比丘戒，但仍是越南临济与莲宗的门人，因此他的禅宗思想也影响颇深。他从中国回国前，庆云寺住持传给他一首偈："还而不悟，悟而不迷，心无迷悟，直坐莲花。"性泉圆寂之前也传给海炯一首偈："至道无言，入不二门，法门无量，谁是后昆？"性泉将其端和尚"心无迷悟"的思想传给了自己的弟子，希望他们了解"心无迷悟"，了知"入不二门"，传承莲宗法脉。

三 性泉禅师从中国请回的经书及其在越南的传播状况

（一）性泉在中国取经的数量

福田编辑《道教源流》记载："奉诏求法。黎永祐，莲宗寺，临济谱，性泉湛公和尚，奉旨往大清国，鼎湖山庆云大禅寺，学道受戒，搜寻经典，将回本国留在京师乾安寺。云：（经部类：）②《佛本行》六十卷、《治禅病必要经》五卷、《未曾有正法经》五卷、《兴显经》五卷、《渐备智德经》五卷、《无量义经》五卷、《阿閦佛国经》五卷、《五千五百佛名经》十卷、《七佛经》、《无畏上问经》、《宝印经》、《四贤劫经》、《古音王经》、《欢预经》、《普超经》、《思益经》、《胜鬘经》、《胜天王经》、《方等大云经》、《像法决疑经》、《端相经》、《总持总经》、《文殊般若经》、《神变经》、《如幻三摩地无量印法门经》、《菩萨五戒威仪经》、《称扬诸佛功德经》、《发觉净心经》、《奇特》四卷、《长阿含》、《大阿含》、《增一阿含》共十卷、《诲意经》、《造像三昧》

---

① 河内莲派寺碑文。
② 笔者把福田和尚所列经书分成：经、律、论、佛教史、杂部类等五类，以便研究。

一卷。（律部类：）《梵网合注》十卷、《梵网发隐》一卷、《四分如释》十卷、《毗尼重治》十卷、《毗尼切要》一卷、《毗尼指南》一卷、《毗尼毗婆沙论》、《优婆塞戒》五卷、《戒坛》三卷、《弘戒录》一卷、《比丘戒录》一卷、《作法》一卷、《不空》一卷、《羯磨删补》八卷、《羯磨指南》十卷、《资持》一卷、《根本律》、《杂事律》、《佛门定制》二卷。（论解部类：）《大智度论》一百卷、《大乘起信论》一卷、《成唯识论》四卷、《瑜伽师地论》、《华严合论》一百卷、《华严玄境》一卷、《华严起止》一卷、《法华品节》一卷、《法华知音》八卷、《圆觉小钞》十卷、《圆觉疏义》一卷、《圆觉结纪》一卷、《楞严宗通》十卷、《楞严合论》十卷、《楞严会解》十卷、《楞严正脉》十一卷、《般舟三昧》一卷、《顺正理论》、《往生集》、《般若放光》、《般若添足》一卷、《般若分节》一卷、《般若实相》一卷、《般若洪武御制》一卷、《般若实义》一卷、《维摩诘参合》五卷、《准提合释》一卷、《金刚略说》一卷、《金刚正法眼》一卷、《金刚如仪》一卷、《金刚宗通》一卷、《金刚寿命》一卷、《弥陀要解并会元》三卷、《须伋要旨》三卷、《竹窗》三卷、《六道集》二卷、《大悲心忏舍利塔》二卷、《梵网六十二见》四卷、《解惑编》二卷、《西方美人》一卷、《指要钞详》四卷、《净土观想》一卷。（佛教史部类：）《佛祖统纪》四十五卷、《宋高僧传》三卷、《宗镜录》一百卷、《中锋录》三十卷、《景德传灯录》三十卷、《高峰录》三十卷、《天目中锋》一卷、《位中符禅师录》一卷、《释氏通鉴》、《松巅老人判魔》一卷、《古镜录》一卷、《四家语录》二卷、《普觉禅师录》一卷、《南岳禅师录》一卷、《五家宗派》一卷、《五家语录》二卷、《万松老人》三卷、《永嘉正道歌》一卷、《万寿禅师录》一卷、《内法传》、《禅海十珍》一卷、《续略》四卷（即《五灯会元续略》）、《即非禅师》一卷、《明宗正伪》一卷、《普陀志》六卷、《鼎湖志》八卷、《湘山志》五卷、《杂宝藏》三卷、《大慧普觉》一卷、《次第初门》二卷。（杂部类：）《珠林》一卷、《生天记》一卷、

《黑白》一卷、《华藏》一卷、《顿悟》一卷、《古枯》一卷四卷、《箕裘》八卷、《万宝藏》一卷、《古拙》一卷、《楞严法数》一卷、《诸王古传》一卷、《释子须知》八卷、《教乘法数》四卷、《香林》一卷、《支道林》一卷、《搜神记》一卷、《寂光境》一卷、《观所缘论约》一卷、《经纶座余》二卷、《性命圭指》五卷、《事文类》二卷、《西方图》一卷、《珍同二刻》二卷、《取舍三藏志》、《偶语》一卷、《雅俗》十卷、《辅行》。以上诸部无有数卷者，由本部蠹损是故不能编入。"①

福田和尚于1848年在《道教源流》中仅统计了152部775卷，但是1859年他在《继灯录》中记载："取得经律论三百部，一千余卷"，究其主要原因是福田统计时距性泉圆寂已67年，经书大量损坏，"由本部蠹损是故不能编入"；其他原因可能是经过西山战争，经书失落在所难免。但是到了福田和尚，经书数量仍保存了一半多，从福田往下暂时无法统计，只能在几部经书中找到关于性泉禅师与庆云寺的一些零星记载，依此可知性泉的取经事业影响到越南佛教之情况。

表1　　　　　　　　湛公和尚请回之经书及其发行情况略表

书名	作者	在越南时间与地点重刊	越南负责人
《竹窗随笔》	袾宏	1905年河内市圆明寺	比丘知止
《解惑编》	弘赞	1828、1859年北宁省含龙寺	比丘通荣
《净土忏愿》	遵式	1897年海洋省大心寺	比丘清振
《四分戒本如释》	弘赞	西山朝阶段安缘寺重刊	沙门寂达
		1862年河内莲派寺	福田和尚
《重治毗尼事义集要》	弘赞	1862年河内莲派寺	福田和尚
《禅林宝训》	净善重集	1858年河南省延灵寺	惠性写字

---

① 福田和尚：《道教源流》，北宁省大觉寺印刻1845年版，第1—3页。

续表

书名	作者	在越南时间与地点重刊	越南人负责
《妙法莲经感应录》	云栖、广莫	1768年北宁省大悲寺	比丘海筸
《菩萨戒经》	弘赞	1877年河内省资庆寺	资庆寺门人
《沙弥律仪要略增注》	袾宏编辑、弘赞注释	北宁省笔塔社宁福寺	比丘生光
		1877年河内多宝寺	安乐沙门
		1880年河南省细川寺	细川寺门人
《沙弥律仪要略增注解音》	福田	1861年北宁省天福寺	青莲重刊
《沙弥律解》	释行住	1984年宗教出版社	释行住
《沙弥律仪要略集解》	释进达	2016年洪德出版社	释进达

2. 性泉请回之经、论部在越南的传承

如《道教源流》所统计，性泉取经部类非常丰富。有大乘经典如《法华》《般若》《楞严》，还有注释、论疏如《法华知音》《法华品节》，有小乘经典如《长阿含》《增一阿含》等。这些经典到了越南不久便刊版流通。比如《〈竹窗随笔〉重刻序》载："黎末时间，大道寥寥，戒律已无闻矣。景兴年间，临济莲宗寺湛公和尚，奉旨往大明国鼎湖山，得妙旨于光明端和尚，登坛受戒，朝参暮叩，得经典将回本国京都乾安寺。若刊版者，始有《法华知音》《四分律》《六道集》《解惑》《竹窗》等文盛行于世也。向之潜者复兴，而光者复续。佛子比丘安禅抱炉引脉。"[①] 据此可知，此次重刻有上述经、律、论部类五种以上。《竹窗随笔》由性泉请回越南，第一次由福田号安禅和尚于明命戊子年（1828）刊刻，第二次于成泰七年（1905）由比丘知止重刻，第三次于2002年由释圆成法师翻译成越语，由宗教出版社印行。今天此书仍被众多越南僧尼佛子所研究。与此同时，性泉请回越南的《解惑编》也多次刻印。第一次如上所述，即1828年，第二次于1859年再版。《再

---

① 袾宏禅师：《竹窗随笔》，河内市圆明寺印刻1905年版，第3—4页。

版序》记载:"是编也,鼎湖在和尚所集披阅今古分析是非凡圣帝明王、贤人君子知所尊尚及议论格言,明辨事理者,必次是编使顽疲之徒,醒心悟道,去妄归真,其功顾不巨乎?播于南国,已有年矣。前经刊镌印版留京都乾安寺,至今尚存。嗣德十二岁在己未年,莲池居士,(潘楚玩、张载道)拜题。北宁省慈山府桂阳县含龙寺住持僧法名通荣重刊。蒲山福田和尚裁订。"[1] 此书明确记载,《解惑编》在湖州由弘赞和尚编辑,版本留在乾安寺,嗣德十二年(1859)由通荣禅师重刻。而第三次则于1934年间重刊,因为封面上还有一张落款:"南定省神光寺法子清龙装印此经,上供十方僧伽,供荐尊师法讳光宣。"而光宣生卒为1844—1934年,所以此书于1934年后不久重刊。可知,越南佛教界刻经还有为报效尊师之因缘。

其他由性泉禅师请回越南的经书也在越南广泛流通,比如,《净土忏愿》载:"原夫《忏愿》,主法于宋真宗,祥符乙卯八年定始(1015)……我国黎永祐间,湛公祖师,就北国请回而本留乾安寺。嗣德乙丑永严法主得此集,喜舍印散,率众遵行,得蒙其荫者,其何幸哉?使慈云之庇荫复彰而复睹者,岂不在其得人与?今成泰丁酉(1897),我弟子比丘清振,小见力行,唱和相从,诚为大小之通罣,常乐之直济者也。"[2]《净土忏愿》1015年由宋代沙门遵式编辑,由性泉和尚从鼎湖山庆云寺请回,虽然《道教源流》并没有列出此本,但是该书最早于1865年在越南刊刻,第二次刊刻于1897年。1985年,明德居士翻译成越语。一直以来,越南河内佛教界每年三月安居结夏的时候,所有僧尼参加安居,每逢农历3、8、13、18、23、28日,他们便都依据1897年印本而礼《净土忏愿》。比如,河内市清威县民和社武陵村灵光寺,1993—2019年都是河内市佛教会指定的集中安居场所

---

[1] 弘赞:《解惑编》,北宁省含龙寺印刻,1859年,第2—3页。越南河内汉喃研究院图书馆编号:AC598。
[2] (宋)遵式:《净土忏愿》,海洋省南策县大心寺印刻1897年版,第1页。

之一，法师们都如此礼拜《净土忏愿》，法师们阅读汉文版，但用越南语唱诵梵呗。从湛公圆寂至 2019 年已过去 241 年了，这么深厚悠长的传统，湛公可谓厥功至伟。由此可知，《净土忏愿》是请回的 150 部经之一，而《道教源流》没有列出，其原因可能在于后人再刻而没有介绍版本来源。

3. 性泉请回越南的律部经典之传承

性泉请回越南的律部包含"戒"与"律"，戒有《四分戒本如释》《优婆塞戒》等；律有《梵网合注》《梵网发隐》《毗尼重治》《戒坛》《羯磨指南》等。弘赞的《四分戒本如释》可以说是在越南刊刻次数最多的。第一次于永祐四年（1738），性泉刚回国两年便已经在光庆寺印刻，沙弥海烟写。1828 年再刻《竹窗随笔》时也重刊了《四分如释》，① 这是第二次重刊。而且，《四分律》可以明确是由性泉请回的。根据《重治毗尼律藏总目》记载："《四分律》万历间，鼎湖在和尚编释。南国湛公和尚将回。至伪西光中间，安缘寺沙门寂达刻。"② 这是第三次重刊。此次于西山朝期间，由寂达刻。《四分戒本如释》于 1882 年，北宁省慈山县新福寺又刻："辛丑年春日梓于鼎湖山庆云禅院经楼印刷。北宁省慈山府武江县新福寺住持沙门慧多，仰见《四分戒本如释》年深板朽，字句差殊，为此悉就永严寺，请求和尚心圆留心护持正法，校其字句……丁丑年三月初下字，至壬午年十一月十六日告成。嗣德三十四年十一月福生日，沙门慧多谨白。"③ 此印刻还留有弘赞禅师的手笔与印记，这是宝贵的材料。

其他律部如《重治毗尼事义集要》，也明确记载此版本是由性泉请回越南的："明万历古吴沙门智旭汇释。《重治毗尼事义》四集十卷。

---

① 《序文记》，选自《四分律》，但是书名则是《四分戒本如释》，这是古人的简言。
② 福田和尚编辑：《重治毗尼律藏总目》，河内莲派寺印经处 1862 年版，第 4 页。越南河内汉喃研究院图书馆编号：Ab527/1。
③ 释弘赞：《四分戒本如释》，北宁省慈山县新福寺刻 1882 年版，第 40 页。

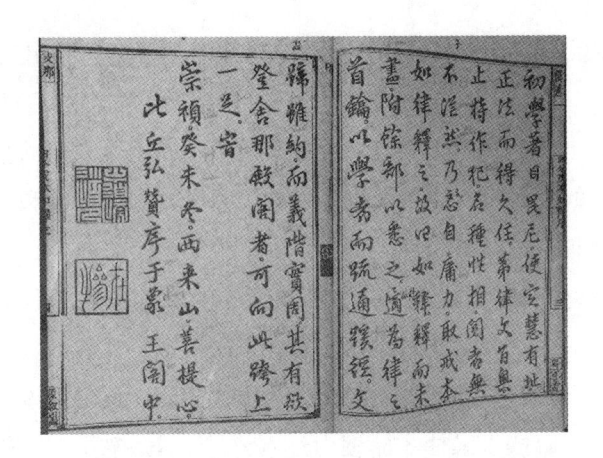

图4 《〈四分戒本如释〉序语》，弘赞手笔及印篆，
撰于崇祯癸未（1643）冬，在越南1882年再版

黎永佑间，湛公和尚亲行大清国鼎湖山请得回本国，留乾安寺。只见三集七卷，欠一集三四五卷，就中耗蠹桀裂，不能全部。至嗣德十五年（1862）壬戌四月日，住持莲派寺福田和尚刊刻各款律目以存古本。蒲山门人比丘大定奉写。"① 因此《重治毗尼事义集要》第一次刊刻是在1862年，第二次重刻则是在1925年。根据《弥陀略解园中钞》记载："大南国河南省里仁府南昌县，虞蒳总细川社宝龛寺主等，初刊《弥陀略解园中钞》一部二卷……续刻《重治毗尼事义集要》后之八卷，合前十卷，该纸已在伊部。甲子孟冬发刻，乙丑（1925）仲秋高成。"② 第三次系于1988年，释洞明法师从汉语翻译成越南语，宗教出版社多次再版。

4. 从鼎湖山庆云寺请回的经书在越南的传承

福田和尚在《道教源流》中列出的书籍有限，有一些经书虽然没

---

① 福田和尚编辑：《重治毗尼律藏总目》，河内莲派寺印经处1862年版，第1页。汉喃研究院编号ab527/1。
② （明）大佑解，传灯钞，《弥陀略解园中钞》，河南省细川寺印刻，清亨禅师证刊1925年版，第65页。

有在《道教源流》中列载，在其流传过程中，却注明乃出自鼎湖山庆云寺；另有一些经书在《道教源流》中只记载了书名，后期流传过程中也注明乃出自鼎湖山庆云寺。这些很可能也是由性泉请回来的，只不过后人重刊的时候没有注明而已。在此，举几本与庆云寺和弘赞禅师在越南的传承有关的经书为例。

《沙弥律仪要略增注》分成上下两卷，由袾宏编辑，弘赞注解，特别受到越南僧尼的尊重及研究，体现在多次再刻、注解、翻译。第一次重刊是在北宁省超类县笔塔社宁福寺，由比丘生光负责，该书明确地注明其出处为"康熙丁未仲冬鼎湖山经寮梓"①。该书第二次重刊于1880年，在细川寺；第三次由多宝门人重刊（没有记载年代）。该书更被福田和尚用喃字注解并改名为《沙弥律仪要略增注解音》，由北宁省慈山府安丰县大林社天福寺藏板，由天福寺众弟子青莲奉刻。此次印刻所采版本亦为"康熙丁未仲冬鼎湖山经寮梓"②。此书后来又被很多法师翻译成越语并加以注解，比如：释行住比丘全文翻译并起名为《沙弥律解》，2006年宗教出版社出版；释进达法师编辑成《沙弥律仪要略集解》，2016年洪德出版社出版；释心珠翻译《沙弥律仪要略》（上、下）；释智光译解《沙弥律仪要略》，等等。虽然没有记载是由性泉法师带回，但都记载是从鼎湖山经寮梓流通出来。所以很有可能是由性泉请回的。

关于从鼎湖山庆云寺请回的经书在越南多有刻印者还有《禅林宝训》："此书（《禅林宝训》）大凡有三：一在本国升龙城内之看山寺，黎朝景治六年岁在甲申，正宫皇后兴功发刻，明幻大师为之序……二，亦本国良才县之春盎寺，海渫大师于癸丑年间重刊……三，乃今所刻本，系是北国，鼎湖山庆云寺，迦机一机同梓原本，序跋俱在，体格居

---

① 袾宏编辑，弘赞注：《沙弥律仪要略增注》，北宁省超类县笔塔社宁福寺藏板，第90页。
② 袾宏编辑，弘赞注，福田解音：《沙弥律仪解义》卷下，北宁省天福寺1862年版，第97页。越南河内汉喃研究院图书馆编号：ab527/1。

然……迄今重刊。"①《禅林宝训》的书底载:"岁次丁巳(1677)鼎湖山庆云寺,印寮司经,沙门迦机订梓。岁次庚子(1720)仲夏湖峰出请心羼捐衣钵资请《宝训》一部二卷。"② 根据上述可知,鼎湖山庆云寺所印的《禅林宝训》三本之中有一本传到越南,此本由迦机、一机同梓原本。而且根据《庆云历程》③ 记载:一机圆捷禅师,1707年8月8日升座当庆云寺第六代住持,1708年圆寂,丁巳年(1677)阅读并重刊《禅林宝训》。1730年,性泉在庆云寺留学,他回国时很有可能即请此书回越南。此本在越南印刻流行(由庆云寺所印的版本)始于明命十六年(1835)比丘惠性写字,嗣德六年(1853)始刻,1858年才完成,刻完后板本留在河南省队山延灵寺。1973年,《禅林宝训》由释清检法师翻译成越语并多次出版。

与《禅林宝训》相似,《妙法莲经感应录》也是从鼎湖山庆云寺刻板,于1768年被越南僧人重刻。在《妙法莲经感应录》中记载:"云栖后学,沙门释广莫编辑"于"黎朝景兴二十九年(1768)(性泉还没圆寂),大悲寺比丘字海崇重刊,时雨院门人云光沙弥字海测书写",并注明此书的出处:"鼎湖庆云禅院流通。"④ 或如《菩萨戒经》由"广州宝象林沙门弘赞注",也再版流行,《菩萨戒经》记载:"大南嗣德三十年岁次丁丑(1877)十一月望日,河内省怀德府慈廉县明早总东鄂社资庆寺,弟子众等……三思此会必当合刻。甲戌年下字,丁丑岁刊完。四年中,禾稻少收,二百外书刀,经纸消钱三百有余……所刻《比丘戒经》《菩萨戒经》《净土礼忏》。"⑤ 虽然刻经时会遇到"禾稻少

---

① 沙门净善重集,袾宏音义:《禅林宝训合注》,河南省队山延灵寺重刊1858年版,第36页。
② 沙门净善重集,袾宏音义等:《禅林宝训合注》,第4页。
③ 网络百度检索,关键词:庆云寺:https://baike.baidu.com/item/庆云寺/5616128?fr=aladdin。最后检索日期:2019年9月4日。
④ 释广莫:《妙法莲经感应录》,京北道谅江府凤眼县大悲寺,1768年印刻,第4页。越南河内汉喃研究院图书馆编号:AC 318。
⑤ 罗什译,弘赞注,《菩萨戒经》,河内省资庆寺1877年刻印,第72—73页。

收"的困难，但是在流传经书的时候，法师们仍然不断再版从鼎湖山庆云寺传过来的经书，供时人使用。

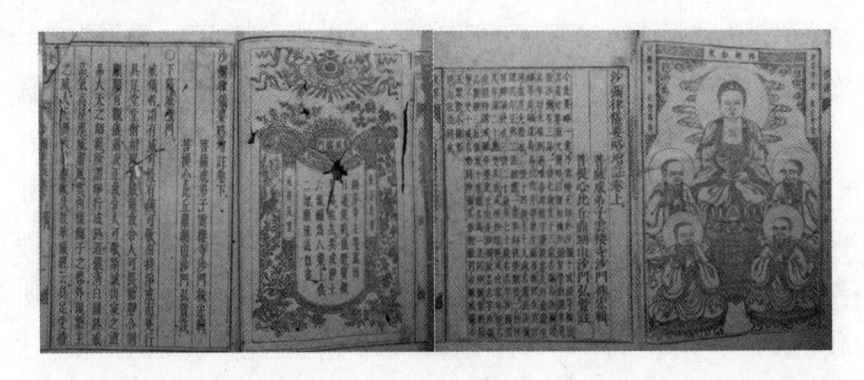

图5　从鼎湖山庆云寺请回的《沙弥律仪要略增注》在越南多次再版流通

结　语

虽然性泉湛公禅师比不上玄奘、义净之功劳，但是在越南佛教史上却也是罕见的人物，功绩颇多。虽然性泉的临济门人之传承比不上水月通觉的曹洞门人，但是他也受着玄奘大师取经精神的感召，并借鉴了水月禅师至中国求戒并请经书回越南的做法。因此对于湛公和尚的研究，可以从三个方面来总结：一，僧人求学的精神。年轻的僧人应该不怕艰苦，精进修行，勇敢留学，才能收获成功。玄奘27岁从长安去印度取经。水月通觉28岁从河内去北京然后再到湖州凤凰山，在此参学三年，受戒得禅后，才回国传承曹洞禅派，成就他北越曹洞一代宗师之地位。22岁的性泉禅师也不怕风险，搭船出洋抵达广东，在庆云寺三关门口历经三个月才正式挂单。如果没有年轻好学之精神，他们会受不了参学的艰苦。这不只是年轻僧人的榜样，所有年轻人都要效仿他们的学习精神。二，性泉取经的效果。他请回越南的佛教经书成为当时越南佛教主要思想的重要部分。经书因被接受才被多次重刊，从此一定程度上改变了僧侣当时缺乏戒律经书的状况，为改革当时佛教弊端做出了重要贡献。三，他是越南僧人弘传《四分律》的先锋者。性泉在中国如法受戒又请得多种戒律经典，回国后他特别注重阐扬《四分律》，引起很多僧人信任并向他再受戒律。因而，做出如此巨大贡献的性泉湛公，不只是越南佛教界德高望重的僧人，还是中越佛教友好交流的一位重要人物。在一带一路的影响下，中越佛教将会更加亲切，增进相互交流，共建亚洲命运共同体，深化文明之交流互鉴。

基于批评性话语分析视角看现代的泰国佛教[*]

[泰] 梁兰彩（Ratchadapun Wongleang）

华东师范大学博士生

摘要：过去，佛教是民众日常生活中的信仰。作为一种宗教，它也具有社会整合的功能。当下，泰国佛教的地位呈现出衰落的趋势，其作为信仰之存在也发生了变化，面临着危机与挑战。为揭示现代泰国佛教的状况，本文试图从批评性话语分析视角出发，对泰国佛教的文本和图像进行分析，主要探讨语言、信仰与社会文化三维度，对批评性话语的生产过程与解释文本、意义、语境内在的关系进行阐释。结果表明，现代的泰国佛教存在着多方面的问题。而使佛教徒理性认识现代泰国佛教，与将佛法应用于民众的现实生活都具有重要意义。批评性话语作为社会文化实践的一种信仰中介的符号，也被视为一种方法来传达信息。不仅对意义的生产和思想的转变起着很大的作用，而且有激发佛教徒理智和情感的作用，最关键的是有促进佛教顺应时代、与时俱进的作用。

关键词：批评性话语分析；泰国；佛教；现代性

---

[*] 本文是2019年度国家社科基金重大项目"'一带一路'佛教交流史"（项目编号：19ZDA239）的中期成果之一。

一 引言

泰国是世界上深受上座部佛教影响的国家。佛教于公元250年完成第三次结集,在阿育王时期传入泰国(古称暹罗)。佛教传入进来以后,与该地区民众的社会生活紧密相连,而泰国建国前后的统治者都大力提倡佛教,故佛教逐渐成为泰国最主要的宗教信仰,也是塑造泰国文化的精神支柱之一。① 在今天的泰国,存在着一种普遍的假设,即人们认为存在一个共同的泰国特性或者认同泰国性(Khwampenthai)。② 在过去一百年中,暹罗在迈向现代化的过程中已经大有变化,但泰国性的本质还是被很好地传承至今。在泰国性基础上的选择性现代化最常被引用的例证之一,就是在现代化过程中,泰国虽然吸收了西方科学技术,但佛教仍然是国家信仰。③ 而那些流传下来的传统,特别是泰国佛教和泰国君主制,就成为现代泰国所独有,或者说是独一无二的特征。④ 正因如此,我们可以发现多数泰国人对泰国性概念的认可最基本地体现在日常用语方面。泰国人常以"เมืองพุทธ"(佛教之都)来体现自己对国家的认同感。多数泰国人心中有着"泰国性"的概念,而其内涵已经把对佛教信仰各方面的认可融入了日常生活中,例如:泰国人相信"กรรม"(业);日常生活中喜欢"ทำบุญทำทาน"(布施行善);为表示

---

① [泰]陈丽亮:《泰国佛教的历史与概况》,《海外佛教》2018年第12期。
② "泰国性"(Khwampenthai)(转引自[美]通猜·威尼差恭《图绘暹罗:一部国家地缘机体的历史》,袁剑译,译林出版社2016年版,第6页)这一术语,委员会将国家概括为由八大要素组成:领土、人口、独立和主权、政府和行政机构、宗教信仰、君主制、文化、尊严。现代泰国政治家和学者克拉·巴莫(1911—1995)承认这种"认同"深深影响着他:"这种认同属于国家中的人民……每个人生而有之。泰国性在很大程度上将泰国人民团结在一起。只要是一个泰国人,就意味着有如此这般的感受,有如此这般的特定性格。没人能改变这些。"
③ [美]通猜·威尼差恭:《图绘暹罗:一部国家地缘机体的历史》,第4—5页。
④ [美]通猜·威尼差恭:《图绘暹罗:一部国家地缘机体的历史》,第17页。

对佛教的认同，会称自己为"ชาวพุทธ"或"ไทยพุทธ"（佛教徒/泰国佛教徒）等。举例所用的词语在泰国佛教徒生活中出现的频率极高。佛教词语被看成是一种媒介。它是一种认同感、一种文化建构、一种信仰中介符号、一种话语。

1. 何谓"现代性"

对于"现代的"一词，通猜·威尼差恭提道："在暹罗历史的语境中，这一形容词通常代表着与传统相对立的西方化。此外，'现代的'通常暗示着一个国家的进步、提高、发展，甚至优秀和美德。也就是说，'现代的'对于古代的和传统的来说是优越的。"① 唐忠毛指出："所谓现代性，意味着从传统到现代的变迁属性，当代宗教信仰在此变迁过程中的关键词有'理性化''祛魅化''私人化'和'躯体化'等。"② 虽然通猜也曾承认"现代的"是非常有误导性的词汇，难以捉摸、包罗万象，很难代表任何特定的历史特征。但是正因如此，在很多情况下，这个词语要结合相关语境来理解，从而突出它"现代性"的意义。而唐忠毛提出的"现代性"，其意指理性化和祛魅化。于是，对具有"现代的"意味的泰国佛教进行探讨，本文借鉴两位学者对"现代的"术语提出的看法，用来重新审视并分析泰国佛教在现实社会中交汇、冲突、融合的实况，这一路径是有可行性的。这能使我们充分认识到时代变化的要求，更能理性化地认识有生命力的泰国佛教。

谈到泰国佛教史上的变革，曼谷王朝四世王统治时期是有代表性的。自19世纪中叶以来，曼谷王朝四世王（King Mongkot, 1804—1868）开始倡导一种与西方科学精神相符合的"科学的佛教"，并试图

---

① ［美］通猜·威尼差恭:《图绘暹罗：一部国家地缘机体的历史》，第25页。
② 唐忠毛:《当今"私人信仰"的获得性危机更为紧迫》，《探索与争鸣》2017年第6期。

去除佛教当中的迷信与神话成分。① 在四世王运动的精神中，真正的佛教被认为可以帮助人们克治世间的欲念，并将自己沉浸到精神与道德事物当中。后来，他创立崇尚理性主义的佛教新教派——法宗派，并确立其正统地位。他推行佛教经典，强化佛教的理性主义面向。在与西方人接触的过程中，他认为有必要将佛法与现代科学结合起来。② 因此，与暹罗的其他群体相比，法宗派对西方科学持更开放宽容的态度，以至于在事实上，有人将其看成是暹罗的改革派。从那时起，暹罗开始向现代化急速转变。③ 20 世纪中叶，佛使比丘（Buddhadasa Bhikkhu，1906—1993）是当代泰国佛教改革派中最重要的人物。佛使比丘力图重新界定三个方面的问题："佛教与世俗生活的关系、佛教与政治社会的关系，以及佛教与其他宗教的关系。他不仅试图消解在传统语义中存在的现实与理想、政治与宗教、入世与出世、社会与人、现代民主与政治传统、西方与东方等等价值对立，而且还试图表明所有这些对立面都可以经过佛教世界观得以融合，从而为确立现代公民的文化身份提供现实路径。"④ 通过以上描述，我们看到泰国佛教虽然一直采取顺从退让的姿态，但是佛教在发展的历程中，还是不断地面临着融合与碰撞，而终将迈向转折点。

2. 如何探讨"现代的泰国佛教"

随着全球变化的速度加快，20 世纪中叶，泰国已经进入了资本主义和物质主义的社会。在学界，国内外研究者对泰国佛教的研究成果非

---

① 龚浩群：《佛与他者：现代泰国的文明国家与信仰阶序的建构》，《思想战线》2010 年第 5 期。
② 龚浩群：《佛与他者：现代泰国的文明国家与信仰阶序的建构》，《思想战线》2010 年第 5 期。
③ ［美］通猜·威尼差恭：《图绘暹罗：一部国家地缘机体的历史》，第 50—51 页。
④ 龚浩群：《佛教与社会：佛使比丘与当代泰国公民—文化身份的重构》，《世界宗教文化》2011 年第 1 期。

常丰硕。不少学者把研究点放在三藏与教义的解读、佛教的派别和分歧、佛教与泰国政治的关系、僧伽与寺庙的管理形式及其功能等方面，还有相当一部分学者注重于推动泰国佛教的转向、僧人佛法书籍撰写的风格以及泰国佛教的发展路径的讨论，如：Choufah K. 指出："2004 年佛教领域发生了变化，一位僧人（V. Vajiramedhi）为泰国佛教领域作出了贡献。他的佛法书籍摆脱了传统的叙述和写作风格，使读者感到很新奇。这个变化促使人们开始对学习佛法产生了兴趣。这是一种值得关注的社会变化现象。"[1] ชาญณรงค์ 提道："不信宗教的思想潮流是很普遍的现象。也许是因为不信教的人觉得宗教无法满足他们生活上的需要，宗教跟不上时代快速的变化，或许是不信教的人不信奉有'机构型'的宗教。可是，对能坚持信奉宗教的人来说，也许宗教能满足他们生活上的需求，才会坚持信教。"[2]

通过以上两段引文，发现佛教要改变的因素是多元的，如政教之间的交杂情况，传统佛教的佛法宣传方式过旧，传统佛教不能满足佛教信徒生活上的需求等。时代的发展，也促成了泰国佛教的多种变化。19 世纪中叶，泰国佛教在发展的历程中，乃是作为重塑国家和产生国家感的重要手段之一。而现代的泰国佛教正处在变化、危机与挑战的情境之中，而且可能已不再是重塑国家的重要手段，也失去了原本在处理社会问题中的功能与地位，正面临着多元化和世俗化的发展模式变迁。如何探讨现代的泰国佛教这个问题？本文核心的问题并不是要解释佛教的教理、教义的内容，而是要通过前人研究的成果，以批评性话语分析视角来重新审视现代的泰国佛教。笔者试图通过这一问题意识，探讨如下问

---

[1] [泰] Choufah Ketreangroj, "Communication Process and Tactics in Dharma Books Authored by Buddhist Bhikkhu W. Wachiramaethee", *Research and Development Journal*, Vol. 3, No. 1, August 2011, p. 79.

[2] [泰] ชาญณรงค์ บุญหนุน：จากพุทธรูปอุลตร้าแมนสู่ความมั่นคงทาง(พุทธ)ศาสนาท่ามกลางกระแสคนยุคใหม่ไร้ศาสนา Matichon Online（网络版论坛），https：//www.matichonweekly.com/column/article_231190, 2019 年 9 月 21 日。

题：学者们的话语中有什么样的表现形式？在现实社会的冲击之下，泰国佛教如何能够适应现代社会？批评性话语如何影响民众的佛教信仰？现代的泰国佛教的趋向是什么？社会变化如何构建批评性话语？批评性话语能否对泰国佛教产生影响？

二 泰国佛教作为共同讨论的"话语"

通过前人研究成果中对现代泰国佛教状况的描述，可以发现佛教信仰与泰国民众的日常生活不可分割地联系在一起。要探讨泰国佛教，若从话语分析视角入手，不仅有语言学的意义，还有现实社会的意义。如高玉认为："话语研究作为一种新的学术范式，关注的不再是对象的客观性，也不再是人对客观对象的认识，而是语言是如何呈现对象的、语言在人的建构和社会建构中的深层作用。"[①] 话语与语言之间有着密切的关系，以语言的表现形式为基础探究泰国佛教，更能发现话语背后呈现出语言、意义和意识之间的交互性。话语就在日常生活中产生，它对社会生活产生了许多宣传感应，在这里甚至能展示出泰国人的世俗生活与佛教信仰相交融的社会状态。本文主要借鉴费尔克劳（Norman Fairclough）批评性话语分析方法，并应用于对泰国佛教的研究中，即用批评性话语分析方法来考察研究者作品中所反映的泰国佛教情况。为了揭示现代泰国佛教的实况，并给泰国佛教的学界提供意见，下文试图对泰国佛教研究者的不同话语进行分析与讨论。

1. 批评性话语分析的三维模式（Critical Discourse Analysis）

对于费尔克劳话语分析理论的研究，王泽霞和杨忠认为："费尔克

---

① 高玉：《论"话语"及其"话语研究"的学术范式意义》，《学海》2006年第4期。

劳创建了被称为作为文本、互动和语境的话语三维模式。费尔克劳话语三维模式，作为话语模式中所体现的三者之间的层层包含关系清楚地展示了语言与社会的关系不是外在的，而是内在的。在三维模式的基础上，费尔克劳对术语作了修改，更加完善。"① 泰国学者 Worapong C. 说："费尔克劳的话语三维模式，可分为三个维度：语篇（Text）基于语言形式，描述整体意义的建构；话语实践（Discourse Practice）分析文本或媒体的生产过程；社会文化实践（Sociocultural Practice）指文本或媒体与社会文化的情境之间的关系。"② 此外，费尔克劳还提出了批评话语分析的三个步骤：描写（Describe）、阐释（Interpret）和解释（Explain）。描写涉及文本的形式特征，解释涉及文本与互动的关系，阐释涉及互动与社会语境之间的关系。③

关于这一理论前人的研究成果，主要集中于费尔克劳的话语分析理论的类型、范式和应用。如项蕴华说："费尔克劳将语篇分析方法分为：非批评性语篇分析和批评性语篇分析两类，并且指出语篇分析应该与语境、社会分析相结合，应该随着社会的发展而不断地改进。

他主张从语言中体现的权力和意识形态、语篇（包括新闻语篇）与社会变革、社会实践和政治之间的关系入手来进行批评性语篇分析。"④ 高玉提道："语言论和认识论一样非常重视实践性，但认识论所说的实践主要只是作为人的正确认识在实际生活中的运用，而语言论的实践则是话语实践，即话语具有力量，和人的思想和行为极为紧密地联系在一起，从而对人对社会特别是对人的行为和社会活动具有

---

① 王泽霞、杨忠：《费尔克劳话语三维模式解读与思考》，《外语研究》2008 年第 3 期。
② [泰] Worapong Chairerk, "Critical Discourse Analysis: A New Perspective on Thai Language Research", *Inthaninthaksin Journal*, Vol. 8, No. 1, April-September 2013, pp. 142 – 143.
③ 王泽霞、杨忠：《费尔克劳话语三维模式解读与思考》，《外语研究》2008 年第 3 期。
④ 项蕴华：《语篇分析视角的再思考》，《外语学刊》2005 年第 2 期。

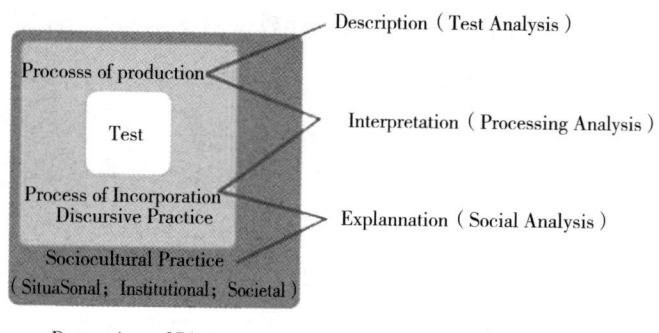

```
                                Description（Test Analysis）
  Procosss of production
              Test
                                Interpretation（Processing Analysis）
  Process of Incorporation
  Discursive Practice             Explannation（Social Analysis）
  Sociocultural Practice
 (SituaSonal; Institutional; Societal)

    Domensions of Discourse      Domensions of Discourse Analysis
```

图 1　费尔克劳的话语三维模式

制约性，即福柯所说的权力。实践性是话语的重要品性。"① 王泽霞和杨忠提道："费尔克劳认为，语言渗透于权力之中，并服务于权力斗争，语言在社会化过程中起着潜移默化的作用。对于费尔克劳而言，批评话语分析中的语言即是话语，作为社会实践的话语，是由社会结构决定的。"② Ratchada L. 以批评性话语分析方法，来研究 Somdet Phra Buddhakosajarn（Prayudh Payutto）弘法讲座中的话语，发现 Somdet Phra Buddhakosajarn（Prayudh Payutto）的话语中，明显体现出三个方面的意识形态：宗教、政治和社会发展。通过文本中的词汇，展现了话语中语言与意识形态的关系。③

虽然不少学者采用了费尔克劳的批评性话语分析方法，可是他们也反映了批评性话语分析的局限性。这对批评性话语分析方法的再完善有很大的意义。如项蕴华写道："批评性语篇分析应该借鉴社会学的某些研究方法，不应该局限于对语篇片断的分析。其假设的明确性和可验证性、分析结果的可靠性、数据的全面性和代表性等方面还有

---

① 高玉：《论"话语"及其"话语研究"的学术范式意义》，《学海》2006 年第 4 期。
② 王泽霞、杨忠：《费尔克劳话语三维模式解读与思考》，《外语研究》2008 年第 3 期。
③ ［泰］Ratchada Lapyai, "Dharma Speech of Somdet Phra Buddhakosajarn（Prayudh Payutto）: Ideologies, Social Beliefs, and Truth in Buddhism", *Journal of Graduate Studies Review*, Vol. 13, No. 3, September-December 2017, p. 73.

待改进。应该加强对个别语篇之间的比较、对语篇特征与语言规范的比较、对语篇类型历时性的比较。"① 朱永生认为:"这些理论和方法,基本上都是以语言为研究对象,即只注意语言系统和语义结构本身及其与社会文化和心理认知之间的关系。忽视诸如图像、声音、颜色、动漫等其他意义表现形式。这就使得话语分析带有较大的局限性。20 世纪 90 年代西方兴起的多模态话语分析(Multimodal discourse analysis)则可以在很大程度上帮助人们克服这些局限性。"② 虽然批评性话语分析方法还有不足之处,但是作为研究现代泰国佛教的视角,也是可行的。因为话语是具有思想性的语言,也是与社会生活连接在一起的,所以要是能结合语境、扩大分析的对象,并运用交叉学科的方法,研究成果就会更加完善。故本文认为将批评性话语分析方法应用于现代泰国佛教研究,是具有很强的实践意义的。

2. 泰国佛教、语篇分析与话语实践

2.1 不同维度的话语

这一部分是要通过阅读僧人和学者的多种文献资源,对含有批评性的语篇进行文本分类。分析语料来源于僧人和学者的作品,如书籍、月刊、学术文章、网络媒体的图像、佛教相关的新闻等。在现有语料的基础上,主要以文本为分析语料。首先对文本进行分类,选出有共同性的文本。表 1 显示了文本的多种维度,如:语言、政治、社会、佛教、生活和教育等。多种维度中,语言、佛教与社会是本文要讨论的内容。

---

① 项蕴华:《语篇分析视角的再思考》,《外语学刊》2005 年第 2 期。
② 朱永生:《多模态话语分析地理论基础与研究方法》,《外语学刊》2007 年第 5 期。

表1

语料分类表

身份	名字	研究方法	文献资源	佛教			政治			社会				教育		生活			文化		语言				和平	
				佛法	修行	仪式	思想	加入	阶级	问题	功能	管理	活动	院校	道德	困难	伦理	水平	传播	交流	单位	意义	手段	应用	目标	方法
僧人	Buddhadasa Bhikkhu's	学术文章/书籍/图像		✓	✓	✓	✓		✓	✓	✓	✓	✓	✓	✓	✓	✓	✓	✓	✓	✓	✓	✓	✓	✓	✓
	V. Vajiramedhi	学术文章/书籍/图像		✓	✓	✓	✓				✓		✓				✓				✓	✓	✓	✓		✓
	Somdet Phra Buddhakosajarn (Prayudh Payutto)	学术文章/书籍/图像		✓	✓	✓				✓	✓	✓	✓		✓		✓	✓	✓	✓	✓	✓	✓	✓	✓	✓
学者	Daisaku Ikeda	月刊/书籍/图像		✓	✓		✓	✓	✓	✓	✓				✓		✓		✓	✓	✓	✓	✓	✓	✓	✓
	ปรีชา ช้างขวัญยืน	月刊/书籍/图像		✓	✓				✓	✓				✓	✓		✓	✓	✓	✓	✓	✓	✓	✓	✓	✓
	Suluk Sivaraksa	月刊/书籍/图像		✓	✓				✓	✓	✓	✓	✓		✓		✓	✓	✓	✓	✓	✓	✓	✓	✓	✓

2.2 批评性话语的交互性

虽说佛教仍然是大家从不同的角度共同讨论的话题，可是这里泰国佛教被视为一种批评性话语来讨论。文本呈现出的多种维度，在相同的基础上，却显示出内在的差异。这对泰国佛教信仰的认识与理解有一定的帮助。

2.2.1. 语言维度

泰国佛教作为一种批评性话语，其表现形式体现在语言单位中，如词汇、句子和语篇等。通过对文本的描述，能看到语言单位是整体意义构成的主要因素。词汇作为一种佛教信仰中介的语言符号，反映了泰国佛教徒对泰国佛教的认同与表现。以下文本体现了批评性话语中的词汇，作为重要的语言手段。如：Preecha 引用了佛使比丘的话语："宇宙系统也是社会主义的，不知太空中有多少个星星，可它是社会主义的，符合社会主义制度。因此，宇宙系统才能生存下去。我们的小宇宙以太阳为母，所有星星包括地球是外围的，它们之间的共存如在社会主义制度中一般，它们不会发狂而相互碰撞。"① V. Vajiramedhi 提道："书上关于五戒如此说：如果希望来生能返回世间投胎，有 5 条准则：1. 别侵略他人的生存权；2. 别剥夺他人的知识产权和财产；3. 别与他人爱的'对象'发生性关系；4. 别以虚为实的语言伤害他人；5. 别饮酒和吸毒，为避免伤身。"② ชาญณรงค์指出："如果宗教是真理，教徒们的宗教保护，就不可能做到的。因为真理是无人能毁坏或保护它，所以今天大部分信徒所保护的，不是宗教而是文化。"③ Suluk S. 提道："对于佛教性的知识分子的看法，依我看，虽说我自己是佛教徒，但我也能看

---

① ［泰］Preecha Changkwanyuen,"ความคิดทางการเมืองของท่านพุทธทาสภิกขุ:ธัมมิกสังคมนิยม" Journal of Buddhist Studies Chulalongkorn University, Vol. 1, No. 2, May-August 1994, p. 33.
② ［泰］V. Vajiramedhi:《Life's 7 Wonders》（电子书），https://www.mebmarket.com/index.php?action=BookDetails&book_id=212&page_no=1, 2012 年 11 月 29 日。
③ ［泰］ชาญณรงค์บุญหนุน:《ปกป้องพุทธศาสนาหรือปกป้องวัฒนธรรม》,《ประชาไท》（网络版期刊），https://prachatai.com/journal/2019/09/84270, 2019 年 9 月 11 日。

清佛教存在的弱点。我们佛教徒过于服从于权力。"①

从语篇的角度来看，文本中体现了语言的单位、意义和语言手段，以及语言对整体意义的构建。语言的表现形式有叙述、描写、说明和议论。词汇对话语意义的构建起着重要作用。比较突出的是词语的概念意义和附加意义，如采用概念意义来与另一事物作比较，附加意义的语体色彩会发生口语和书面语的转化。另外，比喻义是最为显著的语言手段，如用"社会主义"的政治社会观念来对宇宙体系作比喻。

从批评性话语分析的角度来看，语言的表现形式，具有语言向作为信仰中介符号转化的作用，例如：佛使比丘提出与论述的术语——"法的社会主义"（Dhammic Socialism）。文本中多次出现佛使比丘借用了"社会主义"这一术语，这个词语一般被理解为一种特定的政治制度，佛使比丘却从佛教教义的角度出发，发掘社会主义作为一种价值原则所具有的普遍意义，并将之概括为"法的社会主义"。这一话语指的是法的社会主义遵循的是自然法则，②乃是基于佛使比丘的"法的社会主义"，来理解万物起源于自然法则，在同一社会制度中相互共存。文本中的"社会主义"一词被佛使比丘借用其概念意义，将佛法与政治社会制度结合起来，新创了社会主义的引申义。再如，V. Vajiramedhi 的文本，借用了佛陀"五戒"行为准则的概念意义。为方便现代人的理解，用现代话语重新说明解释了"五戒"的行为准则，如以"生存权""知识产权""吸毒"等作为核心词。这些词语更贴近民众的现实社会生活，具有口语色彩，简单易懂。又如ชาญณรงค์和 Suluk S. 的文本，学者各自描述了自己对现代佛教的看法。ชาญณรงค์直接批评了泰国佛教徒所维护的是一种具有泰国性特征的佛教文化。Suluk S. 用"过于服从于权力"这一话语来表明佛教在泰国政治博弈中的地位。通过学

---

① [泰] สุลักษณ์ ศิวรักษ์, ปัญญาชราชน, กรุงเทพมหานคร：ภาพพิมพ์, 2020, p. 82.
② 龚浩群：《佛教与社会：佛使比丘与当代泰国公民—文化身份的重构》，《世界宗教文化》2011 年第 1 期。

者的批评性话语，发现话语中隐藏着对佛教信仰进行改革的思想意识，如佛教与佛教文化、佛教与权力等，无不显示批评性话语分析中隐含着对现代佛教信仰的改革意识。批评性话语多表现为直接批评，而间接性批评较少，要通过语境才能体现出来的。

2.2.2 信仰维度

佛教传入以后就与泰国本土信仰文化发生碰撞与融合，随后形成了以佛教为特质的泰国文化。在古代统治者的大力提倡下，佛教成为泰国的国教，成为国家治理、民众生活的重要精神支柱。① 可是，时代在变，泰国佛教的地位、作用、功能以及传统弘扬方法能否适应现代社会？以下文本体现了批评性话语中的泰国佛教的再思考。

ทวีวัฒน์ 引用了佛使比丘的话语，并提道："若国王是暴君或者是君主专制，被取消那是合理的。可若是国王以君主十善法治理国家，也是社会主义的根源，何以废除国王制度？法的社会主义不会培养这两种人（资本家和劳动者），要塑造正法，如建立一个不能自私地把多余的归为自己的人的系统。"② Preecha 指出："泰国忽视了宗教文化管理的事。宗教是大机构，大机构下有很多小机构，关系很复杂。如果宗教机构内部的管理效率不高，政府机构就要来处理和管理。因为宗教管理很差，所以引起了破坏宗教形象的种种因素。如利用宗教获取自己的利益、宗教的社会服务降低以及在宗教领域出现各种恶行等。这些都是在现实社会发生的。"③ V. Vajiramedhi 写道："大商人是大投资家。他们之所以能向上升并成为大富商是因为自己很富裕而且舍得将多余的财产作布施，与其他人和宗教分享，而且能接近佛陀。这就表明了佛法与大商人

---

① ［泰］陈丽亮：《佛教对泰国的影响》，《海外佛教》2019 年第 3 期。
② ［泰］ทวีวัฒน์ปุณฑริกวิวัฒน์, "พุทธทาสภิกขุกับทฤษฎีธรรมิกสังคมนิยม" *Journal of Buddhist Studies Chulalongkorn University*, Vol. 3, No. 2, May-August 1996, p. 45.
③ ［泰］Preecha Changkwanyuen, "การจัดการวัฒนธรรมด้านศาสนา" *Institute of Culture and Arts Journal*, Vol. 10, No. 1, July-December 2008, p. 14.

之间能够很好地同时发展，不矛盾。"① Daisaku Ikeda 提道："先生是勇者，他一定能用一生为佛法牺牲。但是，先生是被军政府、国教神道教和阿谀奉承军政府的人谋杀的。先生被谋杀的原因就只是因为他坚持'私人信仰的自由性'这个意念，岂能把先生称为违法者？"② Ratchada L. 引用了 Somdet Phra Buddhakosajarn 的话语："从阿罗汉的角度来看，当做功德与神圣被连接在一起时，人们会产生不正确/扭曲的想法，只想独占显圣物。可是，他们却没思考过，显圣物的生产者会将用做功德的钱用在何处。他们利用自己的智慧将功德钱转换成一种神圣事物。放下欲念和提升心中的佛法本是好事，却变成了贪心的付出，这种付出隐喻着图谋某种东西。"③ Suluk S. 提道："我创立了 INEB 组织④，想叫醒信奉佛教的人，让他们觉醒，领悟佛教教义并不是逃离到来世，而是要面对现实生活中的问题。佛陀给民众关于苦的教导。民众以为苦是个人的，可实际上并不是的。因为这也是社会的'苦'，社会阶层问题也属于社会的'苦'，自然环境问题也是。地球变暖的起因就是人类不知自然法。佛陀的教导能用来消除'苦'的前景。无论是个人的还是社会群体的，都能应用佛陀的教导。我们嘴上称自己为'佛教徒'并不够。我们要与他人联手合作。不仅是信仰基督教和伊斯兰教的信徒，我们还要与全世界的人携手合作。我们之所以要为'正'和'善'的事物奋斗是因为大资本家已经组成了大网络，这对我们不利。"⑤

---

① ［泰］V. Vajiramedhi：《สอนวาณิชให้เป็นเศรษฐี》（电子书），https：//www.mebmarket.com/index.php?action=BookDetails&book_id=220&page_no=1，2011 年 12 月 2 日。
② Daisaku Ikeda, *The New Human Revolution* (2), Nonthaburi: Soka Gakkai Thailand, 2012, p. 290.
③ ［泰］Ratchada Lapyai, "Dharma Speech of Somdet Phra Buddhakosajarn (Prayudh Payutto): Ideologies, Social beliefs, and Truth in Buddhism", *Journal of Graduate Studies Review*, Vol. 13, No. 3, September-December 2017, p. 73.
④ International Network of Engaged Buddhists (INEB) was established in Siam (Thailand) by Sulak Sivaraksa and a group of Buddhist and non-Buddhist thinkers and social activists.
⑤ ［泰］สุลักษณ์ ศิวรักษ์, ปัญญาชรราชน, กรุงเทพมหานคร：ภาพพิมพ์, 2020, p. 61.

通过文本的描述,从中得到一些信息,学者们提出了有关佛教批评性的话语,如佛教与社会阶层的碰撞与融合情况、宗教机构内部的管理问题、佛教与商业化、佛教徒迷信的表现等问题。在泰国佛教现状的基础上,学者们敏锐地唤醒佛教徒对自己的佛教信仰该有理性化的认识,也反映了语言的描述隐含着积极的作用。

2.2.3. 社会文化维度

语言、信仰和社会文化有着交错复杂的关系。根据费尔克劳提出的批评性话语分析,他认为语篇分析的主要目标是研究话语的社会文化实践性,使人们认识到语言在产生、维护和改变社会关系中的重要意义。① 通过文本的描述,批评性话语不仅反映了客观和主观发生的各种事件,而且体现出一种社会的变化。Preecha(1994)引用了佛使比丘的话语:"之所以现代的社会应该被提供最好的帮助,所谓最好的就是'正见',是因为曲折的认识、谬误教义内容是问题的根源。因此,这个问题必须要用正见来解决,正见是看待一切现象的出发点。如当人知错、知道在行恶而立刻改正,回到正规的道路,社会自然就会变好,且能顺应时代的要求。"② V. Vajiramedhi 提道:"从佛教的角度来看,人权保障是不依法的,而是依智慧。如果心中以智慧作为根底,人就如对自己一样地尊重他人。当人视他人为如自己一般,就不会容易侵犯他人权利。这道理是害人如同害己。"③ Somdet Phra Buddhakosajarn(Prayudh Payutto)认为:"戒律乃是僧团的行为律则。佛陀的僧团管理制度与现代社会生活的制度要区分开来。当生活与精神不被任何东西所捆住,就使僧伽成为自由的社区。而这种状态,有助于僧伽为社会服

---

① 项蕴华:《语篇分析视角的再思考》,《外语学刊》2005 年第 2 期。
② [泰] Preecha Kwanchangyuen, "ความคิดทางการเมืองของท่านพุทธทาสภิกขุ: ธัมมิกสังคมนิยม" Journal of Buddhist Studies Chulalongkorn University, Vol. 1, No. 2, May-August 1994, p. 35.
③ [泰] V. Vajiramedhi:《ปัญญาที่สากลคือหลักประกันสิทธิมนุษยชนที่แท้》(电子书),https://www.mebmarket.com/index.php? action = BookDetails&book_ id =514,2009 年 11 月。

务，如提供住宿。并能给社会提供自由空间。"① **สุรพศ**提道："泰国僧伽是政府机构下属的集团。1962 年，政府对佛教管理进行制度改革，其中包括僧伽制度的改革，颁布了《僧伽法》并沿用至今。五世王时期的僧伽制度改革，使泰国僧伽合法地扮演'政府官员'的角色，享有'**ขุนนางพระ**'（官僚+僧）僧伽体系的等级秩序。这种政治与佛教之间的合作，使僧伽集团成为支持政治的保守主义的'机制'。直接解决泰国的政治问题的方法，若不能像西方那样作出政治改革，那就要一直与虚构的思想长存。无法改变社会发展的方向，也无法回答如下问题：泰国到底是民主主义国家？是宗教国家？还是世俗国家？"② Daisaku I. 提道："弘扬佛法不是最终目的，而是一种将佛法应用于社会生活的过程。为了拉近现代社会中人与人之间的距离，必须以诚心对待他人，调和好教会成员与社会民众之间的结构和网络。"③ Suluk S. 指出："有时民主主义会有思维辩证的情况，有时某些信徒把我骂得很惨，可我对他表示感激。因为我想到佛陀与文人雅士的故事：雅士骂了佛陀，佛陀就反问雅士说：'若有人送你东西，你不想要，那东西归谁？'雅士回答说：'是我的。'佛陀接着说：'雅士骂佛陀时，佛陀不放在心上，此番话就归于发出者。'通过这故事，佛陀曾教导，如果是好意的'骂人话'，人最重要的是'善友'，善友就是说出我们不想听的话的人。如果他说的是假话，那就要原谅。若是他说的是真话，我们自己就要改正，这是佛教的核心。社会上，如果没有谁与掌握权力的人争斗，那这个社会将会失败，越来越退后，衰落。有人敢于提出不同的看法，这起码是一

---

① ［泰］Somdet Phra Buddhakosajarn（Prayudh Payutto），สุรพศ ทวีศักดิ์：《ปัญหาพื้นฐานของอนุรักษ์นิยมไทยๆ》，Ayutthaya：Mahachulalongkornrajavidyalaya University Press，2013，p. 580.
② ［泰］สุรพศ ทวีศักดิ์：《ปัญหาพื้นฐานของอนุรักษ์นิยมไทยๆ》，《Prachatai》（网络版论坛），https：//prachatai. com/journal/2019/11/85071，2019 年 11 月 8 日。
③ ［泰］ สมาคมสร้างคุณค่าในประเทศไทย, สู่ความสุข, นนทบุรี: สมาคมสร้างคุณค่าในประเทศไทย，2020，p. 32.

种提醒。即使自己对对方有不同看法，也能提出来辩驳对方的意见。这能改变社会的方向和解决社会的实际问题。因为佛陀的教义是教导人们要用智慧，避免用'自我'主观判断事情，把理智和感情相结合，如此才能解决个人和社会的问题，所以说佛陀的教义最大的帮助是解决社会生活的问题。"①

对以上文本的阐释，如**ปรีชา**引用了佛使比丘的文本，佛使比丘使用法的语言和最基本的佛法指导社会民众。"**สัมมาทิฐิ**"（正见）本来是佛教用语，表示要人们树立一种宗教观点，以它作为看待一切现象的出发点。在语篇中与"**มิจฉาทิฐิ**"（妄见）相对立。正见在日常生活中偏向于法的语言，具有书面语体色彩。这段话语含有批判当时社会的意涵，比丘通过话语深层的隐喻性意义激发民众的智慧。人若能够对事物建立起正见，社会就得以发展。再如 V. Vajiramedhi 在文本中阐释了要重视人自身的智慧。他的话语明显在引导人们相互尊重，待人如待己。**สุรพศ**的话语与 Somdet Phra Buddhakosajarn 的话语相对立。Somdet Phra Buddhakosajarn 是僧伽集团的最高级别人物，他的话语呈现出维护僧团制度的态度，并且把僧团制度区别于世俗社会的制度。实际上，僧俗是无法分离的。**สุรพศ**的话语中很明显的是，他用学术的方法，以政教交杂的关系的历史事件来回驳 Somdet Phra Buddhakosajarn 的话语。有意采用"政府官员"一词来比喻崇高的僧伽加入行政官僚体系后的身份与社会地位，具有讽刺意味。他的批评性话语不仅体现在语言的表现形式上，还展示了当时政治与宗教的互惠关系，以及政府是如何对僧伽集团施加控制的。而国家基本上是在这种政治与佛教的联手合作中得到发展与成长的。为支持僧伽集团在社会中长存，这种关系被视为一种"机制"，且对社会的控制起着重要的作用。Daisaku I. 的文本中恰好与 V. Vajiramedhi 的观点相近。他的文本并不属于直接性批评话

---

① ［泰］สุลักษณ์ ศิวรักษ์, ปัญญาชราชน, กรุงเทพมหานคร: ภาพพิมพ์, 2020, pp. 20 – 21.

语，而是含着间接性批评话语的隐喻。从话语中反映了佛法的实践功能，应该将佛法应用于日常生活中。在泰国弘扬佛法不能远离民众的现实生活，其内涵还表达着对当地本土文化的尊重。Suluk S. 的文本更具有口语色彩，以朴素的语言激发民众对佛教本质的思考，并且鼓舞佛教徒勇敢地用理智的思维与权力斗争。这反映了佛陀的最基本教义——用正念和智慧解决问题。分析结果表明，在语言的表现形式方面，最明显地呈现出研究者对泰国佛教现状有着积极性的看法。在当下，参与讨论的学者日益增多。佛教作为被共同讨论的"话语，最凸显的就是语言、信仰和社会文化三个维度，而且它们之间具有复杂的关系"。我们要对过去泰国佛教的表现进行反思，不断地反省并提出合理的评价。

三　泰国佛教与社会实践

1. 文本、语境和生产过程之间的相关性

基于批评性话语分析，以上文本的描述展示了整体意义的构建。不同的研究学者在论述"现代的泰国佛教"这一问题时，强调了对泰国佛教生存的再思考。在语言维度上，有的直接用词语来表达对"教义"、僧伽的"社会地位"、"泰国性佛教徒"、"政治哲学观念的术语"等的理解；有的表现在语体色彩的变化上，即从书面语色彩向口语色彩转化。过去，学习佛法要以巴利语或梵语为法的语言。现在，使用巴利语或梵语描述佛法的书籍却比较罕见。大多数佛法书籍都用一般的泰语词语来描述和解释。就如 V. Vajiramedhi 的文本中，他使用"**กติกา**"（准则）来代替"**ศีล**"（戒）。

表2 法的语言的使用频率表

词频	语码	主题	语言维度
4	智慧	法的语言	词汇
3	布施	法的语言	词汇
3	善恶	法的语言	词汇
2	功德	法的语言	词汇
1	正见	法的语言	词汇
1	五戒	法的语言	词汇
1	显圣德	法的语言	词汇
1	欲念	法的语言	词汇
1	苦	法的语言	词汇
1	觉悟	法的语言	词汇
1	善友	法的语言	词汇
1	十王法	法的语言	词汇

表3 手段的使用频率表

频率	语码	主题	语言维度
10	直接批评	手段	句子
7	间接批评	手段	句子
6	比喻	手段	句子
4	反问	手段	句子
3	举例说明	手段	句子

表2和表3，乃是基于批评性话语分析方法，对17篇不同文本进行分析的结果，表明从语言的维度去理解，词语整体意义的构建中，语言单位中的词汇很有代表性，共有12个佛教领域常用词语。其中，"智慧""布施""善恶"等词语出现频率最高。此外，我们还发现文本中的直接批评、间接批评和比喻的手段使用频率最高。除此之外，也出

现了用术语来描述对象或作比较的情况。其中,"社会主义"的比喻义比较有代表性,如佛使比丘提出的"法的社会主义"。这个术语明显与佛使比丘当时生活的时代和社会有密切的关系。他用这一术语阐释"法的社会主义":社会主义体现了无我的精神,是最好的道德;法的社会主义遵循的是自然法则;法的社会主义优于自由主义民主。佛使比丘认为真正的社会主义的本质是造福整个世界,它以佛法的真理为本质,也以自然为本质。自然万物之间的相互依存是最深刻的法,也是社会主义的基础。① 实际上,文本中"法的社会主义"的整体意义的构建来源于20世纪泰国传统佛教不断地受到西方文明和现代性的冲击。传统佛教在很多方面与现代社会发生了冲突,如僧伽集团与政府的联手、寺庙功能发生了变化、僧伽等级秩序的改革、中产阶级的形成和知识分子的涌现等。当时,佛教本身受到质疑和冲击,再加上僧伽的戒律腐败,僧人越来越走向物质化的道路。这使佛使比丘感到厌烦,并促使他返回家乡钻研佛法,弘扬佛法,教导民众。他经过研习而形成了"法的社会主义"政治哲学思想体系。佛使比丘将佛教和科学方法结合起来。虽然受到世俗社会知识分子的打击、批评,但面对各种指责的话语,如佛教的侵蚀者、破坏者、共产主义者、基督信徒等,他却保持平静的态度,豁达大度地聆听批评者的批评意见。

再如,"大投资家"一词的比喻义。从 V. Vajiramedhi 的话语中,发现他采用佛教的"布施"与"功德"观念来激发泰国中产阶级和上层阶级的"投资"兴趣。他借用比喻手段来将"大商人"阐释为"大投资家",以引起有钱人主动布施行善的行为。其实,泰国佛教与商业化的发展一直相互并存。"大投资家"含有两种意思:一是指有钱人作为给予者,舍得把个人的钱财分给他人;二是指对财产进行投资的人,

---

① 龚浩群:《佛教与社会:佛使比丘与当代泰国公民—文化身份的重构》,《世界宗教文化》2011年第1期。

是图谋内心幸福的追求者。V. Vajiramedhi 这个比喻手段隐喻着愈舍得以财产作布施的人，得到的功德就愈大。功德可能是个人在社会上的名誉，是一种交换，是一种功利性目的，也是一种互惠互利的行为。最后一句"这就表明了佛法与大商人之间能够很好地同时发展，不矛盾"，使 V. Vajiramedhi 名正言顺地以间接性批评手段回驳批评他的人。他的佛法著作内容很丰富，如提供消解怒气的方法、看待生命的生死观等，更强调"现代的"民众所面临着的生活上的人生问题，如人力资源的管理和大商人面对的问题的解决方法等。他善于利用现代的话语作为宣传佛法的方式，因而他宣传佛法的方式和媒介更能贴近佛教徒的现实生活。

又如，Daisaku Ikeda 的话语。对于文本的生产过程，要了解话语背后的语境。泰国名誉上是以佛教为国教的国家，大乘佛教传入泰国后，被信奉的人们视为佛教的一个分支而接受，这也是可以理解的。其实，泰国佛教无论是上座部佛教还是大乘佛教，都属于外来的宗教。上座部佛教能成为国教是因为受到统治者的大力支持。而大乘佛教的传入，从被民众怀疑到被接受、信奉、弘扬，至今也已经是很受欢迎的佛法之一。Daisaku 说："弘扬佛法不是最终目的，而是一种将佛法应用于社会生活的过程。为了拉近现代社会中人与人之间的距离，必须以诚心对待他人，调和好教会成员与社会民众之间的结构和网络。"从话语中可以发现，Daisaku Ikeda 以直接性批评话语为手段。话语内涵中体现出了弘扬佛法要符合当地的文化习俗这一理念。既然佛法要弘扬出去，那就要深入民众的日常生活中，与民众对话，解决其现实生活中的各种烦恼。"弘扬佛法不是最终目的，而是一种将佛法应用于社会生活的过程。"其中，"而"后面才是说话者的目的。如何将佛法应用于日常生活，展示佛法具有实践性的功能，这段批评性话语就体现在这里。这正符合佛教一直以来的弘法方式，以宽容、退让、不排他性、融合的态度慢慢渗入民众的日常生活中，最后被民众所接受和发扬。

从话语实践维度来看，最突出的表现是语言单位中的词汇和语言手段、文本与话语实践相互衬托。此外，通过分析不同文本，对泰国佛教提出不同方面的批评性话语，如，泰国佛教徒的私人体验；（佛教）宗教的本质还是作为文化的外衣；佛法的生存与修行方式体现在民众的日常生活中；佛法是破除当下的、现在的烦恼的重要手段；日常生活中要用智慧消除"苦"；佛教引导人们注重人文主义思想；对泰国佛教的面目进行不断反思；佛教与政治社会制度的关系等批评性话语的实践。通过文本和背后的语境，我们可以发现话语的生产过程以及文本、意义之间的起因。批评性话语分析的阐释过程，不仅引起我们对文本内容深层的隐喻性进行再思考，而且让我们看到语言构建的整体意义、意义构建的产物——泰国佛教是否会再次迈向新的转折点？

2. 泰国佛教的社会文化实践

2.1 泰国佛教社会实践中的生存面貌

泰国佛教长期以来的生存渗透于民众社会生活的各方面。历史上佛教的多次变革皆是因为受到政治社会的变动的影响。因此，佛教处于各种变化、破坏、重塑的循环之中是在所难免的。从社会文化实践维度来看，泰国佛教的生存实况主要体现出多样性、当地性、包容性、冲突性、选择性和建设性。

泰国是民主主义社会的国家。1932年，宪法承认泰国公民有宗教信仰的自由。从过去到现在，泰国佛教的宗派具有多样性。每个人都能以自己的兴趣选择信仰。泰国佛教徒多数信仰上座部佛教，可是对其他佛教宗派也持包容、吸收、保留和发展的态度。而各派别逐渐融入当地社会的一个重要表现是具有当地性。部分佛教徒一生中会对不同宗教或派别产生亲近，而转换信教的思维和行为。

朱永生提道："自然状态下发生的话语活动往往具有多模态性，以前由于科学技术的限制，很少有人从多模态角度分析话语。如今，随着多媒体技术和语料的迅速发展，对自然话语进行多模态研究已经成为可能。"① 在社会条件的控制下，现在泰国佛教随着社会的变化而发展，要对此进行反思。泰国佛教如何能够适应现代社会，如何生存下去？对此问题，不妨采用图像作为分析材料，以发现学者如何在社会互动和相互竞争的过程中，受到时代、社会文化的影响，而形成了自己对泰国佛教的看法，表达了具有冲突性和建设性的意义。研究者仍然以批评性话语作为坚持自己立场的方法，他们潜在地支持佛教在泰国社会中的生存与改革。从批评性话语中不仅能揭示事物的本质，而且语言的力量能推动人们对泰国佛教有正确的认识与敢于迈向新的转折点。如：

佛使比丘从佛教的角度来诠释世俗生活和政治社会观念。他希望通过"法的社会主义"促使泰国20世纪中叶的社会从混乱局面中得到拯救。虽然佛使比丘的佛教视角与社会观念偏向于社会主义，可最终目的还是尽力帮助泰国佛教从危机中摆脱出来。Somdet Phra Buddhakosajarn 和 V. Vajiramedhi 作为僧侣，站在佛教的立场，对现代的泰国佛教提出问题，并提出解决办法以维护佛法，是理所当然的事。可二者对泰国佛教表现出的态度不一样。Somdet Phra Buddhakosajarn 的批评性话语中含有保护僧伽集团的态度。主要体现在四个方面：一是批评歪曲佛法的人的行为，二是批评佛教徒沉迷于欲念，三是批评现在僧侣的恶行，四是建议提高泰国僧伽机构的质量。他对僧团的表现和态度表示担忧。他在一个批评性话语中曾间接地批评了僧侣研习佛法的态度。"当现代僧侣的智慧降低，民众就不想靠近僧侣。这会影响到信仰的产生。民众会认为僧伽机构的存在是毫无意义的。"② Somdet Phra Buddhakosajarn 借图像以传达信息，图4中写道："对僧伽领域的状态，泰国

---

① 朱永生：《多模态话语分析的理论基础与研究方法》，《外语学刊》2007年第5期。
② ［泰］Kanchana Tonphothi, "An Analytical Study of the Concept in the Works Composed by Phra Brahmagunabhorn（P. A. Payutto）", *Veridian E-Journal*, SU, Vol. 6, No. 1, January-April 2013, p. 481.

人民可以放心。"这明显反映了现代泰国佛教存在着僧伽的表现问题。而 V. Vajiramedhi 作为独立的僧侣,不依赖于僧伽团体。他通过多种途径和方法在佛法的媒体宣传方面和修行方面进行改革活动。从话语中可以看出,他使用各种语言手段把难以理解的巴利语教义转化为贴近民众生活的阐释。语言看似简单易懂,可蕴含着深刻的哲理。最明显的反映客观现实的话语莫过于他对泰国法身寺(Wat Dhammakaya)事件提出的批评性话语。即图3中写道:"如果(法身寺)他们能实现他们的愿望,泰国的上座部佛教将会消失,而泰国社会随之将成为一个充满功利性目的的社会,变成一个只供奉神圣物的社会,迷惑于神圣感、超自然的力量。"从这番批评性话语中,反映了他对僧伽的表现提出反对的看法。

上述的批评性话语,能体现僧侣从不同的角度提出的几种看法:一是那些佛教主导者与民众对宗教教义有不正确的认识和理解,二是迷信成分与神圣物品的商业化问题,三是宗教机构的腐败影响社会文化的发展,四是佛教与政治权力和阶层权力的纠缠关系,五是民众对佛教信仰新的体验方式。正是泰国社会的变化影响着批评性话语的生产。

除了僧侣以外,泰国学者ศีล和 Suluk S. 同样以批评性话语指出了泰国佛教正面临的危机。如图5,Suluk S. 采用了直接性批评话语:"大学生们,你们要用'法忍',但不要服从于大学里或外的暴君。"通过研究学者的话语,我们发现话语中隐藏着语言的力量和变革倾向,鼓舞青年人利用佛法与权力斗争。

泰国佛教正迈向新的转折点。通过批评性话语分析的视角,能反映出泰国佛教不稳定的状态。如今,最令人关注的是僧俗身份地位界限的划分造成的许多问题。借鉴以上学者的话语,笔者认为,有关泰国佛教的话语可以反映僧俗之间的关系。过去的大部分泰国信徒深信"僧侣",相信僧侣就是很高尚很神圣的,僧侣的地位比俗人高。而现在的情况发生了较大的变化。不少信奉佛教的俗人经过研习佛教而对佛教三

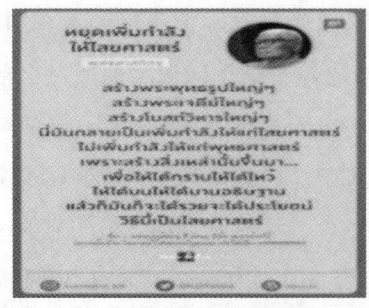

图 2　佛使比丘　　　　　　　　图 3　V. Vajiramedhi

图 4　Phra Buddhakosajarn　　　图 5　Suluk S.

宝,特别是僧侣有些不同的看法。在某些人眼中僧侣的地位有所降低,甚至带有"僧俗平等"或僧侣只是"一种职业"的想法。此外,对泰国信奉佛教的信众来说,两大信众群体信仰佛教的方法是不同的。第一群是将"佛教"视为一种"宗教"来看待的信众。他们就是发自内心的、纯粹地"信"佛教,而且相信许多仪式只有通过僧侣才会有神圣感。第二群是将"佛教"视为一种"文化"的信众。这群信众的起点就是要通过研习或个人体验才对佛教产生信仰。而正是后者不断地提醒泰国佛教徒要重新审视自己的"泰国性"以及"泰国佛教徒"的特性。

2.2 批评性话语分析与现代泰国佛教

在现实社会的冲击之下,我们需要对现代的泰国佛教进行重新审视并作出合理的评价。笔者认为批评性话语分析更要注重实践性、开放性和建设性。批评性话语对泰国佛教的变化、生存、危机起着刺激和改善的作用。虽然批评性话语以辩驳对方为立场，并以话语为传达信息的符号，但是它却从消极作用转为积极的作用。批评性话语不仅可以作为一种信仰中介的符号来表达适当的信息，还可以激发佛教徒情感。这能使泰国佛教更有生命力，更贴近世俗社会生活，更能为民众的生活服务。批评性话语的功能就如费尔克劳所说："语言渗透于权力之中，并服务于权力斗争。"

批评性话语分析方法能体现出现代泰国佛教多方面的弱点。这样，无论是从对佛教的弘扬继承还是从对维护文化的外衣来看，都能看清现在的面貌，全面的认识是对泰国佛教对症下药的前提。佛教是泰国佛教徒的精神支柱。它的存在主要是为人类服务的，是为民众日常生活祛魅的工具。若是不能除去迷信的成分，而以传统方法来研习和理解佛法，将佛法视作无生命的，没有跟上现代社会的变化，恐怕泰国佛教将要走向发展的尾声。

当然，所有文本的话语资源也有其不足之处。一是可能让读者误以为重点是语言学研究。因为只是从文本开始向文本深层的隐喻性进行探讨，如果没有对话语实践和社会文化实践进行分析，可能有人会把话语分析理论仅仅视为一种服务于语言学研究的方法。二是虽然从含有批评性话语的文本和图像入手，但是还存在单向研究的局限性。如，只看到文本中语言的意义构成与社会变化之间的互动，但看不到活着的话语与现实中提供资料者之间的互动。今后对于批评性话语分析的应用，若是能结合深度访谈的方法，相信会有更大的帮助，更能呈现出泰国佛教徒对泰国佛教生存、发展、改革想法的新面目。

编后记

"'一带一路'佛教交流史"项目是2019年度立项的国家社科基金重大项目,项目编号为19ZDA239,项目责任单位是上海大学,由上海大学文学院历史系程恭让教授担任首席专家。2020年9月,"'一带一路'佛教交流史论坛"在上海成功召开,与会学者就"一带一路"佛教交流史相关论题展开了深入探讨。《泮池佛学》(第一辑)所收论文即大都取自此次论坛论文集。

《泮池佛学》(第一辑)共收入论文38篇,内容分为专稿、经典与思想、历史与信仰、文明与交流以及东南亚佛学五个栏目。

专稿所收的3篇文章是觉醒法师、洪修平教授和程恭让教授在"一带一路"佛教交流史论坛开幕式上的演讲文稿。

经典与思想栏目收有程恭让等学者的论文共10篇,内容涉及对佛教政治思想、真如思想、佛性论、涅槃论、中观论以及佛教现代性等问题的深入讨论,这些研究丰富和拓展了佛教学研究的深度和广度。

历史与信仰栏目收入韩焕忠等学者的8篇论文,学者们对中国佛教的历史人物、宗教政策、圣山崇拜、观音信仰、地藏信仰以及禅文化等多个领域展开了精彩研究。

文明与交流栏目收入王彬等学者的论文共11篇,内容既有对"一带一路"佛教交流的个案研究,也有对中日佛教交流、佛耶对话、汉藏交流等宏大主题的讨论。

编后记

东南亚佛学专题栏目收入何方耀等学者的6篇论文，内容涉及对印度尼西亚、马来西亚、越南、泰国等东南亚国家的佛教及其与中国佛教之间交流互鉴的深入探讨，充分展示了"一带一路"佛教交流史研究的国际性和前沿性。

本辑所收入的论文从不同角度深入发掘了"一带一路"佛教交流史相关议题的学术深度，发展和建构了这一佛教学的重要研究领域，展示了当代中国佛教研究者的学术特质！

泮池是上海大学宝山校区里面的一个人工湖，上大当年的创校者在美丽的校园里开凿了这片池水，大概寓涵将这个年轻的大学办成一流学宫的美意。今承此意，命名我们这个论文集，也算是我们对于当代中国佛教学术思想文化研究的一个预期。感谢本辑各位作者的思想和智慧。唯编者识力有限，其中若有错漏，敬祈读者批评指正。

程恭让

2020年12月31日

稿 约

《泮池佛学》（Pan-chi Buddhism），由上海大学道安佛学研究中心主编，中国社会科学出版社编辑出版。

本刊致力于佛教历史、文献、思想、文化等领域的互动研究。我们既注重翔实的个案研究，也期待有国际比较和跨学科视野的前沿研究。本刊每年出版一期，坚持学术立场，欢迎不同观点和背景的作者投稿，稿件字数不限，写作语言不限。本刊强调文章的学术质量，实行匿名审稿制度。

投稿要求：

一、来稿应具有学术性与理论性，并在选题、文献、理论、方法或观点上有创新性。

二、来稿应附上中英文题名、摘要、关键词。作者姓名、职称、工作单位、通讯地址、联系电话附于文末，以便联系。

三、本刊注释采用脚注形式，引用文献须严格遵守学术规范。

四、来稿文责自负，本刊编辑部有权对来稿做一定的修改或删节。

五、请勿一稿多投，稿件两个月后未被采用，作者可自行处理。

六、稿件见刊后，将赠送作者样刊一本，并付薄酬。

投稿邮箱：hzk19@126.com（来稿请注明《泮池佛学》投稿）
通信地址：上海市宝山区南陈路333号上海大学文学院613办公室
邮政编码：200444

泮池佛学编辑部